ドイツと東アジア 一八九〇－一九四五

田嶋信雄／工藤 章――［編］

東京大学出版会

GERMANY AND EAST ASIA 1890-1945
Nobuo TAJIMA and Akira KUDO, editors
University of Tokyo Press, 2017
ISBN978-4-13-021083-6

ドイツと東アジア　一八九〇－一九四五／目次

目次

目　次

総説

目　次

第六章　北京関税特別会議とドイツの通商政策
——東アジア外交におけるアメリカへの追随

目　次

第九章　ドイツのファシズム政権と中国――協力関係から断絶へ……周　惠民　547

第一〇章　IGファルベンの中国戦略 ——戦争準備と人造石油……工藤　章　601

凡例

一、注および史料・文献リストは各章の末尾に置いた。文献の出版データ表示は、邦文の文献については、出版地が東京の場合は出版社名と出版年のみを記した。欧文の文献については出版地、出版社と出版年を表示した。

二、本書で用いられる略語については、必要に応じて各章の注の冒頭もしくは史料・文献リスト内で説明している。

三、本書で用いられる固有名詞については、原則として統一を図ったが、一部については各章執筆者の意向を優先し、あえて統一することはしなかった。

序　課題と視角

田嶋信雄
工藤　章

はじめに

本書の課題は、一八九〇年から一九四五年にいたるドイツと東アジアの関係の歴史、より具体的には日独関係・中独関係・日中関係が重畳する「場」としての「ドイツ＝東アジア関係」の歴史を、政治と外交、経済と経営、社会と文化などさまざまな観点から考察し、（1）いままで国際的にもほとんど研究されてこなかった「ドイツ＝東アジア関係史」の全体像を明らかにするとともに、（2）当該時期の東アジア国際関係史に関する研究を補完・修正・発展させることにある。対象とする時期は、「帝国主義」と二つの世界大戦の時代であり、それを日独関係・中独関係・日中関係に即しておおまかにいえば、ドイツの「世界政策」の開始、東アジアにおける日本の対外膨脹の本格化、ドイツの膠州湾植民地租借による中国の「瓜分」（分割）のいっそうの進展から、第一次世界大戦における日中両国の対独戦争勝利を経て、一九二〇年代におけるドイツの東アジアからの後退、一九三〇年代におけるドイツの東アジアへの復帰と、満洲事変・日中戦争という政治的・軍事的衝撃を契機とした三国間関係のいっそうの複雑化・流動化、さらには第二次世界大戦における中国の勝利と日独両国の共通の敗北にいたるまでの時期である。

一　「ドイツ＝東アジア関係史」という枠組みの形成

二〇一一年に一五〇周年を迎えた日独関係（一八六一年日本＝プロイセン修好通商条約締結）の歴史については、ドイツの学界でも日本の学界でも長い研究の蓄積がある。とりわけ日清戦争までの明治期の日独関係史については、「日独関係の黄金時代」（Mathias-Pauer 1984, S. 117; サーラ 二〇〇八、一七六頁）とも呼ばれるほど日独関係が友好的になり、その時期における「お雇い外国人」を通じたドイツ学問の摂取、ドイツ・モデルによる日本陸軍の建設や日本の憲法体制の成立など、多くの主題で、豊かな研究が生み出されてきた。

さらに、一九三六年の日独防共協定締結から一九四五年の日独共通の崩壊に至る約一〇年間の時期についても、かつての「日独関係の黄金時代」以上に日独関係が両国の政治的運命を左右したがゆえに、のちに見るように、国際政治史・国際経済史などの分野で精力的にこの時期に関する研究が続けられてきた。

二〇一四年には、第一次世界大戦（日独関係史に着目していえば、「日独戦争」）一〇〇周年を契機に、世界的なレヴェルにおいて、多くの書籍や国際シンポジウムや博物館展示という形で、日独関係の歴史が語られた(1)。われわれは必ずしも「アニバーサリー史観」にとらわれるものではないが、それでも、こうした時間的契機に歴史が顧みられることにはそれなりの意味があったというべきであろう。

一方、日独関係一五〇年を迎えたころから、ほかならぬ日本において、新しい研究傾向が醸成されてきた。それは、ひとことでいえば、日独関係に中国要因を加えることにより、日独関係史を東アジア世界の近代化全体の枠組みの中で考察しようとする流れである。中村綾乃『東京のハーケンクロイツ――東アジアに生きたドイツ人の軌跡』（二〇一〇年）、浅田進史『ドイツ統治下の青島――経済的自由主義と植民地社会秩序』（二〇一一年）、鈴木楠緒子『ドイツ帝国の成立と東アジア――遅れてきたプロイセンによる「開国」』（二〇一二年）、福岡万里子『プロイセン東アジア遠征と幕末外交』（二〇一三年）などがその代表である。(2) こうした新しい研究は、日独関係に跼蹐《きょくせき》せず、日独関係とドイツの東アジア政策（とりわけ中独関係）を総体として捉える「ドイツ＝東アジア関係史」ともいうべき枠組みを設定することにより、今まで欧米や中国では意識されなかった新たな研究上の沃野を明示した。

以下時代順に見れば、福岡は、従来までの研究における「日独関係への偏った関心」（四三頁）を批判しつつ、オイレンブルク使節団の活動を中心に清国の「開国」過程と幕末日本の「開国」過程を分析することで、たんに日独関係・清独関係のみならず、一九世紀後半の東アジア国際関係の変動に関する新たな歴史的見通しを示した。(3) また鈴木は、従来の「ウェスタン・インパクト」論を逆転させ、東アジア諸国の「開国」競争に遅れて参加したプロイセンが、そこでの政治的教訓をドイツ統一国家の形成に活かしていく様を分析・描写し、清国や日本の「開国」がプロイセン＝ドイツ国家形成に与えたインパクトをグローバルに逆照するという斬新な視角を提示した。浅田は、ドイツ帝国による「模範植民地」＝膠州湾租借地の統治を「東アジア商業ネットワーク」のなかで分析し、中独関係史を「ドイツ＝東アジア関係史」の重要な構成要素として描き、さらにそのことにより当該時期の東アジア地域経済史研究にも重要な貢献をおこなった。中村は、ナチス党中国支部やそこから分岐した日本支部を分析対象としつつ、中国や日本に生きるドイツ人、とりわけナチス党員やナチス党下部組織メンバーの生活と政治をミクロのレヴェルで描き出し、東アジア・ドイツ人社会におけるナチズムの思想と運動をいわば社会史的に明らかにしたのである。

「ドイツ＝東アジア関係史」研究の必要性は、以上のように、主要には、一九世紀中葉における日本・中国の「開国」によって、国際関係の一体的な場としての新たな「東アジア国際秩序」が徐々に形成されたことに根拠づけられていたといえる。

さらにまた、こうした「東アジア国際秩序」の形成に対する対応として、たとえばアメリカ合衆国における国務省極東部の成立（一九〇八年）に典型的に示されるように（北岡 一九八九）、一九世紀末から二〇世紀に入ると、英米等の列強においては、外務省組織の中で対日政策と対中政策を摺り合わせ、総体的に東アジア政策として立案・決定・執行する人的・組織的体制が徐々に確立されることになった。ドイツ外務省の場合、地域部局の整備はやや遅れ、ヴァイマール共和国時代を待たなければならなかったが（「シューラー改革」）（Doß 1977）、それ以前の時代においても、東アジア全体を担当する政務関係・通商関係の専門官の職務・職位が形成されていた（Hampe 2001）。

しかもその際重要であったのは、日中両国の場合、一方への政治的肩入れが他方の政治的反発を惹起するというゼロサム的なパターンがしばしば発生し、その意味で、対日政策と対中政策が列強の東アジア政策の中で不可分に結びついていたことである。外務省当局、とりわけ東アジア関係部局は、したがって、つねに東アジアの全体状況を考量しながら対日政策と対中政策を進めなければならなかった。それに加えて、東アジア関係部局における対日政策と対中政策の総体的推進は、たんに列強の政府・外務省組織のみならず、陸海軍部においても、さらに（政府組織・軍部組織に後れをとりつつ）民間企業などにおいても見られる普遍的な現象となった。こうして、列強（本書の場合はドイツ）の側からの対応に即してみても、「東アジア国際秩序」全体への目配りの効いた「東アジア政策」が必要となったのである。

以上のような「ドイツ＝東アジア関係史」という枠組みの形成には、われわれも微力ながら関わってきた。すなわちわれわれは、工藤章・田嶋信雄編『日独関係史 一八九〇－一九四五』全三巻（二〇〇八年）およびその改訂英語版 Kudo Akira, Tajima Nobuo, and Erich Pauer (eds.), *Japan and Germany: Two Latecomers to the World Stage*, 3 Vols, 2009 を編集する過程で、日独関係史理解には中国要因を組み込むことが不可欠であると痛感し、中独関係史にも踏み込むいくつかの論文を上述の論文集に意識的に採用したのである（総説的な表現としては、田嶋信雄「東アジア国際関係の中の日独関係――外交と戦略」二〇〇八年、を参照）。われわれの念頭には、日中戦争のさなか、日米関係と日中関係をともに凝視した松本重治の国際関係観・東アジア史観が去来していた。すなわち松本は、日米関係における中国要因の重要性を強調するアメリカの歴史家ビーアド（Charles Austin Beard）の議論を前提に、「日米関係は、日中関係である」と喝破し

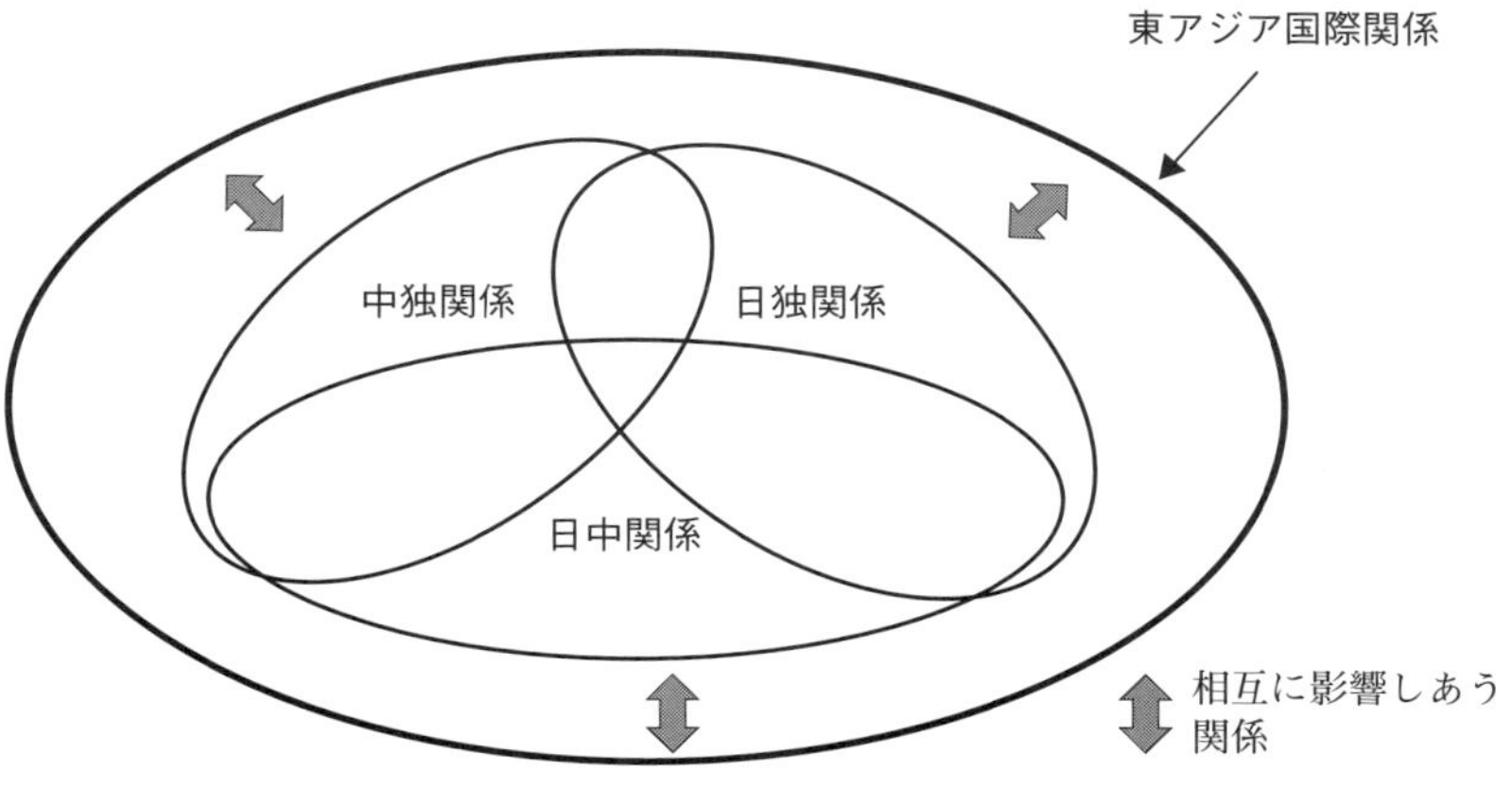

図序－1　ドイツと東アジア

たのである（松本 一九七七、一六頁）。これをドイツに敷衍《ふえん》していえば、まさしく日独関係一五〇年において、「日独関係は、中独関係であった」ということもできよう。

「ドイツ＝東アジア関係史」という枠組みは、以上のように、東アジア国際環境の歴史的変化およびそれに対応する列強（ここではドイツ）内部での人的・組織的環境の歴史的変化を前提にして形成されてきたということができる。そのことは同時にまた、いままでの日独関係史研究の一般的観点、すなわち東アジア国際関係とは別個に日独関係のみを抽出して考察する観点、あるいは日本と中国を言語や文化や国境の観点から機械的に分離し、ドイツの対日政策をドイツの対中政策から切り離して考察する傾向にたいする方法的な反省を内包していたともいえる。

ただし、「ドイツ＝東アジア関係史」を考える場合、当然のことながら、たんに日独関係史に中独関係史を並列的に加えればよい、ということにはならない。それだけでは、東アジア国際関係史に中独関係史という新しい二国間関係史を付け加えるに過ぎないだろう。さらに、「ドイツ＝東アジア関係史」研究においては、一体的に推進されたドイツの東アジア政策という側面が考察の対象となるにとどまらず、一歩進んで、東アジアにおける主要な二国間関係である日中関係がドイツの東アジア政策に与えたインパクトもまた考察すべき重要な課題とならなければならない。

贅言《ぜいげん》するまでもなく、一九世紀後半にあらたに形成されてきた「東アジア国際秩序」は、けっして静態的な秩序であったわけではなく、それを構成する主要な二国間関係たる日中関係は、多くの対立と紛争のモメントを内部的に有し、またある場合には（たとえば「アジア主義」などの形で）欧米列強に共同で対抗しようとするモメントをも包蔵するダイナミックな関係であった。こうして、東アジア国際秩序のなかの主要な二国間関係たる日中関係は、「ウェスタン・インパクト」とは逆のベクトルで、欧米列強の東アジア政策に顕著な影響を与えていたのである。これをドイツと東アジアの関係に即していえば、日独関係・中独関係・日中関係という三つの二国間関係は重畳的に展開し、相互に顕著な影響を与えていたということができよう（図序-1）。新しく登場してきた「ドイツ＝東アジア関係史」研究は、こうした日独中三国の相関関係総体を認識しようという志向を包蔵していたのである。

二　ドイツ、中国、英米における研究状況――「ドイツ＝東アジア関係史」研究の未発達

ところで、今日まで、日本においては、アメリカ＝東アジア関係史ないしイギリス＝東アジア関係史について、それなりの研究が蓄積されてきた(4)。たとえばイギリスの例では比較的早い時期から木畑洋一がこうした見方を主唱し（「一九三〇年代におけるイギリスの東アジア認識」一九七七年など）、最近では秋田茂『イギリス帝国とアジア国際秩序――ヘゲモニー国家から帝国的な構造的権力へ』（二〇〇三年）、後藤春美『上海をめぐる日英関係　一九二五-一九三二年――日英同盟後の協調と対抗』（二〇〇六年）などがあり、アメリカの例では、五十嵐武士『日米関係と東アジア――歴史的文脈と未来の構想』（一九九九年）、高光佳絵『アメリカと戦間期の東アジア――アジア・太平洋国際秩序形成と「グローバリゼーション」』（二〇〇八年）などがこうした問題意識からなされた研究であるといってよいだろう。また、日米関係・米中関係、あるいは日英関係・英中関係についてもそれぞれ相当量の研究が蓄積されてきたが、そこでは、

たとえ二国間関係が考察される場合でも、アメリカ＝東アジア関係、イギリス＝東アジア関係、あるいは一般に東アジア国際関係は、いわば当然の前提として舞台設定されてきたように思われる。

それでは、英米の対日政策・対中政策の研究では当然の前提とされていた「東アジア」という枠組みが、なぜ日独関係史研究・中独関係史研究においては長年にわたって看過されてきたのであろうか。ここではドイツ・中国・台湾・英米の学界状況に立ち入ることで、その原因について考えてみたい。

ドイツでは、日独関係史研究と中独関係史研究は、伝統的に、歴史学でも政治学でも経済学でもなく、主要には「東洋学」（Orientalistik）の分野で蓄積されてきた。ドイツの東洋学においては、日本語ないし中国語の専門的な学識を有する研究者が、それぞれの日本研究・中国研究において優れた業績を生み出す傍らで、日独関係史研究ないし中独関係史研究にも精力的に取り組み、豊かな成果を生み出してきた。たとえば日独関係史ではボン大学日本学研究グループの一連の論文集『ドイツと日本――歴史的接触』（Kreiner 1984）、『第一次世界大戦期・一九二〇年代における日本と中欧諸国』（Kreiner 1986）、『戦間期の日独関係』（Kreiner und Mathias 1990）、また中独関係史研究ではベルリン自由大学中国学研究グループの一連の論文集『植民地政策から協力へ――中独関係史の研究』（Kuo 1986）、『ドイツと中国』（Kuo und Leutner 1994）、『政治・経済・文化――中独関係史研究』（Leutner 1996）、『プロイセン、ドイツと中国』（Leutner *et al.* 2014）などがそれである。しかしながら、ドイツの東洋学においては、「日本学」（Japanologie）と「中国学」（Sinologie）が分立し、かつしばしば相互に疎遠な関係にあり、しかも悪いことには、たとえば近年の文教予算配分に典型的に示されるように、日本学と中国学は、しばしばゼロサム的な関係にすらあった。日独関係史研究と中独関係史研究は、その結果、残念ながら、上述のボン大学研究グループとベルリン自由大学研究グループの論文集のように、それぞれまったく別個に推進されてきたのである。

目を東洋学から歴史学に転じると、ドイツ歴史学における日独関係史研究ないし中独関係史研究は、語学的な制約から、ドイツ人研究者ではなく、日本ないし中国・台湾からドイツに留学した学生の博士論文に依拠する部分が多く（李国祁『三国干渉と膠州湾獲得に対する中国の政策』(Lee 1966)、早島瑛『単独講和の幻想――第一次世界大戦におけるドイツの対日政策』Hayashima 1982など)、そのため、ドイツの歴史学界においては、マルチアーカイヴァルな日独関係史研究ないし中独関係史研究は、大学アンシュタルトの中で十分な地歩を築くには至らなかった。さらに、それにともない、「ドイツ＝東アジア関係史」研究への関心も、残念ながら極めて限られたものとなった。もちろんゾンマー『列強間のドイツと日本』(Sommer 1962)、マーティン『第二次世界大戦下のドイツと日本』(Martin 1969)、シュティングル『第一次世界大戦前のドイツ外交における極東』(Stingl 1978)、ラーテンホーフ『ドイツ帝国の中国政策　一八七一－一九四五』(Ratenhof 1987)、ヴィッピヒ『ドイツ極東政策と日本　一八九四－一八九八』(Wippich 1987)、コルターマン『日独の文化接触からみた第三帝国の没落　一九三三－一九四五』(Koltermann 2009)のように、例外的に歴史学の分野においてドイツ人研究者が日独関係史研究ないし中独関係史研究に取り組み、優れた成果を挙げたが、残念ながらそこで日本語ないし中国語の史料が使われることは(ほとんど)なかったのである。現在ドイツの歴史家で、日本語ないし中国語を駆使する研究者(いわんや日中両語を駆使する研究者)は、日本語を使用するクレープス『日本の対ドイツ政策　一九三五－一九四一』(Krebs 1984)、ザンダー＝ナガシマ『日独海軍関係　一九一九－一九四二』(Sander-Nagashima 1998)、バウアー『青島　一九一四－一九三一』(Bauer 2000)やシュパング『カール・ハウスホーファーと日本』(Spang 2013)、中国語を使用するフライアイゼン『ドイツ帝国の外交政策と上海』(Freyeisen 2000)など若干の例外を除き、極めて少数である。しかもかれらは、ツンフト(中世の同業組合)とも形容されるドイツ歴史学界の中で、必ずしも主流的な立場にいるわけではない。

戦後台湾の歴史学界に目を転じると、黄福慶『清末留日学生』(一九七五年)、林明徳『近代中日関係史』(一九八四年)、黄自進『蔣介石と日本』(二〇一二年)など日本留学経験を有する知日派知識人による日中関係史研究の隆盛が一方にあり、他方、張水木「両次世界大戦の間の中独外交関係の演変」(一九八五年)、周恵民『ドイツ対華政策研究』(一九九五年)、李国祁『中山先生とドイツ』(二〇〇二年)など、ドイツ留学経験者を中心に、中独関係史研究も比較的に盛んであった。しかしながら、日本留学組の関心が日中関係史研究の枠を越えて中独関係史研究に向かう契機、あるいはドイツ留学組の関心が中独関係史研究の枠を超えて日独関係史研究に向かう契機は、必ずしも多くはなく、そのため、台湾では、現在も、周惠民「日独同盟と中国大陸」（二〇〇八年、和文）など一部の例外を除き、日独関係史研究は皆無に近い状態が続いており、したがって、「ドイツ＝東アジア関係史」研究もまた未発達の状態が続いている。

戦後中国では、そもそも外国史研究の基盤自体が非常に貧弱であったうえに、第一次史料に基づく実証的な歴史学（とりわけ近現代史学）の登場自体が政治的に阻害されるという二つの悪条件が重なったため、中独関係史研究の実証的進展は遅れた。もちろん文化大革命後の中国では、一九七〇年代後半から始まる改革開放政策の進展にともなって、アルヒーフ（档案）史料の公開が徐々に進み、実証的な歴史学はめざましく進展したが、中国人歴史家の語学的制約やドイツ留学の困難性などもあり、歴史学の分野での中独関係史研究は今日に至るも依然として貧弱な段階にある。アメリカのカービーの研究（後述）に依拠した馬振犢・戚如高『蔣介石とヒトラー』（一九九八年）は数少ない例外の一つであるが、そこでも、残念ながら、ドイツ語史料はほとんど使われていない。さらに、わずかに進められたマルチアーカイヴァルな中独関係史研究は、主として中国ゲルマニストによって担われていたため、陳仁霞『中独日三角関係研究　一九三六－一九三八』（二〇〇三年）など若干の例外を除き、残念ながらそこに日独関係史の入りこむ余地はほとんどなかった。こうして、台湾においてと同様、中国においても、現在、日独関係史研究は皆無に近い状態にあり、したがってまた、「ドイツ＝東アジア関係史」研究も未発達の状態にある。

イギリス、アメリカ合衆国など英語圏においても事態はほぼ同様であり、日独関係史と中独関係史を一体的に考察しようとする視点はほとんど見られなかった。そうしたなかでモーゼス／ケネディ編の論文集『太平洋およびアジアにおけるドイツ　一八七〇－一九一四』（Moses and Kennedy 1977）は比較的早い時期に「ドイツ＝アジア太平洋関係史」という視点を打ち出したが、オーストラリアにおける太平洋史研究の開拓者への献呈論文集という性格もあって、その関心は圧倒的に旧ドイツ領南洋諸島植民地史に、ついで中独関係史（とくに膠州湾植民地史）に注がれており、日独関係史については三宅正樹の概説的論文「日本に対するドイツの文化的・政治的影響　一八九〇－一九一四年」（Miyake 1977）が一本掲載されているに過ぎなかった。英語圏の歴史学では、しかも、モーゼス／ケネディのような関心は例外であり、逆に、むしろ日独関係史研究が盛んであったが、その焦点は、イクレ『日独関係　一九三六－一九四〇』（Iklé 1956）、プレサイセン『ドイツと日本——全体主義外交の研究』（Presseisen 1958）、メスキル『ヒトラーと日本』（Meskill 1966）、ボイド『ヒトラーが心を許した日本人——大島浩将軍とマジック諜報、一九四一－一九四五』（Boyd 1993）に典型的に見られるように、圧倒的にナチズム期に集中しており、そこでの学問的関心が第二次世界大戦の原因論・責任論に限られていたことは、はっきりしていた。イギリスの歴史家フォックスの著作『ドイツと極東危機　一九三一－一九三八』（Fox 1982）は、例外的に「東アジア」という場を意識した研究であるが、問題関心および叙述の方法は、その副題「イデオロギーと外交」に示されるように、やはり上述のナチズム論的な日独関係史研究の系譜上にあった。

さらに、こうした英米の日独関係史研究には、日本語史料を用いたものがほぼ皆無であったことも、その限界を示すものであったといえよう。いま英語史料や英語文献を用いずに、たとえば日米関係史や日英関係史を書こうとしたら、日本の学界ではほとんど相手にされないであろう。われわれは今日まで、欧米の日独関係史研究者にみられる欧米中心主義に対し、寛容に過ぎたのではなかろうか。(5)

他方、英語圏において中独関係史に注目し、なおかつ中国語史料およびドイツ語史料の双方を駆使した研究者ももちろん少数ながら存在した。アメリカの中国学者シュレッカー『帝国主義と中国ナショナリズム——山東におけるドイツ』（Schrecker 1971）やカービー『ドイツと中華民国』（Kirby 1984）は、こうして、欧米における中独関係史研究の水準を引き上げたが、しかしながら、こうした著作も、中国学という専門分野を反映し、日独関係史への関心は限定的であり、したがってまた、「ドイツ＝東アジア関係史」研究も未発達であった。

以上を要するに、戦後（西）ドイツ、中国・台湾、英米においては、包括的に「ドイツ＝東アジア関係史」を対象とする研究がほとんどおこなわれてこなかった。それら諸国においては、日独関係史・中独関係史・日中関係史に均等に目配りをしつつ、ドイツ語・日本語・中国語（英語はいうまでもない）の史料や文献に基づいた研究を進める条件が、ほぼ欠如していたといえよう。

三　日本における研究状況――諸学の交流と「ドイツ＝東アジア関係史」研究

他方日本の研究環境は、ドイツとも中国・台湾とも英米とも異なっていた。すなわち戦後日本においては、日独関係史研究を牽引してきたのは歴史学者（たとえば三宅正樹『日独伊三国同盟の研究』一九七五年、義井博『日独伊三国同盟と日米関係――太平洋戦争前国際関係の研究』一九八七年、竹中亨『ジーメンスと明治日本』一九九一年、宮永孝『日独文化人物交流史――ドイツ語事始め』一九九三年、中井晶夫『ドイツ人とスイス人の戦争と平和――ミヒャエーリスとニッポルト』一九九五年、阪東宏『日本のユダヤ人政策　一九三一－一九四五』二〇〇二年）、ドイツ文学者（たとえば高田里惠子『文学部をめぐる病――教養主義・ナチス・旧制高校』二〇〇一年）、教育学者（たとえば小川誉子美『欧州における戦前の日本語講座――実態と背景』二〇一〇年）などの人文科学者のみならず、政治学者（たとえば大畑篤四郎「日独防共協定・同強化問題（一九三五年－一九三九年）」一九六三年、細谷千博「三国同盟と日ソ中立条約（一九三九年－一九四一年）」一九六三年、中道寿一『ヒトラー・ユーゲントがやってきた』一九九一年、田嶋信雄『ナチズム外交と「満洲国」』一九九二年、丸山直起『太平洋戦争と上海のユダヤ難民』二〇〇五年）、経済学者（たとえば工藤章『日独企業関係史』一九九二年、同『イー・ゲー・ファルベンの対日戦略――戦間期日独企業関係史』一九九二年）などの社会科学者を含む広範な分野にわたる研究者たちであり、かれらが、たとえ孤立分散しながらも、それぞれの分野で研究を進めてきた、という特殊な事情が存在した。こうしたいわばインターディシプリナリーな日独関係史研究の蓄積こそが、「ドイツ＝東アジア関係史」研究を生み出す重要な土壌の一つとなったことは疑いない。

一方、日本における中独関係史研究は、直接的な対象としては日本を含まない二国間関係史の研究であるだけに、日独関係史研究のはるか後塵を拝していたが、それでも近年、日本の対外関係にも影響するところ大であるこの重要な二国間関係史に関し、萌芽的にではあれ、知的な関心が注がれるようになってきた。膠州湾租借地を扱う浅田前掲書（二〇一一年）がその嚆矢《こうし》であるが、たとえば南京政府期の中独関係を扱う田嶋信雄『ナチス・ドイツと中国国民政府 一九三三–一九三七』（二〇一三年）なども発表されるようになった。小池求『二〇世紀初頭の清朝とドイツ――多元的国際環境下の双方向性』（二〇一五年）も最新の重要な成果である。こうした研究は、しかも、中独関係史を孤立して扱うのではなく、日独関係史との重畳を意識した分析をおこなっており、そのことが「ドイツ＝東アジア関係史」研究の形成を大きく促したといえよう。

さらにまた、日本には、「ドイツ＝東アジア関係史」研究にとって、決定的に有利な状況が存在していた。それは、世界の学界の先端を行く日中関係史研究の蓄積である。「ドイツ＝東アジア関係史」が、主要には日独関係史、中独関係史および日中関係史という三つの二国間関係史から構成され、それらの諸関係が重畳的に交差する場であるとすれば、日本における日中関係史研究の分厚い蓄積は、「ドイツ＝東アジア関係史」研究にとっての極めて重要な研究上の資産を構成しているといわなければならない。つまり、日本における「ドイツ＝東アジア関係史」研究は、既存の日中関係史研究の蓄積を批判的に消化しつつ研究を進めることが可能な、いわば戦略的高地を確保しているのである。

このように日本では、日独関係史・中独関係史・日中関係史に関する研究が非常に広範な分野で展開され、そのことが「ドイツ＝東アジア関係史」研究の重要な基盤を形成してきたといえる。こうした研究の隆盛の促進条件としては、現代史ないし国際関係論・国際関係史という枠組み（学会でいえば、日本国際政治学会、アジア政経学会、政治経済学・経済史学会、社会経済史学会、東アジア近代史学会、現代史研究会など）の中で、日本史・中国史・ドイツ史などの各国史、外交史・経済史・経営史などの社会科学的歴史研究や日本研究・ドイツ研究・中国研究などの地域研究が出会い、相互に協力しうる土壌が、広範に存在していた、という事情を指摘することができよう。

以上に述べたように、日本には、日独関係史研究・中独関係史研究・日中関係史研究の広範な蓄積があり、それら二国間関係の重畳的な構造を研究するための十分な条件が整っていた。こうした研究環境上の利点に立って、「ドイツ＝東アジア関係史」研究という、ドイツにも中国にも英米にも見られない独創的な研究を進めることが本書の第一の目的ということになる。

四　英米要因中心の日本・中国対外関係史像および東アジア国際関係史像の見直しへ

以上のような「ドイツ＝東アジア関係史」の枠組みは、さらに、英米要因を重視した現在までの日本・中国の対外関係史像および東アジア国際関係史像の見直しに向かう可能性を包蔵している。

現在までの日本の対外関係史研究の主要な努力は、前述の日中関係史研究を別とすれば、たとえば細谷千博ほか編『日米関係史――開戦に至る十年（一九三一－四一年）』全四巻（一九七一－一九七二年）や細谷千博／イアン・ニッシュ監修『日英交流史　一六〇〇－二〇〇〇』全五巻（二〇〇〇－二〇〇一年）に典型的に示されるように、端的にいえば、日米関係史および日英関係史に傾注されていた。さらに、国際関係史の場としての「東アジア国際秩序」が設定される場合でも、日本における現在までの研究では、「ドイツ要因」が抜け落ちる場合が極めて多かったといわなければならない。論文集に限ってみても、たとえば秋田茂・籠谷直人編『一九三〇年代のアジア国際秩序』（二〇〇一年）、川島真・服部龍二編『東アジア国際政治史』（二〇〇七年）、伊藤之雄・川田稔編『二〇世紀日本と東アジアの形成　一八六七－二〇〇六』（二〇〇七年）、和田春樹・後藤乾一・木畑洋一ほか編『岩波講座　東アジア近現代通史』（二〇一〇－二〇一一年）などでは、ドイツ要因への着目が、全体として極めて弱いか、あるいはなきに等しい。

近年実証的な進展が著しい日本の中国外交史研究では、佐藤公彦『義和団の起源とその運動――中国民衆ナショナリズムの誕生』（一九九九年）、萩原充『中国の経済建設と日中関係――対日抗戦への序曲　一九二七‐一九三七年』（二〇〇〇年）、家近亮子『蔣介石の外交戦略と日中戦争』（二〇一二年）、笠原十九司『第一次世界大戦期の中国民族運動――東アジア国際関係に位置づけて』（二〇一四年）などの諸研究が必要に応じてドイツ要因に着目しているが、それ以外の一般的な著作では、残念ながら中独関係への言及は極めて僅かである。論文集に限定してみても、北京政府期、南京・重慶国民政府期の中国に関する中央大学人文科学研究所編の一連の論文集『日中戦争――日本・中国・アメリカ』（一九九三年）、『民国前期中国と東アジアの変動』（一九九九年）、『民国後期中国国民党政権の研究』（二〇〇五年）、また石島紀之・久保亨編『重慶国民政府史の研究』（二〇〇四年）などでは、一部の論文を除き、ドイツ要因への言及はほとんど（あるいはまったく）存在しない。

いまわれわれの主たる専門がドイツ史であること、またわれわれの学問的な発信力が微弱に留まっているという問題を措くとしても、ドイツ要因を抜きに（少なくとも一九四五年までの）日本の対外関係史・中国の対外関係史や東アジア国際関係史を語りうるのか、甚だ疑問であるといわなければならない。若干の例を思いつくままに述べても、たとえば遼東半島をめぐる三国干渉（一八九五年）、ドイツによる膠州湾租借（一八九八年）、義和団戦争と八カ国連合軍の派兵（一九〇〇年）、日独青島戦争（一九一四年）、対華二十一カ条要求とドイツ権益（一九一五年）、日本による中国の対独参戦促進（一九一七年）、ドイツおよび革命ロシアを仮想敵とした日中共同防敵軍事協定の締結（一九一八年）、中国が列強と初めて締結した平等条約としての中独条約（一九二一年）、中国国民政府によるドイツ軍事顧問団の招聘《しょうへい》（一九二八年）、中東鉄道紛争とドイツの仲介（一九二九年）、日本を仮想敵とした中独借款条約の締結（一九三六年）、日独中三国防共協定案の挫折と日独防共協定の成立（一九三六年）、日中戦争とドイツの対中国武器援助（一九三七年）、トラウトマン工作と中独の事実上の断交（一九三八年）、独ソ不可侵条約の締結と第二次大戦の勃発（一九三九年）、日独伊三国同盟の成立とドイツの日中仲介（一九四〇年）、太平洋戦争の勃発と中国の対独宣戦布告など、ドイツ要因が日本の対外関係・中国の対外関係や東アジア国際関係に与えた例をただちに列挙することができる。

近現代東アジア国際関係における以上のような争点を深く理解するには、当然のことながら、その考察に「ドイツ要因」を加えることが必要不可欠である。本論文集は、「ドイツ＝東アジア関係史」の視角から、英米要因を中心とした既存の日本の対外関係史研究・中国の対外関係史研究・東アジア国際関係史研究を補完し、場合によっては修正し、さらに深化させることを目指している。これが本書の第二の目的ということになる。

五　本書の構成と概要

最後に、本書の構成と内容について述べておこう。本書の構成は四つの部分に分かれる。

総説では、対象時期の「ドイツ＝東アジア関係史」を政治・経済の面で歴史的に概観することにより、本書全体の枠組みを明示する。

総説Ⅰ「ドイツの外交政策と東アジア　一八九〇‐一九四五――重畳する二国間関係」（田嶋信雄）は、「ドイツ＝東アジア関係史」という場で重畳する主要な二国間関係である日独関係史・中独関係史・日中関係史のうち、相対的に研究が遅れている中独関係史に主たる焦点を絞り、その政治・外交過程を素描する。方法的には、政治学的な分析手法に基づき、ドイツ外交、中国外交が内部的に有した政治的・外交的選択肢を検討し、そのことにより、当該時期の「ドイツと東アジア」という「場」のイメージの豊富化を目指す。

総説Ⅱ「ドイツの通商政策と東アジア　一八九〇‐一九四五――崩壊・再建・変容」（工藤章）は、ドイツの東アジア諸国に対する通商政策を概観する。その際、日本および中国に対する政策を観察しつつ、それらを関連づけ、それらの総体を認識することを目指す。その結果、一九二〇年代における通商政策はアメリカの「門戸開放」の主張に追随するものであったこと、一九三〇年代にあってそれは中国への傾斜を鮮明にしたこと、総じて日本と中国とのはざまで揺れた通商政策は、一九三〇年代末以降の日本への傾斜の時期を含め、中国市場への関心を基調とするものであったことが示される。

第Ⅰ部「「文明化の使命」とその帰結　一八九〇－一九一四」では、東アジアにおいて強力な軍事力を欠いていたドイツが、そのプレゼンスを維持するためにおこなった日本・中国・南洋諸島に対するさまざまな「文明化」的課題を扱う。ドイツはたしかに一八九八年以来青島に海軍基地を保有していたし、また北京や揚子江などにも若干の兵力を維持していたが、他の列強の軍事力に対抗するレヴェルにはおよばず、それを補うためにも、「文明化」的な装いを凝らしたさまざまな努力をおこなわざるを得なかった。ここでは、そうした努力と政策を、国際法、土地制度、労働・移民政策および宗教の事例に即して詳細に分析する。

第一章「清独通商条約改正交渉――規制緩和要求と主権確保の衝突」（小池求）は、清独通商条約改正交渉をとりあげ、清独双方の問題関心・認識を分析し、交渉中断に至った経過を描写する。条約案作成時、清朝はそれ以前に列強と締結した諸条約の枠組みを絶対視し、その遵守を求めたが、ドイツはその枠組みに配慮しつつも、特に通商活動の規制緩和において、その修正を要求した。こうした分析は、義和団戦争後に清朝と列強との間でおこなわれた通商条約改正交渉全体にも新しい光を投げかけるものである。

第二章「ドイツ土地改革者同盟と膠州領土地令――シュラーマイアーと孫文の民生主義」（熊野直樹）は、ドイツの膠州湾租借地において一八九八年に制定された膠州領土地令と孫文らの平均地権との関係について再検討する。その際、なぜ、孫文が膠州領土地令に着目し、その政策立案に主に携わったW・シュラーマイアーを広州市政府に経済顧問として招聘したのか、について検討していく。さらに、膠州領土地令、特にその制定過程についても、ドイツ土地改革者同盟並びに現地中国の土地制度との関係に着目しながら考察する。

第三章「ドイツ領サモアにおける「人種」と社会層――混合婚をめぐる議論を起点として」（中村綾乃）は、ドイツ領サモアにおける住民の法的身分をめぐる議論に焦点を合わせて、植民地統治における支配者と被支配者という境界線の構造を分析する。欧米列強のサモア進出とともに「混血児」と呼ばれる人々の人口が増加し、また一方で、労働需要の高まりとともに、多くの中国人がサモアに輸送された。その結果成立したサモア社会において「人種」と社会層、ジェンダーが交差するところに、支配＝被支配の関係を規定する排除と包摂の構造が浮かび上がる。

第四章「植民地朝鮮におけるドイツのキリスト教宣教団——文明・共同体・政治」（李有載《イユジェ》）は、バイエルンのサンクト・オッティーリエンに本拠を置くドイツ・宣教ベネディクト会の、日本の植民地支配の下にあった朝鮮への宣教活動の事例に即して、いままでほとんど知られなかったドイツ＝朝鮮関係に新たな光を当てる。「文明化の使命」を負った宣教師たちが現地の共同体の存在といかに関わったのかという関心を軸に、宣教師たちが果たした役割を明らかにするとともに、それが現地のカトリック信者にいかなる影響を与えたのかという問題にまで及ぶ。

第Ⅱ部「東アジアへの固執　一九一四－一九三二」では、第一次世界大戦の初期における東アジアでの敗北（青島およびドイツ領南洋諸島の陥落）から始まる権益喪失に対し、ドイツがいかにその東アジアでのプレゼンスを維持し、回復しようとしたかを扱う。ドイツは、青島での敗北、ヴェルサイユ条約およびワシントン条約による桎梏にもかかわらず、さまざまな分野で東アジアへの復帰に必死の努力を継続したが、ここでは、そうした努力を、軍事謀略面・通商政策面・マーケティング面で詳細に検討する。

第五章「第一次世界大戦と「独探馬賊」——ドイツのユーラシア「革命促進」戦略と満洲」（田嶋信雄）は、第一次世界大戦初期におけるドイツの「満洲」におけるさまざまな活動、とりわけ中国駐在ドイツ公使館・領事館に使嗾《しそう》された中国人武装組織「鞏衛団」の活動や陸軍武官パッペンハイムが内蒙古人の協力のもとに試みた東清鉄道爆破計画などを追跡し、かれらの活動が日本やロシアに異様な恐怖心を植え付けたこと、またそうした活動はドイツ帝国全体が推進した中東などユーラシア周辺地域での「革命促進」戦略の一環であったことを明らかにする。

第六章「北京関税特別会議とドイツの通商政策——東アジア外交におけるアメリカへの追随」（工藤章）は、一九二五年一〇月から二六年七月まで北京で開催された関税特別会議を取り上げ、アメリカ、イギリス、日本、そして中国の行動に対するドイツの観察、分析、方針決定を跡づける。その際とりわけ、ヴェルサイユ体制の修正においてアメリカの資金に依存することになったドイツが、東アジア、とくに中国市場への通商的進出に際して、アメリカの動きに対してどのような態度をとったのかに注目する。

第七章「一九二〇年代における中国市場調査――市場の再獲得をめざして」（浅田進史）は、第一次世界大戦により中国市場から追放されたドイツ経済勢力が、戦後どのように再参入を果たしたのかについて、中国駐在ドイツ公使館・領事館およびその情報提供者たちが作成した中国市場調査史料を基に検討する。その作業を通じて、帝国主義国から敗戦国へと転じたドイツが、中国国内での輸入代替工業化の動きや日米の市場シェアにおける高まりなどの新しい市場環境に対し、市場調査を媒介に新しい可能性を探っていったことを明らかにする。

第Ⅲ部「危機のなかの模索　一九三一－一九四五」では、一九三〇年代までに東アジアでの政治面・経済面・貿易面・文化面での一定の復帰を果たしたドイツが、満洲事変、日中戦争および第二次世界大戦の勃発という政治的・外交的な危機状況のなかで、あらたに獲得した政治的・経済的プレゼンスを守るため、いかなる政策的代案を模索したかを扱う。諜報・謀略政策、外交、企業経営、通商政策、文化科学政策など諸側面でのドイツの対東アジア政策を詳細に分析し、一九三〇年代半ばに「親日政策」に転じたと考えられているドイツが、他方で多くの選択肢を追求していたことを示す。

第八章「戦間期日本の「西進」政策と日独防共協定――ユーラシア諜報・謀略協力の展開と挫折」（田嶋信雄）は、日露戦争や第一次世界大戦において見られたドイツの「東漸政策」と、日露戦争での勝利やシベリア出兵に見られる日本の「西漸政策」（また、その反映としてのドイツの「黄禍論」）が、一九三〇年代において交差したところに成立したのが日独防共協定であると位置づけ、その付属協定としての日独「満」航空協定、日独情報交換協定、日独謀略協定、日独参謀本部間協定という、いままでほとんど知られていなかった諸協定の細部を検討する。

第九章「ドイツのファシズム政権と中国――協力関係から断絶へ」（周惠民）は、一九三〇年代中独関係・日独関係を対象とし、中国におけるファシズム（ナチズムを含む）のさまざまな受容を跡づけ、ファシズム・ナチズムに対する蔣介石の態度の変遷を分析した上で、ドイツの対中国政策、対「満洲国」政策、対日本政策が辿った複雑な過程を検討する。その結果、ナチス・ドイツは経済的にはるかに利益のある中国との協力を放棄し、反ソ・反共でイデオロギー的に近親性のある日本との同盟形成を決断したことが明らかにされる。

第一〇章「ＩＧファルベンの中国戦略――戦争準備と人造石油」（工藤章）は、ＩＧ《イーゲー》ファルベンの中国戦略を人造石油製造技術のライセンシングの事例に即して明らかにする。日本および中国は競って戦争準備を急いでおり、石油代替製品としての人造石油の意義は大きかった。ＩＧファルベンは両国いずれにおいてもライセンシング契約の締結を目指すが、照会では日本が先行し、照会も多数に上ったものの、最初に成約したのは中国の資源委員会に対してであったことが明らかにされる。

第一一章「第二次世界大戦期の「満」独通商関係――満洲大豆から阿片へ」（熊野直樹）は、第二次世界大戦期の「満洲国」とナチス・ドイツとの通商関係について考察する。そもそも戦間期の「満」独間の主要な貿易品は満洲大豆であった。しかし、関係が杜絶したと考えられてきた大戦期において「満」独間の主要な貿易品は、満洲大豆から阿片へと替わっていた。本章では、両国間の貿易品が満洲大豆から阿片へと替わった経緯と理由を検討するとともに、大戦期の「満」独阿片貿易の実態について解明する。

第一二章「ドイツ東洋文化研究協会（ＯＡＧ）の東アジア研究――学術的関心の持続」（クリスティアン・Ｗ・シュパング／スヴェン・サーラ）は、一八七三年に東京で設立されたＯＡＧの東アジアにおける活動を分析する。ＯＡＧはその後一時期、中国の各都市、「満洲国」、オランダ領東インドなどでも支部を設立し、東アジア全体にその活動範囲を拡大した。帝国主義時代におけるドイツの東アジアでのプレゼンスは限定的であったが、それにもかかわらずＯＡＧは、ドイツ人学者等の東アジアへの継続的な関心を代表する組織であったことが明らかにされる。

以上の部・章別構成および各論文の分析・実証により、一八九〇年から一九四五年にいたるまでの「ドイツ＝東アジア関係史」の豊かな実相が明らかになるはずである。

もちろん、ここで弁明をしておけば、われわれの研究にも大きな課題がなお存在していることを、われわれ自身が自覚している。その最大のものは、いくつかの章を除き、「ロシア・ソ連要因」への言及が欠けている、という点であろう。ドイツと東アジアの関係史においては、地理的にその中間に横たわる大国ロシア・ソ連の影響が顕著であった。「ドイツ＝東アジア関係史」にとって、ロシア要因は、イギリス要因、アメリカ要因、フランス要因などと同様、その外部における規定要因（＝列強）ではあるが、ロシアは同時に、日本、中国とともに、極東ロシアという形でその内部における構成要因でもあった。われわれはすでに「ドイツ＝東アジア関係史」の枠組みの中でロシア・ソ連要因を分析する試みに着手しつつあり、それに関して幾つかの論文も発表しているが（田嶋「孫文の「中独ソ三国連合」構想と日本」二〇〇七年、同「日中戦争と日独中ソ関係」二〇一一年など）、本論文集においてロシア・ソ連要因への言及はなお不十分なものに留まっている。その主たる理由は、われわれ自身の現在の力量不足にある。今後の課題とさせていただきたい。もちろんそのためには、日ソ関係史研究者・中ソ関係史研究者・独ソ関係史研究者（それぞれ日本人に限らない）のご教示を待ちたいと思う。

おわりに

以上、本「序」では、「ドイツ＝東アジア関係史」にかかわる問題状況、研究史・研究状況を整理し、あわせて本書の構成と内容を紹介した。本書の目的は、以上に示したように、日独関係・中独関係・日中関係という三つの二国間関係が重畳的に織りなす総体的・有機的な「場」として「ドイツ＝東アジア関係史」を構成したうえで、第一に、「ドイツ＝東アジア関係史」の歴史的個性と内的ダイナミズムを明らかにすることであり、第二に、そうした作業を通じて、「ドイツ＝東アジア関係史」が東アジア国際関係史全体に対して有した影響をも明らかにすることである。

われわれは、「ドイツ＝東アジア関係史」という視角がきわめて斬新であることを確信している。また、それに基づく本書の歴史分析が、日独関係史研究にも、中独関係史研究にも、日中関係史研究にも、さらにまた東アジア国際関係史研究にも貢献するであろうことを期待している。

■注

（1）ドイツで催された日独関係・青島戦争関連のシンポジウム・展覧会・映画会などについては、以下にリストがある。Tsingtau und Japan 1914-1920. Historisch-biographisches Projekt. Gedenkjahr 2014. Aktivitäten im Gedenkjahr 1914. http://www.tsingtau.info/index.html?gegenwart/hundertjahre.htm. 二〇一四年七月一二日アクセス。

（2）本書では、著作の引用はいわゆるハーヴァード方式で表記するが、研究史整理を含む本「序」のみについては、著作のタイトル（日本語以外の場合は、その翻訳）自体が文章を構成する重要な要素になる場合、著者名・書名（副題を付さなければ文意が不明の場合、副題を含む）および刊行年を記すという方法を用い、それ以外の場合はハーヴァード方式を用いる。

（3）現在学界では、清国や日本の「鎖国」ないし「開国」というタームについて、歴史的実態に見合っているか否かの議論が続いている。そのためここでは括弧付きの「鎖国」「開国」との留保をおこなっておく。

（4）以下、一人の著者が複数の著作を刊行している場合でも、基本的には発行年次の早いもの、ないし代表作と見なされるものに限定させていただく。あるいは、本来言及すべき著作を見落とす失礼があるかもしれないが、ご寛恕をお願いしたい。

（5）アメリカ合衆国の歴史学者アーデルマンは、日本およびドイツの日独関係史研究に関し、以下のような見解を表明している。「日独関係史というトピック一般、とくに第二次世界大戦期の日独関係史は、ほとんど研究されてこなかった。日本の学者もドイツの学者も、第二次世界大戦期のナチス・ドイツと帝国日本の関係を詳細に検討することにほとんど関心を示してこなかった。両国の学者は多少とも日独関係の歴史を恥じており、（ソヴィエトやロシアの研究者がモロトフ・リッベントロップ協定をほとんど無視してきたように）このテーマはむしろ研究意欲をかき立てないテーマなのであった」（Adelman 2007, p. 43）。何をもってこのように断定するのかは定かではないが、日本およびドイツの日独関係史研究の現状に対する驚くべき無知・無関心というほかはない。アーデルマン著に対するドイツの日本現代史研究者クレープスの批判も参照、Krebs (2013)。

■文献（欧文）

Adelman, Jonathan R.（2007）“German-Japanese relations, 1941–1945,” in: Jonathan R. Adelman（ed.）, *Hitler and his Allies in World War II*, London/ New York: Routledge, pp. 43–78.

Bauer, Wolfgang（2000）*Tsingtau 1914 bis 1931: Japanische Herrschaft, wirtschaftliche Entwicklung und die Rückkehr der deutschen Kaufleute*, München: Iudicium（ヴォルフガング・バウワー、大津留厚監訳、森宜人・柳沢のどか訳『植民都市・青島　一九一四－一九三一――日・独・中政治経済の結節点』昭和堂、二〇〇七年）.

Boyd, Carl（1993）*Hitler's Japanese Confidant: General Oshima Hiroshi and Magic Intelligence, 1941–1945*, Lawrence: University Press of Kansas（カール・ボイド、左近允尚敏訳『盗まれた情報――ヒトラーの戦略情報と大島駐独大使』原書房、一九九九年）.

Doß, Kurt（1977）*Das deutsche Auswärtige Amt im Übergang vom Kaiserreich zur Weimarer Republik: Die Schülersche Reform*, Düsseldorf: Droste.

Fox, John P.（1982）*Germany and the Far Eastern Crisis 1931–1938: A Study in Diplomacy and Ideology*, Oxford: Clarendon Press.

Freyeisen, Astrid（2000）*Shanghai und die Politik des Dritten Reiches*, Würzburg: Königshausen & Naumann.

Hampe, Karl-Alexander（2001）*Das Auswärtige Amt in Wilhelmischer Zeit*, Münster: Scriptorium Verlag.

Hayashima, Akira（1982）*Die Illusion des Sonderfriedens: Deutsche Verständigungspolitik mit Japan im ersten Weltkrieg*, München: R. Oldenbourg.

Iklé, Frank William（1956）*German-Japanese Relations, 1936–1940*, New York: Bookman Associates.

Kirby, William C.（1984）*Germany and Republican China*, Stanford: Stanford University Press.

Koltermann, Till Philip（2009）*Der Untergang des Dritten Reiches im Spiegel der deutsch-japanischen Kulturbegegnung 1933–1945*, Wiesbaden: Harrassowitz Verlag.

Krebs, Gerhard（1984）*Japans Deutschlandpolitik 1935–1941: Eine Studie zur Vorgeschichte des Pazifischen Krieges*, Hamburg:

Gesellschaft für Natur- und Völkerkunde Ostasiens e. V.

Krebs, Gerhard (2013) „Fehler, Vorurteile, Verzerrung, Verdammung: Der Pazifische Krieg aus der Sicht westlicher Historiker", in: *Zeitschrift für Geschichtswissenschaft*, 61. Jg., Heft 6, S. 485–504.

Kreiner, Josef (Hrsg.) (1984) *Deutschland – Japan: Historische Kontakte*, Bonn: Bouvier.

Kreiner, Josef (Hrsg.) (1986) *Japan und die Mittelmächte im Ersten Weltkrieg und in den zwanziger Jahren*, Bonn: Bouvier.

Kreiner, Josef und Regine Mathias (Hrsg.) (1990) *Deutschland – Japan in der Zwischenkriegszeit*, Bonn: Bouvier.

Kudo Akira, Tajima Nobuo, and Erich Pauer (eds.) (2009) *Japan and Germany: Two Latecomers to the World Stage, 1890–1945*, 3 Vols., Folkestone: Global Oriental.

Kuo Heng-yü (Hrsg.) (1986) *Von der Kolonialpolitik zur Kooperation: Studien zur Geschichte der deutsch-chinesischen Beziehungen*, München: Minerva Publikation.

Kuo Heng-yü und Mechthild Leutner (Hrsg.) (1994) *Deutschland und China: Beiträge des Zweiten Internationalen Symposiums zur Geschichte der Deutsch-Chinesischen Beziehungen*, München: Minerva Publikation.

Lee, Kuo-chi (1966) *Die chinesische Politik zum Einspruch von Shimonoseki und gegen die Erwerbung der Kiautschou Bucht: Studien zu den chinesisch-deutschen Beziehungen von 1895 bis 1898*, Münster: C. J. Fahle.

Leutner, Mechthild (Hrsg.) (1996) *Politik, Wirtschaft, Kultur: Studien zu den deutsch-chinesischen Beziehungen*, Münster: Lit Verlag.

Leutner, Mechthild, Andreas Steen, Xu Kai, Xu Jian, Jürgen Kloosterhuis, Hu Wanglin, und Hu Zhongliang (Hrsg.) (2014) *Preußen, Deutschland und China: Entwicklungslinien und Akteure (1842–1911)*, Berlin: Lit Verlag.

Martin, Bernd (1969) *Deutschland und Japan im Zweiten Weltkrieg 1940–1945: Vom Angriff auf Pearl Harbor bis zur deutschen Kapitulation*, Göttingen: Musterschmidt.

Mathias-Pauer, Regine (1984) „Deutsche Meinungen zu Japan: Von der Reichsgründung bis zum Dritten Reich", in: Josef Kreiner (Hrsg.), *Deutschland-Japan: Historische Kontakte*, Bonn: Bouvier, S. 115–140.

Meskill, Johanna Menzel (1966) *Hitler & Japan: The Hollow Alliance*, New York: Atherton Press.

Miyake, Masaki (1977) "German Cultural and Political Influence on Japan, 1890–1914," in: John A. Moses and Paul Kennedy (eds.), *Germany in the Pacific and Far East, 1870–1914*, Brisbane: The University of Queensland Press, pp. 156–181.

Moses, John A. and Paul Kennedy (1977) *Germany in the Pacific and Far East, 1870–1914*, Brisbane: The University of Queensland Press.

Presseisen, Ernst L. (1958) *Germany and Japan: A Study in Totalitarian Diplomacy 1933-1941*, The Hague: Martinus Nijhoff.

Ratenhof, Udo (1987) *Die Chinapolitik des Deutschen Reiches 1871 bis 1945: Wirtschaft, Rüstung, Militär*, Boppard am Rhein: Harald Boldt.

Sander-Nagashima, Berthold J. (1998) *Die deutsch-japanischen Marinebeziehungen 1919 bis 1942*, Hamburg: Dissertation, Universität Hamburg.

Schrecker, John (1971) *Imperialism and Chinese Nationalism: Germany in Shantung*, Cambridge (Mass.): Harvard University Press.

Sommer, Theo (1962) *Deutschland und Japan zwischen den Mächten, 1935–1940: vom Antikominternpakt zum Dreimächtepakt; eine Studie zur diplomatischen Vorgeschichte des Zweiten Weltkriegs*, Tübingen: J. C. B. Mohr（テオ・ゾンマー，金森誠也訳『ナチスドイツと軍国日本――防共協定から三国同盟まで』時事通信社，一九六四年）.

Spang, Christian W. (2013) *Karl Haushofer und Japan: Die Rezeption seiner geopolitischen Theorien in der deutschen und japanischen Politik*, München: Iudicium.

Spang, Christian W. and Rolf-Harald Wippich (eds.) (2006) *Japanese-German Relations, 1895–1945: War, Diplomacy and Public Opinion*, London: Routledge.

Stingl, Werner (1978) *Der Ferne Osten in der deutschen Politik vor dem Ersten Weltkrieg (1902–1914)*, Frankfurt am Main: Haag und Herchen Verlag.

Wippich, Rolf-Harald (1987) *Japan und die deutsche Fernostpolitik 1894–1898*, Stuttgart: Franz Steiner Verlag.

■文献（中文）

陳仁霞（二〇〇三）『中徳日三角関係研究　一九三六－一九三八』北京、生活・読書・新知三聯書店。

黄福慶（一九七五）『清末留日学生』台北・中央研究院近代史研究所。

黄自進（二〇一二）『蔣介石与日本――一部近代中日関係史的縮影』台北・中央研究院近代史研究所。

李国祁（二〇〇二）『中山先生与徳国』台北・台湾書店。

林明徳（一九八四）『近代中日関係史』台北・三民書局。

劉立群（一九九六）「中徳関係史研究在中国」『徳国研究』第一期第一一巻、一－九頁。

馬振犢・戚如高（一九九八）『蔣介石与希特勒――民国時期的中徳関係』台北・東大図書股份公司。

張水木（一九八五）「両次世界大戦之間中徳外交関係之演変」台湾大学歴史研究所博士論文（筆者未見）。

周恵民（一九九五）『徳国対華政策研究』台北・三民書局。

左双文・王英俊（二〇一三）「民国時期中徳関係研究述評（一九二七－一九四九）」『史学集刊』第一期、九六－一〇三頁。

■文献（邦文）

秋田茂（二〇〇三）『イギリス帝国とアジア国際秩序――ヘゲモニー国家から帝国的な構造的権力へ』名古屋大学出版会。

秋田茂・籠谷直人編（二〇〇一）『一九三〇年代のアジア国際秩序』溪水社。

浅田進史（二〇一一）『ドイツ統治下の青島――経済的自由主義と植民地社会秩序』東京大学出版会。

家近亮子（二〇一二）『蔣介石の外交戦略と日中戦争』岩波書店。

五十嵐武士（一九九九）『日米関係と東アジア――歴史的文脈と未来の構想』東京大学出版会。

石島紀之・久保亨編（二〇〇四）『重慶国民政府史の研究』東京大学出版会。

伊藤之雄・川田稔編（二〇〇七）『二〇世紀日本と東アジアの形成　一八六七－二〇〇六』ミネルヴァ書房。

大畑篤四郎（一九六三）「日独防共協定・同強化問題（一九三五年－一九三九年）」日本国際政治学会太平洋戦争原因研究部編『太

平洋戦争への道――開戦外交史（五）　三国同盟・日ソ中立条約』朝日新聞社、三一一五五頁。

小川誉子美（二〇一〇）『欧州における戦前の日本語講座――実態と背景』風間書房。

笠原十九司（二〇一四）『第一次世界大戦期の中国民族運動――東アジア国際関係に位置づけて』汲古書院。

川島真・服部龍二編（二〇〇七）『東アジア国際政治史』名古屋大学出版会。

北岡伸一（一九八九）「国務省極東部の成立――ドル外交の背景」近代日本研究会編『年報近代日本研究（一一）　協調政策の限界――日米関係史　一九〇五―一九六〇』山川出版社、一―三八頁。

木畑洋一（一九七七）「一九三〇年代におけるイギリスの東アジア認識」藤原彰・野沢豊編『日本ファシズムと東アジア――現代史シンポジウム』青木書店、二〇五―二二五頁。

工藤章（一九九二a）『日独企業関係史』有斐閣。

工藤章（一九九二b）『イー・ゲー・ファルベンの対日戦略――戦間期日独企業関係史』東京大学出版会。

工藤章・田嶋信雄編（二〇〇八）『日独関係史　一八九〇―一九四五』全三巻、東京大学出版会。

久保亨（一九九九）『戦間期中国〈自立への模索〉――関税通貨政策と経済発展』東京大学出版会。

小池求（二〇一五）『二〇世紀初頭の清朝とドイツ――多元的国際環境下の双方向性』勁草書房。

後藤春美（二〇〇六）『上海をめぐる日英関係　一九二五―一九三二年――日英同盟後の協調と対抗』東京大学出版会。

佐藤公彦（一九九九）『義和団の起源とその運動――中国民衆ナショナリズムの誕生』研文出版。

サーラ、スヴェン（二〇〇八）「日独関係における陸軍」工藤章・田嶋信雄編『日独関係史　一八九〇―一九四五（二）　枢軸形成の多元的力学』東京大学出版会、一七五―二二八頁。

周惠民（二〇〇八）「日独同盟と中国大陸――「満洲国」・汪精衛「政権」をめぐる交渉過程」工藤章・田嶋信雄編『日独関係史　一八九〇―一九四五（二）　枢軸形成の多元的力学』東京大学出版会、一四五―一七三頁。

鈴木楠緒子（二〇一二）『ドイツ帝国の成立と東アジア――遅れてきたプロイセンによる「開国」』ミネルヴァ書房。

高田里惠子（二〇〇一）『文学部をめぐる病い――教養主義・ナチス・旧制高校』松籟社。

高光佳絵（二〇〇八）『アメリカと戦間期の東アジア――アジア・太平洋国際秩序形成と「グローバリゼーション」』青弓社。

竹中亨（一九九一）『ジーメンスと明治日本』東海大学出版会。

田嶋信雄（一九九二）『ナチズム外交と「満洲国」』千倉書房。

田嶋信雄（二〇〇七）「孫文の「中独ソ三国連合」構想と日本　一九一七－一九二四年――「連ソ」路線および「大アジア主義」再考」服部龍二・土田哲夫・後藤春美編『戦間期の東アジア国際政治』中央大学出版部、三－五三頁。

田嶋信雄（二〇〇八）「東アジア国際関係の中の日独関係――外交と戦略」工藤章・田嶋信雄編『日独関係史　一八九〇－一九四五（一）　総説／東アジアにおける邂逅』東京大学出版会、三－七五頁。

田嶋信雄（二〇一一）「日中戦争と日独中ソ関係」西村成雄・石島紀之・田嶋信雄編『国際関係のなかの日中戦争』慶應義塾大学出版会、三三－五三頁。

田嶋信雄（二〇一三）『ナチス・ドイツと中国国民政府　一九三三－一九三七』東京大学出版会。

中央大学人文科学研究所編（一九九三）『日中戦争――日本・中国・アメリカ』中央大学出版部。

中央大学人文科学研究所編（一九九九）『民国前期中国と東アジアの変動』中央大学出版部。

中央大学人文科学研究所編（二〇〇五）『民国後期中国国民党政権の研究』中央大学出版部。

中井晶夫（一九九五）『ドイツ人とスイス人の戦争と平和――ミヒャエーリスとニッポルト』南窓社。

中道寿一（一九九一）『ヒトラー・ユーゲントがやってきた』南窓社。

中村綾乃（二〇一〇）『東京のハーケンクロイツ――東アジアに生きたドイツ人の軌跡』白水社。

萩原充（二〇〇〇）『中国の経済建設と日中関係――対日抗戦への序曲　一九二七－一九三七年』ミネルヴァ書房。

阪東宏（二〇〇二）『日本のユダヤ人政策　一九三一－一九四五――外交史料館文書「ユダヤ人問題」から』未來社。

福岡万里子（二〇一三）『プロイセン東アジア遠征と幕末外交』東京大学出版会。

細谷千博（一九六三）「三国同盟と日ソ中立条約（一九三九年－一九四一年）」日本国際政治学会太平洋戦争原因研究部編『太平洋戦争への道――開戦外交史（五）　三国同盟・日ソ中立条約』朝日新聞社、一五九－三三一頁。

細谷千博、イアン・ニッシュ監修（二〇〇〇－〇一）『日英交流史　一六〇〇－二〇〇〇』全五巻、東京大学出版会。

細谷千博・斎藤真・今井清一・蠟山道雄編（一九七一－七二）『日米関係史――開戦に至る十年（一九三一－四一年）』全四巻、

東京大学出版会。

松本重治（一九七七）『上海時代』中央公論社。

丸山直起（二〇〇五）『太平洋戦争と上海のユダヤ難民』法政大学出版局。

三宅正樹（一九七五）『日独伊三国同盟の研究』南窓社。

宮永孝（一九九三）『日独文化人物交流史——ドイツ語事始め』三修社。

義井博（一九八七）『日独伊三国同盟と日米関係——太平洋戦争前国際関係の研究』南窓社。

和田春樹・後藤乾一・木畑洋一・山室信一・趙景達・中野聡・川島真編（二〇一〇－二〇一一）『岩波講座　東アジア近現代通史』（全一〇巻・別巻一）岩波書店。

総説

総説Ⅰ　ドイツの外交政策と東アジア　一八九〇－一九四五

――重畳する二国間関係

田嶋信雄

はじめに

一八九〇年に親政を開始した皇帝ヴィルヘルム二世の「世界政策」は、東アジア国際関係に重大な影響を与えたのみならず、日本と中国の政治的運命にも、またドイツ自身の政治的運命にも決定的な影響を与えた。失脚したビスマルクは、慎重に張り巡らせた同盟網を基盤として政治的資源をヨーロッパに集中し、ヨーロッパ外での対外膨張を自制する政策をとっていたが、ヴィルヘルム二世は日清戦争を契機に東アジア国際関係にも介入し、いわゆる「三国干渉」にあえて踏み切ったのである。三国干渉は、ドイツ自身の植民地獲得（一八九八年膠州湾租借地獲得）へと繋がり、さらに列強の勢力圏・経済権益の獲得を活性化させ、中国の「瓜分」（分割）を先導した。

その後ドイツは第一次世界大戦の敗北により膠州湾租借地およびドイツ領南洋諸島を失い、一時期東アジア国際関係の主要な政治舞台から姿を消したが、しかし一九二〇年代においても、ドイツの東アジアへの政治的・経済的・文化的関心は潜在的に継続した。一九三三年のナチズムによる権力掌握以後、ドイツはふたたび東アジアでの政治的コミットメントを拡大し、一九三六年には独「満」貿易協定、中独条約、日独防共協定という三つの条約で東アジア国際関係での復活を果たした。第二次世界大戦勃発後、ドイツは日独伊三国同盟を締結し（一九四〇年）、日本との政治的提携を選択し、さらに日本の真珠湾奇襲攻撃後は中国との間で戦争状態に突入したが、一九四五年には日本との共通の破局を経験することになる。中国はこの過程で連合国のアジア戦線を担う主力に成長し、長年の念願であった不平等条約の最終的撤廃に成功するとともに、一九四五年には第二次世界大戦の戦勝国としての地位を確保したのである。

本章の課題は、以上のような大まかな流れを念頭に置きつつ、一八九〇年から一九四五年にいたるまでの時期におけるドイツと東アジアの関係を、政治・外交を中心に、概括的にスケッチすることにある。

しかしながら、もちろん、この半世紀以上にわたるドイツと東アジアの関係の豊かな政治的・外交的内実を、限られたスペースで概括するには多くの困難が伴うだろう。そもそも、ドイツと東アジアの関係には、日独関係、日中関係、中独関係という主要な二国間関係が重畳しており、それぞれの二国間関係に中国要因、ドイツ要因、日本要因が影響しているであろう。しかもこうした重畳する二国間関係の総和は、さらに、東アジア国際関係という枠組みに政治的影響を与えるとともに、さらにその枠組みからも逆規定的な影響を受けるという複合的な関係を形成していると考えられる。そのすべてのアスペクトについて満遍なく解析の光を当てるのは、たんにスペース的に困難なだけではなく、方法的・理論的にも、さらに一人の研究者の能力を考えた場合にも、容易なことではないだろう。

そこで本章では、分析対象としては、重畳する三つの二国間関係（日独関係、日中関係、中独関係）のなかでも特に中独関係に焦点を絞って考察を進め、日独関係・日中関係については必要な範囲で補足的に触れるという方法をとることにしたい。その理由の第一は、当該時期の日独関係史については、それを通観した先行研究が存在し（田嶋 二〇〇八）、限定された視角からではあれ、一応の歴史的見通しをつけることができるからである。第二に、日中関係史については、通史的研究および個別的研究が世界的にも蓄積されているため、あえて本章で屋上屋を架す必要が認められないからである。

つぎに、分析の方法としては、重要な歴史的節目にドイツおよび中国の政府内外で検討された複数の政治的・外交的選択肢の存在に着目するアプローチをとることとしたい。こうした方法を、田口（一九九〇、三八頁）は、以下のように簡潔に説明している。

「大枠は動かし難い場合でも、その枠内で複数の選択肢が存在したはずであるし、選択の積み重ねの結果として大枠そのものも変わってくるのである。そしてとりわけ、選好されなかった選択肢を採り出す作業は、単に人間の営為の複雑・多様を示すだけでなく、歴史における行為者の決断と責任の問題、つまりは歴史における人間の自由の契機を浮かび上がらせる為に不可欠と考える」。

いままで日本の政治学（とりわけ比較政治学）では、こうした「政治史」的方法は、主としてヨーロッパ政治研究における国内政治の分析に適用され、諸事例が豊かに分析されてきたが、もちろんヨーロッパに限らず、各国の対外政策一般においても適用可能であろう。

つぎに、当該時期の中独関係史全般に関わる研究史および史料状況について、簡単に触れておきたい。

当該時期の中独関係史について、ドイツで刊行された史料集、研究書、回想録、雑誌文献などは、同時期の日独関係史に比べ、はるかに充実しており、それらを網羅した文献目録が、三〇年前にすでに、なんと一冊の単行本として出版されているほどである（Esser 1984）。このことは、東アジアに関するドイツの学界・ジャーナリズムの関心が、中国現代史および中独関係史に傾斜的に集中していることを如実に示しているといえよう。また、モーゼス／ケネディの論文集（Moses/ Kennedy 1977）の巻末に掲載されている文献案内でも、日独関係史については付け足し程度に若干の文献が挙げられているに過ぎないが、ドイツ＝太平洋関係史、中独関係史については非常に充実しており、関連する英語圏の未刊行博士論文まで網羅されている。

一般的通史では、現在のところ、ドイツのラーテンホーフの著作（Ratenhof 1987）および台湾の周惠民の著作（周 一九九五）という、いずれもドイツの対中国政策をテーマとした二冊の信頼しうる概説的な研究書が出版されており、この二冊を読めば当該時期のドイツの対中国政策の概略を知ることができる。一方、逆のベクトルである中国の対ドイツ政策については、現在にいたるも概説的な著書は存在せず、そのため、当該時期の双方向的な中独関係を知るには、ラーテンホーフと周惠民の著作を、中国史の側からの史料ないし個別研究で補う必要がある。

当該時期の中独関係史史料の刊行状況は、たとえば当該時期の日独関係史に比べ、はるかに恵まれているといってよい。ドイツ側では、フォルクスワーゲン財団の支援を受けた全六冊の浩瀚《こうかん》な中独関係史料集が刊行されている。そのうち本章が扱う時期に関するものは、Leutner (1997), Leutner (1998), Leutner (2006), Martin (2003) の四冊である。各巻は、冒頭にそれぞれが扱う時期の概観が示されたのち、政治、軍事、経済、文化などのセクションに分類され、さらにセクションごとに概観と史料解説が丁寧に付されている。こうした解説を通読すれば、上述のラーテンホーフおよび周惠民の著作とあわせて、通史的な理解を深めることができる。たんにドイツ側の文書のみならず、中国側の重要な文書が多く選択され翻訳されているのも、この史料集の特徴の一つである。

本章が扱う時期のドイツの外交文書については、いわゆる *Große Politik*（以下 *GP* と略）が第一次世界大戦勃発までを扱い、さらに第二次世界大戦後に出版されたドイツ外交文書集（いわゆる *ADAP*）が、第一次世界大戦におけるドイツの敗戦から第二次世界大戦におけるドイツの敗戦までを扱っており、それぞれの時期の対中国政策についても重要な文書を掲載している。第一次世界大戦期のドイツ外交には、残念ながらまとまった史料集は存在しないので、必要な場合はドイツ外務省外交史料館、ドイツ連邦文書館等で関連史料に当たらなければならない。

中国および台湾では、一九二七年から一九四七年までの対ドイツ政策文書を集めた中独関係史料集である中国第二歴史档案館編『中徳外交密档　一九二七－一九四七』（一九九四年）と、一九二八年から一九三八年までのドイツ対中国政策文書を中国語訳した史料集である郭恒鈺・羅梅君（主編）『徳国外交档案　一九二八－一九三八年之中徳関係』（一九九一年）が刊行されており、中国・台湾における中独関係史研究の重点が南京（重慶）国民政府期に置かれていることを示している。そのほかに中独関係文書を含む外交関係史料集としては、全国図書館文献縮微複制中心『民国外交部第一次世界大戦档案匯編』全三巻（二〇〇九年）、中国第二歴史档案館編『中華民国史档案資料匯編』（一九七九－二〇〇〇年）、中国国民党中央委員会党史委員会編『中華民国重要史料初編――対日抗戦時期　第二編　作戦経過（二）』（一九八一年）、中国国民党中央委員会党史委員会編『中華民国重要史料初編――対日抗戦時期　第三編　戦時外交（二）』（一九八一年）などがある。また、蔣介石の政治的動向については、『蔣中正総統档案　事略稿本』全八二巻（二〇〇三－二〇一三年）、秦孝儀（総編集）『総統　蔣公大事長編初稿』（一九七八年－）、黄自進・潘光哲編『蔣中正総統五記』（二〇一一年）などによってカバーすることができよう。

一　ドイツの「世界政策」から第一次世界大戦へ

1　「東アジア三国同盟」と中国の「瓜分」

一八四〇年に勃発したアヘン戦争における清国の敗北の結果、南京条約が一八四二年に締結された。さらに第二次アヘン戦争における清国の敗北の結果、北京条約が一八六〇年に調印された。こうした過程の中で、清国と西洋諸国の関係は、条約に基づいて展開されるようになった。その後、西洋諸国が清朝の周辺に存在していた朝貢国などを西から植民地化していき、一方東から日本が琉球や朝鮮に進出していく中で、清朝を中心とする朝貢冊封体制は解体に向かった。一八九四年八月に勃発した日清戦争は、いうまでもなく、この過程を決定的に促進した大きな歴史的契機の一つであった。

朝鮮における甲午農民戦争に介入した日本と清国は、一八九四年八月一日に宣戦布告し、戦闘状態に入ったが、戦争は当初より日本に有利に展開し、九月における平壌総攻撃とその占領（一五日）、黄海海戦での勝利（一七日）と続き、日本は朝鮮からさらに中国東北部（満洲）へと歩を進め（一一月二一日、旅順陥落）、清朝の敗色が鮮明になってきた。翌一八九五年一月に日本軍は山東半島に上陸し、二月二日には威海衛を攻略、一二日、さらに日本の連合艦隊が北洋艦隊に降伏を強いることとなった。三月三〇日には休戦条約が結ばれ、翌四月一七日には下関で日清講和条約が締結された。こうした過程でドイツは、列強の中国分割の進展に乗り遅れまいとし、台湾や澎湖諸島の獲得を検討し始めている。

ドイツが日清戦争に対してとりうる選択肢の一つは、干渉を控え、中立を保つことであった。実際、この選択肢は、当時ドイツ政府内で検討されたもののうち、もっとも有力で、なおかつ従来からのドイツ東アジア政策の基本を踏襲するものでさえあった。当時ドイツは、ヨーロッパにおいて、軍事同盟関係で結ばれた露仏との政治的対立関係にあったが、ヨーロッパでのロシアの政治的圧力を緩和するためにも、ロシアを暗に使嗾《しそう》して関心を東アジアに向けさせる政策をとっていた。しかしそれを超えたドイツの直接介入という路線は、少なくとも清朝の危機が見え始めるまでは、ドイツの選択肢にはなく、検討されてもそれは「時期尚早」と考えられていたのである。

第二は、列強と歩調を合わせつつ、チャンスを見て東アジア国際政治に介入するという方策である。こうした介入論は、政府内部では必ずしも有力な選択肢ではなかったが、しかし一方、のちに「三国干渉」となって現れるこの政策を主導したのは、ヴィルヘルム二世（Wilhelm II.）であった。かれは清朝の危機に際し、中国での領土獲得の誘惑に駆られたのである。まさしくそれは、ドイツ統一（一八七一年）後に国内政治の安定化を第一として帝国主義的対外進出を抑制していたビスマルクのヨーロッパ政策から大きく逸脱したものであった。したがって「三国干渉」へのドイツのイニシアティヴは、歴史的に必然的なものではなく、またドイツ外交の伝統に基づいたものでもなく、むしろヴィルヘルム二世というパーソナリティに結びついた一つの政治的選択の結果であったと見ることができる。たとえば一八九四年七月一六日、外務次官ローテンハーン（Wolfram von Rotenhan）は「干渉はわが国の任務ではない」とはっきり述べていたし（Rotenhan an Kiderlen, 16. Juli 1984, *GP*, Bd. IX, S. 241-242）、ビスマルクは、事後的ではあるが「昔の路線であればおそらく日本に対する干渉への参加などそもそも実現していなかったはずだ」と述べ、この東アジアへの介入を「無謀な飛び込み」として激しく批判していた（ヴィッピヒ 二〇〇八、一五六頁、Wippich 1987, S. 145-146）。

しかしそれはともかく、ドイツは、三国干渉により東アジアへのコミットメントを大幅に拡大することとなった。たとえばドイツは、三国干渉に対する中国の「謝礼」として天津・漢口に租界を獲得した（Ratenhof 1987, S. 146）。さらにドイツは、中国沿岸部での駐留港獲得をめざし、まずは清朝との外交交渉を開始し、それが失敗すると、結局武力占領の方針を固めていくことになった。

一八九七年一一月、ドイツ人宣教師が殺害された事件（鉅野事件）を契機として、ドイツは膠州湾を占領し、翌九八年三月六日、ドイツと清国の間で膠州湾租借条約が締結された（佐藤 一九九九、二一〇－二三八頁）。このときドイツは、植民地獲得の新たな法的装いとして「租借」なる概念を用いたが、この概念は、のちに列強が中国沿岸の港湾を獲得する際の一つの範例となった（浅田 二〇〇八）。

「陽のあたる場所」＝膠州湾の占領について、ドイツでは、外務省と海軍省は当初外交交渉による取得という選択肢を追求し、軍事力による占領に反対していた。にもかかわらず、皇帝ヴィルヘルム二世と軍令部および現場の東洋巡洋艦隊の主導で、軍事力の投入が決定されたのである（Ratenhof 1987, S. 154）。ドイツ政府内では、アモイ占領という選択肢も検討されたが（Ratenhof 1987, S. 154）、山東省の経済的潜在力に注目する地理学者リヒトホーフェンの主張が海軍の支持を得たため、膠州湾が選ばれたのであった。

三国干渉に示されたドイツ、ロシア、フランスの共同行動は、のちに「東アジア三国同盟」とも称されることとなった。しかしそれは、三国間の東アジアにおける新しい提携関係が成立したことを必ずしも意味したわけではなかった。たとえば、三国干渉後、清朝の対日賠償金をめぐる借款問題において、ドイツと仏露の間ではむしろ利害の対立が生み出されている。とはいえ、ドイツの膠州湾占領は、ロシアとフランスの行動を誘引する結果となった。ロシアは旅順・

大連の「租借」に乗り出し、フランスも一八九九年に広州湾（雷州半島北東部）を九九年「租借」し、一九〇〇年にそれをインドシナ連邦に加えた。さらにこうした独露仏の行動は、イギリスと日本の中国分割への参加をいっそう促した。すなわち、イギリスはロシアの旅順・大連租借への牽制の意味で威海衛を租借し、日本は台湾の対岸の福建省の「不割譲」を清国に約束させ、事実上当該地方を勢力圏においた。こうして三国干渉とそれに続くドイツの膠州湾占領・租借は、中国の「瓜分」を招いたのである。

2　義和団事件と日露戦争

さらに東アジアの国際関係を動揺させたのは、中国における反キリスト教をかかげる民衆反乱の拡大であった。反キリスト教運動は、ドイツ系キリスト教ミッションとの間で多くの「仇教」事件を引き起こし、山東半島では、ドイツによる山東鉄道建設反対運動とも合流していた。これに対するドイツの「懲罰遠征」（一八九九年四月日照へ、六月に高密へ）は、さらに現地住民の抵抗と運動の高揚をもたらした（浅田 二〇〇九）。「扶清滅洋」をかかげる義和団は、新任の山東巡撫袁世凱により山東地方での活動を弾圧されると、直隷省方面に流出していった（佐藤 一九九九）。一九〇〇年に入ると、義和団の流入により北京の治安が悪化し、また清朝内部の保守派が義和団を保護したため、清朝と列強が対立するようになった。

こうした緊迫した情勢の中で六月二〇日、ドイツ公使ケッテラー（Clemens Freiherr von Ketteler）が殺害された（Martin 2002）。その直後に清朝は列強に宣戦布告をおこない、公使館街を包囲・攻撃した。しかし連合軍は次第に清朝側を圧倒し、七月一四日に天津を、八月一五日に北京を陥落させた。九月にヴァルダーゼー（Alfred Heinrich Karl Ludwig von Waldersee）将軍を総司令官とする八カ国連合軍が増強されると、北京周辺で「懲罰遠征」を繰り返し、容赦のない鎮圧を繰り返した。七月二七日の閲兵式における有名な「フン族」演説のなかで、ヴィルヘルム二世は「敵が来たら打ちのめせ！　情けは無用だ！　俘虜は取らない！　千年も前のアッティラ王麾下のフン族は、今もなお伝説と民話の中でその粗暴な名を残している。ドイツも同じように、千年にわたり中国でその名を思い知らせるべきだ。そうすれば、今後、一人の中国人たりともドイツ人を軽蔑の目で見るようなことはないだろう！」と激烈な演説をおこなった(1)。

ロシアは義和団の乱に際し中国東北部に大軍を派遣したが、北京議定書締結後も撤兵せず居座り続けた。ロシアの中国東北への野心に危機感を持った日本とイギリスは、一九〇二年に日英同盟を締結してロシアの膨張に備え、これを背景に日本は一九〇四年二月にロシアとの決戦に臨んだのである。日本軍はその後朝鮮半島を北上し、満洲の遼陽の会戦に勝利、さらに多大な犠牲を出しながらも翌〇五年一月に旅順を占領、北上し、全力で奉天（現瀋陽）を攻略した。しかしその過程で日本は経済的にも軍事的にも疲弊し、アメリカ合衆国の仲介を期待した。五月二七日、日本海海戦で日本海軍がロシアのバルチック艦隊に勝利すると、ローズヴェルト（Theodore Roosevelt）大統領が講和斡旋に乗り出し、九月五日にアメリカのポーツマスで講和条約が調印された。

日露戦争が勃発したとき、ドイツは「厳正な中立」を宣言した（Aufzeichnung Richthofen, 7. Februar 1904, *GP*, Bd. XIX 19, Dok. Nr. 5956, S. 57-58)。しかしながら、ドイツは横浜のドイツ海軍病院の便益を日本に提供し、日本側にも一定の配慮をしたものの、他方で東進するバルチック艦隊にハンブルク＝アメリカ汽船（HAPAG）を通じて石炭を供給し、ロシア側への支援をおこなった。その後の戦争の過程で、この戦争にどう対処するかについて、ドイツ政府内ではさまざまな思惑が交差した。

ドイツ宰相ビューロ（Bernhard von Bülow）の脳裏には、この東アジアの戦争において、三国干渉の時のように、ふたたび交戦国の間を仲介し、そのことにより東アジアに領土的な見返りを得るという選択肢ももちろん浮かんだ（ヴィッピヒ 二〇〇八、一五八頁。Bülow an Holstein, 15. Januar 1904, *GP* 19, Dok. Nr. 5942, S. 33-34)。さらに、黄禍論＝日禍（Japanische Gefahr）論に取り憑かれた皇帝ヴィルヘルム二世の気分は、まさしく参戦国のそれであった。かれは従兄弟の関係にあるニコライ二世に対し、「ロシアにとって将来もっとも偉大な任務は、アジア大陸を文明化し、黄色人種の大侵入からヨーロッパを防衛することにある」と述べていたのである（Wilhelm II. an Nikolaus II. 26. Juni 1895. Gerlach 1920, S. 2-3. Gerlach 1920, 邦訳一三頁）。さらに、ヴィルヘルム二世は、ニコライ二世の示唆に基づき、独露仏三国による「東アジア三国同盟」の再来を夢見た。一九〇四年一〇月二七日、ヴィルヘルム二世はニコライ二世に手紙を送り、独露に加えてフランスが加入する「三つの大陸国からなる最強の同盟」を形成すれば、「日英同盟も行動に躊躇せざるを得まい」と述べていたのである。しかしながらフランスが加入に消極的だったために、この案は頓挫してしまった（田嶋 二〇〇八、一三頁、Wilhelm II. an Nikolai II., 29. Oktober 1904, *GP* Bd. XIX, Dok. Nr. 6119, S. 305）。東アジア国際関係における当時の日本は、もはや一〇年前の日本ではなく、「東アジア三国同盟」の時代はとうに過ぎ去っていたのである。

結局、ドイツはその後も日露戦争では「中立」という立場を維持した。宰相ビューローがのちに語っているように、「東アジアにおける戦争は、ヨーロッパでつねに潜在している戦争の危機を、われわれから遠ざける」（ヴィッピヒ 二〇〇八、一五八頁）という効果を持ったのである。

一方、日本海海戦でのロシア艦隊の壊滅を知って驚愕したヴィルヘルム二世は、ロシアでの革命と君主制の崩壊を恐れ、ローズヴェルトに和平提案を支持することを保証した（田嶋 二〇〇八、一三頁）。こうしたドイツの姿勢は、ローズヴェルトの和平提案にとっては大きな後ろ盾となった。しかも日露講和で示された独米協調は、東アジアという「場」において、ドイツとアメリカ合衆国の協調が潜在的に可能であることを示しており、のちの米独清三国提携論の出発点となった。

3 「東アジア四国協商体制」と独米清三国提携構想

日露戦争のさなかに英仏協商（一九〇四年四月）が締結されたことは、ドイツ外交にとっての大きな打撃であった。この協商は、エジプト、モロッコなどでの英仏対立に終止符を打つことにより、両国が国際政治の上で協調的な行動をとることを可能とするものであり、ドイツ外交は、東アジアにおいても、今後しばらくその行動を著しく掣肘《せいちゅう》されることが予想された。宰相ビューロは、「われわれは忍耐をもってこれからの数年を切り抜け、事件を起こさず、猜疑心の原因となるような明確な理由を与えないこと」が必要であると述べた（Bülow an Wilhelm II., 26. Dezember 1904, *GP.* Bd. XIX, Dok. Nr. 6157, S. 372-373, ヴィッピヒ 二〇〇八、一六二頁）。ドイツは、東アジアにおいて隠忍自重を覚悟せざるを得なかったのである。

また、日露戦争後の一九〇七年六月一〇日に締結された日仏協商は、清国を対象とし、日仏両国の在清権益に近接する諸地方において、両国が行動の相互支援を約束したものであった[2]。このため、日仏協商は清国に非常な脅威を与えたのである。清朝政府は日仏協商の成立に「わが辺疆防衛に干渉する意味」を見いだし、中国の新聞はそれを「〔中国〕分割の協定」（『申報』一九〇七年六月二九日、小池 二〇一五、一五三頁から再引用）として警鐘を鳴らすことになった。

日露戦争での敗北により東アジアでの膨張を阻まれたロシアは、日本との政治的・外交的妥協を選択した。一九〇七年七月三〇日には日本とロシアとの間で満洲における勢力圏の範囲を確定し、外モンゴルおよび朝鮮半島での特殊利益を相互承認する日露協約が締結された。この協約により、以後東アジアにおいて日本とロシアは両国の利益保護のため共同行動を取り、第二次（一九一〇年七月四日）、第三次（一九一二年七月八日）、第四次（一九一六年七月三日）の日露協約で国際政治上の結びつきを深めてゆくことになる。

日英同盟と露仏同盟、英露協商（一九〇七年締結）をあわせ、ここに日本を中心とした「東アジア四国協商体制」が成立したのである。しかし清国にしてみれば、それはもちろん「瓜分」の再燃に過ぎないのであった。

こうして東アジアでは、孤立したドイツと、継続的な「瓜分」の脅威に直面する清朝、さらに中国への進出競争に遅れたアメリカ合衆国という三国が、日本を中心とする「東アジア四国協商体制」から距離を置くという国際政治構造が成立したのである。

しかもドイツにとって、東アジアでの政治的孤立は、青島の軍事的脆弱性の鮮明化をも意味した。桂太郎はドイツ皇帝に、日本は膠州湾への攻撃を準備していないと語ったが（Stingl 1978, S. 514）、これは言わずもがなのことであり、実際に青島への軍事的脅威が存在することは明らかであった。

こうした情勢に、ドイツと清国はそれぞれの思惑から対応した。ドイツには、いくつかの政治的選択肢が存在した。大まかにいえば、第一は、東アジアにおいて新しく強国として登場した日本に接近するという選択肢である。これには、二国間関係において「日独協商」を形成するか、ドイツ自身も多国間体制としての東アジア協商体制に加わる、という方法があり得た。第二は、清国に関してアメリカや第三国（たとえばロシアやイギリス）との提携を図るという選択肢である。その際、アメリカとの合意に達するなら清国を犠牲にしてもよいと考えるのがヴィルヘルム二世や駐清公使レックス（Arthur Graf von Rex）らであり、より穏健に、清朝に関するアメリカとの一般的な合意を目指したのが帝国宰相ビューローであり、ドイツ外務省であった。第三は、独米清三国間での提携を図るという選択肢であった。

第一の選択肢、すなわち日英仏露四国協商にドイツが加わるという考えについて、ドイツ外務省では一九〇七年夏に議論されたが、そこでは、「そのような協定はわれわれにとって現時点では適当とは考えない」との結論が下された（Tschirschky an Mumm, 5. August 1907, *GP*, Bd. 25, Dok. Nr. 8546, S. 63–64）。第二・第三の選択肢は、独米清相互の接触の中で重畳的に検討された。たとえばヴィルヘルム二世や駐清公使レックスは、清朝を除外した独米露三国の秘密条約を締結すること、さらに日本が黄河以北を占領し、または膠州湾を攻撃した場合はドイツ、アメリカ、ロシア三国が共同して戦い、対日戦争に勝利した場合にはロシアに新疆やモンゴルなどの辺境地域を譲渡することを考えていた。清朝の立場を無視し、独米露三国により日英仏協商に対抗しようというのである（Wilhelm II. an Bülow, 30. Dezember 1907, *GP*, Bd. XXV, Dok. Nr. 8557, S. 87–89）。他方帝国宰相ビューローや外務省は、清朝にイニシアティヴをとらせつつ、中国の一体性と独立を保証する趣旨の宣言を発出することにより、ゆるやかな独米清三国の協調体制を築くことを想定していた（Bülow an Rex, 3. Januar 1908, *GP*, Bd. XXV, Dok. Nr. 8558, S. 89–90）。

清朝側の取り得る政治的選択肢の幅は必ずしも広くはなかった。清朝内部、とくに在欧外交官の中には、たとえば第二回ハーグ平和会議後に駐イタリア公使に就任していた銭恂のように、ヴィルヘルム二世の唱える黄禍論やアジア太平洋に目を向け始めたアメリカ合衆国に警戒感を示し、清朝としてはむしろ日本との提携を模索すべきであるとの考えを懐いていた者もいた（箱田 二〇一二、二四二－二四三頁）。しかしそれはあくまでも少数で、全体としては、ドイツやアメリカ合衆国が日本と「日独協商」ないし「日米協商」を締結することを阻止することがまず至上命題とされ、さらに、それを同時に実現するためには、「東アジア四国協商体制」から外れたドイツおよびアメリカとの連携が望ましいものとなった。

一九〇七年夏の光緒帝にあてた上奏文（奏摺）（袁世凱ないしはその周辺の人物が執筆したと推測される）は、独米清三国だけでは日本の反感を買い、危険なので、その三国にイギリスを加えることにより、「わが国が英米独三国と友好関係を築く」ことができれば日本も態度を変えるかもしれない、と述べていた。その後、袁世凱の権力基盤が強化された一九〇八年から中国側のアプローチが始まり、さまざまな予備交渉ののち、七月、義和団賠償金の返還についてアメリカに謝意を示すことを主たる名目とする唐紹儀の欧米日派遣が決まった（小池 二〇一五、一七二－一七三頁）。

しかしながら、こうした清国とドイツの思惑は、一一月三〇日、「高平＝ルート協定」によって先を越されてしまった（外務省 二〇〇七、三二一－三二三頁）。アメリカ合衆国は、アジア太平洋問題に関し、独米清三国提携をめざすよりも、「日米協商」の締結を選んだのである。約二週間後の一二月一三日、ローズヴェルト大統領と唐紹儀の会談が開かれ、独米清三国関係が話題となった。この会談でローズヴェルトは、三国の同盟が他国の猜疑心を買う危険性を指摘したのである。独米清三国の提携構想は最終的に挫折し、唐紹儀はこの問題に関する交渉中止を決定した。その後一二月三一日にもローズヴェルトは駐米ドイツ大使ベルンストルフ（Johann Heinrich Graf von Bernstorff）と会談し、「アメリカは中国のために戦争はできない」と述べていた（小池 二〇一五、一七六－一七七頁）。アメリカの支援が期待できない以上、ドイツもまた単独で清国に政治的に接近するという選択肢を持ち得なかったのである。

高平＝ルート協定、すなわち「日米協商」の成立は、東アジアでのドイツの孤立をいっそう明らかにした。ドイツは東アジアにおいて日本と協商関係にない唯一の大国となったのである。こうした状態に対し、日本からは、ドイツとの伝統的友好関係を踏まえつつ、たとえば青木周蔵が駐日ドイツ大使ムム（Alfons Mumm von Schwarzenstein）に「日独協商」の可能性を示唆したりもしたが、ドイツ側はあくまで否定的であった（小池 二〇一五、一八三頁）。

その約二年後、一九一〇年七月四日に第二次日露協商が成立すると、ドイツ、アメリカ合衆国および清国では、日本およびロシアの対満洲政策への懸念が広がった。清国では、「中国は特にドイツと切なる関係になるよう強く望んでいる。独米が……ここでもっとも信頼されている国家である」と判断され、またドイツでも駐日大使ムムが、日露協商は「強固な利益共同体に発展」してしまったとの判断を示した。こうしてふたたび清国、ドイツおよびアメリカ合衆国三国が協調して日露に対抗しようとする動きが浮上したのである。

このため、清朝側では、一九一〇年九月、梁敦彦を密使として独米に派遣した（小池 二〇一五、二二一－二三〇頁）。ヴィルヘルム二世はこうした協力構想に対し、「朕はわが国が中国を支持するという考えに完全に同意する。……日本やその他の国がそれに対し渋い顔をしようが関係ない」と歓迎した（Bemerkung Kaiser Wilhelm II., Bethmann Hollwegan Kaiser Wilhelm II., *GP*, Bd. XXXII, Dok. Nr. 11728, S. 149-151）。梁敦彦はベルリンでドイツ外務省と交渉し、清朝の国家主権、領土的一体性、門戸開放などに関して清国・ドイツ・アメリカ合衆国三国の声明を発する案をまとめ、それをもって翌一九一一年二月にアメリカに渡り、国務省に提案したのである。しかしながら、アメリカ合衆国は、満洲鉄道中立化案の失敗の経験などを踏まえ、慎重に対処した。ノックス（Philander Chase Knox）国務長官は、結局梁敦彦の案を拒絶し、代案として仲裁裁判条約の締結を提案した。しかしながらドイツ側がこの案に難色を示したため、ふたたび独米清連携構想は失敗に帰したのである。(3)

4 辛亥革命と日独関係

一九一一年五月に清朝がおこなった鉄道国有化は、湖南、湖北、四川、広東省などで広範な民衆の反発を招き、その事態を背景として、一〇月一〇日に武昌で革命派が武装蜂起を決行、革命運動はただちに中国各地に波及して多くの省の独立が宣言された。辛亥革命の勃発である。ドイツはただちに砲艦三隻を漢口に派遣したが、一〇月一七日にはその乗務員が戦闘に巻き込まれている。ドイツは、友好的な関係にある清朝政府の保持と革命抑圧を求めた。

辛亥革命勃発に対する国際環境は、やはり日本を先頭とする「東アジア四国協商」と、それに警戒感を懐くドイツ・アメリカという構図として現れた。日本の西園寺公望内閣は、革命勃発当初、清朝を維持しつつ、イギリス・ロシア両国との協調により日本の勢力を大陸に扶植し、中国における日本の優越的な地位を国際的に認めさせることを主眼としていた。

外務大臣内田康哉は革命勃発後の一〇月一七日にロシア駐在大使本野一郎に「新内閣の日露協約尊重の意向」をロシア外務大臣サゾノフ（Sergei D. Sazonow）に伝えるよう訓令を出しており（内田発本野宛一九一一年一〇月一七日、外務省一九六一、四九五－四九六頁）、ロシア首相ココフツォフ（Vladimir N. Kokovtsof）も一〇月二三日に本野と会談し「吾人の顧慮すべきは第三国なり、然り本大臣の恐るる所のものは米独の干渉なり」とあけすけに語っていた。これに対し本野も「日露両国が断固たる措置に出るの時」に当たり、露仏英三国の結合が強固であれば、ドイツは近東において「露国を苦しむる」とは思えないと述べていた（本野発内田宛一九一一年一〇月二四日、外務省一九六一、四九八－五〇二頁）。つまり本野は、東アジア四国協商体制を堅持すれば、ロシアは近東においてドイツと対抗することができるとココフツォフに教唆したのである。また、当時フランス外務省当局も「仏領印度支那に接境する三省」（雲南・広西・広東）に革命が波及する場合、「日仏協約の運用を見ることとなるやもしれず」との考えを懐いていた（安達臨時大使発内田外務大臣宛一九一一年一〇月一八日、外務省一九六一、四九五－四九六頁）。

こうした協商側の動きに対し、ドイツとアメリカ合衆国も二国間の共同歩調を模索した。一九一一年一二月初旬、アメリカ合衆国国務長官ノックスはワシントン駐在ドイツ大使ベルンストルフとの会談で、中国問題での日本・イギリス・ロシア・フランス四国の共同行動を心配し、その四国の矛先はアメリカ合衆国とドイツにも向けられていると示唆した。ベルンストルフは本省への報告の中で、ノックスが「東アジア情勢でわが国と接触し協力したいという希望」をまたもや繰り返したと述べている（Bernstorff an das AA, eingetroffen am 10. Dezember 1911, *GP*, Bd. XXXII, Dok. Nr. 11806, S. 239-240）。また、ドイツ外務次官ツィンマーマン（Arthur Zimmermann）もベルンストルフに対し「わが国とアメリカ合衆国は中国において同一の利害を有する。中国における共同行動について、アメリカ合衆国と了解に達する用意がある」と述べていたのである（Zimmermann an Bernstorff, 27. Dezember 1911, *GP*, Bd. XXXII, Dok. Nr. 11810, S. 242-252）。

こうした事態は、日独関係を緊張させた。日本の新聞は、一〇月一九日に膠州湾のドイツ海軍が動員されて南京および漢口に向かうと報じ、一二月にも「しばしば外務省のスポークスマン役」を務める『読売』が、ドイツ政府が清朝政府を支持し、ドイツ政府の黙認の下にドイツの現役ないし退役将校が清朝軍にあって戦闘に参加していると報道していた。こうした「ドイツへの激しい攻撃」に対し、東京駐在ドイツ代理大使ラドヴィッツ（Wilhelm von Radowitz）は内田に照会をおこなっていたのである（Anmerkung der Herausgeber, *GP*, Bd. XXXII, S. 239）。さらに、翌一二年一月七日にもツィンマーマンは、日本駐在ドイツ大使レックスに「偏向した日本の報道のドイツ攻撃」について語り、「こうした悪意ある行動に断固として対応するよう」求めたのである（Zimmermann an Rex, 7. Januar 1912, *GP*, XXXII, Dok. 11813, S. 247）。

その後一九一二年一月一日には革命側各省代表の見守るなか、孫文が中華民国臨時政府の樹立を宣言した。しかしながらここで事態収拾の主導権を握ったのは、強大な軍事力を保持する袁世凱であった。かれは清朝に宣統帝溥儀の退位を認めさせるとともに、革命派とも交渉し、臨時大総統の職を孫文から譲り受けたのである。

権力委譲に先立ち臨時参議院が制定した「中華民国臨時約法」の遵守をめぐり、革命派と袁世凱の対立が進行した。一九一二年一二月から翌一三年二月に実施された第一回国会選挙では、宋教仁が率いる国民党（孫文は理事長）が衆参両院で第一党となり、議院内閣制に基づく宋教仁の組閣が期待されたが、一九一三年三月、宋教仁は上海駅頭で暗殺されてしまう。革命派は七月、孫文、黄興、李烈鈞らを中心として、南方で袁世凱打倒の行動に立ち上がった。七月一二日、江西都督李烈鈞が湖口に挙兵し、安徽・湖南・広東・福建・四川も「独立」を宣言した。しかし、八月に広東の独立は失敗して孫文は福建より日本へ亡命し、さらに九月一日には、袁世凱軍が南京を占領した。第二革命は、袁世凱の圧倒的な軍事力の前に、敗北を喫したのである。

ドイツと日本は、第二革命をめぐっても対立した。ドイツ外務長官ヤーゴ（Gottlieb von Jagow）は「ドイツは、大きな経済的利害関係のため、革命のすみやかな鎮圧を望まざるを得ない」と袁世凱を支持した（Jagow an Rex, 30. Juli 1913, *GP*, Bd. XXXII, Dok. Nr. 11855, S. 280–281）。他方ドイツは、現地のさまざまな報道から、この第二革命の背後には日本が存在していると判断していた。たとえば北京の報道では、南方の革命運動は日本に責任があるとされ、李烈鈞は上海の外国租界に逃れていたが、数日前多くの日本人将校に伴われて九江へ赴き、革命運動を指導したとされたのである（Maltzan an Bethmann-Hollweg, 15. Juli 1913, *GP*, Bd. XXXII, Dok. 11853, S. 278–279）。これに対し日本では逆に、多くの新聞が、北方軍を積極的に支援しているとして「毎日ドイツを攻撃」する有様となった（Rex an das AA, eingetroffen am 30. Juli 1913, *GP*, Bd. XXXII, Dok. 11854, S. 280）。

第二革命の失敗は、ドイツにとって好都合であった。七月三〇日、北京駐在ドイツ代理大使マルツァーン（Adolf Georg Otto von Maltzan）は、革命の失敗により「いままでの日本の影響力は著しく揺さぶられた」と満足の意を表した。かれによれば、「袁世凱はまさに今ドイツに対する感謝の気持ちに満たされている」という。なぜなら「ドイツは革命後すぐに袁世凱を支持し、始めは消極的だったイギリスをけしかけて袁世凱支持に回らせた」からである。そのうえイギリスは、マルツァーンによれば、「揚子江での日本の行動に不快感を覚えた」というのである。ドイツの目から見れば、日本は、第二革命問題で国際的に孤立したのである。

一〇月、袁世凱は国会に圧力をかけ、一〇月六日、自らを正式に大総統に選出させた。同日、日本も含めた列国一三カ国は袁世凱政権を正式承認した。

二　第一次世界大戦と中独関係

1　第一次世界大戦の勃発と日独中関係

一九一四年六月二八日に、ボスニアの首都サラエヴォで発せられた一発の銃声の政治的衝撃は、その後一カ月でヨーロッパ全域に波及し、第一次世界大戦の勃発となった。これにともない、ドイツは政治的エネルギーの大部分をヨーロッパに集中することとなり、他方東アジアでは軍事的に脆弱な膠州湾租借地をめぐり、対応を迫られることとなった。日本が青島を攻撃する可能性が高まったからである。

こうした状況の中で、ドイツと中国は、ヨーロッパの戦争と東アジアの情勢を分離するという点で共通の利益を見いだした。中国は一九一四年八月六日に「局外中立条規」を発布し、同日大総統令によりヨーロッパの戦争に対して厳正中立の立場を表明した。また、ドイツもアメリカ合衆国に対して、イギリスの東アジア権益および商業活動への不介入、東経九〇度からホーン峰の間の地域の中立に同意する、と伝達した。英米もこれに賛成し、中国の中立と東アジア地域の欧州戦場からの引き離しという点で、中独英米四カ国の共通の利害が形成された（小池 二〇一四、一二五頁）。

日本の青島攻撃に対処するため、ドイツはいくつかの選択肢を検討した。第一の選択肢は、青島を中国に直接返還することである（劉 一九九九、一三〇－一三一頁）。第二は、中立国、たとえばアメリカ合衆国にいったん引き渡し、その後中国へ返還するという方法である（小池 二〇一四、一二六頁）。第三は、東京駐在ドイツ外交官・武官の間で検討されていたことであるが、日本の圧倒的な軍事的優位を踏まえ、青島を無血開城することである。青島の防衛態勢を熟知していた東京駐在ドイツ陸軍武官ファルケンハウゼン（Alexander von Falkenhausen）は、もし日独戦争になれば、青島は一〇月中旬ないし末には陥落するだろうと予想しており、それに伴う流血は東京のドイツ外交官・武官たちには無意味なことと思われたのである（Bauer 2000, S. 44-46. 邦訳三五－三八頁および二〇三頁）。一方、中国の側でも、ドイツに宣戦布告し、青島を実力回収するという選択肢が可能性としては存在した（劉 一九九九、一三二頁）。

しかしながら、こうしたドイツおよび中国のさまざまな方策は、日本による青島攻撃を阻止することはできなかった。日本においても元老山県有朋のように「独逸も亦我が親交国なることを忘るるべからず」というような慎重論も存在し、高橋是清のように「独逸が九分まで戦勝ならん」として参戦に反対する意見もあったが、外相加藤高明の強力なリーダーシップのもと、日本は八月一五日にドイツに最後通牒を突きつけ（「対独最後通牒」外務省 二〇〇七、三八〇－三八一頁）、二三日には日英同盟に藉口《しゃこう》して対ドイツ宣戦布告をおこなったのである（田嶋 二〇〇八）。

中国は九月三日、青島攻略を目指す日本の中国領土内での軍事行動を阻止することは困難であると判断し、交戦区画を指定して事実上中国領土内での日本の軍事行動を容認せざるを得なかったが、これに対しドイツおよびオーストリアは、翌四日、中立違反であるとして、この中国の行動に抗議をおこなった（劉 一九九九、一三二－一三六頁）。その後日本は二カ月の戦闘ののち、一一月七日に青島を占領し、東アジアにおける主要な戦闘は、ドイツによる中国・満洲での散発的な謀略・諜報活動などを除き（田嶋 二〇一七a、本書第五章）、ひとまず終了した。

2　第一次世界大戦下の日独和平交渉と中国

一九一四年一一月七日早朝、青島のドイツ総督マイアー＝ヴァルデック（Alfred von Meyer-Waldeck）は、日本軍独立第一八師団長神尾光臣に軍使を送って降伏を申し出、同日、日本側全権委員山梨半造および高橋寿太郎とドイツ全権委員ザクサー（Ludwig Saxer）との間で、青島の引き渡しに関する規約（「青島開城規約」）が締結された（外務省 一九六六、四九八－五〇二頁）。ここに青島をめぐる戦争は、日本の勝利に終わったのである。しかしながら、この規約はもちろんあくまで現地停戦協定としての性格のみを持ち、青島の法的な最終処理を含む日独講和が成立したわけではなかったし、またドイツ側も、この時点で日本の青島割譲要求を法的に受け入れる気はなかった。

青島攻略後もヨーロッパにおける世界大戦は膠着状態を続け、長期戦・総力戦の様相を呈するにいたった。こうしたなかでドイツでは、青島攻防戦の軍事的結果は覆しようがないとしても、この際日本に利益を与えて協商国から引き離し、ドイツとの政治的提携へ向かわせ、ロシアとの講和とあわせて日独露の三国提携をめざす動きが生じた。その際には当然のことながら、中国は犠牲にせざるを得ないのであった。たとえば一九一五年八月二四日、ティルピッツ海軍長官はイギリスとアメリカ合衆国に向けられた日独露の同盟を示唆し、さらに一六年四月、ストックホルムではドイツの実業家シュティンネス（Hugo Stinnes）とドイツ公使ルーツィウス（Hellmuth Lucius von Stoedten）が、日本公使内田定槌に対し、日本が仲介するドイツとロシアの単独講和交渉を示唆していた。これに対し内田は、日本政府の訓令を得ることなく独断で、青島と旧ドイツ領南洋諸島の割譲を引き替えに日独露による即時の講和を提案したのである。ドイツ外務長官ヤーゴや、ティルピッツの後任の海軍長官カペレ（Eduard von Capelle）らは、ロシアとの間では中立条約で十分であり、日本との同盟にも関心を示さなかったが、日本がただちに独露の仲介を斡旋すれば、青島と旧ドイツ領南洋諸島を日本に割譲するとの見解であった。

同じころドイツ外務省では、日独露三国の単独講和の場合、ロシアに対しては、東アジアでは新疆、外蒙古、北満洲、甘粛、陝西を与えること、日本に対しては、青島、ドイツ領南洋諸島を割譲するほか、「ロシアの勢力範囲に入る部分を除いた中国を日本の保護領」とすること、などが検討された。さらに、日本は大戦後にイギリスおよびフランスに対する日独防御同盟を締結すべきだとされたのである。つまりドイツは、東アジアにおいては中国を犠牲に、日本およびロシアと単独講和を締結することを検討していた訳である（Fischer 1961, S. 284-294, 邦訳（一）二七五－二八五頁）。

しかしながら、こうしたドイツの東アジア政策は、一九一六年五月一七日、日本政府が単独講和ではなく、全面講和の斡旋を提起したことにより挫折した。それに対して皇帝ヴィルヘルム二世は以下のように激怒した。「単独講和がなされない限り、こんな下らないことはすべてどうでもよいことだ。そんなことなら、ぶん殴ったほうが多く手に入る。仲介者としてかれら〔日本〕が必要なのは、全面講和のためではないのだ」。こうして、中国を犠牲にする第一次世界大戦中の日独露三国単独講和構想は、幻想に終わったのである（Fischer 1961, S. 284-294, 邦訳（一）二七五－二八五頁）。

3　北京政府の対ドイツ宣戦布告と広東政府

青島戦争後も日本は中国の対独戦争参加に反対したが、それは主には、中国が参戦することにより、東アジアにおけるドイツ権益処理への中国の発言権が増大することを恐れていたためであった。しかしながらこの間、中国が対華二十一カ条要求の受け入れを迫られ、さらに一九一七年になると、イギリス、フランス、ロシアも山東半島など東アジアにおけるドイツ権益の日本への譲渡を承認する姿勢を示し始めたため、日本も中国の対ドイツ参戦を容認するようになった。

中国が対ドイツ参戦に大きく傾いた直接の契機は、アメリカ合衆国からの政治的要請であった。一九一七年一月三一日、ドイツがアメリカ合衆国に対し無制限潜水艦戦を通告すると、アメリカは二月三日、ドイツとの国交を断絶し、中国にも同様の措置を執るように迫った。これを受け二月九日、外交総長伍廷芳はドイツ公使ヒンツェ（Paul von Hintze）と会談し、無制限潜水艦戦に対する抗議文書を手渡した。同時に伍廷芳は「もし抗議が受け入れられない場合、中国政府は残念ながらドイツと国交を断絶せざるを得ない」との威嚇《いかく》を付け加えたのである（Hinze an das AA vom 9. Februar 1917, Hürter 1998, Dok. Nr. 103, S. 380-381）。

こうした中独関係の危機を受け、ヒンツェは国交断絶回避のため中国政府や督軍たちへの働きかけを開始した。のちの報告によれば、一九一七年二月におけるヒンツェの政治工作は以下のようなものであった。

「反ドイツ的な政策に対して抗議をおこなわせるように督軍たちへの働きかけを継続し、成果を得た。ほとんどすべての督軍は抗議の通電をおこなった。内閣の反独化傾向を攪乱するため、康有為（君主主義者）、孫文（国民党急進派）、唐紹儀（国民党右派）との秘密の連絡が継続された。私の秘密のエージェントが張勲（蘇州）、倪嗣冲将軍（安徽）を絶え間なく訪問した」（Hintze an das AA vom 3. Juli 1917. Hürter 1998. Dok. Nr. 107, S. 385-391）。

一九一七年三月一日晩、ヒンツェはとうとう国務総理段祺瑞その人に直接的に働きかけをおこない、国交断絶を延期すれば一〇〇万ドルを提供しようと申し出た。それに対し段は「もっと高値がついている」と笑い飛ばしたのである（*ibid.*）。すでにこの時段祺瑞には日本から反独政策の見返りとして大量の借款供与が約束されていた。こうした流れのなかで段祺瑞政権は、一九一七年三月一四日に対独国交断絶を宣言したのである。ヒンツェはこれにより国外退去処分を受けて北京をあとにし、上海、ハワイ経由でドイツへの帰国の途についた。

帰国途上の上海においてヒンツェは、上海総領事クニッピング（Hubert Knipping）に対し、中国各方面への働きかけをいっそう強化し、中国の対独参戦を回避するために全力を挙げるよう指示した。クニッピングによれば、当時ドイツは賄賂などの手段をも含めたさまざまな工作をおこない、「親独派のリーダー」と目されていた康有為、「北京の直隷派に対し非常に影響力のある」孫洪伊、「孫文の友人」唐紹儀などを、「わが国の目的のために獲得した」という。

さらにクニッピングはヒンツェから、孫文に段祺瑞政権打倒を働きかけるよう命じられていた。「ドイツ公使ヒンツェ閣下は中国を離れるに際し、三月末に上海で私に指示を与えた。南方の急進派である国民党の指導者孫逸仙博士と直接連絡を取り、国務総理段祺瑞およびその内閣の打倒を働きかけ、その目的のため孫博士に二〇〇万ドルを限度とする資金援助を与えるようにとのことであった」。クニッピングの意をうけた上海総領事官付通訳官シルマー（Hans Schirmer）と孫文の会談は、一九一七年四月に上海でおこなわれたが、クニッピングによれば「会談は、政治的な諸目的に関して合意をもたらした」。この席で孫文は、「段祺瑞を打倒するつもりであり、しかもそれは可能である」と宣言したのである。さらにクニッピングによれば、その時孫文は、陸海軍への工作のため二〇〇万ドルを要求したという。孫文を通じたこのような中国情勢への働きかけについて、クニッピングはのちに以下のように評価している。

「孫文の工作の成果はすぐにはっきりと現れた。北京政府に対する不満は全国で顕著となり、段祺瑞の立場は動揺し始めた。段祺瑞政権の総長たちは国民党によって企てられた収賄疑惑に巻き込まれた。段祺瑞と黎元洪の間でほぼ毎日繰り返されるトラブルがそこに加わった。北京の大総統府および高級将校の中にいるわが国の友人たちが黎元洪に働きかけたため、かれは段に対する否定的な態度を強めた」（Aufzeichnung Knippings vom 20. Dezember 1917, in: PAdAA, R9208, Deutsche Botschaft Peking, Kanton Regierung Bd. 1, Bl. 115–120）。

このような段祺瑞政権への批判は、張勲による清朝復辟の試みにより頂点に達するが、それが失敗に終わったのち、権力基盤を強化した段祺瑞は一九一七年八月一四日、とうとう対ドイツ・オーストリア宣戦布告に踏み切ったのである。この対ドイツ宣戦布告は、中国の内政的な分裂を加速する一因となった。八月七日、反段祺瑞派の国会議員一三〇余名は広東で非常国会を開催し、九月一〇日には孫文を大元帥とする広東軍政府が樹立された。これ以降中国で続くことになる二重権力状況は、こうして、第一次世界大戦参戦問題＝対ドイツ宣戦布告問題を一つの契機として始まったのである。ただし三日後の九月一三日、孫文と広東政府は、国際情勢および段祺瑞政権からの圧力が強まる中で、ドイツに対し形式的に宣戦布告をおこなわざるを得なかった。

北京政府は、対ドイツ・オーストリア断交・宣戦布告の過程のなかで、天津のオーストリア租界および漢口・天津のドイツ租界を接収し、自国の管理下に置いたほか、ドイツ・オーストリア両国の領事裁判権を撤廃し、義和団賠償金の支払いを取り消した。さらにドイツ人を「無条約国人」と認定し、国定関税を課すと宣言した。中国側の一連の措置は、大戦を通じた不平等条約改正の試みとしての意義を持つものであった（川島 二〇〇四、二四九－二五〇頁、貴志 二〇一〇、九－一七頁)。

4　ドイツの「東進」と日中共同防敵軍事協定

中国は、第一次世界大戦への参戦に際し、中国に滞在するドイツ人を捕虜にし[4]、総計七〇万五〇〇〇人にもおよぶ労働者をヨーロッパ戦線に派遣したが(劉 一九九九、一三七頁)、地中海に第二特務艦隊を派遣した日本とは異なって、ヨーロッパに兵員を派遣することはなかった。

しかしながら、一九一七年一一月七日にロシア革命が成功すると、国際情勢は大きく変動した。翌一九一八年三月三日には、ソヴィエト政府とドイツ・オーストリア側との間でブレスト＝リトフスク講和条約が締結されたのである。ロシア側では講和条約をめぐり連立政権から左翼エスエル党が離脱し、ボリシェヴィキ党内にも深刻な分裂が生まれたため、条約を遵守する勢力はレーニンらをおいてほかになくなった。その後ドイツ政府内部では、弱体化したボリシェヴィキ政権を軍事的に打倒し、帝政的・ブルジョア的ロシアに置き換えようと主張する勢力(皇帝ヴィルヘルム二世、参謀次長ルーデンドルフ(Erich Ludendorff)、講和問題特別準備局長官ヘルフェリヒ(Karl Helfferich))と、逆に、ブレスト＝リトフスクの政治的成果を国際政治の中で維持していくには、あらゆる手段を使ってボリシェヴィキの政治権力にてこ入れする以外にないと主張する勢力(新外務長官ヒンツェら)に分裂したが、一九一八年八月、勝利したのは後者であり、それにより帝政ドイツとソヴィエト・ロシアは、同盟関係にも似た一蓮托生の関係に入っていく(Fischer 1961, S. 765-772, 邦訳(二)三七一－三八〇頁)。

一方、ブレスト＝リトフスク講和を準備しつつあった一九一七年末から一八年初頭にかけ、ルーデンドルフや植民地長官ゾルフ(Wilhelm Solf)のもとで植民地獲得の新たな目的が検討され、「インド洋と大西洋との両岸に艦隊根拠地を持った、アフリカを横断する巨大なアフリカ植民地帝国」が定式化されたが、その後一九一八年七月、ゾルフの提起によって、さらに海外の艦隊根拠地、通商・石炭基地体制が検討された。その中で、東アジアについては、戦後の対日接近のため膠州湾を放棄することがあるとしても、北ボルネオ、ニューギニアのほかに中国への経済的関心が示された。その際、東アジア関係商社の団体である東アジア協会は、上海・広州の国際化の促進、天津・漢口のベルギー租界およびフランス租界の譲渡などを要求したのである（Fischer 1961, S. 791-798, 邦訳（二）三九六－四〇〇頁）。

ブレスト＝リトフスク講和条約と前後して、シベリアにおいて多くのドイツ人俘虜が脱走し始めると、東アジアではドイツがボリシェヴィキを使嗾してシベリアにまで勢力を拡大するという危機感（「独禍東漸」論）が一挙に拡大した。(5)たとえば日本では、「独墺俘虜の指揮下に行動しつつありたる過激派軍」（外務省外交史料館「日支共同出兵ト日支軍事協定ノ廃止問題」JACAR Ref. B13081102700）への恐怖が広がった（田嶋 二〇一七b、本書第八章）。「独禍東漸」に備えるため日本は北京政府に提案し、一九一八年五月一六日、日華陸軍共同防敵軍事協定を締結した。この協定の目的は、「独墺両国及び之に加担する勢力（ボリシェヴィキ）を排除する」ことにあるとされたのである（外務省 二〇〇七、四四二－四四四頁）。これに基づき中国は、「参戦軍」を組織し、海軍をウラジオストックに派遣した（笠原 二〇一四）。北京政府のねらいはもちろん、来るべき講和会議での発言権を得ることにあった。

三　ドイツの東アジアへの固執

1　中国のヴェルサイユ条約調印拒否と中独条約（一九二一年五月）の成立

一九一八年一一月一一日にドイツと連合国の間で停戦協定が成立し、翌一九一九年一月一八日にはパリで講和会議が開催された。中国側は、この会議で、当然のことながら、旧敵国であるドイツの中国における権益すなわち膠州湾租借地の回収を期待した。しかしながら、大国英仏米と日本との交渉において膠州湾租借地を日本に引き渡すという流れが形成されると、中国側は窮地に陥った。

四月二三日、中華民国代表は山東問題解決のための四案を講和会議に提出した。第一は、山東権益を中国に返還する前に一時的に五大国（英米仏日伊）が預かる。第二は、いったん日本に引き渡した後、一年以内に中国に返還する。第三に、中国への返還の対価として、日本が青島戦争で費やした経費の一部を負担する。第四は、必要な場合、膠州湾を開港場とし、その一部を特別区とする、という選択肢である。山東半島の中国への返還を確保するための必死の外交的代案であったといえようが、いずれも受け入れられなかった。さらに、これをうけて、四月三〇日、中華民国全権代表会議が開かれ、以下の三つの選択肢が検討された。第一は代表団全体でパリ講和会議から離脱し、帰国する（同時期フィウメ問題でイタリア代表団が帰国するという事件があった）。第二は条約に調印しない。第三は条約に調印するが山東利権問題については留保を宣言する。この三案は、外交部に送られたが、いずれも難点があり、斥《しりぞ》けられている（川島二〇〇四、二四九－二六五頁）。

その後の中国外交は、山東問題を留保しつつ調印するか、留保が認められなくても調印するか、あるいは調印を拒否するかという選択肢の間で揺れ動いた。本国外交部は留保できなくても調印せよという方針をとったのに対し、出先代表団内部でも、留保は前提としつつ、調印か調印拒否かで意見の対立が見られた。最終的に調印されるヴェルサイユ条約では第一二八条から一三四条までが中国問題に当てられ、山東半島問題をのぞき、基本的には中国側の要望が受け入れられた。しかし山東問題を留保しつつ条約に調印するという中国代表団の要請は、最終的にアメリカ大統領ウィルソン（Woodrow Wilson）によって拒否されたため、講和会議派遣団の中ではヴェルサイユ条約の調印を拒否するという方針が採択され、本国外交部もこれに同意したのである（川島二〇〇四、二五一－二五九頁）。六月二八日に対ドイツ講和条約＝ヴェルサイユ条約は調印されたが、その調印国に中国の名前はなかった。

このため中国とドイツとの戦争状態は継続したが、中国では、一九一九年八月に議会で対独停戦が決議され、九月一五日には大総統令が発布されて戦争状態が停止した（小池 二〇一四、二三八頁）。しかしながら、戦争終結にともなうさまざまな法的問題は残り、条約の形で処理する必要があった。中国は、駐デンマーク公使顔慶恵を通じてドイツと交渉することになった。一九二〇年三月九日、顔慶恵とドイツ外務省東亜局長クニッピングの会談が開かれ、ドイツ側は中国の関税自主権回復・領事裁判権撤廃を承認する用意があることを伝えた。さらに七月にはボルヒ（Herbert von Borch）の率いる代表団が中国に到着し、ヴェルサイユ条約の中国条項履行の用意を示した（小池 二〇一四、二三九－二四〇頁）。条約交渉は北京において、ボルヒと中国政府外交部の王景岐との間で九月八日に開始され、翌一九二一年五月二〇日に中独条約が成立した（工藤 二〇一七、本書総説Ⅱ）。条約成立後も残された接収ドイツ資産の返還問題については、一九二四年に中国で「解決中徳戦事賠償及債務弁法」により解決された（小池 二〇一四、二四〇頁）。

2　孫文と蔣介石の対ドイツ政策

一方ドイツは一九二一年夏にヴァーグナー（Wilhelm Wagner）副領事を広州に派遣し、領事代表部を事実上開設したが、孫文率いる広東政府は公式には北京政府とドイツの締結した中独条約を承認しない方針を示したため、広東政府とドイツの交渉はまったく非公式におこなわれざるを得なかった。とはいえ孫文は、ドイツとの提携に極めて熱心な姿勢を示した。たとえば二一年九月二五日、孫文は非公式にヴァーグナーを接受し、以下のように述べた。「中国にはドイツが失った植民地の代替物がある。中国に来て、私の事業を援助してほしい。自国の一部を統治するのと同じように中国を組織していただきたい」（Wagner an das AA, 26. September 1921, *ADAP*, Serie A, Bd. V, Dok. Nr. 143, S. 297-300）。

実際このころ孫文は側近の朱和中をドイツに派遣し、前中国駐在公使・前外務長官ヒンツェ、陸軍総司令官ゼークト（Hans von Seeckt）、大企業家シュティンネス、前青島総督府駐華事務担当官シュラーマイアー（Wilhelm Schrameier）などと接触しており、かれらとの間で「中独ソ三国同盟」を締結するための策謀をおこなっていたのである（田嶋 二〇〇七)。

しかもこのような孫文の中独ソ三国連携構想は、さらに、一九二二年六月に勃発した陳炯明の反乱と孫文の一時的な権力喪失状況においても継続して追求された。一九二二年八月九日、孫文は蔣介石ら幕僚を鼓舞するかのように、つぎのような外交政策上の見通しを語った。「今日の中国の外交についていえば、ソヴィエト・ロシアほど国土が隣接し、関係が密接な国はない。国際的な地位についていえば、ソヴィエトとわが国の利害は一致しており、いささかも侵略を危惧する必要はない。さらに、中国およびソヴィエトと提携し、相互に進んで利益を図ることができるのがドイツである」(「在摩軒号艦対幕僚的談話」。中国社会科学院近代史研究所中華民国史研究室他 一九八二-一九八四、第六巻、五一七頁)。

しかしながら、このような孫文の中独ソ三国連携路線は、ドイツ外務省によって否定されていた。一九二三年八月二七日、孫文の密命を受けた側近鄧家彦がドイツ外務省を訪問し、東亜局長クニッピングと面会し、「とりわけ重要なのは工業・軍事分野における協力である」と中独両国の協力関係の樹立を強く求めた。これに対しクニッピングは、「わが国はヴェルサイユ条約により軍事面では活動を禁止されている」と反論したのである。しかしながらクニッピングは、「経済領域」については、「わが国は、孫博士によって表明された「協力」の考えに対し大いに好意的に対応」するつもりであり、「この面でわが国の公的な援助を与える用意がある」と述べた(Aufzeichnung Knipping, 27. August 1923, *ADAP*, Serie A, Bd. VIII, Dok. Nr. 119, S. 298-299)。

孫文の考え方は、いうまでもなく、かれの「連ソ容共」路線にも重なるものであった。一九二二年夏、孫文はモスクワとベルリンを訪問する意欲を示し、こうした計画を自ら推進しようとした。しかしながら、この孫文の訪ソ・訪独計画は政治的な影響が大きすぎるために実現せず、孫文は自らの名代として蔣介石をモスクワに派遣したのである。モスクワのコミンテルン執行委員会で蔣介石は、おそらく孫文の意を受けて、つぎのように語っていた。

「ワシントン会議で英米仏日の四大資本主義国は東アジアを搾取する意図を明示した。資本主義列強は中国の軍閥を道具として用い、中国における地位を強固にし、有効な搾取をおこなおうとしている。国民党はロシア、ドイツ（もちろん革命成功後のドイツ）および中国（革命成功後の中国）の同盟を提案する。国民党は、全世界で資本主義の影響力と戦うため、この偉大な三国の同盟を提案する。ドイツ人民の学問的知識、中国の革命的成果、ロシアの同志の革命精神とロシアの農業生産をもってすれば、我々は容易に世界革命を成功に導くことができる。我々は全世界で資本主義体制を廃絶することができる。コミンテルンの同志はドイツ革命を支援して可及的速やかに勝利に導くべきである、とわれわれは考える。同時にわれわれは、コミンテルンが、東アジア、とりわけ中国革命に特別の関心を寄せるよう期待する」（田嶋 二〇〇七、二四頁。中共中央党史研究室第一研究部 一九九七、三三二－三三三頁）。

このような孫文（蔣介石）の考え方は、「連ソ容共」路線を決定した一九二四年一月の中国国民党第一回全国代表大会（一全大会）の考え方でもあった。大会期間中の一月二七日、孫文は「三民主義講演・民族主義第一講」の中で、連ソ路線を前提としつつ、ドイツについても以下のように述べていたのである。

「こんにちドイツは、ヨーロッパでの被圧迫国であり、アジアでは、日本をのぞいたすべての弱小民族が、強暴な圧政の下でさまざまな苦しみをなめています。かれらはたがいに同病相憐れみ、将来、かならず連合して強暴な国家に抵抗するだろう。これら被圧迫国の国家連合は、かならず強暴な国家に対して命がけで戦うにちがいない。そして、全世界はというと、将来かならず、公理を主張する白人と公理を主張する黄色人種とが連合し、強権を主張する白人と強権を主張する黄色人種もまた連合することになるだろう。この二大連合が成ったときには、どうしても一大戦争は避けられない。これこそ世界における将来の戦争の趨勢である」（中国社会科学院近代史研究所中華民国史研究室他 一九八二－一九八四、第九巻、一九三頁）。

孫文は翌二五年三月に死去するが、国民党一全大会で決定された連ソ・連独路線は、その後も国民党――とりわけ蔣介石――によって追求されていくことになる。

3 在華ドイツ軍事顧問団の成立と中独ソ三国連携論

その後中国では一九二六年に「北伐」が開始され、二八年六月に蔣介石の下で一応の国家統一が達成された。しかしこの間一九二七年にいわゆる「四・一二クーデター」で「連ソ容共」路線が崩壊したあと、蔣介石は、ブリュッヘル（Vasilii K. Blyukher）らソ連軍事顧問団に代わる新たな軍事顧問団の形成を目指した。蔣介石がドイツの軍人に目を向けたのは自然のなりゆきであった。というよりも、ドイツとの接触は、孫文が連ソ路線と同時に推進し、かれの死後も、国民党により継続されていたものであった。

一九二七年一〇月には初代軍事顧問団長となるバウアー（Max Bauer）が、蔣介石の意を受けた朱家驊の要請により、上海に赴任した。かれはそこで中国情勢を検討し、蔣介石らと打ち合わせをしたのち、翌二八年三月、中国側調査団（団長陳儀）とともにドイツに戻り、ドイツの政界、財界などと接触して常設の軍事顧問団創設をめざした。ベルリンでバウアーはヴェルサイユ条約違反を恐れるドイツ外務省からの反対に遭ったが、かれにより組織された軍事顧問団は、軍事顧問団長（バウアー）のほか、軍事訓練担当一〇名、補給担当六名、警察担当四名、化学技術者、地方行政専門家、経済学者、鉄道技師、医者各一名の計二六名であった。一九二八年一一月にバウアーは、軍事顧問団とともに中国（南京）に戻った。その後ドイツ軍事顧問団は、南京にあって、教導隊の組織と訓練に情熱を傾けるとともに、南京の軍官学校でさまざまな学科の教育に当たった（Kirby 1984, pp. 52-61）。

バウアー自身は一九二九年四月に武漢で天然痘に罹患し、五月に上海で客死するが、その後、ミュンヒェン一揆にも参加したヒトラーの旧友クリーベル（Hermann Kriebel）がピンチヒッターで跡を継いだ。しかしクリーベルは中国軍人との関係がうまくいかず、蔣介石と朱家驊は、一九三〇年二月、今度はドイツ国防省の元軍務局長ヴェッツェル（Georg Wetzell）を招聘した。このころからドイツ軍事顧問団は、右翼急進主義者の無規律な集団から、国防軍主流による軍紀ある集団へと再編成されていくことになる（Kirby 1984, pp. 52-61）。

ただし、ドイツ外務省にとっては、ドイツ軍事顧問団の中国での活動は、決して望ましい選択肢ではなかった。ドイツ外務省は、軍事顧問団がヴェルサイユ条約に抵触する可能性を憂慮するとともに、中国が内戦状態にあるとの理由をも指摘し、ヴェッツェルの軍事顧問団長就任を甚だ遺憾とした。当時ドイツ外務省は、中国駐在ドイツ公使館に対し「ヴェッツェルの出国を阻止する手立てはない」が、「適切な方法で中国政府に働きかけ、ヴェッツェルを断念させ、これ以上ドイツ人の雇用を止めさせるよう」指示したのである（Schubert an die deutsche Gesandtschaft Peping vom 25. Februar 1930, in: PAdAA, Mikrofilm AA/3088H/624096）。ただし、この警告にはなんらの効果もなく、ヴェッツェルは外務省の懸念をまったく無視する形で中国に着任していた。

一方このころ、張学良が中東鉄道の強行回収を実行し（一九二九年七月一一日）、中国（張学良）とソ連のあいだで中東鉄道紛争が勃発していた。この紛争の過程では、「中独ソ三国共同組織調査委員会」の構想をも含んだドイツの仲介案も介在したが（一九二九年一〇月二六日条、蔣 一九九〇、一〇六頁）、結局、南京中央政府・張学良側が圧倒的なソ連の軍事力に屈する形で、同年一二月二二日にハバロフスク和議協定が締結された（土田 一九九七）。

さらに、ここで注目すべきは、中東鉄道紛争をめぐる外交交渉にかかわったドイツや中国の外交官の中で、中独ソ三国提携を中国の外交的選択肢として主張する一群の人々が出現したことであろう（一九二九年七月一九日条、蔣 一九九〇、七二頁など）。たとえば張学良の下で東北辺防軍司令長官公署外交機要処主任として中ソ交渉に参画した王家楨は、翌三〇年四月、南京中央政府外交部常務次長に抜擢されるが、翌三一年に国際連盟代表団としてヨーロッパに赴いた王は、九月一日、ドイツ外務省にビューロ（Bernhard Wilhelm von Bülow）外務次官を訪問し、国際連盟での中独協力について述べたあと、あきらかに中東鉄道紛争におけるドイツの仲介を念頭に置いた上で、中独ソ三国の協力の必要性を力説し、「三大国の団結」は「世界平和の確保にとって決定的なファクター」になろうと主張したのである。ただし、ビューロはこれに対し発言を留保した（Aufzeichnung Bülow, 1. September 1931, *ADAP*, Serie B. Bd. XVIII, Dok. Nr. 166, S. 361-362）。

ソ連の圧倒的な軍事力を認識した王は、「四・一二クーデター」で破綻した「連ソ」路線を復活させ、孫文の連ソ・連独路線への回帰をめざしたのである。

四 ナチズム政権下での東アジア・コミットメントの拡大

1 ナチズム政権初期のドイツ＝東アジア関係と「満洲国」問題

一九三三年一月三〇日にドイツでナチスが権力を掌握したとき、東アジアでは柳条湖事件（三一年九月一八日）に端を発する日本の中国侵略（「満洲事変」）が、傀儡国家「満洲国」の成立（三二年三月一日）と日本による承認（同年九月一五日）を経て、さらに山海関の占領から熱河作戦へと進展しつつあった。こうした動きに対し国際連盟は、同年二月二四日、臨時総会においてリットン報告書の趣旨を盛り込んだ一九人委員会の対日勧告案を決議し、ナチス・ドイツもこの採択に加わった。ヒトラー政権はさしあたり、日本の侵略を非難する側に回った訳である。

しかしながらその後、同年五月三一日に塘沽《タンクー》停戦協定が調印されて日中の軍事的紛争がひとまず落着すると、ドイツでは「満洲国」にどう対応するかをめぐり、議論が起こった。一つの選択肢は、可及的速やかに承認すべきだという意見であり、もう一つの選択肢は、いわば漸進的な承認論ともいうべきものであり、さらに第三はそのまま不承認を続けるという選択肢であった。即時承認論の代表はナチスのイデオローグたるローゼンベルク（Alfred Rosenberg）の率いるナチス党外交政策局であり、かれらは一九三四年三月一日に予定されている愛新覚羅溥儀の皇帝即位前に「満洲国」を承認すべきだと強く主張していた。漸進的承認論の代表は新しい駐日大使に就任したディルクセン（Herbert von Dirksen）であり、かれは「満洲国」承認の含みを持って日本政府と経済交渉を開始すべきだと考えた。こうした承認論の流れに対し、不承認論の代表は外務大臣ノイラート（Constantin Freiherr von Neurath）、外務次官ビューロを筆頭とする外務省首脳部であった。

外務省内の論争では、ディルクセンが「経済上の権益の確保を対価として、満洲国承認問題に関し日本政府と交渉を開始する」ことを求めたのに対し（Dirksen an das AA vom 15. Januar 1934, *ADAP*, Serie C-II, Dok. Nr. 183, S. 345-353）、外務次官ビューロら外務省本省は、「承認という後戻りの効かない現金をもって経済的にも政治的にも疑わしい手形を割り引くとすれば、それは誤った戦術であろう」との立場に立っていたのである（Neurath an Dirksen vom 6. März 1934, *ADAP*, C-II, Dok. Nr. 300, S. 545-547）。この論争では、結果的にヒトラーの支持を得た外務省が、自らの不承認政策を貫徹することになった（Mayer an Dirksen vom 14. April 1934, *ADAP*, C-II, Dok. Nr. 403, S. 731-732）。

承認問題が決着したあと、ナチズム権力内では、対「満洲国」通商政策に関する政治的な対立が発生した。事の発端は、ナチス党外交政策局（ローゼンベルク局長）が、自らの影響力のもとに半官的な「独満輸出入有限会社」なる貿易会社を設立し、その会社に独満貿易を独占させるのみならず、この会社を通じて、外国為替を抜きにしたバーター的清算システムを独満貿易に導入しようと試みたことにあった（田嶋 一九九二、一三八－一四六頁）。

こうした貿易構想の背後には、当時のナチス・ドイツ経済を根底において規定した深刻な外国為替危機が存在していた。当時の外国為替の払底はナチス・ドイツの対外貿易を収縮させたため、ドイツの貿易は、外国為替抜きの双務主義的な貿易清算システムを採用せざるを得なくなったのである。ナチス国家内部では、伝統的に自由貿易主義を維持していた経済省、国防省、ライヒスバンク、外務省貿易政策局などの諸部局が雪崩を打って統制経済派へと転向していった（田嶋 二〇一三、一四九－一五六頁）。上述のローゼンベルク・外交政策局の対「満洲国」貿易政策も、こうした流れのなかにあったのである。

ノイラート、ビューロら外務省首脳部はこうした貿易統制をやむを得ない選択肢として半ば黙認しつつも、その時々の国際情勢や貿易相手国の動向などに左右されて状況的な対応を繰り返した。とりわけ対「満洲国」政策では、日本および「満洲国」側が、ドイツからの輸入超過を背景にナチス党外交政策局の提案を厳しく批判していたため、ドイツ外務省首脳もローゼンベルクらの独満貿易統制案を受け入れることができなかったのである。こうして外務省首脳とローゼンベルクらナチス党外交政策局の対立は非常に熾烈なものとなったが、その背景にはもちろん、外交政策分野における伝統的支配エリートとナチスとの厳しい組織的対立が存在していた（田嶋 一九九二、一四六－一二四頁）。

対「満洲国」貿易政策をめぐる外務省とナチス党外交政策局の間の対立は、しかし、意外な決着を見た。すなわち、ナチス党外交政策局と組織的には対立しつつも、経済政策的には共通点を有していた外務省貿易政策局のリッター（Karl Ritter）局長が、ナチス党外交政策局を組織的に排除しつつ、他方外務省首脳の慎重論をも押し切る形で、一九三六年四月三〇日に独「満」貿易協定を締結したのである。これは一億円規模の独「満」貿易を取り決め、さらに「封鎖マルク」方式を部分的に導入して独「満」貿易の一定程度のバーター化・双務化を図るものであった。しかしながら、他方この独「満」貿易協定は、外務省首脳の「満洲国」不承認政策とは裏腹に、事実上「満洲国」を承認するものでもあったのである（田嶋 一九九二、一二五－一三七頁）。

2　中独借款条約の成立

ドイツとソ連は一九二〇年代を通じ、友好的な関係を維持した。とりわけドイツ国防軍とソヴィエト赤軍は、イデオロギー的な距離を超えて、ヴェルサイユ体制克服という共通の利害で結びつき、兵器の改良や兵士の訓練などの分野で密接な協力関係を発展させた。一九三三年一月三〇日にナチスが権力を握ったあとも、ドイツ国防軍は、この独ソ軍事協力の維持に政治的利益を見いだしていたが、ヒトラーを始めとするナチスは、別の選択肢、すなわち独ソ関係冷却化の道をあえて選択したのである。この政治的選択は、ドイツの東アジア政策にただちに波及した。ソ連という選択肢を失ったドイツ国防軍は、ソ連のさらに東の国、すなわち中国に新たな軍事的パートナーを見いだした（田嶋 二〇〇八、三二一－三四頁)。

ドイツ国防省の親中国政策は、さしあたり二つの回路を通じて実行された。一つは、すでに一九二八年から中国国民政府に雇用されていたドイツ軍事顧問団を通じた対中国支援である。この回路は、第四代軍事顧問団長ゼークト、第五代軍事顧問団長ファルケンハウゼンを通じて根本的に強化された。第二は、国防省国防経済幕僚部長トーマス（Georg Thomas）の監督下に設置された半官的な貿易会社ハプロ（Handelsgesellschaft für industrielle Produkte）を通じておこなわれた。トーマスとハプロは、先に述べたドイツにおける外国為替危機を背景に、ドイツと中国の主として武器とレアメタルの交易を、ハプロの独占を通じて、バーター的な清算協定の基礎のもとに再編成しようと試みたのである。

もちろんこうした貿易清算思想には強力な反対派が存在していた。とりわけ重要であったのは、ハンブルク・ブレーメンの貿易商社およびその利益団体である東アジア協会に代表される自由貿易派であった。また、かれら自由貿易派には、中国駐在ドイツ公使トラウトマン（Oskar Trautmann）や上海総領事クリーベル、ドイツ軍事顧問団長ファルケンハウゼンなど中国現地のドイツ外務省・国防省出先機関、のちには四カ年計画担当大臣ゲーリング（Hermann Göring）が政治的な支援を与えた。以上のように、対中国（武器）貿易政策をめぐっては、同じく親中国的な政策の枠内であるとはいえ、ドイツ国家機関を二分するような激しい政策的・組織的対立が発生し、熾烈な権力闘争が闘われていたのである（田嶋 二〇一三、二七一－三四二頁)。

しかも事態を紛糾させたのは、ドイツ国防省・ハプロが、中国内において相対立する二つの勢力との間での「二股政策」をとったことであった。交渉相手の第一はもちろん中国国民政府であるが、ドイツ国防省・ハプロはむしろ、南京政府との潜在的な内戦関係にある西南派との交渉を重視していた。広東省に基盤を置く陳済棠、広西省に基盤を置く李宗仁・白崇禧らを中心とする西南派（中国国民党西南執行部・国民政府西南政務委員会）は、独自の軍拡に注力するとともに、江西省・湖南省との省境に豊富に存在するレアメタル鉱を支配下に置いており、ドイツ国防省にとっては南京中央政府よりも魅力のある交渉相手であった。たとえばドイツ国防省は、その対中国政策を支持するライヒスバンク総裁兼経済大臣シャハト（Hjalmar Schacht）とともに、南京国民政府には二〇〇〇万ライヒスマルク（のち一億ライヒスマルク）の借款供与を申し出る一方で、西南派には二億ライヒスマルクの借款供与を見込んでいたのである（田嶋 二〇一三、一〇四頁）。

蔣介石は、ハプロが西南派に提供した武器や武器工場、とりわけ毒ガスプラントなどの情報が耳に入るたびに激怒し、トラウトマン駐華大使、クリーベル上海総領事や軍事顧問団長ファルケンハウゼンらを通じて、またベルリン駐在中国公使館（のち大使館）を通じて、ドイツ外務省およびドイツ国防省に繰り返し厳重な抗議をおこなった。国民政府・蔣介石は、一九三六年一月、当時の中国の中心的な国防建設機関である資源委員会から顧振を団長とする代表団をドイツに派遣し、各種軍事工場を視察させるとともに、対独交渉を進めさせたが、その交渉のさなかに広東毒ガス工場問題が再燃したため、蔣介石は一時期交渉の中止と代表団の引き揚げという政治的選択肢を検討したほどであった（田嶋 二〇一三、一七一―一七七頁）。

しかしながら、一九三六年半ばにおける西南派の政治的後退・南京国民政府支配領域の南方への拡大という事態をも背景として、蔣介石がドイツに対して政治的に妥協し、一九三六年四月八日、ライヒスバンク総裁シャハトと顧振の間で一億ライヒスマルクに及ぶ借款条約が締結されるにいたった。この条約は、中国に大量の兵器および兵器プラントの購入を可能にした。中国国民政府はこのクレジットにより、四川省など内陸部を中心とする「重工業建設三カ年計画」を推進するとともに、対日戦争を前提としたドイツからの大量の緊急的武器購入をおこなったのである（田嶋 二〇一三、一九五―一九九頁）。

ドイツ国防省は、中独借款条約の実施状況を現地中国で監督し、国民政府との友好関係を強調するため、中独借款条約の推進役であったライヒェナウ（Walther von Reichenau）を一九三六年夏に中国に派遣した。ライヒェナウは、一九三六年一〇月、中国でつぎのように発言し、ドイツ政府に中国か日本かの二者択一を迫ったのである。

「当地では日本につくか中国につくかを決めなければならない。……軍事顧問たちは飽くことなく任務に尽力しなければならない。もし日本との戦争が勃発すれば、かれら軍事顧問たちが中国軍とともに対日戦争に赴かなければならないのは当然である」（Fischer an Erdmannsdorff, 4. Nobember 1936, in: PAdAA, „Projekt Klein"）。

3　日独防共協定の成立

このようなドイツ国防省（とりわけ国防経済幕僚部）、ライヒスバンク、経済省らドイツの伝統的支配エリートの公然たる親中国政策に隠れ、密かに対日交渉を進めていたのが国防省防諜部長カナーリス（Wilhelm Canaris）、外務省軍縮問題全権代表リッベントロップ（Joachim von Ribbentrop）らの親日派であった。[6] かれらは駐独日本陸軍武官大島浩を相手に対日接近を図っていたのである。日独協定を最初に提案したのは大島浩であるが、大島の提案の背後には、当時日本陸軍および関東軍が密かに進めていた「西進」政策、すなわちユーラシアをまたがる対ソ謀略構想および内蒙工作が存在していた（田嶋　二〇一七b、本書第八章）。

広田弘毅ら日本外務省は、こうした関東軍の謀略および内蒙工作を掣肘する意味も込めて「防共外交」を進め、中国国民政府との間で二国間の防共協定の締結を目指した。一九三五年一〇月、中国国民政府内部では、この日本側提案を受け日中二国間防共協定にドイツを加えた日中独三国防共協定案が発案され、その案はトランスオツェアーン社上海代表フュアヘルツァー（Edmund Fürhölzer）および上海総領事クリーベルを通じてベルリンのヒトラーおよびリッベントロップに渡された。一九三五年一一月九日、ヒトラーは日中独三国防共協定案に「原則的に」賛成した（Aufzeichnung Erdmannsdorf, 18. November 1935, *ADAP*, Serie C, Bd. IV, Dok. Nr. 416）。一方同じころ、日本外務省でも日独防共協定のインパクトを最小限に抑えるため、それに中国を加えた三国防共協定という選択肢を検討していたのである（井上　一九九四、二六九－二七九頁）。

しかしながらこの三国防共協定案は、イタリアのエチオピア侵略の開始、「ホーア＝ラヴァル案」の成立と挫折、日本の華北分離工作の進展、それに対する中国での激しい抗議運動（「一二・九運動」）、汪兆銘狙撃事件など、一九三五年秋の国際政治情勢の流動化により破綻していくことになる（田嶋 一九九七、八四‐九五頁）。

その後日独防共協定の日本側での管轄権は、大島および陸軍省から、武者小路駐独大使および日本外務省へと移管された。日本外務省は、日独防共協定に中国のほかポーランドやイギリスやオランダを加える選択肢を検討したが、日本外務省内の反対や交渉当事国の拒否に遭い、いずれも失敗した。蔣介石は、翌一九三六年一一月の綏遠事件を契機に日本の「防共政策」に対し断固とした対決姿勢へと転じていくことになる（田嶋 二〇一七b、本書第八章）。こうして日独防共協定は、日本外務省の「防共外交」の成功の結果としてではなく、その失敗の結果として成立したのである。

なお日独防共協定には、周知のように第三国の加盟を誘う条項（第二条）が存在していた。それとの関連で注目されるのは、日独防共協定調印後、ドイツと汪兆銘との間で、中国の防共協定加入に関する交渉がおこなわれている、との情報が、中国の一部で流通していたことである（郭恒鈺・羅梅君主編 一九九一、五七頁）。もちろんドイツ外務省はただちに否定したが、日独中三国防共協定という選択肢の可能性は、日独防共協定締結後も、ゼロに近いとはいえ、完全に排除されていたわけではなかった。

4　日中戦争の勃発と中独ソ三国提携論

このような中で日中戦争が勃発した。ドイツ政府の対応は、一様に当惑と対日非難に彩られたものであった。たとえばドイツ外務省幹部のヴァイツゼッカー（Ernst von Weizsäcker）は、一九三七年七月二八日、同盟国に対するとは思えない表現で以下のように述べた。「中国での行動を、共産主義に対する戦いとして防共協定で正当化しようとする日本側の説明は、まったく邪道である」。「日本の行動は、むしろ防共協定と矛盾していると見做《みな》されうる。なぜなら、日本の行動は中国の統一を妨害し、それにより中国での共産主義の拡大を促進し、結局は中国をロシアの手の内に追い込むからである」(Weizsäcker an Dirksen, 28. Juli 1937, *ADAP*, Serie D, Bd. I, Dok. Nr. 472, S. 606–607)。

さらにまた、国防大臣ブロムベルクは八月一二日、訪独中の孔祥熙と会談し、つぎのように中国支援を約束した。「ブロムベルク将軍は、総統から禁止されない限り、中国との交易を貫徹するため、あらゆる努力をすると強調した。在華ドイツ軍事顧問団の引き揚げは問題にならない」(Aktennotiz Tomas über die Besprechung mit Dr. Kung am 12. August. 1937, in: Bundesarchiv-Militärarchiv Freiburg, RW5/v. 315)。

ヒトラー自身も八月一六日、つぎのように煮え切らない態度を示した。

「日本との提携は保持する。しかし現在の日中紛争ではドイツは中立を維持しなければならない。中国との協定に基づく物資の輸出については、中国から外国為替ないし原料供給で支払われる場合、できるだけ対外的な隠蔽工作を施しつつ、続行せよ」(Aufzeichnung Neurath, 17. August 1937, *ADAP*, Serie D, Bd. I, Dok. Nr. 478, S. 612)。

八月一三日、戦火は上海に飛び火した。上海での戦闘で、蔣介石は八七師・八八師、税警団など、中国の最精鋭部隊を投入した。こうした部隊は、ドイツ軍事顧問団によって訓練され、ドイツ製兵器で武装されたエリート部隊であった。この間、ドイツ軍事顧問団は中国軍の後方で作戦指導に参加し、中国側の記録によれば、上海での戦闘では七〇人余りのドイツ軍事顧問が参加したといわれている(馬・戚 一九九八、三九一頁)。

当時同盟通信の上海支社長として現場での戦闘を目撃していた松本重治は、「日中戦争は、一面日独戦争である」と喝破した(松本 一九七七、一三三頁)。まさしく日中戦争は、その初期においては、「第二次日独戦争」という一面を有していたといえよう。

その後、日中の狭間で政治的に苦しんだドイツは、周知のように、駐華大使トラウトマンによる和平工作を開始する

（クレープス 一九八二、岩谷 二〇一三）。この工作自身は、日本軍による南京虐殺事件と、一九三八年一月の「国民政府を対手とせず」声明により挫折したが、この交渉の中で、中国国民政府の要人からドイツに、一つの興味深い政治的提案がなされた。

すなわち一九三七年一一月、国民党書記長陳立夫がトラウトマンに「中国、ドイツ、ソ連の間での相互不可侵条約と経済協力協定の実現」を核とする「国際関係調整のための覚書」を託していたのである。かれは「目的」として「a．硬直し戦争危機が切迫する現在の世界情勢を転換し、世界平和を再生させる」「b．東アジアを単独支配しようとする日本の野望を打ち砕き、日中の戦争状態を終わらせる」「c．強い中国を建設し、来るべき世界の恒久平和を守る」という三点を挙げたのち、「この目的を実現する手段」として、「中国、ドイツ、ソ連の間での相互不可侵条約と経済協力協定の実現、必要な場合にはアメリカ合衆国の参加を模索」する構想を主張していたのである。陳によれば、かれはソ連訪問から帰国したところであり、「スターリンも同様にこの三国の接近を緊急に望んでいる」というのであった。さらに陳は、この考えは「個人的意見ではなく、全党の意見」であると「繰り返し強調」したのである。「スターリンの希望」や「全党の意見」という陳の主張はもちろん無批判には受け入れ難いし、この意見に対してはトラウトマンでさえ「あなたのいう手段は現実の政治のなかでは問題とならない」と突き放していたが、しかしこの陳の意見は、中ソ不可侵条約（一九三七年八月二一日締結）にドイツを加えることにより中独ソ三国の提携を目指すものであり、かつての孫文や蔣介石のように「中独ソ三国連合」を構想する潮流が中国国民政府の中に根強く存在していたことを示していた（Memorandum Chen Lifu, November 1937, Leutner 1998, S. 118–121）。

5　ヒトラーの侵略政策方針と親日路線の公然化

一九三七年一一月五日、ヒトラーは陸海空軍および外務省の最高幹部（ブロムベルク国防大臣、フリッチュ（Werner Freiherr von Fritsch）陸軍総司令官、レーダー（Erich Raeder）海軍総司令官、ゲーリング空軍総司令官、ノイラート外務大臣）を前に、チェコスロヴァキアとオーストリアの軍事的打倒を当面の目的とする侵略計画を明らかにした（Aufzeichnung Hoßbach, 10. November 1937, *ADAP*, Serie D, Bd. I, Dok. Nr. 19, S. 25-32)。ヒトラー・ゲーリング一派は、このヒトラーの侵略計画に躊躇《ちゅうちょ》したブロムベルクおよびフリッチュを謀略的なスキャンダル捏造により追放し（「ブロムベルク・フリッチュ危機」)、ノイラート外務大臣を左遷してリッベントロップを外務大臣に就任させることにより、侵略計画を推進しうる組織体制を整えた。同時にヒトラーは、リッベントロップの「総統のための覚書」に基づき、日独伊三国の同盟関係の軍事的強化をめざしたのである（Ribbentrops „Notiz für den Führer" vom 2. Januar 1938, *ADAP*, Serie C, Bd. I, Dok. Nr. 93, S. 132-137)。

一九三八年二月四日、リッベントロップは外務大臣に就任したが、翌二月五日、広田弘毅外相は新外相の下でのドイツ東アジア政策の動向を探るため、東京駐在大使ディルクセンと面会し、以下のような要望を披瀝した。第一に、ドイツから中国への武器輸出を「実際に停止する」ため、「現実的な措置を執ってほしい」という。第二に、すでに「満洲国」を承認しているイタリアの例を持ち出し、「世論の圧力の上昇」もあるので、ドイツも法的な承認をおこなってほしいと示唆した。第三に広田は、日独関係の強化のためには、ドイツと日本の間で「懸案の植民地問題」を解決する必要があるという。第四に広田は、「両国関係強化のためのきっかけ」として「軍事顧問団の活動の停止」を持ち出した（Dirksen an das AA, 5. Februar 1938, *ADAP*, Serie D, Bd. I, Dok. Nr. 565, S. 676-677)。すなわち広田は、日独交渉を開始するための条件として、ドイツにいくつかの重大なハードルを提起したのである。

これらの要求のうち三つは、中独関係に直接関わるものであったが、ドイツにとっては、もちろん、簡単には受け入れられぬものであった。第一に、ドイツは、一九三六年に約二三七五万ライヒスマルクの、一九三七年には約八二七九万ライヒスマルクの武器を、中国に輸出していた。この額は、当時のドイツの全世界に向けた武器輸出のうちそれぞれ約四七%(一九三六年)、約三七%(一九三七年)にも上っており(AGK Jahresbericht 1937, PAdAA, R901/106417, Anhang)、しかも日中戦争の泥沼化を受け、一九三七年九月からは、こうした武器輸出はクレジットではなく、ドイツ自身の軍拡に不可欠な外貨による支払いという条件のもとでおこなわれていたのである。

第二に、ドイツはすでに一九三六年四月三〇日に独「満」貿易協定を締結し、事実上「満洲国」を承認していたが、もし法的に承認すれば中国の反発は必至であり、ドイツが現状を変えるべき積極的な利点はなかったといえる。第三の植民地問題では、日本もドイツも一九三三年に国際連盟を脱退したため、委任統治の法的根拠が不安定化していたが、日本には、戦略的重要性を有する旧ドイツ領南洋諸島をドイツに返還する意志がまったくなかった。そのため、ドイツはその放棄と引き替えに、十分な代償を求めうる立場にあった。

第四のドイツ軍事顧問団の活動停止の問題は、ドイツにとっても困難な問題であった。ドイツ軍事顧問団は中国政府との私的な契約に基づいて中国で活動していたため、国防省は、かれらに対する公式の命令権限はない、との立場を取っていた(Keitel an Mackensen, 12. Februar 1938, Martin 1981, Dok. Nr. 29, S. 451)。一方中国は、ドイツ軍事顧問団の引き揚げにより、たんに中国軍が軍事的に弱体化し、軍事指導に支障を来すことだけではなく、中国の軍事上の秘密の多くが軍事顧問団を通じて日本に流れることを極度に恐れていた。さらに、ドイツ軍事顧問団長ファルケンハウゼンをはじめ、メンバーの多くが引き揚げに強く反対していたのである。

以上を要するに、日本側の対独要求はドイツにとって簡単に受け入れられるものではなかったし、たとえ日独関係強化の観点から受け入れる場合であっても、それに先行する日独二国間交渉と、ドイツ側の犠牲に見合う日本側の十分な譲歩が求められていたといえよう。

しかしながら、驚くべきことに、ヒトラーとリッベントロップは、一九三八年春、何らの見返りも求めることなくつぎつぎと対日譲歩を繰り返した。

第一に、ヒトラーは二月二〇日、国会において「満洲国」を承認する用意があると声明し、「満洲国」承認という外交カードを切ったほか、「ドイツは東アジアに対して何ら領土的野心を持たない」と宣言し、旧ドイツ領南洋諸島に関する返還要求の取り下げを示唆したのである（等松 二〇一一、一〇一－一二六頁）。

第二に、対中国武器輸出の総責任者であったゲーリングは、一九三八年四月五日、ヒトラー、リッベントロップら親日派の政治的圧力を受け、中国への武器輸出を公式に禁止する通達を発した（Schnellbrief Göring, 5. April 1938, PAdAA, R901/106419）。ゲーリングはその後、五月七日に駐独日本陸軍武官大島浩に書簡を認め、対中国武器輸出の禁止により「今年はおよそ一億ライヒスマルクの現金」が失われてしまったとし、それによりドイツからは、「軍備拡張に対し極めて重要な意味を持つ原料資源を輸入する可能性」も失われてしまったと嘆いた。ゲーリングは、こうした事態が「いかに困難なことか、貴殿にはご理解いただけるでしょう」と大島に泣きつく有様であった（Göring an Oshima, 7. Mai 1938, Emessen 1947, Dok. Nr. 35, S. 92-95）。

第三に、リッベントロップは五月一三日、漢口に移動していたドイツ大使館に対し、「できる限り速やかな」軍事顧問団の撤退を指示し、もし個々の軍事顧問が命令を拒否する場合、「厳重な措置」がとられるとの姿勢を示した（Ribbentrop an die Botschaft in Hankow, 13. Mai 1938, *ADAP*, Serie D, Bd. 1, Dok. Nr. 583, S. 699-700）。しかも四日後にリッベントロップは、即時撤退は「総統命令」であり、中国政府が渋る場合には大使（トラウトマン）召還を示唆せよとまで述べたのである（Ribbentrop an die Botschaft in Hankow, 17. Mai 1938, *ADAP*, Serie D, Bd. 1, Dok. Nr. 583, S. 699-700）。

第四に、リッベントロップは、日本側から何らの要求も抗議もないまま、実際にトラウトマン大使に帰国を命じ、中国国民政府との事実上の国交断絶に踏み切った。

以上を要するに、ドイツは何らの見返りも約束も得ぬまま、つぎつぎと日本側に対する譲歩を重ねたのである。しかも当然のことながら、すでにカードを切ってしまった以上、日本から十分な譲歩を得ることはできなかった。たとえば大島は、ゲーリングに返信し、「経済問題は武器輸出の問題とは別」だと開き直っていたし（Oshima an Göring, 18. Mai 1938, Emessen 1947, Dok. Nr. 36, S. 89-90）、華北での日独協力に関しリッベントロップと協議を重ねた駐独日本大使東郷茂徳も、六月二日に「覚書」（Pro-Memoria）をリッベントロップに手交したが、そこに書かれていたのは多くがいわば努力目標で、しかもこの「覚書」は合意ではなく、「相互の口頭での報告のまとめ」に過ぎないというのであった（Pro-Memoria, 20. Mai 1938, *ADAP*, Serie D, Bd. 1, Anlage zu Dok. 587, S. 703）。

対日カードをすべて切ったのちに始まった日独両国間の交渉は、（1）日独経済協定交渉、（2）対中国武器輸出の停止に伴う損失の補塡交渉、（3）華北経済への参入交渉、という三つの分野でなされたが、当然のことながらいずれの分野においてもドイツは日本から十分な譲歩を引き出すことができず（工藤 二〇一七）、また、いわゆる「防共協定強化交渉」においても、日本との同盟形成というそもそもの目的を達成することに失敗した（加藤 一九九三）。ドイツにとっては、実質的に中国という友好国と巨大な市場を失うだけに終わったのである。

五　第二次世界大戦の勃発から太平洋戦争勃発へ

1　ドイツの大陸制覇と中国

以上のような状況の中で、一九三九年八月二三日に突如独ソ不可侵条約が締結された。この条約は、平沼騏一郎内閣を倒壊させるほどの政治的衝撃を日本に与えたが、この条約を中国側から見れば、かつての友好国ドイツが中国の敵国日本を裏切り、現在の同盟国であるソ連と結ぶという側面を有していた。また、ドイツの側でも、中国市場の失陥という犠牲を払っても日本を同盟国として獲得できなかった以上、もはや日本と特別の友好を図るべき理由も存在しなかった。ドイツと中国の双方に、中独協力の復活という選択肢が潜在的な可能性として現れたのである。

たとえば、陳介大使を先頭とするドイツ駐在中国大使館は、この条約締結を機に、中独ソ三国の友好関係の復活を目指した。かれらはトーマス、シャハト、ヴァイツゼッカー、ゲーリングら「親華分子」（陳介の表現）と接触し、中独ソの経済的提携を提案した。また、かれら「親華分子」の側でも、こうした中国との再接近に意欲を示していた（Aufzeichnung Weizsäcker, 26. August 1939, *ADAP*, Serie D, Bd. VII, Dok. Nr. 327, S. 278; Aufzeichnung Knoll, 5. Oktober 1939, *ADAP*, Serie D, Bd. VIII, Dok. Nr. 201, S. 171-183; 陳介致外交部電一九三九年八月二九日、陳介致外交部電一九三九年九月九日、中国国民党中央委員会党史委員会　一九八一ｂ、六九〇－六九一、七一七－七一八頁）。

その後、ヨーロッパで第二次世界大戦が勃発した。この時蔣介石は、英米についてドイツに宣戦布告するという選択肢を真剣に考慮したが、紙一重のところでそれを自重した。結果的にそのことは、ドイツという蔣介石の外交カードを温存することとなった（鹿　二〇〇九）。

一九四〇年六月、ドイツはパリを占領し、フランスは降伏した。これにより、ヨーロッパ大陸はほぼすべてドイツの同盟国ないし友好国によって占められ、ドイツのヨーロッパにおける「新秩序」が形成されたかに見えた。ここで日本がドイツに便乗しようとして日独伊三国同盟交渉を開始したことは周知の通りである。

しかし中国も、このドイツの優勢を注意深く観察していた。一九四〇年七月七日、国民党組織部長朱家驊は、ドイツ国防軍最高司令部長官カイテル（Wilhelm Keitel）宛てに書簡を認め、以下のように述べた。「国防軍が目前の成果を利用し、欧州戦争を早期に終結させ、もって世界平和工作の上でさらに偉大な貢献をなすよう貴国に希望します」（朱家驊致 Keitel 大将書一九四〇年七月七日、朱家驊　一九七七、六五七－六五九頁）。また、こうした動きに合わせる形で、ドイツ駐在中国大使館もふたたび対独接近を模索することになった（Aufzeichnung Weizsäcker, 27. Mai 1940, *ADAP*, Serie D, Bd. IX, Dok. Nr. 327, S. 364-365; 陳介致張群電一九四〇年七月一七日、中国国民党中央委員会党史委員会　一九八一ｂ、六九六頁）。

2 ビルマルート問題と国民政府内親枢軸派の台頭

さらに、七月一七日、イギリスが日本の圧力に屈してビルマルートの閉鎖を決定すると、中国国民政府内では反英米感情が高まり、この際中国外交は中独ソの三国提携を目指すべきだとの声が急速に広まった。翌一八日、国防最高委員会常務会議が開催されたが（蔣介石は欠席）、この席で孫科（当時立法院長）はつぎのように発言したのである。

「わが国の外交政策は日々窮地に陥っている。このような危機に対して「不変をもって多変に応じる」というやり方では対応できない。現在フランスが降伏し、イギリスも間もなく敗戦する。イギリスが敗戦すると、アメリカは西半球を守るために、他の地域に目を配る余裕を失う。したがって、アメリカは太平洋から撤退し、極東を見捨てるだろう。これまで、わが国の外交路線は英米仏ソだったが、今や英米仏は無能になり、他方、ソ連は友好国ではあるものの、親密さに欠けている。そのため、わが国の今後の外交は利害関係により、親ソ独に加え、さらにイタリアとも友好をはかるべきである。英仏両国が日本を助け、中国の輸送ルートを遮断し、わが抗日戦争を妨害した以上、わが国はビルマルートが閉鎖されたその日に駐英大使と駐仏大使を召還し、同時に国際連盟を脱退することを宣言しなければならない。このような措置を通じてアメリカに対し、民主主義国が中国の期待を裏切り、生存を求める中国を他の道へ追い詰めたことを示すのである」（鹿 二〇〇九、一〇八頁、「国防最高委員会第三十六次常務会議記録」一九四〇年七月一八日、中国国民党中央委員会党史委員会 一九九五、四七六－四七七頁）。

この孫科の発言に対し鄧家彦（当時国民党中央執行委員会常務委員）も、「親ソ・連独に心から賛同する」と応じ、「ソ連は近来わが国に対し、その真意はともかく、密接に協力する可能性があり、さらにソ連と軍事協定を締結することにより、西北の国際運輸もさらに発展させることができるのではないか」と主張した（同上書）。(7)英仏のビルマルート・

仏印ルートに代えて、中国西北とソ連、さらにはドイツをも結んだ国際ルートの発展に意欲を示したといえよう。

蔣介石はこのような国防最高委員会常務会議の政治的雰囲気に接し、以後幹部たちと個別に面会して強力な説得工作を開始した。こうした蔣介石のリーダーシップは功を奏し、さしあたり国民政府内の中独ソ三国連合構想は保留の形となった（鹿 二〇〇九、一〇九頁）。しかしながら蔣介石は他方で、八月半ば、親独派の桂永清中将を駐在武官としてドイツに派遣することを決定し、ドイツカードを温存しつつヨーロッパでの新たな展開に備えたのである（Ratenhof 1987, S. 521）。

3　日独伊三国同盟と日独伊ソ四国協商案

こうした中で一九四〇年九月二七日に日独伊三国同盟が締結された。この同盟は、周知の通り、イギリスを早期に屈服させ、アメリカ合衆国を政治的に牽制する目的を持っていた。このため日本では、中国との国交調整の必要性が強く認識された。木戸幸一が松岡洋右に語ったように、「独伊と軍事同盟を結ぶこととなれば、結局は英米と対抗することとなるは明らかなり、ゆえに一日も早く支那とは国交調整の要有り」というのであった（一九四〇年九月二一日条、木戸日記研究会校訂 一九六六、八二四－八二五頁）。他方、中国国民政府内では、日独伊三国同盟締結は中国に有利な情勢を作り出すと歓迎された。九月二九日、蔣介石は軍の高級幕僚への同文電報において「三国同盟の締結はまさに中国の勝利と日本の失敗への最高の転機である」と述べていた（鹿 二〇〇九、一一一頁、中国国民党中央委員会党史委員会 一九八一a、三一九－三二〇頁）。まさしく中国国民政府の動向は、三国同盟の成否に重要な影響を与える位置にあった。

一方、現在では日独伊三国同盟調印の背後に、三国同盟をソ連にまで拡大し、日独伊ソ四国連合を形成しようとする意図があったことも明らかになっている。それが典型的に示されたのは日本外務省が一九四〇年一〇月三日に作成した「日ソ国交調整要綱案」であり（細谷 一九六三、二六五－二六八頁）、ドイツ側では一九四〇年一一月一三日付けで外相リッベントロップが起草した「日独伊ソ四国協商案（リッベントロップ案）」であった（Ribbentrop an Stalin, 13. Oktober 1940, *ADAP*, Serie D, Bd. XI, Dok. Nr. 176, S. 248-253; Aufzeichnung Hilger, 18. November 1940, *ADAP*, Serie D, Bd. XI, Dok. Nr. 329, S. 472-478）。しかもこうした日独伊ソ四国協商案に対し、スターリン（Joseph Stalin）は明らかに乗り気であった（スラヴィンスキー 一九九六、三四－三六頁）。

この日独伊ソ四国協商を構想するにあたり、日本は上述のような観点から中国との和平を目指した。日本外務省は、この日独伊ソ四国協商推進に際し、ドイツに依頼して、日ソ間の仲介のみならず、日本と蔣介石政権の仲介を求めていた。リッベントロップもこの日本の意を受けて一九四〇年一一月一一日、陳介中国大使に対し、蔣介石政権に対日妥協の可能性があるか否かを打診するのである。さらにヒトラー自身も、一一月一二日・一三日のモロトフ（Vyacheslav M. Molotov）との会談で「日中関係の調整に配慮するのはロシアとドイツの任務」であるとしたうえで、場合によっては「中国も覚醒した国々の勢力範囲に参加しうる」と述べ、日独伊ソ四国構想に中国を加える可能性さえ示唆していたのである（Aufzeichnung Schmidt, 15. November 1940, *ADAP*, Serie D, Bd. XI, Dok. Nr. 328, S. 462-472）。

さらに加えてスターリンにも、日中仲介を促進する用意があった。一一月九日のモロトフ宛て指示の中でスターリンは、蔣介石に対し「名誉ある平和を達成する必要」について話すべきであり、「ソ連は、ドイツ、イタリアとともに仲介者の役割を演じる用意がある。インドネシアを日本の勢力圏として承認することに異議はない（満洲国は日本にとどまる）」と述べていたのである（Aufzeichnung Molotov, 9. November 1940, Linke 1998, Dok. Nr. 117, S.214-216）。

以上のような事態を背景に一一月一一日、リッベントロップは中国の陳介大使を外務省に呼び出し、日中和平の仲介を申し出た。リッベントロップは、ドイツによる汪兆銘政権承認の可能性に言及して陳介を威嚇した上で、「もし閣下〔陳介〕が日中和平は可能であるとお考えなら、蔣委員長および貴国政府に対し、この案を考慮し、この最後の機会を見逃さないよう伝えていただきたい」と述べたのである（陳介来電一九四〇年一一月一一日、中国第二歴史档案館 一九九四、六四－六六頁、周 二〇〇八、一六四頁）。これに対し蔣介石は、一〇日後の一一月二一日、陳介に打電し、「日本が本気で和平を求めるならば、まず中国の領土に侵入した陸、海、空の軍隊をすべて撤退しなければならない」との条件を突きつけたのである（蔣介石到陳介電一九四〇年一一月二一日、中国国民党中央委員会党史委員会 一九八一b、七〇〇－七〇一頁、鹿 二〇〇九、一一三頁）。ドイツはこの条件に接し、中国が和平を拒否したと受け止め（陳介発蔣介石電、一九四〇年一一月二四日、中国国民党中央委員会党史委員会 一九八一b、七〇一頁）、ドイツによる日中和平調停は挫折した。中国国民政府外交部はこの決定に当たり、独伊が日本に追随して汪兆銘政権を承認した場合、中国は独伊と断絶するとの方針を確認した（鹿 二〇〇九）。

むすびに代えて――太平洋戦争下の中独関係

一九四一年七月一日、ドイツは汪兆銘政権を承認した。これに対し中国国民政府は激烈に反応し、以下のような公式声明を発表した。「ドイツ・イタリア両国はついに南京偽組織を承認した。これは両国の侵略政策が極東にまで推し進められたことを示しており、かつまたナチス・ドイツとファシスト・イタリアがすでに中国の敵国と助け合って悪事をはたらいていることを十分証明している。〔中略〕これは実に中国に加えられた重大な侮辱である。〔中略〕とりわけ中国はドイツ、イタリア両国と外交関係を断絶したことをここに正式宣布する」（周 二〇〇八、一六七頁、中国国民党中央委員会党史委員会 一九八一b、七〇三－七〇四頁）。

こうして汪兆銘政権とドイツの国交が樹立されたが、両政府の関係は、ほとんど実体のないものであった。対独関係樹立後、汪兆銘政権はベルリン駐在大使の陳介を「留任」させ、政権の連続性を示したいと考えていたが、陳介らは同意せず（桂永清電文一九四一年七月五日、中国第二歴史档案館 一九九四、五〇四頁、周 二〇〇八、一六八頁）、結局、九月一一日、李聖五の新ドイツ駐在大使任命が公表された（Fischer an das AA, 11. September 1941, PAdAA, R9208/ 2051, Bl.103;『周仏海日記』一九四一年九月一二日条）。しかしながら李聖五は、結局ベルリンに赴任しなかった。汪兆銘政権の褚民誼外交部長によれば、その理由は太平洋戦争の勃発により「中国大使のベルリンへの派遣は当分不可能になった」ためであったが（Stahmer an das AA, PAdAA, 21. Januar 1942, R9208/2051, Bl.89）、それは表向きのものであって、実際には李が外交部長職を狙っており、ベルリンに赴任したがらないというのが真相であった。

ドイツはすでに李聖五にアグレマンを与えていた上、ヴェーアマン（Ernst Woermann）を大使として南京に赴任させていたので、こうした状態に極めて不満であった。一九四三年四月二六日、ドイツ政府は汪兆銘政権に対し「こうした不平等な状態を継続させてはならない。わが国は、ベルリン駐在中国大使が実際に職につくことに大きな価値を置かざるを得ない」と強い調子で求めた（Aufzeichnung Doernberg, 26. April 1943, PAdAA, R9208/2051, Bl. 61）。さらに五カ月後の同年九月一一日、ヴェーアマンは南京政府外交部次長周隆庠と会談し、またもやこうした「不平等状態」を強く批判した。しかしながら汪兆銘政権側は、人事上・財政上の困難を指摘するに留まった（Aufzeichnung Woermann, 11. September 1943, PAdAA, R9208/2051, Bl. 56）。

その後一九四四年に入ると汪兆銘政権側は、ようやく三〇歳になったばかりのベルリン駐在二等書記官王徳寅を代理大使に任命するという妥協的提案をおこなった。しかしながらドイツ外務省は、「ランクに見合った高官をベルリンに派遣するのを躊躇する理由」がわからず、この任命に「まったく不満足」であるとの態度を示した。しかも汪兆銘政権のドイツ駐在大使館は恒常的な金欠状態にあり、四四年九月に王代理大使は「至急送金を待つ」との電報を打たなければならない有様であった（Wang The-yin an das Ministerium der Auswärtigen Angelegenheiten, 26. September 1944, PAdAA, R9208/2051, Bl. 28）。

一九四五年に入ると、王徳寅代理大使は神経を病むようになり、三月には自ら辞任を要求するにいたった。そこで、南京の褚民誼外交部長は暫定的に王に一カ月の休暇を与えた（Aufzeichnung AA, 27. März 1945, PAdAA, R9208/2051, Bl. 8）。四月一一日、外交部はスペイン駐在公使王徳言（王徳寅ベルリン駐在代理大使の兄）をベルリンに異動して大使とし、王徳寅代理大使をスペイン駐在公使に移動することを決定した（Notiz der Botschaft in Nanking, 3. April 1945, PAdAA, R9208/

2051, Bl. 4)。汪兆銘政権は、こうして、ヨーロッパの在外公館を統制し得ぬままドイツの敗北を迎えることになる。

　汪兆銘政権は一九四一年一一月二五日、防共協定に加盟したが、もちろんその加盟はほとんど実質的な意味を持たなかった（田嶋 二〇一七b、本書第八章）。また、一九四三年一月九日、汪兆銘政権はアメリカ合衆国およびイギリスに宣戦布告し、ナチス・ドイツと戦時同盟関係に入ったが、これもまたほとんど実質的な意味を持たなかった。

　一方ドイツ側は、国民政府との断交後も、さまざまな非公式の外交ルートを通じて重慶とのコンタクトを維持した。一九四二年七月一〇日、ゲーリングが腹心のイェーンケ（Jehnke）と桂永清元ドイツ駐在武官を通じて、「インドを背後から突き、ドイツと協力を」するよう重慶国民政府に提案してきた。このゲーリングの提案は一見突拍子もない非現実的なものであったが、しかしこのエピソードは、ドイツの「親中派」の戦時における中国観の一端をはからずも暴露したものであった（楊 二〇一一、三一七頁）。

　しかも戦争中ドイツは、外交使節こそ引き揚げたものの、ハプロの代表者を半官的なミッションとして重慶に存置し、密かに重慶国民政府とのコンタクトを維持した（Ratenhof 1987, S. 526）。これは戦後における中独関係の再建にそなえた措置であった。しかしながら、第二次世界大戦終了後、ナチス・ドイツが期待したような中独関係の再確立は、もちろん実現されることがなかったのである。

■注

引用文中の〔 〕内の註は、引用者による。

本説で用いる略語は以下の通りである。

AA　Auswärtiges Amt

ADAP　*Akten zur Deutschen Auswärtigen Politik 1918-1945. Aus dem Archiv des Auswärtigen Amts.*

GP　*Große Politik der europäischen Kabinette 1871-1914. Sammlung der Diplomatischen Akten des Auswärtigen Amtes.*

PAdAA　Politisches Archiv des Auswärtigen Amts (Berlin).

（1）義和団戦争とドイツの関係の諸側面については、Kuß und Martin (2002)、張（二〇一一）などを参照のこと。「フン族」演説については、Sösemann (1976) を参照のこと。

（2）主要部分はつぎの通り。「両締約国が主権、保護権または占有権を有する領域に近邇せる清帝国の諸地方において秩序および平和事態の確保せらるることを特に顧念するにより、両締約国の亜細亜大陸における相互の地位ならびに領土権を保持せむがため、前記諸地方における平和および安寧を確保するの目的に対し互いに相支持することを約す」（外務省 二〇〇七、二七四－二七六頁）。

（3）一九一〇－一一年の三国協力構想および独米清交渉の詳細については、小池（二〇一五）を参照のこと。

（4）中国におけるドイツ人俘虜については、蔡（二〇一四）を参照のこと。

（5）ロシアにおけるドイツ人俘虜については、Wurzer (2000) を参照のこと。

（6）親中派が「日独関係の陰の部分で蠢動した」という解釈も可能であるが（稲葉 二〇一三）、むしろ親日派が「中独関係の陰の部分で蠢動した」というほうが実態であろう。

（7）なお、一九二三年から二四年にかけて、当時ドイツに留学していた鄧家彦は、孫文の明示的な指示に基づき、ドイツ外務省を相手に中独軍事協力の可能性について打診していた。参照、田嶋（二〇〇七）、とくに一九－二三頁。

■文献（欧文）

〈参考文献〉

Auswärtiges Amt (Hrsg.) (2000–2014) *Biographisches Handbuch des deutschen Auswärtigen Dienstes 1871–1945*, Paderborn: Ferdinand Schöningh.

Esser, Alfons (1984) *Bibliographie zu den deutsch-chinesischen Beziehungen, 1860–1945*, München: Minerva Publikation.

〈文書館史料〉
Politisches Archiv des Auswärtigen Amts (Berlin).
Deutsche Botschaft China (R9208).
R9208/2051 Chinesische Botschaft in Berlin Mov. 40–Apr. 45.
Mikrofilm AA/3088H.

〈刊行史料集〉
ADAP: Akten zur Deutschen Auswärtigen Politik 1918–1945. Aus dem Archiv des Auswärtigen Amtes.
Emessen, Theodor Richard (1947) *Aus Görings Schreibtisch*, Berlin: Allgemeiner Deutscher Verlag.
Gerlach, Hellmuth von (Hrsg.) (1920) *Briefe und Telegramme Wilhelms II. an Nikolaus II. 1894–1914*, Wien: Meyer & Jessen（大竹博吉監輯『独帝と露帝の往復書簡』ロシア問題研究所、一九二九年）.
GP: Die Große Politik der europäischen Kabinette 1871–1914. Sammlung der Diplomatischen Akten des Auswärtigen Amtes.
Hürter, Johannes (Hrsg.) (1998) *Paul von Hintze. Marineoffizier, Diplomat, Staatssekretär. Dokumente einer Karriere zwischen Militär und Politik, 1903–1918*, München: Harald Boldt Verlag im R. Oldenbourg Verlag.
Leutner, Mechthild (Hrsg.) (1997) *Deutsch-chinesische Beziehungen 1897–1914. Musterkolonie Kiautschou: Die Expansion des Deutschen Reiches in China*, Belin: Akademie Verlag.
Leutner, Mechthild (Hrsg.) (1998) *Deutschland und China 1937–1949. Politik-Militär-Wirtschaft-Kultur*, Berlin: Akademie Verlag.
Leutner, Mechthild (Hrsg.) (2006) *Deutsch-chinesische Beziehungen 1911–1927. Vom Kolonialismus zur „Gleichberechtigung"*, Berlin: Akademie Verlag.
Linke, Horst Günther (Hrsg.) (1998) *Quellen zu den deutsch-sowjetischen Beziehungen 1917–1945*, Darmstadt: Wissenschaftliche Buchgesellschaft.
Martin, Bernd (Hrsg.) (2003) *Deutsch-chinesische Beziehungen 1928–1937. „Gleiche" Partner unter „Ungleichen" Bedingungen,*

Berlin: Akademie Verlag.

〈研究文献〉

Bauer, Wolfgang（2000）*Tsingtau 1914–1931. Japanische Herrschaft, wirtschaftliche Entwicklung und die Rückkehr der deutschen Kaufleute*, München: Iudicium（ヴォルフガング・バウワー、大津留厚監訳『植民都市青島　一九一四－一九三一』昭和堂、二〇〇七年）.

Fischer, Fritz（1961）*Griff nach der Weltmacht. Die Kriegspolitik des Kaiserlichen Deutschland 1914/1918*, Düsseldorf: Droste（フリッツ・フィッシャー、村瀬興雄監訳『世界強国への道――ドイツの挑戦　一九一四－一九一八年（一）（二）』岩波書店、（一）一九七二年、（二）一九八三年）.

Kirby, William C.（1984）*Germany and Republican China*, Stanford: Stanford University Press.

Kuß, Susanne und Bernd Martin（Hrsg.）（2002）*Das Deutsche Reich und der Boxeraufstand*, München: Iudicium.

Martin, Bernd（Hrsg.）（1981）*Die deutsche Beraterschaft in China 1927–1938. Militär-Wirtschaft-Außenpolitik*, Düsseldorf: Droste.

Martin, Bernd（2002）„Die Ermordung des deutschen Gesandten Clemens von Ketteler am 20. Juni 1900 in Peking und die Eskalation des ‚Boxerkrieges'", in: Kuß, Susanne und Bernd Martin（Hrsg.）, *Das Deutsche Reich und der Boxeraufstand*, München: Iudicium, S. 77–102.

Moses, John A. and Paul Kennedy（1977）*Germany in the Pacific and Far East, 1870–1914*, University of Queensland Press.

Ratenhof, Udo（1987）*Chinapolitik des Deutschen Reiches 1871 bis 1945*, Boppard am Rhein: Harald Boldt.

Sösemann, Bernd（1976）„Die sogenannte Hunnenrede Wilhelms II. Textkritische und interpretorische Bemerkungen zur Ansprache des Kaisers vom 27. Juli 1900 in Bremerhaven", in: *Historische Zeitschrift*, Bd. 222, S. 342–358.

Stingl, Werner（1978）*Der Ferne Osten in der deutschen Politik vor dem Ersten Weltkrieg (1902–1914)*, Frankfurt am Main: Haag und Herchen Verlag.

Wippich, Rolf-Harald（1987）*Japan und die deutsche Fernostpolitik 1894–1998*, Stuttgart: Franz Steiner Verlag Wiesbaden.

Wurzer, Georg（2000）„Die Kriegsgefangenen der Mittelmächte in Rußland im Ersten Weltkrieg", Dissertation, Universität Tübingen.

■文献（中文）

〈刊行史料集〉

郭恒鈺（Kuo Heng-yü）・羅梅君（Mechthild Leutner）主編、許琳菲・孫善豪訳（一九九一）『徳国外交档案　一九二八-一九三八年之中徳関係』（中央研究院近代史研究所史料叢刊）、台北・中央研究院近代史研究所。

黄自進・潘光哲編（二〇一一）『蔣中正総統五記』新店・国史館。

『蔣中正総統档案　事略稿本』全八二巻（二〇〇三-二〇一三）、新店・国史館。

蔣作賓（一九九〇）『蔣作賓日記』南京・江蘇古籍出版社。

秦孝儀総編集（一九七八年-）『総統　蔣公大事長編初稿』台北・出版社記述なし（第九巻より財団法人中正文教基金会）。

全国図書館文献縮微複制中心（二〇〇九）『民国外交部第一次世界大戦档案匯編』全三巻、北京・新華書店北京発行所。

中共中央党史研究室第一研究部訳（一九九七）『連共（布）、共産国際与中国国民革命運動一九二〇-一九二五（一）』北京・北京図書館出版社。

中国第二歴史档案館編（一九九四）『中徳外交密档（一九二七-一九四七）』桂林・広西師範大学出版社。

中国第二歴史档案館編（一九七九-二〇〇〇）『中華民国史档案資料匯編』南京・江蘇古籍出版社。

中国国民党中央委員会党史委員会編（一九八一a）『中華民国重要史料初編――対日抗戦時期　第二編　作戦経過（一）』台北・中央文物供応社。

中国国民党中央委員会党史委員会編（一九八一b）『中華民国重要史料初編――対日抗戦時期　第三編　戦時外交（二）』台北・中央文物供応社。

中国国民党中央委員会党史委員会編（一九九五）『国防最高委員会常務会議記録』第二冊、台北・近代中国出版社。

中国社会科学院近代史研究所中華民国史研究室・中山大学歴史系孫中山研究室・広東省社会科学院歴史研究室編（一九八二-一

九八四）『孫中山全集』全一一巻、北京・中華書局。

周仏海著、蔡徳金編（一九八六）『周仏海日記』北京・中国社会科学出版社（周仏海、蔡徳金編、村田忠禧・楊晶・廖隆幹・劉傑共訳『周仏海日記　一九三七－一九四五』みすず書房、一九九二年）。

朱家驊（一九七七）『朱家驊先生言論集』台北・中央研究院近代史研究所。


〈研究文献〉

蔡振豊（二〇一四）「中国設立俘虜収容所之研究　一九一四－一九二〇」周恵民主編『国際秩序与中国外交的形塑』台北・政大出版社、六九－一〇七頁。

劉立群（一九九六）「中徳関係史研究在中国」『徳国研究』第一期第一一巻、一－九頁。

馬振犢・戚如高（一九九八）『蔣介石与希特勒——民国時期的中徳関係』台北・東大図書公司。

張寄謙（二〇一一）「義和団時期的中徳関係」張寄謙主編『中徳関係史研究論集』北京・北京大学出版会、二〇－四四頁。

周恵民（一九九五）『徳国対華政策研究』台北・三民書局。

左双文・王英俊（二〇一三）「民国時期中徳関係研究述評　一九二七－一九四九」『史学集刊』第一期、九六－一〇三頁。

■文献（邦文）
〈文書館史料〉

外務省外交史料館「日支共同出兵ト日支軍事協定ノ廃止問題」（JACAR Ref. B13081102700）。

〈刊行史料集〉

外務省編（一九六一）『日本外交文書』第四四巻・第四五巻別冊「清国事変（辛亥革命）」財団法人日本国際連合協会。

外務省編（一九六六）『日本外交文書』大正期大正三年第三冊、外務省。

外務省編（二〇〇七）『日本外交年表竝主要文書　一八四〇－一九四五（上）』原書房。

木戸日記研究会校訂（一九六六）『木戸幸一日記（下）』東京大学出版会。

丁秋潔・宋平編、鈴木博訳（二〇〇一）『蔣介石書簡集　一九一二－一九四九（上）（中）（下）』みすず書房。


〈回想録〉

松本重治（一九七七）『上海時代』中央公論社。

〈研究文献〉


浅田進史（二〇〇八）「膠州湾租借条約の成立」工藤章・田嶋信雄編『日独関係史　一八九〇－一九四五（一）――総説／東アジアにおける邂逅』東京大学出版会、一八五－二二〇頁。

浅田進史（二〇〇九）「義和団戦争におけるドイツ軍の「懲罰遠征」――山東省高密県の事例から」『季刊　戦争責任研究』六三号、二九－三七、九六頁。

浅田進史（二〇一一）『ドイツ統治下の青島――経済的自由主義と植民地社会秩序』東京大学出版会。

稲葉千晴（二〇一三）「書評　田嶋信雄「ナチス・ドイツと中国国民政府　一九三三－一九三七」」『軍事史学』四九巻三号、一四九－一五二頁。

井上寿一（一九九四）『危機のなかの協調外交――日中戦争に至る対外政策の形成と展開』山川出版社。

岩谷將（二〇一三）「日中戦争初期における中国の対日方針――トラウトマン工作をめぐる孔祥熙の活動を中心として」劉傑・川島真編『対立と共存の歴史認識――日中関係一五〇年』東京大学出版会、二七九－三〇七頁。

ヴィッピヒ、ロルフ＝ハラルド（二〇〇八）「日清・日露戦争とドイツ」工藤章・田嶋信雄編『日独関係史　一八九〇－一九四五（一）――総説／東アジアにおける邂逅』東京大学出版会、一三三－一八三頁。

笠原十九司（二〇一四）『第一次世界大戦期の中国民族運動――東アジア国際関係に位置づけて』汲古書院。

加藤陽子（一九九三）『模索する一九三〇年代――日米関係と陸軍中堅層』山川出版社。

川島真（二〇〇四）『中国近代外交の形成』名古屋大学出版会。

貴志俊彦（二〇一〇）「天津の租界接収問題からみる東アジア地域秩序の変動」大里浩秋・貴志俊彦・孫安石編『中国・朝鮮における租界の歴史と建築遺産』御茶の水書房。

工藤章（二〇一七）「総説二　ドイツの通商政策と東アジア　一八九〇－一九四五――崩壊・再建・変容」田嶋信雄・工藤章編『ドイツと東アジア　一八九〇－一九四五』東京大学出版会、九一－一五九頁。

小池求（二〇一四）「中国の不平等条約改正の試みと第一次世界大戦」池田嘉郎編『第一次世界大戦と帝国の遺産』山川出版社、二一九－二四五頁。

小池求（二〇一五）『二〇世紀初頭の清朝とドイツ――多元的国際環境下の双方向性』勁草書房。

クレープス、ゲルハルト（一九八二）「参謀本部の和平工作　一九三七－三八――トラウトマン工作はどのように生まれ、どのように挫折していったか」『日本歴史』四一一号、三六－五一頁。

佐藤公彦（一九九九）『義和団の起源とその運動――中国民衆ナショナリズムの誕生』研文出版。

周恵民（二〇〇八）「日独同盟と中国大陸――「満洲国」・汪精衛「政権」をめぐる交渉過程」工藤章・田嶋信雄編『日独関係史　一八九〇－一九四五（二）――枢軸形成の多元的力学』東京大学出版会、一四五－一七三頁。

スラヴィンスキー、ボリス、高橋実・江沢和宏訳（一九九六）『考証　日ソ中立条約――公開されたロシア外務省機密文書』岩波書店。

田口晃（一九九〇）「書評　百瀬宏「小国――歴史に見る理念と現実」」『歴史学研究』六〇四号、三八－四四頁。

田嶋信雄（一九九二）『ナチズム外交と「満洲国」』千倉書房。

田嶋信雄（一九九七）『ナチズム極東戦略――日独防共協定を巡る諜報戦』講談社。

田嶋信雄（二〇〇七）「孫文の「中独ソ三国連合」構想と日本　一九一七－一九二四年――「連ソ」路線および「大アジア主義」再考」服部龍二・土田哲夫・後藤春美編『戦間期の東アジア国際政治』中央大学出版部、三－五二頁。

田嶋信雄（二〇〇八）「東アジア国際関係の中の日独関係――外交と戦略」工藤章・田嶋信雄編『日独関係史　一八九〇－一九四五（一）――総説／東アジアにおける邂逅』東京大学出版会、三－七五頁。

田嶋信雄（二〇一一）「日中戦争と日独中ソ関係」西村成雄・石島紀之・田嶋信雄編『国際関係のなかの日中戦争』慶應義塾大学

出版会、三三－五三頁。

田嶋信雄（二〇一三）『ナチス・ドイツと中国国民政府　一九三三－一九三七』東京大学出版会。

田嶋信雄（二〇一七a）「第一次世界大戦と「独探馬賊」――ドイツのユーラシア「革命促進」戦略と満洲」田嶋信雄・工藤章編『ドイツと東アジア　一八九〇－一九四五』東京大学出版会、三五三－三九四頁。

田嶋信雄（二〇一七b）「戦間期日本の「西進」政策と日独防共協定――ユーラシア諜報・謀略協力の展開と挫折」田嶋信雄・工藤章編『ドイツと東アジア　一八九〇－一九四五』東京大学出版会、四八九－五四六頁。

土田哲夫（一九九七）「一九二九年の中ソ紛争と「地方外交」」『東京学芸大学紀要』第三部門社会科学、四八巻、一七三－二〇七頁。

等松春夫（二〇一一）『日本帝国と委任統治――南洋群島をめぐる国際政治　一九一四－一九四七』名古屋大学出版会。

西村成雄・石島紀之・田嶋信雄編（二〇一一）『国際関係のなかの日中戦争』慶應義塾大学出版会。

箱田恵子（二〇一二）『外交官の誕生――近代中国の対外態勢の変容と在外公館』名古屋大学出版会。

細谷千博（一九六三）「三国同盟と日ソ中立条約（一九三九年－一九四一年）」日本国際政治学会太平洋戦争原因研究部編『太平洋戦争への道　開戦外交史（五）』（三国同盟・日ソ中立条約）朝日新聞社、一五九－三七〇頁。

楊天石（二〇一一）「蔣介石とインド独立運動」、西村成雄・石島紀之・田嶋信雄編『国際関係のなかの日中戦争』慶應義塾大学出版会、二八九－三一二頁。

劉小林（一九九九）「第一次世界大戦と国際協調体制下における日中関係」中央大学人文科学研究所編『民国前期中国と東アジアの変動』中央大学出版部、一二五－一五〇頁。

鹿錫俊（二〇〇七）「世界化する戦争と中国の「国際的解決」戦略――日中戦争、ヨーロッパ戦争と第二次世界大戦」石田憲編『膨張する帝国　拡散する帝国――第二次大戦に向かう日英とアジア』東京大学出版会、二〇三－二五四頁。

鹿錫俊（二〇〇九）「欧州情勢への対応と日独ソ関係への処置――一九四〇年前後、太平洋戦争への中国の戦略」防衛省防衛研究所『戦争史研究国際フォーラム報告書（七）　太平洋戦争と連合国の対日戦略――開戦経緯を中心として』九九－一一八頁。

総説Ⅱ　ドイツの通商政策と東アジア　一八九〇－一九四五

――崩壊・再建・変容

工　藤　　章

はじめに

本章の課題は、一八九〇年から一九四五年に至る時期におけるドイツと東アジア諸国との経済関係を概観することであるが、その際、検討の対象をドイツの東アジアに対する通商関税政策（以下しばしば通商政策と略記する）に限定する。すなわち、ドイツの対東アジア通商政策について、政策の目標はいかなるものであったか、目標を達成するための手段としてどのようなものがあったか、そして東アジア諸国、とくに日本および中国との通商条約・貿易協定ないしはそれに類した取決めを結ぶための交渉過程およびその帰結はいかなるものであったかを解明する。

当該の時期全体を通じて、ドイツの東アジアへの関わりはなによりもまず経済的なそれであった。もちろん、第一次大戦以前の時期におけるドイツの東アジアへの進出、とくに膠州湾の占領と租借は、軍事力抜きには説明できないが、それでもその経済的な側面の重要性を軽視することはできない（浅田 二〇一一、第二章）。第一次世界大戦後、敗北によって東アジアにおける権益をすべて喪失したドイツは、経済を軸とした再進出を図るほかなかった。戦間期の東アジアにおいて、ドイツは軍事力に依拠せぬ、あるいは依拠しえぬ、列強としては例外的な存在であった。

一九二〇年代は世界的に「経済外交」の時代であり（入江 一九六八、三、二五七頁）、東アジアもその例外ではなかった。一九三〇年代になると、「経済外交」の重要性はむろん減少したが、それでもその意義が失われたわけではない。そうだとすれば、列強中例外的に経済に傾斜したドイツの対東アジア外交を観察する作業は、東アジア政治経済史の相貌――それはこれまでもっぱらイギリスおよびアメリカとの関連で描かれてきた――を描きなおすことにつながるのではないか。本章でドイツの対東アジア通商政策を取り上げるに際しては、このような問題関心が前提にある。

すでに「序」で見たように、本書全体の課題に関わるこれまでの研究は、ドイツと日本との関係、あるいはドイツと中国との関係をそれぞれ別個に検討するものがほとんどであった。「ドイツと東アジア」という枠組み、あるいはドイツの東アジアへの関わり方という視角は、田嶋信雄「東アジア国際関係の中の日独関係――外交と戦略」（二〇〇八年）などにより、近年になってようやく明確に意識されはじめたばかりである。

本章で対象とする通商政策についても、同じことが指摘できる。ドイツの東アジア全域に対する通商政策を扱った研究は、数えるほどしか存在しない。同時代の文献としては Bloch (1940)（小関訳 一九四〇、南満洲鉄道株式会社上海事務所調査室訳 一九四〇）を挙げることができる。ただし、そこには鋭い観察が随所に見られるものの、時代的な制約は免れえない。第二次世界大戦後の研究のなかでは、Fox (1982) が通商政策にしばしば言及している。ただし、その主題はあくまでも政治・軍事関係であり、対象とする時期も限定されている。工藤章「ドイツと東アジア――一九二八年独中関税条約とヴェルサイユ＝ワシントン体制の急旋回」（二〇一一年）はドイツの対東アジア通商政策を主題としているが、時期は一九二〇年代に限定されている。

日本および中国に対するそれぞれの通商政策を扱った研究は、もう少し多く挙げることができる。対日政策については、工藤章「日独経済関係の変遷――対立と協調」（二〇〇八年）がここで対象とする時期全体を扱っているが、立ち入ったものとはなっていない。他方、工藤章「一九二七年日独通商航海条約と染料交渉」（二〇〇八年）、同「戦時経済協力の実態――ドイツの電撃的勝利から独ソ開戦まで」（二〇〇八年）は、特定の側面から立ち入った分析をしているものの、対象時期が限定されている。対中政策では、一八九〇年から一九四五年に至る時期の全体を扱った Ratenhof (1987) と周恵民『徳国対華政策研究』（一九九五年）が、通商政策にも言及している。田嶋信雄『ナチス・ドイツと中国国民政府　一九三三－一九三七』（二〇一三年）の対象は一九三〇年代の一部に限られているが、通商政策にも視野を拡げている。小池求「清独通商条約改正交渉――規制緩和要求と主権確保の衝突」（二〇一七年）は、第一次世界大戦前の条約改正について本格的な分析をおこなっている。ちなみに、戦間期の独中関係史に関する Kirby (1984) は、通商関税政策にはほとんど関心を示していない。また、Martin (2003) および Leutner (2006) はいずれも史料集であるが、解説部分での通商政策への言及は乏しい。ただし、一九三〇年代の対「満洲国」通商政策については、田嶋信雄『ナチズム外交と「満洲国」』（一九九二年）、熊野直樹「第二次世界大戦期の「満」独通商関係――満洲大豆から阿片へ」（二〇一七年）が扱っている。

こうしてみると、対日・対中・対「満」通商政策に関する研究は、相当数現れてきているものの、それらの個別の通商政策の相互関連を問題とし、その総体を対東アジア政策として把握しようとする研究はなお現れていないといってよい。ちなみに、日本を含む列強の対中通商政策に関する多くの研究には、独中関係への関心はほとんど見られない。

研究史の状況がこのようであれば、この「総説Ⅱ」において二次文献に依拠するだけでは不十分であり、部分的にせよ一次史料に基づかざるをえない。とはいえ、関連するすべての一次史料を利用することは容易なことではない。そこで、日独関係については、外務省外交史料館およびドイツ外務省外交史料館（Politisches Archiv des Auswärtigen Amts. PAAA）所蔵の日独双方の史料を用いるほか、『日本外交文書』および『ドイツ外交史料集』（*Akten zur deutschen auswärtigen Politik 1918-1945. ADAP*）を参照し、独中関係については、ドイツ側の史料および史料集に加えて程道徳・鄭月明・銭戈平編『中華民国外交史資料選編　一九一九－一九三一』（一九八五年）、中国第二歴史档案館編『中徳外交密档（一九二七－一九四七年）』（一九九四年）などの中国側の史料集を用いることとする。

一　帝国主義間競争と通商政策の崩壊　一八九〇－一九一八

1　条約改正における対日関係と対中関係

(1) ドイツ通商関税政策と東アジア

一八九〇年三月、ドイツ帝国宰相ビスマルク（Otto von Bismarck）が失脚し、皇帝ヴィルヘルム二世（Wilhelm II.）の「新航路」政策が開始された。その前後のドイツの通商関税政策を素描すれば、およそ次のごとくである。

一九世紀前半期の保護貿易の時代とその後の一時的な自由貿易の主張の高まりの時期を経て、すでに一八七九年にはビスマルクによる関税改革を機にふたたび保護関税への傾斜が強まり、その後は穀物関税が段階的に引き上げられていった。ビスマルクの退陣後、工業製品の国際競争力の強化と輸出の拡大とを目標とする新政策がとられ、その一環としていったんは農業保護関税が引き下げられた。その過程で、一八九一年、イタリア、ベルギー、オーストリア＝ハンガリー、スイス四カ国と、また一八九三年にはルーマニア、スペイン、セルビアとの間で通商条約が結ばれた。また一八九四年にはロシアとの間でも通商条約が締結された。

だが、その後はふたたび保護関税が拡充強化され、一九〇二年一二月、新たな関税定率法が制定された。この関税法を基礎として、一九〇四年から〇五年にかけて、ベルギー、ロシア、スイス、セルビア、イタリア、ルーマニア、オーストリア＝ハンガリーの七カ国との間に通商条約および関税協定が締結され、その発効を待って新関税率が一九〇六年三月一日から実施された（武田 一九六一、二六二－三七八頁、Torp 2005, Kapitel VI und VII）。それによって「中欧協定制度」（Central European Conventional System）が成立した。「……是等諸条約により欧州諸国間に於ける関税は軽減され、又軽減の結果は無条件最恵国条款に依つて英仏一切の条約国に拡大され、茲に欧州の相互間に於ける関税関係は長期間安定を得た。此の事態は第一次欧州大戦前迄続き、此の期間欧州諸国間の通商は史上未曾有の大発展を遂げたのである。独逸国の通商は特に増進の率目覚ましく其の総額は遥かに米国を凌駕し、将に英国の塁を摩さんとする勢であつた」（日本学術振興会　一九五一、八二－八三頁）。

その頃、東アジアの日本および中国との間では、条約改正が日程に上っていた。この点を見るためには、ドイツの対東アジア通商政策を振り返っておかねばならない。

後のドイツ帝国創設の主体となるプロイセンは、英米仏露などの列強の後を追って東アジアに進出した。東アジア諸国との間で通商条約を締結したのは、第二次アヘン戦争（アロー戦争）が終結した一八六〇年一〇月以降のことである。この対日関係では、一八六一年一月二四日（万延元年一二月一四日）、修好通商条約が調印された（一八六四年一月発効）。この条約は、日本側にとっては一八五八年の対英米仏露蘭条約に続くものであった。それは一八五八年八月に調印された日英修好通商条約を範としており、日本側がプロイセン側に一方的に領事裁判権を与え、かつ自らは関税自主権を有しないという意味において不平等な条約であった。その後、両国間の通商条約は、ドイツ側の当事者が変わるとともにあらためられていった。すなわち、一八六七年二月における北ドイツ連邦の成立にともなって、一八六九年二月二〇日（明治二年一月一〇日）、神奈川において修好通商航海条約が調印された。ドイツ側の締結者としては、北ドイツ連邦には属さないもののドイツ関税同盟には加盟する、バイエルン王国、ヴュルテンベルク王国、バーデン大公国、ヘッセン＝ダルムシュタット大公国、ルクセンブルク大公国などが名を連ねていた。この修好通商航海条約の調印の後、一八七一年一月のドイツ帝国の成立を受けて、新たな条約の締結に向けての交渉が開始されたが、その締結は遅れ、ようやく一八八九年（明治二二年）六月一一日、ベルリンにおいて新たな通商航海条約が調印された。ただし、この条約は条約改正に向けての日本側の努力が繰り返されたこともあって発効に至らず、その後も一八六九年条約が引き続き効力を有した（山本　一九四三、七八、八一－八三、三四六－三四八、三五四－三五五頁）。

他方、中国との間では、一八六一年一月の対日修好通商条約調印の半年後の一八六一年九月二日、独清通商条約が調印された。これもまた、イギリス、フランス、アメリカ、ロシアと清との間で一八五八年六月に調印された天津条約に続く不平等条約であった。

なお、朝鮮との間では、一八八三年一一月二六日、独朝友好通商航海条約が締結された。この条約は英朝条約を模範としており、英朝条約はさらに一八七六年二月調印の日朝修好条規を模範としていた。したがって、独朝条約の不平等性は強かった（Kim 1968, S. 145-146）。その後朝鮮（一八九七年より大韓帝国）に対する日本の支配が強まり、一九〇四年八月の第一次日韓協約に続く一九〇五年一一月の第二次協約によって韓国に統監が置かれ、一九一〇年八月の韓国併合によって、独朝（韓）友好通商航海条約は日独条約によって代替されることになった。

（2）対日関係——一九一一年通商航海条約

ドイツは一八九五年四月から五月にかけて、日清戦争の講和条件をめぐって三国干渉を主導したが、それによって日本との間で緊張が高まった。そのなかで、対日条約改正交渉においてはドイツはイギリスに追随した。一八九四年七月一六日、日英通商航海条約が調印されたのを受け（一八九九年七月一七日施行）、一八九六年四月四日、ベルリンにおいて新たな日独通商航海条約が調印された（同年一一月一九日公布）。この新条約によって、日本は外国人居留民に対する裁判権を獲得し、不平等性を部分的に廃棄することができた。ただし関税自主権については部分的な回復にとどまった（山本 一九四三、五九三－六〇八頁）。

一九〇二年一月、日英同盟協約の調印の後、一九〇四年二月、日露戦争が勃発したが、ドイツは中立政策をとりながらもロシアに好意的な態度をとったため、日独関係はふたたび緊張した。一九〇七年六月の日仏協約の調印、同年七月の日露協約の調印と続く緊張緩和のなかで、ドイツを含む列強と日本との間の通商条約改定交渉が開始されることになった。このときの焦点は、関税自主権問題であった。

ドイツは、英米と日本との間で条約が締結されるまで待機するという方針をとった。一九一一年四月三日、日本の関税自主権の全面的回復を骨子とする日英通商航海条約が調印されると（七月一七日より発効）、ドイツは日本との条約改定交渉に踏み切った（川島 一九四一、三三五頁、山本 一九四三、六三二頁）。ドイツはイギリスに追随する立場に戻ったのである。

条約の締結に至る過程は、その後の日独通商関係の変遷を予告するかのごとくであった。当時、日本のドイツからの輸入額はドイツへの輸出額のおよそ四倍にのぼっていた。このことは、通商条約交渉において日本側がドイツに対して交渉上有利な立場に立っていることを意味していた。すなわち、対独輸出製品でドイツによる関税引上げの危険にさらされるものは、わずかに羽二重および陶磁器の二品目にとどまったからである。事実、ドイツはこの数少ない武器を用い、羽二重に対する関税を大幅に引き上げていた。条約には最恵国待遇の双務的供与、相互協定税率の設定が盛り込まれることになったが、後者に関わる関税協定は「形式上も実質上も完全なる互恵的のものであつた。斯くの如く英、仏の場合よりも有利なる結果を得たのは日独貿易関係上日本が独逸に対し強者の地位にあつた為めである」（日本学術振興会 一九五一、八五－八九頁）。

一九一一年六月二四日、日独通商航海条約および特別相互関税条約がベルリンで調印された（発効は七月一七日。山本 一九四三、六三二頁）。これによって日本は関税自主権を全面的に回復した（日本学術振興会 一九五一、八二－九二頁）。

この日独通商条約はその実効において相当に自由貿易的であった。

「……日独開戦当時に於ける両国貿易関係を見るに……、明治四三年小村条約改正前に於ては、本邦よりの輸出額一一〇〇万円に対し、独逸よりの輸入額四四〇〇万円、又欧州大戦前の年たる大正二年に於ては本邦よりの輸出額一三〇〇万円に対し、独逸よりの輸入額は六八〇〇万円に及んだ。即ち小村条約改正による本邦関税引上げの為め、両国の貿易関係に影響を及ぼすことなく、独逸側の本邦に対する輸入《ママ》超過の情勢は寧ろ一層甚しくなりたることが窺はるるのである。右理由は本邦よりの重要輸出品中魚油、樟脳、銅、真田類等の原料品は其の供給力不足の為め本邦に於ける価格騰貴し羽二重、羽二重手巾、鈕釦、陶磁器等の製造品は独逸側に於ける国民生活上其の需要を増加し得ざるものに属したが為めである。之に反し独逸側の輸入品中薬剤類、染料及機械類は特別優良の独逸特産品たるのみならず、製造工業発達上本邦に於て寧ろ之が輸入を歓迎せざるを得ざる事情ありたるが為めである。是等輸入品に対する小村条約改正による関税引上も甚だ低率にして、之が為《ママ》め輸入を減少するが如きことがなかつたからである。小村関税改正により独逸の輸出減少したるものは鉛筆、トップ、モスリン、鉄板、鉄釘、セルロイド等に過ぎない」（日本学術振興会 一九五一、二三六–二三七頁）。

この一九一一年調印の通商航海条約こそが大戦後の日独通商関係にとっての直接の出発点となるのである。

（3）対中関係——一九〇五年条約改正交渉

ドイツは、一八九五年四月から五月にかけて三国干渉を主導した後、一八九七年一一月には膠州湾を占領し、一八九八年三月にはこれを租借した（浅田 二〇一一、第一章）。このドイツの動きは、ただちにロシアの旅順・大連租借、イギリスの九竜半島・威海衛租借、フランスの広州湾租借を惹起した。これに対して、米西戦争のためにこの波に乗り損ねたアメリカは、一八九九年九月、中国の「門戸開放」と機会均等を主張した。

列強の対中国通商条約改正交渉は、一八九九年一〇月から一九〇〇年八月にかけての義和団事件の後、その解決のために一九〇一年九月に締結された北京議定書の第一一条により義務づけられた。だが、すでに一八九八年、中国は対英米仏通商条約の改正期日が到来したのを機に、イギリスなどとの協議を開始していた。この動きは義和団事件によって頓挫したものの、通商条約改正への意欲は中国側にも認められるのである（小池 二〇一七、一六三頁）。

列強の対中交渉の先頭を切ったのはイギリスである。英中交渉は一九〇二年一月、上海において開始されたが、その際の最大の争点は「裁釐加税問題」であった。「裁釐《り》（免釐）」とは、国内で流通する商品に対して主として省政府によって課される釐金《りきん》税その他の内国関税の廃止（免除）を意味し、「加税」とは輸出入関税の増額を意味している。裁釐は、釐金が内地市場への進出を阻害する要因であるとする外国商人の要求であり、列強政府の主張でもあった。これに対して、省政府の重要な財源となる釐金税等の内国関税を廃止するには、その代替財源が見出されなければならず、それが輸出入関税率の引上げ、すなわち加税であった。加税にはまた国内産業の保護育成という狙いも込められた。結局、中国側の主張を列強側が原則的に受け入れることになった。こうして裁釐と加税は「裁釐加税」という形で組み合わされ、列強と中国との間での妥協の骨格をなしたのである（飯島 一九九三、一一－三、一三九－一四〇頁）。英中双方はこの問題について、輸入税を従価一二・五％まで、輸出税を従価七・五％まで引き上げ、釐金税等の内国関税を部分的に廃止することで合意し、一九〇二年九月、英清通商条約（いわゆるマッケイ条約）に調印し、一九〇三年七月二八日、批准書を交換した（飯島 一九九三、一、一〇－一三、二四頁）。

英清条約の締結後、イギリス以外の列強と中国との間の交渉もまとまり、米清（一九〇三年一〇月八日）、日清（同日）、葡清（一九〇四年一一月一一日）と、次々に改定通商条約が締結された。いずれも、裁釐加税については、輸入税一二・五％、輸出税七・五％まで引き上げるという英清条約に追随するものであった（飯島 一九九三、二五頁）。

ドイツも、対清交渉のための準備をしていた。ただし、ドイツは当初から強硬な姿勢を示していた。一九〇一年、英中交渉の開始に先だって、ドイツは加税の際の関税率をめぐってイギリスと対立した。ドイツの主張は、中国の輸入税率の引上げを従価一〇％までとするものであった。しかし最終的には、ドイツはイギリスの主張を承認した（飯島 一九九三、一〇－一一頁）。一九〇二年時点で、ドイツは「海関ノ権力ヲ然カク増大ナラシムル如キ条約ニハ同意スルコト能ハ」ずとの態度を示していた。アメリカおよびロシアも、これと同様の態度であった（飯島 一九九二、一三二頁）。

準備の過程で作成されたドイツ側条約案は、現地ドイツ人が関与しつつ作成された原案を基にベルリンで仕上げられたものであるが、それは英清条約（マッケイ条約）以下の一連の条約によって作り上げられた枠組みに沿いながらも、個別の論点では英清条約などの条項よりも強い主張が含まれていた。それらは中国側から見れば、すでに決着した問題を蒸し返す類のものであった（小池 二〇一七、一八七－一八九頁）。

独中間の交渉は一九〇五年四月に開始されたが、本格的な交渉がおこなわれたのは、九月の日露講和条約調印後の一〇月だけである。そこで問題になったのは、いうまでもなく裁釐加税である。ドイツ側の草案では、英清条約あるいは米清条約と異なり、税率および加税の方法が明記されておらず、また英清条約で認められた中国側の諸権利――各種内国税の徴収、アヘン・塩に対する釐金の徴収――が認められていなかった。これらの諸点は中国側の批判の的となった。中国側は、税率および加税方法を明記せず、これを列強と中国との間の協議に委ねるとするのは、すでに締結された諸条約を抹殺するものであると批判した。それ以外にも、治外法権の問題、国内河川航行権の問題等で双方は対立した。裁釐加税についてはドイツ側が譲歩する形で妥結したが、国内河川航行権の問題を直接の契機とする、諸条約の全体的な枠組みをめぐる双方の認識の対立から、交渉は物別れに終わった（小池 二〇一七、一八九－一九九頁）。

その後、中国側は裁釐加税を実現すべく交渉再開に向けてさまざまな努力を重ねたが、結局、ドイツを交渉の場に引き戻すことはできなかった。こうして、独中条約は締結されなかった。他面、英清条約の「停止条件的条項」は、イギリスだけが加税を受け入れる不利を防ぐため、その発効は他の列強が英清条約と同水準の関税率を規定した通商条約を締結することを条件とするものであった。独中条約が締結されなかったことにより――ドイツ以外の列強では、イタリアおよびロシアが対中条約の締結に至らなかった――、この条項が発動された。こうして、英清条約などに盛り込まれた裁釐加税は実現されなかった（飯島 一九九三、二五頁）。

条約改正交渉の最大の焦点である裁釐加税は、加税が列強と中国との間での協定関税に関するものであるかぎり、中国側の関税自主権に対する制約を前提とするものであった。交渉では、関税自主権問題は議題に上らなかった。かりに独中条約その他の条約が締結され、裁釐加税が実現したとしても、条約における不平等性は解消されなかったことになる。

現実には、そのような不十分な条約改正すら実現しなかった。その後、一九一一年一〇月に辛亥革命が開始されて以降の中国における政治的激動のなかで、通商条約改定の機会は失われた。そして一九一二年一月に成立した中華民国臨時政府が、清朝により締結された条約およびそれに基づく利権、借款、賠償金などを継承する旨宣言したことにより、不平等条約は中華民国に継承されることになった（小池 二〇一四、二二三頁）。

2　東アジアからの退場

一九一四年七月末の第一次世界大戦の勃発と、八月に入ってからの日本の対独参戦すなわち「日独戦争」の開始によって、一九一一年通商条約に基づくドイツの対日通商関係は激変した。まず、通商条約は日本の対独参戦により失効した。両国間の貿易規模は劇的に縮小した。もっとも、当初は英仏による対独経済封鎖がなお厳重ではなかったため、スウェーデンやノルウェーを経由しての日独間貿易がなお続けられた（日本学術振興会 一九五一、二四二頁）。この事実は、「日独戦争」にもかかわらず、日本におけるドイツ製品への需要が根強かったことを示している。そのため、対独封鎖を遂行するイギリスは日本への不満と非難を強めることにもなった。日本はとくにイギリスに配慮し、さらに連合国の対独方針と足並みを揃えるために、ドイツへの敵対的な態度を鮮明にしなければならなかった。すなわち、開戦一年後の一九一五年九月になって対独経済戦争宣言を発し、同年一二月には英仏露の単独不講和宣言（一九一四年九月）に加入した。さらに一九一六年一二月、日本はパリ連合国政府経済会議による一九一六年六月決議を承認し、これを受けて一九一七年四月には対敵取引禁止令を公布した。同年七月には日本における特許権をも含むドイツ資産を接収した（川島 一九四一、三九七－四〇〇頁、原田 一九八七、一五七－一八一頁）。

この間、一九一五年一月一八日、日本政府は中国袁世凱政府に対していわゆる二十一カ条要求を突きつけた。中国政府はこれに反対する世論の高まりと英米による牽制を背景に抵抗したが、日本政府は最後通牒を発して要求の主要部分の承認を強いた。その結果、一九一五年五月二五日、北京条約が調印された。その後、一九一七年一一月、石井・ランシング協定によってアメリカは中国における日本の「特殊権益」を承認した。これと引替えに、日本は中国の「門戸開放」というアメリカの主張を承認した。

「日独戦争」を含む世界大戦の独中関係への影響は、当初は限定的であった。中国北京政府は、一九一四年八月、厳正中立を宣言した。だが一九一七年三月になって、北京の段祺瑞政権は対独断交に踏み切り、八月にはさらに対独宣戦を布告した。広東の軍政府もこれに追随した。こうして開始された「独中戦争」を機に、北京政府はすべての対独条約・協定類を破棄し、領事裁判権を廃止するとともに、義和団事件の賠償金を取り消した。さらに一九一七年一二月、国定関税を導入し、これをドイツ人を含む無条約国人に対して適用すると宣言した（小池 二〇一四、二三五頁）。

ヨーロッパにおける戦争は「日独戦争」を惹起し、さらには「独中戦争」をも招いた。そのため、敗戦の結果として、ドイツは租借した膠州湾を含む東アジアにおけるすべての権益を失い、東アジアからさしあたり退場することを余儀なくされたのである。

二　ヴェルサイユ＝ワシントン体制下の通商政策の再建　一九一八－一九三一

1　東アジアへの復帰

(1) ヴェルサイユ＝ワシントン体制のアウトサイダーとしてのドイツと東アジア通商政策

一九一九年一月一八日に開始されたパリ講和会議の結果、同年六月二八日に連合諸国とドイツとのあいだでヴェルサイユ講和条約が調印された。ドイツはパリ講和会議には招請されず、ヴェルサイユ講和条約にはいわば無条件で署名しなければならなかった。同条約により、ドイツは領土の割譲を強いられ、中国膠州湾租借地・南洋諸島を含むすべての植民地、対外資産・権益を失ったばかりでなく、工業施設の破壊・撤去と巨額の賠償負担、それにともなう財政・金融的制約を課され、さらにはラインラントにおける非武装地帯の設定、軍事顧問団の受入れ、戦車・潜水艦・航空機などの先端兵器の保有・生産の禁止、陸軍・海軍規模の制限、参謀本部の解散などの軍事的制約をも被ることとなった。ヴェルサイユ講和条約は一九二〇年一月一〇日に発効したが、その後に締結された他の講和条約とあいまって、ヨーロッパには敗戦国ドイツを厳格に統御するヴェルサイユ体制が成立した。こうして、「世界政策」(Weltpolitik) を掲げて「大戦」(der Grosse Krieg) を戦ったドイツは、さしあたり世界規模の帝国主義間競争から脱落することになった。

他方、東アジアに関する戦後処理と戦後体制の構築はこれより遅れ、一九二一年一一月から翌二二年二月にかけて、アメリカの提唱により海軍軍縮および極東・太平洋問題に関するワシントン会議が開催されるのを待たねばならなかった。会議では、海軍軍備制限に関する米英日仏伊五カ国の条約、中国の主権尊重、領土保全、門戸開放、機会均等を保証し、民族自決主義を謳った中国に関する米英日中仏伊、ベルギー、ポルトガル、オランダの九カ国条約、日英軍事同盟の廃棄を内容とする米英日仏の太平洋に関する四カ国条約が調印された。さらに、同会議と並行して進められた日中間の交渉の結果、日本はヴェルサイユ条約で獲得した膠州湾租借地を含む山東半島の旧ドイツ権益を放棄することを約束した。その後、一九二二年二月の日中条約の調印により、それらの権益は中国に返還されることになった。このような過程を経て、東アジアにはワシントン体制が成立することになった。このワシントン会議に、ドイツが招かれることはなかった。

こうして、大戦後、ヨーロッパではヴェルサイユ体制が、東アジアではワシントン体制が成立し、世界規模ではヴェルサイユ＝ワシントン体制が成立することになった（田嶋 二〇〇八、二〇－二二頁、工藤 二〇〇八a、八六－八七頁）。ヴェルサイユ体制とワシントン体制との関係は、前者を後者が補完するというものであったと見てよい。ヨーロッパを直接の対象とするヴェルサイユ体制にあって、結局ヴェルサイユ条約を批准しなかったアメリカは、すくなくとも形式的にはなおアウトサイダーの位置にあり、イギリスを覇権とする体制が形式的にはなお維持された。ワシントン体制にあってはアメリカの主導性は顕著であり、そのことは日英同盟の廃棄および中国に関わる「門戸開放」というアメリカの主張が貫かれたところに明瞭に現れていた――アメリカが中国における日本の「特殊権益」を認めた石井・ランシング協定も廃棄された――。第一次世界大戦で契機を与えられたイギリスからアメリカへの覇権の交替の開始は、ヨーロッパよりも東アジアで明確に認められる。

それにしても、ヴェルサイユ＝ワシントン体制におけるアメリカの位置は特異であった。アメリカはヴェルサイユ条約を批准せず、したがってまた同条約の重要な成果のひとつである国際連盟にも加盟しないなど、ヴェルサイユ体制に対していわば外接的であり続けた。そのようなアメリカがワシントン体制にあっては主導的な位置にあった。そのようなアメリカがヴェルサイユ体制とワシントン体制を結びつける最も重要な主体ないし結節点であったことは、両体制のあいだの紐帯の弱さを意味し、したがってまたヴェルサイユ＝ワシントン体制そのものの脆弱性を意味した。

ヴェルサイユ＝ワシントン体制において、ドイツはアウトサイダーの地位にとどまった。パリ講和会議には出席を許されぬまま、会議の結論であるヴェルサイユ条約への調印を事実上強制され、領土の割譲、植民地・在外権益の喪失、巨額の賠償という負荷をかけられ、財政・金融的および軍事的制約を被ることになった。他方、ワシントン会議にも招請されず、東アジアにおけるその旧権益の処理はその手の届かぬところでなされたのである。このように、西欧列強の一角をなしていたドイツがアウトサイダーの位置に置かれたことは、ヴェルサイユ＝ワシントン体制の抱える脆弱性の一要素となった。ただし、軍事的に弱体化したドイツが経済的になお戦前の力を回復しないかぎり、その脆弱性は顕在化しない。そして実際にも、ドイツは対外的には連合諸国とのあいだでの賠償・戦債問題に忙殺され、国内的にも経済的混乱と政治的不安定を抱えていた。

さて、ドイツの東アジアとの通商関係は「日独戦争」の開始とその後の事態によって大幅に縮小し、さらに中国政府（北京政府）の対独宣戦布告によってさらに収縮した（第一節2）。それでも、ハンブルク・ブレーメンに本拠を置く東アジア貿易に傾斜した商社の団体である東アジア協会（Ostasiatischer Verein. OAV）は、対東アジア通商の維持に期待をつないでいた（Ostasiatischer Verein, Deutsch-Ostasiatische Wünsche für den kommenden Frieden, Januar 1918, R9208/2464）。

敗戦の結果、ドイツは中国膠州湾の租借地、ビスマルク、マリアナなどの南洋群島植民地をはじめ、この地域における権益のすべてを失った。さらに、敗戦国として、ドイツは連合諸国とのあいだの賠償問題とそれにともなう紛争への対応に忙殺されることとなり、その外交的視野はヨーロッパおよびアメリカに局限されることとなった。それでも、ドイツ企業の東アジア市場への関心は失われてはいなかった。パリ講和会議が開催されていたさなかの一九一九年四月一二日、外務省において東アジアでの経済活動を議題とする会合が持たれた。そこには、政府関係者のほか、商社などの企業の経営者、そして東アジア協会の代表が出席し、今後の東アジア政策を検討した。会議の内容は四九頁にものぼる議事録として残されている（Niederschrift über eine Besprechung betreffend Ostasien am 12. April 1919, ohne Datum, BABL R901/4944）。そこには、商社をはじめとするドイツ企業が東アジア市場への復帰を強く望んでいること、さらに、――後の時期に中国市場に期待したのとは対照的に――中国市場よりも日本市場への期待を強く有していたことが如実に示されている。

しかし、他の列強諸国とは異なって、戦後のドイツは東アジア諸国に対する軍事力を欠いていた。したがって、東アジア市場への復帰を図るドイツ企業にとっては、政府の対東アジア通商政策が頼みの綱であった。ところが、戦後のドイツは総力戦を闘って敗れたことから経済的に疲弊し、さらに賠償をめぐる国際関係の緊張――それは一九二三年一月のフランス・ベルギーによるルール出兵、それに対するドイツの「消極的抵抗」によって頂点に達する――、それによる経済的混乱、インフレーションの昂進、政治不安の下にあった（戸原 二〇〇六、四三－六九頁）。ドイツ政府は連合諸国とのあいだの賠償問題とそれにともなう紛争、経済的混乱とインフレーションへの対応に忙殺された。伝統的に通商政策を担ってきた外務省には、さらに大戦を契機として経済部門を拡充させた経済省にも、東アジア通商政策を再構築し、実行する余裕はなかった。

(2) 旧敵国との確執――対日片務的最恵国待遇

第一次世界大戦終了以降の日独関係は、まずヴェルサイユ講和条約によって規定された。すなわち、日本は膠州湾のドイツ租借地を含む山東半島の旧ドイツ権益を獲得するとともに――それらの大部分は、ワシントン会議での合意を経て、一九二二年二月、中国に返還されることになる――、太平洋の旧ドイツ植民地に対する国際連盟委任統治を認められた。一九二〇年一月一〇日のヴェルサイユ条約の発効を受けて、両国間の外交関係が復活し、双方は大使を交換することになった。日本側は一九二〇年三月、出淵勝次を臨時大使とした後、一九二一年一月に日置益を大使とした。ドイツ側はゾルフ (Wilhelm Solf) を駐日大使に任命した。彼は一九二〇年八月に代理大使として東京に着任した後、翌一九二一年二月、正式に大使となった。ちなみに大使の交換は一九〇六年に開始されたものの、大戦勃発によって途絶していたのである。

両国間の通商関係は、休戦とともに早くも再開された。ドイツから日本への、化学染料などの工業製品の輸出が増加した。だが、通商関係もまたヴェルサイユ条約により規定された。すなわち、同条約二六四~二六七条および二八〇条の規定により、大戦初期に失効していた戦前一九一一年の通商条約が暫定的に適用されるとともに、ドイツは連合諸国の一員としての日本に対して一方的に無条件最恵国待遇を供与することが義務づけられた。こうして、ドイツは日本に対して片務的な状態に置かれることになった。その期間は一九二五年一月一〇日までとされた (日本学術振興会 一九五一、五九六頁)。

ドイツ側は、その対日通商政策を遂行するに当たって、片務的状態が解消される一九二五年一月一〇日を待つという方針を打ち出した。ドイツ外務省は、一九二〇年八月に代理大使として東京に着任したゾルフに対して、一〇月、当面は条約交渉に向けて動き出すことなく待機するようあらためて指示していた。この指示の背後には、日本側が英米との関係において疎隔を感じていると報ぜられている状況のもとでは、日本側が交渉開始に向けて歩み寄ってくるのを待ったほうが得策であるとの思惑が働いていた (Simons an Solf, 13. Oktober 1920, *ADAP*, A, IV, S. 15-16)。

他方、日本側では、休戦協定が調印された直後の一九一八年一二月二八日、「通商条約の改正締結其の他之に関連する諸般の事項を調査審議」するための臨時条約改正調査委員会が設置され、これにともなってそれまでの条約改正準備委員会は廃止された（川島 一九四一、四一九頁）。臨時条約改正調査委員会で決定された条約改正方針は、「通商自由を基調」とする「積極的開放主義」と形容されるものであった（川島 一九四一、四一九－四二三頁）。だが、その基本方針も対独通商政策に適用されることはなかった。すなわち、日本はドイツから一方的に最恵国待遇を受ける片務的事態を幸いとして、それによる利益を享受する方針をとったのである。それは、ヴェルサイユ会議以来の連合諸国、とくに英仏に追随するという外交方針の通商政策における適用でもあった。

こうして、日独双方はそれぞれに異なった思惑から、一九二五年一月一〇日を待つという方針をとった。その後、ドイツは政治的混乱とインフレーションを経験し、日本でも一九二〇年三月の戦後恐慌の発生、一九二三年九月の関東大震災と混乱が続いたから、双方の待機方針は継続された。

転機は一九二四年夏に訪れた。ドイツがドーズ案による賠償問題の解決を前提に、金本位制への復帰によるインフレーションの最終的収束を図ると、それまでマルク為替相場の下落によって促進されていた輸出が抑制されることになった。対日輸出も例外ではなかった。そこからドイツ側には、対日通商関係を再検討し、条約交渉に向かう動機が生まれた。他方日本側でも、片務的関係を享受しうるヴェルサイユ条約の規定が失効する日が近づくにつれ、さすがに新たな条約を締結する必要が痛感されるようになった。そこで日本側はドイツに交渉の開始を提案し、ドイツもこれに応じたことから、一九二四年一一月から一九二五年二月にかけて、ベルリンで両国間の交渉が持たれた。だが、この交渉は成果なく終わり、一九二五年一月一〇日をもって旧条約の暫定適用が終了し、無条約状態に移行した。無条件最恵国待遇の一方的供与という片務的関係が解消されるとともに、双方は、今後に想定される新通商条約の締結のための交渉に向けて、あらためて準備を開始することになった（工藤 二〇〇八b、二七〇－二七一頁）。

（3）「好意」の戦略——一九二一年独中通商協定

前述のごとく（第一節2）、大戦末期になってからの北京政府の対独宣戦布告により、独中両国は戦争状態に入った。戦後のパリ講和会議において、中国は連合国の一員として臨んだ。だが、ヴェルサイユ講和条約で日本による二十一カ条要求の撤廃が認められなかったため、それへの抗議に端を発した排日運動が、帝国主義、反封建主義、軍閥政府打倒を目標に掲げて高まりを見せると（五・四運動）、これを背景に、一九一九年六月、北京政府は同条約の調印を拒否した——ただし、同条約に基づき一九二〇年一月に発足した国際連盟には、中国は原加盟国として加わった——。その後、北京政府は一九一九年九月、対独戦争状態の終結を宣言した。孫文の広東政府もこれに追随した。

独中間ではあらためて国交回復を図る必要があった。ドイツ側は早い時期から、中国側の要求を考慮しつつ対中講和の準備を進めており、休戦直後の一九一八年一二月までに条約草案を作成しているほどであった（Entwurf für die auf die Handelsbeziehungen bezüglichen Bestimmungen in einem Friedensvertrag mit China. Vorläufige Fassung, Dezember 1918, PAAA R9208/2464. 以下PAAAを省略する）。ヴェルサイユ条約の調印後、これに調印しなかった中国との講和が別途必要となったとき、当初、ドイツ外務省は対中関係の修復のために、すでにヴェルサイユ条約によって国交を回復していた日本の協力を得ることを考えていた。だが、その願望が現実的でないことが判明すると、そこからようやく自ら対中交渉に乗り出すことになる（Ratenhof 1987, S. 289–290; 伊集院 二〇〇二、七一、七三–七四頁）。

ベルリンでの接触を経て、本格的な交渉は一九二〇年八月、北京で開始された。ドイツ側代表はベルリンから派遣された交渉団の長であるボルヒ（Herbert von Borch）であり、中国側北京政府の担当者は外交部参事王景岐であった。史料的に確認しうる最初の接触は一九二〇年八月二八日になされたが、議事録が残されている最初の交渉は九月八日におこなわれた（Aufzeichnung, 8. September 1920, R9208/2467）。これ以降、集中的な交渉がおこなわれ、一九二一年五月二〇日、すなわちワシントン会議に先だって、講和に関する協定（Vereinbarung zur Wiederherstellung des Friedenszustandes）が北京で調印された（Reichsgesetzblatt, 1921, Nr. 71, 14. Juli 1921, S. 833–838, R35842）。その内容は、協定名に示された国交回復のほか、通商関税関係にも及んでいた。すなわち、ドイツは中国の不平等条約撤廃の要求に応じて戦前の在華権益——日本に奪われた山東権益を除く——および治外法権を放棄し、他方、中国側は条件付きながらも、接収したドイツ資産の返還、さらに清算されたドイツ資産についての賠償および債務の元利支払いを約束した。さらに同協定では、通商関係における相互の同等の扱い（Gleichberechtigung）という原則が確認されていた。この原則により、ドイツは中国の関税自主権を承認するとともに、中国側の要望により最恵国待遇という文言は避けながらも、両国は事実上最恵国待遇を相互に付与したのである（Borch, Denkschrift, ohne Datum, R105377; Ratenhof 1987, S. 290–291; 唐 二〇一〇、九三－一〇四頁）。なお、この時は未解決のままであった旧ドイツ資産の扱いについては、その後一九二四年六月、中国側が利子支払いを約束する内容の交換書簡および条約により決着を見ている（Ratenhof 1987, S. 297–298; 唐 二〇一〇、一二八－一三四頁）。

　ドイツ側は中国との正式の政府間関係の樹立になお慎重であったため、外務省内部では一九二一年五月の協定を「合意」（Übereinkommen）と呼んでいた。それはともかく、この協定は中国が欧米列強と結んだ最初の平等条約であった。そこには、ドイツの中国に対する「好意」が表明されていた。むろんその実態は、東アジアにおけるすべての権益を失って、軍事力なき外交を遂行せざるをえなかったがゆえの譲歩の結果である。そこに、対中貿易拡大へのドイツ政府の期待が込められていることはいうまでもない。これに応じて、中国もドイツを野心なき大国として好意的に見るようになった（Kirby 1984, pp. 43-45; 田嶋 二〇〇八、二二頁）。一九二一年の独中協定は、いわばヴェルサイユ＝ワシントン体制のアウトサイダー同士の友好を謳うとともに、「アウトサイダーの経済的同盟」[1]（eine wirtschaftliche Allianz der Außenseiter）を目指すものであった（Ratenhof 1987, S. 292. さらに Martin 2003, S. 21–22. 参照）。

　この当時のドイツ政府は、前述のように、連合諸国とのあいだの賠償問題とそれにともなう紛争への対応に忙殺されていた。中国市場はその潜在的規模ゆえに大きな期待がかけられたものの、現実には内戦や中央政権の不安定ゆえの政治的リスクも大きく、ドイツ政府は企業からの支援要求に対して距離を置いていた。独中協定の締結が、対中輸出にとって好ましい環境を作り出したことは明らかであるが、その輸出促進効果は限定的であった（浅田 二〇一七、四七二－四七九頁）。実際には、ドイツのインフレーションの一環としてのマルク為替相場の低落という条件の下で、対中輸出が拡大したのである。

2 履行政策の一環としての通商政策と東アジア

(1) ヴェルサイユ＝ワシントン体制でのインサイダー化と通商政策

大戦によって疲弊したドイツ経済は、敗戦後の混乱からさらに疲弊の度合いを増し、予定された賠償の支払いが不可能となった。この困難を克服するためには、アメリカの介入が必要であった。アメリカは、ドイツの経済再建がヨーロッパの経済再建の鍵であり、ソ連への対抗上不可欠であるとして、一九二四年八月、ヨーロッパの問題である賠償問題に関して経済的に介入した。すなわちドーズ案によって、賠償額が軽減されるとともに、ドーズ公債の発行によるアメリカ資金のドイツへの導入が図られたのである。こうしてヴェルサイユ体制は、そのアウトサイダーであるアメリカの経済的介入によって修正されることになり、それと同時にアメリカは以前より深く同体制に関わることになった（加藤 一九七五、四七－五八頁）。

ドイツもまた、ヴェルサイユ体制により深く関わることになった。ドイツは、ドーズ公債による資金を基礎にして金本位制に復帰し、インフレーションを最終的に収束させる制度的基盤を作り上げた。さらに、産業合理化を国民経済的課題として掲げ、労使が協調してこの課題の達成に向けて邁進することになった。産業合理化により輸出競争力の強化と輸出超過を達成し、それによって獲得した外貨の一部を賠償支払いに充てるという好循環を目指した。「再建金本位制―産業合理化―賠償履行政策」という「三位一体」がヴァイマル体制――正確には「修正されたヴァイマル体制」――の総路線となったのである（工藤 一九九九、一五－一七、二三頁）。このようなヴァイマル総路線の外交政策は、一九二三年八月から一九二九年一〇月まで外相の地位にあった（一九二三年八月から一一月までは首相兼摂）シュトレーゼマン（Gustav Stresemann）の名をとって「シュトレーゼマン外交」と呼ばれる。むろん、そのなかにあって、賠償履行政策はそれ自体が最終目標ではなく、その実行を通じてヴェルサイユ体制の修正、とくにその下で定められた国境線の修正を目指すものであった（北村 二〇一四、一一九頁）。

シュトレーゼマン外交にあって、通商政策は要の位置に置かれた。「再建金本位制―産業合理化―賠償履行政策」という「三位一体」のなかで、産業合理化と賠償履行をつなぐ環は、輸出競争力の強化と輸出超過の達成、それによる外貨の獲得だったが、この環は通商政策によって補強ないし補完されなければならなかったからである。こうして、この時期の外交政策は、通商政策をかつてなかったほどに重視することになった。

前述のように（本節1（2））、ドイツの通商政策の展開にとって、ヴェルサイユ条約は桎梏であった。同条約によって、ドイツは日本を含む連合諸国に対して一方的に最恵国待遇を与えるという片務的な関係を強いられたからである。その片務的な関係は一九二五年一月一〇日に解消されるが、ドイツ政府は一九二五年一月一〇日以前から、片務的関係の解消ないしは関税自主権の回復以降における通商条約締結交渉のための準備を開始していた。だが、準備が整うのは結局は一九二五年一月一〇日以降に持ちこされた。一月一五日に成立したルター（Hans Luther）内閣の下で改定関税法案が作成され、これが八月に議会で可決され、九月に施行されることになったのである。新たに設定された関税率は、戦前一九〇二年の水準に近い、比較的低位のものとなった（日本学術振興会 一九五一、一一五八頁、加藤 一九七三、三六八－三七〇頁、熊野 一九九六、一九－二〇頁）。

この関税法改正を踏まえ、ドイツ政府は各国とあらたに通商条約・協定を締結していった。アメリカとの間では、一九二一年八月に講和を果たした後、すでに一九二三年一二月に通商条約を締結していたが、同条約は一九二五年一月一〇日を経て一九二五年一〇月に発効することになった。イギリスとの間でも、一九二四年一二月に締結されていた通商条約が一九二五年九月に発効した。さらに、戦時中の一九一八年三月にブレスト・リトフスク講和条約を締結していたソ連との間では、すでに一九二二年四月のラパロ条約によって相互に最恵国待遇を供与していたが、一九二五年一〇月にあらためて通商条約を締結した。大戦を最も激しく闘った隣国フランスとの間での通商条約の締結は難航したが、一九二五年一〇月にロカルノ会議が開催され、英仏伊、ベルギー、ポーランド、チェコ、独の七カ国がロカルノ条約に仮調印し、ドイツ西部国境の現状維持と不可侵を約束した（一二月、ロンドンで正式調印）。これを踏まえ、一九二六年九月、ドイツの国際連盟への加盟と常任理事国の地位の獲得、そして賠償問題をめぐる独仏和解の進展などがあった。他方、経済面でも、同年九月に両国の鉄鋼業を中心とする国際粗鋼共同体（Internationale Rohstahlgemeinschaft）が結成された。こうして、通商条約の締結にとっての障害が取り除かれ、一九二七年八月、独仏新通商条約が締結された（加藤　一九七三、三六九－三七〇頁、Ratenhof 1987, S. 280-282, 291, 334; 工藤　一九九九、一二九－一四八頁）。

こうして、一九二五年一月一〇日以降、ドイツはヨーロッパ規模での通商条約網の再建に努めた。それはヴェルサイユ体制を修正する作業の一環であったといってよい。そのなかで、ドイツ政府の関心はしだいに東アジアに対しても向けられるようになった。それだけの余裕がようやく生まれたのである。

それでは、履行政策を前提としたシュトレーゼマン外交は、東アジアに対してはどのように適用されたのであろうか。以下、その通商政策の側面を見ることにしよう。

（2）「大国」との妥協——一九二七年日独通商航海条約

ドイツの対日通商関係は、ヴェルサイユ条約によって規定されていた。すなわち、同条約二六四条以下によって、旧条約が暫定的に適用されるとともに、ドイツが日本に対して一方的に最恵国待遇を与えるという片務的な関係があった。だが、この規定は一九二五年一月一〇日をもって効力を失い、ドイツの片務的な関係が終了するとともに、両国間の通商関係は無条約状態に移行した。双方は、今後に想定される新通商条約締結のための交渉に向けて準備を進めた。

ドイツは、すぐ前に述べたように、関税法を改正し、それを踏まえて各国との通商条約の締結を進めた。その過程で、対日関係もようやく視野に入ってきた。対日通商条約締結交渉に際してのドイツの交渉上の武器は、ライセンシングの対象としての工業製品製造技術であり、大豆の輸入需要であった。ドイツ政府は、工業製品技術のライセンシングの可能性に言及しながら日本側の譲歩を求め、大豆関税を引き上げるなどの対抗措置をとった。

他方、日本政府が手にした交渉上の武器は、工業製品輸入に対する制限措置であった。日本では大戦時に、欧米からの輸入途絶と東アジア市場に生じた空隙、そして政府の保護育成政策によって、重化学工業が勃興した。その幼弱な重化学工業にとって、戦後再開された欧米諸国からの工業製品の輸入は、一面ではその発展にとって不可欠であったという面はあるとしても、やはりその競争圧力が脅威となった。そこで、日本政府は重化学工業の保護を目的として、関税引上げのほか種々の量的統制措置を採用した。その最も端的な事例が、染料に対する輸入許可制という直接的な輸入制限措置である。これは一九二四年六月に農商務省（商工省の前身）が省令によって実施したものであって、その狙いは事実上ドイツ染料の輸入制限にあった。こうして、日本側はドイツ染料の輸入制限という交渉上の武器を手にしたのである。ちなみに、日本側の関税改正の作業は遅れ、それが実現したのは一九二六年三月のことである。これをドイツの一九二五年九月の関税法に対応するものと考えれば、遅れはちょうど半年である。

日独間の交渉は難航した。双方はさしあたり、最大の争点であるドイツ製染料の対日輸出問題の解決を先行させることで合意した。当時の日独間貿易において、化学染料は太宗の地位を占めており、染料製造企業としてのIG《イーゲー》ファルベン（I. G. Farbenindustrie AG）にとってはいうまでもなく、外貨獲得を最大の目標とするドイツ政府の通商政策にとっても、その対日輸出の拡大は大きな関心事であった。染料問題解決のための交渉は、外務省間の通商条約交渉とは別に、日本の染料工業の利害を代表する商工省とIGファルベンとの間でおこなわれた。その結果、一九二六年八月、日本で国産化が進行している染料に関してはドイツ側が輸出を自主的に規制するという趣旨の、斎藤・ヴァイベル協定という名の紳士協定が調印されることになった（工藤 一九九二b、八〇‐八九頁、工藤 二〇〇八b、三〇九‐三一一頁）。

この染料問題の解決を待って、条約交渉が再開された。新たな日独通商航海条約が調印されたのは、斎藤・ヴァイベル協定の調印からほぼ一年後の一九二七年七月のことである。条約の核心は、当時の国際通商条約の多くと同様に、相互に最恵国待遇を供与し合うところにあった（Solf an AA, 20. Juli 1927, R65157)。ただし、この条約交渉と並行しておこなわれ、条約締結を待って本格的に開始された協定関税率の設定のための交渉は難航した。結局、協定の締結は先送りされ、条約で無条件最恵国待遇の相互供与を約束するにとどまった。

通商条約交渉が難航し、無条約状態が続く間にも、日本へのドイツ工業製品の流入は続いた。他方、日本からドイツへ輸出しうる財は乏しく、このために日独間貿易はドイツ側の大幅出超が恒常化した。ともあれ、通商条約がなくとも通商関係は維持されたのである。

ヴェルサイユ体制という桎梏の下、ドイツにとっては、ヨーロッパ諸国との間の通商条約網の再建が課題であった。とくに対仏通商条約の締結は、両国の鉄鋼業の関係の調整ともあいまって最も重要な課題であった。これに比べれば、日本との通商条約は周辺的な意義しか持たなかった。軍事力を持たぬドイツの有する交渉力は経済的なもののみであり、しかも工業製品製造技術のほかは、大豆の輸入需要程度であったから、条約の締結が精一杯の成果であった。他面、外貨獲得の上では恒常的な出超を続ける対日貿易はむろん意義を持ったが、その貢献は小さかった。むしろ条約締結の前提となった染料に関する斎藤・ヴァイベル協定の方が重要であったといいうる。この協定により、日本が国産化しえないでいる染料については、日本市場のみならず中国市場をも押さえることができたし、インディゴ製造技術のような先端的な技術をライセンシングすることは峻拒し、日本の国産化をさしあたり阻止することができたからである。

日本にとっても、対独通商条約は経済的には決定的な意義を持たなかった。国内世論向けには、むしろその政治的な意義が称揚された。すなわち、この通商条約の締結は、皮肉にも、「経済外交」を標榜して交渉を担った外相幣原喜重郎の功績とはならず[(2)]、条約調印の三カ月前に成立した田中義一政友会内閣――外相を兼摂した田中も「経済外交」の看板を掲げていた――の外交上の成果とされた。この条約は戦後東京で調印された列強との間での最初の条約であり、ドイツは日本を大国として遇する最初の大国であるとされた。戦前における条約改正の延長上に、この条約の調印は、陰りを見せていた「大国の威信」を発揚する好機と受け止められたのである（『国民新聞』一九二七年七月二一日付夕刊）。

この一九二七年七月における通商航海条約の調印は、一九二〇年代における日独経済関係のひとつの頂点をなした。それは国際的な通商条約網の再建の一環をなしていた。ちなみに、通商体制と並んで国際経済関係の軸をなす通貨体制にあっては、日独の関わり方はこれとは異なっていた。すなわち、日本経済は傾向的には重化学工業化、電化、都市化の進展の中で経済成長を続けるのであるが、一九二〇年の戦後恐慌を経験した後、一九二三年九月の関東大震災の後産ともいうべき一九二七年三月の金融恐慌に襲われる。そのため、通商条約網の再建と並ぶ国際経済関係における「常態への復帰」に向けてのいまひとつの課題である、国際金本位制への参加は遅れた。それが果たされたのは、ようやく一九三〇年一月における金輸出解禁によってのことであった。この間、ドイツはすでに一九二四年八月には金本位制への復帰を果たしていた。こうして、ヴェルサイユ＝ワシントン体制の通貨体制における表現ともいうべき国際金本位制にあって、敗戦国ドイツは早々とその体制に参加したのに対して、戦勝国日本はそれより五年あまりも遅れて参加した。ここでは、日独双方はそれぞれに別々の道を歩み、その結果相交わることはなかったといってよい。

（3）アメリカへの追随――一九二八年独中関税条約
北京関税特別会議と広東付加税[3]

ワシントン会議では、一九二二年二月六日、九カ国条約の調印と同時に、同条約調印国が中国の関税に関する条約（中国関税条約）に調印した。この条約の骨子は、対中国関税率についてただちに従価五％を実施するとともに、条約発効後三カ月以内に関税特別会議を開催し、輸入に対してまず従価二・五％を付加税として認め、さらに一九〇二－〇三年の英清条約（マッケイ条約）その他の条約の趣旨により、七・五％までの付加税を認めようとするものであった（臼井一九七二、二三一－二三三頁）。これは主として、日・英・米間の妥協の結果であった。中国はパリ講和会議およびワシントン会議で一貫して関税自主権の回復を主張してきたので、この条約が関税自主権の回復にはなんら触れていなかったことに不満であった。条約で規定された関税特別会議は、中仏間での紛争のために条約の全調印国による批准が遅れた結果、ようやく一九二五年一〇月になって北京において開催されることになった。この間、五・三〇運動を頂点とする不平等条約廃棄の世論が高まり、それを受けて中国北京政府は、ワシントン会議参加国に対して不平等条約修正の要求を伝えている。関税自主権の回復は、自国産業保護および財政収入の確保のためにも喫緊の課題であった。一九二五年七月、広州に樹立された国民政府が不平等条約廃棄を強く主張したことも、北京政府への側圧となった。

ドイツはもともとワシントン会議に招請されておらず、したがってまた九カ国条約にも中国関税条約にも加わっていなかったから、北京会議にも招かれることはなかった。他方、ドイツは中国との間に、すでに一九二一年五月、すなわちワシントン会議の開催に先だって、国交回復のための協定のなかで関税自主権の相互承認、最恵国待遇の相互供与などを約束していた（本節1（3））。すなわち、ドイツは北京関税特別会議開催の時点で、列強中例外的に中国の関税自主権を承認していたのである。

中国は関税会議参加国に対して、ドイツのオブザーヴァー参加を提案した。しかしドイツ自身は、対ソ関係への考慮などからこの提案を受けなかった。ドイツはまた、アメリカのイニシアティヴにより九カ国条約への参加を提案されるが、これも中国およびソ連の反対などを考慮して結局受けなかった。ワシントン体制のアウトサイダーであるドイツは、北京会議でもアウトサイダーにとどまったのである。

だが、ドイツは同会議にまったく無関係であったのではなく、むしろ、それはシュトレーゼマン外交の対東アジアへの展開にとって無視しえないものであった。外貨獲得という通商政策の最大眼目からしても、中国市場への期待は大きかった。外務省にあっては、会議の全期間を通じて、あたかもインサイダーであるかのごとく、北京の外交団におけるドイツ駐華公使ボイェ（Adolf Boyé）による周到な観察、そして本省でのその時々の判断が積み重ねられた。ボイェにとっての情報源として最も重要なものは、公使団会議ないし外交団会議であった。外務省はロンドン、ワシントン、東京、モスクワなどの在外公館を通じても情報を収集した。その際の観察の眼差しが向けられたのは、中国の出方よりも列強の動きであり、さらに、九カ国条約締結国全体の動きよりもむしろ個々の列強の動きであった。そこには、どの列強に追随すべきかとの関心が伏在していた。

北京関税特別会議は一〇月二六日に開会した。会議では中国の要求する関税自主権の回復、さらには中国関税条約に規定された付加税、いわゆるワシントン付加税をめぐって、一方では、いうまでもなく中国と列強との間での対立があったが、他方では日本と他の列強との間での対立が顕在化した。ワシントン付加税をめぐっては、日本とアメリカの提案が対立した。他方中国は、列強の提案の基礎にある普通品二・五％、奢侈品五％という付加税には同意できないとするとともに、一九二九年一月一日までに地方政府が徴収する内国関税である釐金を完全に撤廃する旨を宣言して、列強の譲歩を促した（臼井 一九七二、二四二頁）。

こうした対立構造のなかで、一一月一九日、会議では中国の関税自主権を承認することが決議された（Boyé an AA, 19. November 1925, R94998）。これに対しては、すでに個別に中国の関税自主権回復を承認していたドイツはさほどの関心を示さなかった。ドイツの関心は、当初から一貫してワシントン付加税に関する具体的提案に向けられていた。したがって、とくにアメリカと日本の対立に関心が集中した。そのうえでなお、一九二五年一二月半ば、外務省本省の東アジア責任者である上級参事官トラウトマン（Oskar Trautmann）による中間総括では、会議の行方は不確定であるとされながらも、会議の意義が高く評価されていた（Trautmann, Aufzeichnung, 16. Dezember 1925, R94998）。

一九二六年に入ると、会議では付加税二・五％をめぐる日本とアメリカその他の列強との対立がより鮮明になった。それでも駐華公使ボイェは、三月半ばの時点で、会議の成果を肯定的に評価していた。すなわち、たしかに委員会は久しく開かれていないが、小委員会、専門家委員会、非公式協議などの場で活発に討議されており、その結果多くの争点で徐々に原則的な合意が達成されているとし、最終的な議決は遠くないと見ていたのである（Boyé an AA, 16. März 1926, R94999）。

この間、中国の国内政治は不安定化し、四月には段祺瑞政権の崩壊に至る。だが、北京の公使団は関税会議の続行を決定し、さらに、再開されるべき会議に向けての共同提案を準備した。これに対して、中国政府はこれを受け入れると観測されたものの、日本政府が受け入れず、結局、共同提案はおこなわれなかった。駐華公使ボイェは、この共同提案ないし仮協定（Vorabkommen）をめぐる動きについて本省に報告するなかで、これをあくまで拒否する日本に対してこれまでになく批判的であった（Boyé an AA, 22. Juli 1926, R95000）。

一九二六年七月、北京会議はついに休会となる。同月、広州国民政府は、国民革命軍総司令蔣介石の指揮下、北伐を開始した。それから二カ月後の九月、国民政府はイギリス総領事に対して、一〇月一〇日までに、前年の五・三〇運動の後に開始された広州・香港の反英ボイコットを停止するとともに、二・五％ないし五％の消費税および生産税を徴収すると通告した。この税は事実上ワシントン付加税に他ならない。広東付加税と呼ばれたこの付加税の徴収と、反英ボイコットの中止とを取引の材料とするこの提案について、ボイェは、事実上関税自主権を回復するとともにワシントン付加税を実施する「きわめて巧妙な一手」だと感心している（Boyé an AA, Telegramm, 10. November 1926, R95000）。

この通告を受けたイギリスは、海関を通ずる徴収を条件にこれを容認する姿勢を示した。だが、他の列強はそれぞれの動機から、このイギリスの態度を強く批判した。そのような対立のなか、列強は広東付加税への共同行動につき交渉を重ね、ようやく共同抗議文を国民政府へ送付することができた。しかしそれは当然ながら迫力に欠けるものであり、国民政府がこれに耳を傾けるはずもなかった。

一二月一八日、イギリス政府は、広東付加税をワシントン付加税と読み替えてこれを承認する、新たな対中政策を北京外交団に提示し、その後公表した。いわゆる「一二月メモランダム」である。これに続きアメリカは、一九二七年一月二六日、治外法権の撤廃、関税自主権の付与などを内容とする、中国政策に関するケロッグ国務長官の声明を発した。ドイツ外務省はとくに後者の「ケロッグ声明」に着目した。ドイツ外務省は、以前からの観察により、アメリカがこのような政策転換を含む単独行動に出るかもしれないと予測していた。

一九二七年春、中国の国内政治は、三月二四日の南京事件から四月一二日の蔣介石による上海での軍事クーデター、一八日の南京国民政府の樹立へと続くさらなる激動を迎える。このような激動のさなか、ドイツ外務省は「南方政府の承認」(Anerkennung der Südregierung) という題の文書を作成し、東アジア各地の公館に送付していた。そこには、「時期が到来し次第、われわれは承認を躊躇しないであろうし、この点でいずれの国にも劣ることはないであろう」との方針が明記されていた (Trautmann an sämtliche Missionen außer Peking und Konsulate Manila, Singapore, Batavia, Melbourne, 13. April 1927, R95000)。

南京国民政府は七月一九日、関税自主権の回復を宣言するが、その直後、蔣介石が国民革命軍総司令を辞して下野するなど、南京政府が弱体化したことを背景に、同政府は八月三一日、九月一日より関税自主権を回復するとの方針は維持するものの、国定関税法の施行は延期するとの声明を発し、一歩後退を余儀なくされる。他方、勢力を増した武漢国民政府が、一一月二三日、不平等条約の廃棄、国民政府の同意せぬ条約の無効などを宣言している。

米中関税条約と独中関税条約(4)

一九二八年初頭、中国の国内政治状勢はいま一度大きく動き始めた。すなわち、一月、前年夏に下野した蔣介石が国民革命軍総司令に復職し、彼の指揮の下、北伐が再開される。そして一九二八年六月八日、国民政府軍が北京に入城して、東北地区を除く中国の再統一が成ったのである。

国民革命軍が北京入城を果たした一カ月後の七月七日、南京国民政府の外交部長王正廷――北京関税特別会議では北京政府の首席代表であった――は、すべての不平等条約を撤廃するとの方針を明らかにした。国民政府がこのように主張したのは、もちろんこれが最初ではなかったが、再統一がほぼ達成された直後の主張であっただけに、その反響が注目された。

南京政府の主張に対する反応において、列強の先頭を切ったのはアメリカである。アメリカはすでにそれに先だって、三月三〇日、国民政府との間で南京事件に関する米中協定に調印しており、外交的な障害は取り除かれていた。七月二五日、アメリカは北京において米中関税条約に調印した。条約の骨子は相互に関税自主権を承認し、また最恵国待遇を供与し合うというものであり、一九二九年一月一日発効の予定とされた（Borch an AA, Telegramm, 26. Juli 1928, R65495; AA an Büro des Reichspräsidenten, 3. August 1928, R65495）。

この米中条約調印は各国に衝撃を与えた。アメリカの動きに最も迅速に反応したのはドイツである。ドイツ外務省は、アメリカが六月一五日に中国の関税自主権を承認するとの方針を決定したことを極秘に知り、その直後の六月二〇日、対中国外交に関する「指令」を作成していた。その骨子は、一九二一年の独中協定ないし「合意」からの継続性を独中が相互に確認するという条件の下で、国民政府を承認するというものであった（Erlaß IV Chi 648 vom 20. Juni 1928）[5]。この「指令」は、前年四月の「時期が到来し次第、われわれは承認を躊躇しない」との方針を再確認するとともに具体化したものであった。

この「指令」を踏まえ、七月末、外務省は対中交渉に際しての基本方針を作成し、それを次官シューベルト（Carl von Schubert）名で北京に送付した。その内容は次のごとくであった（Schubert an Borch, Telegramm, 27. Juli 1928, R105377）。

（1）一九二一年五月二〇日の協定（合意）において、平等互恵（Gleichstellung und Gegenseitigkeit）の原則が承認されていること、またその第五条において、最終的な条約締結のための交渉が予定されていることの二点に言及すべきである。

（2）交渉の主たる目標は、六月二〇日の指令に記されているように、関税・通商・航海・居住における最恵国待遇の保証を獲得することであり[6]、さらに、可能であれば法制度の分野でもそれを獲得することである。

（3）ただし、通商および居住に関する最恵国待遇は、一九二一年協定（合意）第三条において保証されているので、場合により、関税における最恵国待遇の保証を得ることで満足すべきである[7]。

交渉は、ボイェの後任の駐華公使ボルヒと南京政府外交部長王正廷との間で、八月初旬に開始された。早くも八月一七日には条約の調印が成り、条約は二〇日に公表された（Borch an AA, Nr. 2064, 27. August 1928, R65495）。条約は正式名称を「関税および関連する諸問題に関する条約」（Vertrag betreffend Zoll- und verwandte Angelegenheiten）とする全四カ条から成るものであり、関税自主権および最恵国待遇の相互付与を主たる内容としている（Notiz, 20. August 1928; Borch an AA, Nr. 2102, 27. August 1928, R65495）。それは、米中条約の調印以前の六月二〇日の「指令」によってすでに確定されていた方針に沿い、米中条約を範例としていた。アメリカへの追随は、調印の二日後に公表するという手続きにまで及ぶほどに——ただし実際には三日後になったが——徹底したものであった（Borch an AA, Telegramm, 11. August 1928, R65495）。

なお、条約の批准はドイツでは順調に進んだが、中国では条約に調印した外務部長王正廷への国民政府内部での反発などから難航し、一九二九年一月二一日にまでずれ込んだ（Schubert, Bekanntmachung, 21. Januar 1929; Reichsgesetzblatt, 1929, Teil II, Nr. 7, 1. Februar 1929, S. 79, R66988）。

これまでアメリカ、イギリス、日本を追随すべき対象の候補として観察してきたドイツは、この時点において、アメリカこそが追随すべき対象であることを確信するに至っていた。ヴァイマル・ドイツの総路線「再建金本位制—産業合理化—賠償履行政策」は、アメリカの資金供与を前提とした修正ヴェルサイユ体制を基盤にしてはじめて可能となったが、東アジアにおいても、「門戸開放」を掲げるアメリカは、経済のみでの再進出を図るドイツにとって何よりも追随すべき存在であった。

ここで注目すべきは、中国に対する関税自主権の付与が国民政府の承認を含意していたことである。ドイツの場合、一九二一年協定ですでに関税自主権を承認していただけに、この含意は際立つ。公使ボルヒが、交渉の当初から南京での調印を想定していたこと——米中条約は北京で調印された——、加えて交渉相手が財政部長宋子文ではなく外交部長王正廷であったことも、この含意を明瞭にしていた。いうまでもなく、ドイツ外務省は米中条約をもこのような政府承認の文脈で解釈していた。そしてこの解釈は、一〇月になってアメリカ政府が米中条約により国民政府を法的に（de jure）承認したと言明したことにより裏付けられた（Michelsen, Aufzeichnung, 3. Oktober 1928, R65495）。一一月三日、アメリカは国民政府を正式に承認した。これに追随するように、ドイツ外務省も独中条約は国民政府の法的承認を意味すると理解するに至る（Trautmann, Erklärung betreffend China, 19. November 1928, R65495）。(8)

それでもなお、ドイツは中国に対する通商関税政策において慎重な態度を崩さなかった。中国全土の統一を果たした国民政府との関係においても、それは変わらなかった。ドイツ外務省は、一九二八年関税条約が一九二一年協定（合意）を補完するものであることをたえず強調していた。このような慎重さが、第三節1（4）で見るような一九三三年以降のナチス政権による積極的な中国政策と対照的であることは否定しえない（Ratenhof 1987, S. 371; Martin 2003, S. 52）。しかし、そうだとしても、アメリカ追随の迅速さは際立っている。ドイツはアメリカの方針転換の報に接するや、ただちに国民政府に対する関税自主権付与の方針を固めていたし、米中条約調印の後、最も迅速にその後を追ったのである。この意味で、この時期のドイツの対中国通商関税政策における慎重さは、あくまでも先陣を切らないという意味での慎重さであったと理解すべきである。

米中関税条約の調印の報に接して動き始めたのは、むろんドイツだけではなかった。各国はこれを好機と見、こぞって中国との関税条約締結のための交渉に入ったのである。王正廷は、ドイツ側に対して条約批准の遅れについて説明し了解を得る際、理由のひとつとして、イギリス、フランス、オランダ、スウェーデン、ポルトガルの各国との通商関税条約についての折衝に忙殺されていることを挙げていた（Erdmannsdorf an AA, Telegramm, 21. Dezember 1928, R65495）。交渉相手としてはこの他にイタリア、ベルギー、デンマーク、ノルウェーがあった。これらの諸国は、この年の一一月から一二月にかけて、米中条約と――したがってまた独中条約と――ほぼ同じ内容の対中関税条約に次々と調印したのである（外交部情報司 一九二九）。(9)

こうして、一九二八年七月末の米中関税条約の調印を機に、イギリスをはじめとする諸国は雪崩を打って対中通商関税政策の方針を転換させ、中国の関税自主権を承認するとともに国民政府の承認に踏み切った。そのなかで、ドイツはいち早くアメリカに追随する動きを見せた。しかも、ドイツの行動は、いわばアメリカが引き起こした雪崩を加速させた。一九二四年から一九二六年にかけて、アメリカの主導により段階的に修正されたヴェルサイユ＝ワシントン体制の下、この体制のアウトサイダーからインサイダーへと転換したドイツは、対中国政策の転換という東アジアにおける変容をもたらす能動的要因となった。一九二八年八月における独中関税条約の調印は、東アジア規模でのヴェルサイユ＝ワシントン体制の急旋回をもたらす一契機となったのである。

3　中国の攻勢への対応

一九二〇年代後半におけるアメリカ株式市場の活況により、ドイツに投下されていたアメリカ資金が本国に逆流し、そのためドイツは資金不足に陥りはじめた。それによって、一九二八年秋、ドイツの景気はニューヨーク証券取引所における株価の下落に先行して下降に向かった。その結果、ドイツの賠償支払い能力が低下した。これに対処するため、一九二九年六月、賠償額の修正を内容とするヤング案が提出され、これに基づき、一九三〇年一月、賠償をめぐる連合諸国とドイツとのあいだでの新たな合意が成った。だがこの間、ドイツ国内政治はヤング案をめぐる対立から不安定化した。また一九二九年一〇月、賠償履行方針に基づく外交を一身に担ってきたシュトレーゼマンが死去した。同年秋には、ニューヨーク株式取引所における株価が崩落し、それが契機となって世界恐慌が開始される。ドイツもまたそれに巻き込まれ、金融恐慌が発生するなかで、一九三一年七月には金本位制が事実上停止された。こうして、ヴェルサイユ体制、あるいはドーズ案を経た「修正ヴェルサイユ体制」は崩壊に向かったのである（加藤 一九七五、七〇－八一頁、工藤 一九九九、第二部第一章、戸原 二〇〇六、第三章）。

他方、東アジアにあっては、アメリカの景気下降によって日本の対米絹糸輸出が激減したため、日本の景気下降に拍車がかかり、一九三〇年一月における金輸出解禁すなわち金本位制への復帰も資金の流出の契機となって、かえって世界恐慌の波及を加速した。こうして日本も、一九三一年九月にイギリスが金本位制を離脱した後を追って、同年一二月に金輸出再禁止すなわち金本位制の停止に至る（三和 二〇一二、第一〇章）。他方、銀本位制をとっていた中国は、さしあたりこのような国際金本位制の動揺の枠外にあったが、しかし、イギリスの金本位制離脱を契機に、影響は中国経済にも及びはじめた（第三節1（4）参照）。こうして、世界恐慌の始まりが、ワシントン体制の経済面での崩壊の開始を告げたことは否定しがたい。ヴェルサイユ＝ワシントン体制の崩壊は、いち早く経済面で開始されたのである。

このようななかでのドイツの通商政策は、対日関係においては行き詰まった。一九二七年七月に調印された日独通商航海条約は、一九二八年四月に発効したが――有効期限は三年であった――、両国における為替管理体制の形成・強化のあおりを受けて、実質的な効力を失った。難航していた関税交渉も止まってしまった。

他方、対中関係においては、ドイツは中国の攻勢を受けることになった。中国は日本を除く列強との一連の交渉を通じて、関税自主権の回復と政権承認という成果を獲ち取った勢いに乗じて、最終目標である不平等条約の廃棄へと突き進んだ。一九二八年一〇月一〇日、国民政府主席に就任した蔣介石は、一九二九年一月一日、三年以内に不平等条約を廃棄すると声明した。この声明が、列強の多くと中国とのあいだで通商条約改定交渉が開始される契機となった。交渉に臨んだのはベルギー、スペイン、イタリア、デンマーク、フランス、ポルトガル、日本であった（程ほか 一九八五、四五七－四七三頁）。

ドイツもまた交渉の相手とされた。一九二八年八月の関税条約の調印から一カ月も経たず、まだその批准も終わっていないうちに、南京政府外交部は北京のドイツ公使館に二十二カ条から成る独中通商条約草案を手交したのである（Borchan AA, 12. September 1928; Fischer an AA, Telegramm, 20. Oktober 1928, R65495）。ドイツ公使館は、ただちにこの中国側草案を検討した。その結果、まず通商条約草案を作成してこれをドイツ側に渡した中国側の意図について、中国側は、一九二一年五月の協定（合意）および一九二八年八月の条約で過大な譲歩をしたためになお不平等性が残されたと認識し、その払拭を図ろうとしているものと解釈した。その上で、草案の骨子は、最恵国待遇原則の継承を回避しようとするところにあり、さらには互恵性条項（Reziprozitätsklausel）を入れることによって、あわよくばこの原則を放棄しようとするところにあるとも解釈した。[10] こうして、ドイツ公使館は中国側草案には内容的に問題があると結論づけた。そして交渉を開始する時機ではないとして、待機戦術をとることにした（Fischer an AA, 30. November 1928, R66988）。

それから半年余を経た一九二九年六月、上海において独中通商条約改定のための第一回交渉がおこなわれた。交渉の当事者は、一九二八年八月の関税条約交渉に引き続き、ボルヒと王正廷であった。ボルヒは中国側草案に対して、ドイツ公使館の結論に沿った回答をおこなった。それに対して王正廷は、無差別原則を採用することに異論はなく、草案は最恵国待遇を制限する性質のものではないとし、互恵性条項については再検討することを約束した（Borch an AA, Telegramm, 7. Juni 1929, R66988）。その後も接触は断続的に続いた。一九三〇年四月、中国側はドイツ公使館に改訂草案を渡している（Kühlborn an AA, Telegramm, 13. April 1930, R64426）。だが、双方は急がず、交渉は停滞した（Borch an AA, 5. Mai 1930, R64426）。その後、史料的には確認できないが、管見のかぎりでは交渉は妥結しなかった。ドイツは中国の通商条約締結要求を、待機戦術でしのいだのである。列強の中ではイタリアが例外的に対中通商条約を締結したが、多くの列強はドイツと同じ途をたどったと見てよい。

このように、中国の攻勢を受け、列強と中国との間の通商関係の焦点は、通商条約に移っていた。そのなかで日中関係のみは、依然として関税自主権を中心とする関税問題が解決されないままであった。米中条約の衝撃はむろん日本にも及んだ（久保 一九九九、二九－三〇頁、後藤 二〇〇六、九頁）。米中関税条約が締結された後、ドイツと中国が関税条約の締結を目指して交渉を進めているさなか、ベルリンでは日本大使館参事官重光葵がすくなくとも三度にわたりドイツ外務省を訪れて、独中交渉の細部について情報を収集していた（Aufzeichnung, 16. August 1928; Dirksen, Aufzeichnung, 25. August 1928; Michelsen und Trautmann, Aufzeichnung, 24. Oktober 1928, R65495）。独中関税条約の調印に対し、駐華公使芳沢謙吉は、最恵国待遇の保証を獲得したことをドイツ外交の成果と評価していた（Borch an AA, 4. September 1928,

R65495)。

だが、日中間の関税交渉は、通商条約の廃棄・改定問題もあって難航した（後藤 二〇〇六、一五四‐一五五頁）。一九二九年一月三〇日、日本はようやく中国の関税自主権を承認する方針を明らかにし、同年六月三日には国民政府を正式に承認した。他の列強に比してのこの遅れは、日本が北京関税特別会議において列強とくにアメリカと対立したことの延長上にあるといってよい。さらに、解決すべき軍事的な衝突についても、日本は南京事件、漢口事件という列強に共通した課題のほか、第二次山東出兵のさなかの五月三日に発生した済南事件――居留民保護の枠を超えた軍事力の行使――という課題を抱えていたのである（臼井 一九九八、第一章）。こうして、日本はしだいに他の列強とは異なった途を歩み始めた。

重光が交渉担当となって上海へ赴いたのは一九三〇年初めであり、一九三〇年五月六日、日中関税協定が正式に調印された。これにより日本は、特定品目の税率の規制という条件付きで関税自主権を承認した（久保 一九九九、五七‐六二頁）。この日中関税協定の調印を受けて、中国は列強に対する関税自主権を回復した。さらに一九三一年五月一二日には、新輸出関税率を公布した（六月一日、実施）。

三　ヴェルサイユ＝ワシントン体制の崩壊と通商政策の変容　一九三一‐一九四五

1　中国市場への傾斜

（1）ヴェルサイユ＝ワシントン体制の崩壊と「輸入政策」としてのドイツ通商政策

一九二〇年代初頭に成立したヴェルサイユ＝ワシントン体制は、政治・軍事的側面から見れば一九三〇年代半ばには形骸化した。西ヨーロッパにおけるヴェルサイユ体制については、一九三三年一月に成立したナチス政権が一九三五年三月に再軍備を宣言してヴェルサイユ条約による軍事的制約を廃棄し、さらに一九三六年三月にロカルノ条約を廃棄してラインラント非武装地帯に進駐したことによって、ほとんど崩壊した。他方、東アジアにおけるワシントン体制については、一九三一年九月の満洲事変、一九三三年三月の日本の国際連盟からの脱退によって崩れはじめ、一九三五年一二月における日本によるワシントン海軍軍備制限条約（「五カ国条約」）の廃棄通告、一九三六年一月における第二次ロンドン海軍軍縮会議からの脱退によってほぼ崩壊した。九カ国条約がなお残されていたことによって、ワシントン体制はかろうじてその外観を維持したにすぎない。

ヴェルサイユ＝ワシントン体制は、その経済面では、一九二九年一〇月のアメリカの株式恐慌に端を発する大恐慌が深化する過程において、政治・軍事面よりも明瞭に崩壊の途をたどった。一九三〇年一月の日本の金本位制復帰によって、ようやく世界規模に拡大された再建国際金本位制は、一九三一年七月、ドイツが事実上金本位制を停止した後、九月にイギリスが金本位制を離脱したことによって事実上崩壊した。再建金本位制の体制に復帰したばかりの日本が一九三一年一二月に金本位制を停止したことは、イギリスの金本位制離脱の一帰結にすぎない。各国は競って為替管理と貿易統制に進んだ。その結果、第一次世界大戦後、一九二〇年代末までに構築された国際的な通商条約網もまた崩壊し始めた。

イギリスは一九三二年七月から八月にかけてオタワで英帝国経済会議を主宰し、英帝国特恵関税制度の創設への途を開いた。この英帝国圏ないしスターリング・ブロックから、ドイツは疎外された。一九三三年六月から七月にかけて、ロンドン世界経済会議が六四カ国の参加を得て開催されたが、これは文字通りの失敗に終わった。その失敗の一因を作ったアメリカは、翌一九三四年六月、互恵通商協定法を制定し、同法に基づきイギリスやフランスなどと互恵通商協定を締結した。締結相手国は一九三九年までに約二〇カ国にのぼった（佐々木 一九九七、六一頁）。ドイツはそこからも疎外された。

一九三一年七月の金本位制からの事実上の離脱以降、為替管理と貿易統制を組織的に進め始めていたドイツは、一九三四年九月、英米に対抗して輸出奨励金の交付や封鎖マルクの活用などのさまざまな措置を講じ、貿易拡大のための組織化を進めた。それは経済相とライヒスバンク総裁を兼ねていたシャハト（Hjalmar Schacht）の主導するものであり、「新計画」（Neuer Plan）と呼ばれた。その核心は、外貨獲得と外貨節約を図りつつ、ナチス体制が開始した軍備拡張に必須の原料資源の輸入拡大を図る「輸入政策」にあった（Arndt 1944, pp. 176-178; 小沢ほか 一九七八、二二八－二三〇頁、工藤 一九九九、四二五－四二六頁）。ドイツ通商政策の最重要の目標は、一九二〇年代の輸出促進・外貨獲得から「輸入政策」へと転換したのである。

「新計画」が発足した直後の一九三四年一〇月、ドイツは一九二三年一二月に締結された独米通商条約の廃棄をアメリカに通告した（一九三五年一〇月失効）（欧亜局第二課『第六十九議会用調書　第二巻』一九三六年四月、三五一－三五二頁、外交史料館、議/OA/13）。一九二〇年代後半、アメリカへのあからさまな追随を方針としていたドイツ通商政策にとって、これは自らの方針の転換を確認する性質のものであった。

一九三四年九月の「新計画」によって「輸入政策」に舵を切ったドイツの通商政策は、その後一九三六年九月に開始された第二次四カ年計画によって新たな転機を迎えた。この計画は、深刻な外貨不足を打開し、かつ戦争準備に資するために人造石油、人造ゴムなどの原料代替品の製造を最重点課題とするものであった。それは経済分野での独裁者シャハトへのゲーリング（Hermann Göring）の挑戦をも意味しており、この権力闘争は一九三七年一一月のシャハトの経済相辞任によって終止符が打たれた。四カ年計画の実施により、代替品生産が促進されたかぎりでは輸入が抑制された。だが、代替品生産が輸入の全分野を覆うわけではなかったから、「輸入政策」は継続された。さらに、戦争準備のための備蓄のために輸入が促進される面もあった。四カ年計画の下では、「輸入政策」は積極的に入超幅を拡大する「入超政策」にまで発展した（工藤 一九九九、四二六頁）。

（2）熱意なき合意――一九三五年日独貿易取決め

世界恐慌からの脱出の過程にあって、日独両国はそれぞれの道を歩んだ。ドイツは一九三一年七月の金融恐慌を契機に、形式的に旧平価を維持しながらも金本位制を事実上停止した。その後、景気は国内需要に支えられて早期に回復に向かった。対外的には引き続き対ヨーロッパ貿易が中心であった（工藤 一九九九、第二部第五章、戸原 二〇〇六、一八〇－一八五頁）。他方、日本も一九三一年一二月、金輸出再禁止措置によって金本位制を停止し、それ以後は円相場の低落に支えられた輸出の増加、また一九三一年九月の満洲事変を契機とする拡張的財政政策への転換などによって、景気はやはり早期に回復に向かった（三和 二〇一二、第一一章）。

双方の早期の景気回復とともに、日独間の貿易は回復に転じたが、その増勢は微弱であった。一九三〇年代における両国間貿易は、その商品構成においては世界恐慌前に比べて変化が見られた。ドイツの対日輸出の商品構成では、羊毛・毛織物が消えるとともに、鉄鋼製品、電気機械、染料、肥料がいちじるしく減少した。他方、一般機械がとくに一九三〇年代後半に著増し、また新たに医薬品が登場した。このような変化は、部分的には日本の重化学工業の本格化を反映したものであった。しかしながら問題は、依然として日本側がドイツに輸出しうる有力な産品を持っていないところにあった。日本の対独輸出品目としては、植物性蠟、薄荷油、糸瓜、寒天、種子類、陶磁器、絹織物、銅製品などの伝統産品のほか、第一次世界大戦後は羽毛、貝ボタン、紙製品、魚類缶詰なども登場したが、いずれも額は小さく、また発展の可能性に乏しかった。一九三〇年代に入っても、このような構成に大きな変化はなく、ドイツから輸入される機械や化学製品の額に比肩しうるものではなかった。その結果、日独貿易収支は一九三〇年代に入ってからも引き続きドイツ側の大幅出超の状態にあり、不均衡はむしろ拡大した（工藤 一九九二a、第一章）。このような日独貿易のあり方は、ドイツにとっては外貨獲得という現実的な利点はあるものの――ただし増大の展望は限られていた――、「輸入政策」には適合していなかった。他方、日本側は恒常的な入超に不満を募らせた。

日独ともに、金外貨流出による金外貨準備の減少を背景に、為替管理と貿易統制を強めるなかで、一九二七年通商航海条約は事実上その機能を失った。そこで、これに代わるなんらかの取決めを目指して、日独の接触が開始された。その契機となったのは、外相廣田弘毅の「経済外交」の一環として一九三四年四月に公布された通商擁護法であった。一九三四年五月末、来栖三郎通商局長はドイツ側に、日本の対独大幅入超を是正すべく、ドイツ側の為替割当や種々の輸入制限、また日本籍船舶への差別に対する対抗措置をとるとの方針を伝えた（Dirksen an AA, Telegramm, 24. Mai 1934, *ADAP*, C, II, 2, S. 819）。その前後、ドイツ側も日本の通商擁護法公布を念頭に置いて、日本に対し「互恵的交渉」の開始を打診していた（日本学術振興会　一九五一、一一六六－一一六七頁）。

一九三四年九月にドイツが「新計画」を発表した直後、駐独大使館商務官長井亜歴山は「四対一比率確保案」を作成した。それは「日独貿易並ニ為替ニ依ル支払ヲ本年上半期ノ示セル貿易比率（約四対一）ヲ最小限度トシテ之以上ニ悪化セシメサルコトヲ確保スルカ為独逸政府ト『ノート』ノ交換ヲ為スヘシトノ提案」であった（「日独間貿易調制ニ関スル私見」一九三四年一〇月一三日、『日本外交文書　昭和期Ⅱ第二部第三巻（昭和九年対欧米・国際関係）』四七七－四八三頁、引用は四八一頁）。これに対してドイツ側は非公式に賛意を示したものの、正式の意思表示は回避し続けた。一九三五年二月、外相廣田は日本の対独輸出に対する「現行の規制」に対する不満を表明し、「輸出入比率を一対四に固定する」ことをあらためて主張しなければならなかった（Dirksen an AA, Telegramm, 8. Februar 1935, R65405）。

日独貿易に関する公式の取決めが成ったのはその直後のことである。すなわち、外相ノイラート（Constantin von Neurath）が駐独大使武者小路公共に対して「四対一ノ比率ハ既ニ関係庁ト話合ツキ居リ」と述べたのである（武者小路発廣田宛、電報、一九三五年二月一三日、『帝国貿易政策関係　雑件　第十三巻』外交史料館、E.3.1.1.4）。この取決めは日本側の要望により秘密扱いとされた。日本側はその理由として、議会への顧慮、および日本政府が貿易収支の均衡を要求している他の諸国への顧慮を挙げた（Kiep, Bericht No. 5, 3. Februar 1936, R105652）[11]。また、取決めの有効期間について、一年間を主張する日本側と六カ月でよいとするドイツ側との間で、六カ月の期間満了後に六カ月延長するとの妥協が成った（武者小路発廣田宛、電報、一九三五年三月二七日、『帝国貿易政策関係　雑件　第十三巻』外交史料館、E.3.1.1.4）。

こうして、日本側の要請・提案をドイツ側が受ける形で、「日独貿易取極」が成った。それは妥協の産物であり、現状追認的であった。さしあたり双方はこれに満足した。日本側はこの取決めに入超幅の削減ないしは拡大の抑制を期待した。ドイツ側は、満洲産大豆を除き日本から輸入したい商品が見当たらなかったから、「輸入政策」を追求する熱意はなかった。ただ、輸出による外貨獲得が、少額であり拡大の展望もないながらも、予測可能となったことに満足した。それから一年余り後の一九三六年五月、駐独大使館の館員がドイツ外務省に対独輸出割当額の希望リストを提出し、割当額の増加ではなく割当額内訳の変更を提案し、とくに「日本の特産品」(die typischen japanischen Ausfuhrartikeln) の輸出増大を希望するとしたとき、通商局長リッター (Karl Ritter) は「日本側の希望は理解するが、しかしながら他方で、われわれは原料および半製品に重きを置かざるをえない」と述べていた (Ritter, Aktenvermerk, 18. Mai 1936, R105952)。

両国間の通商関係は、一九二七年に調印された通商条約が世界恐慌のなかで効力を失った後、事実上無条約の状態が続いていた。したがって、この取決めがその後の両国間の貿易を律する唯一の合意となった。ヴェルサイユ＝ワシントン体制の一環としての国際通商条約網が崩壊するなかで、英帝国特恵関税およびアメリカの互恵通商協定法に疎外された日独は、それぞれに為替管理と貿易統制を強化しながら、相互の貿易比率を固定することにより暫時の解決を見出そうとした。

(3) 期待の先取り――一九三六年独「満」貿易協定

ドイツが積極的に働きかけたのは日本ではなく、一九三二年三月に「建国宣言」を発した「満洲国」(以下、括弧を省略する) である。一九三三年三月、日本がリットン調査団報告書に基づく決議案の採択を不服として国際連盟を脱退した時、ドイツは決議案の採択に賛成し、満洲国不承認の立場をとっていた。その後、同年一〇月にはドイツも再軍備の意志を秘めて連盟を脱退したが、これはなんら日独の共同歩調の結果ではなく、それぞれの外交方針の帰結にすぎなかった。

だがその間にも、ドイツ側ではナチ党組織の主導により対満貿易の拡大を図る動きがあった（Fox 1982, Chapter II: 田嶋 一九九二、第四章）。その動きがなんらの成果をも生まずに頓挫した後、一九三五年四月、ドイツ外務省の通商政策の最高責任者であるリッターは、対満洲国通商政策に関する覚書を作成した。その骨子は、一方ではナチ党組織主導の対満交渉を総括し、他方ではイギリスが前年秋日本および満洲国に派遣した経済使節団を参考にしつつ、経済使節団の派遣を提案するものであった（Ritter, Aktenvermerk, 25. April 1935, R105652）。彼が注目したのは、イギリス産業連盟（Federation of British Industries）の前会長バーンビー（Francis, Lord Barnby）を団長とするいわゆるバーンビー使節団であって、これは日本および満洲国を訪れてとくに対満輸出・投資の可能性を探るものであった。ドイツ外務省は東京、北京、大連、そしてロンドンの在外公館の情報網を駆使して同使節団の動向を探り、とくにその目的がはたしてバーンビーが繰り返し言明していたとおり経済的接近にとどまるのか、それとも満洲国の承認にまで進むつもりであるのかを見定めようとしていたのである。

このリッターの提案に基づき、一九三五年九月、ドイツ外務省は公使キープ（Otto Kiep）を団長とする東アジア経済視察団を日本、満洲国および中国に派遣することを決定した。同使節団は一〇月に東京へ着くと、東京および満洲国の首都新京での交渉に入った。その結果、一九三六年四月三〇日、東京で独満貿易協定が調印された。協定の主な内容は次のとおりであった（「満独貿易協定」一九三六年四月三〇日、『満独通商協定関係一件』外交史料館、B.2.0.0.G/MA1）。

（1）ドイツは一九三六年六月からの一年間について一億円（一円＝一満洲元）に相当する満洲国物資のドイツへの輸入を承認する。[12]

（2）ドイツの満洲国からの輸入については、二五％すなわち二五〇〇万円相当分は「アスキ・マルク」（特別補償マルク）で支払い――これは満洲国によるドイツ物資輸入の支払いに充てることが予定された――、七五％すなわち七五〇〇万円は外貨で支払うこととする。

（３）満洲国側は同一期間内に二五〇〇万円相当のドイツ国物資の満洲国への輸入をなし得るよう、必要な措置をとる。
（４）さしあたり一年を期限とする。

協定は政府間のそれという外見を隠す形になっていた。内容的には、それはまさに機械と大豆の取引の拡大を狙ったものである。そこに込められたドイツ側の狙いは、何よりもまず「輸入政策」の対満貿易への適用にあった。すなわち、満洲産大豆の輸入によって、体制のアキレス腱となりかねない「油脂の穴」を埋めようとしたのである。ただし、この協定が満洲国不承認政策と背馳することもまた明らかであった。他方、日本側がこの協定に期待したことは、これを通じてドイツの対満入超、満洲国の対日入超、日本の対独入超を相殺し、そのかぎりでの三国間貿易ないしは三角貿易を拡大するというものであった。ただし、ドイツの対満支払いのうち、外貨なしの清算取引によるものとされるのは二五％だけであり、残りの七五％は外貨による決済が義務づけられていたことは、三角貿易への展望を制約するものであった（工藤 二〇一一a、第二章）。

協定の締結から一年後、期間満了を迎えると、一九三七年五月二一日、協定は一九四〇年五月三一日まで延長された。それと同時に、ドイツ側がクレディット枠を設定することでも合意が成った（日本学術振興会 一九五一、一一六八－一一六九頁。Fox 1982, p. 218）。

この合意に基づき、一九三七年九月四日、ドイツ最大の鉄鋼・機械商社オットー・ヴォルフ（Otto Wolff oHG）と満洲国中央銀行との間でクレディット協定が締結された。その骨子はオットー・ヴォルフが二〇〇万ポンドのクレディット枠を設定し、満洲国はそれをドイツ製品の輸入に充て、返済は現物でおこなうというものであった（Danylow und Soénius 2005, S. 139, 228）。これは一九三七年五月にすでに合意されていたものではあるが、七月七日の盧溝橋事件勃発と日中開戦の後にその合意通りに決定されたことは注目に値する。

オットー・ヴォルフ社はケルンに本拠を置く鉄鋼・機械商社であるが、世界恐慌期に経営が破綻した後、経済省の救済により立ち直った。それ以降、同社は民間企業の外見をとり続けたが、実態は経済省のダミーであった。しかもその実質的な支配権は、一九三六年秋以降、経済省から四カ年計画庁に、つまり同庁の最高責任者ゲーリングの手に移っていた（Danylow und Soénius 2005, S. 128–142, 165–180, 187–189）。同社は一九二〇年代に対ソ事業に乗り出していたが、それがナチス政権成立とともに困難になると――とくに経済省の傘下に入った後――、創業者ヴォルフ（Otto Wolff）が中国における事業活動に活路を求めるようになった。ドイツ政府の保証を取り付け、鉄鋼企業や徳華銀行（Deutsch-Asiatische Bank）とコンソーシアムを結成し、中国政府に対して借款を供与したうえで、中国政府から南昌萍郷鉄道などの鉄道建設を受注した。またジーメンスやユンカースとも組んだ（Danylow und Soénius 2005, S. 215–227）。一九三七年九月のクレディット協定は、そのオットー・ヴォルフが満洲国に事業を拡大したことを意味する。

（4）実現された期待――一九三六年独中信用供与条約

ドイツが経済的接近の対象として重視したのは、満洲国以上に中国であった。ドイツの対中輸出の太宗としては、鉄道資材などのほか、武器などの軍需物資があった。大恐慌期にはソ連がドイツ製武器の重要な市場となっていたが、ナチス政権の成立にともない独ソ秘密軍事協力が破綻し、ソ連との政治・外交関係が緊張するに至って、対ソ輸出は期待しえなくなった。そこで有力な代替市場として注目されたのが中国である。だが、ドイツの通商政策の観点から中国が着目されたのは、「輸入政策」への適合性ゆえでもあった。もともと独中貿易にあっては、ドイツは工業製品を輸出し中国から原料鉱産物などを輸入するという垂直的な関係が、日独貿易とは異なって顕著であった。中国からの輸入品としては、農産物のほか、タングステンなどの軍需関連の重要原料が重視された。要するに、工業製品と鉱物資源・農産物との取引、垂直分業あるいは相互補完的関係への期待が高まったのである。

中国の経済への大恐慌の影響は、一九三一年九月のイギリスの金本位制離脱以降、主としてアメリカの銀買入れによって銀の国際価格が上昇し、銀価格が比較的低い中国から銀が流出したため、銀本位制の下で金融が逼迫し、また輸出も抑制されるという特異な経路をたどった（久保 一九九九、一五八－一五九頁）。恐慌の影響は地域によって、また産業分野によって異なっていたが、その後の景気回復過程では、関税自主権の回復を踏まえた関税政策により財政収入の確保と産業育成が進み、さらに一九三五年一一月の幣制改革によって、通貨面でも安定の基礎が作られた（久保 一九九九、二〇七－二一九頁、城山 二〇一一、二一二－二一八頁）。

満洲事変を契機として中国の総力戦体制の構築努力が進んだことも、ドイツの武器などの重化学工業製品、さらに生産設備の輸出を促す要因となった。中国には一九二八年以降、ドイツから軍事顧問団が非公式に派遣されており、彼らを介した武器輸出、軍需貿易が進められていた。ドイツ政府は、中国の対ソ接近を牽制する狙いもあって、軍事顧問団の派遣を継続し、さらに正式のものとしたうえで強化した（田嶋 一九九二、一一四－一一五頁）。満洲事変後、国民政府は一時動揺したもののしだいに安定を取り戻し、対日関係では一九三三年五月の塘沽《タンクー》停戦協定調印によって休戦し、その後の日本によるいわゆる華北分離工作にも譲歩を重ねつつ対応した。このような内外での小康状態のもと、国民政府は総力戦体制の構築を急いだ。すなわち、一九三五年四月には、一九三二年一一月に設立されていた国防設計委員会を改組する形で国家資源委員会を設立した。これは軍事委員会に直属する機関であり、委員長には蒋介石自らが就任した（薛 二〇〇五、一三三－一三四頁、田嶋 二〇一三、一五〇頁）。それまでの国防設計委員会が活動の重点を調査研究に置いていたのとは異なり、国家資源委員会は人員と資金、そして権限を集中し、武器、軍需物資、重化学工業建設のための技術と製品の輸入を直接執行する機関となった。このため、外貨を節約しつつ輸入の拡大を目指すドイツにとって、中国はさらに重要な貿易相手国となった。

国家資源委員会が設立される以前の一九三四年八月、工業製品貿易有限会社ないしハプロ（Handelsgesellschaft für industrielle Produkte mbH. Hapro）なるドイツ企業の経営者クライン（Hans Klein）は、南京国民政府財政部長孔祥熙との間で鉄道、高炉、港湾設備、爆薬工場、ガスマスク工場の建設などを内容とする仮契約に調印していた。その際クラインは、ベルリンで一億ライヒスマルクのクレディットを獲得するよう努力することを確約した。このハプロは、一九三四年一月にベルリンに設立された、国防省の息のかかる半官半民の会社であり、対中国武器輸出や中国産原料の輸入に携わっていた（田嶋 二〇一三、八二、九七－九八頁）。

ただし、仮契約から正式の契約に進む過程は長びいた。クラインの動きに不信の念を抱いていた蒋介石が仮契約を承認し、その直接の責任者に資源委員会秘書長兼行政院秘書長の翁文灝を任命してクラインとの交渉にあたらせたのは、仮契約から一年が経った一九三五年六月、資源委員会の設立直後のことである。クラインと翁文灝の交渉は、同年秋になってようやく本格化した。だがそれも難航し、双方の合意が成ったのは同年一一月のことであった。このように合意が遅れた要因としては、中国側がクラインへの不信を払拭しえなかったこと、また中国側がドイツ側の欲する原料資源の供給確保に手間取ったことがある。この間の交渉を通じて、中国側は正式な契約を結ぶためにはハプロを介さず、直接にドイツ政府およびドイツ重工業企業と交渉すべきであると判断し、訪独代表団を派遣することになった（田嶋 二〇一三、一四四－一四五、一四九－一五一、一五七－一五九、一六二－一六三頁）。

一九三六年四月八日、ベルリンにおいて、経済相兼ライヒスバンク総裁シャハトと訪独代表団団長顧振との間で独中信用供与条約（徳華信用借款合同）が調印された。この条約は、一九三四年八月にハプロと南京国民政府との間で調印された仮契約の内容を追認し、これを「政府間契約」（Staatsvertrag）に格上げするものであった。その内容的な核心は、ドイツ側が中国側にクレディット一億ライヒスマルクを供与し、中国側はこれをもって武器、軍需関連の重化学工業設備などのドイツ製工業製品および同種技術を購入し、後に原料資源の輸出をもって返済に充てるという点にあった。借款とバーター取引を組み合わせた貿易取決めである（中国第二歴史档案館 一九九四、三二九－三三〇頁、薛 二〇〇五、一五〇－一六一頁、田嶋 二〇一三、一九〇－一九一頁、さらに、Fox 1982, pp. 109–133; Ratenhof 1987, S. 433–446; 周 一九九五、第四、五章、馬・戚 一九九八、二七五－三〇七頁）。クレディット供与の条件は、年利五％、無担保、繰り返しの利用可能、また随時延長可能という寛大なものであった（薛 二〇一〇、三一〇頁）。ちなみに、ドイツ外務省はこの動きに関与していなかったばかりか、条約の内容を知ったのも調印後数カ月後のことであった（田嶋 二〇一三、一八七‐一八九、二〇〇‐二一〇頁）。

この条約は、独満協定とは異なって、政府間の取決めという実態を隠しておらず、また独満協定に先行してクレディット供与を含んでいた。ドイツの通商政策の期待は、満洲国以上に中国にかけられたのである。

中国側では、この条約の締結を機に、資源委員会がこれまでの重工業建設五カ年計画を改定して中国工業発展三カ年計画を策定した（銭 一九九八、四七頁、呉 一九八八、八二頁）。資源委員会はさらに一九三六年六月にこの三カ年計画を上部組織の軍事委員会を通じて政府に提出し、その了承を得た（薛 二〇〇五、一四四‐一四六頁、田嶋 二〇一三、一九六‐一九七頁）[13]。この独中条約と新たな建設計画から、鉄鋼や人造石油をはじめとする分野で、重化学工業生産設備の輸出と技術ライセンシングを内容とする大型案件が生まれていった（萩原 二〇〇〇、六三‐六六頁、工藤 二〇一七b、六一九‐六二三、六二九‐六四二頁）。

2　日本への傾斜

(1)　通商政策としての一体性の消失

ヴァイマル期のシュトレーゼマン外交にあっては、通商政策はその目標を達成するための枢要な手段として位置づけられていた（第二節2（1））。通商政策を担う主体が外務省であることもまた明確であった。ナチス期に入ると、しだいに外務省以外の諸主体がそれぞれの個別利益を追求するに至った。このような主体の分裂にともなって、通商政策の目標もまた主体ごとに異なることになった。通商政策としての一体性の、担い手および目標における消失である。

東アジアに対する通商政策においても、それは例外ではなかった。一九三六年四月、ドイツは陸軍省と経済省の主導により、中国国民党政権との間で独中信用供与条約を結び、あわせて外務省の主導により独満貿易協定を結んだ。同時期に、相互に軍事的・外交的に敵対する日中両国と通商に関する取決めを結んだわけである。日独間貿易に関しては、それに先だって外務省が主導して「一対四」取決めを結んだだけであったが、政治・外交面では一九三六年一一月二五日、ベルリンで日独防共協定に調印している（即日発効、二七日公布）。

日独防共協定を含む中国および日本に対するこのような二面外交の矛盾は、一九三七年七月の盧溝橋事件とその後の日中全面戦争への突入により決定的になる。日中間の戦闘拡大、第二次国共合作（抗日民族統一戦線）の成立、そして中ソ不可侵条約の調印、アメリカ大統領ローズヴェルト（Franklin D. Roosevelt）による日独侵略国家を非難する「隔離演説」と続く国際的な対立構造の深まりのなかで、一一月、ドイツは日中間の和平交渉を仲介した（トラウトマン工作）。だが、一九三八年一月、それが不調に終わった後、ドイツは対東アジア外交方針を大きく転換させ始めた。二月初頭、ヒトラー（Adolf Hitler）は国防軍首脳を更迭して自ら新設の国防軍最高司令官となり、統帥権を掌握するとともに、外相ノイラートをも更迭してその後任にリッベントロップ（Joachim von Ribbentrop）を起用した。二月二〇日、ヒトラーは帝国議会で満洲国を承認する意思を表明した。その後、一九三八年半ばにかけて、在華軍事顧問団の召還、対中武器輸出の禁止、トラウトマン駐華大使の召還などの措置が続く。その間の五月一二日には、独満修好条約がベルリンで調印された（六月二一日双方が批准、七月一五日施行）[14]。このような対東アジア外交政策の転換は、根本的にはヨーロッパにおける侵略計画の決定にともない、対日関係の強化——防共協定強化交渉——を図ろうとした結果であるが、前述の対東アジア二面外交の孕む矛盾を解決することにもなった。そしてその影響はいうまでもなく、対東アジア通商政策にも及んだ。

変化は、まず日本への態度に見られた。一九三七年七月以降、日本は総力戦体制の構築努力の一環としてドイツからの機械や武器の輸入への関心を高め、そのための貿易協定の締結を求めて、ドイツに交渉の開始を要請する。当初、ドイツ外務省はこれへの対応に消極的であったが、一九三八年二月以降、すくなくとも表面的には日本の要請に積極的に応じ、本格的な交渉に入ることになる。これについては次項（2）においてあらためて見ることにする。

他面、もともと強い関心を有していた満洲国および中国については、ドイツはこれまでの通商関係の維持を図った。満洲国との関係においては、一九三六年四月に締結され、一九三七年五月に改定された独満貿易協定のさらなる改定と延長が図られた。一九三八年一月に開始された日独貿易協定締結交渉において（次項（2）参照）、日本側は、満洲国を交渉主体に含めること、かつ日満は一体として取り扱われるべきであることを主張した。これに対してドイツ側は、対満交渉を対日交渉から切り離す方針を堅持した。ドイツ側の関心は、対満通商関係の強化にあった。その後、満洲国政府はむしろ満洲国が独立国として扱われることを強く主張するに至り、ドイツとの分離交渉に傾き、結局ドイツ側の主張通り、独満交渉は日独交渉から分離して進められることになった。

一九三七年五月に調印された独満貿易協定の第一年度は、満洲国側の出超であった。だが第二年度になると、満洲国産業開発五カ年計画の遂行などにより（原 一九七二、五七－七一頁〈原 二〇一三、一一五－一二〇二頁〉）、一転して満洲国側の機械などの輸入が急増した。一九三八年九月一四日に調印された独満貿易支払協定では、満洲国の対独輸出を一億円、ドイツの対満輸出を二五〇〇万円とし、ドイツは二五〇〇万円をライヒスマルクで、七五〇〇万円を外貨で支払うという条項はそのままとしながら、満洲国側の輸入急増という事態を踏まえ、新たな内容が盛り込まれた。すなわち、この限度額を超えた貿易額については一対一の清算協定を結び、この部分についてドイツ側がクレディット供与を約したのである。クレディットはドイツ銀行団が横浜正金銀行に対して、限度額四五〇〇万ライヒスマルクの枠で供与することになった。協定は六月一日に遡って実施され、有効期間は二年間とされた（川島 一九四一、五八八－六一八頁、東京銀行 一九八二、四四五－四四六頁）。

中国との関係においても、これまでの独中条約が更新された。一九三八年七月、ドイツ政府は経済省のヴォイト（Helmuth Woidt）を中国に派遣した。彼は漢口、重慶における対中交渉を経て、一〇月、重慶の国民政府との間で独中条約を一年延長することで合意した（Kirby 1984, p. 246; Ratenhof 1987, S. 510; 馬・戚 一九九八、四四九－四五二頁）。

（2）見せかけの「好意」——一九三七-三九年日独貿易協定締結交渉(15)

一九三七年七月以降の戦闘の長期化にともなって、日本経済は戦時体制に入った。対外経済については、一九三七年九月一〇日、臨時資金調整法によって金融と投資の統制が、輸出入品等臨時措置法によって貿易と外国為替の管理が実施された。一九三八年一月には軍需工業動員法が施行され、さらに同年四月には国家総動員法が施行された。これらは総力戦体制の構築に向かうための布石であった（原 一九九四、七八-八五頁）。

日本外務省は、ドイツからの武器などの軍需物資の輸入を促進する狙いから、ドイツ外務省に対して新たな貿易協定の締結を提案した。現行の「一対四」取決めはドイツからの輸入にとって桎梏であったからである。提案の核心は、「一対四」取決めはそのままとし、それとは別に「一対一」の貿易枠を取り決めるとするところにあった（武者小路駐独大使発廣田外相宛、電報、一九三七年九月六日、『日独貿易協定電報綴込　上巻』外交史料館、通/237/外史、外務省 二〇一四、五四四頁）。この案は、駐独大使武者小路の命を受けた大使館商務官首藤安人の私見としてドイツ側に提示された。いうまでもなく、ドイツ政府は当初交渉に応じることに消極的であった。だが、すでに締結した対満貿易協定の存在を念頭に置き、日本側提案を受諾した。準備段階の交渉は、一九三七年一一月に開始された。

一九三八年一月二七日、「為替管理部長官」ヴォールタート（Helmuth Wohlthat）と商務官首藤との間で、第一回実務者会談が開かれた。ヴォールタートは日本側が関心を集中させる求償取引の創設、およびクレディットの設定につき原則的に同意した。ただしクレディット設定の具体的な方法について、双方の意見は一致しなかった。日本側が、求償取決めの限度額を超えた場合に設定することを主張したのに対し、ドイツ側は、ドイツ側が日本および満洲国の製品を限度額まで輸入しなかった場合に設定するとした。ドイツ側は日本への輸出拡大を警戒したのである。ドイツ側の関心はむしろ平常貿易についての「一対四」枠の運用方法にあり、あるいはまた、ドイツ側の対日出超の結果生じた対日債権が日本側の為替管理により封鎖されたままになっている凍結資金問題にあった。だが、これについても双方が意見を述べ合うだけに終わった。結局、ドイツ側は平常貿易に主たる関心を示し、日本側が関心を有する求償貿易については、遅延行為ともとられかねない種々の提案ないし要望を提出した。日本側では、新任の駐独大使東郷茂徳が、「本取極ニ依リ我方カ利益ヲ得ントスルニハ独側ニモ或ハ利益ヲ与ヘサルヘカラス」として、求償取決め合意のためには平常取決めである程度の譲歩をおこなうこともやむをえないとしていた（東郷発廣田宛、電報〈四九号、五〇号〉、一九三八年一月二九日、『日独貿易協定電報綴込　上巻』外交史料館、通/237/外史、『帝国貿易政策関係　雑件　第十三巻』外交史料館、E.3.1.1.4）。

一九三八年一月の第一回正式交渉の直後、前述したドイツでの政変が生じ、これにより交渉は中断された。三月に入り、日独の外務省は、実務者レベルでの接触を再開することで合意した。日本側では、外務省本省が「新取極ニ依ル対独輸出希望品目、数量及金額」をベルリンの大使館に送付していた（廣田発東郷宛、電報、一九三八年三月九日、『日独貿易協定電報綴込　上巻』外交史料館、通/237/外史）。これを踏まえ、首藤は新取決めにつき輸出入それぞれを総額二億円とするとの案を示したうえで、輸出希望品目、数量、金額をあらかじめヴォールタートに提示した。また、ヴォールタートの照会に対して、日本側の輸入希望品目をも挙げていた（東郷発廣田宛、電報、一九三八年三月一二日、『日独貿易協定電報綴込　上巻』外交史料館、通/237/外史）。日本側からの輸出希望リストのなかで金額の大きい品目は、魚油一五〇〇万円、鯨油一五〇〇万円、硬化魚油一二〇〇万円、生糸一〇〇〇万円、綿糸一五〇〇万円、綿粗布一〇〇〇万円、魚粉二二〇〇万円であり、小計約一億六三〇〇万円であった。これに満洲国産品（大豆その他の農産品）約七〇〇〇万円を合わせて、計二億三三〇〇万円とされた（廣田発東郷宛、電報、一九三八年三月九日、『日独貿易協定電報綴込　上巻』外交史料館、通/237/外史）。

交渉はなかなか進展しなかった。その主たる原因は、繰り返しになるが、日本が輸出を希望する品目が——満洲産大豆を別とすれば——ドイツにとっては魅力に乏しかったところにある。ドイツにとって、日本は「輸入政策」的に魅力がなかったのである。それゆえにまた独中条約や独満協定とは異なって、ドイツはクレディット供与にも——原則的には同意しながらも——消極的であった。それに加えて、後述のように（本節2（3））、ドイツ側が日中開戦にともなってドイツが中国市場で被ったとされる損害につき日本に対して補償を要求したこと、さらに満洲国の承認および対中武器輸出の禁止決定にともなう損失の補償をも要求したことが、交渉をさらに難しくした。

一九三八年九月には対満洲国交渉が妥結して新たな貿易支払協定が結ばれ、さらに一〇月には重慶で独中条約の延長が合意された（本節2（1））。この頃対日関係では、一〇月一〇日、ドイツ側が覚書を手交する段階にあった。ドイツ側はこれを「一〇月一〇日協定」としているが、実際はドイツ側の覚書にとどまっていた（Wiehl an Tokyo, Telegramm, 28. Januar 1939, R105935; 東郷発近衛宛、電報、一九三八年一〇月一一日、『日独貿易協定電報綴込　上巻』外交史料館、通/237/外史）。

その後も交渉は延々と続けられ、ようやく一九三九年七月になって妥結し、貿易協定が仮調印された。外務省および東郷の後任の駐独大使大島浩は、これを防共協定強化の一環として、またその直前のアメリカからの日米通商条約廃棄通告への対応として自画自賛した。しかしその直後に独ソ不可侵条約の調印が伝えられたために、正式調印は延期され、次いで欧州大戦が勃発し、正式調印の可能性は消えた。

(3) 失われた期待の代償——中国市場（満洲国市場を除く）をめぐる対日交渉

一九三八年前半の対東アジア外交方針の転換にともなって、ドイツ外務省の日本に対する態度にも変化が生まれ、日本側の要求に応じて貿易協定締結のための本格的な交渉に入ることになった。だがそれと同時に、ドイツ政府は対東アジア政策の転換にともなって生じた「損失」の補塡を要求するとともに、中国市場における地位の保証を求め、さらには、日本の軍事的支配下に入った華北地域における日独間経済協力を提案するに至る。

損失補塡および地位の保証をめぐる交渉

一九三八年二月二〇日、すなわち二〇日における満洲国承認に関するヒトラー演説の直後、駐独大使東郷は新任の外相リッベントロップを訪ねて会談した。そこでの議題は、（1）旧ドイツ植民地の扱い、（2）貿易協定締結交渉の窓口、（3）損失補塡、（4）中国市場における「同等の扱い」（Gleichberechtigung）、（5）凍結資金であった。このうち、ここでの主題である（3）損失補塡と（4）「同等の扱い」のふたつは、いずれもリッベントロップが初めて持ち出したものである。[16]リッベントロップは、第一に、満洲国の承認によりドイツは中国市場で経済的損失を被ったとして「一定程度の補塡」（ein gewisser Ausgleich）を求めた。第二に、彼は中国市場における日本と「完全に同等の扱い」（vollständige Gleichberechtigung）を要求した（Raumer, Notiz, 23. Februar 1938, *ADAP*, D, I, S. 683-685）。

その後、五月七日、日独貿易協定交渉のさなか（本節2（2）参照）、ヴォールタートは日本側に中国における損失の補塡を要求するとともに、この件を貿易交渉とからめるという態度に出た。彼は、日本側から要求された対中武器輸出禁輸を実施した結果、直接・間接に経済的損害が出たとし、さらに、日本の軍事行動によって華北のドイツ経済権益が打撃を受けたと主張した。そのうえで、これらの損失の補塡という問題を解決することなしに貿易交渉の進展はないと主張したのである（東郷発廣田宛、電報、一九三八年五月二〇日、『日独貿易協定電報綴込　上巻』外交史料館、通/237/外史、外務省　二〇一四、五六三 - 五六四頁）。このドイツ側の新たな要求によって、貿易協定締結交渉はさらに紛糾することになる。

ただ、この時までのドイツ側の立論は具体性を欠いていた。損失補塡問題では、損害額、補塡額は提示されていなかった。地位保証の問題でも同様であった。そこで、リッベントロップの部下であるラウマー（Hans von Raumer）が主張に具体的内容を盛り込み、これを覚書とした。それによれば、日本に対してドイツ側が主張すべき点は次のごとくであった（Wiehl, Aufzeichnung, 17. Mai 1938, R105935）。

（1）ドイツは満洲国の承認、在華軍事顧問団の引揚げ、対中武器輸出の禁止を実施した。この対日支援によりドイツが被った経済的損失は、武器供給契約の停止により三五〇〇万ライヒスマルク、武器供給既契約分の不払いにより四一〇〇万ライヒスマルク、ドイツ製品ボイコットにより投下資本額三億米ドル、独中貿易の減少ないし消失により毎年一二億五〇〇〇万ライヒスマルクである。

（2）日本側の歩み寄りが不足しており、さらなる歩み寄りを期待する。

覚書の要諦は、これまで不明確であった損失補塡の根拠および損失額を明示したところにある。リッベントロップは、五月一九日の東郷との再会談の席上、ラウマーの覚書の内容をそのまま主張した（Wiehl, Aufzeichnung, 2. Juni 1938, R105935; *ADAP*, D, I, S. 704-705）。これに対して東郷は、一方では「日独貿易協定問題カ過般来折角軌道ニ乗リ来レル処最近ニ至リ独逸側カ支那ヨリ為替カ入ラストテ之ヲ本問題ニ関連セシメントノ考アル由承知シタルカ之ハ従来ノ成行ニ徴シ理由ナク且本交渉ニ障碍ヲ作ルコトトナリ甚タ意ヲ得サル所ナリ」（東郷発廣田宛、電報〈二七〇号、二七一号〉、一九三八年五月二一日、『日独貿易協定電報綴込　上巻』外交史料館、通/237/外史、外務省 二〇一四、五六四－五六七頁）として反発した。だが他方で彼は、ドイツ側の要求を聴取した旨を記した五月二〇日付け覚書（Pro Memoria）をリッベントロップに手交していた。その際彼は、この覚書は双方の口頭による言明を確認するものにすぎないとし、またこれは東京から獲得しえた最大限の譲歩を記したものであると述べた。リッベントロップは検討を約すとともに、改訂を要求することがありうるとした。さらに、今後は外務省と大使館とのあいだの交換公文という正式な形をとることを要求した。覚書は秘密扱いとされた（Wiehl, Aufzeichnung, 2. Juni 1938, R105935; *ADAP*, D, I, S. 702-703）[17]。

こうして、ドイツ側は日本側から言質をとった。これ以降、ドイツ側の念頭にはたえずこの覚書があり、これを梃子にして要求を実現することが方針となった。

だがその後も交渉は難航した。一〇月に入り、ベルリンでは通商政策局長ヴィール（Emil Wiehl）が東郷に覚書のドイツ側改訂案を手交した。東京では駐日大使オット（Eugen Ott）が外相有田八郎に中国におけるドイツの経済的損失に関するリストをあらためて提出した（Ott an AA, Telegramm, 17. November 1938, *ADAP*, D, IV, S. 605-606）。

駐独大使が東郷から大島へ替わった後の一二月二一日、ヴィールは大島との会談の席上、覚書のドイツ側改訂版に対する日本側の同意を求めた。大島はヴィールの発言を理解するとしながらも、日本側内部での意見の対立を理由に明確な回答を避けた（Wiehl, Aufzeichnung, 21. Dezember 1938, R105935; *ADAP*, D, IV, S. 609-610）。

翌一九三九年二月上旬、ヴィールは大島に対して再度ドイツ側の主張に対する同意を求めた。大島は前回一二月二一日の会談以降外相有田の同意を取り付けており、あとは蔵相の同意が残されているだけであると回答した（Wiehl, Aufzeichnung, 6. Februar 1939, *ADAP*, D, IV, S. 614）。この交渉の結末は、史料的には確認できないものの、日本側が損失補塡をおこなった形跡はない。

華北における経済協力をめぐる交渉

一九三八年末になって、ドイツ側のイニシアティヴにより、日本支配下の華北をめぐる日独間交渉が開始される。ドイツ側の認識では、この交渉は前項で見た損失補償および地位の保証をめぐる交渉の延長上にあり、とくに後者を具体化するものと位置づけられた。

一九三八年三月末、すなわちベルリンでリッベントロップが東郷に対して損失補塡および地位保証の要求を出してから一カ月の後、ドイツ外務省は北京の公館を通じて天津の総領事館に対して、ベルリンでの対日交渉では華北における経済権益についても取り上げる方針である旨を伝えていた（Nöbel an Peking, 27. März 1938, R9208/2704）。外務省の目には、日本による軍事的・政治的・経済的支配の下での華北経済のブーム的状況が（中村 一九八三、六八、一二五－一三四頁）映じていた。それから四カ月が経過した七月末、在華軍事顧問団の引揚げ、対中武器輸出の禁止、駐華大使の召還などの措置が一段落した頃、外務省は経済省のヴォイトを東アジアに派遣すると決定した（Wiehl an Peking, Telegramm, 26. Juli 1938, R 9208/2704）。

前述のように（本節2（1））、ヴォイトは一九三八年一〇月、重慶において独中条約の一年延長につき中国側と取り決めている。その後、一一月半ば、ヴォイトは青島に着き、早速対日交渉を開始した。この交渉に提出されたヴォイトの協定案の骨子は、次のごとくであった（Lautenschlager, Aufzeichnung, 30. November 1938, R9208/2702）。

（1）ドイツ側は求償取引（Kompensationsgeschäft）により落花生一万八〇〇〇トン、落花生油一万トンを輸入する。
（2）双方はそれぞれ徳華銀行（Deutsch-Asiatische Bank）および横浜正金銀行に勘定を開く。[18]
（3）取引はポンド建てとし、政府保証（Reichsbürgschaft）を受けることを予定する。

協定案の軸は、華北の落花生・落花生油とドイツ製機械のバーター取引であった。落花生・落花生油は青島から輸出される山東の産品中の太宗であった（浅田 二〇一三、三〇一－三〇三頁）。ドイツ側にとって、落花生・落花生油は不足する油脂の供給を補うものとして、満洲産大豆に次いで魅力的な産品であった。したがって、ヴォイトの協定案の狙いは、ブーム状況にある華北への参入を対日貿易協定の締結という形で果たすとともに、中国市場でのドイツの優遇された地位を実現し、しかもドイツの直面する油脂不足の解消に資するというところにあった。日本側は落花生・落花生油の輸出という点には惹かれたものの、華北での経済統制を強化するなかでドイツを優遇する理由を見出しえず、またドイツ側が政府保証を確約しなかったためもあり、青島での交渉は妥結に至らなかった。その後、ドイツ側の新たな提案を基に北京に所を移して交渉が継続され、さらにいま一度青島で交渉が持たれた。だが、一九三九年九月の欧州開戦までに妥結するには至らなかった。ヴォイト自身は、実はさらに経済協力を拡充する意図を持っていた。他方、外務省と上海総領事館、青島領事館の目標は、在華ドイツ商社の権益を守るところに置かれていた。このようなドイツ側の思惑の分岐も交渉の妥結を阻害する要因であった。

3　対日戦時経済協力

対日関係では、一九三九年七月二八日にベルリンで貿易協定が仮調印されたが、その直後に欧州大戦が勃発し、協定は正式調印に至らずに終わった（本節２（２））。さらに、独ソ不可侵条約の締結、日本の中立政策の堅持によって、日独間の相互不信が強まり、防共協定強化交渉は頓挫した。貿易協定の調印どころではなかったのである。交渉の推進力であった駐独大使大島は、一九三九年一〇月、その任を解かれた。

一九四〇年夏、ドイツの西部戦線での電撃的勝利によって、フランスおよびオランダのアジアにおける植民地・権益の基盤が揺らぐと、日本はこれまでの冷淡な態度を捨ててドイツに再度接近する。その狙いはいうまでもなく南方地域の原料資源であり、ドイツにフランス領インドシナの権益を奪われてしまうのではないかとの警戒感が強まった。他方ドイツ側にも、フランス領インドシナへの進駐を進める日本が南方資源を独占するのではないかとの警戒感が生まれた。そこから、双方はあらためて、日独の貿易協定締結交渉の再開に踏み切る。一九四〇年九月の日独伊三国同盟条約の調印がその直接の契機となった。日本側は同盟それ自体に、経済・技術協力への期待を込めるほどであった。一九四〇年九月、日本側が交渉開始を提案し、ドイツ側がこれを受諾して交渉が再開された。

一九四〇年一二月、駐独大使にふたたび大島が着任した。だが、交渉は難航した。局面を打開すべく、ドイツが交渉団を派遣して東京での交渉が持たれることになった。ドイツ側交渉団の代表はヴォールタートであり、外務省、経済省、食糧省、ライヒスバンクの担当者がメンバーに加わった。一行はモスクワでシベリア鉄道をめぐるソ連当局との交渉、満洲国新京で独満貿易協定をめぐる交渉をこなし、東京に着く。到着後ただちに、五月一日、交渉が開始された（Wohlthat an AA, Telegramm, 1. Mai 1941, R105937）。しかし、一九四一年六月、独ソ戦が勃発すると、それまでにすでにイギリスの対独封鎖などにより収縮していた日独間貿易はさらに細った。交渉は実質的な意義をほとんど失った。それにもかかわらず双方は交渉を継続した。ようやく妥結に近づいたのは一九四一年一一月、貿易協定案が作成されたときである。だが、一二月八日、太平洋戦争が勃発し、交渉はまたもや頓挫した。

この間、満洲国との関係では、一九四〇年九月、一九四一年三月、同年五月に貿易協定が改定ないし更新され、その後も貿易は戦争末期まで続いた（東京銀行 一九八三、四九二‐四九三、六七三‐六七四頁、熊野 二〇一七、六六九‐六九二頁）。満洲国からドイツへの輸出品として期待され、事実主力商品となったのは、大豆に代わる阿片であった（熊野 二〇〇九、一七一‐一七二頁、熊野 二〇一七、とくに六八四‐六八六、六九〇‐六九二頁）。

他方、中国との関係は、一九四〇年三月、南京に中華民国国民政府（汪精衛政権）が成立した後も、しばらくは変化がなかった。同年一一月、日華基本条約の調印によって日本が汪精衛政権を承認した後も、ナチス・ドイツは引き続き重慶の国民政府を支持し、同政府とのあいだの武器と原料資源との取引に関心を持ち続けた。

だが、独ソ戦勃発直後の一九四一年七月、ドイツはついに汪精衛政権を承認する。ドイツ外務省はその直前、同政権承認を前提として経済協定を締結する方針を打ち出し、東京のヴォールタートに交渉開始を指示していた（Wiehl an Weizsäcker, Aufzeichnung, 26. Juni 1941, R105938）。他方、ドイツの汪精衛政権承認に対して国民政府が対独宣戦を布告したことにより、独中信用供与条約は失効する。

対日関係に戻れば、太平洋戦争の勃発によって日独経済関係はさらに細った反面、緒戦の勝利を背景に、日本側は交渉上有利な立場に立ったと認識し、貿易協定締結交渉の再開に積極的になった。ドイツ側もまた南方地域の原料資源とその輸送可能性に期待し、あらためて交渉の席に着くことになった。交渉は一九四二年三月再開され、ベルリンでは大綱について、東京では細部について協議された。同年九月末、ようやく一応の決着がつき（Wiehl, Aufzeichnung, 27. September 1942, *ADAP*, E, III, S. 558-561）、同年一二月、ついに妥結した。調印は一九四三年一月二〇日のことである。

こうして、盧溝橋事件の後、とくに一九三八年二月のドイツの対東アジア外交政策の転換の後、本格的に開始された日独間の貿易協定締結交渉は、いくどかの中断をはさみながら五年近くを経て、ここに妥結をみた。締結されたのは、当初予定された貿易協定ではなく、経済協力協定（「経済協力ニ関スル日本国『ドイツ』国間協定」）であった（外務省 二〇一〇、六〇〇－六〇七頁）。

経済協力協定そのものは、たんに抽象的に経済協力の促進を謳った、わずか五条から成る簡単なものにすぎなかった。これに付属するものとして、貿易取極、技術協力取極、支払取極、附属議定書、その他多数の文書が作成された。とくに付属議定書で実質的な協力内容が規定された（「経済協力ニ関スル日本国「ドイツ」国間協定及附属議定書説明書」『日独経済協力協定関係一件（貿易、技術協力、支払）』外交史料館、B.2.0.0.49J/G5）。協力という名称とは異なり、その実態は援助、しかも軍事援助というべき内容であった。しかもその実施に際しては、さらに特許権などの難問が解決されねばならなかった。

おわりに

さて、本章の課題は、一八九〇年から一九四五年に至る時期のドイツの対東アジア通商政策（通商関税政策）について、政策の目標、手段、過程、および帰結を解明することであった。その際、日本および中国に対する政策をそれぞれ観察しつつ、それらを関連づけ、それらの総体を認識することを目指そうとした。

第一次世界大戦の終了までの四半世紀において、ドイツの通商政策は、アメリカの「門戸開放」を支持しつつ、条約改正交渉においてはイギリスに追随した。ただし、イギリス追随は日本との関係では明瞭であったが、中国との関係では必ずしもそうではなかった。このような通商政策も、欧州大戦、「日独戦争」および「独中戦争」における敗戦の結果、無に帰した（第一節）。

敗戦国ドイツはヴェルサイユ体制の下で厳しい制約を被り、軍事的・経済的に弱体化した。ドイツはまたワシントン体制に対してもアウトサイダーであり、東アジアにおいても帝国主義間競争から脱落した。それでも、ドイツ企業の東アジア市場への復帰に対応して、ドイツ政府の対東アジア通商政策も再び始動した。一九二一年五月の独中協定はその最も早い時期における成果である。だが、その本格的な展開は、一九二四年八月、賠償に関するドーズ案の実施によりヴェルサイユ体制が修正され、さらにヴェルサイユ条約の通商上の桎梏がはずされる一九二五年一月を待たねばならなかった。対東アジア通商政策の成果は、対日関係においては一九二七年七月の日独通商航海条約の調印であるが、それ以上に重要な意義を有したのは一九二八年八月の独中関税条約の調印である。これに向けての準備は、一九二五年一〇月から翌年半ばにかけて開催された北京関税特別会議のさなかに開始されていた。その方針は、第一次大戦前以来一貫して「門戸開放」を掲げるアメリカへの追随であって、独中関税条約もその直前に締結された米中関税条約を範としてそれに追随した結果にほかならなかった。他方、独中関税条約は列強がこぞって同種の対中関税条約を結ぶ潮流を加速した。こうして、一九二八年独中関税条約は、ヴェルサイユ＝ワシントン体制の急旋回をもたらした。しかもそれは、日本の対中交渉の遅れとその結果としての孤立をもたらすことにもなり、意図せずして東アジア域内における緊張を高める作用をも伴うことになった（第二節）。

一九三一年以降、とくに通商政策における「輸入政策」が打ち出された一九三四年九月以降、ドイツ通商政策は中国市場への傾斜を鮮明にする。その表現が、一九三六年四月におけるふたつの取決め、すなわち大豆輸入を狙いとした独満貿易協定および武器輸出と農産物・原料資源の輸入を狙いとした独中信用供与条約である。一九三七年七月以降、とくにドイツ政府の東アジア外交方針が転換された一九三八年二月以降、ドイツ通商政策は日本への傾斜を示すことになるが、それは直接に日本との貿易に期待をかけるのではなく、一方では傀儡国家満洲国との貿易協定を継続するとともに、他方では外交方針の転換による損失の補填と中国市場における一定の地位を要求し、さらに後者の要求の具体化として、日本の支配の下に経済的に繁栄する様相を示した華北において落花生・落花生油の輸入を軸に経済協力を進めようとするものであった。ただし、それは同時に、通商政策の担い手と目標が分岐し、通商政策としての一体性が失われていく過程でもあった（第三節）。ドイツの対東アジア通商政策の崩壊、再建、変容の過程を概観した結果、日本と中国とのはざまで揺れた通商政策は、一九三〇年代末以降の日本への傾斜の時期を含め――それは日本を交渉相手としながらの中国市場への経済関心の表出の場であった――、中国市場への関心を基調とするものであったことが示された。

■注

（1）ドイツは中国から最恵国待遇を受けることにより、中国の国定関税率ではなく、列強と中国との間の協定関税率を適用された。また、領事裁判権の放棄によるドイツ人の内地雑居は認められなかったため、不平等条約放棄の恩恵も制限されることとなった。このように、ドイツは不平等条約を放棄しつつも、その恩恵と制約を依然として受け続けるという奇妙な状況が生まれた（小池 二〇一四、二四〇頁）。

（2）一九二六年七月一一日付『東京朝日新聞』の報じるところによれば、通商条約締結国は三〇カ国に上っていた。さらにそれ以外の諸国とも締結ないし改定の交渉がすすめられていた。神戸大学経済経営研究所附属経営分析文献センター新聞記事文庫所蔵。以下、参照ないし引用した新聞記事はすべて同文庫所蔵のものである。

（3）この項について、参照した文献を含め、詳しくは工藤（二〇一七ａ）を参照。

（4）この項について、参照した文献を含め、詳しくは工藤（二〇一一ｂ）を参照。

（5）この文書は文書綴りには見当たらないが、その内容は、この前後のシューベルトおよびボルヒの手になる文書、とくに次に参照する七月二七日付けのシューベルトからボルヒに宛てた電報から推定しうる。

（6）ただし、Meistbegünstigung という言葉は回避され、nicht schlechter gestellt werden als andere Nationen auf künftiger Verträge という表現が用いられている。これは実質的には最恵国待遇を意味している。

（7）最後の第三点について、別の文書では、中国側に広範な合意の用意がないのであれば、「アメリカの範例にしたがった」関税条約を締結することで満足すべきであるとも記している（AA an Büro des Reichspräsidenten, 3. August 1928, R65495）。

（8）一九二八年六月の国民政府軍の北京入城直後、北京は北平と改称される。国民政府承認以降、ドイツ側史料では Peking ではなく Peping と表記することが普通になる。ただし、本章では煩雑さを避けるため、北京、Peking で統一する。

（9）南京政府発行の小冊子であり、R9208/2473に見出される。

（10）互恵性条項は一九〇三年一〇月調印の米中通商条約に見える。

（11）一九三八年六月までには、新聞にも比率が記されていた。例えば、『大阪毎日新聞』一九三八年六月五日、参照。この取決めに簡単に言及した文献として、東京銀行（一九八二、一二八頁）、Fox 1982, p. 99、Pauer 1984, S. 200-201（パウアー 一九八四、一二七－一二八頁）がある。

（12） ちなみに、一九三五年の満洲国の対独輸出額は三二八〇万円であったから、総額一億円という輸入枠はその三倍にあたる。

（13） ただし、銭（一九九八）、呉（一九八八）はいずれも、三カ年計画ではなく、先行する五カ年計画を独中条約と関連づけている。ふたつの計画の関連は、なお検討の余地を残している。

（14） その後、相手国民に対する内国民待遇の相互的供与を内容とする追加条約が一九三九年三月二四日に調印されている（九月七日批准書交換、三月二四日に遡って発効）（外務省条約局 一九四三、五七五－五七六、五七九－五八〇頁）。

（15） これまでの研究では、わずかにFox（1982）に断片的な言及（例えばpp. 299-300）があるのみである。

（16） 「同等の扱い」については、前日の二月二一日、リッベントロップが東京の大使館を通じて華北における譲歩を求め、廣田から華北の経済開発から列強を排除せず、とくにドイツのような友好国の参画を歓迎し、協働のための提案もありうるとの好意的な回答を得ている。ただし、ドイツ側はこの回答に懐疑的であった（Fox 1982, p. 305）。

（17） 同じ日付け、ただし上記のものとは別の文書である。東郷は本省への報告において、「『リ』（リッベントロップ―引用者）ハ何カ書面ト為スコト出来サルヘキヤト言ヒタルニ付然ラハ本件話合ノ結果ニ付本使ニ於テ『レジユメ』ヲ作成シ其ノ控ヲ御渡スルコトニ取計ヒ差支ナシト述ヘ……」としている（東郷発廣田宛、電報〈二七〇号、二七一号〉、一九三八年五月二一日、外務省 二〇一四、五六四－五六七頁）。

（18） 徳華銀行（Deutsch-Asiatische Bank）は中国での呼称であり、同行は日本では独亜銀行と称していた。

■史料

Bundesarchiv Berlin-Lichterfelde（BABL）.

R901/4944.

Politisches Archiv des Auswärtigen Amts（PAAA）.

Peking II: R9208/2464, R9208/2467, R9208/2473, R9208/2702, R9208/2704.

R35842, R64426, R65157, R65405, R65495, R66988, R94998, R94999, R95000, R105377, R105652, R105935, R105937, R105938,

R105952.
外務省外交史料館（外交史料館）。
B.2.0.0.G/MA1　『満独通商協定関係一件』。
B.2.0.0.J/G2　『日独貿易協定締結一件（一九三九年）　第二巻』。
B.2.0.0.49J/G5　『日独経済協力協定関係一件（貿易、技術協力、支払）』。
E.3.1.1.4　『帝国貿易政策関係　雑件　第十三巻』。
議/OA/13　欧亜局第二課『第六十九議会用調書　第二巻』。
通/237/外史　『日独貿易協定電報綴込　上巻（自昭和一二年九月至昭和一三年一一月、三冊ノ内一）』。
神戸大学経済経営研究所附属経営分析文献センター新聞記事文庫。

■史料集

ADAP　Auswärtiges Amt (Hrsg.), *Akten zur deutschen auswärtigen Politik 1918–1945. Aus dem Archiv des Auswärtigen Amts.*
Serie C: 1933–1937, Band II, Göttingen: Vandenhoeck & Ruprecht 1973.
Serie D: 1937–1941, Band I, Göttingen: Vandenhoeck & Ruprecht 1973.
Serie D: 1937–1941, Band IV, Baden-Baden: MCML Imprimerie Nationale 1951.
Serie E: 1941–1945, Band III, Göttingen: Vandenhoeck & Ruprecht 1974.
Leutner, Mechthild (Hrsg.), bearbeitet von Andreas Steen (2006) *Deutsch-chinesische Beziehungen 1911–1927. Vom Kolonialismus zur „Gleichberechtigung". Eine Quellensammlung*, Berlin: Akademie Verlag.
Martin, Bernd (Hrsg.), bearbeitet von Susanne Kuß (2003) *Deutsch-chinesische Beziehungen 1928–1937. „Gleiche" Partner „ungleichen" Bedingungen. Eine Quellensammlung*, Berlin: Akademie Verlag.
程道徳・鄭月明・銭戈平編（一九八五）『中華民國外交史資料選編　一九一九－一九三一』北京・北京大学出版社。
中国第二歴史档案館編（一九九四）『中徳外交密档（一九二七－一九四七年）』桂林・広西師範大学出版社。

外務省編（一九九九）『日本外交文書　昭和期Ⅱ第二部第三巻（昭和九年　対欧米・国際関係）』外務省。

外務省編（二〇一〇）『日本外交文書　太平洋戦争　第一冊』外務省。

外務省編（二〇一四）『日本外交文書　昭和期Ⅲ第一巻（昭和十二－十六年　外交政策・外交関係）』外務省。

■文献（欧文）

Arndt, H. W.（1944）*The Economic Lessons of the Nineteen-thirties*, London: Oxford University Press（H・W・アーント、小沢健二・長部重康・小林襄治・工藤章・鈴木直次・石見徹訳『世界大不況の教訓』東洋経済新報社、一九七八年）.

Bloch, Kurt（1940）*German Interests and Policies in the Far East*, New York: International Secretariat, Institute of Pacific Relations（アメリカ太平洋協会、小関藤一郎訳『東亜広域経済圏と独逸』東洋書館、一九四〇年。クルト・ブロッホ編、南満洲鉄道株式会社上海事務所調査室訳『極東に於ける独逸の権益と政策』生活社、一九四〇年）.

Danylow, Peter und Ulrich S. Soénius（Hrsg.）（2005）*Otto Wolff. Ein Unternehmen zwischen Wirtschft und Politik*, München: Siedler Verlag.

Fox, John P.（1982）*Germany and the Far Eastern Crisis 1931–1938: A Study in Diplomacy and Ideology*, Oxford: Oxford University Press.

Kim, Kwang-Soo（1968）*Der Außenhandel Japans und Koreas unter besonderer Berücksichtigung Deutschlands, 1890–1914*, Dissertation, Universität Heidelberg.

Kirby, William C.（1984）*Germany and Republican China*, Stanford: Stanford University Press.

Moses, John A. and Paul M. Kennedy（eds.）（1977）*Germany in the Pacific and Far East, 1870–1914*, St. Lucia, Hemel Hempstead: University of Queensland Press.

Pauer, Erich（1984）„Die wirtschaftlichen Beziehungen zwischen Japan und Deutschland 1900–1945“, in: Josef Kreiner（Hrsg.）, *Deutschland-Japan. Historische Kontakte*, Bonn: Bouvier Verlag Herbert Grundmann, S. 160–210（エーリッヒ・パウアー「一九〇〇年－一九四五年間における日独政治経済関係」『国際関係研究』（日本大学国際関係学部国際関係研究所）八号、一九

八四年、九三-一三九頁）.
Ratenhof, Udo (1987) *Die Chinapolitik des Deutschen Reiches 1871 bis 1945. Wirtschaft-Rüstung-Militär*, Boppard am Rhein: Harald Boldt Verlag.
Torp, Cornelius (2005) *Die Herausforderung der Globalisierung. Wirtschaft und Politik in Deutschland 1860–1914*, Göttingen: Vandenhoeck & Ruprecht.

■文献（中文）

馬振犢・戚如高（一九九八）『蔣介石与希特勒——民国時期的中徳関係』台北・東大図書公司（北京・九州出版社、二〇一二年）。

周惠民（一九九五）『徳国対華政策研究』台北・三民書局。

薛毅（二〇〇五）『国民政府資源委員会研究』北京・社会科学文献出版社。

薛毅（二〇一〇）『中国近代経済史探微』北京・商務印書館。

銭昌照（一九九八）『銭昌照回憶録』北京・中国文史出版社。

呉兆洪（一九八八）「我所知道的資源委員会」全国政協文史資料研究委員会工商経済組編『回憶国民党政府資源委員会』北京・中国文史出版社（全国政協文史和学習委員会編、新版、二〇一四年）六三-一四一頁。

唐啓華（二〇一〇）『被〝排除不平等条約〟遮蔽的北洋修約史（一九一二-一九二八）』北京・社会科学文献出版社。

外交部情報司編印（一九二九）『新訂中外条約』南京・外交部情報司（Intelligence and Publicity Department, Ministry of Foreign Affairs (ed.), *Sino-Foreign Treaties 1928*, National Government Republic of China, 1929）。

■文献（邦文）

浅田進史（二〇一一）『ドイツ統治下の青島——経済的自由主義と植民地社会秩序』東京大学出版会。

浅田進史（二〇一三）「日中戦争期の青島経済——日本占領の経済的衝撃」柳沢遊・木村健二・浅田進史編『日本帝国勢力圏の東アジア都市経済』慶應義塾大学出版会、二九七-三二六頁。

浅田進史（二〇一七）「一九二〇年代における中国市場調査――市場の再獲得をめざして」田嶋信雄・工藤章編『ドイツと東アジア　一八九〇－一九四五』東京大学出版会、四五一－四八六頁。

飯島渉（一九九二）「一九〇三年中日改訂通商条約の締結について――「マッケイ条約体制」と中国」『人文研究』（大阪市立大学文学部）四四巻一二分冊、一〇〇一－一〇二一頁。

飯島渉（一九九三）「「裁釐加税」問題と清末中国財政――一九〇二年中英マッケイ条約交渉の歴史的位置」『史学雑誌』一〇二巻一一号、一九一五－一九四六、二〇七一頁。

伊集院立（二〇〇二）「ドイツの東アジア政策とワシントン体制」比較史・比較歴史教育研究会編『帝国主義の時代と現在――東アジアの対話』未來社、六九－八二頁。

入江昭（一九六八）『極東新秩序の模索』原書房（Akira Irie, *After Imperialism: The Search for a New Order in the Far East, 1921-1931*, Cambridge: Harvard University Press, 1965）。

臼井勝美（一九七二）『日本と中国――大正時代』原書房。

臼井勝美（一九九八）『日中外交史研究――昭和前期』吉川弘文館。

外務省条約局編（一九四三）『第二次世界戦争関係条約集』日本外政協会。

加藤栄一（一九七三）『ワイマル体制の経済構造』東京大学出版会。

加藤栄一（一九七五）「賠償・戦債問題」宇野弘蔵監修『講座　帝国主義の研究――両大戦間におけるその再構成　2世界経済』青木書店、一五－八一頁。

川島信太郎（一九四一）『本邦通商政策条約史概論』巌松堂書店。

北村厚（二〇一四）『ヴァイマル共和国のヨーロッパ統合構想――中欧から拡大する道』ミネルヴァ書房。

工藤章（一九九二a）『日独企業関係史』有斐閣。

工藤章（一九九二b）『イー・ゲー・ファルベンの対日戦略――戦間期日独企業関係史』東京大学出版会。

工藤章（一九九九）『二〇世紀ドイツ資本主義――国際定位と大企業体制』東京大学出版会。

工藤章（二〇〇八a）「日独経済関係の変遷――対立と協調」工藤章・田嶋信雄編『日独関係史　一八九〇－一九四五（一）　総

説／東アジアにおける邂逅』東京大学出版会、七七－一二五頁（工藤章『日独経済関係史序説』桜井書店、二〇一一年、一七－六一頁に再録）(Kudo Akira, "Changing Japanese-German Economic Relations: Competition and Cooperation," in: Kudo Akira, Tajima Nobuo and Erich Pauer (eds.), *Japan and Germany: Two Latecomers to the World Stage, 1890–1945 – A chance encounter in East Asia*, vol. I, Folkestone: Global Oriental, 2009, pp. 44-87)。

工藤章（二〇〇八b）「一九二七年日独通商航海条約と染料交渉」工藤章・田嶋信雄編『日独関係史　一八九〇－一九四五（一）総説／東アジアにおける邂逅』東京大学出版会、二六五－三一八頁（Kudo Akira, "The Japanese-German Commerce and Navigation Treaty of 1927 and the Negotiation for an Agreement on Dyestuffs," in: Kudo Akira, Tajima Nobuo and Erich Pauer (eds.), *Japan and Germany: Two Latecomers to the World Stage, 1890–1945 – A chance encounter in East Asia*, vol. I, Folkestone: Global Oriental, 2009, pp. 150-193)。

工藤章（二〇〇八c）「戦時経済協力の実態――ドイツの電撃的勝利から独ソ開戦まで」工藤章・田嶋信雄編『日独関係史　一八九〇－一九四五（二）　枢軸形成の多元的力学』東京大学出版会、二六九－三一八頁（Kudo Akira, "The Reality of Wartime Economic Cooperation: From Germany's *Blitzkrieg* Victory to its War with the Soviet Union," in: Kudo Akira, Tajima Nobuo and Erich Pauer (eds.), *Japan and Germany: Two Latecomers to the World Stage, 1890–1945 – The pluralistic dynamics of the formation of the Axis*, vol. II, Folkestone: Global Oriental, 2009, pp. 342-385)。

工藤章（二〇一一a）『日独経済関係史序説』桜井書店。

工藤章（二〇一一b）「ドイツと東アジア――一九二八年独中関税条約とヴェルサイユ＝ワシントン体制の急旋回」和田春樹・後藤乾一・木畑洋一・山室信一・趙景達・中野聡・川島真編『岩波講座　東アジア近現代通史（四）　社会主義とナショナリズム　一九二〇年代』岩波書店、二二七－二四四頁。

工藤章（二〇一七a）「北京関税特別会議とドイツの通商政策――東アジア外交におけるアメリカへの追随」田嶋信雄・工藤章編『ドイツと東アジア　一八九〇－一九四五』東京大学出版会、三九五－四四九頁。

工藤章（二〇一七b）「IGファルベンの中国戦略――戦争準備と人造石油」田嶋信雄・工藤章編『ドイツと東アジア　一八九〇－一九四五』東京大学出版会、六〇一－六五二頁。

久保亨（一九九九）『戦間期中国〈自立への模索〉――関税通貨政策と経済発展』東京大学出版会。

熊野直樹（一九九六）『ナチス一党支配体制成立史序説――フーゲンベルクの入閣とその失脚をめぐって』法律文化社。

熊野直樹（二〇〇九）「バター・マーガリン・満洲大豆――世界大恐慌期におけるドイツ通商政策の史的展開」熊野直樹・柴尾健一・山田良介・中島琢磨・北村厚・金哲『政治史への問い／政治史からの問い』法律文化社、一四七‐一七四頁。

熊野直樹（二〇一七）「第二次世界大戦期の「満」独通商関係――満洲大豆から阿片へ」田嶋信雄・工藤章編『ドイツと東アジア　一八九〇‐一九四五』東京大学出版会、六五三‐六九九頁。

小池求（二〇一四）「中国の不平等条約改正の試みと第一次世界大戦」池田嘉郎編『第一次世界大戦と帝国の遺産』山川出版社、二一九‐二四五頁。

小池求（二〇一七）「清独通商条約改正交渉――規制緩和要求と主権確保の衝突」田嶋信雄・工藤章編『ドイツと東アジア　一八九〇‐一九四五』東京大学出版会、一六三‐二〇六頁（小池求『二〇世紀初頭の清朝とドイツ――多元的国際環境下の双方向性』勁草書房、二〇一五年、一三三‐一九五頁に収録）。

後藤春美（二〇〇六）『上海をめぐる日英関係　一九二五‐一九三二年――日英同盟後の協調と対抗』東京大学出版会（Harumi Goto-Shibata, *Japan and Britain in Shanghai, 1925-31*, London: Macmillan Press, 1995）。

佐々木隆雄（一九九七）『アメリカの通商政策』岩波書店。

城山智子（二〇一一）『大恐慌下の中国――市場・国家・世界経済』名古屋大学出版会。

武田隆夫編（一九六一）『経済学大系（四）　帝国主義論（上）』東京大学出版会。

田嶋信雄（一九九二）『ナチズム外交と「満洲国」』千倉書房。

田嶋信雄（二〇〇八）「東アジア国際関係の中の日独関係――外交と戦略」工藤章・田嶋信雄編『日独関係史　一八九〇‐一九四五（一）　総説／東アジアにおける邂逅』東京大学出版会、三‐七五頁（Tajima Nobuo, "Japanese-German Relations in East Asia, 1890-1945," in: Kudo Akira, Tajima Nobuo and Erich Pauer (eds.), *Japan and Germany: Two Latecomers to the World Stage, 1890-1945 - A chance encounter in East Asia*, Vol. I, Folkestone: Global Oriental, 2009, pp. 1-43）。

田嶋信雄（二〇一三）『ナチス・ドイツと中国国民政府　一九三三‐一九三七』東京大学出版会。

東京銀行編（一九八二）『横濱正金銀行全史（四）』東京銀行。

東京銀行編（一九八三）『横濱正金銀行全史（五）（上）』東京銀行。

戸原四郎（二〇〇六）『ドイツ資本主義――戦間期の研究』桜井書店。

中村隆英（一九八三）『戦時日本の華北経済支配』山川出版社。

日本学術振興会編（外務省監修）（一九五一）『条約改正関係　日本外交文書（七）別冊　通商条約と通商政策の変遷』世界経済調査会（川島信太郎執筆）。

萩原充（二〇〇〇）『中国の経済建設と日中関係――対日抗戦への序曲　一九二七－一九三七年』ミネルヴァ書房。

原朗（一九七二）「一九三〇年代の満州経済統制政策」満州史研究会編『日本帝国主義下の満州――「満州国」成立前後の経済研究』御茶の水書房、三一－一一四頁（原朗『満州経済統制研究』東京大学出版会、二〇一三年、一一五－二〇二頁に再録）。

原朗（一九九四）「経済総動員」大石嘉一郎編『日本帝国主義史（三）　第二次大戦期』東京大学出版会、七五－一一三頁。

原田三喜雄編（一九八七）『第一次大戦期通商・産業政策資料集（一）　聯合国経済会議資料、聯合国経済会議関係資料』柏書房。

三和良一（二〇一二）『概説日本経済史　近現代　第三版』（初版、一九九三年）東京大学出版会。

山本茂（一九四三）『条約改正史』高山書院。


［謝辞］平野達志氏（東京大学大学院総合文化研究科博士課程）には草稿に眼を通していただき、貴重なご指摘とご教示を賜った。記して謝意を表する。

I

「文明化の使命」とその帰結　一八九〇－一九一四

第一章　清独通商条約改正交渉
——規制緩和要求と主権確保の衝突

小池　求

はじめに

義和団戦争において八カ国連合軍が北京を占領し、光緒帝と西太后が西安に逃亡している中で、全権大臣であった慶親王および李鴻章は、八カ国連合軍の構成国およびスペイン、オランダ、ベルギーの合計一一カ国と、一九〇一年九月七日に北京議定書を締結した。本章で検証する通商条約（以下、商約とも記す）改正は、その第一一条で規定された。

従来の研究は、敗戦により締結を強いられた北京議定書に規定されたという背景を重視し、条約交渉を利権喪失の過程の中に位置づけた（丁 一九八六、王紹坊 一九八八）。しかし近年では、すでに一八九八年には清朝側に関税引き上げ（以下、加税）を目的とした条約改正の意思があった点が注目され（飯島 一九九三、王爾敏 二〇〇九、一七一－一七六頁）、商約改正における清朝に対する評価が条件付きではあるが肯定的なものになってきている（崔 二〇〇一、一六九－一七六頁、李 二〇〇五）。飯島は、清朝が英米日葡と調印した一連の商約改正により成立した体制を「四国新約」という言葉で表現し、イギリスが商約改正で示した方向性を、その後商約改正に至った米日葡三国も原則的に同意し、一九三〇年前後の関税自主権回復の出発点となったとの認識を示している。この体制は、海関を財政機構の頂点に置き、中央集権的な財政機構を確立しようとする清朝の思惑と、それを支持する列強の意図の一致により成立したとするのである(飯島 一九九二、一三九頁)。また、商約交渉の成果が清末の改革に与えた影響にも関心が向けられるようになった。王棟は、商約の条項が清朝の改革と親和性があり、進歩的な意義があるとしながらも、列強の介入や依存が高まったという二面性を指摘している(王棟 一九九六、一〇二頁)。

これら先行研究の第一の特徴は、この商約改正を清朝の条約改正交渉の起点と捉え、清朝が列強との交渉を通じて条約改正への可能性を獲得していった過程を、妥結した対英米日葡交渉を事例として分析している点である。これとは反対に、妥結しなかった清独交渉などの例は、ドイツがすでに条約を締結した英米日が清朝に認めた裁釐加税《さいりかぜい》などの権利を否定し、その実現を阻害する要因として紹介されている(丁 一九八六、一七一－一七二頁、王爾敏 二〇〇九、三〇七頁および三二一－三二二頁、飯島 一九九三、二五頁)。裁釐加税は、どちらに比重を置くかに関して清朝側と列強側で違いはあるものの、国内流通税の一種であった釐金《りきん》(外国人は子口半税と呼ばれる内地通行税を支払えば、条約上免除されていた)の廃止と関税引き上げという、二つの問題を解決する枠組みであった。第二の特徴は、商約により各条項に対する履行義務が発生したことで、制度化の過程で生じた列強との衝突を描くものであり、清朝の近代化の観点から商約改正を捉える視点である(李 二〇〇五、呉 二〇一二、一〇四－一〇六頁)。このように、成功した商約改正交渉の過程およびその後の法整備化への関心から、商約改正が研究される傾向にある。

本章において中心的に検討する清独間の商約改正交渉に関しては、すでに王爾敏や李永勝が清朝側の史料を利用して交渉経過を概観しているが、そこでは交渉中断の原因をドイツ側に求めている。例えば李永勝は、ドイツが清朝側に受入れ困難な条項を盛り込み、清朝側から譲歩を引きだそうとしたと指摘している(李 二〇〇五、五三頁)。そのような側面は否定できないが、要求を出したドイツ側の背景を把握し、また交渉における清独双方の動向を踏まえなければ、交渉中断の背景を解明することができないだろう。

本章は、ドイツが清英間のマッケイ条約をはじめとする、清独間の条約改正交渉に先行して締結された商約との整合性を重視していた点に注目し、締結された条約や交渉中の条約案が、ドイツの条約案作成および清独交渉においてどのように作用し、また交渉の場でドイツの在華権益と清朝の主権意識がどのように衝突したのかを問い、その調整が試みられつつも、最終的に交渉中断に至った過程を明らかにする。

本章では、清独両国の交渉に対する方針・認識およびその双方向的な影響を重視しており、それゆえに双方の史料を利用する。清朝側の動向については、これまでの研究で利用されてきた『辛丑和約訂立以後的商約談判』およびこれまで利用されたことがなかった台湾の中央研究院近代史研究所檔案館所蔵の『中徳議訂商約』を主に利用し、清朝側の交渉に対する動向や認識を分析する。他方ドイツ側の動向については、これまでの研究では利用されていなかったドイツの連邦文書館所蔵の外務省第二局（通商）および外務省政治文書館所蔵の駐華ドイツ大使館史料を利用し、在華ドイツ人の利害関係と政府の通商政策の関係性に注目しつつ、条約案の作成および交渉過程を検討する。

第一節では、まずドイツの条約案作成に影響を与えた英米日三国と清朝の交渉過程を概観した上で、在華ドイツ人の現地の利害を強く反映した上海案の作成過程を検討し、彼らが商約改正に何を望んだのか、という点を確認する。さらに第二節では、上海案に盛り込まれた現地の要望に対して、ドイツ政府の関係省庁や、対華貿易に関与するドイツ本国の企業など利害関係者の意見も入れて作成された外務省案が、それまでの商約との整合性を前提にし、本国での利害と上海案に盛られた在華ドイツ人の利害とを調整しつつ作成された過程を検証する。第1項では、関係省庁の担当官の間で上海案が検討された第一読会での議論を検討し、政府レベルにおける商約改正交渉に対する姿勢を確認する。第2項では、第一読会後、対華貿易に利害関係を持つハンブルク、ブレーメンなどの市政府および団体・企業に対して行った意見聴取の内容を検討する。第3項では、省庁間の意見調整および利害関係者に対する意見聴取と説得の結果、第二読会において完成したドイツの最終案の特徴を示す。第三節では、清独間の交渉過程を、それまでの商約交渉において最大の課題であった裁釐加税問題、在華無条約国人やドイツ影響下に置かれた中国人保護の有無が論点となったドイツ被保護者問題、通商活動の規制緩和と清朝の主権意識が衝突した揚子江における内河航行権問題を事例として取り上げ、両国の方針・認識の違い、商約改正の捉え方の違いと交渉中断の背景を明らかにする。

一 上海案の作成過程

1 モデルとしての英米日の商約改正

まずドイツが条約案作成をする時点で、条約調印済み、または交渉中であった英米日の事例を先行研究を利用して紹介し、主要な問題関心と交渉の結果を概観しておく。

各国は条約案を作成する上で、イギリスは中国協会（China Society）、アメリカはアメリカ・アジア協会（American Asiatic Association）などの対華貿易に関連する団体や企業、在華領事などから通商環境に関する意見を得た上で、条約案を作成した（曹 二〇一〇、三一四－三一七頁、呉 二〇一二、七五－八四頁）。その中で、中国での通商活動の障害となっていた釐金の廃止を求める声が多く、各国ともその廃止に向けた条約案が作成された。

そもそも裁釐加税問題は、義和団戦争の講和条約である北京議定書の作成過程の中で、一度は議題となり、条約調印後、日英が合同委員会の設置を提案したが、各国の反対により実現せず、二国間交渉による解決が図られることとなった（李 二〇〇五、三三－三四頁、飯島 一九九三、一〇－一二頁）。

商約改正の重点を、清朝側は加税に、列国側は裁釐に代表される在華通商活動の規制緩和に置いていた。この点を端的に示すのは、一九〇一年九月三〇日にイギリス外務大臣ランスダウン（Henry Charles Keith Petty-Fitzmaurice, 5th Marquess of Lansdowne）がマッケイ（Sir James Mackay）などを全権代表に任命した際に示した条約交渉に関する六つの懸案事項である。すなわち、①釐金全廃とその地方への補塡のための子口半税を含む輸入税の一〇％への引き上げ、②一八九八年に公布された「内港行輪章程」の改正、③内地居住問題、④港での免税区域、⑤鉄道・鉱山に関する章程の改正、⑥上海租界内の司法問題（会審公廨）である（李 二〇〇五、一三―一四頁）。

清英交渉にとっての最大の難関は、揚子江流域の有力督撫《とくぶ》であり、商約交渉にも関与していた両江総督劉坤一と湖広総督張之洞から、いかに省財政の主要財源の一つであった釐金の廃止に対する同意を獲得するかであった。特に張は裁釐加税を清朝財政の拡大の機会として捉えており、中央財政の影響力拡大を回避しながら釐金の徴税権を確保することにより、省財政への影響力維持を図ろうとした（飯島 一九九三、一三―一七頁）。

一九〇二年一月から始まった清英間の交渉では、商約大臣盛宣懐が裁釐による損失を試算し、それを受けて、輸入税一二・五％・輸出税七・五％への引き上げで合意に達した。問題は裁釐の保証であり、中央政府による裁釐実施の上諭布告を照会で確約するだけではなく、実施主体となる督撫の協力をいかに獲得するかであった。同年七月、マッケイと劉・張との間で再度交渉が行われ、マッケイが張之洞に対して専門部局の設置による塩・国産アヘンの釐金徴収と消費税の一種である「銷場税」の徴収を容認することで、張之洞から裁釐加税実施の同意を獲得した（李 二〇〇五、一四一―一四七頁）。他にも、清朝側が提案した司法改革を前提とする治外法権撤廃も条約に盛り込まれ、清英間の商約改正（マッケイ条約）により、清朝の主権回復の方向性が示されたが、この条約で獲得した加税や治外法権撤廃などの権利は全条約国の承認を必要とするものであった。

マッケイ条約が九月五日に調印されたことにより、その後の条約改正交渉の基準ができたが、同時にそれは修正すべき対象としても見られていた。上海で発行されているドイツ語の週刊紙である『東アジアロイド』紙の〇三年八月の記事には、「結局、ちょうど批准された英清通商条約により新たに達成したものはあまり多くない。他国が最終的に立場を明らかにするまで、主要な諸問題が未解決であり、比較的重要ではなく小さな改正である」と評価しており、その不十分さを指摘している（*OAL*, 21.8.1903）。また上海在住のリトル（Edward S. Little）[1]は条約調印後に新商約批准に反対するパンフレットを発行し[2]、特に第八条の裁釐に関する条項を取り上げ、対華貿易を取り巻く環境が悪化する危険性を指摘した（Little 1902）。マッケイ条約による通商条件の改善を評価する声があると同時に、その不十分さに対する批判も存在しており、その修正が必要であるという認識がすぐに出てきたことは看過できない。

マッケイ条約への不満と同時に注意しなければならないのは、その後交渉に入る米日とイギリスとの関心が、主要な通商活動地域の違いにより一致しない点が存在したことである。特に裁釐加税に関しては、当時のアメリカの対華貿易の主要な地域は華北であり、同地域の釐金はイギリスの貿易中心地である揚子江流域と比べて圧倒的に少なかった。それゆえ、裁釐の代償としては、アメリカの条約案の作成段階で示された一五％の輸入税引き上げはあまりにも大きく、アジア協会の激しい批判を受けた（李 二〇〇五、二八－二九頁、呉 二〇一二、八三－八四頁）。そこで、〇三年二月から交渉が本格化すると、アメリカ側は一〇％の輸入税引き上げにとどめ、国産品の流通税徴収機関であった常関の全廃を条件として輸入関税の一二・五％への引き上げを認めた。これは裁釐実現の措置の一つであったが、アメリカ側は常関廃止の代償として、国内製品に対する産地税や工場税、消費税の徴収権を清朝側に認めた（李 二〇〇五、一四八－一六〇頁、呉 二〇一二、八七－九〇頁）。〇三年一〇月に清米間で条約が締結されたが、アメリカは裁釐のより厳格な実施および保証を求め、当時ロシア軍が駐屯していた満洲地域に含まれる奉天や大東溝の開港も盛り込まれており（李 二〇〇五、二二八－二二九頁、呉 二〇一二、九〇－九一頁）、清米条約はマッケイ条約とは異なる独自性も持っていた。

日本の場合は、交渉における英米との協調が重視された。全体的な枠組みへの配慮は、関税率に関する提案に見てとることができる。日本側は当初従価による一〇％の輸入税の引き上げを要求していた（飯島 一九九二、一三三－一三四頁）。しかし、同時並行で進んでいた清米交渉において、アメリカ側が一二・五％の輸入税を認めると、日本もその動きに合わせて、従来の要求を断念し、同様の関税率を容認する姿勢に転換した。しかし、〇三年一〇月八日に調印された条約では、あくまで日本が主張した裁釐を前提とした加税が認められ、関税率は各条約国との交渉により決定するとして明記されなかった。これが英米条約との大きな相違点であり、後述するように、ドイツもこの案を参考としている。

さらなる違いは、裁釐加税に関する上海での交渉が難航する中、頭越しに北京において駐清公使内田康哉と張之洞が協議し、条約を調印したことである（李 二〇〇五、四一－四七頁）。これなどは商約大臣盛宣懐や呂海寰の役割が単に交渉にあり、張之洞の意向が条約締結の成否を大きく左右していたことを示している。『東アジアロイド』紙は清米・日清商約に対して、マッケイ条約の改善を評価しながらも、加税に対する裁釐の保証が十分ではないとの失望感も同時に示した（OAL, 16.10.1903）。

一連の条約改正交渉により、清朝は条件の差異はあるものの、裁釐を前提とした加税に対する同意を獲得し、英米日は通商上の規制緩和を条約に記載することで、その改善に期待することができた。他方で英米条約における裁釐の条件の違いが示すように、その内容は次の交渉でより厳格な措置や別の条件が追加されるようになった。これは最恵国待遇と二国間交渉という二つの要素により生じた問題であり、この点を軽視して商約改正交渉を議論することはできないだろう。だからこそ、交渉中撤回された要求や条約の運用上新たに発生した問題などの是正を、次の国の交渉で議題とすることが可能であった。各国が清朝と交渉を行う際に、それ以前に締結された商約の規定に拘束されていたものの、それを「体制」という確立されたものとしては必ずしも認識していなかった。だが、清朝側はそれまでの商約改正により獲得した権利を交渉を通じて認めさせることを最重要視しており、商約改正の積み重ねにより形成された枠組みを絶対視する傾向にあった。そして、ポルトガルとの交渉が終わると、ドイツが次の交渉相手となった。

2　条約案作成と在華ドイツ人

一九〇五年四月一四日に清独間での交渉が開始されると、一週間後の四月二一日付けの『東アジアロイド』紙において、その背景が報道された。同紙は、英米日葡が清朝と条約改正交渉妥結・批准に至った状況の中で、ドイツもその流れに取り残されるべきではないと主張し、「それまでの条約により保証された最恵国待遇〔により与えられる利権〕のみで十分であると考えるのは、ドイツの中国における経済的地位とは一致していない」との立場を示した。そして、ドイツ条約案に上海ドイツ協会が関与し、多様な利害関係者の意見聴取の結果、最終的な条約案が作成されたと伝えている（OAL, 21.4.1905）。これは条約案が、ドイツの在華通商活動をめぐる利害関係の集大成として位置づけられることを意味している。

本項ではドイツの最初の条約案である、在華ドイツ人が深く関与した上海案の作成過程とその評価について検討する。

（1）条約案作成をめぐる各アクターの利害関係（一九〇三年五月‐一二月）

ドイツが条約案作成を開始したのは、マッケイ条約が調印され、米日が清朝と商約改正を交渉していた一九〇三年五月末のことであった。ドイツ側は商約改正交渉の開始以降、各国の条約案や交渉過程に関して情報収集や分析などを行っていた。ドイツ外務省において通商関係を担当する第二局の参事官（Vortragender Rat）アイヒベルガー（Franz von Aichberger）は、上海総領事館に条約案およびその理由書の作成を依頼した際に、マッケイ条約およびアメリカの条約案を参考にするように通達している。この時期に条約案作成を依頼した背景には、外務省側が上海総領事クナッペ（Wilhelm Knappe）のベルリン滞在中に条約案を固めたいという意図を持っていたからであった（Aichberger an Germania Shanghai, Telegramm, 28.5.1903, Peking II 207）。マッケイ条約とアメリカの条約案に基づき、総領事代理ボイエ（Adolf Boyé）を中心に条約案が作成され、その際上海ドイツ協会の商約委員会（Die Handelsvertrags=Kommission der Deutschen Vereinigung）が助言を行った。その上で一九〇一年に創設された、東アジアの通商利害を代表し、ハンブルクに本部を置く東アジア協会（Der Ostasiatische Verein）および天津ドイツ協会（Deutsche Vereinigung in Tientsin）から、マッケイ条約に関する意見聴取を行った（Boyé an Bülow, 29.9.1903, Peking II 207）。

上海ドイツ協会は、追加税七・五％は高くないとしたものの、裁釐の保証を求め、その保証機関である信託局（Board of Trust）の設置と、マッケイ条約で認められた一切の流通税（国産アヘン・塩への釐金、消費税など）の廃止を求めた。

また、珠江開鑿を海関ではなく、外国人商人、領事、清政府代表者からなる委員会が管理するなど、清朝の統治権に介入するような提案を行った（Schwencke an [Auswärtiges Amt], folgend zitiert als AA, 18.1.1904, R901/12860）。一方で、天津ドイツ協会側は、常関を海関と同様に外国の管轄下に入れるなど外国の管理強化を主張するも、上海側が提案した強力な信託局への権限付与には慎重な態度を示していた（Gutachten der Deutschen Vereinigung in Tientsin, RM3 7057）。

ハンブルクの東アジア協会によるマッケイ条約の評価の特徴は、華北地域への経済活動拡大のための済南と濰県の開市、中国の全ての国内河川を対象とする監視委員会の設置、常関を海関の管理下に置く点など、通商における外国人や海関による管理強化を支持する立場に立っていた。また、工場税導入（第八条第九項）による中国製品の税負担が、外国製品よりも軽くなることを問題視してその削除を求めており、中国市場をめぐって中国自体も競争相手と見なす考えも存在した（Nachtrag zum Gutachten des Ostasiatischen Vereins in Hamburg, 10.7.1903, RM3 7057）。その一方で、国内問題として塩税やアヘン税徴収に言及しない点や、法整備を条件とした治外法権撤廃に関する規定を残すように提案しており、清朝側の権利にもある程度配慮をしていた（Gutachten des Ostasiatischen Vereins in Hamburg, RM3 7057）。

以上のような意見聴取を行った上で、上海において条約案が作成され、一九〇三年九月二九日付けの報告書に添付して、ボイエは駐清公使ムンム（Alfons Mumm von Schwarzenstein）に独清商約案とその理由書を送付した（Boyé an Mumm, 29.9.1903, Peking II 207）。条約案は全一八条からなり、マッケイ条約は第八条で一六節を設けて裁釐加税について規定したが、上海案では第四条の釐金に関する項目は一二節に分かれていた（表1-1参照）。上海案の最大の特徴は、裁釐加税と内河航行に関する規定であり、マッケイ条約とアメリカの条約案に影響を受けていたが、特に構成に関しては後者の影響が強かった。

上海案には、まず交渉に対する姿勢が記されている。マッケイ条約が多くの問題を規定しながらも、裁釐に関しては未解決のままであるとして「未完成品（Torso）」と評価しており、裁釐の保証を確かなものとするために交渉を行う価値があるとの結論を下している。上海ドイツ協会は、その実施を中国人の恣意に任せるのであれば、商約改正全体を破

表1－1 ドイツの改正通商条約案の変遷

条項	9月29日案		1904年2月案	1905年11月の交渉後の条約案
外交官の待遇	第1条		削除	
領事館員の処遇	第2条		削除	
滞在権	第3条		第2条	削除
釐金	第4条		第1条	第1条
釐金廃止		a	削除	
付加税		b		
廃止後の再設置禁止		c		
信託局（Board of Trust）		d		
釐金廃止後の借款担保		e		
釐金収入分の北京への送金		f		
釐金廃止		第1節		第1条
関税引き上げ		第2節		
常関		第3節		
アヘン・塩釐金		第4節		
輸出関税		第5節		
関税支払い証明書		第6節		
工業税		第7節		
国内税への監視		第8節		
裁判		第9節		
条約港		第10節		第7条
他国の加入		第11節		
上諭		第12節		
関税率の最恵国待遇	第5条		削除	
免税倉庫	第6条		第3条	第2条
鉱山	第7条		第4条	第3条
処分権		第1節		
上級鉱山局の権限・人員		第2節		
省鉱山局の権限		第3節		
鉱山所有権の譲渡		第4節		
鉱山関連での土地利用規定		第5節		
鉱山事業に対する課税		第6節		
関税還付証明書（存票）	第8条		第5条	第4条
商標保護	第9条		第6条	第5条
中国人の外国企業への参与	第10条		第7条	第6条
宜昌の急流	第11条		第9条	第8条
内河航行	第12条		第10条	第9条
通貨改革	第13条		第11条	第10条
宣教師	第14条		削除（B案）	第13条
治外法権撤廃	第15条		削除（B案）	第14条
米輸出	第16条		第12条	第11条
モルヒネ輸入	第17条		削除（B案）	第12条
改正	第18条		第13条	第15条
批准			第14条	第16条
他国と同様の開港場での滞在			第8条	削除

出典：PAAA, Peking II, 1458a; Anlage K: Entwurf eines deutsch-chinesischen Handelsvertrags, revidierter Text, 8.2.1904, in: Richthofen an Mumm, 18.3.1904, Peking II 207. 中研院近史研檔案館外交檔案 02-14-004-01-007.

綻させる方がよいという考えすら持っていた。たとえ交渉が妥結しなくても、ドイツは最恵国待遇により、全条約国の同意を必要とする条項以外の権利を享受することが可能であったことが、そのような強硬な姿勢を可能にしたと思われる（Peking II 1458a, Bl. 60-74）。

そして、裁釐の保証として案出されたのが、前述の追加税の管理機関である信託局であった。これは第四条に登場し、「全港で徴収された追加税の全額は、毎月月末に海関から『信託局』に支払われる。局は第四条でなされた規定を厳正に遵守する保証として、一カ月間その額を止め置く」とした。この信託局の委員は、清政府、領事団、上海の外国系銀行から各一名が任命されるとした。その業務は、中央政府の基準に従い、追加税の各省への分配や外国の借款の支払いであり、各省の釐金に関する京餉《けいしょう》（省が徴収した税の一部を戸部に送ること）も代理した。このことは追加税が中央政府の直接管理ではなく、第三者機関により担われることを意味していた。これは、裁釐により税収減となる地方督撫を説得させるための手段として構想された。また、同様に地方財政の重要な収入源となっていたアヘンと塩の釐金徴収を認めず、一切の流通への課税撤廃を要求したが、生産地での徴税は清政府の自由裁量とした（第四節）。

内河航行問題の中心的テーマの一つである宜昌急流に関しては、第一一条で規定されている。一八九五年の下関条約により、すでに日本に認められた権利ではあったが、清朝側が宜昌―重慶間の汽船の航行を可能にする対策を講じるまで、汽船所有者と海関とが協力して、自弁で急流渡航の牽引装置を設置するとした。第一二条では、四川省の万県と穂府（Suifu――重慶の南西の宜賓県近く）を開港場として開くことを要求しており、第一一条との関連で見れば、ドイツ側が揚子江上流域の四川省にまで商業活動の拡大を狙っていたことがわかる。

一八九八年に発布された内港行輪章程の改正案として、一〇条からなる内地航行に関する附属協定案も作成された。マッケイ条約の付属文書として交換された内港行輪章程改正案と比較すると、まず上海案の第一条の倉庫や桟橋の使用権がマッケイ条約では二五カ年であったのに対して、九九カ年とされた。第三条では、内河汽船が及ぶ場所にドイツ人が居住でき、また外国人や中国人代理人を業務のために配置できるとしたが、マッケイ条約ではあくまで倉庫の管理は中国人代理人に限定されており、イギリス人商人の居住に関する記述はない。第九条では曳航される客船や貨物船の船員が中国人であることが規定されているが、外国人も税務司が申請を受け例外として認めることが可能であるとの規定を求めた。

これが上海案の全貌であり、ドイツ側が清朝側の条約の法整備や制度化に関与する権利を獲得しようとする傾向が強い。これは清朝側の条約履行の恣意性を不安視した結果であろうが、清朝の主権に抵触する危険性を持つものであった。

しかし、条約案の理由書からは、釐金全廃と追加税の管理に関する議論において、上海側が追加税管理や常関廃止など清朝の主権に踏み込んだ要求をし、海関や外国人の影響力強化を狙った一方で、天津側や東アジア協会は管理強化や保証の必要性を認めつつも、英米条約など全体との関連を重視して、従来のシステムを利用しながら、管理を強化する傾向にあり、条約案では後者の意見が採用される傾向にあったことを読み取ることができる。ただ、裁釐に関しては、英米条約での不備を修正するものとして上海案を位置づける点では、どの協会も一致していた。そして、条約案においてドイツは裁釐の実施を条件とした輸入関税五％＋追加税七・五％および輸出関税五％＋二・五％を基本的に認めており、条約交渉の主眼が関税率ではなく、裁釐の保証や通商規制の緩和に置かれていたことを示している（Peking II, 1458a, Bl. 15, 19–20, 60–74, 87–123）。

以上のように、上海を中心としたドイツの在華経済利害関係者と総領事館員によって、条約案が作成されたが、ドイツの租借地であった青島を拠点に活動するドイツ人たちは、条約案の作成過程から基本的に排除されていた。彼らも商約改正に関心を持っており、膠州湾総督トルッペル（Osker von Truppel）を通じて北京のドイツ公使館に要望書を提出したが、それは青島の条約上の特権の保護および拡大を目指す要求であり（Truppel an Kaiserlich Deutsche Gesandtschaft in Peking, folgend zitiert als KDGP, 31.8.1903, Peking II 207）[(3)]、この個別特殊な立場は、在華経済活動全体の観点から商約を捉えていた上海や天津のドイツ人とは異なるものであった。

（2）条約案に対する駐清公使ムンムの評価

ボイエから条約の草案を受け取った外務長官リヒトホーフェン（Obwald Freiherr von Richthofen）は、駐清公使ムンムに草案に対する意見を求めた（Richthofen an KDGP, 4.10.1903, Peking II 207）。それを受け、ムンムは一〇月一五日に条約案に関する意見書を帝国宰相ビューロー（Bernhard Wilhelm von Bülow）に送付した（Mumm an Bülow, 15.10.1903, Peking II 207）。

ムンムは、条約交渉の実施に比較的に肯定的な立場をとっており、条約交渉の実施がドイツの威信に関わるものであると指摘した。つまり、もし条約の改善に成功すれば、清朝と各国との通商関係は清独間の条約により規定され、それはドイツの立場を強化する「大勝利」となるだろうと予測している。他方で、交渉における障害が大きければ、最恵国待遇による条約特権の享受に満足した方が、交渉失敗よりも好ましいとも述べている。釐金問題を解決せずに条約を締結することに関しては、否定的な見解を示した。そして、ムンムは交渉の成否が清朝ではなく、ロシアの動向に左右されるとの懸念を述べている。ロシアの勢力範囲である満洲には釐金が存在しないため、裁釐を前提とする加税には同意せず、またロシアが海関の強化によるイギリスの影響力拡大を望まないと予測したからである。

ムンムは信託局の設置（第四条d項）や、常関を海関の管理下に置く案について、「中国人の主権意識（Souveränitätsgefühl）」による抵抗や米露による反対の危険性を指摘して、その困難さを強調しつつも、その実現には列強による圧力か、清朝の利害関係グループの支持が必要であるとし、後者との協力に関しては楽観視している。しかし、開港場拡大（第四条第一〇節）については、北京の開市は首都であるという性格上不可能であり、東アジア協会が提案した山東の済南・濰県は、国際的な競争を招き、ドイツの山東権益にとって不利であるとして、否定的な態度を示した。[4] 清朝がマッケイ条約により獲得した治外法権（第一五条）やモルヒネ輸入禁止（第一七条）などは交渉の際の材料とし、条約文から削除を求めた。内港行輪章程改訂で最も重要な問題は、非開港場での商人の居住問題であったが、清朝は領事裁判権との関連から許可しないとしながらも、外国人商人の代理人であれば可能性があると指摘している。

ムンムはこの見解を膠州湾総督トルッペルにも伝え、山東利権に特化した要求が列強や清朝の注意を喚起しかねないため、交渉の進展に有益ではないと説得した、とビューローに報告している（Mumm an Bülow, 23.10.1903, Peking II 207）。以上のようにムンムは、対華貿易に利害を持つグループによって作成された条約案の中には清朝の反発を招く危険性を含む条項があり、裁釐問題が清露の反対で実現の可能性が低いことも指摘した（Mumm an AA, Telegramm, 30.11.1903, Peking II 207）。また、租借地に関する特別要求を行ってくる膠州湾総督側を、交渉の障害として見ていた。それゆえ、彼らを条約案作成や意見聴取の対象から外そうとした（Mumm an AA, Telegramm, 1.12.1903, Peking II 207）。ムンムはそれまでの商約改正の枠組みを重視し、それと整合的な案を求めたといえよう。

二 ドイツ政府内での条約案作成会議と本国の在華通商利害関係者

1 政府内での条約案協議

外務省と駐清公使ムンムとの間で条約交渉に関する文書の往来がある中で、外務省は関連省庁に対して、清朝との商約改正交渉の準備を開始した状況を伝え、条約案を送付すると同時に、一二月初旬に開催される会議に担当官の派遣を求めた。

一九〇三年一二月八日と九日の二日間にわたり、帝国外務省内において第一読会が開かれた。会議には帝国外務省をはじめとして、帝国内務省、帝国海軍省、帝国司法省、帝国財務省、プロイセン王国財務省および王国商工省の担当官がそれぞれ出席し、議長には外務省第二局局長ケルナー（Dr. Paul von Koerner）が就いた。

この会議の議題は、①清朝との新たな通商条約締結の妥当性、②獲得目標を最恵国待遇条項に基づき英米の新条約の規定を均霑《きんてん》させることに限定するか否か、という基本的立場に関わる問題を検討することにあった。

上海総領事クナッペは、北京議定書第一一条に規定されているという道義的義務と最恵国待遇による条約特権の均霑に満足することはドイツの地位にそぐわないとの見解を示し、条約交渉に入ることを支持した。

会議では、交渉実施を支持する意見が多くよせられたが、条約交渉の実施は、裁釐による加税分の関税を管理する機関としての信託局の設置を条約案に入れることを条件とすべきであるとの考えが主流となった。例えば、内務省のボークト（Borght）は、新条約の締結は釐金および内河航行問題という経済的立場からは好ましいが、信託局が設置されなければ、交渉の中断も構わないという立場を示した。同じ内務省のグロース（Groß）は政治的な観点から交渉の実施を望ましいとしながらも、ドイツが裁釐に対する十分な解決案を示していない英米条約に同意を与えることは得策ではなく、他方で、ドイツが清朝の商約の枠組み（Handelsvertragswerk）を拒絶した場合に、新たな通商関係を構築しなければ、ドイツが妨害者と見なされると警鐘を鳴らした。

そのような意見に対してクナッペは、条約案が在華外国人の不満にも応えるものであると主張した。条件付きのものを含め、交渉支持の意見が多い中で、王国財務省のボンネンベルク（Bonnenberg）は、ドイツが交渉で英米以上のものを獲得できないとして、条約締結に反対の立場を示し、清朝側からのドイツに対する対英米日条約への参加要請を待ち、その承認を前提条件として、信託局設置による裁釐の保証を求めるべきであると述べた。

では、裁釐を実現する手段については、どのような議論がなされたのであろうか。外務省第二局の試補（Ständiger Hilfsarbeiter）ツィンマーマン（Arthur Zimmermann）は、信託局により裁釐分を補償することで、督撫の協力を得ることができると楽観的な考えを示した。また、流通税である消費税を導入せず、生産地で徴収される生産税（Produktions-steuer）に一本化することで、釐金局廃止が可能になるとの展望が示された。会議では、信託局設置と工場税導入による裁釐の保証およびその損失補塡を行うとの結論が出された。

裁釐と並んで議論が集中したのは、釐金の華中・華南への偏重と陸上関税・海関税間の格差であった。海軍省のアーレフェルト少将（Hunold von Ahlefeld）は、華北では釐金負担がほとんどなく、貿易が「非釐金対象地域の北部（likinfreier Norden）」でのドイツの大規模鉄道建設に合わせて展開されており、裁釐は他国民よりも関心はないと述べた。しかし、この発言に対して、釐金問題は全国的なものであるとの反論が出され、海軍の地域主義的な見解は批判の対象となった。関税格差について対象となったのは露仏であった。両国の他国との相違点は、両国が陸路貿易を行っており、陸上関税が海関税の四分の三と低いため、そのような優遇措置を両国が放棄するのは難しいと考えられた。

会議の結果、裁釐問題は英米条約の条項を参考に修正し、関税率を条約文に明記せず、清朝側が最恵国待遇によりその承認を求めるまで保留することとした（Anlage A, in: Richthofen an Mumm, 18.3.1904, Peking II 207）。

会議ではそれ以外の項目も二日間にわたって議論されたが、鉱山問題（第七条）や宜昌急流（第一一条）などは後日利害関係者から意見聴取をした上で決定することで一致した（Anlage A, in: Richthofen an Mumm, 18.3.1904, Peking II 207）。

そして、二日目の議長である外務省第二局のレーマン（Curt Lehmann）は会議での助言に基づき、外務省で清朝との新条約締結の有無を決定し、もし交渉実施ということになれば、利害関係者から意見聴取を行った上で、第二読会を開催する旨を伝えた。

第一読会終了からおよそ一カ月あまり経って、外務省は交渉に対する基本方針を決定した。外務長官リヒトホーフェンはムンムへの説明の中で、交渉に関しては清朝側の要請を待って交渉を開始し、釐金問題の解決（信託局設置と海関の常関に対する影響力の拡大）を交渉では持ち出さず、日清条約のように、条約国が清朝と将来的に合意する方針を伝えている。この点は、第一読会において条約交渉の前提となった信託局設置案からかなり後退したものであり、それは信託局案が交渉の妥結を困難にし、ドイツが従来の条約の枠組みを拒否したとの悪印象を抱かせないための措置であると認識した結果であった。ドイツは、商約により英米などが認めた裁釐を前提とする海関税の、一二・五％への引き上げに基本的に同意しつつも、裁釐加税の詳細については、国際的な合意の成立によることで商約交渉から切り離し、商約妥結の障害を軽減しようとする思惑が伺える（Richthofen an [KDGP], Telegramm, 3.1.1904, Peking II 207）。このような方針は、外務省が商約の枠組みを重視しており、その枠組内での解決を目指そうとしていることを示すものであろう。この方針に対する国内的な同意を得ることが、次に必要となった。それが利害関係者からの意見聴取の際に行われた。

2　利害関係者からの意見聴取

一九〇四年一月一〇日、外務省は第一読会後の交渉に関する方針および貿易・航行・鉱山に関する利害関係者からの意見聴取と、ハンブルクおよびブレーメン両市政府との協議実施を関係省庁およびバイエルン、ザクセン両王国などに通知した（Richthofen an Staatssekretär des Innern, des Reichs-Marine-Amts usw., 10.1.1904, R901/12859）。この意見聴取は商約改正に関する対華貿易の現状認識や要望を集めると同時に、商約交渉における政府の立場を説明し、各利害グループを説得する意味も込められていた。

以下、本項では分野別に条約改正交渉に対する見解を分析していく。

(1) ハンブルクでの説明・協議（一九〇四年一月二〇日）

ハンブルクは前述のように東アジア協会の本部が置かれている都市でもあり、ドイツの対外通商上重要な位置を占めていた。ドイツ政府のハンブルク重視の姿勢は、ハンブルク市政府およびドイツ帝国政府・プロイセン王国の関係省庁の担当官、さらに商工会議所、東アジア協会に加盟する企業などが参加したという会議の規模が物語っている。会議の目的は第一読会と同様に、条約交渉の是非とその際の要望を確認することにあった。

東アジア協会のガッレルス（J. Hinrich Garrels）は、英米条約では裁釐加税は不完全であり、追加税と裁釐に対する清朝側の代償を要求する意味で、条約締結支持の立場を表明した。

南北での釐金状況に関しては、カルロヴィッツ社のボーゼン（C. von Bosen）が現状に関する詳細な報告を行った。

ボーゼンによれば、北部では通過税支払い証明書（Transitpass——過路貨捐）として二・五％の釐金を一度支払えば、さらなる釐金は免除されたが、南部ではその証明書の所持にもかかわらず、釐金が繰り返し徴収されていた。自らの会社を経営するヴィーラー（G. Wieler）もドイツの中核的利害は購買力のある南部、中部、揚子江流域であると強調しており、釐金がドイツの対清貿易の大きな障害となっていた点が確認された。

それゆえ、裁釐が必要であるとの認識では一致したものの、従来の商約の措置に対する意見として、以下のようなものが出された。ヴィーラーは、マッケイ条約での妥協の産物である消費税が、裁釐後に釐金と同様の流通税として徴収されることになるため、裁釐が実施されたという錯覚を起こさせることになってしまうとして、その不十分な保証を批判した。その上で、督撫への補償なしに裁釐は実施不可能であり、彼らが塩やアヘンの徴税権保持を主張するのであれば、信託局の設置以外に方法がないと述べた。市政府大臣ヴェストファール（Otto Eduard Westphal）は裁釐の保証ではなく、ドイツの貿易構造からこの問題に言及し、消費税がドイツの輸出業には危険ではないが、輸入業には打撃となると指摘した。

そこで問題となるのが、信託局の設置であった。ガッレルスは、信託局の設置が督撫との合意を前提とするも、その提案自体は清朝側に委ね、ドイツ側から行わないよう提案した。交渉自体でドイツ側から提案することには消極的ではありながらも、裁釐加税の監督における信託局の役割に期待していた。

次に議題となった陸上関税と海関税の格差問題は、鉄道建設との関係から陸路で中国と国境を接する露仏が、その低関税を武器に貿易の競争において有利であるとの危機感を抱かせていた。しかし、この問題は対清問題である以上に、対露仏問題であり、両国の態度に左右されるものであった。したがって、ヴィーラーが陸上関税引き上げ率を海関税と同様の七・五％とする案を出したが、北ドイツ銀行のシンケル（Max Schinckel）は現行の陸上関税（三・七五％）の一・五倍とすることで露仏から譲歩を引き出す妥協案を提示し、結局、可能な限り格差を縮小することで一致した（Anlage B, in: Richthofen an Mumm, 18.3.1904, Peking II 207）。

ハンブルクでの会議では、裁釐の保証機関としての信託局の設置と、陸海間の関税格差の是正、外国商品と中国商品への対等な課税による競争力の低下の回避という考えが示された。同様の問題は、ブレーメン市政府との会議でも議論され、政府の条約案について基本的な同意を得ている（Anlage C, in: Richthofen an Mumm, 18.3.1904, Peking II 207）。

（2）汽船会社からの意見聴取

一月一八日にハンブルク＝アメリカ郵船会社（以下、ハーパク）と、二二日にブレーメンの北ドイツ・ロイド（以下、ロイド）との会談で、宜昌の急流問題が中心的に議論された。

この二つの郵船会社にとって大きな問題は、宜昌の急流問題であった。ハーパクもロイドも急流問題の解決法として、改修ではなく、清朝が禁止措置を講じていたタグボートによる曳航（Schleppschiffahrt）を挙げているが、その対処法に両社の方針の違いが存在した。ハーパクは、一度アーノルド・カーベルク社と協力し、タグボート曳航を実施していたが、その高額な使用料により採算が合わず失敗した。それゆえ、ハーパクはイギリスのバターフィールド・スワイアー社とジャーディン・マセソン社、さらにはロイドとの協力により問題解決を図ったが、ロイドが拒否したため失敗した。また、国際的なカルテル案も同様にロイドの拒否に遭った。ロイドのこのような姿勢は、総支配人ヴィーガント（Heinrich Wiegand）が帝国郵政省の基金から助成金を獲得し、在華汽船事業の損失を補塡することで、英日中との競争に打ち勝つという構想を持っていたことと関係していた。しかし、ハーパク総支配人バリン（Albert Ballin）は、助成金交付による各国間の競争の激化を懸念していたため、揚子江航行に関する国際的なカルテル形成を重視しており、外務省の立場もこちらに近かった。

解決策では対立した両社であったが、急流問題に関して清朝からタグボートによる曳航許可を獲得する点では一致しており、この方向での交渉を求めた。バリンは個別に内河航行の追加協定に関して、タグボートの船長が中国人でなければならないという規定の削除と、中国のジャンク船とヨーロッパの汽船との間の徴税に関する対等性を要望した

(Anlage G u. H, in: Richthofen an Mumm, 18.3.1904, Peking II 207)。

(3) 企業からの意見聴取

ドイツ外務省は、対華貿易に関与する企業との会談や要望書を通じて意見聴取を行った。一九〇四年一月二五日(工業)、二六日(商社・金融)、二九日(鉱山)の三回にわたって、ベルリンで企業からの意見聴取の場がもたれた。中心的議題は、裁釐および陸上関税と海関税の格差であった。基本的に企業側は裁釐の保証が不十分であるとして、信託局の設置を要求したのに対して、外務省を代表したレーマンなどは、その設置が清朝への内政干渉となる危険性があるとして、その提案を否定し、外務省の既定方針となった、裁釐を前提とした加税の原則的承認と、詳細に関して将来的に国際的な規制を策定する案への理解を求めた。

陸上関税と海関税の格差是正に関しては、おおむねハンブルクでの結論と同じであったが、ヘキスト社を経営するブリューニング(Heinrich Brüning)は、アニリン染料に関して露仏が競争相手ではなく、競争相手であるイギリスも状況は同じであるため、関税格差を深刻視してはいない。また、バイエル社の元染料工場長ベッティンガー(Henry Theodore Böttinger)は、製品を香港でジャンク船に積み替えるため、ジャンク船の優遇措置の維持を求めた。マッケイ条約第七条の商標に関して、商標侵害・模倣を審査する部局を設置し、その局には、領事団や海関勤務の欧米人を委員として入れた欧米的な管理を求めた(Anlage D, in: Richthofen an Mumm, 18.3.1904, Peking II 207)。

タンマイヤー(Ernst Tannmeyer)は清朝にとっての裁釐の利点に言及し、裁釐が流通の活性化を促し、それにより政府が強化され、借款の支払い能力と確実性を高めると指摘した。独亜銀行のレーダース(Emil Rehders)は、独亜銀行が釐金を抵当とする借款を供与しており、裁釐に関して事前に清朝は銀行側の同意を必要とする点を主張すると、クナッペは借款の利息の追加税からの支払いを付属文書で規定すると回答した。しかし、レーダースは他国の銀行団との関係もあり、それでは不十分との見解を示している(Anlage E, in: Richthofen an Mumm, 18.3.1904, Peking II 207)。

二九日の第三回意見聴取会では、第一読会で議論ができなかった鉱山問題が議題となった。山東鉱山会社を代表した元郵政次官フィッシャー（Paul David Fischer）は、英米条約を雛形とした鉱山規定の作成には賛成し、商工省のロイス（Reuss）は条約に将来起草される清朝の鉱山章程に四つの原則[5]を盛り込むことで、清朝側の恣意的処理を予防するよう求めたが、最終的には英米条約の規定で十分との結論に至った。

また、膠州湾租借条約に基づき設立された企業（山東鉱山会社など）を対象外とする特例条項の挿入に対しては、レーマンは困難であると回答している（Anlage F, in: Richthofen an Mumm, 18.3.1904, Peking II 207）。ここからも、外務省が通商問題全体や英米の商約との整合性を重視し、租借地に関する特殊な要望を否定する傾向が示されている。

3　ドイツの条約案完成

前述のように、一月中にハンブルク、ブレーメンおよびベルリンにおける企業関係者に対する意見聴取を受け、外務省案に対する同意を確保した上で、二月八日に関係省庁の担当官が集まり、第二読会が開催された（Anlage L, in: Richthofen an Mumm, 18.3.1904, Peking II 207）。

今回も議長になったレーマンが改訂された条約案を示し、外務省がすでに関係省庁に通知した方針を再確認した。つまり、条約交渉による独力での釐金問題の解決を断念し、釐金廃止を条件に、輸入税を一二・五％に、輸出税を七・五％に引き上げることに原則的に同意するものの、日本の商約と同様に、最終的には国際的な合意により解決するとして留保をつけるとした。その際、清朝側から釐金廃止の保証を出させ、陸上関税と海関税の格差是正と生産税・消費税という新税導入問題について触れるとの考えを示した。

このような交渉の方針を立てた上で、清朝側が交渉の意思を示した場合、全権委員は自らの判断で清朝側に提出され[6]る条約案（A案）と内河航行に関する追加協定案を提出し、B案の各条項（①成都の開市、②現在の海関両で徴収される海関税は通貨統一後に再計算され支払われる、③治外法権撤廃、④モルヒネ輸入禁止および例外措置）は交渉での妥協材料とすることとした（Anlage M, in: Richthofen an Mumm, 18.3.1904, Peking II 207）。

第二読会では、海軍が青島に関する特殊権益に配慮する提案をしてきたことから、外務省と海軍省との間で論争が起きた。海軍省のロルマン（Max Rollmann）は、青島から陸路で内地に輸入される商品に対しては、対露仏国境貿易と同様に低額の陸上関税が徴収されるように、外務省側に支援を求めた。これは膠州湾の法的位置づけと関連する問題であり、クナッペは租借地と内地に国境が存在しないとの立場をとり、ロルマンは「ドイツは膠州湾に対して統治権（Souveränitätsrecht）を行使しており、陸上国境は絶対に存在する」と主張した。レーマンは陸上・海関税の格差是正を求める方針であり、それについては政府内で合意が成立しているとして、多国間交渉の際に提出することは可能かもしれないとの認識を示し、条約交渉から切り離す方針で説得した。

海軍はあくまでも膠州湾租借地が有利な条約改正を求める立場であり、これに対して、外務省はその海軍の要求を抑え込む形で関係省間の合意を獲得した。ただ、海軍に対しては膠州湾租借地に関する個別問題は別途外交ルートで交渉するという妥協案を提示した。膠州湾の利益とドイツの在華通商政策全体、加えて列強との関係という三つの要素から条約案が議論された。その結果、これまでの商約改正の全体の枠組みを破壊しない範囲で最終稿が確定された。裁釐問題などでは全体的に抑制的ではあったが、通商活動に関しては、それまでの条約よりも強い規制緩和要求（追加協定である内河航行章程など）を含んだ条約案が完成した(7)。

三　清独間の条約改正交渉

1　交渉開始までの清朝側の対応

ドイツ側の条約案が完成し、それが北京のドイツ公使館に郵送されている最中に、清朝はドイツとの通商条約改正交渉開始を打診し始めていた。一九〇四年四月七日、商約大臣呂海寰と盛宣懐は、上海総領事クナッペに交渉の開始を要請した（呂・盛→克納貝、光緒三十年二月二十二日、Peking II 207）。翌日、クナッペは二人の返礼訪問の際に、交渉開始の提案がドイツ側からの友好的な譲歩であることを伝え、この問題については外務部からドイツ公使への書簡送付を勧め、ドイツ側の全権委員は未定であるが、交渉場所は上海で問題ないと回答した（Knappe an Bülow, 8.4.1904, Peking II 207）。

一一日、慶親王の名で商約改正交渉の開始を正式にドイツ政府に求めた（Prinz Ching an Mumm, 11.4.1904, Peking II 207）。翌一二日には駐清公使ムンムは、総領事クナッペに打電し、慶親王の要望を伝える一方で、訓令が到着しておらず、難航している津鎮鉄道交渉(8)を妥結させる圧力として利用するつもりであると述べ、交渉を急ぐべきではないとの見解を伝えた（Mumm an Knappe, 12.4.1904, Peking II 207）。一四日には、クナッペから同意を得た上で（Knappe an KDGP, Telegramm 14.4.1904, Peking II 207）、外務省に対して、津鎮鉄道問題の解決後に条約交渉に入る立場を示し（Mumm an AA, Telegramm, 15.4.1904, Peking II 207）、一六日には外務次官ミュールベルク（Otto von Mühlberg）の同意を得た（Mühlberg an KDGP, Telegramm, 16.4.1904, Peking II 207）。駐清公使ムンムは、商約改正と鉄道借款交渉を結びつけることで、後者の解決を図ったのである。

一九日の慶親王への返答の中で、ムンムは津鎮鉄道問題の処理を提案したが（Mumm an Prinz Tsching, 19.4.1904, Peking II 207）、二一日、慶親王の回答は、商約改正交渉と津鎮鉄道問題は別問題であり、また北洋大臣袁世凱の管轄であると反発し、交渉開始日の確定を求めた（Prinz Ching an Mumm, 21.4.1904, Peking II 207）。しかし、ムンムはあくまで津鎮鉄道借款条約の締結を優先し、清朝側にその締結を迫った（Mumm an Prinz Tsching, 26.4.1904, Peking II 207）。両国は交渉開始そのものをめぐり対立した。

清朝側からの交渉打診が行われていた五月六日、駐清公使館は、外務長官リヒトホーフェンが三月一八日に送付した条約案と訓令を受け取った。ドイツ外務省は、清朝側からの交渉開始要請を待ち、クナッペに経済問題での全権を与えるが、ムンムへの逐次報告を義務づけ、政治問題ではムンムの判断をあおぐこととし、交渉が妥結して調印する段階になった場合は、全権付与を電報で要請するよう命じたのである（Richthofen an Mumm, 18.3.1904, Peking II 207）。そして、A案はドイツ側が清朝に求める要求と、清朝側に認める譲歩が含まれており、交渉の対象とするか否かは全権代表の裁量とした。一方で、B案は交渉での妥協材料であり、譲歩には外務省への事前通達と授権を必要とするとした。また、外務省は裁釐加税や関税格差の是正などに関する規定を盛り込まず、将来の国際的な合意により解決すると留保の姿勢を伝えた（Instruktion, in: Richthofen an Mumm, 18.3.1904, Peking II 207）。

一九〇五年一月になると、交渉開始をめぐる対立に変化が生じた(9)。外務次官ミュールベルクは「我々の商業的地位は商約［交渉］のあまりにも長い延期には耐えられない」として、交渉先延ばしには同意するものの、その限度に配慮するように駐清公使館に求めた（Mühlberg an KDGP, Telegramm, 24.1.1905, Peking II 207）。また、全権委員であった駐上海総領事クナッペは、交渉に対するムンムの姿勢に否定的であり、交渉に前向きな姿勢を示したが、ムンムは交渉開始への否定的な立場を堅持した（Mumm an Knappe, 1.2.1905, Peking II 207）。北京と上海のドイツ側の全権委員の間で意見の相違が存在していたのである。

しかし、一カ月後、ムンムの見解はクナッペのそれに近づく。それは、第一に津鎮鉄道借款問題での対英交渉が不調に終わったからであり、第二にロシア軍との戦闘での日本軍の勝利が中国ナショナリズムの高揚を促し、利権獲得が困難な状況になったと判断したからであった（Mumm an Bülow, 27.3.1905, R17864）。

ムンムが交渉延期は困難であるとの認識に至る中で、三月一八日に清朝は商約改正の未交渉国に照会を発し、交渉の実施を求め（Prinz Ching an Mumm, 18.3.1905, Peking II 207）、ムンムは帝国宰相ビューローに清朝側の提案を伝えた（Mumm an Bülow, 29.3.1905, Peking II 207）。外務次官ミュールベルクは利害関係者が条約交渉を迫っており、日本の成功（日本有利の日露戦争の戦局）が中国人に印象を与えた結果、交渉延期は悪影響をもたらすとして、交渉開始を支持した（Mühlberg an KDGP, Telegramm, 7.4.1905, Peking II 207）。四月九日、ムンムは慶親王宛の照会を出し、商約交渉開始に同意する旨を伝え（Mumm an Prinzen Tsching, 9.4.1905, Peking II 207）、条約案完成から一年を経て、ようやく両国間での交渉が開始されることとなった。

2　条約交渉の経過

(1) 清朝側のドイツ案に対する認識

四月一四日に最初の会談が行われた。清朝側からは商約大臣呂海寰と盛宣懐、補佐役として税務司テイラー（Francis E. Taylor）、ヒッピスレー（Alfred E. Hippisley）などが、ドイツ側からは全権委員の駐上海総領事クナッペ、副領事格レスラー（Walter Rössler）、商務専門官デリウス（Theodor Delius）、通訳官メルクリングハウス（Peter Merklinghaus）といった上海総領事館員が交渉に出席した。その席でクナッペから清朝側に対して、ドイツ語の条約案が示された[10]。

条約案を受け取った呂海寰はまずその翻訳に着手し、ドイツ駐上海総領事館側と文言を確認している。ドイツ側が漢文の条約案を作成しなかった理由は、母国語のみの条約案が一般的かつ実用的であり、両国間で委員会を設置し、共同で漢文に翻訳することで、不確実な翻訳によりドイツに不利な文言が条約文に盛り込まれることを回避しようとしたところにあった（Knappe an Mumm, 10.8.1904, Peking II 207）。

翻訳された条約案は、六月三日の非公式会議で内容が確認された。しかし、盛宣懐が北京に戻り、条約案の翻訳に参加した李徳順が済南に戻った状況では、一カ月間は交渉ができない状態であった。その間に清朝は外務部、商約大臣である直隷総督袁世凱と湖広総督張之洞の条約案に対する評価を確認しようとした（『談判』二九二頁）。

商約大臣たちのドイツ案に対する評価を示すものとしては、呂海寰が五月二三日に慶親王に宛てた報告がある。その中で呂は、「察するにドイツ条約は一四条、内港行輪章程一〇条であり、その綱目は英米日の各条約と同じであるが、中国における制限には非常に寛大であり、中国に対する制限は非常に縛りが強く、中国の要求を任意に削除し、中国への要求を拡大している。その中の語句は曖昧であり、推測できない箇所が多い」として、それまで締結した条約よりも要求が多い点を指摘している（外交檔案 02-14-004-01-001）。また、第一条の裁釐加税では、英米条約と異なり税率と加税の方法が明記されておらず、マッケイ条約で認められた諸権利（各種国内税の徴収、アヘン・塩釐金の徴収）も認めず、あくまで釐金全廃を保証させようとしており、国際的合意に関しても「中国が各国と協議して方法を確定させるというのは、英米の各条約を密かに抹殺するものである」と批判した（外交檔案 02-14-004-01-002）。

袁世凱も意見を寄せており、商約大臣と同様に第一条に関しては税率および生産税などに関する記載を追加するように要請し、裁釐加税に関して各国との合同協議は必要ないとの考えを示した（光緒三十一年六月初五日申刻到、『全集』第一一冊、一二三四－一二三五頁）。袁の基本的な姿勢は、内政事項に対して自主的に決定して、外国による内政干渉を排除し、海関に各種の規定の作成権があるというものであった。

九月一五日、張之洞も外務部や商約大臣などに打電し、商約改正に関する自らの考えを示している。張はドイツの条約案がこれまでの条約交渉の成果を無に帰させるものであり、ドイツの要求が度を超しており、交渉を通じて主権を侵害する条項の削除・修正と清朝に有利な条項を盛り込むように求めた（光緒三十一年八月十七日、『全集』第一一冊、一二三四頁）。

この三者の見解から、ドイツの要求がこれまで締結してきた条約による枠組みを破壊するものであるため、これまでの条約で認めたラインを上限として、その枠組みを対独条約にも明記させようとする思惑が見て取れる。一方でドイツ側はその条約の枠組みが不十分であると認識しつつも、交渉決裂を回避するために、裁釐加税などを商約から切り離し、それ以外の通商活動に対するさらなる規制緩和を求めた。この二つの相反する交渉方針が実際の交渉の中でどのように衝突したのかを次項で見ていく。

（2）条約交渉におけるドイツの姿勢

条約案の漢文への翻訳が終了し、袁世凱や張之洞などからの意見聴取を経て、ようやく九月に両国の全権委員による本格的交渉に移った。本項では、ドイツ側の交渉に関する方針を見ていく。

ドイツの全権委員であった上海総領事クナッペは、九月一二日に呂海寰に対して条約交渉の開始を提案した（Knappe an AA, Telegramm, 12.9.1905, R901/12863）。ムンムはクナッペが病気による帰国以前に妥結したいとの考えで交渉を急いでいるが、そのクナッペの提案が清朝側にドイツの利害を誤解させ、要求を引き上げさせる危険性があり、さらに盛宣懐が不在の状態での交渉が無意味であるとの考えを外務省に伝えた（Mumm an AA, Telegramm, 12.9.1905, R901/12863）。清朝にとっては、条約案の作成に直接関与したクナッペとの交渉を望んでおり、交渉実施に動かざるをえなくなった。状況は切迫していたが、ムンムも言及しているように、当時盛宣懐が盧漢鉄道問題に忙殺されていたため、上海には商約大臣として呂海寰しかおらず、盛宣懐はポルトガルとの交渉にも参加した李経方も商約大臣に任命するように外務部に要請した（外交檔案 02-13-021-02-021）。清朝側の交渉準備は必ずしも万全ではなかった。

清独双方ともに交渉における盛宣懐の役割を重視しており、一〇月二日に盛宣懐が上海に到着したことを受け、翌三日から第一回会議が開催されることになった（Knappe an AA, Telegramm, 2.10.1905, R901/12863）。清朝側は治外法権、宣教師、モルヒネを追加条項として条約に盛り込むよう求めた。こうして、一〇月三一日まで一三回に及ぶ交渉が開始された。

まず交渉の進展に伴うドイツ側の態度の変化を概観しておきたい。

交渉が開始されると、清朝側の交渉方針がドイツ側にも明らかになっていった。一〇月一四日に外務省第二局のケルナーが作成した上海総領事館宛電報案によれば、清朝側が英米に保証したもの以上譲歩する姿勢をみせていないとした上で、ドイツ側は即時締結に関心を持っておらず、むしろ妥結が必要なのは清朝側にあり、その態度が変更されなければ、交渉の長期化は避けられないと考えた。その上で、クナッペに対して休暇と交渉の長期延期が問題となることを念頭において[11]、交渉に臨むよう求めた(Richthofen an [KDGP], Telegramm, 14.10.1905, Peking II 208)。ムンムはむしろドイツの要求が受け入れられなければ、クナッペに交渉の一時中断(zeitweiliger Abbruch)を提案させ、清朝側に圧力をかけようとした(Mumm an AA, Telegramm, 21.10.1905, R901/12863)。しかし、外務省は交渉の状況に満足してはいないものの、正式な中断(förmlicher Abbruch)ではなく、交渉延期を勧めている(Richthofen an KDGP, Telegramm, 22.10.1905, R901/12863)。

このようにドイツ側、特に外務省とムンムは交渉妥結への見通しを持っておらず、この時点で条約調印を達成する意欲は小さかった。したがって、商約大臣が外務部などに速やかな条約交渉を求め、ドイツ公使ムンムにクナッペの帰国延期を要請するよう求めたが(光緒三十一年九月二十六日子刻到、『全集』第一一冊、二五一-二五二頁)、一〇月二九日には、外務省側はクナッペの帰国を容認する電報を送っており、交渉の早期妥結を否定したといえよう。しかし、同時にメディアや中国人の激しい反感を呼び起こさないようにするために、交渉決裂の回避も訓令した(Richthofen an Germania Shanghai, Telegramm, 29.10.1905, R901/12863)。

(3) 条約交渉の焦点

以下では清朝側が「既定の条約を破壊する」ものとして認識し、一方でドイツ側が「非常に穏当な要望(sehr gemäßige

Wünsche)」(*ibid.*) と評価した条約案の中でも、特に交渉が難航した、①裁釐加税（第一条）、②ドイツの被保護者（第二条）、③内河航行に関する規制緩和（第九、一〇条および付属書）という三つの問題を中心に交渉の経過を見ていく。

①裁釐加税

この問題は一〇月三、五、七日の交渉の主要なテーマであった。清朝側は自らの条約案を示し、ドイツに対して英米が認めた輸出入関税の引き上げ率を条約内に明記し、規定に反しない消費税などの徴収権を認めるよう求めた(12)。一方、ドイツ側は裁釐の保証として、国際委員会の設置による協議か、別に何らかの保証を求めた。盛宣懐は「ドイツは対外商業活動の中で、最大の国家の一つであり、中国はドイツの加税への同意を極めて重視している」と説得を試みたが、クナッペは裁釐後の流通税導入を拒絶した(13)。基本的に両者が原則論を繰り返すことで、交渉は平行線をたどった。

清朝側は裁釐の保証として、清英間の合意に準拠し、「列強の同意を得ずに、裁釐に関する一方的な皇帝の勅諭」を出すという国内措置を想定していたが、ドイツ側にとってそれでは不十分であった (Knappe an Bülow, 8.10.1905, R901/12864)。

しかし、一〇月七日の第三回会談で、全権委員間では条約文につき基本的に合意がなった。清朝は裁釐を前提とする加税を認めた一方で、ドイツ側は追加税込みで輸入税一二・五％、輸出税七・五％への引き上げに同意し、国際委員会設置に代わり、「中国と全条約国での合意により、詳細を一九〇二年の税率改正の手続きのように、統一的に規定する(14)」とした (Anlage 3, in: Knappe an Bülow, 8.10.1905, R901/12864)。これはドイツを英米条約の枠組みに入れると同時に、裁釐加税問題の最終的な解決をドイツ案に近づけたものであり、ムンムもこの修正案に同意した (Mumm an Knappe, 7.10.1905, Peking II 208)。しかし、マッケイ条約の場合と同様に（飯島 一九九三、二二一-二二五頁）、問題は張之洞の態度であった。張は裁釐を前提とする加税という表現に拒否感を示し、ドイツ側が固持する「釐金全廃の保証」と「流通商品（行貨）」の文言の追加挿入により、後日清朝による商品以外の徴税阻止の口実を与えない措置をとるべきと提案した（光緒三十

一年九月十五日巳刻発、『全集』第一一冊、二三九頁)。

一〇月二五日の会談においても、この第一条が再度争点となった。そこで清朝側が加税率維持を重視し、「加税額がのちに国際的な合意が行われる際に変更されてはならない」との文言を盛り込むよう要求した。一方ドイツは、条約案作成の過程で分析したように、裁釐の保証を問題としていた。清朝側には伝えてはいないが、輸入税を一二・五%に引き上げることには基本的に同意しており、ドイツ側の否定的態度は、清朝側の裁釐に関する譲歩を引き出すための方策であったと考えるべきであろう(Anlage, in: Knappe an Bülow, 27.10. 1905, R901/12864)。ドイツの態度は文言をより曖昧にすることで、裁釐に関する保証を商約交渉から切り離し、交渉の破綻を回避することで、他国からの非難を回避しようとする思惑を反映していたと考えられる。

最終的に一一月に交わされた条約案では「中国がその他の税目を徴収する主権を妨げない」という文言が盛り込まれており(Anlage 2, in: Knappe an Bülow, 31.10.1905, Peking II 208)、清朝はそれを「消費税、生産税、国産アヘン・塩などの税を妨げない」ことであると解釈していた(光緒三十一年九月十一日亥刻到、『全集』第一一冊、二三九頁)。つまり、清朝としては、釐金の全廃の保証を与えることで、マッケイ条約と同様に、流通上の商品以外への徴税の可能性を残しておこうとしたが、これは裁釐に対する督撫の同意を得る最低条件であったと考えられる。しかし、これには「それ〔その他の税目〕が前述の規定に反しない限り」という条件が付けられている。つまり、各国が消費税の徴収を認めなければ、それは規定違反になる可能性があったのである。これがドイツが清朝の要求に譲歩できた要因として考えられる。

結局交渉で妥結した第一条は、清独双方にとって自国に有利に解釈可能であり、ドイツは「原則的に」裁釐による加税を容認しつつ、裁釐に関する保証を商約交渉から切り離し、交渉の破綻を回避することには成功した。清朝側はこれにより裁釐加税に対するドイツ側の同意を得ることができたことに満足し、裁釐の保証に関する譲歩の範囲も、従来の商約を一歩も出るものではないと認識することが可能であった。

②ドイツの被保護者（Deutsche Schutzgenossen）

もともとこの言葉は、上海案の第三条の「帝国国民とドイツ臣民（Reichsangehörige und deutsche Untertanen）」という言葉をムンムが「ドイツ国民と被保護者（deutsche Staatsangehörige und Schutzgenossen）」と書き換えたことで、条約案の第二条に盛り込まれた[15]。第二条では土地購入なども問題となったが、この「ドイツの被保護者」の解釈がまず争点となった。特に重視されたのが膠州湾租借地の中国人との関連であった[16]。この点は条約案翻訳の過程においても、清朝側は「被保護者」が何を意味するのかをドイツ側に問い質していた。クナッペは帝国宰相ビューローに対して、この問題に関して海軍省に態度表明をさせるよう提案した。クナッペは総督代理が一九〇四年一二月九日付の書簡で、清葡改正商約の第八条第一項および第二項[17]に記載された条件の範囲に止まるのであれば、清朝側の要求を受け入れると説明していたことを指摘し（Knappe an Bülow, 1.5.1905, Peking II 207）、租借地外での保護を行わない旨を、青島を管轄する海軍省から説明させることで、清朝側の不信を払拭しようとしたのであろう。その一方で、呂海寰は膠州湾のドイツ租借地の中国人管理を重視しており、彼らのドイツ国籍取得を予防するために、中国人の外国籍取得に関する条項を増やすべきかどうかを外務部に照会していた（外交檔案 02-14-004-01-002）。

『タイムズ』紙の記者モリソン（Georg Morrisson）からも、この点を指摘された。モリソンは「被保護者」を中国人と解釈し、「中国人を通じて山東での影響力（Einfluss in Shantung über Chinesische Staatsangehörige）」を拡大させようとしているとの認識を持っていた。ムンムはモリソンの解釈を否定し、「被保護者」を、①友好国の国民、②事実上の臣民と定義した。②はさらに、（a）ドイツ（deutscher Staat）に属す人物、（b）国家間条約により保護を要求できないドイツ人、（c）通訳などとその近親者という三つに分けられた。通訳の中国人は公使館などに勤めており、公使館・領事館の治外法権の原則でのみ適用されるものとした。ここでは限定的ではあるが、公使館などに勤める中国人が対象となることが示されている。一方で、膠州湾租借地内に居住している中国人[18]は対象外であると明示された（Mumm an Bülow, 9.6.1905, R901/12863）。

この問題が交渉で取り上げられたのは、一〇月七日の第三回会談であり、清朝は「被保護者」条項の削除を求め、クナッペは一八七二年の条約改正交渉に関する訓令を引いて、ドイツ国籍を獲得した中国人は、本籍を離脱していなければ、清朝の官憲に対する保護を行わないと説明し、それに中国人が含まれないことを示した（Anlage 3, in: Knappe an Bülow, 8.10.1905, R901/12864,『談判』三〇八頁）。だが、清朝側は、その中に無条約国人が含意されていると考えており、そのような人々をドイツ側が保護することを問題にし、削除を求めた。

そのような考えは、清朝の商約大臣が外務部などに送った報告書からも看取される。クナッペは、ドイツの法律では七年間国外にいるドイツ人はドイツ人ではなくなるために、「被保護者」という言葉を使っているので、中国人を含まない点を強調した。しかし、呂海寰などはそれに反論を加え、ドイツの保護下に入っているのであれば、七年間国外にいるドイツ出身者はドイツ人と変わらないとした上で、他国人に関しては条約締結国であれば、その国が保護し、そうでなければ清朝の保護下に入れ（例としてスイス）、条約国が持つ権利を享受させるとした（光緒三十一年九月十五日申刻到、『全集』第一一冊、二四一－二四二頁）。

クナッペはこの問題について、清朝側がこの言葉を認めると他国も同様の要求をしてくる危険性があると述べたことを取り上げ、またスイス人の保護にも興味がないとして、譲歩には支障がないと帝国宰相に報告した（Knappe an Bülow, 8.10.1905, R901/12864）。

第二条における「被保護者」問題に関しては、削除で基本合意にいたったが、開港場における土地購入問題では紛糾した。ドイツ側は開港場内であれば「無制限（uneingeschränkt）」の土地購入や事業展開が可能であるとの立場をとったが、清朝側はこの言葉の削除を求め、さらに「外国人居留地（Niederlassung）外に居住するドイツ人は、清朝官憲が公布した警察行政規則に従わなければならない」とし、外国人居留地外での居住を認めつつも、外国人に対する警察権行使を認めるよう求めた。しかし、クナッペはそれを拒否したため、最終的に清朝側は第二条全体の削除を求め、第八条に同様の内容が含まれており、クナッペも第八条の交渉次第でその削除を容認するとし（Anlage 4, in: Knappe an Bülow,

8.10.1905, R901/12864,『談判』三〇八頁)、第二条は条約案から削除された。

③内河航行の規制緩和

これまでの二つの問題は交渉により基本的には妥協が成立したが、宜昌急流(第九条)と内河航行(第一〇条)、付属書の続訂内港行輪章程に関しては、結局妥協が成立しなかった。この問題は清独双方にとって商約の枠組みの遵守と修正を争うものであり、ドイツの在華権益と清朝の主権が衝突する問題であったため、交渉を中断させる直接的な原因となったのである。

第九条については、一〇月一五日に議題として登場した。最大の問題は、ドイツ側が海関の同意を得て、汽船の所有者は牽引装置を設置でき、海関は装置設置者と協議して章程を制定するよう要求してきたことであった。商約大臣は章程の制定は「海関の自主の権利」であり、牽引装置に対する利用料の徴収は「中国の主権を侵犯する」ものであると拒否した(『談判』三一二-三一三頁、光緒三十一年九月二十五日子刻到、『全集』第一一冊、一二四七頁)。そのため、ドイツ側は一部妥協し、「出資者の意見を聴取して」という文言に修正することを提案し、それを清朝側が受け入れたと議事録には書かれている(『談判』三一二-三一三頁)。

より問題となったのは、第一〇条と章程であった。一九日にこの問題が協議された。清朝側はそもそも章程の修正を行わないとの立場を堅持したが、特に章程に関して問題としたのは、①土地使用権九九カ年(第一条)、②内河汽船が往来する土地での外国人代理人の居住許可(第三条)、③汽船によるタグボートの曳航(第九条)、④タグボートの船長への外国人の雇用を可能にする、という四点であった(19)。③に関して、ドイツは一年間有効な許可書の発行を求めたが、清朝側は一八九八年の章程にある通り、毎回申請する立場を堅持しつつも、盛宣懐は裁釐により、揚子江上の関連する規制撤廃が可能であるとの考えを示した(『談判』三一四-三一五頁)。また、盛宣懐は清米商約で認めた以上の譲歩はできないと説明すると、クナッペは二年前に調印された清米商約の規定が実施されておらず、清朝側が商約に盛り込まれた改善提案を拒否したと見なすのに十分であるとして、ドイツ側の要求の正当性を示し、外務部への報告を求めた。さらにこの問題の対応が、清朝側の条約締結への真剣度を示すものであると言葉を付け加えており(Knappe an Bülow, 19.10. 1905, R901/12864)、ドイツにとってこの問題が交渉の鍵であったことを示している。

商約大臣は一九日の交渉内容を外務部や張之洞などに報告し、前述の四つの要求に対する見解を示している。①に関して、そもそも汽船の寄港地は租界ではなく、倉庫や桟橋の賃貸に租界の方法を援用することはできないとし、その期限も二五年間を上限とした。②に関しては内地雑居を回避するために、外国人代理人を置くことを許可できず、③については海関からの許可書がなければ、タグボートの曳航はできないとの認識であり、無制限の曳航を認めなかった。④については沿岸の中国人の生活もあるため、あくまで中国人の船長・船員に限定するとした。

このように全体的な考えを示した上で、商約大臣は再度の拒否により別の問題が発生する危険性を指摘し、「重機と鉄道建設資材のみ積載を認め、内港章程には盛り込まず、別に照会を作成して許可する」が、それ以外の貨物のタグボートへの積載を禁止するという妥協案を示した(光緒三十一年九月二十五日辰刻到、『全集』第一一冊、二四七 - 二四八頁)。張之洞もドイツ側の要求を受け入れられないとして、商約大臣の対応と提案を支持した(光緒三十一年九月二十七日未刻発、『全集』第一一冊、二四七頁)。

一〇月二五日の交渉に先立ち、クナッペたちは上海ドイツ協会の関係者と会談の場を設け、交渉の状況を報告した。在華ドイツ人たちがそれまで交渉に直接関与するような場面も、意見聴取が行われることもなかった。しかし、交渉の最終段階になり、しかも在華ドイツ人の利害を大きく反映している内河航行権問題が、交渉の成否全体を左右する問題となったため、再度在華ドイツ人に交渉状況を説明し、彼らから意見聴取を行うために、この会談が行われ、交渉の最終局面におけるドイツ側の方針を決めようとしたと思われる。

協会側は交渉が妥結した条項については大筋で了解したものの、未解決の問題については主張を堅持するように、クナッペに要望した。クナッペは以下の点を実現できれば、清朝側の追加要求(モルヒネ輸入禁止、宣教師、治外法権)や他の点でも譲歩するよう本国政府に提案する考えであった。ドイツにとって譲れない点とは、①釐金問題に関する国際的合意（第一条）、②鉱務章程に徴税に関する規定を追加（第四条）、③免税倉庫規則の作成における領事団との合意（第三条）、④外国人代理人の停泊地での居住（章程第三条）、⑤揚子江でのタグボート航行（章程第九条）であった（Anlage 12, in: Knappe an Bülow, 25.10.1905, Peking II 208）。二五日の交渉ではその譲歩できない五点について集中的に議論されることとなった。

ドイツ側が譲歩できない問題の中に、内河航行権問題に関しての二つの要求が含まれていた。この点は三一日の交渉で言及された（『談判』三一九頁）。しかし、盛宣懐は「揚子江でのタグボート曳航問題〔＝重機などのみ積載を認める〕で一つについては合意できる。他の三つの点について、政府は譲歩するつもりはない」と回答しており（Anlage 4, in: Knappe an Bülow, 31.10.1905, R901/12864）、ドイツにとって内河航行に関して交渉の余地がなくなったことを、この回答は示している。

（4）交渉中断へ

前述のように、内河航行問題では両国間の溝を埋めることができず、一三回にわたる交渉は終了した。しかし、逐条的な交渉により、妥協が成立した条項も存在する。本来であれば、この後、両国の全権代表はそれぞれ本国政府に対して交渉内容を報告し、議論の結果を精査する必要があった。しかし、クナッペが清朝側に対して一一月四日に帰国する旨を伝えたため、商約大臣は両国の全権委員が本国政府に交渉結果を持ち帰って議論するために十分な時間を費やすことができないとして、交渉の延期を提案した。だが、クナッペはその提案を拒否し、この時点での妥結を迫った。

商約大臣は交渉全体を総括して、「今回のドイツ条約は、英米条約に照らしてことごとく反駁を加え拒否した結果、彼〔＝ドイツ〕が要請してきた各条項は、ほとんど〔その非妥当性を〕指摘し〔条約案に〕残っていない。ただ揚子江のタグボート問題はなお要求がやまず、それゆえ我が方が追加要求した三つの条項は、彼の方が〔条約への〕追加挿入を同意せず、曖昧なままにしており、妥協を模索している」と述べた。その上で、クナッペの帰国以前に妥結する利点と欠点を挙げた。利点としては、①現担当との協議のしやすさ、②未交渉国との条約交渉を促進する点、欠点としては、①クナッペの帰国により交渉継続が不可能となり、②条約の早期成立により、ドイツ人商人の非難を回避できるが、別の問題が発生するかもしれない、というものであった（光緒三十一年九月二十六日子刻到、『全集』第一一冊、二五一 - 二五二頁）。

清独双方は当初から異なった商約の枠組みを思い描いていたが、結局、内河航行の規制緩和をめぐる議論に象徴される両国の基本姿勢に関する違いは、埋められることはなかった。清朝側はあくまで「他国がすでに調印した条約において保証されたもの以上に、ある問題を認めてはならない」立場であり、枠組みを交渉の上限として設定した。他方で、ドイツは「[他国との条約以上のものを獲得できない] そのような条約には何の価値もない」との認識であり、枠組みは交渉の出発点を意味していた（Anlage 4. in: Knappe an Bülow, 31.10.1905, R901/12864）。つまり、清朝は核心的問題だからこそ、英米日との交渉では一貫して問題を認めず譲歩を引き出したのであり、それまでの商約の枠組みとの齟齬が生じるため、ドイツの要求に譲歩するわけにはいかなかった。しかし、ドイツはその枠組みの修正を最重要課題と見なした。こうして双方とも妥協することができず、交渉は平行線をたどり、クナッペの帰国という条件も加わり、交渉中断という結果となった。

しかし、一〇月三一日の会談で、盛宣懐はクナッペに交渉で部分的に確定した条文の結果を基礎として、今後交渉を行うよう提案をした。クナッペは政府の訓令に基づき追加された要求を加え、個人的に受入れ可能な文書を作成することに同意したが、それはあくまでも政府にとって拘束力のない口頭報告用の資料であり、今後外務省と外務部でそれぞれ検討する材料であった（Knappe an Bülow, 31.10.1905, Peking II 208.『談判』三二〇頁）。商約大臣としては、交渉の結果を固定化させることで、ドイツ側のさらなる変更を予防しようとした（外交檔案 02-14-004-01-006）。加えて、双方の主張をそれぞれ記載することで、その精査も可能となり、交渉再開に備えようとしたのである。[20]

一一月二日、清朝側から清朝側の意見を付記した漢文の条約案が、クナッペからドイツ側の意見を付記したドイツ語版の条約案が提出され、交換された（Anlage 3, Lü, Shêng, Li an Knappe, 2.11.1905, in: Knappe an Bülow, 31.10.1905, Peking II 208）。

このように交渉再開の可能性を残しつつも、清独間で一〇月から開始された交渉は決裂にいたらずに、あくまで「中断」ということで終了した(21)。

一九〇六年二月二日、呂海寰は軍機処に通商条約改正交渉に関する包括的な報告を行っているが、清独間の交渉中断が条約交渉に対する未交渉国の態度を慎重にさせてしまった点に言及している。各国の駐上海総領事たちが「ドイツの条約締結後を待って、ようやく交渉を開始できるとし、彼らはドイツの賛否を見ている。もし将来ドイツとの条約交渉が再開して調印にいたれば、ベルギー、オーストリア＝ハンガリーなどの国々はその後を追って〔条約交渉を〕行う」と述べていることに注目し、対独交渉再開の重要性を強調している（外交檔案 02-13-021-03-001）。清朝にとって、対独交渉再開が商約交渉を促進する上での必要条件となった。

だからこそ、中断直後、清朝側の委員として参加したヘーメリンク（K. Hemeling）を非公式にベルリンに派遣し、一九〇六年四月にドイツ外務省で商約問題を担当していたボイエに清朝側の見解を伝えさせるなど、交渉再開への動きを始めていた。しかし、ボイエは外務省が「外国人と平等な関係になることを過度に急いでいる」として、「中国はまるで露店商（小売買）のように、一途に小利を得ようとするだけで、自ら各種の口実を設けて負うべき義務を回避している」と批判し、条約の履行を求めた（『談判』三三二―三三四頁）。清朝側からの交渉再開の働きかけに対して、ドイツ側は慎重であるだけではなく、清朝に批准した条約の履行を求めたことは、その後の商約交渉を考える上で重要な指摘であった。

おわりに

清独交渉は結局中断され、一九〇五年の時点では妥結することはなかった。この交渉は、商約の枠組みに対して双方が持っていた異なる認識が衝突する場であった。加税への同意を求める清朝は、マッケイ条約の規定を他国にも可能な限り適用させようとしたが、その条約自体が調印後から批判の対象となっており、裁釐を含めた通商の規制緩和とその保証を求めるドイツはその是正を図った。ここで考慮すべきは、マッケイ条約の不完全性、二国間交渉を重ねていくことによる商約の枠組形成、さらに最恵国待遇が他国にも適用されるという事実、それに加えて、清朝の主権意識の高まりである。ドイツの上海案の意図するところは、従来の条約では不十分であった裁釐実施に対するより厳格な保証措置の実現であり、それは清朝の主権を損ないかねない信託局の設置というかたちで示された。上海案のこのような要求は、在華ドイツ人に限られたものではなく、列強にとってはある程度普遍性を持つものとして認識されていた。しかし、現地の利害関心が強く反映された上海案は、外務省が関係省庁や利害関係者を説得する中で、それまでに締結された商約に近い、より妥協的な案に修正された。そこには駐清公使ムンムの意見が強く反映されていた。

外務省の条約案は、日本の方針を参考に、交渉を難航させる危険性のある裁釐加税や陸上・海関税の格差是正を商約から切り離し、将来行われる国際的な合意により解決することとして棚上げし、交渉決裂のリスクを軽減しようとするものであった。これはドイツの利害関係者の要求に配慮しつつ、マッケイ条約などとの齟齬を回避しようとする措置であった。ドイツ外務省はすでに条約案作成の過程において、基本的枠組となっていたマッケイ条約などの制約を受けていた。それゆえにこそ、その枠組みから逸脱し、租借地利益に特化した要求を行う、膠州湾総督府など青島の利害関係者を、条約案作成から排除しようとしたのである（Knappe an Mumm, 22.6.1904, Peking II 207）。

商約の枠組みを重視するこのようなドイツの姿勢は、交渉に際しても見られた。清独両国の認識の差を埋めることができた問題では、ドイツまたは清朝側が妥協することにより合意に達した。例えば、英米日の交渉で最大の問題であった裁釐加税問題に関しては、ドイツは清朝が従来の商約で獲得した関税率を認めつつ、その実施に関しては清朝側にドイツ側の要求を認めさせた。結局、両国は自国に都合のよい解釈を可能とさせる条約文を作成し、妥協が成立した。こうして、清独交渉において、裁釐加税および加税率はもはや中心的な焦点ではなかったのである。条約調印を阻害したのは、むしろ内河航行権問題であった。この問題をめぐって、清独双方は商約の枠組みの遵守か修正かを争うことになった。清朝側にとっては、ドイツ側の要求は国内法の変更を外国から迫られるという、主権にかかわる問題であったため、これをそれ以前の交渉と同様に拒否した。他方、ドイツ側は在華ドイツ人の要求に配慮する必要があった。こうして、清朝の主権確保の要求と、それを制約しかねない通商に対するドイツ側の規制緩和要求とが衝突する内河航行権問題においては、双方の妥協は不可能であった。

ただし、ドイツとしては、清朝の立場を受け入れることは条約締結の意義を失わせるものであったが、さりとてドイツが商約体制を拒否したと他国に受け取られる事態を回避したかった。他方、清朝も加税の可能性を残しておきたかった。そのため、両国の全権は意図的に交渉決裂を回避し、清独双方が妥結した部分とそれぞれの要求を記した条約案を作成することにより、交渉再開に含みを持たせた。それゆえ、双方の交渉当事者にあっては、清独交渉の中断が一連の商約改正の成果の破綻を示すものとは必ずしも認識されていない。

だからこそ、交渉中断後、清朝はドイツに対して再三交渉再開を求めたのである。しかも、ドイツの動向が商約改正全体の成否を左右すると理解されていたからなおさらであった。しかし、これ以降、商約改正は二国間と多国間交渉の間で揺れ、また、商約改正が清朝の改革やその統治力に対する不信なども絡みあい、複雑化していくことになった(22)。

清独間の商約改正交渉が商約改正全体の中で持つ意義は、商約の枠組みが条約案作成および交渉において機能していたことを示しているところにあると同時に、片務的最恵国待遇が存在する中で、二国間交渉を積み重ねていくことの危険性を示してもいる。すなわち、清朝は対独交渉においてさらなる譲歩のための材料を持っておらず、英米日がすでに認めた商約の枠組みを圧力として利用する以外に、ドイツに譲歩を迫る方法がなかった。こうして、清独交渉は商約改正をめぐる二国間交渉が限界に達していたことを露呈させたといえよう。

■注

引用文中の〔　〕内の註は、引用者による。

本章で用いる略語は以下の通りである。

『全集』→　趙徳馨主編『張之洞全集』。

『談判』→　中国近代経済史資料叢刊編輯委員会主編『辛丑和約訂立以後的商約談判』。

（1）リトルの経歴は辛亥革命時に上海総領事が帝国宰相に宛てた報告書の中に若干記されている。それによれば、「以前イギリスの宣教師であり、長い間中国に滞在している。……かなり前に、宣教活動（Missionstätigkeit）をある商人が有していたより利益の高い事業と交換し、六、七年前からイギリス系の大規模なアルカリ工場である、ブルナー・モンド社（Brunner Mond & Co.）の代表として活動している」（Buri an Bethmann-Hollweg, 20.12.1911, R17716）。

（2）このパンフレットは、ドイツ語の週刊誌『エクスポート（*Export*）』一九〇三年第二、三、五号に翻訳の上、掲載された。

（3）総督府の青島に対する自由港制度導入など一連の経済政策の内容とその経過については、浅田（二〇一一）第二章および第四章を参照。

（4）済南・濰県の開市を膠州湾総督府側も反対をしていたが、膠済線の建設との関連で、その開市に関する決定は総督に委ねるよう要望している（Aufzeichung des Schutzgebiets von Kiautschou und der deutsche Handelsvertrags-Entwurf, Peking II 207）。

（5）①鉱山所有権の取得（試掘、賃貸、鉱物、土地の大きさ）、②鉱山所有権の取消（法的規則に基づく）、③自由処分権（売却、担保）、④事業の自由（事業は法に基づきなされた政治的規制のみに従う）。

（6）内河航行に関しては、変更の際に議会の承認が必要になることから、条約の付属文書ではなく、「同時に調印される特別な協定」という追加規定とすることとした。

（7）第二読会後の二月二四日、膠州湾総督トルッペルはムンムに独自の条約案を提示しているが、これが外務省の政策決定に与えた影響はほとんどなかったと思われる（Truppel an KDGP, 24.2.1904, Peking II 207）。

（8）津鎮鉄道の借款交渉については、王致中（二〇〇三、一八二－一九六頁）、Schmidt（1976, S. 110-126）を参照。

（9）ムンムが条約案および訓令を受けた直後の〇四年六月から一一月まで、清朝はポルトガルとの条約改正交渉を行っており、これも清独交渉がすぐに開始されなかった要因として考えられる。

（10）提出された条約案は、クナッペがベルリンの条約案の文言を若干修正したもの（Knappe an Bülow, 1.5.1905, Peking II 207）。

（11）外務省側の発言は一〇月一七日の交渉の席で清朝側に伝えられた。さらに交渉の総責任者であったムンムも離任が迫っており、この状況をドイツ側は清朝側への圧力として利用した（Anlage 8, in: Knappe an Bülow, 19.10.1905, R901/12864）。

（12）ヒッピスレーの見解によれば、ドイツ案の問題点は、すでに英米などが認めた税率が全条約国の調印後に再度協議され、引き下げられる可能性があった点である（『談判』二九九－三〇〇頁）。

（13）『談判』三〇五－三〇八頁、Anlage 1 u. 2, in: Knappe an Bülow, 8.10.1905, R901/12864. 両国の議事録の内容は必ずしも一致していない。

（14）これは北京議定書第六条の賠償金支払いに関連して、従価税五％への実質的な引き上げおよび各税額を査定するために、英米仏独日と清朝の間で行われた関税率会議を指している。協定はまず一九〇二年八月一五日に英米独日間で締結され、その後、清朝は金に基づく税率の算出を要求し、締結を渋っていたが、同月二九日に調印した。しかし、フランスはこの時点では調印しなかった。オランダ、ベルギー、オーストリア＝ハンガリー、スペインも四国の調印後に加入した（Anlage: Promemoria über den chinesischen Zolltarif vom 31.10.1902, in: Knappe an Bülow, 26.11.1902, R901/12855）。

（15）Anlage: Bemerkungen zu den einzelnen Artikeln des Shanghaier Handelsvertragsentwurfs, in: Mumm an Bülow, 15.10.1903, Peking II 207. 膠州湾租借地の華人管理に関しては、浅田（二〇一一、一〇九－一一六頁）を参照。

（16）ヒッピスレーの「ドイツの被保護者」の解釈とは、「中国在住の無条約国人でドイツの保護に入っている外国人」であり、そこには「すべての中国人や各租界に居住する中国人を親とする人、居留地・租界に居住する中国人」は含まれず、他国が保護してはならないというものであった（『談判』三〇〇頁）。

（17）第一項・ポルトガル国籍の華民は、内地や非通商港での居住および貿易に従事する中国人（Chinese Subject）の権利を不当に要求してはならない。第二項・ポルトガル国籍の華民は通商港に居住する際には、自ら中国人と称し、他の中国人と契約を結ぶ者がその後ポルトガル国籍を主張したり、契約がポルトガルの某法に違反しているとして責任回避を図ってはならない（MacMurray 1921, p. 373）。ただし、ドイツの国籍法はあくまで血統主義であり、属地主義であるポルトガルのマカオに対する例について、ムンムは「我々の状況には当たらない」と述べている。(Mumm an Bülow, Peking, 9.6.1905, R901/12863)。

(18) 彼らは租借地内でドイツの司法に属しているだけであり、そこを離れれば、その影響外に置かれるとしている。英籍華人が紛争に巻き込まれ、イギリス領事などに保護を求め、清英間での外交案件となったことについては、村上(二〇一三、三八九－四四六頁)を参照。

(19) ドイツ側の議事録では③の部分は「揚子江でのタグボート曳航への無制限の許可(uneingeschränkte Gestattung)となっている。なお、②と④については、マッケイも条約交渉の際に商約大臣に要求しているとクナッペは説明している(Knappe an Bülow, Shanghai, 19.10.1905, R901/12864)。

(20) 中国語版の条約案に付した清独双方意見書は、以下の咨文の付属文書に収録。外交檔案 02-14-004-01-007. Anlage 2 u. 3, in: Knappe an Bülow, 31.10.1905, Peking II 208.

(21) 一一月三日付の『東アジアロイド』紙は、交渉は妥結した点と未解決の問題があるとし、後者に関してはベルリンに決定を委ね、クナッペがベルリンに戻り、直接報告するため、交渉が延期されているとして、交渉妥結にはまだ望みがあると報道している。同紙での条約締結の条件は、関税引き上げの代償としての裁釐の保証、揚子江上流での航行の改善、鉱務章程の三点を挙げている(*OAL*, 3.11.1905)。

(22) 交渉中断後の中独間の商約交渉の再開をめぐる動きについては、小池(二〇一五、二八〇－二九一頁)を参照。

■未公刊史料

Politisches Archiv des Auswärtigen Amts.

　Peking II: 207, 208, 1458a.

　R17716, R17864.

Bundesarchiv Berlin-Lichterfelde.

　R901/12855, R901/12859, R901/12860, R901/12863, R901/12864.

Bundesarchiv-Militärarchiv, Freiburg i.Br.

　RM3 7057.

中央研究院近代史研究所檔案館(台北)。

外交檔案 02-13-021-02『商約案』、外交檔案 02-13-021-03『商約案』、外交檔案 02-14-004-01『中徳議訂商約』。

■公刊史料

MacMurray, John Van Antwerp (ed.) (1921), *Treaties and Agreements with and conerning China 1894-1919*, Vol. 1, New York: Oxford University Press. https://archive.org/details/cu31924017545231（二〇一七年二月七日最終閲覧）.

Der Ostasiatische Lloyd (*OAL*).

中国近代経済史資料叢刊編輯委員会主編、中華人民共和国海関総署研究室編訳（一九九四）『辛丑和約訂立以後的商約談判』北京・中華書局。

趙徳馨主編（二〇〇八）『張之洞全集』第一一冊、武漢・武漢出版社。

■研究文献

Little, Edward S. (1902) *The New Commercial Treaty: a Protest against Ratification*, Shanghai: "North-China Herald" Office.

Schmidt, Vera (1976) *Die deutsche Eisenbahnpolitik in Shantung 1898-1914: ein Beitrag zur Geschichte des deutschen Imperialismus in China*, Wiesbaden: Harrassowitz.

曹英（二〇一〇）『不平等条約与晩清中英貿易衝突』長沙・湖南人民出版社。

崔志海（二〇〇一）「試論一九〇三年中美「通商行船続訂条約」」『近代史研究』第五期。

丁名楠（一九八六）『帝国主義侵華史』第二巻、北京・人民出版社。

李永勝（二〇〇五）『清末中外修訂商約交渉研究』天津・南開大学出版社。

王棟（一九九六）「中英「馬凱条約」的談判与簽印」『学術月刊』第四期。

王爾敏（二〇〇九）『晩清商約外交』北京・中華書局。

王紹坊（一九八八）『中国外交史——鴉片戦争至辛亥革命時期　一八四〇－一九一一』鄭州・河南人民出版社。

王致中（二〇〇三）『中国鉄路外債研究（一八八七－一九一一）』北京・経済科学出版社。

呉翎君（二〇一二）『美国大企業与近代中国的国際化』台北・聯経。

浅田進史（二〇一一）『ドイツ統治下の青島——経済的自由主義と植民地社会秩序』東京大学出版会。

飯島渉（一九九二）「一九〇三年中日改訂通商条約の締結について——「マッケイ条約体制」と中国」『人文研究』四四巻一二号、二五－四五頁。

飯島渉（一九九三）「「裁釐加税」問題と清末中国財政——一九〇二年中英マッケイ条約交渉の歴史的位置」『史学雑誌』一〇二巻一一号、一－三二頁。

小池求（二〇一五）『二〇世紀初頭の清朝とドイツ——多元的国際環境下の双方向性』勁草書房。

村上衛（二〇一三）『海の近代中国——福建人の活動とイギリス・清朝』名古屋大学出版会。


［付記］本研究は平成二四年度～平成二六年度科学研究費補助金研究課題（二四－一〇五三〇）の成果の一部である。

第二章　ドイツ土地改革者同盟と膠州領土地令

——シュラーマイアーと孫文の民生主義

熊野直樹

はじめに

本章は、ドイツの膠州湾租借地の土地政策、とりわけ同地において一八九八年九月に制定された、いわゆる膠州領土地令（Die Landordnung von Kiautschou）[1]と孫文の民生主義、特に平均地権との関係について再検討するものである。そもそも膠州領土地令は、膠州湾を占領したドイツによって制定されたものであったが、これは、東アジアのなかで先駆けて地価税法を実行し、全世界的に初めて土地増価税を創設したとして高く評価されている（單 一九八〇、「蕭序」、シュラーマイエル 二〇〇八、一頁）。当時、資本主義の進展による土地投機と、それに伴う土地不足や住宅難が世界的に社会問題化しており、これを解決する方策として土地増価税を導入した膠州領土地令は、まさに画期的な土地改革政策であった。その一方で、膠州領土地令は、民生主義の実現を目指す辛亥革命後の中国の土地政策においても注目されてきた。とりわけ平均地権論を唱え、ドイツを「新生中国」にとっての模範とみなす孫文によって（Mühlhahn 2001, S. 141, 147f.）、膠州領土地令が注目され、その政策立案に主として携わったシュラーマイアー（Wilhelm Schrameier［單維廉］）

が広州市政府に経済顧問として招聘された。その際、広州市の土地政策においてシュラーマイアーが演じた役割が、中国国民党の土地政策史研究のなかでとりわけ注目されてきたのである（金 一九九一、一一二頁以下）。

しかも、膠州湾租借地で制定された膠州領土地令は、単なる租借地で制定されたローカルな土地令に留まらず、実際にドイツ領のアフリカ植民地の土地法制にも大きな影響を及ぼし、さらには当時のドイツの土地改革運動やその代表的な指導者であったダマーシュケ（Adolf Damaschke）によってとりわけ注目された土地改革政策であった。特にダマーシュケは、世紀末のドイツの大都市や植民地における土地投機熱による住宅問題や土地問題といった社会問題を解決する一つの有力な方策として、膠州領土地令に着目した。土地制度の資本主義化の結果生じた、土地投機をはじめとした近代資本主義の諸問題に対する批判及びその対応として、膠州領土地令がダマーシュケをはじめとしたドイツの土地改革運動によって重要視されたのであった。

以上のように、膠州領土地令は、近代中国においては民生主義の脈絡のなかで、またドイツにおいてはドイツ土地改革運動の脈絡のなかで論じられてきたのである。しかも膠州領土地令は、近代中国では平均地権の模範的な方策として、また近代ドイツにおいてはドイツ土地改革思想の実行の成果として捉えられていた。その結果、膠州領土地令を自らの思想の成果と喧伝するダマーシュケを中心としたドイツ土地改革運動の思想や政策が、孫文らの民生主義、特に平均地権論を中国において政策として実施する際に、模範視されるに至ったのである。

そこで本章では、膠州領土地令と孫文らの平均地権との関係について再検討する。その際、何故、孫文が膠州領土地令に着目し、その政策立案に主に携わったシュラーマイアーを広州市政府に経済顧問として招聘したのか、について検討していきたい。さらに本章では、膠州領土地令、特にその制定過程についても、ドイツ土地改革運動並びに現地中国の土地制度との関係に着目しながら考察していきたい。また、膠州領土地令はドイツ土地改革運動の中心を担ったドイツ土地改革者同盟（Bund Deutscher Bodenreformer）の理念や原則を具体化したものであるとドイツ内外で当時幅広く喧伝されていたが、この当否についても本章において検討していきたい。

以上のような本章の課題を設定した際、膠州領土地令と孫文らの平均地権との関係について検討した研究は、管見の限り殆ど存在していない。そうしたなかで、マツァットの研究はシュラーマイアーと孫文との関係の解明という点では大変有益である（Matzat 1986; 馬 二〇一〇）。そこでは、それまで知られていなかった両者の邂逅について、興味深い史実が幾つも明らかにされている。孫文と膠州湾租借地の土地行政との関係については、わずかではあるが、川瀬が言及している（川瀬 一九九二、三一－三三頁）。さらに広州市時代のシュラーマイアーの土地政策については、金徳群らの研究が多くの重要な史実を明らかにしている（金 一九九一）。また孫文の民生主義、特に平均地権の理解については、本章ではとりわけ狭間、久保田、安藤の研究を参照している（狭間 一九七六、久保田 二〇一一、安藤 二〇一三）。

次に、膠州領土地令、特にその制定過程について、ドイツ土地改革運動ないしはドイツ土地改革者同盟並びに現地中国の土地制度に着目して考察した研究は、殆ど見当たらない状態である。しかしながら、ダマーシュケやドイツ土地改革者同盟と膠州湾租借地との関連については、バウムガルトナーと辻が言及している。バウムガルトナーは、ダマーシュケの土地政策の原則と膠州湾租借地の関係や、ダマーシュケとシュラーマイアーとの関係について、わずかではあるが言及している（Baumgartner 2005, S. 152）。また、辻は、ダマーシュケやドイツ土地改革者同盟をドイツ社会国家の生成のなかで新たに位置づけ直すとともに、膠州領土地令が「まさに土地改革の理念を具体化したもの」であると指摘している。さらに辻の場合、膠州領土地令がその後のドイツ土地改革者同盟にとって有した意義についても言及しており、本章の課題にとっても重要な指摘を随所で行っている（辻 二〇〇八、六四－六五頁、引用箇所六五頁）。しかしながら、両者の研究は、そもそも膠州領土地令の具体的な制定過程については射程外であり、特に辻の研究は、専らドイツの土地改革運動の流れのなかで膠州領土地令が位置づけられており、本章が着目する現地中国での土地制度のなかでは位置づけられていない。

また、浅田の膠州湾租借地に関する研究書においては、膠州湾占領に伴うドイツの土地所有権獲得の過程が、土地先買権協定を中心に明らかにされている（浅田 二〇一一、五九－六一頁）。しかも同書においては、膠州領土地令が部分的ではあるが言及されている。しかしながら、そこでの課題は、膠州湾租借地における「中国人」の植民地法上の位置づけをめぐる社会秩序上の問題であり、本章の課題とは根本的に異なっている。そのため、そこでは膠州領土地令の制定過程の分析はなされてはおらず、また膠州領土地令がドイツ土地改革運動の流れのなかで考察されたものではない(2)（浅田二〇一一、九九頁）。

こうしたなかで、ドイツ土地改革者運動の流れだけでなく、現地中国にも着目して膠州領土地令の制定過程について研究を行ったのが、マツァットである。彼の研究は、膠州領土地令の立案者とされるシュラーマイアーと膠州領土地令との関係について詳細に検討し、さらにはその制定過程についても分析している。本章の課題にとってとりわけ重要なのは、一八九八年九月に膠州領土地令が制定された当時、シュラーマイアーはドイツ土地改革者同盟の会員ではなく、会員になったのは恐らくは一九〇二年一一月であるという主張である。これを踏まえてマツァットは、シュラーマイアーが、会員としてドイツ土地改革者同盟の理念の影響を受けて膠州領土地令を制定したという主張は事実に反している、と主張している（Matzat 1986, S. 54f.; 馬 二〇一〇、三六頁）。このマツァットの主張は、従来の見解を覆すものであり、本章の課題にとっては、とりわけ重要である。それ故、本章では、彼の主張の是非についても再検討していきたい。また、マツァットは、シュラーマイアーが膠州領土地令を作成するにあたっては、専ら香港、広州、上海のような中国沿岸部における土地投機についての経験がインスピレーションを与えたと述べている（Matzat 1986, S. 53; 馬 二〇一〇、三四頁）。しかしながら、本章で重要視していくことになる中国における土地制度については全く言及されていない。

以上のような研究の現状を踏まえた上で、本章では上記の課題に取り組んでいくことにしたい。膠州領土地令と孫文らの平均地権との関係を考察する前に、以下ではまず、膠州領土地令の制定過程を中心とした膠州湾租借地の土地政策について取り上げ、ドイツ土地改革者同盟と現地中国の土地制度に着目しながら考察していくことにしよう。

一　膠州湾租借地の土地政策

1　膠洲湾租借地の成立と土地政策

一八九七年一一月一四日、ドイツ人カトリック宣教師の殺害事件を口実に清国山東省の膠州湾一帯をドイツ海軍が突然占領した。同日に、ドイツ東アジア巡洋艦隊司令官が植民地の不動産権益を開発するために出した布告が至る所で掲示された。すなわち、すべての住民は、当時は全員中国人であったが、いかなる土地も外地から来た人に直接売ってはならないとされ、総督の許可なしの土地所有権の占有交替が禁止されたのであった。また、同年一一月二〇日の声明でも改めて、総督の許可なしの土地譲渡は無効とされた。そして翌年三月六日にドイツは、膠州湾租借条約によってドイツ海軍が占領した膠州湾一帯を清国に租借地として認めさせることに成功し、同年四月二七日には保護領宣言を行うに至った。こうして膠州湾租借地が成立したのであった。一八九八年九月二日には、私的投機による地価高騰を排除し、植民地経営の円滑化を図るための命令が発せられたのである(3)(Preyer 1908, S. 127f.; 單 一九八〇、五一‐五二頁、シュラーマイエル 二〇〇八、三三‐三四頁、Schrameier 1911, S. 1; 單 一九八〇、七八‐七九頁、シュラーマイエル 二〇〇九、五五頁、田原 一九一四、一四九‐一五〇頁、青島市史志弁公室 一九九九、二四‐二五頁、辻 二〇〇八、六四‐六五頁、浅田 二〇一一、五九、九九頁)。

この命令によって、膠州湾租借地の土地は、総督府が中国人の原所有者からいったん購入した上で、その後、総督府から利用者に売却されることになった。利用者は、三年ごとに評価される地価の六%を土地税として毎年総督府に納付するとともに、増加した土地評価額の三分の一を土地増価税として二五年ごとに納付する義務があった。また、土地を転売する際には、販売者は純利益の三分の一を総督府に納付する義務があり、その際総督府は先買権を有したのであった (Damaschke 1925, S. 235; 青島市史志弁公室 一九九九、二五 - 二六頁、辻 二〇〇八、六四 - 六五頁)。

以上が膠州湾租借地の土地政策の特徴であるが、以下、この政策について詳細に検討することにしよう。

2 膠州湾租借地における土地問題

膠州湾一帯においては、一八九八年二月一〇日に土地購入の原則についての公布がなされた。これによって、当地における土地購入の原則が確定された。そこでは以下のように述べられている。

「ドイツ占領地区の郷鎮住民に対する我々の好意を証明するために、今日に到るまで総督府の目的にとって必要な土地はすべて、我々がこの問題に関して委任した官吏と地主との間の自由な取り決めを通じてその価格を決定してきた。大鮑島および青島両地の地主が過分な要求をしたため、しばしば警告したにも拘らず、なおもその要求に固執している故、別の手段をとらざるをえない。我々が知るところにおいては、中国の張将軍 (General Tschang) が政府の目的のために土地を購入した場合には、畝ごとに一級地三七・五〇元、二級地二五・〇〇元、三級地一二・五〇元を支出した。今後はドイツ総督府の土地購入の際もまた、この価格に基づいて支出される」(4) (Schrameier 1911, S. 6f.; 單 一九八〇、八三頁、シュラーマイエル 二〇〇九、五八頁)。

この価格がこれ以降、ドイツ総督府の土地購入の基礎となった。

このように、そもそも膠州湾一帯においては、総督府が重大な問題としてまず考慮しなければならない問題の一つとして土地問題があった。本来この地方の習慣では、土地の最高所有権は清国政府にあったが、実際の個人間の関係では、その土地の占有権と所有権とが極めて曖昧で、殆ど区別がつかなかった。すなわち或る一人が土地を耕作して占有権を得れば、それが直ちに所有権と同等の権利を獲得できるのであり、言うなれば土地税さえ納めれば、所有権者となることができたのであった。その上、税冊があるものの、そこでは土地所有者を判別するのみであって、土地の境界を明らかにし、所有権の所在範囲を決定するという土地登記簿がなかったため、総督府は第一にこれらに対して、根本的な解決を行わなければならなかった。そこで総督府は、まず土地に関する官署を設けた。①土地測量部、②土地登録局、③土地局がそれである。このなかで、①は土地の測量に従事するものであり、②はその事務の一部を分担するものである。そして③は専ら土地の売買、賃借等を掌るものであった（栗田 一九一四、四八‐四九頁）。こうした状況において、一八九八年九月二日に膠州領土地令が発令されたのである。

3　一八九八年九月二日の「土地取得に関する命令」（膠州領土地令）と「租税及び公納金徴収に関する命令」

一八九八年九月二日に土地取得に関する重要な命令である「ドイツ膠州領に於ける土地取得に関する命令」が、膠州領総督ローゼンダール（Rosendahl）によって発令された。いわゆる膠州領土地令である。以下、この土地令の重要な条項を記すことにしよう。

「第一条　総督府はドイツ膠州領の土地全部に対し占領以前の価格を標準として見積もりたる一定の賠償金を中国人所有者に支払ひて之を買収すべし。所有権関係は中国官憲の税冊に拠りて之を定む。

総督府が買収を為さざる間は村落居住民相互間の所有権譲渡若は従来と異なれる目的の土地利用は予め総督府の許可を受くることを要す。同一村落の居住若は同一家族の属員以外の者に対する所有権譲渡若は用益賃貸は之を為すことを禁ず。

第二条　第一条に掲げたる場合を除く外凡て土地は総督府の公売に依りてのみ之を買得することを得。土地所有権は総督府の公売に競落したる後土地登記簿に登記することに依て之を取得す。

第三条……

利用計画は総督府の許可を経ざるべからず。此告示発布の日より二箇年以内に於て取得する土地にありては本日より三箇年以内に於て其利用計画を実行すべきものとす。（中略）

既に一たび総督府の許可を経たる利用計画を予め総督府の同意を請ふことなくして著しく変更し又は同意したる期間内に之れが実行をなさざる者は其土地の所有権を喪失す。此場合に於ては最初の所有者より支払はれたる買価の半額を土地登記簿に記入せる所有者に還付す。……」（Verordnung betreffend den Landerwerb in dem Deutschen Kiautschougebiete 1905, S. 66f.; 南満洲鉄道株式会社総務部交渉局 一九一四、一－二頁〔カタカナはひらがなに改め、訳語や表記は一部改めた上で、適宜、句点を加えた。以下同じ〕）。

「第六条　買得者にして買得したる土地を再譲渡したるときは其純益額の三割三分三厘を総督府に納むる義務を有す。（中略）

此目的の為め土地所有者は其同意せる再譲渡価格を予め総督府に届出づることを要す。純益額とは其土地の転売に因て得たる金額より買得者が自ら其土地改良の為め投じたりと表示する費用及び其れに対する六分の利息とを控除したるものとす。此改良費の表示は之を二人の官吏と二人の当地在住者とより成る委員会の審査に附することあるべし。委員会の報告は純益額計算の最後決定とす。

総督府は所有者の届出たる売価に対し先買権を保留す」（Verordnung betreffend den Landerwerb in dem Deutschen Kiautschougebiete 1905, S. 67f.; 南満洲鉄道株式会社総務部交渉局 一九一四、二－三頁）。

「第七条　所有者が自由意志を以て売渡を為さざること二十五箇年に及ぶ土地に対して総督府は一時的特別公納金を課する権利を保留す。其額は第六条に規定せる純益額に対する率を超えざるものとす。此目的の為め第六条に記せる委員会は其土地の価格を評価すべし。右と同一の手続は各二十五箇年毎に繰返さるるものとす」（Verordnung betreffend den Landerwerb in dem Deutschen Kiautschougebiete 1905, S. 68; 南満洲鉄道株式会社総務部交渉局 一九一四、三頁）。

「第八条　土地所有者は地価の六分を土地税として納税するの義務を有す。一九〇二年一月一日までは総督府に払ひたる価格を以て地価と定む。同日以後は一定の時期に於ける価格の評価を以て確定すべし」（Verordnung betreffend den Landerwerb in dem Deutschen Kiautschougebiete 1905, S. 68; 南満洲鉄道株式会社総務部交渉局 一九一四、三頁）。

これとともに同日、「租税及び公納金徴収に関する命令」もまた発令された。一八九八年九月二日の「ドイツ膠州領に於ける租税及び公納金徴収に関する命令」（Verordnung betreffend die Erhebung von Steuern und Abgaben in dem Deutschen Kiautschougebiete）がそれである。以下では、この命令における土地税に関しての重要な条項について紹介することにしよう。

「第二条　総督府未だ本州の土地を取得せざる間は、従前の如く利用せらるる土地に対する土地税は従前の中国の土地税と同一たるべきものとす。即ち一畝（二四〇弓、六一四平方メートル）に付大銭三二文とす。村落に於ける土地税は清国官庁の税冊によりて徴収す。

総督府は土地税の一部又は全部を一箇年又は一箇年以上免除することを得。

第三条　総督府の払下げたる土地に対しては地価の六分を土地税として徴収す。一九〇二年一月一日までは総督府に払ひたる買得価格を以て地価とす。此期日以後に於ける地価は此後定めらるべき一定の年月を隔てたる各時期に於て委員会を開き之を評定すべし。

土地税の一部を賃貸税に変更することに関しては右の期日以後に於て事情参酌の上総督府更に之を規定すべし。

総督府は公益又は一般の利益を目的とする営造物の敷地に対し土地税の一部又は全部を免除することを得。全部免除は五箇年以内に限る。但し更に申請するときは尚五箇年を延長することあるべし。……」（Verordnung betreffend die Erhebung von Steuern und Abgaben in dem Deutschen Kiautschougebiete 1905, S. 69; 南満洲鉄道株式会社総務部交渉局 一九一四、四七頁）。

以上のように、土地政策において膠州領総督府が特に注意したのは、土地売買に関して、投機的気風が入り込まないようにすることであった。それ故に総督府は占領後、直ちに布告を出して、土地の売買に関する特別の規定を設けるまでは、土地に対する権利の移動を禁止したのである。そして総督府は、中国人の所有地すべてを占領以前の地価で買収するために、総督府に土地先買権を保留する規定を作った。こうして獲得した土地を総督府は精密に測量して、その境界を画定し、競売という方法で売却したのである。総督府はこの払い下げとともに、その土地を土地登記簿に登記させた。このようにして購入者は完全なる土地所有権を獲得できたのであった（栗田 一九一四、四九－五〇頁）。

こうして、膠州湾租借地における土地政策が実施に移されていくことになるのである。以下では、その土地政策の実施過程について検討していくことにしよう。

4 膠州湾租借地における土地政策の実施とその成果

そもそも古来中国では、土地税が徴収されてきた。それぞれの省並びに土地の善し悪しによって税率に違いがあるとはいえ、平均して畝（614qm（Quadratmeter））ごとにおよそ銅銭三〇〇文（Käsch）が徴収されていたという。ドイツ帝国は膠州湾を獲得して以後、旧来の中国土地税を引き継ぎ、区域の徴税員の所有する税冊に基づいて徴収した。その結果一八九八年四月二〇日の命令は、総督府が中国統治時代と同様に旧来の税冊の定額徴収に基づいて徴収することを強調した（Aus den amtlichen Denkschriften 1906, S. 57; 單 一九八〇、七－八頁、シュラーマイエル 二〇〇八、八頁）。

しかしながら旧来の税制度には種々の欠陥があり、これらを除去するためには徹底した土地税制の改変が必要とされた。そこでまず重要となったのが、旧い税冊を所有権の状況を正確に反映させうる土地登記簿と取り替えることであった。この業務を完成するために、総督府は各村鎮に申告用紙を印刷配布した。地主はそれぞれ申告用紙を三部受け取り、申告用紙に姓名、住所および所有地の面積（納税義務のある農地）を記入し、書き込んだ申告用紙は回収後に村鎮に基づいて編制され、整理された申告用紙のうち二部は総督府で保存し、残りの一部は地主に返して保管させた。総督府は、こうして土地登記簿を所有するや、土地税を銀両で納めるのを廃止し、銅銭で税額を定めることができた。それと同時に区域の徴税員も廃止した。そして一八九八年九月二日に発令された膠州領土地令によって、総督府はその正確な土地登記簿に基づいて、土地税に関しては直接に実際の所有者から徴収することができるようになったのであった（Aus den amtlichen Denkschriften 1906, S. 58f.; 單 一九八〇、八 - 九頁、シュラーマイエル 二〇〇八、八 - 九頁）。

膠州湾租借地において採用された方法は、同時期に中国税務司が中国税制改革のため提出した建議の採用するところとなった。しかし、膠州領に関するドイツ側の公的な報告書は、これら「両者の発展は無関係であり、まったくもって一種の独特な一致である。両者の制度の進歩性という点では、地主による税申告、定額の銅銭での納税、徴税員の廃止、および所有権移転の公証が挙げられる。この種の偶然の一致は、この改革が時機を得ており、必要だったという結論を正当化づけているように思われる」と述べている（Aus den amtlichen Denkschriften 1906, S. 59; 單 一九八〇、九 - 一〇頁、シュラーマイエル 二〇〇八、九頁。訳文一部改訳）。

膠州湾租借地における土地政策は、その実施において、政策目標が既に達成されたとして、ドイツ内外で高く評価されることになる。これについて膠州領に関するドイツ側の公的な報告書は、以下のように評価している。

「このように見ると強調すべきは植民地が土地法を制定した目的がすでに達成されていることである。不健全な土地の転売を防ぎ十分な土地を公共の財産として残すこと、つまり総督府の手中に留めおき、次第に増大する需要にあわせて植民者に地価を抑えた状況にて必要な土地を獲得できるようにしたことである」（Aus den amtlichen Denkschriften 1906, S. 63; 單 一九八〇、一四頁、シュラーマイエル 二〇〇八、一二頁。訳文一部改訳）。

このように、土地投機の阻止と地価の安定による植民者への土地の賦与という点では、当初からその目的を達したとドイツ側の報告書においては評価されていた。

さらに、前青島土地局長（Vorsteher des Landamts）プライアー（Otto E. Preyer）によって、青島における土地令の実務についての報告がなされている。以下ではそれを紹介することにしよう。

プライアーは、

「……もとの保護領の範囲内で西側の部分は、もし未だに売り出していないのであればすっかり総督府の財産となっている。それ以外の大部分の土地片は最も小さいものまでもが今でも中国の農民あるいは農家の財産であり、彼らはまた一八九七年当時の所有者でもある。総督府の土地を手に入れた者と区別して、当時の所有者をここでは「原所有者」(„Ureigentümer")と呼ぶことにする。原所有者に対する禁止令は今に至るまで有効でかつこれからも永久に有効である。例えば、(中略) よそから移ってきた者はヨーロッパ人であろうと中国人であろうと、もし原初的な財産に属する土地を購入したい、あるいは租借したいと思っても、その人はただ間接的に、総督府の仲介を経て買い付けるか、賃貸料を払って手に入れるかしかできない。こうした方法によって総督府は完全に意のままに、保護領内部では歓迎されない諸要因から居留地を守ることができるのである。また民衆の祖先が残した権益を守るために、総督府の広範な公用徴収権 (Expropriationsrecht) はただ植民地全体にとって有益だと認められるときにのみ行使できるのである」(Preyer 1908, S. 127f.; 單 一九八〇、五二頁、シュラーマイエル 二〇〇八、三四頁。訳文一部追加及び改訳)

と述べている。その上で、プライアーは、総督府の先買権 (Vorkaufsrecht) についても、以下のようにその実際の運用に関して述べている。

「……土地局の役人はそうした価格の差額を確定することができる。買い手と売り手の双方に圧力を加え、密かにより高値で合意させないようにするために、総督府はあらゆる交易に対して先買権を持ち、どの廉価な売却に際しても、有利な契約で介入することができる。これらの対策は見たところ大変価値があり、かつ実際そのようでもあるが、実際に運用したことはない。私も、どの基金から資金が工面されるのか分らない。土地局が正式に総督府の名義で先買権の行使を放棄したという証明を出し、買い手と売り手の双方がこの証明を持ってまた土地登記局、すなわち帝国の裁判所 (Das Kaiserliche Gericht)

に行く。この種の土地登記を証明するものがなければ土地登記官（Grundbuchrichter）が譲渡や登録を引き受けることは許されない」（Preyer 1908, S. 130; 單　一九八〇、五五頁、シュラーマイエル　二〇〇八、三六頁。一部改訳）。

総督府による土地の先買権は、膠州湾租借地の土地政策の特徴として喧伝されたが、実際には運用されなかったという点は興味深い。しかしながら、プライアーは、この運用されなかった先買権を高く評価しており、

「土地所有および土地増価税に関して、〔ドイツの〕市町村が、土地の売却に際して先買権に似通ったものを確保するならば、我が故郷の状況において先買権はどんなに価値があることだろう！」（Preyer 1908, S. 130; 單　一九八〇、五五頁、シュラーマイエル　二〇〇八、三六頁。訳文改訳、〔　〕内は引用者による挿入。以下同じ）

と述べている。

こうして膠州湾租借地の土地政策はドイツにおいて高く評価され、他のドイツの植民地、特にドイツ領東アフリカの模範事例となった。現地政府が個人に土地を売る時には、契約書内に規則を付け加える必要があり、これを「膠州領条項」（Kiautschou-Klausel）と呼び、商人がその土地を売り出した時には、一部の土地利益を現地政府に納めなければならなかった（Preyer 1908, S. 134; 單　一九八〇、五九頁、シュラーマイエル　二〇〇八、三九頁）。

このように内外で高く評価されるようになった膠州湾租借地の土地政策であるが、以下では、この土地政策の担当者であったシュラーマイアーと膠州領土地令について見ていく。

二 シュラーマイアーと膠州領土地令

1 ダマーシュケとドイツ土地改革者同盟

ここではまず、シュラーマイアーが膠州湾租借地で土地政策を担当していた時期に会員として属していたとされるドイツ土地改革者同盟と、その設立者であるダマーシュケ(5)について簡単に振り返っておくことにしよう。

ドイツ土地改革者同盟は、一九世紀後半に生じたドイツ土地改革運動の一連の流れに位置する。そもそもドイツ土地改革運動の創始者はシュタム(Theodor Stamm)であった。初期の土地改革運動では、土地私有制の廃止とその国有化ないし公有化の主張が顕著であった。特に初期の土地改革運動では、アメリカの社会改革家ヘンリー・ジョージ(Henry George)の影響が強く見られた。ジョージの主著である『進歩と貧困』(*Progress and Poverty*)(George 1913; ジョージ 一九九一)のなかで、彼は土地の公有化による貧富の格差の是正を主張し、その手掛かりとなる手段として、土地に対する単一課税(土地単税)制度を提唱した。ドイツの土地改革運動の創始者であるシュタムもまた、ジョージの影響を受けつつ、ほぼ同時期に同じような主張を展開し、最初の団体である土地同盟(Land-Liga)を一八八〇年に結成したのであった。その後、この土地改革運動は、離合集散を繰り返すことになるが、その中心が、フリューアシャイム(Michael Flürscheim)とフレーゼ(Heinrich Freese)であった。両者とも、土地の公有化・国有化論者であった。その後、土地改革運動の主導権をダマーシュケが握ることになる(以上の叙述は、辻 二〇〇八、五五-五六頁による。なお、ドイツ土地改革運動の諸潮流については、澤村 一九三三、Böttger 1998も参照)。

ダマーシュケは、もともと進歩党(Deutsche Fortschrittspartei)に近い立場にあったが、その領袖リヒター(Eugen

Richter）らの社会問題への無関心と自由放任主義に疑問を抱き、土地改革こそが自分の理想を実現する道であることを確信し、一八八八年に設立されたドイツ土地所有改革同盟（Deutscher Bund für Bodenbesitzreform）に一八九〇年に加入した。その後彼は、同盟内において主導権を握り、一八九八年にはこれを改組して、ドイツ土地改革者同盟を設立し、自らその会長となったのであった（以上の叙述は、辻 二〇〇八、四二頁による）。

ダマーシュケが土地改革運動において主導権を握る過程において、ドイツの土地国有化運動は、幾度かのユートピア的企画に失敗した。一八九八年にダマーシュケは、ドイツ土地所有改革同盟をドイツ土地改革者同盟に改組するとともに、自らが起草した綱領を採用させた。その綱領において「ドイツ土地改革者同盟は全国民生存の基礎たる土地を、労働の場所及び住居の場所として利用することを促進し、其の濫用を排除し、且個人の労働に因らざる価値の増加を出来るだけ全国民の利用に供せしめるが如き法制の下に、之れを統制せんことを期す」と宣言した（澤村 一九三三、三五五頁。引用は、三五五頁によるが、訳文一部改訳。Vgl. Damaschke 1925, S. 237; Seemann 1983, S. 284）。

また、従来の機関雑誌『自由地』（*Frei-Land*）は一八九七年に廃刊され、その代わりに『ドイツ国民の声』（*Deutsche Volksstimme*）が刊行されたが、これは一九〇五年以来『土地改革年報』（*Jahrbuch der Bodenreform*）と改称された。元来、ダマーシュケはジョージと同様に、土地と資本とを根本的に区別し、資本は人間の労働によって生産されるものであるから人がその報酬として利子を取得することは正当であるが、これに反して土地は自然の賜物であり、地代は社会の産物であるから、これを私有するのは不正であると考えていた。すなわちダマーシュケは、利子の私有は認めるが、地代は社会の産物であるから社会全体の所得とすべきだと主張したのである（以上の叙述は、澤村 一九三三、三五五－三五六頁による）。

しかしながら、実際の運動においてはジョージと異なり、ダマーシュケは土地国有または土地単税のような根本的改革を主張せずに、徐々に実行しうる程度の改革を主張するに至った。すなわち彼は過去の地代と将来の地代とを区別し、前者すなわち今日までに既に既得権となったところの地代はやむを得ないが、後者すなわち今日以後において、所有者の努力によらず専ら社会の繁栄進歩に基づいて生ずる増加地代は、これを社会の所得となすべきであると主張するのである。この主張を実現するために、彼は都会地と農業地とを区別してそれぞれに改革案を提起した。さらに彼は、国家は内地植民を組織的に実行し、かつ町村有地の維持拡張を図るべきであると主張したが、土地改革運動の主たる目標は都会地に向けられていった。こうしてドイツの土地国有化運動は、今や主として都会地の土地改革運動に過ぎないものとなったのであった（以上の叙述は、澤村 一九三三、三五六頁による。Vgl. Seemann 1983, S. 283）。こうしたドイツ土地改革者同盟が要求した内容を、澤村は以下の五つの項目に的確にまとめている。

（一）普通の地価を標準として土地税（Grundsteuer nach gemeinem Wert）を課し、これによって高価な宅地がしばしば軽微の土地税を負担するという現行制度の不合理を改めること。
（二）土地増価税（Zuwachssteuer）によって、地主の不労所得の一部を社会に取り戻すこと。
（三）地代税（Grundrentensteuer）を新設して、所有者の申告せる純地価を標準として課税し、もしこの申告価に対して税務署が異議を述べ、その地価を高く評価する時は、所有者は税務署の査定する価格で買い上げることを政府に請求できるようにすること。
（四）家産地法（Heimstättenrecht）を制定すること。
（五）土地改革法（Bodenreformgesetz）を制定して、すべての町村に土地収用権及び土地先買権を付与し、町村はこれによって家産の設定、菜園の設定、内地植民の実行及びその他の公共的施設の実施に当てるために、相当の土地を獲得し所有する義務があるとすること（以上の五つの項目の整理並びに叙述は、澤村 一九三三、三五六－三五七頁による）。

こうして、当初フリューアシャイムによって、土地国有を宣伝し促進するための機関として設立されたドイツ土地所有改革同盟は、今や以上のような土地立法を要求するに至った。すなわち、一八九八年にダマーシュケがこの同盟の会長に就任して、名称をドイツ土地改革者同盟へと改めるや、ドイツにおける土地国有化運動は完全に死滅して、土地の私有を前提とした土地制度改革運動がこれに代わるものとなったのであった（澤村 一九三三、三五七頁）。

このように、ダマーシュケはドイツ土地改革者同盟の会長になるとともに、土地国有化の要求を削除し、土地私有を前提とした土地改革を主張するに至ったのである。しかし、ダマーシュケ以降の土地改革運動とそれ以前の土地国有化運動とが混同するイメージは維持され、ドイツ土地改革者同盟は、実質的に社会主義の亜種であるという市民層からの非難は引き続きなされた。とりわけダマーシュケの主張の核とも言える「土地と、そのもたらす収益は、社会の共有財産であるべきだ」という主張は、社会主義の亜種の典型として、その後も引き合いに出されることになったのであった[6]（辻 二〇〇八、五五-五六頁を参照。引用は五六頁）。

以上が、ダマーシュケと彼が主導するドイツ土地改革者同盟の政策の特徴である。とりわけ、彼らによる土地投機の防止と抑制、並びに地代を社会全体に還元させるための税制整備の要求が、その後のドイツ内外の土地政策に大きな影響を与えることになるが、そのきっかけとなったのが膠州湾租借地における土地政策である。以下では、その政策の担当者であったシュラーマイアーとドイツ土地改革者同盟との関係について検討していこう。

2　シュラーマイアーとドイツ土地改革者同盟

従来、膠州湾租借地の土地政策の担当者であったシュラーマイアーは、ドイツ土地改革者同盟の会員であり、そのため膠州領土地令は土地改革者の理念や原則を具体化したものと見なされてきた。確かに、シュラーマイアーはドイツ土地改革者同盟の会員であり、幹部会員でもあった。しかし、彼がいつドイツ土地改革者同盟の会員になったのかは、史料でははっきりとしないのが現状である。そうしたなかでマツァットは、シュラーマイアーが会員になったのは、一九〇二年一一月にダマーシュケに依頼されて膠州領土地令の成立に関する講演を行った際であると推察している（Matzat 1986, S. 55）。しかも、マツァットによると、一八九八年当時のドイツ土地改革者同盟内においては、誰が膠州領土地令を作成したかについては知られておらず、さらにはダマーシュケがシュラーマイアーの名前を知ったのは、一九〇二年六月であったという(7)（Matzat 1986, S. 54）。以上から、確かに、膠州領土地令が制定された一八九八年九月の時点では、シュラーマイアーはまだドイツ土地改革者同盟の会員ではなかったと考えられる。ここでマツァットの主張を補強するならば、そもそも上述の一九〇二年一一月の彼の講演「膠州領土地令はいかにして成立したか?」（Wie die Landordnung von Kiautschou entstand?）においては、膠州領土地令とダマーシュケやドイツ土地改革者同盟との関係は全く言及されていないのである（Schrameier 1902）。もし彼が一八九八年九月の時点で既に会員であったならば、ドイツ土地改革者同盟主催の講演の趣旨からして、膠州領土地令の成立に際してダマーシュケやドイツ土地改革者同盟の理念がいかに影響を与えたかを語っていたと考えられる。しかも講演の結論部分において彼は、ドイツでもダマーシュケの活動のお陰でジョージの学説の支持者を見出せたものの、膠州領土地令は、こうしたジョージの土地改革の学説体系の直接的な作用とは無関係に制定された、と述べていたほどであった(8)（Schrameier 1902, S. 23f.）。以上からも、膠州領土地令が制定された一八九八年九月当時は、少なくともシュラーマイアーはドイツ土地改革者同盟の会員ではなかったと考えるのが自然である。

しかしながら、彼が一九〇九年に退官し、ドイツ土地改革者同盟の幹部会員となって以降（Matzat 1986, S. 48f.）は、少なくともその理念を共有し、それを積極的に喧伝していたのは事実である。彼は一九一一年に膠州領の土地政策に関する『土地改革年報』での報告において「土地の増価分は、地主自身の労働によってではなく、経済生活全体の発展によって引き起こされたものである限り、地主によって労せずしてポケットに入れられるべきではない。そうではなく、土地の増価分は、全体が協力した成果なので、全体の利益に属する必要がある」とドイツ土地改革者同盟の理念を明確に述べていた（Schrameier 1911, S. 30; 單 一九八〇、一〇四頁、シュラーマイエル 二〇〇九、七二頁。訳文一部改訳）。こうした理念の下、彼は膠州領土地令について「これらの土地令が土地成金（Bodenwucher）を防止した」と述べていたのであった（Schrameier 1911, S. 34; 單 一九八〇、一〇八頁、シュラーマイエル 二〇〇九、七四頁。訳文一部改訳）。

以上のように、シュラーマイアーは膠州領土地令が制定された一八九八年当時は、まだドイツ土地改革者同盟の会員ではなく、一九〇九年に彼が退官して同盟の幹部会員になって以降、積極的に同盟の理念を主張するようになったと考えられるのである。

3　膠州領土地令とヘンリー・ジョージとの関係

一九〇二年一〇月一〇日、ベルリンで開催された第一回ドイツ植民地会議（Der erste deutsche Kolonialkongreß）においてボルンハウプト（Chr. von Bornhaupt）は、膠州領土地令とジョージとの関係について、以下のような発言を行った。

「……膠州領では一連の土地制度は既に実用的な効果を挙げており、その本質について言えば、この制度はとりわけヘンリー・ジョージの学説に適うものでもあり、まるで彼が書いた『進歩と貧困』に詳しく述べているところのようなものである」（Schrameier 1911, S. 58; 單 一九八〇、一三二頁、シュラーマイエル 二〇〇九、九〇頁。訳文一部改訳）。

このように当時から、膠州領土地令とアメリカの土地改革者ジョージとの関連が指摘されていた。これに対して、シュラーマイアーは先述の一九〇二年一一月の講演会において、ジョージについて以下のように述べている。

「私も当時、ヘンリー・ジョージの名前については既に聞き及んでいましたが、膠州領土地令の制定において直接的な影響を持つほど十分には彼の制度を知りませんでした」（Schrameier 1902, S. 16）。

シュラーマイアーによると、彼はジョージの名前を知っている程度であり、彼の学説を十分には知らなかったようである。もし彼が当時ドイツ土地改革者同盟の会員であったならば、その綱領の基礎となったジョージの制度は当然十分に知っていたはずである。もっとも、彼はジョージに対しては敬意を抱いており、しかもジョージと膠州領土地令との間に或る一致があったことを認めている。それは「不可思議な一致」であったと述べている。

「膠州領土地令の独特の社会的意義のために、人々はよくそれと土地改革者の学説、とりわけ最も思想に富む代表者のヘンリー・ジョージの学説とを一緒に結び付けている。実際に不可思議な一致（ein merkwürdiges Zusammentreffen）があった。この土地政策を理智的にするためにたゆまず奮闘してきた先進的な人物がアメリカで永眠してから数日後、中国沿海のドイツの新しい占領区内では一つの作業が進められた。それはすなわちまず幾つかの問題に対して一つの大規模かつ実用的な答えを探す試みであり、これらの問題はヘンリー・ジョージの生涯の目標を構成するものであった。そしてこの偉大な人物の誕生日である九月二日はまた、ちょうど中国とドイツの関係史上一つの大変重要な日、すなわち膠州領土地令の誕生日でもあった」（Schrameier 1911, S. 56f.; 單 一九八〇、一三〇頁、シュラーマイエル 二〇〇九、八八頁。訳文一部改訳。傍点引用者。以下同じ）。

ジョージの「誕生日」と膠州領土地令の発令日との「不可思議な一致」を認めながらも、シュラーマイアーは、ジョージの制度と膠州領土地令との「直接的な関連」については、明確にこれを否定するのである。それについては、彼は以下のように詳細に述べている。

「土地改革者の諸学説、とりわけヘンリー・ジョージの制度と膠州領土地令の間には、直接の関連は決して存在しない。この土地令がその後、頻繁にこの改革者の学説の初の実際の応用として見なされ、描写されようとも、この土地令が彼の影響を直接受けたのではないことははっきりと強調されねばならない。唯一影響したものは、先にも述べたように実際の経験であり、外国人が到達できた中国沿海の地区において探し集めて得た経験であり、土地法律関係の改変問題を人々に理解させるという経験であった(9)」(Schrameier 1911, S. 59; 單 一九八〇、一三二－一三三頁、シュラーマイエル 二〇〇九、九〇頁。訳文一部改訳)。

以上のように、シュラーマイアーは、ジョージの制度と膠州領土地令との「直接的な関連」を否定して、現地における実際の経験を強調するのである。この点については、彼は繰り返し、「それらは現場で実際に経験を積んで得た成果であり、中国沿海部のあらゆる環境について自ら観察し体験してきた集大成でもあるのだ」(Schrameier 1911, S. 61; 單 一九八〇、一三六頁、シュラーマイエル 二〇〇九、九二頁。訳文一部改訳）と説明し、ジョージの制度と膠州領土地令との「直接的な関連」を否定して、現地での実際の経験を強調するのである。このようにシュラーマイアーは、ジョージの制度との「直接的な関連」を否定しており、しかも土地改革者の学説との「直接的な関連」をも否定しているのである。

「土地改革者のなした努力に関して言えば、膠州領土地令の意義は、より高く評価され得る。何故ならば膠州領土地令は土地改革者がなした努力とは直接的な関連がないからだ。まさに膠州領土地令はあらゆる外部の作用から独立した状況の下で成立したものであるからであり、まさにそれが我々の中国の保護領における経済的な諸需要にただ応じようとしたものであり、さらに現地で収集した経験の上に築き上げられたものであるからだ。まさにこうした理由によって、膠州領土地令は以下の一つの非常に有力な証明になった。すなわち、それは膠州領土地令と原則上一致する土地改革者の学説の正しさを証明しただけでなく、その実行の可能性をも証明した。その学説とは、まさに土地が各々の投機欲のある人物の搾取目標となるべきではないということであり、さらには全体の活動のおかげで上昇した地産の増価利益を直に分かち合う権利を公共が持つということである」(Schrameier 1911, S.62; 單 一九八〇、一三六頁、シュラーマイエル 二〇〇九、九二－九三頁。訳文一部改訳)。

ここでシュラーマイアーがいう土地改革者の学説とは、まさにドイツ土地改革者同盟の綱領とそれに基づく学説に他ならない。このようにシュラーマイアーは、ジョージの制度と同様に、膠州領土地令と土地改革者、すなわちドイツ土地改革者同盟がなした努力との「直接的な関連」についても否定しているのである。ここからも、彼が膠州領土地令の制定当時、ドイツ土地改革者同盟の会員ではなかったことが窺える。しかしながら、彼は膠州領土地令の制定過程におけるドイツ土地改革者同盟との「直接的な関連」は否定しながらも、その学説との関連については「膠州領土地令と原則上一致する土地改革者の学説」と述べていた。以上のようにシュラーマイアーは、膠州領土地令の制定過程においては意図しないながらも、膠州領土地令とドイツ土地改革者同盟の学説が、「土地が各々の投機欲のある人物の搾取目標となるべきではない」ことと「全体の活動のおかげで上昇した地産の増価利益を直に分かち合う権利を公共が持つ」という点において、結果的に原則上一致していたことは認めているのであった。

膠州湾を占領した艦隊司令官で占領軍の最高指揮官でもあったディーデリヒス（Otto von Diederichs）提督によると、膠州領土地令の「土地改革者的形態」（bodenreformerische Ausgestaltung）については、シュラーマイアーによる貢献が極めて大きかったという（Damaschke 1925, S. 238f.）。シュラーマイアーは、自らが中心となって膠州領で収集した経験の上で築き上げた土地令が、意図せず「土地改革者的形態」となり、結果的に土地改革者の学説の正しさとその実行の可能性を証明したと述べていたのであった。ダマーシュケもまた当初、既に述べたように誰が膠州領土地令を策定したか知らず、一九〇二年六月にディーデリヒス提督によってシュラーマイアーという名前を知るに至ったのであった（Matzat 1986, S. 54）。その結果、ダマーシュケは休暇でベルリンに一時帰国していたシュラーマイアーを、ドイツ土地改革者同盟の講演に招待したのであった。そうして一九〇二年一一月二七日に、シュラーマイアーは自分のために準備されたベルリンでの祝賀会において、ドイツ土地改革者同盟会員の前で先述の膠州領土地令に関する講演を行ったのであった（Damaschke 1925, S. 239; Baumgartner 2005, S. 152. Vgl. Schrameier 1902）。

4　膠州領土地令とダマーシュケと蕭錚

以上のように、シュラーマイアーは、ジョージの制度やドイツ土地改革者同盟がなした努力と膠州領土地令との「直接的な関連」を否定しながらも、ドイツ土地改革者同盟の学説の原則と膠州領土地令の原則が意図せず、結果的に一致したことについては、これを認めていた。そのドイツ土地改革者同盟の会長であるダマーシュケと膠州領土地令の関連については、シュラーマイアーは以下のように述べている。

「とりわけドイツ土地改革者同盟の活動的な会長であるアードルフ・ダマーシュケは、演説や文章によって、絶え間なく膠州領の諸制度の模範性について注意を喚起した。同盟が帝国議会に送った陳情書、つまり一八九九年の「植民地の土地問題について」は、膠州領とその他の植民地の土地許可問題について一つの対比を行った。そして一九〇〇年の論難書『カメルーンか膠州領か?』(*Kamerun oder Kiautschou?*) は初めて保護領によって施行された基本原則を広く各界に紹介し、なおかつ「土地問題が経済発展全体に対して有する意義を認識できる人であれば、膠州領土地令がその人にとってまさに一等級の重要な事実であると見なされよう」と公言している。ダマーシュケの名著『土地改革論――社会的困窮の認識とその克服のための原則並びに歴史』〔Damaschke 1922〕は、特に一章を設けて膠州領土地令について述べている。本書には次のように叙述されている。(中略)

「……この法は、土地が居住のために使用されることを促進し、あらゆる土地の濫用を排除する。またこの法は、土地の価値の上昇が、もしもその他の個別の努力を経ることなく得られたのであれば、できるだけこれを全人民のために利用するように規定している。この一つの古い基本原則を天才的に現在の実務面に応用することが、我々のこの時代に起こっている。それは我が東アジアの膠州湾租借地で起こっていた。土地改革実務の場合、ここでは社会政策の執行が重要であり、その成果はまだ全く見通しがつかないけれども、その歴史はまだあまり皆に知られてはいない。その事実さえも、国民経済学的教養のあるサークルにおいてもまた、不思議なことに、よくは知られていないのだ」」(Schrameier 1911, S. 57f.; 單 一九八〇、一三一頁、シュラーマイエル 二〇〇九、八九頁。訳文一部改訳）。

シュラーマイアーが指摘するように、ダマーシュケは、積極的に演説や文章によって膠州領土地令を喧伝していたのであった。実際に、ダマーシュケは『カメルーンか膠州領か?』において、「ドイツ土地改革者同盟の原則は、今日膠州領において実行されており、同盟は約八年来全力をあげて、土地投機や土地成金といった我々の国内の経済状況を食い物にしている諸悪の根源が、新たに開拓された植民地に持ちこまれないように戦ってきた」（Damaschke o. J.〔1900〕, S. 23）と述べていた。さらに別の箇所で「膠州領では土地令によって、大変理智的で、あらゆる投機を排除している土地改革者の原則が確立している」と述べていたのであった（Damaschke o. J.〔1900〕, S. 27）。このようにダマーシュケは、膠州領土地令の制定過程においてドイツ土地改革者同盟と膠州領土地令との「直接的な関連」がないにも拘わらず、土地改革者同盟と膠州領土地令の原則的な関係を強調していた。しかも彼は、『国民経済学史』（一九〇九年版）において、フォン・ディーデリヒス提督やシュラーマイアーのような人たちが、「土地改革の学説を有名な一八九八年九月二日の「膠州領土地令」において実行に移した」と述べていた（Damaschke 1909, S. 385）。さらに彼は後年自伝において、膠州領では「重要な土地改革思想（Bodenreformgedanken）が実行された」と、あたかもドイツ土地改革者同盟の思想が膠州領土地令として実行されたかのように述べていたのであった[10]（Damaschke 1925, S. 235）。

そもそもダマーシュケやドイツ土地改革者同盟の直接的な関与なしに、主としてシュラーマイアー自身のイニシアティヴによって策定されたものが、膠州領土地令であった。しかしながら、その膠州領土地令をダマーシュケやドイツ土地改革者同盟が、土地改革の学説や思想の実行としてドイツ国内で強調し、ドイツ海軍省とともにドイツ植民地政策の模範事例として積極的に喧伝していたのであった（ダマーシュケとドイツ海軍省との関係については、Damaschke 1925, S. 236; 辻 二〇〇八、六五、七一頁註一五を参照）。

さらに、膠州領土地令をダマーシュケやドイツ土地改革者同盟の学説や思想の実行として中国で強調し広めたのが、蕭錚である。蕭錚は、中国国民党の土地政策の専門家として、孫文の平均地権論を実行する上で、戦後の中華民国において指導的な役割を演じた人物である（笹川 二〇〇二、四八頁以下）。彼は一九二九年から二年半ほどドイツに留学し、ダマーシュケの下でドイツ土地改革思想を学んだ。その彼が一九三三年に『地政月刊』一巻第九期において、青島の土地改革を説明した際に、シュラーマイアーをドイツ土地改革者同盟の「秘書」として紹介したことから（金 一九九一、一一二頁註二）、膠州領土地令をドイツ土地改革者同盟の「秘書」であるシュラーマイアーが実行したものと見なされるようになったのである。こうした見解は戦後も一貫しており、一九八〇年に出版された蕭錚の回想録においても、以下のように描かれている。

「嘗て「ドイツ土地改革同盟《ママ》」の秘書を務めたシュラーマイアー氏が、その昔青島に到着して、ドイツ膠州湾総督府の参事官に任じられたことによって、シュラーマイアーはすぐに青島で土地改革を実施する計画者になれた」（蕭 一九八〇、三六頁）。

また、シュラーマイアーの膠州湾租借地における土地政策に関する論文集の翻訳書の序において、蕭錚はシュラーマイアーを「ダマーシュケ氏の門弟」（達氏之徒）として紹介している（單 一九八〇、「蕭序」）。さらに蕭錚は、一九八四年に出版した中国の土地政策に関する通史においては、当時ドイツ土地改革者同盟の「秘書」であったシュラーマイアーが、青島市でドイツ土地改革者同盟の主張に依拠して、土地増価税を実行させたと述べていたのである（蕭 一九八四、二二一頁）。

このように蕭錚が、シュラーマイアーをドイツ土地改革者同盟の「秘書」で、ダマーシュケの門弟として紹介し、その彼が青島で土地改革を実施したと説明したことから、膠州領土地令は、ダマーシュケやドイツ土地改革者同盟の学説や思想を実行したものと見なされるようになったのである。こうした、シュラーマイアーと膠州領土地令をダマーシュケやドイツ土地改革者同盟と関連づけて捉える見解は、戦後の各国の研究者にも引き継がれることになった（Schiffrin

1957, p. 561; 金 一九九一、一一二頁註一、笹川 二〇〇二、七六頁註一八)。

以上から、膠州領土地令をダマーシュケやドイツ土地改革者同盟の学説や思想の実行と見なす見解は、主としてダマーシュケと蕭鋝の師弟コンビによって創出され、かつ喧伝されたといえよう。

5 膠州領土地令と現地中国における土地税制度

そもそもシュラーマイアーは、膠州領土地令は、現地で探し集めて得た経験の上に築き上げられたと繰り返し述べている。この点を踏まえて彼は、一九二〇年九月二七日に開催されたドイツ土地改革者同盟のハンブルク大会での基調報告において、「特に土地の評価という点において、中国人ほど、社会的に高度に発展した民族はいない」と中国人の土地評価制度を高く評価していた（Schrameier 1920, S. 208）。しかも、同じ報告において「膠州領土地令を生じさせた世界が、いかに形成されたかを明らかにする」ために、中国の土地制度の歴史について解説していた（Schrameier 1920, S. 209）。このようにシュラーマイアーは、現地での経験として中国の土地制度とその歴史を強調していたのである。こうした中国の土地制度の歴史との関連で、シュラーマイアーは膠州領土地令を「……千年もの歴史において守られてきた土地制度が近代の諸状況に適応したもの」と表現している（Schrameier 1920, S. 209）。それではシュラーマイアーがここで述べている「千年もの歴史において守られてきた土地制度」とは、具体的に何を指しているのであろうか。

これに対してシュラーマイアーは別の論考で詳細に解説を行っている。シュラーマイアーは、大変興味深いことに夏殷周の三代の井田制を高く評価していた。特に孟子の解説による井田制を詳細に検討し、共同体所有地の収穫の一〇分の一を税金として徴収する税制度に着目するとともに、土地を毎年再配分する方法を、土地の不平等を抑制するものとして高く評価していたのである（Schrameier 1923, S. 4-6)。シュラーマイアーによると、紀元前三世紀までは、井田制を伴った村落共同体が国家の基礎であったという（Schrameier 1923, S. 6)。しかしこの井田制廃止のもとで、共同体所有地の毎年の再配分に代わって土地私有制が生じ、これが深刻な危機をもたらしたという。その際、土地の売買がなされ、大土地所有制が形成され、公的な生活に悪影響を与えたとされる（Schrameier 1923, S. 6）。こうした状況において王莽が新しい井田制を再度導入しようとしたが、実現できなかったとされる（Schrameier 1923, S. 6）。こうしたなかで、シュラーマイアーが大変高く評価するのが、宋朝の土地制度であった。彼は以下のように説明している。

「有名な宋朝（九六〇－一一二七）のもとで初めて、（中略）宰相司馬光によって、土地所有の取り扱いに関する新たな制度が実施された。それは一つの中道であり、これが反抗的で国家に敵対する大土地所有者を排除し、ラティフンディウムの形成に終止符を打ち、それとともに健全な農業改革への道を開いたのである。一〇〇〇モルゲンを超えるすべての私有地は譲渡せねばならず、王領地とこれ以外の政府に与えられていた土地は売却ではなく、貸し出された。大規模に土地の配分がなされた。土の質によって土地は三つの等級に区分された。第一等級においては、それぞれ一〇〇モルゲンを獲得でき、第二等級においてはそれぞれ一五〇モルゲン、第三等級においては二〇〇モルゲンを取得できた。少なくとも三人の成人男性が家族にいる家庭は、追加の土地を取得できる。土地が規則通りに登録され、所有者が公的な所有票を取得することによって、税冊と一致し、整理された土地登記簿制が始まった。宋の成功した制度は、明朝と清朝のもとでさらに改良され、今日においても、（中略）実質的に存在しているのである」（Schrameier 1923, S. 7）。

以上のように、シュラーマイアーが「千年もの歴史において守られてきた土地制度」という際の土地制度とは、宋朝時代に成立した土地制度のことであった。この土地制度が、明朝、清朝のもとで改良されて、今日においても実質的に存在しているとみなされていたのである。しかもシュラーマイアーは、こうした中国の土地制度のなかでもとりわけ土地税に注目していた。これについて、彼は以下のように述べている。

「一八九八年九月二日の膠州領土地令は、自らに課した目的を達成し、時期を経て模索されてきた多くの制度のなかで常になお最も合理的で最も目的適合的であると思われる。中国の土地税を財産に対する賦課（Belastung）ではなく、権利、すなわち全体によって個別に賦与された土地を最高の形で使用する権利に対する賦課とみなせるように、膠州領土地令で土地税と呼ばれているものもまた、実際に、全体に対する一種の貢献度を表現したものである」（Schrameier 1923, S. 23）。

シュラーマイアーによれば、膠州領土地令における土地税は、全体に対する貢献度によって税の負担を軽減する、まさに中国の土地税から経験的に体得したものでもあったのである。シュラーマイアーによると、中国の土地税制度においては、土地の価値が増加した場合、その増価分を先祖が労働によって土地に改良を加えたものと見なし、非課税としていたという。中国の土地税制度においては、土地に改良を加えるための労働がとりわけ尊重されており、労働の対価には課税はなされなかったとされる。その結果、中国では土地税も労働によって支払われたという。そのため、土地の私的所有権に対する税は、道路などの公共物を建設することによって、その分控除されるのだという。原則的に、中国の土地税は、用益権に対する税に他ならないとされる（Schrameier 1923, S. 17f.）。また、シュラーマイアーによると、中国では、各農民は農地の開墾に対して責任を有しており、三年間耕作されていない土地は没収されるという（Schrameier 1923, S. 21）。こうした中国の土地税制度のなかにシュラーマイアーは、土地投機を排除する具体的な方法を見出したのであった。

以上のように膠州領土地令は、ダマーシュケやドイツ土地改革者同盟の学説や思想の実行ではなく、宋朝以来の土地制度、とりわけ土地税をはじめとした現地で探し集めて得た経験から創出されたものであった。膠州領土地令は、まさに「千年もの歴史において守られてきた土地制度が近代の諸状況に適応したもの」であり、その後、孫文の民生主義、とりわけ平均地権政策に少なからぬ影響を与えていくことになる。そこで以下では、膠州領土地令と孫文の平均地権政策との関係について検討していくことにしよう。

三　孫文の平均地権論と広州市におけるシュラーマイアーの土地政策

1　孫文の平均地権論

ここでは、まず孫文の民生主義、とりわけ平均地権論について検討することにしよう。孫文は、平均地権について、中国同盟会の「革命方略」中の「軍政府宣言」において「四　地権を平均にする。文明の福祉は国民が平等に享受する。社会経済組織を改良し、全国の地価を確定すべきである。現在の地価は、そのまま現所有者のものとするが、革命後の社会の改良進歩によって増加した分は国家に帰属させ、国民が共同で享受する」（狭間 一九七六、一三〇 - 一三一頁、『三民主義大辞典（上）』一九八八、四二一頁、『孫中山辞典』一九九四、一六七頁、『孫中山全集』二〇〇六、一巻、二九七頁）と述べている。

この孫文の平均地権論についての研究蓄積は極めて豊富であり、日本においても幾つもの学説が提起されている。その結果、孫文の平均地権論をめぐって土地国有制か土地私有制かについての論争も生じた。なかでも本章の課題にとって重要なのは、狭間と安藤・久保田との間の論争である。そこでの主たる争点は、孫文が土地国有論を一貫して維持していたのか、否かである。狭間がこれに対して否定的なのに対して、安藤と久保田はこれに肯定的である。孫文の平均地権論は、中国の土地の地価を固定した後に、地価上昇分のみを国家が吸収するというものであり、これは確かに地主の土地所有を認めたものである。これはそもそもミル（John Stuart Mill）が主張していたものである。その一方で、孫文は土地公有化と土地単税を主張するジョージを高く評価していた。論争は、こうした孫文の平均地権論の両義性、すなわち土地国有制と土地私有制双方の是認といった点から由来するものである。

安藤は、孫文の平均地権論は、地価固定後に吸収すべき地価上昇分を財源とする土地国有論であると結論しており、土地国有論が一貫して維持されていたという見解である（安藤 二〇一三、一一三 - 一一四頁）。久保田はこの見解を確認・補強している（久保田 二〇一一、八三 - 八四頁）。安藤の特徴は、孫文の平均地権論を補足説明するものとして、孫文の弟子たちの土地国有論に着目し、「孫文派の土地国有論」として説明した点である。その際、胡漢民や馮自由などの土地国有論が検討されている。彼らの議論が孫文のチェックを経て公表されていることから、確かに孫文の平均地権論の補足説明になるといえる。胡漢民によると、土地所有は原理的に否定される以上、封建的地主制も近代的地主制も、そして農民的土地所有すらも、革命完成後の中国には存続できない。農民は国有地を借りて耕作する権利を認められ、唯一の租税として地代を支払うが、これが土地単税とされる。こうした検討を踏まえた上で、久保田は、孫文の平均地権の「終極の理想」は、封建的地主制を否定し、土地私有制一般をも否定した、地主の存在しない社会だったと指摘している（久保田 二〇一一、一〇二頁）。「終極の理想」という概念を用いることによって、現状では封建的地主制を是認し、土地私有一般をも肯定していた孫文の平均地権論と「孫文派の土地国有論」との相違を論理的に説明できたといえる。その際問題となるのが、孫文らが平均地権の「終極の理想」をどのように実現しようとしたのか、ということである。

これに対して、胡漢民と朱執信が「定価収買」方式を主張していた点が注目される。地主からの土地の没収を公的に否定している孫文に対して、胡漢民と朱執信は、地価の固定・地価上昇部分の国家への吸収・買収という「定価収買」方法によって「土地国有」を実現し、終極的には地主制一般を廃止することが、孫文の民生主義の具体策であると説明したのである（久保田 二〇一一、一〇五 - 一〇六頁、安藤 二〇一三、一〇九 - 一一三頁）。

以上の検討を踏まえて、久保田は、孫文の平均地権論の理論的特徴を次のようにまとめている。すなわち、「孫文の平均地権論は、ジョージの土地私有否定論・土地公有論を原理として、ミルの「定価収買」の方法によって「土地国有」を実現し、そこでウォーレス〔Alfred R. Wallace〕流の自由な借地農民の経営を発展させ、ジョージの土地単税論を実施しようというものであった」（久保田 二〇一一、一一一頁）。その上で、土地国有論に関して、久保田は「要するに革命後の地価上昇部分を国家に吸収して、地主所有地を買収し、究極的には地主制もろとも土地私有を廃止し、そこでジョージの「土地単税」論を実行しようとした点で、首尾一貫しているといえる」と結論づけているのである（久保田 二〇一一、一一三頁）。

以上の見解に従えば、孫文の平均地権論は「終極の理想」においては土地国有制を目指すものの、過渡期においては土地私有制を是認していた。その際、土地増価税を導入し、それを財源として地主の土地を買収するものとされた。将来的には全土地の国有化を行い、それらの土地を農民に貸与するとされた。「終極の理想」としてその地代を土地単税として徴収することが構想されていたのである。しかし、孫文の平均地権論はジョージやミルやウォーレスなどの西洋の思想だけでもって構築されたのではない。孫文は中国古来の土地制度をも検討し、その上で西洋の思想を取り入れたのである。

2　孫文の平均地権論と中国古来の土地制度

孫文の平均地権論は、以下詳細に示すように、中国古代の井田制以来の土地制度に民生主義のプロトタイプを見出していた。これに西洋の新しい原理を当てはめ、展開したのが、平均地権論であった。

学説上においても、孫文の民生主義が西洋の思想だけでなく、中国古来の伝統からも由来していた点は既に主張されている。例えば久保田は、日本滞在の間に孫文が、中国古今の社会問題や土地問題を資料として議論し、特に三代の井田法、王莽の王田制、王安石の青苗法、洪秀全の公倉制などが討論の素材になったことを指摘している（久保田 二〇一一、九一‐九二頁）。また、安藤も同様に、一八九九年から一九〇〇年の間に太平天国をはじめ中国古今の社会問題と土地問題について検討し、そこで初めてジョージの土地単税論が中国の社会経済改革に最適であったと判断したと述べて、「決して、中国社会の問題には無関心で、欧米思想を無造作に取り入れたのではなかった」と主張している（安藤 二〇

一三、一〇六頁)。

そうしたなかで狭間は、民生主義の伝統を中国の歴史に求めることについて「これは、当時の中国の革命派すべてに共通した認識であった」と述べている(狭間 一九七六、一三五頁)。狭間が指摘するように、確かに孫文やその弟子たちは、民生主義、とりわけ平均地権の伝統を中国の歴史に求めていた。例えば、孫文は民生主義と中国の土地制度との関係について以下のように述べている。

「諸君は、もしかしたら民生主義がどんなものであるか、まだ理解していないかもしれない。諸君は、中国で数千年前、既に早くもこの主義を実行した事があることを知らないかもしれない。周朝の時に実行した井田制度、漢朝王莽の考案せる井田方法、宋朝王安石が実施した新法の如きは、みな民生主義的な事実である」(『孫中山全集』二〇〇六、八巻、四七二頁、『孫文全集』一九四〇、五巻、二一七頁。一部改訳)。

また、孫文の弟子である馮自由も、民生主義、特に平均地権と中国の土地制度との関係について以下のように述べている。

「総理は乙未(民国前十七年)九月に広州蜂起が失敗した後、欧米各国を漫遊し、政治社会経済の各種の状況を考察した。社会問題に対してはとりわけ熱心に研究した。己亥と庚子の間(民国前十二年から十一年に至る間)、章太炎、梁啓超や東洋留学組の私たちと会談を行った時も、いつも我が国の古今の社会問題や土地問題を以て、資料となした。例えば三代の井田、王莽の王田と奴隷禁止、王安石の青苗、洪秀全の公倉は、均しく討論の列にあった。彼は、欧米の経済学説に対して、アメリカ人ヘンリー・ジョージ(Henry George)の単税論を最も信奉していた。これは土地公有論の一派をなしていた。総理は、この種の方法が我が国の社会経済の改革においては最適であると考えた。それ故これを提唱し、ただ力を尽くせないことのみを恐れた。欧州と日本の二つの場所において同盟会が成立した時、総理が提議した所の「平均地権」という一項があるが、ヘンリー・ジョージの学説を熟慮の上で採用し、これを自らの学説となした」（馮 一九七八a、一二一三頁）。

さらに、馮自由は別の論文で以下のように述べている。

「そして民生主義の起源は、中国にある。〔その起源は〕はるかギリシア・ローマ文明以前にあった。すなわち三代の井田制である。ひとは皆、〔それぞれ〕百畝の田を受けとった。分配は公平であった。後世はこれを最高の統治であると見なした。ただ井田は、平均地権の小さな意義に過ぎない。（中略）三代以降、これを行った者は未だ嘗ていなかったわけではない。王莽の新制がそうである。（中略）宋王の荊公の新法の多くが、民生主義的な性質を含んでいる。惜しむらくは、用いる人が適切ではなかったことである」（馮 一九七八b、一二二頁）。

以上のように、孫文の民生主義、特に平均地権論は、中国古来の民生主義の伝統にジョージやミルやウォーレスなどの西洋思想が適応したものであったといえよう。この点について、馮自由は「民生主義は実に数千年前より中国に固有の産物なのであって、その幽光を発してまじえるに欧米最近発明の新理をもってすれば、欧米とくらべてけっして劣らない」（和訳は、狭間 一九七六、一三四頁による。馮 一九七八b、一二二頁参照）と述べていたのである。シュラーマイアーもまた中国の土地制度の歴史を高く評価し、膠州領土地令を「千年もの歴史において守られてきた土地制度が近代の諸状況に適応したもの」と述べていたが、大変興味深いことに、彼と孫文や彼の弟子もまた、同様の発想をしていたのである。

孫文は、以上のように平均地権論に関して、シュラーマイアーと同じような発想をしていたのだが、平均地権論を政策として実施する際に、膠州領土地令は、その目的を実現する手段として当時の彼にとっては最適のモデルであった。というのは、孫文は土地国有制を目指しながらも、現段階では封建的地主らの私有制を認め、地価税や土地増価税の導入によって、これを財源として地主の土地を買収し、国有化する必要があった。その際、膠州領土地令が、まさにその先行事例であったのである。総督府に土地の先買権と公用徴収権（収用権）を賦与した膠州領土地令は、いわば土地公有制と土地私有制との混合方式であり、まさにミルとジョージがそれぞれ唱える土地制度の中間形態ともいえるものであったのである。そのため、孫文は膠州領土地令に着目し、シュラーマイアーを広州市に招聘することになる。

3　孫文とシュラーマイアー

それでは、ここでは孫文が膠州領土地令やシュラーマイアーを知るに至った経緯について述べることにしよう。

孫文が膠州湾租借地の土地政策について初めて知ったのは、一九〇五年春のベルリン滞在時とされている。その際、孫文はベルリン留学中の朱和中から情報を得たとされる（Matzat 1986, S. 57; 馬 二〇一〇、三九頁、川瀬 一九九二、三一頁）。また、一九〇六年一二月二日に孫文は東京での『民報』刊行一周年の記念演説において、初めて膠州領土地令について言及した（『孫中山全集』二〇〇六、一巻、三二九頁、Cf. Schiffrin 1957, p. 561; Matzat 1986, S. 57; 馬 二〇一〇、三八－三九頁）。そして実際に孫文が青島を訪問したのは、一九一二年九月末のことであった。その視察の数日後、ドイツの記者に対して孫文は、青島を今後の中国の都市開発のモデルにしたいと述べたとされる（川瀬 一九九二、三一頁、vgl. Mühlhahn 2001, S. 147f.）。

しかし、孫文が膠州領土地令や膠州湾租借地の土地政策についての詳細を知ったのは、第一次世界大戦後であった。一九二一年ないしは一九二二年初頭にドイツ滞在中の朱和中が、ダマーシュケと会い、その際シュラーマイアーを紹介されたという。シュラーマイアーは朱和中に、一九一四年にイェーナで出版した膠州湾租借地の土地政策と税政策について解説した *„Aus Kiautschous Verwaltung. Die Land-, Steuer- und Zollpolitik des Kiautschougebietes“* と題する書物を贈呈した（Vgl. Schrameier 1911, 1912）。その後、朱和中は中国に帰国し、陳炯明の反乱によって上海に逃れていた孫文と再会した。そこで朱和中は孫文にドイツでの出来事や動向について報告した。朱和中によると、孫文は青島については何も知らないので、彼に対してシュラーマイアーの著作を中国語に翻訳するように依頼したという。そして朱和中は一九二二年一一月から翻訳に取り掛かり、一九二三年二月に訳出し、同年六月に訳本を上海で出版した。その結果、孫文は膠州領土地令について詳細に研究することができたとされる（Matzat 1986, S. 59f.; 馬 二〇一〇、四三頁）。こうして孫文は、膠州領土地令とシュラーマイアーの土地政策についての詳細を知ることができたのであった。その結果孫文は、胡漢民によると、平均地権政策を実施するに際して、シュラーマイアーが膠州湾租借地で先駆的に行った方法に従うことにしたのであった（Matzat 1986, S. 58; 馬 二〇一〇、三九頁）。

そこで一九二四年一月五日付で孫文は、シュラーマイアー宛に電報を出した。そこにおいて孫文は、広州市に顧問として来ることが可能か否かについて照会した（*ADAP*, Serie A, Bd. IX, Dok. Nr. 105, S. 270）。また、当時広州ドイツ総領事であったレミー（Erwin Remy）によると、孫文は、青島で土地投機を排除し、土地の増価分を国庫に繰り入れるようにしたシュラーマイアーの措置の成功に大きな感銘を受けており、彼の権威を利用して、新たな実り多い資金源を開拓し、益々悪化しつつある財政難に終止符を打とうと考えていたという（*ADAP*, Serie A, Bd. IX, Dok. Nr. 105, S. 270）。

その結果、シュラーマイアーは広州市に経済顧問として招聘されることになった（参照、Harteck 1929, S. 312, 498; 田嶋 二〇〇七、一七、二七–二八頁）。彼は一九二四年六月に広州市に到着した。そして同年六月から一一月までの間に数回、シュラーマイアーは孫文と面会できたとされる（Matzat 1986, S. 55; 馬 二〇一〇、四四頁）。胡漢民によると、一九二四年の夏にシュラーマイアーは、孫文と廖仲愷とともに、広州市の土地税の税率について議論したという（Matzat 1986, S. 60; 馬 二〇一〇、四四頁）。こうして広州市に孫文によって招聘されたシュラーマイアーは、広州市の土地政策に取り組むことになるのである。

4 広州市におけるシュラーマイアーの土地政策

シュラーマイアーが広州市に招聘される以前において、孫文は一九二三年二月に広東全省土地境界総局を設立させ、同年八月には「広東省土地境界総局規程」を審査、発布していた。これによって土地の測量を行い、土地の評価額を確定させることが目的であった。さらに、同年一〇月には、孫文は広東省長の廖仲愷が責任者となって立案した「広東都市土地税条例」を審査、許可し、発布した。この条例はまさに孫文の平均地権政策を具現化したものであった。この内容は、総則、普通地税、地価の評定及び登記、普通地税の納税者、土地増価税の項目に分かれ、五章三七条からなった。その後も、孫文は同年一一月六日に「広東農地所有者保証章程」一二条及び「全広東省農地所有者保証局組織略則」を公布した。「広東農地所有者保証章程」の目的は、「農民が小作する権利を保障し、不動産所有者の所有権の安全を維持することである」とされた。さらに同年一一月二六日、孫文は「国有の荒地払下げによる開墾条例」三二条を批准し、公布した。この条例は、国有の荒地を開墾し優秀な成績を収めた者に対して、有利な政策を講ずることを規定していた（金 一九九一、一一一－一一四頁）。

こうしたなか、シュラーマイアーは経済顧問として孫文の平均地権の実現に向けて尽力することになる。そこでシュラーマイアーは「土地登記測量及び徴税条例草案」を立案した。これは全部で九章九五条からなる。その主要な内容は以下の通りである。(一) 土地測量の費用の設定。(二) 土地登記表における罰則規定。(三) 土地税率の設定。(四) 土地増価税率（一〇〇％）の確定。(五) 納税者滞納者に対する罰則規定。(六) 土地局による競売規定。このシュラーマイアーが起草した「土地登記測量及び徴税条例草案」は、金徳群らの研究によると、一、一定の理論を明確に述べている、二、周到詳細な土地管理の見本になっている、三、強力で厳格な経済統制措置を有している、四、土地裁判所を設立して、比較的強力な土地管理組織を有している、という四つの特徴を有していたとされる（金 一九九一、一一四－一一五頁)。

一九二四年六月に広州市政府の顧問として着任したシュラーマイアーであったが、その後まもなくして孫文、廖仲愷が相次いで逝去し、一九二六年一月五日にはシュラーマイアーもまた交通事故で死亡した。また広東の政局が変化したことによって、シュラーマイアーが起草した「土地登記測量及び徴税条例草案」は、結局執行されるには至らなかった(金 一九九一、一一五頁。なお、シュラーマイアー以後の広東国民政府の平均地権政策の概観については、広東民国史研究会 二〇〇四、六〇〇-六〇一頁を参照)。しかし、「条例草案」はその後、国民政府が一九三〇年に制定した土地法(陳 一九四四)のための参考資料として供せられた。この土地法は、蕭錚の依頼によって、ダマーシュケが『土地改革年報』誌上で詳細な鑑定を行った(Damaschke 1931)。その後、孫文の「耕す者に土地を」(『孫中山全集』二〇〇六、一〇巻、五五四-五五八頁、坂元 二〇一〇、二八六-二九一頁)という理念の下、国民政府の平均地権政策は、蕭錚によって全土地の国有化ではなく、土地私有制を前提とした自作農創出政策へとシフトしていくことになるのである(笹川 二〇〇二、第二章参照)。

おわりに

膠州湾租借地において制定された膠州領土地令は、ダマーシュケやドイツ土地改革者同盟の直接的な関与なしに、主としてシュラーマイアーのイニシアティヴの下、結果的にドイツ土地改革者同盟の原則と一致しながらも、宋朝以来の土地制度、とりわけ土地税をはじめとした現地で探し集めて得た経験から創出されたものであった。シュラーマイアーが言うように、膠州領土地令は、まさに「千年もの歴史において守られてきた土地制度が近代の諸状況に適応したもの」であった。すなわち、宋朝以来、千年もの歴史において守られてきた中国の土地税をはじめとした土地制度が、一九世紀末の資本主義的な土地投機といった近代的な状況に適応したものであった。中国古来の伝統的な土地制度が、近代批判の脈絡のなかで資本主義的な土地投機を排除する手段として、シュラーマイアーによって再発見されたのであった。

また興味深いことに孫文の民生主義、特に平均地権論もまた、中国古来の民生主義の伝統に、ジョージやミルやウォーレスなどの西洋思想が適応したものであった。この点について馮自由は、まさに「民生主義は実に数千年前より中国に固有の産物なのであって、その幽光を発してまじえるに欧米最近発明の新理をもってすれば、欧米とくらべてけっして劣らない」と述べていたのである。孫文とシュラーマイアーが、共通して中国古来の伝統的な土地制度に着目していた点は極めて興味深いが、この点は、これまで長年、等閑視されてきた。この原因として、ダマーシュケと蕭錚が果たした役割は大きいといえる。

膠州領土地令の制定過程に関して、シュラーマイアーが土地制度をはじめとした現地中国での経験の重要性を強調していたのに対して、ダマーシュケは専らドイツ土地改革者同盟の学説ないしは思想の実行を強調し、現地中国での経験を等閑視していた。従来、膠州領土地令をはじめとした膠州湾租借地の土地政策をめぐる議論は、専らダマーシュケやドイツ土地改革者同盟の植民地主義的な言説の枠内で行われてきた。そこでは現地中国の土地税をはじめとした土地制度の存在やその歴史は無視され、ダマーシュケやドイツ土地改革者同盟と同様の植民地主義的な観点が国内で受容されていった。しかしながら、膠州領土地令が制定されるには、現地中国の土地制度の伝統の経験は不可欠であり、このいわば中国の伝統要因なしには膠州領土地令の制定は困難であった。こうした特徴を持つ膠州領土地令は、中国においてもダマーシュケの土地改革思想の影響を強く受けた蕭錚によって、中国の伝統要因については等閑視されたまま、専らダマーシュケの土地改革論の一大成果として喧伝され、継承されてきたのである。

膠州湾租借地の土地政策、とりわけ膠州領土地令は、孫文によって一九二〇年代初頭に再発見され、その政策立案に携わったシュラーマイアーが経済顧問として広州市政府に招聘されることになる。孫文がシュラーマイアーを広州市に招聘したのは、平均地権論を政策として実施する際に、膠州領土地令はその目的を実現する手段として当時の彼にとっては最適のモデルであったからである。というのは、孫文は土地国有制を「終極の理想」としながらも、当時においては過渡期として封建的地主らの私有制を認め、地価税や土地増価税の導入によってこれを財源として、地主の土地を買収し、国有化する必要があったからである。その際、膠州領土地令はまさにその先行事例であった。総督府に土地の先買権と公用徴収権（収用権）を賦与した膠州領土地令は、土地公有制と土地私有制との混合方式であり、孫文にとってまさにミルとジョージがそれぞれ唱えた土地制度の中間形態ともいえるものであったのである。

広州市において、シュラーマイアーは、孫文とは数回しか会う機会がなかったが、膠州領土地令や膠州湾租借地での経験に依拠しながら、「土地登記測量及び徴税条例草案」を立案した。そこでは、まさに地価税と土地増価税の導入とその徴税についての詳細が規定されていた。しかしながら、孫文やシュラーマイアーの相次ぐ死去によって、さらには広東の政局の変化によって、シュラーマイアーが起草した「土地登記測量及び徴税条例草案」は結局執行されなかった。しかし、この「条例草案」は、国民政府が一九三〇年に制定した土地法に重要な参考資料を提供したのである。

＊本章は、熊野直樹「ドイツ土地改革者同盟と膠州湾租借地の土地政策――膠州領土地令の制定過程を中心に」（九州大学法政学会『法政研究』七八巻三号、二〇一一年）の趣旨をさらに展開し、新たな史資料に基づいて大幅に加筆・修正したものである。

■注

（1）本章では、„Die Landordnung von Kiautschou“を「膠州領土地令」と訳出する。この正式な名称は、„Verordnung betreffend den Landerwerb in dem Deutschen Kiautschougebiete“である。これまで„Landordnung“は「土地条例」、「土地条令」、「土地法規」などと訳出されているが、本用語が総督によって発令された「土地取得に関する命令」（Verordnung betreffend den Landerwerb）の別称（短縮形）であることから、ここでは「土地令」として訳出する。また„Kiautschou“は、この命令の正式名称が示すように、膠州湾一帯のドイツの支配領域を指す„Kiautschougebiet“（膠州領）を意味しているため、「膠州領」と訳出する。なお、用語の訳出に際しては、浅田の研究書（浅田 二〇一一）から多くの示唆を得た。

（2） バウワーの「植民都市青島」に関する研究もまた、当地の土地政策や土地税政策の内容について部分的に言及してはいるものの、膠州領土地令の制定過程については全く言及しておらず、またその土地令をドイツ土地改革運動の流れのなかで考察したものではない（バウワー 二〇〇七、一八頁）。同様に、欒の青島の都市形成史に関する研究もまた、当地の土地制度や土地政策についてはわずかに言及しているものの、膠州領土地令の制定過程については全く言及していない（欒 二〇〇九、三七頁）。ドイツの植民地法制を概観し、とりわけ植民地での労働法制における現地人に対する体罰を伴う懲罰的条項について比較法的に分析を行ったヴォルターの研究は、そもそもアフリカにおけるドイツの植民地が考察の中心で、膠州湾租借地については全く言及されていない（Wolter 1995, S. 201-244）。

（3） 膠州湾占領に際してのドイツによる土地所有権の獲得の過程、とりわけ土地先買権協定については、浅田（二〇一一、五九－六〇頁）を参照。

（4） 本章では、訳文は既存の翻訳を最大限尊重しながらも、一部改訳させていただいた。

（5） ダマーシュケについては、近年幾つかの重要な研究が出されている。ダマーシュケの思想と行動については、フーグラーの研究が政治家、土地改革者、教育者という観点から分析しており（Hugler 2005）、ダマーシュケの主著の一つである『国民経済学史』（*Geschichte der Nationalökonomie*）については、ディーフェンバッヒャーが詳細にテキストクリティークを行っている（Diefenbacher 2005）。また、レップは、世紀末転換期のダマーシュケの作品を中心にポピュラー・ナショナリズムの観点から、言説分析を行い、ダマーシュケの土地改革論を近代批判ないしは近代のオールタナティヴとして位置づけており、興味深い（Repp 2000, pp. 67-103）。

（6） 例えば、ドイツ土地改革者同盟の綱領を「社会主義的」（sozialistisch）とみなす同時代文献として、Pesl（1925, S. 40f.）を参照。

（7） バウムガルトナーもまた、マツァットの見解を踏まえて、ダマーシュケがシュラーマイアーの名前を知ったのは、一九〇二年六月であると主張している（Baumgartner 2005, S. 152）。

（8） しかも興味深いことに、シュラーマイアーは講演のなかでドイツ土地改革者同盟会長であるダマーシュケに対して、「貴方がたの会長（Ihr Vorsitzende）である、ダマーシュケ氏」と呼んでいた（Schrameier 1902, S. 24）。もし彼が当時既に会員ならば、通常「私たちの会長」（Unser Vorsitzende）と呼んでいたと考えられる。

（9） シュラーマイアーは既に先述の講演会においても、膠州領土地令は、ジョージの学説による直接的な影響を受けていないと述べていた（Schrameier 1902, S. 16）。

（10） 事実、ヴァイマル共和国期においてダマーシュケやドイツ土地改革者同盟の土地政策や税政策に批判的な或る同時代の文献は、「ドイツの土地改革者たちは、（中略）膠州領では事実こうした単税（Alleinsteuer）が導入され、その有効性も実証されたと強調している」と述べている（Pesl 1925, S. 30）。

■文献（欧文）

〈史料〉

Akten zur Deutschen Auswärtigen Politik（*ADAP*）*1918–1945. Aus dem Archiv des Auswärtigen Amts*（1991）Serie A: *1918–1925*, Bd. IX: *16. November 1923 bis 6. April 1924*, Göttingen.

Aus den amtlichen Denkschriften, betreffend die Entwicklung des Kiautschougebiets in der Zeit vom Oktober 1903 bis Oktober 1905（1906）in: *Jahrbuch der Bodenreform*, Bd. II, S. 57–67.

Damaschke, Adolf（o.J. [1900]）*Kamerun oder Kiautschou? Eine Entscheidung über die Zukunft der deutschen Kolonialpolitik*, Berlin.

Damaschke, Adolf（1909）*Geschichte der Nationalökonomie. Eine erste Einführung*, 3. umgearbeitete Auflage, Jena.

Damaschke, Adolf（1922）*Die Bodenreform. Grundsätzliches und Geschichtliches zur Erkenntnis und Überwindung der sozialen Not*, 19. durchgesehene Auflage, Jena.

Damaschke, Adolf（1925）*Zeitenwende. Aus meinem Leben. Zweiter Band*, Leipzig/ Zürich.

Damaschke, Adolf（1931）Zum Bodengesetz der Republik China vom 30. Juni 1930. A. Ein Gutachten, in: *Jahrbuch der Bodenreform*, Bd. XXVII, S. 1–9.

George, Henry（1913）*Progress and Poverty*, reprinted ed., London/ New York（ヘンリー・ジョージ、山嵜義三郎訳『進歩と貧困』日本経済評論社、一九九一年）.

Harteck, Max（1929）*Damaschke und die Bodenreform. Aus dem Leben eines Volksmannes*, Berlin.

Pesl, Ludwig D.（1925）*Das Sondereigentum am landwirtschaftlichen Boden und die Bedeutung der Großgüter für den Staat*, Langensalza.

Preyer, Otto E. (1908) Aus der Praxis der Landordnung von Kiautschou, in: *Jahrbuch der Bodenreform*, Bd. IV, S. 126–134.

Schrameier, Wilhelm (1902) *Wie die Landordnung von Kiautschou entstand?*, Berlin.

Schrameier, Wilhelm (1911) Die Landpolitik im Kiautschougebiete, in: *Jahrbuch der Bodenreform*, Bd. VII, S. 1–62.

Schrameier, Wilhelm (1912) Die Steuerpolitik im Kiautschougebiete, in: *Jahrbuch der Bodenreform*, Bd. VIII, S. 1–68.

Schrameier, Wilhelm (1920) Politische Mahnungen aus deutscher Kolonialpolitik. Bericht, erstattet dem Hamburger Bundestag Deutscher Bodenreformer am 27. September 1920, in: *Jahrbuch der Bodenreform*, Bd. XVI, S. 199–210.

Schrameier, Wilhelm (1923) Die Agrarverhältnisse Chinas, in: *Jahrbuch der Bodenreform*, Bd. XIX, S. 1–25.

Verordnung betreffend den Landerwerb in dem Deutschen Kiautschougebiete (1905) in: *Jahrbuch der Bodenreform*, Bd. I, S. 66–68.

Verordnung betreffend die Erhebung von Steuern und Abgaben in dem Deutschen Kiautschougebiete (1905) in: *Jahrbuch der Bodenreform*, Bd. I, S. 68–70.

〈研究文献〉

Baumgartner, Judith (2005) Erbau Dein Heim auf freiem Grund! Bodenreform und Siedlungsidee: Adolf Damaschke und die Siedlungsgenossenschaft Eden-Oranienburg, in: Hugler, Klaus/ Hans Diefenbacher unter Mitarbeit von Judith Baumgartner und Alan Nothnagle: *Adolf Damaschke und Henry George. Ansätze zu einer Theorie und Politik der Bodenreform* (künftig: *Damaschke und George*), Marburg, S. 139–154.

Böttger, Christian (1998) Der Boden ist ein allgemeines Gut, in: *Junge Freiheit* 15. Im Internet unter http://www.jf-archiv.de/archiv98/158aa18.htm (Aufruf am 16.11.2010).

Diefenbacher, Hans (2005) Adolf Damaschkes „Geschichte der Nationalökonomie", in: Hugler/ Diefenbacher, *Damaschke und George*, S. 45–79.

Hugler, Klaus (2005) Adolf Damaschke: Politiker, Bodenreformer und Pädagoge – ein soziales Vermächtnis?, in: Hugler/ Diefen-

bacher: *Damaschke und George*, S. 17–43.
Matzat, Wilhelm (1986) Wilhelm Schrameier und die Landordnung von Qingdao, in: Kuo Heng-yü/ Mechthild Leutner (Hrsg.), *Beiträge zu den deutsch-chinesischen Beziehungen*, München, S. 33–65.
Mühlhahn, Klaus (2001) Staatsgewalt und Disziplin. Die chinesische Auseinandersetzung mit dem Rechtssystem der deutschen Kolonie Kiautschou, in: Voigt, Rüdiger/ Peter Sack (Hrsg.), *Kolonialisierung des Rechts. Zur kolonialen Rechts-und Verwaltungsordnung*, Baden-Baden, S. 125–155.
Repp, Kevin (2000) *Reformers, Critics, and the Paths of German Modernity. Anti-Politics and the Search for Alternatives, 1890–1914*, Cambridge/ Massachusetts/ London.
Schiffrin, Harold (1957) "Sun Yat-sen's Early Land Policy: The Origin and Meaning of 'Equalization of Land Rights'," in: *Journal of Asian Studies*, vol. 16, no. 4, pp. 549–564.
Seemann, Josef (1983) Bund Deutscher Bodenreformer (BDB) 1898–1945, in: Fricke, Dieter (Leiter des Herausgeberkollektivs) / Werner Fritsch / Herbert Gottwald / Siegfried Schmidt / Manfred Weißbecker: *Lexikon zur Parteiengeschichte. Die bürgerlichen und kleinbürgerlichen Parteien und Verbände in Deutschland (1789–1945)*, Bd. 1, Köln, S. 282–288.
Wolter, Udo unter Mitarbeit von Paul Kaller (1995) Deutsches Kolonialrecht – ein wenig erforschtes Rechtsgebiet, dargestellt anhand des Arbeitsrechts der Eingeborenen, in: *Zeitschrift für Neuere Rechtsgeschichte*, Jg. 17, Nr. 3/4, S. 201–244.

■文献（中文）

馮自由（一九七八ａ）『革命逸史』第三集、台北・台湾商務印書館、第三版。
馮自由（一九七八ｂ）『革命逸史』第四集、台北・台湾商務印書館、第三版。
広東民国史研究会編（二〇〇四）『広東民国史　上冊』広州・広東人民出版社。
金徳群主編（一九九一）『中国国民党土地政策研究（一九〇五－一九四九）』北京・海洋出版社。
馬維立（二〇一〇）金山訳『単威廉与青島土地法』青島・青島出版社。

青島市史志弁公室編（一九九九）『青島市志　土地志／地震志』青島・新華出版社。

『三民主義大辭典（上）』（一九八八）台北・幼獅文化事業股份有限公司。

單維廉（一九八〇）周龍章訳『徳領膠州湾（青島）之地政資料』台北・中国地政研究所（ヴィルヘルム・シュラーマイエル［單維廉］、荒武達朗監訳、安達洋・神野麻衣・東渕愛・平塚麻衣・山木あさこ訳「翻訳と紹介　單維廉（シュラーマイエル）著「ドイツ領膠州湾（青島）の地政資料」（一）」『徳島大学総合科学部人間社会文化研究』一五巻、一‐五〇頁、二〇〇八年。ヴィルヘルム・シュラーマイエル［單維廉］、荒武達朗監訳、安達洋・神野麻衣・平塚麻衣・山木あさこ訳「翻訳と紹介　單維廉（シュラーマイエル）著「ドイツ領膠州湾（青島）の地政資料」（二）」『徳島大学総合科学部人間社会文化研究』一六巻、五三‐九三頁、二〇〇九年）。

『孫中山辭典』（一九九四）韶関・広東人民出版社。

『孫中山全集』（二〇〇六）北京・中華書局出版、第二版（『孫文全集』全七巻、外務省調査部訳編、第一公論社、一九三九‐一九四〇年）。

蕭錚（一九八〇）『土地改革五十年　蕭錚回憶録』台北・中国地政研究所。

蕭錚（一九八四）『中華地政史　亦名、中国人地関係史』台北・台湾商務印書館。

■文献（邦文）

浅田進史（二〇一一）『ドイツ統治下の青島――経済的自由主義と植民地社会秩序』東京大学出版会。

安藤久美子（二〇一三）『孫文の社会主義思想――中国変革の道』汲古書院。

川瀬光義（一九九二）『台湾の土地政策――平均地権の研究』青木書店。

久保田文次（二〇一一）『孫文・辛亥革命と日本人』汲古書院。

栗田元次（一九一四）『膠州湾――独逸の東洋経営』赤城正蔵（アカギ叢書）。

坂元ひろ子編（二〇一〇）『世界大戦と国民形成――五四新文化運動』（新編原典中国近代思想史（四））岩波書店。

笹川裕史（二〇〇二）『中華民国期農村土地行政史の研究――国家‐農村社会間関係の構造と変容』汲古書院。

澤村康（一九三三）『農業土地政策論』養賢堂。

田嶋信雄（二〇〇七）「孫文の「中独ソ三国連合」構想と日本　一九一七－一九二四年――「連ソ」路線および「大アジア主義」再考」服部龍二・土田哲夫・後藤春美編『戦間期の東アジア国際政治』中央大学出版部、三－五二頁。

田原天南（一九一四）『膠州湾』満洲日日新聞社。

陳顧遠、増淵俊一訳（一九四四）『中国土地法』大雅堂。

辻英史（二〇〇八）「社会改革のための合意形成――アドルフ・ダマシュケとドイツ土地改革者同盟の挑戦」川越修・辻英史編『社会国家を生きる――二〇世紀ドイツにおける国家・共同性・個人』法政大学出版局、三七－七二頁。

バウワー、ヴォルフガング、大津留厚監訳、森宜人・柳沢のどか訳（二〇〇七）『植民都市・青島　一九一四－一九三一――日・独・中政治経済の結節点』昭和堂。

狭間直樹（一九七六）『中国社会主義の黎明』岩波書店。

南満洲鉄道株式会社総務部交渉局（一九一四）『独逸保護領膠州ニ於ケル土地ニ関スル法令』。

欒玉璽（二〇〇九）『青島の都市形成史　一八九七－一九四五――市場経済の形成と展開』思文閣出版。

第三章　ドイツ領サモアにおける「人種」と社会層

——混合婚をめぐる議論を起点として

中村綾乃

はじめに

一九一二年五月二日、ドイツ帝国議会において、植民地における混合婚の合法化を求める議案が審議された。この議案は、同年一月一七日に植民地長官ゾルフ（Wilhelm Solf）が発したドイツ領サモアにおける混合婚禁止の布告に反対すべく、社会民主党の議員によって提出されたものである。ここで問題とされた混合婚とは、ドイツ人男性とサモア人女性との結婚を指している。(1)ゾルフは、アフリカと中国の植民地に倣い、サモアにおける混合婚を禁止し、この禁止措置とともに、「混血児」と呼ばれた人々の法的地位の差別化をはかった。この一月一七日の布告以前に生まれた「混血児」で、法律上の夫婦の下に生まれた子供は、父親に準じて外国人、婚外子はサモア人として扱われた。この布告後に生まれた「混血児」は、原則としてサモア人として扱われることになった。混合婚を認めるべきか、禁止すべきか、子供は父親と母親いずれに準じた法的地位を有するべきなのか、この問題をめぐって論戦が繰り広げられた(2)（Grentrup 1914, S. 38–55; Essner 1997, S. 503–519）。

混合婚禁止派の急先鋒に立ち、社会民主党の議案に真っ向から反論したのはゾルフ自身であった。ゾルフは、アメリカの黒人問題の例を挙げ、議論の口火を切った。

「議員の皆さま、先ほどから述べておりますように、ここにおられる誰もが奴隷制に異議を唱えるでしょう。倫理的な観点からも、我々は反対しなければなりません。しかし皆さん、考えてもみて下さい。黒人にしてみれば、かつての家父長的な制度のもとでの暮らしの方が楽だったのではないでしょうか。今や彼らは、内面から人間としての自覚を持たなければいけないのですから。（中略）今や、黒人は自由なのです。リンチにかけられなければ、大統領にだってなれるというんですから。皆さま方は、いかにリンチが残虐なものであるかよくご存知でしょう。しかしリンチは、法と国民感情が一致しない限り、なくなることはないのです」(Reichstag. 53. Sitzung, den 2. Mai 1912 in: Stenographische Berichte über die Verhandlungen des Deutschen Reichstages (fortan: Rt), Bd. 285, S. 1648)。

本題の混合婚に話が及ぶと、ゾルフは聞き手を煽り立てるように弁舌を振るった。

「議員の皆さま方のご子息が植民地にいるとしましょう。その息子が黒人の嫁を連れて我が家を訪れ、揺りかごにちぢれ毛の孫を寝かせるのです。一体誰がそのような家族を望むのでしょうか。しかし現実はもっと深刻なのです。ドイツ植民地協会は、白人の娘たちを南西アフリカへ送るために毎年五万マルクを支出しているのです。この白人の娘たちがヘレロやホッテントット、それらの混血を夫としてドイツへ戻ってくるようなことがあってよいのでしょうか」(Reichstag. 53. Sitzung. den 2. Mai 1912 in: Rt. Bd. 285, S. 1648-1649)。

ゾルフは、「どうかこの植民地の現実をドイツ人として、白人としての本能で受け止めていただきたい」と述べた。さらに「我々はドイツ人であり、白人です。白人であり続けようではありませんか。（中略）我々の人種が雑種になっていくことを許してしまっていいのでしょうか」という挑発的な文言をもって、演説を締めくくった（Reichstag. 53.

Sitzung den 2. Mai 1912 in: Rt, Bd. 285, S. 1648-1649)。

このゾルフの主張に対して、社会民主党のレーデブーア（Georg Ledebour）は、サモア人女性を守るために、混合婚を合法化すべきと訴えていた。レーデブーアによれば、混合婚を禁止することで、事実婚や重婚の数が増え、「サモア人女性は売春婦に成り下がる」という（Reichstag, 8. Sitzung den 17. Februar 1912 in: Rt, Bd. 283, S. 98）。社会民主党とともに、ゾルフの反対陣営にまわり、混合婚の合法化を主張したのがエルツベルガー（Matthias Erzberger）を筆頭とする中央党であった。エルツベルガーは、サモア人が「異教徒」ではなく、敬虔なキリスト教徒である点を強調した。彼もまた、混合婚を禁止すれば、事実婚の数が増え、キリスト教的な結婚観と家族観にそぐわない状況を助長するとして、ゾルフの主張に反対した（Reichstag, 56. Sitzung den 8. Mai 1912 in: Rt, Bd. 285, S. 1741）。他の植民地と同様、サモアでも混合婚の大半は届け出を欠いており、有り体に言えば同棲であった。「混血児」を生み出す混合婚は望ましくないという点では全会一致であったものの、この問題は植民地に留まらず、ドイツの国籍、家族と結婚制度、宗教観やジェンダー規範にもまたがる議論を喚起したのである。

ゾルフは、一九〇〇年から約一〇年間にわたりサモア総督を務め、その後植民地長官に任命された。この間、ドイツ領東アフリカや南西アフリカ、イギリス領の南アフリカ、ニューギニアや中国を視察し、植民地の事情に精通していた。統治者としての経験を踏まえ、混合婚の合法化に反対したわけであるが、批判の矛先はサモア人ではなく、自国民の方に向けられていた。先述の演説の文言のみを切り取れば、ナチズムに繋がる人種主義のイデオローグのような印象を与える。ただし、ゾルフの主張した「ドイツ人の純血」は、生物学的な「人種」にのみ規定されるものではなかった。彼によれば、「貧しいドイツ人」に限って現地女性と結婚し、子供を儲けているという（Reichstag, 53. Sitzung, den 2. Mai 1912 in: Rt, Bd. 285, S. 1649）。このような「プロレタリアートの紳士」の行動や価値観は、支配者として相応しくなく、近代化と文明化、開発という植民地主義の大義に殉じることはできないと考えていた。混合婚の禁止に先駆け、サモアの統治方針として示されていたのが、この「貧しいドイツ人」の入植の阻止と排除であり、ゾルフの言葉を借りれば

「対ラディッシュ政策」であった。ここでいうラディッシュとは、さしたる資産を持たず、またプランターとしての経験もなくして、プランテーション経営に携わろうとする素人の入植者を指している（von Vietsch 1961, S. 99）。

ドイツ帝国から世界帝国への飛躍が叫ばれた時代、その飛躍台とされた場所で、ドイツ人はサモア人という他者に出会う。彼らを帝国に組み入れる過程の中で、多くの「混血児」が生み出された。またその過程の中で、労働需要が高まり、年季労働者として多くの中国人が移入した。これらの他者をどのように位置づけ、その他者性はドイツ人の自己意識にどのような影響を与えたのだろうか。本章では、冒頭の混合婚をめぐる議論を起点として、ドイツ統治下のサモアにおける「混血児」と中国人労働者の法的地位をめぐる政策を検討する。

ドイツ統治下のサモアについては、ヘンペンストール（Peter Hempenstall）をはじめ英語圏においてはかなりの研究蓄積がある（Hempenstall 1978, 1997; Hempenstall and Tanaka Mochida 1998, 2005）。日本においては文化人類学者の山本真鳥が、ドイツ統治下で示された「人種」の範疇に焦点を合わせ、白人概念の文化的、社会的な構築性を明らかにしている（山本 二〇〇五）。これらの先行研究では、「白人」と非白人という関係から植民地社会の構造が分析されてきた。混合婚および「混血児」は、植民地という人種化された社会では伝統的な問題といいうるが、本章では、この問題が本国の社会に跳ね返り、同じドイツ人同士の対立に投影されていく過程に注目していく。

一　欧米列強のサモア進出

1　宣教師と商人の領事

欧米列強によるサモア進出は、一九世紀半ばから本格化した。サモアは無人島を含む一四の島からなり、サバイイ、ウポル、ツツイラを主要な島とする。現在のサモア独立国の首都アピアは、ウポル島の北部に位置している。アピアはウポル島では限られた平野部分であり、天然の良港に恵まれていたことから、欧米系のミッションと商人はこの地を拠点とした。本章の課題を論じる前に、植民地建設の前史として、どのような過程を経てサモアをドイツ帝国へ編入する下地がつくられたかをたどる。

サモアに最初に足がかりを設けたのは、イギリスとアメリカのミッションであった。一八三〇年、ロンドン伝道協会（London Missionary Society）のウィリアムズ（John Williams）とバーフ（Charles Barff）が来島した。その後、欧米からの宣教師の来島が相次ぎ、布教活動を行った。一八四四年、ウポル島のマルアにロンドン伝道協会の神学校が設立される。翌一八四五年、カトリックのミッションがサバイイ島を拠点として、布教活動を行った。バーフは、サモア滞在中の日記に「サモア人が安息日を厳格に守っているのを見て、心底満足した」と記している（Bargatzky 1997, p. 84）。バーフと同じように、サモアで活動した宣教師ターナー（George Turner）は、自著の中で次のように述べている。

「キリスト教の浸透とともに、寺は破壊され、神聖な森林は茂みで覆われるようになり、貝殻や石、占いに使う器は投げ捨てられた。昔から神の権化とされてきた魚や家畜であるが、いぶかしがったり、恐れたりする者はもはやおらず、誰もが食べるようになった。瞬く間に信仰が広まり、かつての制度の痕跡は見る影もない」(Bargatzky 1997, p. 84)。

ロンドン伝道協会をはじめとするミッションは、学校設立や聖職者の養成など、サモア人の生活と関わりを持ちながら、布教活動を行った。ミッションが設立した学校での授業は、英語で行われたことから、聖職者を中心としてサモア人の中にも英語の読み書きができる人材が育っていく。キリスト教の浸透は、信仰と英語教育のみならず、西洋的な衛生概念に適った服装、病気の予防や治療、契約に基づく労働や結婚、西暦の導入など、サモア人の生活様式全般を変えていった。

一八三九年、イギリスとアメリカはウポル島のアピアに領事館を設置している。ウィリアムズと同じく、ロンドン伝道協会の宣教師であったプリチャード(George Pritchard)が、一八四七年にイギリス領事の職に就いた(山本 二〇〇三、三二六頁)。ミッションの布教から半世紀を経て、一九〇〇年、サモアはドイツ統治下に置かれるが、サモア人の約三分の二がプロテスタントであり、残りがカトリックであった。プロテスタントはイギリスの高教会派であった。カトリックは、タヒチ、ウォリス・フツナを拠点に布教していたフランスのミッションによって広まった(Bargatzky 1997, pp. 82-89; Wareham 2002, p. 43)。

ロンドン伝道協会の一八六八年の統計によれば、アピアに住む外国人は「混血児」の数も含めて二三六名いた。この内、イギリス人は一〇五名、アメリカ人は八三名、ドイツ人は二六名であった(山本 二〇〇三、三三〇頁)。イギリス人とアメリカ人の住民には、ミッションの関係者が多かったのに対し、ドイツ人は商人が大半を占めた。ドイツの場合、サモア進出の目的が経済開発に絞られていたことから、来島者は商人に限られていたのである。これらのドイツ商人は、ハンザ都市出身者のプロテスタントが多く、世俗的な傾向が強かった。

イギリスやアメリカは領事職に宣教師が就いたが、ドイツ領事は商人であった。一八六一年二月、ハンブルク参事会はアピアにハンブルク領事館の設置を決め、初代ハンブルク領事にはゴーデフロイ商会(Godeffroy & Sohn)の支配人ウンスヘルム（August Unshelm）を任命した。(3) 一八六一年七月三一日付でウンスヘルムが認め、ハンブルク参事会の法律顧問に宛てた報告書がサモアに関する最初の外交文書に相当する。ウンスヘルムが領事を務めたハンブルク領事館は、フィジーとトンガまでを管轄した。一八六四年四月、ウンスヘルムの後任として、同じゴーデフロイ商会のヴェーバー（Theodor Weber）が領事に任命された。一八六八年以降、ヴェーバーは北ドイツ連邦の領事を兼ねることになる。

ヴェーバーは、領事という立場を利用して、自社利益の拡大をはかった。港湾を巡回しているドイツの砲艦をもって、サモア人を威嚇した。まずドイツ籍の船が港に自由に出入りすることを無理やり承諾させ、さらにウポル島にプランテーションを立ち上げるべく、サモア人に対して土地の割譲を要求した。武器とのバーター取引による割譲地で、コプラと綿花のプランテーション経営を展開していく（Skirvan 1995, S. 130–131; Gossler 2009, S. 31–58）。

2　「南洋の王」から官営企業へ

一八六〇年代後半、サモアのコプラ市場を独占したのが先述のゴーデフロイ商会である。同商会は、ハンブルクに本社を置くハンザ系の老舗であった。一八五七年、同商会はアピアに支社を設置し、アピアを拠点として事業を拡大していく。一八六〇年代に入ると、フィジーやトンガ、マーシャル及びカロリン群島に交易所を置き、この南洋一帯のコプラ取引を一手に担うようになった。同商会は、乾燥コプラの取引によって、莫大な利益を上げた。一八六〇年代末には、サモアのコプラ市場を独占し、競合国のイギリスをして「南洋の王」と呼ばしめるようになった。

しかし一八七〇年代に入り、ゴーデフロイ商会はライン地方の鉱山株の投機に失敗し、多額の損失を被った。再建のための資金を調達するべく、金利の高い投機に手を出し、さらなる負債を抱えたため、いよいよ経営は立ち行かなくなった。一八七九年三月、ゴーデフロイ商会はハンブルクでドイツ通商農業会社（Deutsche Handels und Plantagen Gesellschaft. DHPG）を設立し、資産をすべて委譲し、自己破産の手続きをとった。組織と名義を改め、資金融資を募ったが、株のほとんどは手元に残った。ドイツ通商農業会社は、株とプランテーション用の農地を担保として、イギリスのベアリング兄弟会社（Baring Brothers & Co.）から資金提供を受けていた。ドイツ通商農業会社が破産すれば、ドイツの権益はイギリスの手にわたり、南洋拠点を失うことになるため、同社の傘下にあった商人は、本国政府に融資を求めた。時の宰相ビスマルク（Otto von Bismarck）は、ドイツ通商農業会社への政府融資を一旦は拒絶したものの、保守派の議員からの融資の要請を無視できなくなり、帝国議会での審議に委ねた。ドイツ通商農業会社の救済に国費を投じた場合、南洋進出はドイツの国家事業という位置づけがなされる。議場では、積極的な南洋進出を主張する議員と消極的な姿勢をとる議員とに陣営が分かれ、論戦が繰り広げられた。公的資金の投入に反対する議員からは、ドイツ国内の投機で失敗し、経営が傾いた一企業に国費を投入すれば、このような支援の要請は後を絶たなくなるという意見も聞かれた。審議を重ねた末、一八八〇年四月二七日に採決されることとなった。ドイツ通商農業会社を救済するために公的資金を投入するという案に対して、反対一二八票、賛成一一二票という結果となり、ドイツ政府としての支援は見送られた。票決の際、この議案に賛成したのは、保守党、国民自由党の右派であり、植民地の建設をはじめとする拡張主義を求めていた。反対票を投じたのは、自由貿易を主張する左派、進歩党、中央党、社会民主党の議員であった（高岡 一九五四、九七－一〇九頁、Skirvan 1995, S. 129–155）。

ビスマルクは、ドイツ企業や商人の海外進出は追認していたものの、国家事業としての南洋進出は拒絶した。同年一二月、ヴェーバーがドイツ領事としてサモアの併合を訴えたが、この案をビスマルクは受け入れなかった。政府からの支援を受けられなかったドイツ通商農業会社は、イギリスの債権者と株主との協議の上で経営再建をはかり、一八八四年から再び収支が黒字化するようになる（Skirvan 1995, S. 133–155）。ビスマルクの失脚後、ドイツの帝国主義的主張が強まったのを機として、ドイツ通商農業会社の経営も植民地事業と連動していく。同社はドイツ政府の与える利益保証のもとに、ゴーデフロイ商会の事業を引き継いだ。さらにサモアのドイツ商人やプランターを傘下に置き、コプラ取引の仲介、資金調達や年季労働者の斡旋など、本国と植民地の調整機関としての役割を果たし、官営企業としての性格を強めていく。

3　欧米列強とサモア社会

(1) ベルリン会議

サモアでは、村落の連合体が首長国を形成し、首長同士が覇権を争うという状態が続いていた。人口密度が最も高かったウポル島は、アアナ(A'ana)、ツアマサガ(Tuamasaga)、アツア(Atua)の三つの首長国に分かれ、この三大首長によって最も高いレベルでの政治決定が行われていた。一八七三年八月、首長間の覇権争いに終止符が打たれた後、議会制度が作られた。一八七五年までには、上院タイムア(Taimua)と下院ファイプレ(Faipule)からなる議会が設置された。イギリス、アメリカ、ドイツの領事館が設置されたアピアには、欧米のミッションや商人を構成員とした外国人社会が成立していた。首長間の抗争が起こると、この抗争に欧米系の商人が介入した。これらの商人は、サモア人に銃や武器を提供する代わりに、農地の割譲を要求したのである。(山本 二〇〇三、三一九 - 三三〇頁)。

一八八八年から一八八九年にかけて、再び首長間の抗争が拡大した。サモアの住民は、マリエトア(Malietoa)、タマセセ(Tamasese)、マタアファ(Mata'afa)の陣営に分かれ、この抗争にドイツ、イギリス、アメリカの三国が武力介入したために、争いの構図はさらに複雑化した。まずドイツが軍艦を派遣し、マタアファの陣営についたアメリカを攻撃したために、アメリカ側も応酬した。米独間の戦闘が繰り広げられようという時に、台風が直撃し、サモア全体に壊滅的な被害をもたらし、もはや収拾がつかなくなった。台風で戦闘中止を余儀なくされたことにより、両国は休戦条約を結んだ(Wareham 2002, pp. 25-26)。

一八八九年五月、一連の抗争と混乱に終止符を打つべく、ドイツ、イギリス、アメリカの代表はベルリンに会した。このベルリン会議では、「サモアの将来はサモア人の手に委ねる」という原則が示され、三国ともサモア人同士の抗争には介入しないことが約された。首長位の継承をめぐる抗争は、ドイツの援護を得ていたマリエトア・ラウペパ（Malietoa Laupepa）を最上位首長とすることで決着がつけられ、アメリカの援護したマタアファ（Mata'afa Iosefo）は流刑に処された。このベルリン会議では、サモアの土地問題の解決もはかられた。欧米列強のサモア進出以降、首長間の抗争が起きるたびに、外国人がバーター制で武器と土地を取引していた。しかし、そもそも土地所有権を持たないサモア人が二重、三重に売買していることもあった。そのため登記簿に記載されている土地の面積と実測が合わないことも多かった。このような土地の所有権をめぐる争いが起きるのを防ぐべく、外国人とサモア人との土地取引を凍結したのである（Johag 2011, S. 63-66）。またアピアを外国人租界とし、自治組織を整備することが取り決められた。

（2）海軍との対立

ベルリン会議から一〇年後の一八九八年、再び最上位首長の後継をめぐる争いが起き、翌一八九九年に争いは頂点に達した。流刑に処されていたマタアファが後継者争いに加わるべく、再びサモアに戻ったのである。マタアファは、敬虔なカトリック教徒であり、カトリック教徒の住民を中心として依然人望を集めていた。マタアファと最上位首長の地位を争うことになったのは、プロテスタントのマリエトア・タヌマフィリ一世（Malietoa Tanumafili I.）であった。サモア社会ではプロテスタントが大勢であったが、流刑という憂き目を見たマタアファの方に人気が集中した。ベルリンではタヌマフィリ一世を最上位首長として認めたため、マタアファを支持していたサモア人が決起する。ベルリン会議の決議に反し、ドイツ、イギリス、アメリカの三国はこの抗争に再び、それぞれの利害をもって介入した（Wareham 2002, p. 26）。

ベルリンでは、事態の収拾をはかるべく、米英との交渉役の人選が話し合われ、ゾルフが任命された。一八九九年五月、ゾルフが来島し、アピアの外国人評議会の会長に就任する。外国人評議会には、ドイツ代表の委員としてシュテルンブルク（Freiherr Speck von Sternburg）、アメリカ代表の委員としてトリップ（Bartlett Tripp）、イギリス代表の委員としてエリオット（Charles Eliot）が選出された。ゾルフは、トリップとエリオットに武力介入の回避を呼びかけ、マタアファとタヌマフィリの両陣営の和解をはかった。外国人評議会の会長として、三国の利害調整をはかろうとしたゾルフと敵対したのは、ドイツ帝国海軍のエムスマン（Hugo Emsmann）であった。エムスマンは、アメリカとイギリスに対抗すべく、サモアを含む南太平洋に艦隊を常駐させ、ドイツの利権拡大を訴えたのである。英米との協調を「海軍の拡張政策を骨抜きにするもの」と主張したエムスマンに対して、ゾルフは「視野の狭い海軍士官どもには、私の政策に口出しさせない」と豪語した（BArchK, N1053-20; von Vietsch 1961, S. 53-54; Hempenstall and Tanaka Mochida 2005, pp. 58-60）。

ゾルフとエムスマンの対立が深まる中、ベルリンでは外相ビューロー（Bernhard von Bülow）によってサモア分割の具体案が示されていた。一八九九年一〇月、ロンドンでの合意を経て、米独間でサモアを分割することが取り決められた。ドイツは、西サモアにあたるマノノ島、アポリマ島、サバイイ島、そしてアピアのあるウポル島の領有を宣言した。ドイツが主なプランテーション農地のある地域を専有したかわりに、アメリカは太平洋艦隊の拠点としてパゴパゴの港を押さえた。サモアはもともとイギリスを含めた三国の係争地であったが、イギリスはトンガおよびブーゲンヴィル島を除くソロモン諸島の領有を宣言し、ドイツとアメリカがこれに反対しないことを条件とし、二国間のサモア分割に同意した。時を同じくして、ボーア人による武力蜂起が起き、南アフリカに兵力をつぎ込まざるを得なかったことも、イギリスがサモアから手を引いた理由のひとつである（Moses and Kennedy 1977, pp. 238-239; 山本 二〇〇三、三四七－三七四頁）。

二 ゾルフが引いた境界線

1 ドイツ帝国への編入

(1) 総督府

一九〇〇年二月、ヴィルヘルム二世が西サモアの領有を宣言し、首都をアピアに設置した。アピアにドイツ総督府が設置され、初代総督として就任したのが外国人評議会の議長であったゾルフである。ゾルフは、一九一一年一二月に植民地長官に任命されて帰還するまで、総督として采配を振るった。文官のゾルフが指揮権を持つことについて、エムスマンをはじめ海軍の不満は募った。海軍は皇帝直轄であったため、エムスマンはヴィルヘルム二世に直訴し、ゾルフが総督の地位に就くことを妨害した。ゾルフと海軍の対立はその後も続き、サモア人の抗争や蜂起に乗じて海軍は艦隊を派遣しようとしたが、ゾルフは武力介入を拒否し続けた(BArchK, NI053/20)。

ゾルフは、一八九九年一一月二八日付で認めた父親宛ての手紙の中で、自らの統治方針について「白人の財産、権益が犯されない限り、サモア人には好きなだけ殴り合いをさせる」と綴っている(von Vietsch 1961, S. 60)。この言葉の通り、ゾルフは首長制度と慣習法を尊重する方針を示し、アピアの外国人社会に危害が及ばない限りにおいて、サモア人同士の抗争には不干渉を貫こうとした。サモア人の村落を統治していたのが首長であり、この複数いる首長の上に君臨していたのが最上位首長であった。ゾルフはこの最上位首長の上に総督府、さらにはドイツ皇帝を位置づけ、皇帝がサモアの王であると明言した。首長間の争いにおいては、総督が権限をもって介入できるようにした。

一九〇五年九月、ゾルフは自ら二九名のサモア人を選び、必要に応じてゾルフが召集する諮問機関を設置した。この

写真3－1　ドイツ総督府・公邸（アピア）
出典：BArchK, N1053/153.

諮問機関は、ゾルフの私設顧問であり、彼らに最上位首長よりも高いレベルの政治決定権を与えた。この諮問機関の面々に対して、ゾルフは「サモアの政府はひとつしかない。それはドイツ皇帝ヴィルヘルム二世の政府である。もはや最上位首長もここに入り込む余地はない」と述べた（BArchK, N1053/26）。さらに同じ席において、サモアの伝統的な儀式の際に交わされる挨拶も廃止する意向を明らかにした。一九一二年二月、最上位首長のマタアファが亡くなると、ゾルフの後任として総督に就任したシュルツ（Erich Schultz）は、この最上位首長の地位を廃止した（Hempenstall and Tanaka Mochida 2005, pp. 64–65）。

ゾルフは自他ともに認める親英家であり、サモアの統治方針を定めるにあたっては、イギリスのゴードン（Arthur Gordon）によるフィジー統治を模範とした。ゴードンは、一八七四年にイギリスがフィジーを領有した際、初代総督として来島している。土着民の保護を掲げたゴードンは、フィジー人の慣習的土地所有と世襲を認め、入植者や外国人の土地取引を禁じた。彼の意図は、外国人に土地所有権が委譲され、フィジー人がプランテーション労働者や出稼ぎ労働者となることを未然に防ぐことにあった。当然ながら、本国からの入植者とプランターからの反発を免れなかったが、この政策によってフィジー人が国土の大半の土地所有権を持つことになった(4)(Wareham 2002, pp. 60-61; 丹羽 二〇一一、五五二 - 五五三頁)。

このゴードンの政策に倣い、土着民の保護を掲げたゾルフであったが、その意図はサモア人の土地を守ることではなく、サモアの住民を二つに分ける境界線を引くことにあった。この境界線を自明のものとしながら、宗主国と植民地、支配者と被支配者の関係を明確にする統治体制を作り上げたのである。

(2) ミッションとの対立

ドイツによる統治が開始された当初、ゾルフはミッションを準政府と呼んだほど、彼らの活動に一目を置いていた(BArchK. N1053/27)。サモア全体では、プロテスタントのミッションの影響力が強かった。プロテスタントのミッションは、イギリスの高教会派が大勢を占めていたために、サモアからイギリスが撤退したことにより、後ろ盾を失う形になった。そのためドイツ統治を歓迎したのは、少数派としてこれまで相対的にプレゼンスの低かったカトリックのミッションであった。ゾルフは統治方針として、宗派平等の原則を示していたものの、植民地統治の開始当初は、カトリックのミッションを優遇していた。一九〇〇年三月一日、総督府のドイツ国旗の掲揚式典では、カトリックのフランス人司教のブロワイエ (Pierre Broyer) が主賓として招かれ、祝辞を述べている (Laracy 1978, p. 161)。

ゾルフによれば、カトリックのミッションは、住民の言語や文化、習慣への理解が深い反面、現地社会に同化しやすいという。またカトリックのミッションが、プロテスタントの住民の改宗をはかることについてもゾルフは批判的であった。サモア人同士の宗派対立に外国人が介入すれば、問題が複雑化し、抗争が拡大しかねないからであった。ミッションが運営母体であった学校では、サモア語の他、英語が主たる使用言語であり、カトリック系ではフランス語が使用されている学校もあった。ゾルフは、ドイツ統治下にありながら、サモア人向けの学校で英語やフランス語が使用され

写真３－２　大聖堂（アピア）

出典：BArchK, N1053/153.

ていることを問題視し、これらの学校に対して、一年の猶予期間を設け、一九〇二年七月までにすべてのカリキュラムをドイツ語に変更するよう命じた（*Samoanisches Gouvernements-Blatt* (fortan: *SGB*), Bd. 3. Nr. 9. Apia 15. Juni 1901)。しかし猶予期間を過ぎても、英語やフランス語を使用している学校があったため、ゾルフはこれらの学校を閉校に追い込んだ。ブロワイエは、授業カリキュラムや使用言語の変更は布教活動を侵害するものとし、ゾルフを批判し、総督府との対立姿勢を強めていく。

サモア人向けの官立学校の設立をめぐって、ゾルフとブロワイエの対立は決定的なものとなった。ゾルフは、宗派平等の原則を掲げた世俗的な学校を設立し、ドイツ総督府に仕えるサモア人を養成しようとした。しかし、ブロワイエは宗派別の学校の設立を求め、カトリック教徒に対して、宗派混合学校への通学を禁じたのである。ブロワイエは、カトリック教徒に対して、この宗派混合学校に通った者は親も含めてカトリック教会から破門することを宣告した。この官立学校は、サモア社会のエリートを養成することを目的としており、主に「混血児」を対象としていた。ここで実施される試験は、総督府の監督下で行われたが、ブロワイエはカトリック教徒の受験を妨害したのである（Laracy 1978, pp. 162-165)。さらにブロワイエは、ヴァチカンやケルンの枢機卿、ドイツの中央党に働きかけ、宗派別の学校設立の必要性を訴えた。ヴァチカンは、ブロワイエの主張と立場に理解を示したものの、この問題でアピアと争うことに躊躇したが、ゾルフの論敵であった中央党のエルツベルガーは、ブロワイエを積極的に援護した。エルツベルガーは、ブロワイエがカトリック教徒に対して、宗派混合学校への通学を禁じたことを評価し、宗派別の学校設立を求め、植民地長官のデルンブルク（Bernhard Dernburg）に掛け合ったのである（Laracy 1978, p. 166）。

サモアの宗派混合学校をめぐってのゾルフとブロワイエの対立は、帝国議会内の党派、勢力対立にも影響を及ぼしていく。ゾルフと中央党は、宗派混合学校の問題に留まらず、本章冒頭で触れた混合婚、サモアの新規入植者、この入植者が依存した中国人労働者の問題でも対立を深めた。

2 外国人とネイティヴ

(1) 法的地位

一八七三年、議会制度の成立とともに、サモア人と外国人の双方に適用される憲法が制定された。しかし実際は、土着の慣習法が適用されるサモア人と自国の領事館の管轄にある外国人というように、両者は異なる法制度の下に置かれていた。ゾルフは、このネイティヴと外国人という二つの範疇を踏襲し、明文化した。この範疇は、適用される法律と裁判権のみならず、居住地、怪我や病気、出産に際しての保険、病院や病室の等級、飲酒や射撃、賭け事の禁止の有無など生活全般を分けた。

一九〇〇年三月一一日付のゾルフの布告によれば、ネイティヴに分類される者は「サモア人ないしその他の有色人種に属する者」であった（*SGB*, Bd. 3. Nr. 1. Apia 15. Maerz 1901）。このネイティヴの定義に該当しない者は、すべて外国人ということになった。プランテーションで雇われていた年季労働者の多くは、ソロモン諸島やフィジー諸島、ニューカレドニア島などのメラネシア地域の出身者であり、これらのメラネシア人はネイティヴに分類されていた。
本国政府は、宗主国の国民を外国人という範疇で括ることに異議を唱え、ゾルフに対して別の用語に置き換えるよう提言していた。この提言に対して、ゾルフは、ヨーロッパ人やドイツ人、「白人」という用語は現状にそぐわないと反論した。一九〇六年六月一六日、ゾルフがベルリンに宛てた文書には次のように記されている。

「依然として、白人と有色人種は対をなしている。しかし私見では、肌の色によって法的地位を規定するという人種分類は、無意味であり、適切ではない。ちなみに白人の中にも、中国人や日本人、ハーフカースト、さらにはアメリカ国籍の黒人などの有色人種がいる。サモアには、有色人種でありながら、法的には白人と同じという人々がいるのである」(Wareham 2002, p. 36; Steinmetz 2007, pp. 351-352)。

一九〇六年以降、サモアでは中国人の年季労働者の人口が急増するが、彼らは当初ネイティヴに分類された(SGB, Bd. 3. Nr. 44. Apia 29. April 1905, S. 138)。メラネシア人と中国人の年季労働者がネイティヴであった一方、日本人とアフリカ系アメリカ人は外国人に分類されていたのである。また同じ中国人においても、年季労働者ではなく、商人、貿易業や小売業に従事している者は外国人に振り分けられていた。

(2) 境界線の内側

先述のベルリン会議によって、アピアは法的に外国人租界となり、サモア人からすれば治外法権区域となった。ゾルフはアピア市協議会を解散させ、新たに外国人評議会を設置した(5)。外国人評議会の議長および幹部にドイツ総督府の役人を任命し、すべてのアピア住民を管轄下に置いた。アピアを取り囲む境界線は、この外国人評議会の警察が警備にあたった。外国人評議会の許可なくして、この境界線を超えた者に対しては、罰金刑ないし禁固刑が科せられた(SGB,

Bd. 3. Nr. 6. Apia 20. November 1900)。

ゾルフが引いた境界線は、どちらの法に服するのかを分け、さらに居住地域を区切ったのである。法的な身分の分類と居住の隔離によって、それぞれの身分に相応しい生活習慣を規定し、異なる生活空間を作り上げた。たとえば外国人には許されていた飲酒や賭け事、射撃をネイティヴに対しては禁じていた（*SGB*, Bd. 3. Nr. 20. Apia 7. Maerz 1903)。

ベルリン会議では、サモア人と外国人の土地取引を凍結することが取り決められていたが、この方針をゾルフは踏襲する。ゾルフは、土地の賃貸と売買に際しては、総督府の許可を得ることを義務づけた（*SGB*, Bd. 3. Nr. 60. Apia 30. November 1907; *SGB*, Bd. 3. Nr. 81. Apia 26. Juni 1909)。許可を得た場合、特例としてサモア人から土地を借り受け、プランテーション、貿易会社や小売店を始めることができた。しかし実際には、総督府が新規入植者に対して、土地取引の許可を下すことはなかった。特例として認められたのは、労働力の調達の目処が立っており、採算のよい経営が見込まれるケースに限られていた。ただし土地取引といっても、プランテーション経営のための土地の賃貸に限られ、必ず契約期限が付いていた。プランテーション経営から高い利潤を引き出せるようになったとしても、契約期間が過ぎれば、肥沃な開墾地を貸主のサモア人に再び明け渡すことになる。ゾルフは、特例として認める土地取引を賃貸契約に限ることにより、あらかじめ外国人のプランターが二の足を踏むように仕向けていたのである（*SGB*, Bd 3. Nr. 20. Apia 7. Maerz 1903; Wareham 2002, p. 39)。

土地取引を制限する理由として、ゾルフはサモア人の保護という常套句を掲げるが、目論見は別のところにあった。プランターが土地を買い占めることになれば、外国人とネイティヴを隔てている境界線が動くことになる。もともとサモア社会は、自給自足と物々交換で経済が成り立っていた。土地を失い、アピアに流れ込むサモア人が増えれば、外国人との接触が増え、隔離の徹底が難しくなるからであった。いまひとつの狙いは、新たな入植者を拒むことであった。プランターとして入植する者が増えれば、やはり境界線を動かさざるをえなくなるからであった。この新規入植者こそが、エムスマンの影響力を排除した後、ゾルフが敵視し、対立した相手であった。

3　「混血児」

(1)「人種」と文明度

サモアでは、プランターや商人として経済活動に従事している外国人の大半は独身男性であった[6]。外国人人口の男女差が不均衡なことが手伝い、サモア人女性を伴侶とする男性が多く、欧米列強の進出とともに「混血児」や「ハーフカースト」と呼ばれる人々の人口が増えていった。一九一二年時点で、総督府に報告されていた混合婚の数は九〇件、「混血児」の数は九三八名を数えた（Reichstag, 55. Sitzung den 7. Mai 1912, in: Rt, Bd. 285, S. 1725）。この件数は結婚の届け出があったもののみであり、「混血児」の数も登録されている者に限られる。事実婚や重婚、私生児の数を考えると、さらに多くの「混血児」がいたと考えられる。

ゾルフが示した外国人とネイティヴという範疇において、外国人とネイティヴ双方の流れを引く「混血児」はどちらに位置づけられたのだろうか。総督府による振り分けと自らのアイデンティティが異なるという者もおり、当事者の間で混乱を招いていた。そのため一九〇〇年三月一一日に発せられた「ネイティヴはサモア人とその他の有色人種とし、ここに該当しない者を外国人」とした布告から半年後、ゾルフはこの分類に以下のような規定を補足した。

a. ドイツ領内に住む者、一時的に滞在する者のうち、ネイティヴではない者はすべて外国人とする。
b. 外国人の夫を持つネイティヴの妻は、法的な結婚が成立している場合に限り、夫に準じ外国人とする。
c. 外国人と現地女性の下に生まれた「混血児」（「ハーフ」、「ハーフカースト」）のうち、法律上の夫婦の間に生まれた子供は、父親に準じ外国人とする。
d. 事実婚の夫婦の下に生まれた「混血児」の法的地位は、総督府の判事がそれぞれの事情に応じて個別に判断する。

本人の生活様式を考慮に入れ、外国人的であるか、あるいはネイティヴに相応しいかを決定する（*SGB*, Bd. 3. Nr. 3. Apia 9. August 1900）。

この規定によって、外国人の夫を持つサモア人女性とその子供の法的地位は、まず婚姻関係の有無で決まることとなった。婚外子の場合、習得言語や学歴、職業、生活様式によって、ネイティヴか外国人のどちらかに振り分けが行われたのである。当初の規定では、「有色人種」をネイティヴとし、それ以外の人々を外国人としていたが、グレーゾーンにいた人々の帰属を決めたのは、「肌の色」ではなかった。すでにネイティヴに分類された者であっても、外国人評議会を通じて申請書を認め、総督府の判事によって「外国人として相応しい」という判断が下れば、他の欧米人と同じ地位と権利が認められ、アピアに住むことができた（*SGB*, Bd. 3. Nr. 20. Apia 7. Maerz 1903, Bd. 3. Nr. 20. Apia 7. Maerz 1903）。この外国人とネイティヴを隔てた境界線は、「人種」と文明度をはかる物差しによって引かれていたのである。文明度によって、「肌の色による分類を覆す」ことができたために、ネイティヴから外国人となる「混血児」の数は増え続けた。

（2）外国人社会への同化

「混血児」の中でも、女性は男性よりも法的地位を変更することが容易であった。というのも、ドイツの植民地主義のイデオローグの中には、「混血児」の女性を外国人の妻として迎え入れ、より「白人」に近い子供を産ませるべきという主張を唱えていた者がいたからである。国家事業という位置づけはなされなかったが、独身の外国人男性の伴侶として、「混血児」の女性を紹介するということがなされていた。外国人と「混血児」の女性の間に生まれた子供は、「白人」の遺伝的要素の割合が優勢となるとされ、文明度も高まるとされた。このような子供からサモア社会のエリートに相応しい人材を産出できると考えられていたのである。ネイティヴから外国人へとの法的地位の変更を申請する際、

「混血児」の女性に対しては、「混血児」の男性と異なる基準が適用されていた。アピアの女性不足を補うと同時に、「混血児」の女性の外国人社会への同化をはかったのである（*Kolonial Zeitschrift*, Berlin 30. August 1912）。「混血児」の範疇をどのように規定するかによって統計は異なるが、総督府の役人の四割弱がサモア人の先祖を持つ女性を伴侶としていた（Steinmetz 2007, p. 335）。

「混血児」の男性の場合、総督府で通訳を務める者がいた他、商人として貿易業に携わる者もいた。なおゾルフの顧問の中にも、「混血児」の男性がいた。ドイツの国籍法に定められた帰化要件として、ドイツの官吏に登用された者は国籍を取得することができた。[7]「混血児」の男性の中で最も多かった職業は、プランテーションの現場監督である。職業という面において、彼らは外国人とネイティヴの仲介役を演じ、植民地経済を支える要となっていく。「混血児」の女性と外国人の結婚とともに、「サモア人の血をひく外国人」の人口も増えた。しかし総督府にとって、彼らの存在は、宗主国と植民地、支配者と被支配者の関係を曖昧とし、植民地支配の正当性を揺るがしかねないものとなっていく。

4　「純粋な白人」

(1)　ココア・フィーバー

サモアに拠点を置いていたドイツ商人やドイツ系商社、プランターの大多数はドイツ通商農業会社と相互提携していた。彼らの既得権が積み重なり、競争を回避したために、新規入植者がサモア市場に参入するのは容易ではなかった。ドイツ統治が開始された一九〇〇年当時、サモア全体の外国人人口は約三五〇名であった。この中には七〇名近い女性と子どもが含まれる。二八〇名近くがプランターや商人として生計を営んでいたことになるが、この中でドイツ通商農業会社と提携せずに活動していたプランターはわずか一〇名ほどであった（Firth 1977, p. 157）。

一九〇〇年から一九〇三年にかけて、ドイツ人経営のプランテーションと商人の数は三倍近くまで増えた。ドイツ人入植者が増えた背景には、ドイツで出版された『マヌイア・サモア(サモア万歳)』(Manuia Samoa)と題する本があった。この本が火付け役となり、サモアに入植するドイツ人が増えたのである。著者のデーケン(Richard Deeken)は退役軍人であり、植民地主義のイデオローグである。同書は、サモアの気候や文化、サモア人の暮らしについてエピソードを含めて紹介しており、ガイドブックの体裁をなしていた。デーケンはこの本の中で、サモアでココア・プランテーションを立ち上げれば、短期間で利益を上げることができると宣伝したのである。さらにデーケンは、他国の起業家がこの可能性を摘み取ってしまう前に、ドイツ人の手によってサモアを開発することを呼び掛けた。巻頭には、サモア人の若い女性の写真が掲載されており、サモア人女性の魅力が強調されている。「南洋の楽園」としてのサモアを紹介した同書はたちまち版を重ね、ココア・フィーバーを巻き起こした。デーケン自身、ベルリンでドイツ・サモア協会(Deutsche Samoa-Gesellschaft)を設立し、サモアでプランテーション経営に乗り出す。このドイツ・サモア協会は、ドイツ人のサモアへの入植の斡旋をし、新規入植者を会員としていた。デーケンは、サモアにドイツ人学校を建て、文化と娯楽施設を充実させ、ドイツ的な街を作り上げることを提唱していた(Wareham 2002, pp. 66-76)。

このデーケンの本に影響を受け、サモアのプランテーション経営で一旗揚げようという意気込みで来島したドイツ人も少なからずいた。しかし、経済的には相対的に貧しい人々が多く、彼らがサモアで土地所有権や土地用益権を獲得する方法は限られていた。そもそも総督府は、サモア人との土地取引を認めなかった。コプラ取引を主とするサモア市場は、ドイツ通商農業会社および同社と相互提携しているプランターと商人によって独占されていたのである。新規入植者が商取引に参入したり、プランテーションを立ち上げるにはさまざまな障壁があった。ゾルフはドイツ通商農業会社を監督下に置き、優遇することで、新規入植者のサモア市場への参入を拒んだのである。そのためデーケン率いるドイツ・サモア協会の会員は、自国民の経済活動を促進するどころか、阻害しているとしてゾルフを批判し、対立を深めていく[8]。

（2）「貧しい白人」

一九〇六年一二月、ゾルフは向こう一〇年のサモア統治の方針を定めた「一〇年計画」を認めた。この「一〇年計画」には、「サモアと民族、使命とヨーロッパ人」というタイトルがつけられている。時期的に考えると、新しく植民地長官に任命されたデルンブルクに宛てて書いたものと考えられる（von Vietsch 1961, S. 84）。ゾルフが「一〇年計画」のハイライトとしているのが、「南洋における貧しい白人」と題された項目である。この「貧しい白人」とは、先述のココア・フィーバーによって来島したドイツ人を指している。この文書には、彼らが植民地支配と発展にもたらす弊害が次のように書き綴られている。

「腰布を巻いた白人がサモア人の小屋の周りをうろつき、ドイツ語や英語、ピジン語で話しかけるような光景が日常となれば、威厳が失われ、植民地の発展はない」（BArchK, N1053/27）。

さらにゾルフは、この「貧しい白人」を「チフスを撒き散らすルンペン」と揶揄し、このような入植者が増えることで、サモアが「愚者の楽園」となると警告している。

南洋の気候と環境がもたらす健康被害など、さまざまなレトリックを用い、ゾルフは新規入植者を拒んだ。まずひとつ目のレトリックは、そもそも南洋の気候は「白人」であるドイツ人には合わないというものである。この主張を補強するために、ベルリンに宛てた報告書において、サモアの気候が原因で心身の支障をきたしたドイツ人の入植者のリストを添えている。このリストの中には、自殺を図った者、心身症、アルコール依存症となった者などの名前が記されている（Wareham 2002, p. 76）。ゾルフの持論は、ドイツ人の中でも肉体労働者に限って、サモアで生活するのは難しく、心身に支障をきたし、酒浸りになりやすいというものである。

「それなりの生活環境にあれば、この気候の下でもいたって健康に過ごせる。しかし労働者政党のメンバーなどには適さない。この地で屋内労働に従事できる白人であれば、それなりの健康状態を維持できるが、農場やプランテーションなどで屋外労働に従事するのであれば、健康でいられるはずもない」(Wareham 2002, p. 79)。

サモアのプランテーションでは労働力不足が深刻化していたため、プランターからは本国から働き手を呼び寄せようという声も聞かれたが、ゾルフはこのようなレトリックをもって、自国民の入植を拒んだ。ゾルフのいう「貧しい白人」とは、ドイツ社会では仕事にあぶれ、さしたる資産も持たない人々で、労働者政党の支持基盤であった。彼らは、サモアでは外国人としての法的地位と権利を持つことになるが、ゾルフが懸念したのは、このような人々がアピアの住民となることであった。社会層が異なる者が参入すれば、外国人社会の結束が保てず、支配者としての威厳も損なわれるとし、健康被害を口実として入植を拒んだのである。

二つ目のレトリックは、やはりサモアの気候が「白人」の身体に不調を引き起こすというものであるが、特に女性の不妊の原因となるというものである。ゾルフによれば、夫とともにサモアに住む外国人女性の多くが貧血の症状を訴えており、それが妊娠に悪影響を及ぼしているという。このような女性は、自分自身の体調を管理するのが精一杯であり、妻として、また母親としての役割も果たすことができないとされた。

南西アフリカでは、ドイツ人男性と現地女性との混合婚を防止するために、国家事業として本国から独身女性と家政婦が送られていた。「白人女性の不在」という問題はサモアも同様であったが、サモアではこのような事業は導入されなかった。というのも、ゾルフは本国から独身女性を送り込むことに反対していたからである。さらには「サモアの原住民と入植者」と題する講演の中で、次のように述べている。

「南洋の気候が白人の身体に与える影響を考慮しなければならない。その中でも特に白人女性に与える影響、結婚と子孫の繁栄の可能性を考えていただきたい。現在の世代においてさえ、つまり白人同士の子供の数も減る傾向にあるのであるから、次の世代はもはや育つはずもない」(BArchK, N1053/6)。

ゾルフは、家族同伴でサモアに来島する者に対して、健康被害を防ぐために次のような提案をしている。その提案とは、妻である女性に対して、ニュージーランドやオーストラリアの避暑地で長期滞在する機会を与えることであった。また学齢期の子供は、外国人子女の教育施設が充実している地に留学させることを勧めていた。実際、政府高官や裕福な商人の家族の場合、母親と子供はオーストラリアやニュージーランドで一年の大半を過ごしていた。しかし、このような生活を送ることができるのは、一定以上の資産と社会的地位を有する妻帯者に限られた。ココア・フィーバーによって来島したドイツ人には不相応な暮らしと知りながら、彼らを排除するためにこのような提案をしていたのである(BArchK, N1053/6)。

三つ目のレトリックは、「貧しい白人」を入植させることによって生じる外国人のサモア社会への同化である。ゾルフによれば、このような人々はサモア人の他、メラネシア人や中国人の労働者と接触する機会が多く、「境界線の向こう側」の生活に馴染むようになるという。また資産と社会的地位のないドイツ人男性は、往々にしてサモア人女性と結婚するため、「混血児」の人口が増え、サモア社会への構造的な同化も起こりやすいと懸念していた(BArchK, N1053/27)。

混合婚の数を減らすためには、本国から独身女性を送り込むことは有効であるため、混合婚を禁止しつつ、彼女らを拒んだゾルフの政策には矛盾があるようにみえる。ゾルフは、「熱帯地域に暮らす白人同士の結婚」について、帝国議会の席上で次のように述べていた。

「手工業者や小役人など、熱帯地域であくせく汗を流して働かなければならないような人々が白人女性と結婚したら、どんなことになるであろう。混血ではなく、法律上の夫婦の下に生まれ、洗礼を受けた子供たちが育っていくであろう。ただし、サモア人の影響によって退化した白人が育つのである」(Essner 1997, S. 515)。

ゾルフの意図は、送り込まれたドイツ人女性が産む「純粋な白人の子供」を増やすことではなく、いわゆる写真花嫁となる女性、このような事業を通じて伴侶を見つける男性を排除することにあったのである。

先述の「一〇年計画」の中で、ゾルフは「避暑の習慣を持たない白人はサモアに来るべきではない」と結論づけている。彼によれば、外国の避暑地で休暇を過ごす男性のみが「純粋な白人」(Rein=Weißen)であった。彼らの場合、妻子は一年の大半を避暑地で過ごすため、サモアにはおらず、植民地事業に携わることもなかった。貧困と肉体労働、写真花嫁に特徴づけられるドイツ人は、「白人であって白人ではない」存在であり、このような入植者が増えれば、植民地保有の正当性を揺るがしかねないと考えていた(BArchK, N1053/27)。

三 外国人の境界線と中国人

1 労働力の調達

(1) 年季労働者の需要

ドイツ領となる以前から、サモアの外国人経営のプランテーションではメラネシア人の年季労働者が多く雇われていた。一八八四年にドイツが北ソロモン諸島、ニューギニア、ビスマルク諸島などを領有してから、さらにこれらの地域出身の年季労働者の数は増えた。メラネシア人労働者は低賃金で雇うことができたため、雇用者としても都合がよかった。ただし労働者の斡旋は、ドイツ通商農業会社が一手に担っていたために、この傘下にいなかった者と新規参入者は相場よりも高い賃金を払い、労働力を調達するしかなかった。たとえばインドネシアから労働者を調達する場合、賃金はメラネシア人労働者の一〇倍ほどであった。サモア人労働者の賃金も、インドネシア人と同じ相場であった。ただしサモア人は賃金が高いわりには怠惰であるといわれており、また首長間の抗争が起こると、労働力の確保が難しくなることから、雇用者の不満は募った（*Samoanische Zeitung*, Nr. 17, Apia 24. April. 1909）。

一九〇二年にコプラの市場価格が釣り上がったことも、サモア人労働者がプランテーションを離れる要因となった。もともとサモアの輸出用コプラは、外国人が経営するプランテーションで栽培されたものと、サモア人の農園で栽培されたものに分かれていたが、後者の生産量が大幅に上回っていた。サモア人の栽培したコプラは、ドイツ通商農業会社が買い占め、ハンブルクやシドニーに向けての輸出品となった。コプラ価格の急騰により、自らが栽培したコプラを取引することによって得られる対価も上がったために、サモア人にとってプランテーションでの労働は割に合わなくなっていった。相場より高い賃金を示しても、サモア人の中から労働力を調達することは難しくなっていく。また雇用者の外国人にしてみれば、大家族で共同生活を営むサモア人よりも、単身の年季労働者の方が「使い勝手」はよかった（Firth 1977, p. 158）。

ココア・フィーバーによって来島したドイツ人は、新たな労働力として、中国人労働者の投入を求めた。ゾルフは「中国人労働者が流れ込めば、土着の文化や生活が壊れる」として、彼らの要望を受け入れようとはしなかった。ゾルフの論敵のデーケンは、プランテーションの拡大による利潤を強調し、サモア人を守ることよりも、植民地本来の役割を優先するよう訴えた。中国人労働者の投入については、国益という観点からベルリンもデーケンに賛同した。(9)

（2）中国人労働者の投入

ゾルフはベルリンの意向を汲まざるを得なくなり、年季労働者に限り中国人の投入を決定した。ゾルフ自ら広東知府へ出向き、現地での労働者の斡旋の許可を得た後、一九〇二年を試用期間として、約一〇〇名の中国人労働者を雇い入れた。翌一九〇三年、サモアのプランテーションにおいて中国人労働者の本格的な投入が開始された。中国人労働者の投入を求めたプランターは、労働者の斡旋料と当座の賃金を用意できなかったため、総督府は借り入れ制度を導入し、そのために国家予算一〇万マルクが投じられた（Moses 1977, p. 239）。

デーケンが代表を務めるドイツ・サモア協会が仲介し、中国人労働者の斡旋が行われ、プランターに割り振られた。まず広東省汕頭で労働者の徴募が行われ、香港経由での移送が行われた。徴募対象の労働者は、健康な成人男子で、結核を患っておらず、なおかつアヘンの吸引歴がない者とされた。労働契約によれば、雇用期間は三年間であり、週六日一日一〇時間以内の労働に従事するものとされた。月額賃金は一人あたり一〇マルクと決められ、怪我や病気、事故に際しての医療費、帰路の船賃は雇用者が負担するものとした。また雇用者は、三度の食事、雨風を凌ぐことのできる住居、寝具と衣類を用意し、中国の祝日には休暇を与えることが義務づけられた。労働契約書には、三年間の契約期間を終えたら必ず帰国するという条件が記されており、雇用者と中国人労働者双方の同意の署名を必要とした。

一九〇三年三月、中国人労働者二八九名がサモアに到着した。ゾルフは中国人労働者の投入は、この一回で打ち切りにするつもりであった。彼らが三年間の契約を終えれば、全員を帰国させることを条件として、投入を認めたのである。一九〇三年、三〇〇名近くの中国人労働者がプランテーションに投入されたが、労働力不足の解決にはいたらなかった。翌一九〇四年六月一八日付の『サモア新聞』（*Samoanische Zeitung*）には、外国人プランターの連名で書かれたゾルフへの公開状が掲載された。この公開状の内容は、再度の中国人労働者の投入を求めるものであった。この要請を受けて、ゾルフは総督府内に中国委員会を設置し、指導的な立場にあるプランターを集め、中国人労働者の問題を協議させた。協議の結果、三年間という契約期間を延長しないことを条件とし、ローテーション方式による労働者の投入が取り決められた（Moses 1977, p. 239）。

中国委員会は、三年間の契約年限を過ぎた労働者との再契約や契約延長を認めず、新規の労働者と入れ替わりに本国に帰還させていた。しかしプランターにしてみれば、同じ労働者を雇い続ける方が都合よかった。というのも、ローテーション方式に対応していく限り、プランターは新しい労働者を雇用するたびに、徴募と斡旋にかかる費用と渡航費を負担し、作業を一から教え込まねばならなかったからである。中国委員会は、中国人労働者の定住を防ぐために契約期間に期限を設けたが、このようなローテーション方式の労働者供給は、労働者のストックが確保できる状況を想定したものであった。実際は移送の回数を重ねるごとに労働者の確保は難しくなっていった。中国側は、労働者の供給停止を切り札として要求を釣り上げたために、交渉が難航したのである。

中国人労働者の投入に踏み切った当初、ゾルフはニューギニア総督ハール（Albert Hahl）に宛てた私信の中で、「中国人よりも、あるいはマリスト会の神父の一団でさえも、ココア・フィーバーによって移住してきたドイツ人よりはましである。中国人や神父の一団よりも、このような入植者の方をサモアから締め出したい」と述べている（BArchK, N1053／109）。ゾルフが中国人労働者の投入に反対したのには、中国人の労働力に依存するプランターを排除する意図が働いていたのである。なおハールは、最もリベラルな植民地総督といわれている。ハール自身、ニューギニア出身の女性と結婚しており、ニューギニアでは混合婚が認められていた（Hiery 1997, p. 301）。

（3）プランターによる虐待

一回目の移送で来島した中国人労働者から、プランターによる虐待を訴える声が聞かれたため、ゾルフは二回目以降の斡旋業者からドイツ・サモア協会を外し、一九〇三年に設立されたサファタ・サモア協会（Safata-Samoa-Gesellschaft）に依頼するよう指示した。二回目の移送は、サファタ・サモア協会の監督下で行われ、労働者の斡旋は汕頭の請負業者を介して行われた。一九〇五年三月三〇日、五二三名の中国人労働者がアピアに到着した。次の移送は、同年七月二二日に行われ、あらたに五六四名の中国人労働者が投入された。この移送には、中国側の監督官が同伴し、労働者の待遇改善と賃金の値上げを要求した（Moses 1977, p. 240）。

中国人労働者の需要は高く、プランターはさらなる投入を求めたものの、回数を重ねるごとに労働者の徴募の見通しは立たなくなっていた。総督府の中国委員会は、中国側の賃上げ要求に応じ、一人あたり月額一〇マルクの賃金を一二マルクに上げることを約したが、他の植民地に比べると賃金は格段に低かった。たとえば南アフリカの中国人労働者の賃金は、月額六〇マルクであった。また時期を同じくして、中国国内の鉄道建設事業の労働需要が高まり、熟練労働者であればいくらでも条件のよい仕事を見つけることができたため、労働者を確保することは難しくなったのである。

中国では、サモアの中国人労働者は奴隷同然の扱いを受けているという報道がなされていた。具体的には、満足な食事も与えられないことから、栄養不足や虐待による病人が出ており、それにもかかわらず賃金カットが行われているというものである。特に問題とされたのは、雇用者や現場監督による鞭打ち刑が横行しているというものであった。南米や南アフリカの中国人労働者についても同様の問題が指摘され、世論は沸騰していた。ヨーロッパにいた中国人留学生を中心として、中国人労働者の待遇改善を求めて宗主国の政府に掛け合うなど、大規模な抗議活動が展開された（Moses 1977, pp. 240–242）。

労働契約に沿えば、プランテーションでの労働は、日の出から日没までの一〇時間以内とし、一時間半の休憩時間を挟むものとされていた。クリスマスや旧正月の他、月に二度の休日を設けることなどが雇用者に義務づけられていた。夜間や休日の外出については、必ずプランターの許可を得るものとし、夜九時以降の外出とアピアの外国人居住区への立ち入り、飲酒も禁じられていた。また労働時間内に持ち場を離れた者や仮病、仲間を匿った者、現場監督を侮辱、恐喝した者についても、総督府の監督官および判事の命令により処罰された。労働忌避と脱走を企てたことが発覚した場合にも、処罰の対象となった。これらの行為に対する刑罰は、二カ月以内の禁固、または三〇マルク以下の罰金、二〇回以内の鞭打ち刑、または刑務所への投獄が定められていた。いずれかの刑を選択するか、あるいは組み合わせるかたちで刑が執行された。鞭打ち刑は、一週間のうち同じ者に対しては一回のみとされていたが、医者の許可を得ることで回数を加えることがあった。このような体罰は、規定では総督府の役人の面前で行われなければならなかったが、往々にしてプランターや現場監督の裁量で行われた。雇用者や現場監督官に対面する際、十分に頭を下げなかった、あるいは脱帽しなかったといった理由で体罰が科されることもあった。このような挨拶や体罰は、雇用者と被雇用者、外国人とネイティヴという支配関係を意識させるものである（*SGB*, Bd. 3. Nr. 88. Apia 17. November 1909）。総督府が定めた体罰の規定を破り、中国人労働者を虐待した雇用者に対しては、五〇〇マルク以下の罰金、または一カ月の禁固刑が科せられるものとされていたが、本国の規定と比べると平等なものとは言い難かった。実際、虐待をした外国人に科される刑罰は軽く、処罰規定が曖昧であり、それさえも免れる雇用者が多かったのである。そのため、現場監督官による体罰と契約不履行が横行することになった。

プランテーションで体罰が横行した結果、刑務所に中国人労働者が流れ込み、独房が足りなくなった。脱走や労働忌避、サボタージュを行った中国人労働者の多くは、鞭打ちや罰金刑ではなく、刑務所での服役をあえて選んだのである。懲役刑を科せられた場合、刑務所での所定の作業はやはりプランテーションでの屋外労働であった。サモアの刑務所には、屋内労働用の工場や作業所がなかったからである。プランテーションであれば、経験と技術を生かすことができ、また現場監督による体罰に怯える必要もなかった。また独房が用意されていた「住環境」は、収監される前にいた場所よりも快適であったことから、あえて罪をかぶり、刑務所での生活を選ぶ中国人労働者もいたほどである（*Samoanische Zeitung*, Nr. 9. Apia 27. Februar 1909）。

一九〇七年に入ると、サモアの中国人労働者の数は一〇〇〇名を超えたが、その半数はサファタ・サモア協会、デーケン率いるドイツ・サモア協会、サモア・ゴム会社の三者の傘下にあるプランテーションで働いていた（Tom 1986, p. 5）。いずれも一九〇〇年以降にサモアに進出した新規入植者が構成員であり、ゾルフと対立関係にあった。中国人労働者の虐待が多く報告されていたのは、ドイツ・サモア協会の傘下にあるプランテーションであった。一九〇六年九月、タパタパオ村のプランテーションにおいて、中国人労働者による大規模なストライキが起きた。ストライキの原因は、現場監督官による体罰であった。また同時期、ナイフをしのばせた中国人労働者が雇用者を脅すという事件が起きた。その場で差し押さえられ、怪我人は出なかったが、雇用者を脅した中国人労働者は自らの辮髪によってベランダに縛り付けられるという罰を受けた。この辮髪によって身体を縛り付けるという行為は、懲罰という域を超え、人権侵害に値するとして問題化した。いずれの事件も、デーケン率いるドイツ・サモア協会の傘下にあるプランテーションで起きていた。デーケン自身も、被雇用者への体罰によって告訴され、有罪判決を受けていた。デーケンは、自らが経営するプランテーションにおいて、労働者を束ねる役の中国人監督官を数回にわたり殴打した。その場に居合わせた仲間の労働者四名は、この監督官を担架に載せ、最寄りの駐在所まで運んだ。デーケンは、上司の許可なく持ち場を離れたとして、仲間を運んだ四名を訴えたのである。この事件が発覚する以前より、デーケンのプランテーションにおける中国人労働者の虐待は報告されており、労働者の死亡率も高かった。表沙汰となっていない虐待と死亡も報告されており、ゾルフ自らデーケンのプランテーションの調査に乗り出した。調査の結果、医師による証明書や報告などから、デーケンによる数々の体罰と契約違反が明るみに出た。一連の中国人労働者への虐待事件により、一九〇四年にデーケンは有罪判決を受け、懲役刑が科された（Tom 1986, p. 5）。

デーケン自身による中国人労働者の虐待という事実は、新規入植者と中国人労働者いずれも歓迎しなかったゾルフにとって、自らの政策を押し通す根拠となった。中国人労働者への虐待が相次いだことを受けて、ゾルフは中国人労働者の投入を打ち切り、彼らに依存しているプランターを排除しようとしたが、対立はさらに深刻なものとなった。ゾルフ批判の筆頭に立ったデーケンは、中央党のエルツベルガーと人脈を有していたのである。そのためエルツベルガーは、中国人労働者への虐待で有罪判決を受けたデーケンを擁護し、ゾルフのリコール運動を展開した。サモアにおけるゾルフとデーケン、ドイツ通商農業会社と新規入植者という対立は、ドイツ国内の党派対立にも投影されていたのである。

2　法的地位の変更

（1）異なる地位と権利

中国人労働者の投入が開始された一九〇三年三月、ゾルフはこの第一陣の到着と同時に次のような布告を発している。まず第一条では、「サモア総督の許可なくして、中国人がサモアへ移住したり、居を構えたりすることはできない」としている。また中国人がサモア人と土地の賃貸契約を交わす場合、あるいは貿易業や小売業に従事する場合も許可を必要とした。許可なくして移住した者には、五〇〇マルクの罰金ないしは三カ月の懲役刑が科されるものとした（SGB, Bd. 3. Nr. 20. Apia 7. März 1903）。

一九〇五年四月二五日付のゾルフ布告によって、中国人労働者はネイティヴに分類されていた。しかし、ネイティヴに分類されたからといって、これらの中国人労働者はサモア人と同等の法的地位と権利を有していたわけではなかった。彼らは、「外国人ではありながら、外国人としての権利と地位を有しない者」として、ネイティヴと外国人のグレーゾーンに置かれていたのである。たとえば病院は、欧米出身の外国人用の病院、中国人労働者用の診療所とサモア人用の診療所に分かれていた。これら三つの施設を合わせた総合病院もあったが、病室のランクと待遇はそれぞれ異なった（*SGB*, Bd. 3. Nr. 42. Apia 6. Mai 1905）。

一九〇三年初頭に行われた調査によれば、アピアに住む中国人は一二名であり、彼らは外国人としての法的地位を有していた。このうち半数が貿易業に従事しており、ドイツ領になる以前からサモアにいた商人である。ゾルフが発した布告に沿えば、これらの中国人はサモアへの自由移民であり、貿易業や小売業に従事し、土地取引ができるとしたが、総督府の許可を条件とするという文言が付け加わっている。実際、ゾルフはこれらの中国商人のサモア市場への参入を拒んでいたため、移住には制限を課し、サモア人との土地賃貸契約も認めなかった。競合相手である欧米出身の商人は、これらの中国人商人の活動を妨害すべく、営業許可を取り消すように総督府に働きかけていたのである。ゾルフはこれらの中国人の営業許可の取り消しはしなかったものの、サモアに「これらの黄色人種が迫り来るような危険が起これば容赦しない」と述べ、土地取引の許可を下さなかった（Firth 1977, pp. 160–161）。

ゾルフにとって、中国人の自由移民化の「悪しき前例」は、サイゴンやシンガポールであった。いずれも貿易業や小売業に従事する中国人が多く、華僑と華人が人口の多くを占めていた。中国人労働者を乗せた船が出港する汕頭から、毎年一〇万人規模の中国人が自由移民としてサイゴン、シンガポール、スマトラに渡っていた。ゾルフの後任のシュルツも中国商人の参入を拒んだため、ドイツ統治が終わる一九一四年までの統計をみても、外国人としての法的地位を有する中国人の数は二〇名を超えることはなかった（Wareham 2002, p. 177）。

（2） 清国領事の来島

総督府は、中国人労働者の契約期間、労働時間と休日、住居や食事、労災について細かな規定を定め、プランターには契約期間の順守と渡航費用の支払いを義務づけていた。再契約や契約期間の延長は認めなかったため、労働者の契約期間の終了と同時に、新規労働者を投入する必要があった。

年々中国人労働者の需要は高まり、もはや中国人なくしてはサモアのプランテーション経営は立ち行かなくなっていた。一九〇六年七月、中国側は新たな中国人労働者の移送に際して、ドイツ側に労働者の供給停止を交渉条件として、待遇改善を求めた。中国側の要求は、労働者の移送の回数を重ねるごとに釣り上がり、待遇改善とともに、アピアに駐サモア清国領事館の設置許可を求めるようになった。領事館設置の目的は、外国人としての法的地位と権利を持たない中国人労働者の保護であった。ゾルフ自ら交渉の矢面に立ち、中国人労働者の待遇改善を約することで、領事館の設置問題を棚上げとした。一九〇八年六月、中国人労働者三四一名のサモアへの移送が行われたが、この移送には清国の政府高官が三名同伴していた。この中の一人が林潤釗であり、後に駐アピア清国領事に就任する人物である。林は、アピア郊外のプランテーションをまわり、中国人労働者から直接聞き取り調査を行い、外務部に宛てた報告書を作成した。中国人労働者からは、鞭と棍棒による体罰の被害を訴える者が多く、また賃金カット等のドイツ人プランターの契約不履行も横行していた（Firth 1977, p. 168; Moses 1977, p. 242）。

林潤釗の報告書を受けて、清国の外務部はゾルフに対して労働者の待遇改善の他、棚上げとされていた領事館の設置の許可を求め、さらに契約労働を終えた労働者の定住、プランテーション経営、貿易業や小売業への従事を認めるよう迫った。総督府は、ニューギニアへの中国人労働者の自由移民化を検討することを約して、さらなる労働者の移送を要求した。一九〇九年一二月、汕頭の請負業者を介して五〇〇名の中国人労働者を手配したが、彼らが乗船する間際になって、外務部がサモアへの渡航を禁止したため、移送は中止となった。外務部は新たな条件として、労働時間の削減と清国領事のアピア駐在を提示する。また中国人労働者と雇用者の間の仲裁の権限を清国領事に与えるよう求めた。外務部が示した新たな条件を受け入れるまで、労働者の移送は停止となった。ゾルフは清国領事館の設置は論外との見解を示したが、プランターを構成員とする中国委員会からの要求に押し切られ、労働者の供給を優先することになる。外務部との交渉の結果、五三五名の中国人労働者の移送を引き換え条件として、清国領事館の設置を認めることとなった。領事館の設置許可の他、中国人労働者の告訴権が認められ、造反者に対する鞭打ち刑の廃止も取り決められた（Firth 1977, pp. 168–171）。

一九〇九年一二月、アピアに清国領事館が設置され、領事には林潤釗が就任した。領事の権限として、中国人労働者の保護、雇用者との仲裁権が与えられた。一九一〇年末、一時帰国中のゾルフはベルリンで清国公使と会したが、この公使はゾルフに対して、中国人労働者の法的地位の変更を要求する。すなわち中国人労働者に、外国人と同じ地位と権利を保障するように迫ったのである。ゾルフにとって、中国人労働者の法的地位の変更は、外国人とネイティヴの境界線を揺るがし、植民地秩序の崩壊を招くものであった。しかし中国人労働者の供給停止も、経済開発を主たる目的とした植民地経営を破綻させるものであった。ゾルフの示した妥協案は、中国人労働者と外国人プランターの処罰規定を同等とし、鞭打ち刑を廃止することであった。すなわち刑法上、他の欧米人と中国人労働者を同等に扱い、法的平等を約した。ただし従来通り、中国人労働者の自由移民化は認めなかった。ゾルフは、シュネー（Heinrich Schnee）に宛てた一九一一年五月二八日付の私信の中で、中国人労働者の定住と自由移民化を認めれば、「中国人がプランターとなり、外国人と競合するようになる」とし、中国人労働者の自由移民化は、サモアにとっては「死刑宣告」のようなものと述べている（BArchK, N1053-131）。

一九一一年に入り、中国委員会はあらたな労働者五〇〇名の投入を求めるが、林潤釗はこの要求を拒絶した。林は、交渉の切り札として中国人労働者の法的地位の変更を求めた。さらに林が示した条件は、労働契約を終えた後の定住の許可であった。林潤釗が示したこの要求は、総督府と外国人プランターの利害を二分する「一九一一年のサモア危機」を引き起こした。林は、この要求が受け入れられるまで労働者の供給を停止し、ドイツ側の対応を待った。予定されていた労働者の移送が行われなかったため、中国側の思惑通り、プランテーションの経営は立ち行かなくなった。プランターを構成員とする中国委員会は、中国側の要求を受け入れるようゾルフに迫った（Firth 1977, pp. 168-171）。

(3) 第三の範疇

一九一一年一二月、ゾルフは植民地長官に就任し、サモア総督の後任にはシュルツが任命された。シュルツは、一九〇一年より総督府で判事を務めていた。シュルツもゾルフと同じく、この中国人労働者の問題では、林潤釗らの外務部と外国人プランターの板挟みとなった。一九一一年一〇月、シュルツは中国人労働者に欧米人と同等の権利を保障することを約した上で、中国人労働者の移送対象者を募った。一九一一年一二月、五五一名の中国人労働者が来島するが、彼らはこれまでの労働者とは異なり、欧米人と同等の裁判権を持つ者となった。

翌一九一二年一月六日、シュルツは、「中国人労働者をネイティヴではない者とする」と布告した（*SGB*, Bd. 4. Nr. 21. Apia 6. Januar 1912）。この布告によって、確かに中国人労働者の法的地位は変更されたが、この「ネイティヴではない者」（Nichteingeborene）という範疇は、これまでの規定にはないものである。もともとドイツ統治下では、サモアの住民の法的な身分は、外国人とネイティヴの二つしかなかった。どちらに属するかによって、裁判権や管轄、居住地や職業、保険や税金など、生活全般に関わる規定が異なった。中国人の場合、外交官や商人の職業身分を持つ者は外国人、年季労働者はネイティヴに分類されていた。シュルツは「ネイティヴではない者」という第三の範疇を作り、中国人労働者をここに当てはめたのである。中国側の要求に応え、中国人労働者の法的地位を名目上は変更したが、他の欧米人と同等の地位と権利を認めることを避けたのである。

サモアの中国人労働者の法的地位をめぐり、ドイツ側と林潤釗の駆け引きが続く中、中国本土では辛亥革命が起こった。林は中国の体制転換を理由として、中国人労働者の自由移民化を要求する。この要求に際しての切り札も、次なる中国人労働者の移送停止であった。シュルツは、中国人労働者の自由移民化を表向き認めたが、サモアへの定着を阻止するために、定住に高額な人頭税を課した。加えて、他のドイツ領南洋諸島への移民を認めることで、中国人労働者のサモアへの定着を防いだ。一九一三年四月、自由移民となる中国人労働者の移送が行われた。中国委員会は一五〇〇名を募ったが、実際には募集人数を大きく下回る一〇三九名であった（Moses 1977, p. 256）。

サモアへの中国人労働者の投入は一九〇三年から一九一三年まで続き、この間に約三八〇〇名の中国人がプランテーションに投入され、メラネシア人の労働者の数を大きく上回った。中国人労働者の供給問題をめぐる経緯を追うと、中国側は労働者の待遇改善を求め、労働者の移送回数を重ねるごとに要求を釣り上げていった。交渉が難航すると、中国側は労働者の移送停止を切り札とし、ドイツ側が妥協した末、法的地位の変更と自由移民化を認めたようにみえる。しかし実際は、総督府は中国側の要求を受け入れたわけではなかった。中国人労働者の法的地位については、「ネイティヴではない者」という第三の範疇を作ることによって、外国人と同等の権利を与えることを回避した。また契約労働を終えた後の定住についても、年季労働者には用意できない額の資産保有を条件とした。さらにサモア人との土地取引を禁じ、高額な人頭税を課すなどして、中国人労働者の定住を阻んだのである。

（4）混合婚の禁止と中国人労働者

シュルツが、中国人労働者を「ネイティヴではない者」とする布告を発した後、間を置かずして、植民地長官のゾルフ自ら、サモアにおける混合婚の禁止を布告した。一九一二年一月一七日付で、ゾルフが発した布告は次の通りである。


a．ネイティヴではない者とネイティヴの結婚を今後禁止する。

b．この布告前に、法的認可を受けた混合婚の夫婦の下に生まれた子供は、白人とする。

c．正式な婚姻関係がない夫婦によって生まれた混血児の中で、混血児のリストへの登録を認められた者に限り、白人とみなす。このリストは改訂の必要があり、該当しなくなった者はリストから名前を削除する。

d．この布告後に生まれた混血児は、ネイティヴとする。

e．ネイティヴとされた混血児で、流暢なドイツ語を話し、ヨーロッパ的な生活様式を身につけていることが証明できる者は、申請によって白人とみなす。


(Reichstag, 55. Sitzung den 7. Mai 1912, in: Rt. Bd. 285, S. 1725)

この布告によって、すでに法的認可を受けた混合婚はそのまま有効とされたが、この日付以降に提出のあった婚姻届は受理されなくなった。ドイツ人とサモア人の「混血児」を減らすための混合婚の禁止であれば、上記の布告において、「外国人とネイティヴの結婚を禁止する」とした方が理にかなう。しかし実際には、「ネイティヴではない者とネイティヴの結婚を禁止する」とある。この布告で、あえて外国人ではなく、「ネイティヴではない者」という表現を用いる意図は、中国人労働者の法的地位の問題と無関係ではないであろう。ドイツ側は、契約労働を終えた中国人労働者がサモアに定住し、貿易業や小売業に従事することを阻んだ。しかし、彼らがサモア人女性と結婚した場合、定住と土地の所有を拒むことができなくなる。このような中国人は、外国人と同等の権利を持ちつつ、土地を所有し、定住することができた。中国人労働者に適用された第三の範疇には、「ネイティヴではない者」でありながら、ネイティヴとして定住、土地所有権を持つという「抜け道」があったのである。このような「抜け道」を塞ぐために、間を置かずして「ネイティヴとネイティヴではない者の結婚」を禁止したのである。

一九一二年一月に発せられた二つの布告、中国人労働者の法的地位の変更と混合婚の禁止は相互に連関した政策であり、後者にも中国人のサモア定住を防ぐという意図が含まれていたのである。法的地位を名目上変更しながら、自由移民化を阻止し、さらに中国人労働者とサモア人女性の結婚を禁止することで、中国人の定住を防ぐというこの政策はゾルフが指南したものである。

サモアにおける混合婚を禁じたゾルフに反対すべく、社会民主党は混合婚の合法化を求める議案を出し、本章冒頭の帝国議会の議論につながる。この問題は一九一二年を通して、ベルリンとアピアで結論が二転三転する。社会民主党によって提出された混合婚の合法化を求める議案は、一九一二年五月の帝国議会の審議にかけられ、賛成二〇三、反対一三三という票決をもって、可決された（Essner 1997, S. 517）。しかしこの議決が下された後、ゾルフの後任のシュルツは、混合婚に対しては法的な認可を下さない方針を示している。すなわち、帝国議会での議決を覆し、サモアでは引き続き混合婚を禁止する措置をとったのである。教養があり、品行方正なネイティヴは、サモアにいる限りは外国人と同じ法的地位を持つものとした。ただし彼らが留学等によって、ドイツに住む場合は再びネイティヴとして扱われた。さらにシュルツは、禁止されているにもかかわらず、ネイティヴの女性と結婚した外国人男性は、夫婦ともにネイティヴとして扱うものとした。すなわち、外国人としての法的地位を剝奪され、ネイティヴに「成り下がる」というわけである。この措置は、サモア人女性と関係を持とうとする男性に対しての警告という意味合いが強かった。非嫡出子への父親の養育費の支払いも義務付けたが、これは母子家庭への配慮であると同時に、そもそも外国人がサモア人女性と関係を持つことをあきらめるように仕向けるという意図もあった（*SGB*, Bd. 4. Nr. 41. Apia 1. Februar 1913; BArchB, R1001/5429）。

おわりに

ドイツのサモア統治は、一九〇〇年に始まり第一次世界大戦とともに終わったため、この地にドイツ帝国の三色旗が翻ったのは一五年に満たない期間であった。ゾルフが一時帰国していた一九〇八年から一九〇九年にかけて首長位の継承をめぐる争いがあり、東洋艦隊の出動を要請したことがあった。マウ運動と呼ばれる反植民地運動は、ドイツ統治下のサバイイ島で起きたものが最初となる。ただサモアを統治する以前より、ゾルフは海軍と対立しており、艦隊や警察部隊の常駐を拒んできた。そのため、このマウ運動の際も軍事介入を避けようとした。土地の略奪が横行し、ジェノサイドが起きた南西アフリカに比べれば、サモアは穏健な統治が行われたといえ、結果としてサモア人の土地所有権も守られた。

サモア人の保護という大義名分のもとで、ゾルフが推し進めた政策は、支配者と被支配者の間に境界線を引き、両者を隔離するものであった。両者を隔てる境界線は、同じドイツ人の中にも引かれており、この線引きには社会階級、文化と教養、ジェンダーのレトリックが絡み合っていた。ゾルフによれば、一定以上の資産と社会的地位を有し、妻や子供は一年の大半をオーストラリアやニュージーランドの避暑地で過ごす男性のみが「純粋な白人」であり、支配者であった。他者を支配する植民地主義の構図の中で、支配者に包摂された「混血児」や中国人がいた一方、「白人」の自国民であっても、その社会から排除されていく者があらわれる。いわば支配者の中の「内なる他者」が浮かび上がってくるのである。この「内なる他者」こそ、ゾルフが排除しようとした「貧しいドイツ人」であった。

混合婚と中国人労働者、この二つは別個の問題として論じられてきたが、いずれも支配者と被支配者の関係を曖昧にする存在であり、さらにはドイツ人同士の社会層、宗派と党派の対立を孕んでいた。すなわち、サモア人女性と結婚し、子供を儲ける男性の社会層は限られており、彼らのような新規入植者が労働力として依存していたのが中国人労働者であった。また彼らは、帝国議会でのゾルフの論敵であった中央党や社会民主党の議員と人脈を有していた。デーケンをはじめとする新規入植者によるゾルフ批判は、帝国議会の議論と党派対立に影響を及ぼしていったのである。

ドイツのサモア統治に関する先行研究では、ゾルフは厳格な統治者として、また植民地主義のイデオローグとして描かれてきた。日独関係史では知日家であり親日家、一九二〇年代の文化外交の立役者として、ナチズム期では反体制派、リベラリストとして、分野と時代別に異なるイメージが浸透している(10)。サモア総督としての経験は、彼なりの植民地統治理論を形作り、政治家としてのキャリアの原点となった。晩年のゾルフは、人種主義を国是とするナチズムと対峙し、政権批判をはばからなかった。

駐日大使の職を最後として外務省を辞職したが、その後も駐米大使、リットン調査団のドイツ代表の候補としてもゾルフの名前は挙がった。一九三二年三月、現職のヒンデンブルク（Paul von Hindenburg）の任期が切れるため、大統領選挙が行われた。当初ヒンデンブルクは、高齢のため出馬は難しいとされ、有力候補としてゾルフの出馬が見込まれていた。しかし、時の首相ブリューニング（Heinrich Brüning）をはじめ共和国派は、ヒトラーの当選を阻止するためにヒンデンブルクを担ぎ出したために、ゾルフの出番はなかった。この大統領選挙の際、ゾルフとともに候補として擁立される動きがあったのが、ゼークト（Hans von Seekt）とジーモンス（Walther Simons）である。一九二二年一月、ゾルフとゼークト、ジーモンスは、それぞれの頭文字をとったゼジゾ・クラブ（SeSiSo Club）を結成している（von Vietsch 1961, S. 306）。このクラブの前身は、「ドイツ協会一九一四年」（Deutsche Gesellschaft 1914）である。同協会は、ドイツ精神の戦いとしての「一九一四年の理念」をスローガンに掲げ、ゾルフが会長を務めていた。会員には政治家のみならず、企業経営者から学者、芸術家九〇〇名近くが名を連ねた。この協会の会員は、ナチ党に対抗する政党の旗揚げをゾルフに期待したが、一九三六年、ゾルフとゼークトが病死し、翌一九三七年、ジーモンスも亡くなった。三人の指導者の死後、ゼジゾ・クラブの会員およびゾルフの家族は、反ナチ抵抗運動に身を投じた。ゾルフが形成したナチズムへの対抗軸は、冒頭の一九一二年の帝国議会での主張とサモアで展開した政策を思い起こさせる。ナチスに対抗する勢力を結集し、ゾルフはドイツ文化を重んじる市民階級の中道政党を結成しようとした。しかしその際、かつての論敵であった中央党、社会民主党や共産党の支持基盤を排除し、彼らと共闘することを避けたのである。そのために、ゾルフの新党結成は時機を逸し、反ナチズムの結集軸は瓦解してしまう。

第一次世界大戦中、ゾルフは『将来の植民政策』（*Kolonialpolitik*）という著書を記し、政治的遺言という副題をつけて上梓した(11)。同書は、九州帝国大学の植民地政策学者長田三郎によって訳され、一九二六年に有斐閣から出版された。個人的に親交を深めた後藤新平の他、南洋統治に携わった矢内原忠雄もゾルフのこの政治的遺言を参照している。日本の植民地政策において、ゾルフのサモア統治がどのような前例として位置づけられ、影響を与えたのか、植民地主義の交差と関係を明らかにしていくことが今後の課題である。

■注

（1） 混合婚（Mischehe）は、多くの場合カトリックとプロテスタント、キリスト教徒とユダヤ教徒など、宗教や宗派が異なる者同士の結婚をあらわして用いられる。広義では、民族や「人種」、社会層の異なる集団に属する者が「混じり合う」結婚を指す。本章では、この混合婚および「混血児」を歴史的用語として用いる。

（2） 帝国議会で審議された植民地の混合婚の合法化をめぐる議論について、以下を参照。Essner（1997）, Grentrup（1914）, S. 38-55.

（3） ゴーデフロイ商会の南洋進出とウンスヘルムの軌跡について、以下を参照。Gossler（2009）.

（4） フィジーの初代総督ゴードンは、土着民の土地所有権が入植者に委譲され、プランテーション労働者となるのを防ぐべく、土着民と入植者など、フィジー人以外の人々との土地取引を制限した（丹羽 二〇一一、五五二‐五五四頁）。

（5） 一八七九年、イギリス、アメリカ、ドイツと「サモア政府」の間に結ばれた条約によって、外国人による自治組織としてアピア市民評議会（Apia Municipal Board）が発足した（山本 二〇〇三、三三一頁）。

（6） 一九〇一年の調査によれば、アピアの外国人人口三四七名中二七三名が男性、女性は七四名であった。ドイツ植民地統治が終わる一九一四年では、外国人人口は六〇〇名中四三六名が男性、女性は一六四名であった（Wareham 2002, p. 178）。

（7）当時のドイツ国籍法で定められた帰化要件については、以下を参照。Nagl（2007）, S. 114.

（8）ゾルフと対立したドイツ人入植者の一人が、自著の中で「自国民の商業活動を妨害する総督」として批判している（von Tyszka 1904）。

（9）サモアの中国人年季労働者問題に焦点を合わせた研究文献として、以下を参照。Moses（1977）, Tom（1986）, Firth（1977）.

（10）ゾルフの個人文書は、ドイツ連邦文書館（コブレンツ）に収められている。この個人文書に依拠して書かれた伝記として、以下を参照。von Vietsch（1961）, Hempenstall and Tanaka Mochida（2005）.

（11）第一次世界大戦後の一九二七年、ゾルフはドイツの出版社から同書の再版の依頼を受けたが、その依頼を断った。

■史料（欧文）

Bundesarchiv, Berlin-Lichterfelde（BArchB）.

Bundesarchiv, Koblenz（BArchK）.

N1053, Nachlass Solf.

R-1004F, Reichsschutzgebiet Samoa.

〈新聞、官報〉

Samoanisches Gouvernements-Blatt（*SGB*）.

Samoanische Zeitung.

〈雑誌〉

Kolonial Zeitschrift.

〈帝国議会議事録（Reichstag）〉

http://www.reichstagsprotokolle.de/index.html

■文献（欧文）

Bargatzky, Thomas (1997) "The Kava Ceremony is a Prophecy, An Interpretation of the Transition to Christianity in Samoa," in: Hermann Hiery and John MacKenzie (eds.), *European Impact and Pacific Influence: British and German Colonial Policy in the Pacific Islands and the Indigenous Response*, London: Tauris Academic Studies (I. B. Tauris), pp. 82–99.

Essner, Cornelia (1997) „Zwischen Vernunft und Gefühl: Die Reichstagsdebatten von 1912 um koloniale ‚Rassenmischehe' und ‚Sexualität'", in: *Zeitschrift für Geschichtswissenschaft*, Bd. 45, Nr. 6, S. 503–519.

Firth, Stewart (1977) "Governors Versus Settlers: The Dispute over Chinese Labour in German Samoa", in: *New Zealand Journal of History*, vol. 11, pp. 155–179.

Gossler, Claus (2009) „Der Kaufmann August Unshelm (1824–1864), Pionier des Hamburger Handelshauses Joh. Ces. Godeffroy & Sohn in der Südsee", in: *Zeitschrift des Vereins für Hamburgische Geschichte*, Bd. 95, S. 23–67.

Grentrup, Theod (1914) *Die Rassenmischehen in den Deutschen Kolonien*, Paderborn: Ferdinand Schöningh.

Hempenstall, Peter J. (1978) *Pacific Islanders under German Rule; A Study in the Meaning of Colonial Resistance*, Canberra: Australian National University Press.

Hempenstall, Peter J. (1997) "The Colonial Imagination and the Making and Remaking of the Samoan People", in: Hermann Hiery and John MacKenzie (eds.), *European Impact and Pacific Influence: British and German Colonial Policy in the Pacific Islands and the Indigenous Response*, London: Tauris Academic Studies (I. B. Tauris), pp. 65–81.

Hempenstall, Peter J. and Paula Mochida (1998) "The Yin and the Yang of Wilhelm Solf: Reconstructing Colonial Superman," in: *Journal of Pacific History*, vol. 33, no. 2, pp. 153–162.

Hempenstall, Peter J. and Paula Tanaka Mochida (2005) *The Lost Man: Wilhelm Solf in German History*, Wiesbaden: Harrassowitz.

Hiery, Hermann (1995) *Das Deutsche Reich in der Südsee (1900-1921): Eine Annährung an die Erfahrungen Verschiedener Kulturen*, Göttingen: Vandenhoeck & Ruprecht.

Hiery, Hermann (1977) "Germans, Pacific Islanders and Sexusality: German Impact and Indigenous Influence in Melanesia and Micronesia," in: Hermann Hiery and John MacKenzie (eds.), *European Impact and Pacific Influence: British and German Colonial Policy in the Pacific Islands and the Indigenous Response*, London: Tauris Academic Studies (I. B. Tauris), pp. 299-323.

Johag, Stefan (2011) *Verwaltung von Deutsch-Samoa: Eine Vergleichende Verwaltungswissenschaftliche Analyse*, Galda Verlag: Glienicke.

Kennedy, Paul M. (1974) *The Samoan Tangle: A Study in Anglo-German-American Relations 1878-1900*, Queensland: University of Queensland Press.

Laracy, Hugh (1978) "Church and State in German Samoa: The Solf-Broyer Dispute," in: *New Zealand Journal of History*, vol. 12, no. 12, pp. 158-167.

Meleisea, Malama (1987) *The Making of Modern Samoa: Traditional Authority and Colonial Administration in the History of Western Samoa*, Suva: University of South Pacific.

Moses, John A. (1972) "The Solf, Regime in Western Samoa: Ideal and Reality," in: *New Zealand Journal of History*, vol. 6, no. 1, pp. 42-56.

Moses, John A. (1977) "The Coolie Labour Question and German Colonial Policy in Samoa, 1900-14," in: John A. Moses and Paul M. Kennedy (eds.), *Germany in the Pacific and Far East : 1870-1914*, Queensland: University of Queensland Press, pp. 234-262.

Moses, John A. and Paul M. Kennedy (eds.) (1977) *Germany in the Pacific and Far East : 1870-1914*, Queensland: University of Queensland Press.

Nagl, Dominik (2007) *Grenzfälle: Staatsangehörigkeit, Rassismus und nationale Identität unter deutscher Kolonialherrschaft*, Frankfurt am Main: Peter Lang.

Skirvan, Ales (1995) „Das hamburgische Handelshaus Johann Cesar Godeffroy & Sohn und die Frage der deutschen Handelsinteressen in der Südsee", in: *Zeitschrift des Vereins für Hamburgische Geschichte Veröffentlichungen des Vereins für Hamburgische Geschichte*, Bd. 81, S. 129–155.

Steinmetz, George (2007) *The Devil's Handwriting: Precoloniality and the German Colonial State in Qingdao, Samoa, and Southwest Africa*, Chicago: University of Chicago.

Tom, Nancy Y. W. (1986) *The Chinese in Western Samoa, 1875–1985: The Dragon Came from Afar*, Apia: Western Samoa Historical and Cultural Trust.

von Tyszka, Fritz (1904) *Dr. Solf und Samoa: politisch-wirtschaftliche Skizze*, Berlin: Deutscher Kolonial-Verlag.

von Vietsch, Eberhard (1961) *Wilhelm Solf: Botschafter zwischen den Zeiten*, Tübingen: Wunderlich.

Wareham, Evelyn (2002) *Race and Realpolitik: The Politics of Colonisation in German Samoa*, Frankfurt am Main: Peter Lang.

■文献（邦文）

ゾルフ、ヴェー・ハー、長田三郎訳（一九二六）『将来の植民政策』有斐閣。

高岡熊雄（一九五四）『ドイツ内南洋統治史論』日本学術振興会。

丹羽典生（二〇一一）「婚姻実践を通じた土地所有権・用益権の獲得——フィジー諸島共和国ヴィティレヴ島西部のソロモン諸島民集落の事例を中心に」『国立民族学博物館研究報告』三五巻四号、五四五－五八一頁。

箱田恵子（二〇一二）『外交官の誕生——近代中国の対外態勢の変容と在外公館』名古屋大学出版会。

山本真鳥（二〇〇〇）「近くて遠い隣人たち——近代史の中の西サモアとアメリカ領サモア」吉岡政徳・林勲男編『オセアニア近代史の人類学的研究——接触と変貌、住民と国家』国立民族学博物館研究報告別冊二一号、三四七－三七四頁。

山本真鳥（二〇〇三）「上からの統合、下からの統合——サモア社会の国民統合と村落構造」山本真鳥・須藤健一・吉田集而編『オセアニアの国家統合と地域主義』ＪＣＡＳ連携研究成果報告（六）、国立民族学博物館地域研究企画交流センター、三一

七 - 三五四頁。
山本真鳥（二〇〇五）「白人とネイティヴのカテゴリーをめぐって――ドイツ統治下のサモア」藤川隆男編『白人とは何か？――ホワイトネス・スタディーズ入門』刀水書房、一五七 - 一六九頁。

［謝辞］サモアの歴史については、矢野涼子氏（神戸大学大学院国際文化学研究科博士後期課程）にご教示いただいた。記して感謝申し上げる。

第四章　植民地朝鮮におけるドイツのキリスト教宣教団

——文明・共同体・政治

李　有載

はじめに

一八八三年の独朝修好通商航海条約調印後、多くのドイツ人の商人、政治家、学者、音楽家、医者、ジャーナリスト、旅行家たちが朝鮮を訪れた。彼らの中には、朝鮮の王宮、後の皇宮で重要な官位を得たり、朝鮮について興味深い書物を著した者もいた。しかし一九四五年以前において、宣教ベネディクト会修道士ほど独朝関係に対し持続的な影響力を与えた個人や集団はなかった。サンクト・オッティーリエンのドイツ・宣教ベネディクト会修道士（Die deutschen Missionsbenediktiner von St. Ottilien）たちは、一九〇九年に朝鮮の教皇代理司祭である、海外伝道（Missions étrangères）パリ神学校の司祭ミュテル（Gustav Mutel）の要請を受けて朝鮮にやって来た。彼らはまず朝鮮でカトリックの教員養成学校を創設し、運営する予定であった。しかし彼らの活動は、一九一〇年の日本による朝鮮の植民地化、第一次世界大戦の勃発ならびに仏独間の全面的な戦闘によって、著しく制限された。パリ神学校は、結局数年後に閉鎖された。ドイツ・宣教ベネディクト会修道士たちは、本来の目的を失ったまま、完全に孤立した修道院生活をなんとか続けていた。

こうした状態は、第一次世界大戦後、朝鮮北東部の咸鏡道《ハムギョンド》を包括する元山《ウォンサン》教皇代理司祭の地位が、宣教ベネディクト会修道士たちに委譲された一九二〇年八月になって、ようやく変わり始めた。一九二二年には、ほぼ一五万平方キロメートルに及ぶ満洲の延吉《イェンキ》地区と依蘭《イラン》地区がこれに付け加わった。延吉地区は一九二八年に独立し、教皇庁の聖省長官に直属する地位まで昇格したものの、引き続き宣教ベネディクト会修道士の管理に留まった。一九三三年には依蘭地区は分割され、オーストリアのカプチン会宣教師（Kapuzinermissionare）の管理に委ねられた。宣教ベネディクト会修道女もまた、トゥツィングから朝鮮へ派遣され、一九二五年にその活動を開始した。一九〇九年から一九四二年までの間に、総計一〇〇名を超えるドイツの宣教修道士や修道女が朝鮮で活動した。

宣教ベネディクト会修道士や修道女は、その信者の数の多さによって、人的に朝鮮と最も密接に結びついただけでなく、長い間ドイツにおける朝鮮のイメージを刻印したのであった。彼らが雑誌『宣教報（Missionsblätter）』に定期的に寄稿した論文は、とりわけ南ドイツのカトリック地域において朝鮮の日常に関する一般的な知識を広めた。強調すべきは、最高位大修道院長であったヴェーバー（Norbert Weber）の次の業績である。すなわち、彼の影響力の大きかった著書、公共の映画館や民族学博物館で上映された植民地朝鮮についての革新的で魅惑的な無声映画、そしてサンクト・オッティーリエンにおける朝鮮に重点を置いた宣教博物館の設立である。ドイツにおける朝鮮に関する学問的な取り組みや朝鮮学の成立もまた、宣教ベネディクト会修道士に由来する。

宣教ベネディクト会修道士自身による注目に値する歴史専門論文を除いて、朝鮮における宣教ベネディクト会修道士は、学問的には今日に至るまでほとんど注目されてこなかった[1]。しかし彼らは教会史に対しても、また朝鮮の植民地の歴史に対しても、興味深い観点を示している。朝鮮教会史研究において、カトリックはプロテスタント研究の陰に隠れている。このことは、朝鮮近代の成立においてプロテスタント教会が重要な貢献をしたという仮説と関連がある。ここでほんの数例を挙げると、近代的な制度（病院、学校、団体）、朝鮮語の口語と文字の改良や国民意識の育成ならびに社会変革という形態でなされたプロテスタント教会による文化的、社会的な近代化の推進が、高く評価されている（張 二〇〇一、一七頁）。カトリック教会については、このような貢献は認められていない。

しかしながらこうした像は、一九〇九年以降のドイツ・宣教ベネディクト会修道士や一九二三年以降のアメリカのメリノール伝道会（Maryknoll-Missionsgesellschaft）の活動を研究するならば、修正される必要がある。カトリック教会の公的な影響力は、明らかに増大していた。カトリックの出版社は、書籍や新聞を印刷していた。カトリックが経営する施設には、工房、学校、薬局、病院、幼稚園、孤児院、養老院があった。出版物から社会施設に至るこうしたカトリックの多様な活動は、近代化に貢献した。近代に関するこうした問題は、植民地近代との関係において集中的に論じられている。その際、現在に至るまで、宗教はあまり重視されてこなかった（Robinson/ Shin 2001）。プロテスタント研究でさえ、一九一〇年以前の時代に集中している。

それゆえ、本章では筆者は植民地近代の問題と宗教共同体の問題とを結びつけることにしたい。一般に、近代において宗教がその意義を失うことが、世俗化とみなされている。朝鮮の場合、たとえ決定的ではなかったとしても、近代への移行においては宗教が推進力の一つをなしていたことは十分に証明し得るのである。焦点は、朝鮮近代の形成局面におけるトランスナショナルな組み合わせに置かれる一方で、他方では、アクターの具体的な実践、解釈、習得を観察できる日常レベルに置かれる。アクターを定める際、宣教師たちと同様に現地住民にも話す機会を与えることが重要である。筆者のテーゼは、新しい共同体の形態を伴った宗教共同体こそが社会の近代化に対して本質的に寄与した、というものである。

ここでは、以下の三つの段階に分けて論じていく。まずは、様々なジャンルで非常に多様な方法で宣教団の自己理解を伝えた、ヴェーバーの業績に依拠して、宣教師の声を引き立たせることにしよう。次に、成功を収めた宣教の方法である共同体の構築を浮き彫りにするために、現地での宣教の多様な方法が分析されることになろう。修道院共同体とならんで、小さな教会や辺境に位置する本堂もまた調査される。宣教師と現地住民との間、ならびに男女間の相互に与えた影響もまた、現地の共同体形成に関する問題において、追究されることになる。最後に、宣教団と政治との関係が解明される予定である。そこでは、カトリックは、こうした民間の宗教的な共同体とならんで、政治化した共同体を構築する状況にあったのかどうかが問われることになる。独立運動の闘士であり、カトリック教徒であった安重根《アンジュングン》の事例では、この問題が追究されることになる。

一 文明の仲介者

ベネディクト会修道士の宣教団の自己理解や宣教の舞台である朝鮮に対する彼らの態度は、最高位大修道院長ヴェーバーの業績において十分に解明することができる。ヴェーバーは、一八七〇年一二月二〇日にバイエルンのラングヴァイトにおいて線路巡回員のヨーゼフ・ヴェーバー（Josef Weber）の次男として生まれ、幼少時代をバイエルンとシュヴァーベンで過ごした。一五歳のときに、彼は宗教者の職に就くことを決意し、ディリンゲン（アウクスブルク司教区）の幼年神学校に入学した。一八九五年八月には、彼は宣教師としてアフリカに派遣されたいという望みを抱いて、サンクト・オッティーリエンに赴いた。一八九六年にヴェーバーは修道士になった。ヴェーバーは、その多彩な才能によって、アフリカでの宣教のために派遣される代わりに、一九〇三年に三二歳でサンクト・オッティーリエン修道院の大修道院長に選出されたのであった。今日、サンクト・オッティーリエン大修道院の一二五年に及ぶ歴史を振り返るとき、ヴェーバーが修道院の組織と性格ならびに宣教範囲の拡大を決定的に特徴づけたがゆえに、彼を第二の修道院創設者とみなすことができよう。彼が一九〇三年に大修道院長の地位に就いたときには、修道士は九九名を数えた。一九三一年に彼が最高位大修道院長の地位を辞さねばならなかったとき、五つの修道院（サンクト・オッティーリエン、聖ベネディクト／京城《キョンヒャン》-徳源《トクウォン》、延吉、ミュンスターシュヴァルツァッハ、シュヴァイクルベルク）を統括していた。さらにタンザニア（一八八七年以降）、朝鮮（一九〇九年以降）、スイス（一九一九年以降）、中国・満洲（一九二二年以降）、南アフリカ（一九二四年以降）、ベネズエラ（一九二三年以降）、フィリピン（一九二三年以降）、アメリカ合州国（一九二四年以降）での宣教師数を計算に加えると、修道士は総計九四九名を数えた。もちろんヴェーバーの修道院の創設がすべて順調であったわけではないが、在職中に彼ほどのダイナミックな発展を示した後継者は他にはいなかった。森林への投資が失敗し、それが修道院の深刻な財政危機を招来することになったことが原因で、彼は一九三一年に最高位大修道院長の職を辞すことになった。同じ年に彼は宣教師としてタンザニアのリテムボに赴き、そこで死ぬまで芸術品の工房を営んだ。一九五六年にヴェーバーはアフリカ宣教中に八六歳で亡くなった(2)。

最高位大修道院長ヴェーバーは宣教の地である朝鮮を二度ほど訪れている。初回は宣教を始めて一年後の、一九一一年二月から六月まで、二回目は一九二五年五月から九月までであった(3)。第一回目の朝鮮旅行において、ヴェーバーは『静寂な黎明の国で』(*Im Lande der Morgenstille. Reise-Erinnerungen an Korea*) と題する本を著している (Weber 1915a)。第二回目の朝鮮旅行において、彼は朝鮮について多くの映画を撮影した。さらに彼はダイアモンド鉱山についての本を書き、それは一九二七年に出版された。二度にわたる旅行においてヴェーバーは、サンクト・オッティーリエンの宣教博物館のための資料を収集した。以下では、本、映画、博物館という三種類のジャンルからヴェーバーの宣教地に対する態度を解明することにしよう。

1　著作『静寂な黎明の国で』

ヴェーバーの朝鮮に関する著作である『静寂な黎明の国で』は、絶滅の危機にある文化を記録し、収集し、保護することを基本とした民族誌的態度で特徴づけられる。朝鮮文化は、彼の観点からすると二重の方法で、すなわち一方では普遍的な近代化によって、他方では植民地的な同化によって危険に晒されていた。ヴェーバーは、朝鮮を高度な文化民族として、そしてキリスト教の尊い殉教者の国として尊敬し敬服していた (Weber 1917b)。彼はキリスト教化を西洋化と同一視していなかった。というよりも、彼は朝鮮人の特殊な価値観や美徳を教会の制度に取り入れ、さらに発展させるつもりであった。こうした価値観や美徳の中には、特に、一．謙虚と自制、二．畏敬の念、三．客人の厚遇、四．共同体精神といった四つの要素が含まれた。これらの要素は、朝鮮におけるキリスト教会のさらなる発展をもたらすとされたのである。宣教師たちはあらゆる習慣を、「それらがキリスト教やその教義と一致する限り、単に我慢するのではなく、むしろ受け入れるようにキリスト教徒に要求した」（Weber 1915a, S. 166）。「旧い立派な習俗」を記録し保存すること自体が目的なのではなかった。ヴェーバーには、習俗がカトリック教会の保守的な価値と似ており、否定的な作用が見込まれる「近代」の影響にはまだ晒されていないがゆえに、意義があるように思われたのである。こうした動機と同時に、朝鮮のアイデンティティーを日本の植民地支配者から守りたいといった彼の望みもあった（Weber 1915a, S. 145）。こうした保守的な態度は、基本的には同化に対しては開かれており、ヴェーバーが朝鮮で試みていた近代的な宣教方法とは矛盾しなかった。

その宣教方法においては、まず第一に、カトリック教会は貧しい教会といったイメージから解放され、カトリック教への改宗が「より良き生活」のための決断を意味することを示す必要があった。次に、カトリック教会は、公的な生活において学校や病院を設立することによって文明の伝達者として認識されるように努めた。最後に、カトリック教会は労働のための教育と共同体を通じて、社会問題の解決に寄与しなければならなかった（Maucher 1988, S. 41-53）。ヴェーバーにとって、労働教育とより良き生活と神への導きとの間には論理的な関係があったのである。物質的な豊かさは、キリスト教が根づき、民衆の生活が刷新されるために必要な条件であった。「労働の持つ道徳的な力」は、生活を高め、高尚にするはずであった（Weber 1908, S. 15, 31）。ヴェーバーは、共同体の構築を宣教の中心的な目的と見なす、わずか数名の宣教師の一人であった。

その場合、植民地朝鮮に対するヴェーバーの見解は、多層かつ矛盾したものであった。彼は、朝鮮の伝統への愛と様々な進歩モデル、宣教モデル、文明化モデルとが混交した中をジグザグに進んだ。その結果、彼は日本の植民地主義を全体として評価する際に困難を抱えることになった。あるときには、彼は日本の植民地主義の破壊的で搾取的な性格を批判したが、別の折には、彼は植民地支配を経済的、文化的発展にとっては必要であると見なしたのであった。ともあれヴェーバーにとって重要であったのは、日本の植民地主義が朝鮮の宗教的な発展にいかなる影響を与えるかということであった（Weber 1915a, S. 130）。そもそも日本の「近代文化」は、彼にとって都市生活、実利主義、利己主義といった否定的な価値を体現していた。彼の全面的な共感と同情に基づいて叙述された本は、諦念と鬱屈ともいえるトーンで終えられている。というのも、次のように民族の復活への確信が明確に言及されないままであったからである。「朝鮮民族は国民としては確かに没落した。恐らく再び復活することはないだろう。（中略）私には、あたかもある民族を埋葬する葬儀から戻ってきたように感じるのだ」（Weber 1915a, S.436）。

2　映画『静寂な黎明の国で』

一九二五年の最高位大修道院長ヴェーバーによる二度目の朝鮮旅行は、集中的な映画撮影によって特徴づけられる。旅行において三五ミリ映画が全部で七本ほど制作された。映画『朝鮮の結婚式』や『静寂な黎明の国で』は、一九二八年に上映された(4)。ヴェーバーは、その主要作品である『静寂な黎明の国で』をほぼ同じ長さで二部に分けており、それらはそれぞれ独立して上映することができた。彼は第一部を民族誌的なものとして、第二部をプロパガンダ的な意図をもった宣教活動のための映画として構想した。ヴェーバーの主たる関心は、朝鮮人の日常生活にあったが、それを彼は、首尾一貫してはいないものの、その都度ひとつの物語としてまとめようと試みた。その際彼は、手工業者のものづくりの過程を徹底して細部にこだわって記録しようと試み、民族誌的な要求に応えることができた。結婚式や葬儀といった儀礼は、当時の民族学のテーマにとっては中心的なものであったが、かなりの人的および資金的な負担を伴いながら制作された。

映画『静寂な黎明の国で』は、屋外で広げられた巨大な世界地図を前にして、ドイツから朝鮮への旅行ルートを説明するところから始まる。この世界地図は、左縁にヨーロッパが、右側には日本が位置しており、朝鮮への旅行は「世界の端から端へ」といった決まり文句で知られる旅として描かれている。朝鮮内の旅のルートが詳細に描かれた後で、「朝鮮という君たちの故郷は、極西に位置する別の半島の形と大きさとが全く同じである」というタイトルのカットが挿入される。それに続くクローズアップでは、ヴェーバーが白いチョークで黒板を左右に二分する。その右側には朝鮮が、左側にはイタリアが描かれる。それからそれぞれに元山とローマという二つの都市が書き入れられ、地図には漢字で「朝鮮」が、ドイツ語で「イタリア」が、表題としてつけられる。

映画の冒頭で世界地図を登場させることは、宣教映画ならびに民族誌的映画では一般的に行われた手法であった。その際、こうした映画はしばしば支配者の道具であるとか、権力の言語であると解釈されている（Said 1978; Harley 1988, pp. 277-312; Harley 1989, pp. 1-20）。しかしヴェーバーの世界地図には、正確にはこうした解釈は当てはまらない。というのは、まず、映画の中間見出しとともに、この映画がドイツ人の観客に向けて制作されているにも拘わらず、「朝鮮という君たちの故郷」と、明らかに朝鮮人に向かって語りかけているからである。その結果、考察の視点がラディカルに転換され、朝鮮が「極東」に位置しているのではなく、イタリアこそが「極西」に位置していることになる。視点の転換によって、オリエンタリズム的な見方は相対化される。こうした相対化は同時に、この映画全体の調子と態度を決定することになる。確かにこの映画は、価値判断からは完全には自由ではないが、しかしながら膨張主義的な優越思想を宣伝しているわけではないのだ。

第二部は、ベネディクト会修道士の宣教活動が中心であるが、中間見出しとともに始まる。そこでは使徒パウロの言葉が引用される。すなわち「宣教師はその国ではよそ者である。宣教師はその国の民を理解し、学ばねばならない。ただそれによってのみ宣教師はあらゆる民に受け入れられるのだ」。第一部で異郷としての宣教国を演出した後で、宣教師はかくして「その国におけるよそ者」として描かれることになる。ヴェーバーが、宣教師をよそ者として描き、その宣教師はまずよその国民を理解することを学ばねばならないとしていることは注目に値する。ヴェーバーによると、学習と理解の段階を経て初めて、朝鮮人が必要としているものに対応するという宣教師としての課題が生じるのだ。ここにおいてもヴェーバーは、「異教徒」に対しては疑う余地のないほど明確に救済を告げる必要があるとする宣教師たちの理解とは、一線を画している。ヴェーバーの宣教師は、控えめに奉仕する態度をとり、傲慢で支配者的な立場には立っていない。現地の習慣に適応することは、ヴェーバーにとっては重要な原則であったといえよう。

映画全編を全体として振り返ってみると、この映画は、ヴェーバーが彼の著作において詳細に取り扱い、二律背反的に答えていた植民地主義と日本の役割や朝鮮の将来といった問題については、一貫して無視しているように思われる。しかしながらヴェーバーは、映画の中で日本の植民地主義を消すことはできなかった。映画冒頭での露天市場のシーンで、二度ほど、人ごみの中に制服を着た一人の警察官がカメラの前を歩いていくのがはっきりと認識できる。数多くの子供たちのシーンやスポーツ大会においては、日本の国旗が見える。それはまさに、カメラによって意図せず撮影され、いわば「不可避性」を表象した個人であり、対象であったのである。しかし意図してなされたクローズアップにおいて、幼稚園児が日本の旗を振っている場合は、より問題となる。というのは、映画についての講演において、ヴェーバーは植民地権力の徹底した破壊的な力に注意を喚起していたからである（*Bayerische Staatszeitung*, 4. Juni 1927, S. 5)。そのかぎりで、植民地主義者の日本的シンボルは、フェードアウトと告発との間でうまくぼかして描写されている。これとの関係で興味深いのは、ヴェーバーの作品における死と埋葬の描写である。朝鮮についての著作と同様に、映画の第一部も第二部もそれぞれ埋葬ないしは墓場のシーンで終わっている。ヴェーバーが映画全編を通じて一貫して政治的なるものを無視しているように見えるにも拘わらず、彼はこうしたシーンによって朝鮮の政治状況を巧妙に示していたのである。映画の墓場のシーンは、国家の政治的な滅亡を象徴しているだけでない。同時に、死は復活という聖書の希望と結びついているのだ。しかし、ヴェーバーの念頭にあったのは、朝鮮国家の独立といった政治的な構想ではなく、むしろキリスト教を通じての朝鮮人の個人的な救済であったように思われる。

3 サンクト・オッティーリエン宣教博物館

博物館の主な展示は、あるコンセプトに従ってなされており、そこでは、アフリカ（自然）と朝鮮（文化）とのコントラストが中心的な軸を形成している（Vgl. Fischer 1928, S. 232-236）。宣教博物館の視覚的な命題は、キリスト教信仰を通じて西洋世界を浸透させることは「未開人」のためだけでなく、「文化民族」のためにも役立つというものであったといえよう。現在のサンクト・オッティーリエンにある宣教博物館は、六〇〇平方メートルの敷地で修道院と教会との間にある側廊の一階と二階にあり、九つの展示室からなる。展示物の重点は明らかに東アフリカに置かれている。「宣教師の環境」という展示は、二階において動物のパノラマという形態でなされている。動物が野生的で、危険で、エキゾチックであればあるほど、それだけ動物はダイナミックに展示されている。かなりの数の弓矢、包丁、ナイフ、短刀、斧が二階に連なる階段にところ狭しと展示されている。一階ではこのところ狭しと展示する方法が、昆虫、ヘビ、トカゲ、魚、鳥の場合でもなされている。ここでの目玉は、東アフリカ産の投げ槍である。民族学者であるトーマス（Nicholas Thomas）が、宣教師の博物館におけるやり方について、投げ槍と楯は、彼らの配列の中では、原住民の連関から切り離され、新たなキリスト教の社会秩序の中に位置づけられた「改宗された人工物」として演出されることを確認している（Thomas 1991, p. 162）。

朝鮮のコレクションは、一階の最近できた展示室にあり、合計して、全展示面積の約四分の一を占めている。アフリカ部門とは反対に、朝鮮の陳列品の展示は、十の展示ケースという形態でなされているため、地味ではあるが、一見してわかりやすい印象を与える。ここでは、動物学も生物学も全く登場しない。民族学的な対象が前面に出ている。科学、文学、絵画といったテーマがこれを補っている。しかし自然と文化の対立だけが、アフリカ部門と朝鮮部門とを分けているのではない。一九〇九年の朝鮮に関する最初の展示では、日常の対象は、一人の富者の家と所有物の実例に限定されていた（Bayerische Benediktiner im Lande der „erhabenen Morgenruhe“ (1909/10) S. 123f.）。こうした日常の対象を意識的に富者に限定するといった構想は、観客にむしろ、展示物は信頼できるという感情を想起させた。この富者の家は、抽象的なまとまりとしての朝鮮文化にとって「民族学的な換喩」（クリフォード［James Clifford］）となったのである（Clifford 1997, p. 3）。

博物館で目を惹くのは、展示品が一九四五年以降、新たな取得物によって補充されたのはごくわずかだったことである。展示品の配列、展示室の形態、それどころか展示ケースですら、ヴァイマル共和国の時代からほとんど変わっていないのである。工芸品や習俗が時代を越えて破壊や消失から守られることがあるように、宣教博物館もまた、自らの肖像として時代を越えて守られているのである。宣教博物館はまさに博物館の博物館として、特別な時間的な位置を占め、それゆえに独自の物語を歴史の対象として示しているのである。しかしながら博物館の歴史は、再帰の可能性や自らが選んだ凍結状態だけで終わるわけではない。

一階の片隅に設置された壁のくぼんだ空間（スペースV）には、正面の壁面に等身大以上の教皇大グレゴリウスの彫像がある。右の壁には、東アフリカの宣教が始まった時期に、一八八九年のアラブの反乱や一九〇五年のマジ＝マジ戦争で殺された宣教師たちの銘板のついた展示ケースがある。ここには個人の事物や記念館の見本となるものが置かれている。左の壁には、一つの展示ケースが北朝鮮の共産主義体制の犠牲者に捧げられている。そこには玉砂徳《オクサドク》収容所に一九四九年から一九五四年までおよそ四年間捕らわれていた人たちの絵画や事物が展示されている。それゆえ、この展示部分は一九五四年以降設置されたか、ないしは補完されたに相違ない。犠牲者は展示のテキストでは「殉教者」と見なされ、その個人の事物は「聖遺物」と見なされている。

こうしたスペースVでは、滅亡の危機に晒された文化の救済（救済パラダイム）に捧げられた他の展示室とは違った歴史が語られている。ここで展示されているのは、文学者プラット（Mary Louise Pratt）が定義づけた、「接触ゾーン」での遭遇の結果である。ここでは、地理的、歴史的にお互いに隔てられたドイツ人、朝鮮人、アフリカ人がただ出会うだけではない。接触した後の展望では、彼らの間での紛争は、植民地主義者ないしは宣教師の征服や支配としては描かれない。宣教師たちは自らを犠牲者として理解しているのである。すなわち、宣教師たちの文化的な記憶においては、原住民の抵抗と関連する記憶は抑圧されている。しかしながら、この抵抗は少なくとも展示対象という形では表象されている。まさにこのことによって、再解釈ないしは新解釈の余地、すなわち来訪者が物事を全く別なものとして受容する余地が残されているのである。(5) こうして、来訪者に、自然と文化に分けられた「宣教師の環境」が伝達され、博物館の目的とされている、宣教師に課せられた問題に対する関心が呼び覚まされるだけでなく、来訪者は、遅くともこの展示室の場において自ら宣教師たちの記念文化の一部となるのである。宣教博物館は、観察の場だけでなく、実践の場でもあるのだ。このように、来訪者が殉教者と関連づけられるように、こうした展示室との関連において展示される対象物は、トーマスのいう意味での「改宗された人工物」になるだけでなく、「礼拝に係わる人工物」にもなるのである。

二 宣教の方法としての共同体の構築

朝鮮におけるドイツ人宣教師の数は、一九〇九年と一九四二年の間に七四名にのぼった。その内訳は、四〇名の司祭と三四名の信徒修道士であった。プロテスタントの宣教師と比べると、これは比較的少ない数であった。宣教師の大部分は、南ドイツの農民層ないしは手工業者層出身である(これらの統計の根拠は、Archiv St. Ottilien (ASO), A.1.54 Reisebuch 1887-1914; 1921-1951 の年代記、追悼文、旅行記である)。彼らの社会的ならびに地域的な出自はそれゆえ、比較的均質であった。朝鮮人修道士たちがドイツ人宣教師を援助した。一九四九年に徳源大修道院が閉鎖された際、朝鮮人修道士の総数は、聖職者一二名、信徒修道士一七名であった。(6) こうしたわずか一〇〇名による宣教活動は、大多数の改宗であるとか、キリスト教徒の急速な増大という形では報われなかった。一九三六年に元山の教皇代理司祭の下には、信徒が八五六八名いた。その間に、信徒数は一万二三二四名に増えたが、しかし一九四四年には再び八八四四名になり、ほぼ一九三六年の状態に戻った（尹 二〇〇一、三二五頁）。宣教の条件は厳しかった。咸鏡道は山岳地帯としての特徴があるが、そこの住民層は最下層であった。さらにこの地域は一九三〇年代以降、ますます満洲への移住ならびに逃亡のための通過地となった。このことは、人口の大幅な変動をもたらした。宣教を行うにあたってのさらなる課題は、住民に占める大多数の貧者たちへの布教であった。

1　宣教の中心としての修道院

このような背景においては、ふさわしい宣教方法を見つけ出すことが重要であった。宣教ベネディクト会修道士は、三つの方法を提案した。まず一つ目の方法は、昔からの伝統に従い、修道院を宣教の中心と見なすことであり、二つ目の方法は、文明化という使命を負った間接的な宣教であった。三つ目の方法は宣教の現場において考え出されたものである。この三つ目の方法については、以下、詳細に検討することにしよう。一つ目と二つ目の方法については、将来性はあったものの、限界もあった。

修道院を宣教の中心とする方法の中で重要な要素は、修道院のために土地を所有することであり、また神学的に教育を受けた修道士と様々な手工業や農業において教育を受けた平信徒を含む修道院の構成にあった（Walter 1985, S. 24f.; Ohm 1928, S. 62）。修道院は、まず第一に、宣教にとって必要な活動をささえる物資ならびに人材の担い手であった。平信徒たちは、修道院内で生活しかつ活動したが、それぞれの本堂において手工業者としての労働が必要とされたときには、逐次そこに派遣された。司祭もたいていは修道院で生活した。各司祭は長期にわたって広範に分散した本堂に派遣されたが、その際、定期的に年に二度ぐらいまで、短期滞在のために修道院に戻ってきた。しかしこうした方法にはディレンマが生じた。物資ならびに人材が修道院と結びつけばつくほど、それだけ現地の各本堂に派遣する人材が少なくなったのである。本堂に比較的多くのひとを配置すると、教会の活動によって修道院全体のまとまりが失われる危険があった。その場合には、もはや修道院共同体が機能することは保証されなかった。

その一方で、修道院には明らかに経済的、制度的な長所もあった。徳源の大修道院は大土地を所有していた。修道院と司祭養成学校は、一九四九年に解体された際に、一〇〇ヘクタールの森林面積と耕地可能な土地を所有していたが、そのうちわずか一四ヘクタールしか自ら経営していなかった。そのため、大部分は小作に出された（Abb. Null. De Tokwon (Corea), in: ASO, Z1 Asien IIb, Yenki (Ilan) 1928-1952; Vgl. *Chronik von St. Benedikt Tokwon* Juli-Dez. 1932, S. 9; Br. Rasso, „Schätzung des verloren Wertes der Diözese Yenki“, in: ASO Z1 Asien II b）。さらに平均二〇名以上のヨーロッパ出身の宣教修道士を抱える工房もあった。修道院の広範な経済活動にはさらに多くの分野が開かれていた（*Chronik der Abtei St. Benedikt Tokwon*, Jan.-Juni 1931）。修道院はサンクト・オッティーリエンの本修道院からの資金的援助に頼らざるを得なかったが、こうした構造的に規定された自給自足経済は、修道院の自己了解にとって、さらに危機的な時期においては、一九四二年以降示されるように、きわめて重要であった。さらなる長所は、住民の大部分を修道院のために働かせ、それによって彼らの社会状況を改善したことである。ここでは「貧しい教会」、「貧者の教会」といったカトリック教会のイメージを取り除くことができた。しかしこれは、この考えが全宣教地に妥当し得るということを意味しない。というのは、カトリック教会の絶対的多数の信徒が最下層の出身であり、その階層に留まっていたからである。例えば、元山の教会では、一九三〇年にキリスト教徒と認識できた一二四家族のうち九四家族が、最低生活費である月三〇円以下で生活していた。満洲との境界にある会寧《フェリョン》市では、一九二九年には、キリスト教徒の六八家族が暮らしていたが、そのうち五四家族が日雇労働で生活していた（Aus der Mission in Hoiryong 1930, S. 80）。公所は、経済的にその信徒らを支えるために、修道院の資金を自由に使うことはできなかった。

修道院のさらなる重要な長所は、司祭養成学校の創設と運営が可能であった点である。司祭の後継者を現地で養成するには、この制度は大変重要であった。司祭養成学校が解体されるまでに、約四〇人の朝鮮人が教区司祭になるための教育を受けている。しかし、修道士になった朝鮮人がいかに少なかったかを考えると、朝鮮人修道士の教育や養成のためのこうした努力は、十分ではなかったと見なすことができる。結局、多くの朝鮮人の司祭候補者が予定より早く修道院から離れたことは、修道院の日常生活におけるドイツ人宣教師たちの文化的、位階的にかたよった支配とも関係があった。「宣教の中心としての修道院」という方法は、大変重要で持続的な要点、すなわち、宣教のための修道院からいかにして朝鮮人の司祭を生み出すかを考慮していなかったのである。この問題は一九六〇年代まで解決されないままであった。

2　間接的な宣教

二つ目の宣教方法は、間接的な宣教であった。すでに最高位大修道院長であるヴェーバーは、プロテスタント宣教団の大きな影響と成果は主に彼らの「慈善的、社会的効果」に帰すことができると強調していた（Brief von Norbert Weber an den Bischof, 16. April 1923, in: ASO, Z1 Asien, Seoul 1909-27a）。一九二〇年代までカトリックは、プロテスタントの数多くの学校や病院に対抗できるほどの特記すべき設備をほとんど創設していなかった（沈 二〇〇〇、六三八－六六九頁）。ベネディクト会修道士は、一つの手工業者学校を創設し、その後徳源と咸興《ハムフン》に二つの病院、二、三の貧者用の薬局、幾つかの幼稚園を創設できた程度である。ベネディクト会修道士のまなざしは、小学校の創設に向けられた。一九二〇年に元山の教皇代理司祭がその地位を引き受けた際、そこには小学校は一つもなかった（Aus Wonsan in Korea schreibt P. Andreas, 1921/22, S. 173）。しかしながら、宣教ベネディクト会修道士たちは、二〇年の間に五一五九名（カトリック教徒九一三名）の生徒を有する国家公認された小学校一二校と、一四二五名（カトリック教徒七二三名）の児童を有する国家未公認の学校一五校を創設した（Renner, Bd. 2: 1971, S. 425）。学校は、総じて最も重要な宣教の手段と見なされた（Missions-Sorgen, Chronik von Hoirjong 1932, S. 250f.）。

学校についての宣教上の基本思想は、きわめて単純であった。すなわち、「学校を通じてわれわれは異教徒の生徒に作用し、こうした方法で多くの生徒の家族にカトリック思想を持ちこむことができる」(*Chronik von Wonsan*, 1. Jan. 1930–1. Jan. 1931, S. 10; Der Ruf koreanischer Heiden nach katholischen Schulen 1925, S. 335f.) というものであった。しかし学校は、宣教を行うという彼らの本来の目的に常に適うとは限らなかった。例えば、一九二八年の元山の学校においては、七三〇名の生徒のうちカトリック教徒はわずか一〇三名であった。非キリスト教徒を両親に持つわずか数名の子どもだけが、最終的に学校で洗礼した。それゆえ、洗礼の数においては、カトリックの宣教の量的な成果を読みとることはできない。(7) ただし、これらの施設は経済的な負担や明確な改宗者の不足にも拘わらず、大きな意義を有した。というのは、これらの施設は、現地住民が実際に必要としていたものだったからである (Oh 1931, S. 234-240)。さらに言うならば、こうした方法によって、施設の西洋的な建築様式、物質的な支援、女性宣教師をはじめとした象徴的なメンバー構成、慈善活動や社会活動、そしてそのための施設はすべて、カトリック教会の評判を高めたのであった。その結果、社会のいくつもあるアクターの一つとして、カトリックの教会の影響力もまた強まったのである。こうした間接的な宣教方法は、これまでプロテスタントの成功の鍵と誤って解釈されてきた。しかし、カトリック教会は社会において自らの居場所を手に入れ、住民の間で認知されるために、この間接的な宣教方法を習得した。すなわち、彼らはまずもって住民の要求のために存在するということを学んだのである。

3 共同体の構築

以上二つの宣教方法（宣教の中心としての修道院と間接的な宣教）とならぶいまひとつの宣教方法は、最も成果を収め、最も活動的だった宣教ベネディクト会修道士の一人であるヒーマー（Callistus Hiemer）神父が、現地で開発したものである。彼は文明化という使命を放棄し、信者たちの共同体の構築に焦点を定めた。それは、植民地時代における教会の全成功の秘訣ともいえるものであった。以下では、彼の宣教方法について、より詳細にその宣教の日常から考察することにしよう。

ヒーマーは、一八八四年一〇月一六日にアルゴイのヴィッゲンスバッハでパン職人を兼ねた農民の息子として生まれた。一九一〇年七月の司祭叙階式の後、彼は一九一一年一月六日に宣教師として朝鮮に派遣された。一九二一年以降、彼は満洲で本堂の神父として龍井《リョンジョン》、三元峰《サムウォンボン》、琿春《フンチュン》、六道泡《リュクトポ》に派遣された。その後初めて彼は朝鮮の会寧（一九二五年）、永興《ヨンフン》（一九三一年）、興南《フンナム》（一九三六年）と北青《プクチョン》で活動した。一九四二年以来、彼は元山の女子修道院で霊的指導司祭になった。一九四九年に彼は他の男女の宣教師たちとともに北朝鮮の収容所に入れられ、一九五四年にほかの生存者と一緒にドイツへ帰国した。

彼は開拓者として新しい本堂の大部分を創設し、どこでも短期間で成果を収めた（Graf 1937, S.137）。その結果、ヒーマーは「朝鮮北部のベネディクト会修道士の宣教団で最も熱心で最も成功を収めた宣教のベテラン」（Kugelmann 1973, S. 88）の一人として見なされた。その際、いつも彼の資金は非常に限られたものであった。会寧時代には、彼は大修道院から月に一〇〇円を受け取っていた。彼が自分のための食事代や衣服代を支払い、彼の奉公人に四〇円を支払った後、ようやく一人ないし二人の宣教師を雇える程度の金銭が残った。本堂の各宣教師は、寄付を集めるためにドイツや外国での個人的なつながりを利用することができた。彼らがそれに成功すればするほど、それだけ資金として自由に使うことができた。徳源修道院は、彼らにこうした行動の自由を与えた。しかし、ヒーマー神父はこうした選択肢を必ずしも利用しなかったようである。

イギリスの小説家であるドレイク（Henry Drake）が訪問した際に気づいたように、彼は「完全に原住民のような」生活をしていた。「彼は、原住民たちと一緒に食べ、飲み、煙草を吸った。彼は原住民の一人であった」。しかしまさに彼の生活方法こそが、朝鮮人に対して慰めと希望を与えたのであった（Drake 1930, pp. 188-199）。

彼の宣教を行うための教会は、家並みに隠れるようにして建てられた、朝鮮の伝統的な家屋であった。この教会堂や彼の小さな住居以外に、カトリックの宣教団は土地の所有を指示しなかった。学校や二、三名の看護婦がいる程度の病院すら考慮されなかった（Hiemer 1931, S. 78）。ヒーマー自身証言しているように、「ここでは、偉大なる『世界教会』を背後に持つ教会といっても、全く目立たず、知られないままでよいのである」（Hiemer 1931, S. 78）。しかし彼は、民衆と結びついた生活方法によって、朝鮮人に彼らの一人と見なされた。それどころか、彼の後継者で、広範囲の寄付金集めによってベネディクト会修道士の宣教地において最大規模で最も高価な教会を実現させたグラーフ（Olaf Graf）は、ヒーマーの時代に宣教団は「土着化し、原住民の心に通じる道を発見した」と証言していた（Graf 1932, S. 132）。ヒーマーは、そのみすぼらしい恰好では、金持ちや中間層に良い印象を与えないことを知っていた。そのため彼は都市の下層民や青年にねらいを定め、発生しつつあった工業労働者にふさわしい宣教方法を開発した（Graf 1937, S. 49）。

その際、彼の宣教方法は根本的に修道院のそれとは異なっていた。というのも、彼には別の方法をとる手段が欠けていたというだけでなく、彼が他の試みを欲していたからである。宣教方法は、三つの段階からなった。それは、一．信頼の形成、二．平信徒自身による宣教活動、三．共同体の構築であった（Hiemer 1931, S. 81）。ヒーマーは、「素朴で、教育を受けていない人びとは、カトリック教義の巧みで学術的な議論によっては獲得されず、むしろ彼らが心動かされるのは、信頼、すなわちその人に対する共感である」（Hiemer 1931, S. 82）ことを知っていた。教理問答書を新人のキリスト教徒が暗記することは、ヒーマーにとっては、二義的なことであった。宗教的な知識は、不十分なままでもよかった。ひとは、カトリックの信仰に対して、信頼を形成することによって、心を開くことができるのであった。教会が「隣人愛」によって一個人の面倒を見てくれるという信頼は、すなわち教会がその人により良い生活を可能にするということであった。ヒーマーによると、「暴力ではなく、愛と特別な友情こそが人びとを教会にひきつける。非キリスト教徒は、カトリック教会の宗教こそが秩序、安寧、幸福、繁栄を家族にもたらすと感じるに違いない」（Hiemer 1930, S. 212）。こうしたキリスト教に改宗した新人が、定期的に日曜日に教会にやってくると、宣教師は彼に知り合いや親せきを教会に連れてくるように促した（Hiemer 1931, S. 82）。こうした構想においては、キリスト教に改宗した新人は、現存の社会的ネットワークの行動主体として想定されていた。ヒーマーは、こうした新人のキリスト教徒の方が、非キリスト教徒の改宗に際しては、古参のキリスト教徒よりもはるかに成功し得ると確信していた。というのも、彼ら新人はまだ「非キリスト教徒の世界」との関係を維持していたからである。

聖職に就いていない平信徒が自ら宣教する際の助けとなったのが、まさに宣教には不可欠の朝鮮人の男女の伝道師たちであった。彼らは、特に仲介役を引き受けた。すなわち「彼らはいわば異教とキリスト教との間、朝鮮人とヨーロッパ人との間、そして平信徒と宣教師との間の架け橋を造ってくれた」(Hiemer 1931, S. 82)。ヒーマーはこの課題のために、特別な学校教育を受けていない男女を探した (Hiemer 1935, S. 323)。彼らは、魂から魂へと「慈悲深い愛」の橋を架けてくれる「好意あふれる」キリスト教徒であればそれでよかったのである (Hiemer 1935, S. 325)。ヒーマーは手助けしてくれる平信徒には生計に最低限必要なものを与えた。すなわち、食事、衣服、暖房費に一〇～一二円を与えた。伝道師の俸給は月額三〇円であった。その場合、資格を有する伝道師を得るのは大変困難であった (Hiemer 1929, S. 312; *Chronik der Abtei St. Benedikt Tokwon*, 1. Halbjahr 1930; Katechetenopfer und Katechetendank 1930, S. 268f.)。

伝道師の課題は、非キリスト教徒もしくは新人にカトリックの宗教を教え、洗礼の準備をすることであった。しかし彼らにはそれらと同じように重要な、社会活動を通じての魂の救済という使命があった。それはすなわち、貧者、病人、瀕死の人たちの面倒を見ることであった。彼らはまた、「ある人が死んだとき、埋葬の際にキリスト教の愛で助力をするために、キリスト教徒が熱心に祈禱をしにくる (平信徒はそればかりか平信徒が死んだ際には、犠牲を捧げるため一緒にやってくる!)」ように配慮しなければならなかった (Hiemer 1929, S. 313)。それゆえヒーマーは一種の平信徒運動に力を入れ、この運動によって「素朴な人びと」との架け橋が築かれたのであった。

宣教活動との関係で、ヒーマーは、人目を引くほど頻繁に信頼、親切、好意、隣人愛という言葉を用いた。これらの言葉は、共同体メンバーたちの原則的な価値と見なされた。この共同体メンバーたちは、「キリスト教的な世界観」によって、自分たちを非キリスト教徒の知り合いたちから「分離」させ、「独自の集団」を形成した。「教会の生活、すなわちカトリックの生活態度や生計は、絶え間なく振りかかる禍を通じて、次第に愛すべき、自らが望む習慣になるに違いない」(Hiemer 1931, S. 109)。こうしたカトリックの生活態度には、共同体メンバーが困ったときに、お互いに「無報酬で」助け合うことが含まれた (Hiemer 1931, S. 110)。なぜ宣教師たちは、洗礼を受けたキリスト教徒が「平信徒」の中で単身で生活するのではなく、キリスト教徒の家族らの共同体の中で生活すべきだと推奨したのか、その理由はまさに、苦難の際の共同体の連帯感にあったのである。その結果、可能な限り、家族全員を改宗させるべきだとされた (Missionbilder 1929, S. 188; Missions-Sorgen, Chronik von Hoirjong 1932, S. 250f.)。こうした共同体の構築が必要であったのはまた、教会が、なお生き続けている民衆信仰というしきたりに対して対抗戦略を練らなければならなかったからであり、またカトリックの教義に反する生活態度上の規範を払拭するためであった。

新人のキリスト教徒にとって最大の障害であり同時に試練であったのは、祖先崇拝であった。死者のために犠牲を捧げることを怠ったものは、社会では不名誉な子と見なされた。そうした子は最大限の社会的な軽蔑の対象となった。教会は、文化的な民衆の財産を敬い、それゆえに朝鮮の結婚式の儀式を教会の結婚とならぶものと見なすと約束し、ないしは畏敬の念をもった死者崇拝を高く評価し、死者のために供物の代わりにミサ聖祭を捧げることを約束することによって、新人のキリスト教徒に妥協したのであった (Chrysostomus Schmid, Der Aufbau einer einheimischen Kirche in Korea, in: ASO, Z1 Asien IIb Yenki (Ilan), 1928-1952)。だが、非キリスト教徒は、多くの場合、これには満足しなかった。

日曜日を神聖なものとするために、キリスト教徒は村落の相互扶助関係(プマシ)から離脱せねばならなかった。そもそもこの相互扶助関係は、村の住民が田畑を順番に共同で耕し、雑草を刈ることを意味していた。そこでは日曜日は考慮されていなかった (*Chronik von Yongheung 1936*, Nr. 1, Mai 1933 bis Oktober 1935, S. 35)。日雇労働者や工場労働者は、日曜日でも労働が強制されていたために、もし教会の規律を守ろうとしたならば、断固として仕事を休まなければならなかった。しかしながら、彼らは自分たちの生活を維持することを放棄できなかった。結局は、日常においてもすべての規則や規律が遵守されたわけではなかった。教会は柔軟に対応し、特別な免除を与えねばならなかったのである。

共同体に対するこうした外部からの試練は大きかった。しかし内部においては、共同体の帰属感情を強化するための活動が多くなされた。その一つの事例が埋葬である。すでにヴェーバーは、朝鮮では埋葬は費用のかさむ行事であることを見抜いていた。宣教師らはそこで、キリスト教の埋葬を費用が比較的かからない選択肢として提示する可能性を見出した。彼らは埋葬と棺台の費用を受け持つ用意があった。それ以外の人件費のすべては考慮されなかった。というのは、共同体のメンバーは無報酬で一緒に手伝ってくれたからであった。ヒーマーは、「棺台はここでは、学校や病院と同様にとても重要な宣教の手段である」（*Chronik von Hoiryong*, Mai 1927-Mai 1928, S. 13）と認識していた。

ヒーマーの宣教方法は、朝鮮人のキリスト教徒が宣教師の力を借りずに自力で運営していた公所において、最も徹底的に導入された。統計によると、一九二〇年には五八の本堂（ポンダン）と一〇八一の公所（コンソ）が存在した(8)。例えば、永興の本堂では一九三五年には、それぞれ一〇〜二〇名の洗礼者のいる四五もの公所が存在した（*Chronik von Yongheung*, Mai 1933-Okt. 1935）。こうした公所は本堂からかなり離れていたために、キリスト教徒は日曜日に本堂の教会に行くことができなかった。公所はまた司祭がいない場合には宗教的にも、場所的にも中心となった。この公所によって、キリスト教信者は、互いに緊密な関係になり、今や一つの「家族」を形作り、それを通じて、自分たちから見て好ましい方法で非キリスト教徒とは別なのだと意識したのであった（Schulkapelle in Kaine bei Wonsan in Korea 1933, S. 165）。こうした「集団内部の」観点は、非キリスト教徒が伝統を蔑ろにする者として烙印を押した、よそ者というイメージとは根本的に異なるものであった（Schmid 1928, S. 143f.）。

教会がその手段として約束した技術の進歩、社会的上昇、より良き教育だけが、朝鮮人がキリスト教徒になった要因ではない。確かに、技術の進歩、社会的上昇、より良き教育は、まずもって宣教師自身の価値観にとって重要であった。というのは、宣教師は、見知らぬ国において文明の仲介者として自身が作り出したイメージを確認する必要があり、それとともにそもそも社会的に高く評価されたかったからである。現地の住民にとって重要だったのは、むしろキリスト教徒の共同体であった。宣教師たちは、朝鮮人が変革期において憧れた「ポスト伝統的共同体」という形態を提供した。

この共同体においては、伝統的な身分体制を打ち破る、新たな承認形式と生活形態が支配した。一箇所での規則的な会合、祈りという共同の仕事、集中的な社会的な交流が、新たな価値の形成を伴って、新しい生活様式へと導いた。その場合、いくつかの伝統的な道徳上の原則や家族の社会的な意味は、維持され、それどころか強化されたのであった。

三 女性には女性が？

1 女性宣教師

女性の宣教に関しては、ベネディクト会修道士の宣教団は、性差による役割に従って構成されていた。そこでの考えは「女性には女性が」という命題で明確に説明することができよう。元山のザウアー（Bonifatius Sauer）司教は、女性宣教師の役割について以下のように述べている。「たとえ、言葉や習俗が途方もなく違っていようとも、女性はまさしく、いつも女性の心に通じる道を見出すものだ」（Aus der Benediktiner-Mission in Korea schreibt Bischof Bonifatius Sauer [1926], in: Archiv Missionsbenediktinerinnen von Tutzing（AMT））、もし「心に通じる道」が見つかったならば、朝鮮人女性はカトリックの修道女のところで「真の女性に育て上げられる」ことだろう（Aus dem Vortrag von Missionsbischof P. Bonifatius Sauer, O.S.B., in der ,Missionsvereinigung katholischer Frauen und Jungfrauen', München, am 6. Februar 1928（1928）, S. 140f.）。「私は次のことを強く確信している」と、彼は続けて言う。

「もし若い朝鮮人女性をキリスト教徒として獲得するのに成功したならば、われわれは国全体を獲得したことになる。というのは、われわれは同時に次世代の家族を獲得したことになるからだ」（Aus der Benediktiner-Mission in Korea schreibt

Bischof Bonifatius Sauer, a.a.O.)。

ザウアー司教の論理はきわめて単純である。女性をカトリック教徒として獲得したならば、家族をも獲得でき、ついには国全体をも獲得できるというものである。こうした考えにおいては、二つの前提を補足する必要がある。一つは、女性の宣教は女性によってなされるべきというものであり、もう一つは、改宗した女性は家族や国に対して決定的な宗教的影響を及ぼすというものである。ザウアー司教は、このことを確信していたようである。というのは、彼は女性宣教師が持ついまひとつの特性を、これまで閉じられていた朝鮮社会への扉を開くものとして活用できると思っていたからである。

「まず修道女には、そもそも一般の女性と同じ様に、われわれ男性に対しては閉じられている多くの扉がまさに開かれている。たとえ朝鮮人男性が宣教に来た修道女をそこからとにかく追い出したいという気持ちを抱いたとしても、彼はそれにも拘わらず、そういう修道女や女性に対しては表面上いつも礼儀正しくすることだろう。それに、使徒としての熱意という点では、修道女はわれわれ男性よりも優れているのだ」(Aus dem Vortrag von Missionsbischof P. Bonifatius Sauer, O.S.B., in der ,Missionsvereinigung katholischer Frauen und Jungfrauen', München am 6. Februar 1928 (1928), S. 141)。

元山の女子修道院長ヒルシュ(Mathilde Hirsch)は、ある書簡の中でこのような見解を認めている。「私たちは、男性宣教師たちが入ることを許されない、しかも絶対に何もできない家やサークル内に入ることができる」(Brief von Mathilde Hirsch an Herrn Dekan, Wonsan [1926], in: AMT)。こうした公共空間や私的な空間での女性宣教師たちの自信に満ちた行動は、彼女たちの宣教師としての自己了解を明示するものである。彼女たちは、ドイツの故郷における女性の同僚たちよりも、はるかに広い行動範囲を有していた。確かに彼女たちは、女性として男性宣教師よりも低い地位にいたが、朝鮮人の男女に対しては優越感を抱いていた。こうした魅力的な朝鮮への誘いを受けて、一九二五年から一九四〇年までの間に総勢三二名のトゥツィングの宣教ベネディクト会修道女が朝鮮を訪れた。平均年齢は、二八歳であった。大半の修道女は、バイエルンやバーデン・ヴュルテムベルクの農村地域の出身であり、それゆえ農民的な生活環境からやってきたといえよう。

彼女たちは、すぐに朝鮮の現実が期待していたのとは異なり、宣教に限界があることに気づいた。というのは、期待された信徒の数が増えなかったからである。宣教の拡大は、一般的に洗礼の数で確認される。しかし洗礼への道は、女性の場合、多くの障害と結びついていた。まず、教理問答書を学ぶ準備期間が比較的長かった。大人の女性は最低でも一年、年老いた女性や子供は少なくとも三年は準備しなければならなかった。年老いた女性やものわかりがよくない女性の場合、テキストを使用しない教科の知識に関する成績が大きな試練となった。より決定的だったのは、女性宣教師が次第に、非キリスト教徒と結婚した女性のキリスト教徒が自分の信仰上の活動をほとんど実践できないことを理解したことである。というのは、キリスト教徒の女性は、主婦として数多くの「邪神崇拝」や祖先崇拝に責任を負っていたからである。そのため、カトリックの宣教団は、カトリック教徒の両親のいない若い娘は、一般的に結婚の前には洗礼を受けさせてはならないという結論を出したのであった（Annalen 1926, S. 35f., in: Archiv Missionsbenediktinerinnen von Tutzing Taegu (AMT Taegu): *Chronik von Wonsan*, 1. Juli-31. Dez. 1927）。この措置は、洗礼した娘が「異教徒」と結婚する可能性があるという危険性を指摘することで正当化された（Schwester Thiathildis 1929, S. 214）。結婚後に夫が、妻がカトリックを信仰しても良いと認めた場合に、彼女は「異教徒」の義務から解放されることになろう。「そうすればすべてがうまくいく」のであり（Vom Alltag bei den Missionärinnen in Wonsan 1928, S. 138）、つまり、ようやく洗礼が可能となるのである。残念ながら、「女性の結婚を通じて家族がカトリックになるという保証はまだ存在していない」（Aus dem Missionstagebuch von Wonsan, Korea 1929, S. 206f.; Missionsbilder 1930, S. 17も参照）ことを認めざるを得なかったのである。その結果、「まさに成人した青年の宗教的な影響がきわめて重要となる」（*Chronik der St. 'Immaculata Convents', Wonsan, Korea*, 1. April-15. Okt. 1936）のであった。それゆえ、カトリック教徒の結婚の可能性を高めたいのならば、青少年の教育は修道女の管轄領域に委ねられねばならないという認識が広がった。その結果として一九三九年以降、救貧院では青年も引き受けることになった。こうした結婚政策や「結婚候補者」としての青少年教育は、構造的に娘や女性たちを一方的に差別することになった（*Chronik der Missionsbenediktinerinnen von Genzan, Korea,* 15. Okt. 1938-15. April 1939）。というのは、男子や男性は全員、洗礼の条件を満たしさえすれば、結婚前に洗礼を受けることが可能だったからである。さらに男性は、一般に、非キリスト教徒との結婚に対して特別な免除を受けていたし、結婚した男性は洗礼を行うために彼の非キリスト教徒の妻の同意を求める必要がなかった。

キリスト教徒の女性は結婚を通じてキリスト教徒の家庭を築くだろうという当初の仮定は、幻想であることが明らかになった。厳格な意味で、朝鮮の社会構造の下では、キリスト教徒の家庭はキリスト教徒の男性によってのみ築くことが可能であった。キリスト教徒の男性こそが「異教徒の習俗や習わし」を家庭から払拭する権力を有していた。彼は、その家父長としての権力を、彼の妻や子供を教会に派遣するために、または教会からの訪問を許可するために、利用することもできたのである。こうした権力すべてを妻は持っていなかった。教会がこうした構造を認識した後、洗礼や結婚に際しての女性に対する差別的な取り扱いによって、このような家父長的な家族構造は再生産され、教会の中へ持ち込まれた。

しかし他方では、こうした政策によって、朝鮮での宣教におけるカトリック教会が経験した重要なことがらが明らかになった。それはすなわち、朝鮮では魂の救済と改宗は個人の自由な決断ではなく、まずは家族上の結びつきや関係を通じてなされるということであった。したがってまた、カトリック教会がとった政策はこのような経験に対する一つの対応であった（Schw. Gertrud Link O.S.B. 1938, S. 192f.）。つまり、実際には、女性の改宗者がその個人のキリスト教的・宗教的な生活を通じて家族や共同体をキリスト教へと導くことはなかった。逆に、女性のキリスト教への改宗の条件を作り出していたのは共同体であった。そしてこの女性の改宗は、家庭内においては男性の下で、男性とともに、そして男性を通じて始まるのであった。

2 現地出身の修道女

宣教ベネディクト会修道女にとって、朝鮮人の修道女の養成は重要な関心事であった。そのため、一九二五年の元山での女子修道院創設後すぐに、朝鮮人の修道女候補者が受け入れられている。女子修道院に入った朝鮮人の数はすでに一九二七年にはドイツ人の数を上回っていた。修道院へ入った朝鮮人女性の動機は多種多様であった。その多くは経済的なものであった。しかし貧困から逃れてくる者もあれば、結婚強制から逃れてくる者もあった（Ein Kleiner Bericht über die Verhältnisse in Korea [1926], in: AMT）。その中には、教育や仕事で責任ある地位に就く夢を実現させたいという希望、ないしはドイツ人の中で植民地支配から自由な空間を見出したいという希望が、修道院へ入る動機と結びついている場合もあった（修道女朴《パク》オッティーリアに対する筆者のインタビュー（於大邱《テグ》、二〇〇六年九月二九日）による）。彼女たちは、一五歳から一八歳までの青年期で、朝鮮北部の地方出身者たちであった（Nach Korea 1928, S. 12f.）。彼女たちはたいていは初等学校卒業者であった。とりわけ初期には主任司祭の推薦状が必要であったようである。その際、両親は必ずしも洗礼を受けたキリスト教徒である必要はなかった（Mutter Priorin Mathilde, O.S.B. 1929, S. 34）。養成期間は四年間が予定されていた。実際には期間はもっと長くかかった。一九二五年に初めて修道女候補者に採用された女性は、一九三一年にようやく修道女になることができた。これは第一に、候補者や修錬女が公所において労働力不足によってさらなる労働負担を課されるようになったことと関係していた。第二に、多くの時間と資金が、間接的な宣教のための教師や医者といった専門職養成の英才教育に投資されたことによる。

その場合、修道院は出入りの激しい移動の場として特徴づけられる。確かに、修道院に入った者の数は多かったが、実際に修道女になった成功者の割合は低かった（林《イム》マリア「自筆回顧録（자필회고록）」、大邱（一九七四年）、三四頁、in: AMT Taegu）。例えば、朴《パク》コルムバは、一九二八年四月に一四名の他の候補者と一緒に修道院に入ったが、修道女にな

ったのは彼女を含めてわずか五名にすぎなかった。さらに一九二八年一〇月に修道院に入った六名のうち、修道女となったのはわずか一名であった。修道女呉《オ》アルフォンサは、一九三八年に他の一一名とともに修道院に入ったが、修道女となったのは彼女だけであった（呉アルフォンサ「自叙伝（자서전）」、大邱（一九八四年夏）、一頁、in: AMT Taegu）。高い挫折率はまずもって病気が原因であった。というのは、養成期間に病気になった者は全員故郷に送り返されたからである（宣教ベネディクト修道女会 一九八八、一四七頁）。病気とならんで養成の苦しさや厳しさが、修道院に入った多くの者を挫折へと追いやった。このことは、例えば厳しい戒律やラテン語の学修の場合のように内容的に過大な要求が課されることと関係があったが（Link 1998, S. 289）、しかしながら、肉体的な負担とも関係があった。修道院生活自体が、数多い退会の決定的な要因であった。女性宣教師は、修道院における西洋の生活様式が朝鮮人女性にとって「新奇で慣れない」ものであったことをよく知っていた。さらに修道院の規則や世間から隔絶された生活は、「真の野生児」と見なされていた新入りが修道院での生活に慣れることを困難にした（Vom Alltag bei den Missionarinnen in Wonsan 1928, S. 138）。女性宣教師たちは、「わたしたちが言葉や習俗を知らない場合、幾つかの誤解が生じ、犠牲も確かに生じた」ことを認識していた（Annalen, S. 30f., in: AMT Taegu）。

　朝鮮人女性の目から見ると、修道院は実際の日常生活において多くの矛盾を孕んでおり、彼女たちは文明の成果を満喫する代わりに、貧困と辛い労働に直面し、しかも非合理や生活の質を損なう局面にも遭遇していたのである。林《イム》マリアは確かに、窓は明るい部屋のためには良いということを理解していた。しかし、なぜ寒い元山で各部屋に「いくつもの窓がお互い密になって設置」されねばならないのか。これらの窓は、部屋の寒さの原因であり、と同時に窓ふきという余計な労働を意味した。台所と食堂はそれぞれ別の階に設置されていたため、台所から食堂まで手動の昇降機で食べ物や食器類を日に三度から四度運ばなければならなかった。水道は、蛇口にゴムホースを付けて使用するのであるが、一九三三年以降はただ台所だけに設置された。それに対して洗濯部屋には水道はなく、そのために水を運ばねばならなかった。しかし洗濯用の設備はかなり高いところに設置されていたため、二人の朝鮮人女性が、水を注ぎ入れるために、

その足場まで登らねばならなかった。冬期、また悪天候の場合、洗濯物は屋根裏部屋で干されたが、それは彼女たちにとっては登山での苦労と同じであった。寝室には二〇ものベッドが置かれ、各ベッドの間には一枚のカーテンが引いてあるだけであった。冬の部屋は時としてとても寒かったため、朝には洗い桶の水が凍ることもあった。手や足も同様に凍えた。各部屋にストーブがあるわけではなかった。寝室には、しばらく経ってからようやくストーブが付けられた。火は就寝時にようやく点けられたので、ストーブの周りの場所から離れたベッドでは、もはや暖を多くとることは難しかった。地下室から石炭を運んだり、その灰を捨てに丘を越えて運ぶことに、「実に苦労」したという。西洋の生活様式を無理強いするこうしたやり方は、台所や食事において頂点に達した。というのは修道院での朝食はパン食であり、このことが朝鮮人女性にとっては耐えられなかった（林マリア「自筆回顧録（자필회고록）」、大邱（一九七四／七五年）、二四－二五頁、in: AMT Taegu）。修道院内の朝鮮人女性は従順になるように教育を受けていたため、こうしたことを批判することはなかった。そのため彼女たちは不満足だったにも拘わらず、外部からは「とてもやる気があり、器用で、真面目だ」と見なされた（林マリア「自筆回顧録（자필회고록）」、大邱（一九七四／七五年）、四〇頁、in: AMT Taegu）。彼女たちはただ「天主」の恩寵、加護と作用のみを願っていた。それゆえに、西洋の「文明化された」生活様式は、日常において朝鮮人女性によって「文明化された」ものとしては認められていなかったのである。

この厳しく辛い養成時代や修道院内の生活様式の相違は、朝鮮人修道女の場合、宗教的な解釈の手本（例えば、修道院への招聘に感謝するであるとか、従順な修道女になることに専心するなど）の助けを借りて、ないしは朝鮮にはいまだに文明が欠如しているという理論によって正当化され、処理された（修道女崔《チェ》フミリタスに対する筆者のインタビュー（於大邱、二〇〇六年九月二九日）。崔《チェ》ユリアナについても参照、「神の恩寵へと続くわが生（하느님의 은총으로 이어진 나의 삶）」、大邱（二〇〇五年七月）、七頁、in: AMT Taegu）。しかしながら文化的抑圧は、修道院生活の一側面でしかない。朝鮮人女性は、修道院や宣教団における活動を通じて、世の中で行動できる範囲を確定し、責任をも引き受けていたのである。

「当初は、まだ修道女の数も少なく労働力が不足していたが、女子修道院長は、修道女たちに責任を委ねた。こうして私たちは西洋式の台所の責任者として、また朝鮮式の台所の責任者として、救貧院やカトリック要理の授業、そして家計などを担当する女性教師として、ささやかなポストを得た。女子修道院長は修道女林マリアに、これからは宣教を行わなければならないと述べた。私が修道志願者として宣教活動を始めた一九二八年に、港町全体をめぐり、二年間女性の洗礼候補者に授業を行った。それによって一九三一年に女性の洗礼候補者は「聖テレサの家」に来て、そこでカトリックの要理の授業を受けた。信者は女性の洗礼候補者を、さらに女性の洗礼候補者は別のひとを私たちのところに連れて来た。その結果、女性の洗礼候補者の数はとても増え、場所の問題を抱えることになった。（中略）午後、私はたいてい女性の洗礼候補者にカトリックの要理を教えた。午前中は家庭訪問をし、病人のいる家々を訪れ、彼らを安心させ、もし誰かが日曜日のミサに欠席したならば、彼らの悩みに耳を傾け、彼らを励ました。（中略）家長に出会ったときは、私は信仰を受け入れるように薦めた。けれども、男性のためのカトリック要理の教師がいなかったので、私は彼らが要理の授業を受けるためにどこに行けばよいか、説明できなかった。それから多くの年が過ぎ、修道女張《チャン》アネタが男性のためのカトリック要理の授業を受け持ったとき、彼女は毎晩夕食後に市役所で勤務していた男性たちに修道院の応接間で授業を行った。老人たちもまたやって来た。その結果、毎年男性の洗礼者の数は増えていった」（林マリア「自筆回顧録（자필회고록）」、大邱（一九七四年）、四五－四七頁、in: AMT Taegu）。

林マリアは、修道院でのささやかではあるが、責任のあるポストを熱心に引き受けた。彼女の観点からすれば、このことと世の中における彼女の比較的広い行動範囲とは関連していた。彼女は港町全体を足で開拓した。どの街角もどの家も彼女にとっては近づきやすいものであった。町や各家での彼女の自信に満ちた行動は、人びととのふれあいにおける自信と結びついていた。生徒であろうと、女性であろうと、ないしは男性であろうと、誰に対しても、彼女は常に正しい言葉を見出した。彼女の行動範囲は、若い女性が行動する範囲としては、およそ並はずれていた。明らかに修道女林マリアは公的ならびに私的空間でのこうした行動を楽しんでいたが、それは成功体験として報われた。女性の洗礼候補者の急速な増大がその証拠である。

しかし宣教の成功は、彼女ひとりの奉仕ないしは修道女たちの奉仕の結果としてのみ見なすことはできない。平信徒や女性の洗礼候補者自身によって、宣教の輪が次々と拡がっていったこともまた成功の原因である。こうした回想においては、ドイツの女性宣教師たちは二義的な役割を担っていたにすぎない。ドイツ人が近代的な制度を提供したことについても、回想においては言及されていない。焦点は、社会的な統合や司牧やカトリック要理の授業に絞られている。共同体の構成はまさにこうした個人的かつ感情的な結びつきや心遣いを通じて成り立っていた。日常の家庭訪問、病人への慰撫、悩みの聴聞、励ましなどがそれに寄与した。こうした共同体づくりと公的な場での行動範囲の拡大は、朝鮮人修道女の地位を変え、それとともに一部では男女関係における女性の地位をも変えた。林マリアが市役所の職員もカトリック要理の授業を受けるために修道院に来たと述べたとき、彼女は、教えるという点で女性が男性よりも優位に立っていたという事実を正確に示していたのである。こうした男性が農民や労働者ではなく、都市中間層出身であったことは、さらにこうした変化の意義を深めるものである。というのは、都市中間層の場合、おそらく大半が初等学校卒業ないしは中等学校卒業だったからである。

修道院は朝鮮人女性に対し、社会の固定化された伝統的な因習を超えて、自身の行動範囲を開拓し、世の中での居場所を確保し、現存する男女関係について問題提起するといった多種多様な可能性を、たとえそれらを逆転させることはできなかったにしても、提供したのであった。しかしながら、このことは、朝鮮人女性と女性宣教師との関係を新たに調整し、彼女たちの従属性を問題視するということを必ずしも意味しなかった。

四　宣教団と政治

1　司教たちの政策

一九〇九年一〇月二六日午前九時三〇分ごろ、日本の元内閣総理大臣、韓国統監（一九〇六年二月から一九〇九年六月まで）で枢密院議長であった伊藤博文が、満洲でロシアの代表と会談するために、ハルビン駅に到着した。伊藤博文が列車を降りて、歓迎儀式を受けていた最中に、朝鮮人のカトリック教徒で独立運動の闘士であった安重根が彼に数発の弾丸を放った。その弾丸は彼に命中し、彼は絶命した。安重根はその場ですぐに逮捕された。日本人にとってこの出来事は、計画されていた韓国併合を完成するための願ってもないきっかけとなった。

安重根による伊藤博文の暗殺というニュースは、野火のごとく朝鮮中に拡がった。その日のうちにフランス人司教ミュテルは漢城《ハンソン》（大韓帝国の首都）でそのニュースを聞き、翌日には哀悼の意を伝えるために統監府を訪問した。数日後ミュテルは、伊藤の暗殺者がカトリック教徒であると聞くと、この情報を否定し、これは真実ではありえないと述べた[9]。しかしすぐに、暗殺者が、フランス人宣教師ウィレム（Joseph Wilhelm）神父によってトーマスという名前で洗礼を受けた、朝鮮北部の清渓洞《チョンゲドン》出身の安重根であることが明らかになった。朝鮮語のカトリック系の新聞である京郷新聞はこの事実については沈黙し、ただ死亡記事のほかには伊藤を称賛する記事を掲載しただけであった（例えば、「伊藤公の来歴」『京郷新聞』一九〇九年一一月一二日を参照）。ミュテル司教は、安重根をカトリック教会から破門し、死刑執行前に彼の礼典を行うための寄付の請願をも拒否しようとした。ウィレム神父が司教の準則に逆らって、聖職者としての義務を果たしたとき、彼はヨーロッパに戻される羽目になった。

朝鮮におけるカトリック教会の聖職者の指導部が、安重根の行為に対してそれほどまでに徹底した態度をとったのには、二つ理由があった。まず第一に、彼らの判断は、モーゼの五番目の戒律である「汝殺すなかれ」に基づいていた。この五番目の戒律による理由づけは、プロテスタント教会のように、社会的ダーウィニズムによって補完された。プロテスタントの言説では、劣勢の状況における武装による抵抗はただの力の浪費にすぎないとされた。カトリック教会は、政治と宗教は分離されるべきであるという見解であった。宗教と政治との分離は、朝鮮においては一八九九年から一九〇四年の間に確立され、植民地時代を特徴づけるものであった（申 二〇〇〇、四八六‐五〇七頁）。宗教と政治との分離という言説は、歴史的にフランスをはじめとするヨーロッパにおける世俗化にその起源を求めることができる。しかしこの態度は、朝鮮におけるカトリック教会の歴史自体にもすでに当てはまっていた。朝鮮人のカトリック教徒へのおよそ一〇〇年にわたる迫害によって、多くの犠牲者が出ていた。それゆえカトリックの宣教団は、宗教と宣教の自由を認められた後は、政治との紛争を回避するように努めてきた。植民地時代にこうした立場が明らかになり、植民地支配権力を支持する一方で、朝鮮人のあらゆる民族主義的な独立運動や抗日派を非とした。こうしてカトリック教会は、殺害禁止に対する安重根の違反を政治的次元では理解しようとしなかったのであった。

朝鮮の民族史の叙述においては、カトリック教会はその反民族的な立場ゆえにしばしば批判されてきた。カトリック教会史は、ようやく一九九〇年代に入って、教会の公式な政策に反して、個々のカトリック教徒が何らかの方法で植民地支配に対して抵抗していたことを緻密な論文で実証されるようになった。安重根はその影響力の大きい行動ゆえに、とりわけ研究関心が集まる対象であり、と同時に民族的なカトリック教徒にとっての象徴でもあった。これらの論文によれば、安重根は厳格な信仰心を持つカトリックとして、故郷の村では教育政策に積極的であった（車 二〇〇一、九‐三三頁、田 二〇〇一、五七‐八三頁、鄭 二〇〇一、八三‐一一九頁、辺 二〇〇一、一一九‐一四五頁）。しかしカトリックの大学を創設するという安重根の願いは、教会指導部によって拒否された。確かに彼はその後初等学校の設立に努力したものの、この努力は彼の望むような結果には至らなかった（尹 二〇〇〇、六三‐一〇三頁、申 二〇〇五、三一三‐三六四頁)。教育・文化政策から武力抵抗へ至る道程は、安重根にとって一つの論理的帰結であった。その帰結を安重根は彼の信仰や東アジアの平和といった展望と矛盾するとは見なしていなかった。それに対して、カトリック教会は信徒による武装闘争を罪と見なしていた(趙 一九九六、一四九‐一七八頁、崔 二〇〇〇、四六二‐四八三頁)。

植民地時代のカトリックの抵抗について集中的になされた研究は、無抵抗のカトリック教徒という古いイメージを相対化した。教会の公式な政策や外国人宣教師や司祭が日本の植民地主義に対するいかなる抵抗をも非とした一方で、カトリックの平信徒は、これまで考えられていた以上に頻繁に抵抗運動に参加していた。しかしその数は限られ、その意義も大きくはない。プロテスタントとカトリックとの間の本質的な相違は、近代に関する言説や共同体の構築においてはほとんど認められず、民族問題や民族運動に対する教会の特殊な関係において認められるのである。すなわち、そうした状況において、教会が政治化した共同体を構築すべきなのか否か、という点において相違が確認できるのである。

宣教ベネディクト会は創設以来、ドイツの植民地獲得志向と密接に関わりながら発展してきた。一八八五年、宣教師養成所が創設されるのとほぼ同時にドイツ領東アフリカが成立したが、宣教ベネディクト会修道士の創設者であるアムライン(Andreas Amrhein)司祭はこれを「神によって定められた一致」(サンクト・オッティーリエンの創設史については、Renner, Bd. 1:1971を参照)と見なした。彼は、植民地秩序を保つために、植民地の原住民が労働し、かつ服従するための教育を行うようにという、ドイツ領東アフリカ協会(Deutsch-Ostafrikanische Gesellschaft)の総裁ペーター(Carl Peter)の要求に喜んで従った。植民地の拡張とキリスト教の宣教団との密接な結びつきは、ドイツのキリスト教宣教団の宣教地がドイツの植民地とほぼ重なることからも明らかである。すなわち、ドイツの宣教地は一九一四年までにドイツ植民地の五分の四の地域に存在していたのである(Vgl. Gründer 2004, S. 7-23)。

それゆえ一九〇九年のベネディクト会修道士の朝鮮への派遣は、わずかな例外に属する。宣教団の学者であるシュミットリン(Josef Schmidlin)とともに(Schmidlin 1913, 1914)、最高位大修道院長ヴェーバーは様々な行事や教会会議で国家利益と宣教活動との一致を強く主張した一人であった。ヴェーバーは、一九一一年に朝鮮からの帰途、アデンにおいて重要な論文「岐路。宣教団の国民政治的な意義」を著している(Weber 1915b, S. 10-27)。その中でヴェーバーは、宣教団は国家の貿易を援助し、それと同時に植民地において国民的な文化の影響を拡大できると書き記している。植民地運動が「壮大な宣教運動に力強い刺激を与えたように」、「植民地運動自身も逆に宣教師の熱意から祝福に満ちた刺激を感じ」(Weber 1914, S.10; 1917a, S.22)なければならないというのである。ヴェーバーの華やかなレトリックにも拘わらず、東アジア宣教団がドイツのために獲得した具体的な利益についての叙述は曖昧なままであった。第一次世界大戦後、ドイツは植民地を喪失したが、それとともに、ヴェーバーは帝国主義的思想から完全に離れていった。

徳源修道院の政治的路線は、疑いなく親日的であった。ザウアーは、一九〇九年に初めてサンクト・オッティーリエンから漢城に派遣された四人の宣教師の一人であったが、植民地時代全体を通して大修道院長として、後には司教として、朝鮮におけるベネディクト会修道士の宣教団長を務めた。ザウアーは、朝鮮総督府との友好関係を表明するほどの極端な親日政策を行った。彼はドイツ＝日本協会(Deutsch-Japanische Gesellschaft)の朝鮮支部長として個人的にもそれに積極的に参加した(Graf 1973, S. 75; Sieber 2003, S. 351-356)。ザウアーは、基本的には日本の朝鮮支配が必要な改良をもたらすと確信していた(*Chronik von Yongheung*, Mai 1933-Okt. 1935)。日本への忠誠を表明することによって、彼は宣教団が植民地支配体制によって承認されることを希望した。この態度は報われた。一九四〇年と一九四一年にほとんどすべての外国人のキリスト教宣教師が朝鮮から退去させられ、外国人のカトリック司教は日本人や朝鮮人に取って代わられた。しかし、ザウアー司教が朝鮮における唯一のヨーロッパ人司教かつ宣教師としてその職を維持し、引き続き職権を行使できたのは決して偶然ではなかった(Nachrichten aus Korea. Der einzige europäische Missionsobere 1943, S. 31)。フランス人司祭たちは、ドイツ人と日本の支配体制とのこのような密接な結びつきに対して疑念を抱いていた。植民地主義が終焉した後、ベネディクト会の修道女たちは、拘束、移送、さらに逃亡など、北朝鮮において悲惨な生活を体験しなければならなかった。それにも拘わらず、修道女たちは南朝鮮において彼女自身の同信者たちから心からの歓迎を受けなかったといわれている。この事実は、ドイツのベネディクト会修道士が戦時中に自ら受けていたであろう憎悪のほんの一部を示しているにすぎない（Brief von Schwester Columbia an Mutter Mathilde, 17. Mai 1950, in: AMT）。

植民地時代を通じて、こうした教会と植民地権力である日本との緊密さは、教会の日常においても現れていた。厳粛な司教盛大ミサが、年代記編者が何度も報告しているように、政治的理由から開催されたことは稀ではなかった（*Chronik der Abtei St. Benedikt Tokwon*, Juli 1937-Juli 1938）。そうした行事では、キリスト教徒は教育勅語を暗誦することによって天皇に自分たちの忠誠を誓わねばならなかった（*Chronik der Abtei St. Benedikt Tokwon*, Juni-Dez. 1938）。司祭養成所の主管であったローマー（Anselm Romer）司祭は、政治の道徳化と日本の家族国家観に寄与するとされた教育勅語の倫理的原則を（Antoni 1998, S. 212ff.）、まさにカトリック教会の意味で社会に対する人間の一般的な義務と解釈することにより、そうした儀式を正当化した。年代記の報告を読む限り、彼が、国家神道の明らかに排他主義的な価値観が普遍化を妨げるということについて、心をわずらわせたことはなかったようである。宣教師たちはこうした教会の考えに沿って、教会の信徒や宣教学校の生徒たちを植民地支配体制に対して忠実であるように教育した。学校での怠業、労働者の蜂起、反乱、植民地権力への批判は禁止されたのであった（Brief eines China-Missionärs 1930, S. 75f.）。

2　安重根の遺産

「司教たちの政策」が親日的であり、現地住民のカトリック教徒の反植民地的な努力がはばまれたにも拘わらず、すべてのカトリック教徒が命令に服したわけではなかった。彼らは、受容したカトリックの教理を根拠にして、独自の政治的なイメージを発展させることができた。カトリック教会は、カトリックの教理の普遍性と同様に、カトリックの世界教会について説いていた。安重根は、これらを手がかりとして、国民国家や帝国を超える政治的展望を発展させたカトリック教徒の一人であった。彼は、神の世界、主権国家、家父長制の家族について語った。これら三つは、調和して人類の平和を確保するとされた（李 二〇〇八、九頁）。安重根は世俗の家族と国民を宗教上の神の国と結びつけた。この神の国は、同様に地球規模の展望を彼に抱かせ、普遍的な価値（人類の平和）を発展させることをも可能にしたのである。

ヴェーバーは、一九一一年の彼の最初の朝鮮国内旅行において安重根の故郷の村である黄海道《ファンヘド》の清渓洞を訪れ、安の家族と接触している。彼は、著書『静寂な黎明の国で』の中で、二〇頁以上にわたってこの家族がカトリックへ改宗した歴史について叙述している。それによると、この家族は、自分たちの故郷の村に続いて、村の周辺地域すべてをもカトリックに改宗させたという。安の家族や村落の写真が数枚ほどこの本に掲載されている。もっともヴェーバーはこうした改宗には懐疑的であった。「安ペトルスの本来の動機は、当然、たとえそれが唯一のものではないにしても、大部分が名誉心と権勢欲といった利己心によるものだ」（Weber 1915a, S. 331）。ヴェーバーは、安重根の父親である安泰勲《アンテフン》（ペトルス）の歴史を描いている。彼は、一八九四年／九五年の東学党運動から一九〇四／〇五年の日本の保護国化を経て、武装独立運動の「義兵」に至る世紀転換期の朝鮮近代史の混乱とともに歩み、積極的に活動した。その際、ヴェーバーは、常に自分たちの支配を確保するために決断し、それゆえ何度も宣教師と対立した安家の一族を機会主義的と見なしている。彼によると、一族にとって常に自分たち家族の誇りが重要であったとされる。ヴェーバーは安重根（トーマス）の行動をもこうした観点から解釈した。

「青天の霹靂のごとく、大連から伊藤公暗殺のニュースが入って来た。暗殺者は安トーマスだった。彼は、すでに少年のときからその怖れを知らぬ勇気を示していたが、今や殺人行為を通じて、この国にはまだ故郷のために死ぬ用意がある朝鮮人がいることを証明しようとしたにすぎない。彼は誇り高き安一族の誇り高き子孫なのだ」（Weber 1915a, S. 349-350）。

安の評価は、彼個人を疑わしい家族史の中に埋め込むことによってなされている。安の誇りや名誉だけでなく、彼の父親や子孫のそれが引き合いに出されるとき、ヴェーバーは安の犯行を家族の共同責任に近いものとして位置づけているのである。他方、ヴェーバーは、安重根に対してある種の共感を抱いていた。というのも、安は、ヴェーバーの叙述においては、社会エリートの不作為に対抗して、いわば一騎打ちの戦士として、彼の家族の名誉だけでなく、全国民の名誉をも救おうと試みたとされている。ヴェーバーは安の中に英雄的で勇ましい動機を認めうると考えているのである。家族の「尊い誇り」は、安重根の死後も家族やその子孫に継承された（Weber 1915a, S. 350）。確信的な目的のために自ら命を差し出す勇気と徹底さは、ヴェーバーの心を動かした。しかし彼の観点からは、まさにこうした「誇り高き性格」を宗教で弱め、制御し、律し、そして従順にすることが重要なのであった。当時の状況やその後の経緯、そして重大な帰結についてヴェーバーが解釈した限りでは、彼は誇りや名誉といった朝鮮人の心に訴える概念を理解できなかったといえる。ヴェーバーにとって安一族の歴史は一つの謎であり、ないしは、少なくとも彼にとって大変縁遠いものであったようである。

興味深いのは、ウラジオストックにおける朝鮮人亡命者やその子孫が後年、ロシア兵士として第一次世界大戦中にヨーロッパに投入され、ドイツと戦っていたことである。彼らはドイツの俘虜収容所において史上初の朝鮮語の録音を残しており、俘虜の話によると、その中には安重根自身に由来する歌が含まれていた。しかもその歌はロシアの沿海地方の朝鮮独立運動に参加した人々の心情に関する情報を提供している。この録音は「プロイセン王立録音委員会（Königlich Preußische Phonographische Kommission）」の大規模プロジェクトの枠内でなされたものであった（これについては、Lange 2007, S. 317-341を参照）。このプロジェクトの提唱者であるギムナジウム教師で言語学者のデーゲン（Wilhelm Doegen）は、一九一四年、第一次世界大戦勃発直後ドイツで収容されていた俘虜を「地球上のあらゆる民族の声、言語、音楽を録音盤に記録する」ために利用するという考えを抱いた（Doegen 1925, S. 9）。

委員会の議長は、心理学者、音声学者ならびに音楽学者のシュトゥムプフ（Carl Stumpf）（一八四八－一九三六年）であった。彼は一九〇〇年に異民族の音楽表現を記録するためのベルリン録音アルヒーフ（Berliner Phonogramm-Archiv）を設立した。委員会は、人類学、民族学、東洋学、言語学、音楽学といった分野からなるおよそ三〇人の学者から構成された。一九一五年から一九一八年までの間に委員会は、一七五の俘虜収容所において約二五〇もの言語や方言を一六五〇枚のシェラック樹脂レコードに録音し、音楽は一〇二二本のエジソン蓄音器の蠟管レコードに録音された。その結果、目録によれば、それらの中にはロシア国籍の四人の朝鮮人俘虜によって録音された一九枚のシェラック樹脂レコードが存在した。彼らの一人はアン・シュテファン(An Stephan)という名前であった。彼が安重根の親戚かどうかは、現存の資料からはわからない。このアン・シュテファンがいくつかの安重根にまつわる愛国主義的な歌を唄っていた。この録音は東洋学者で民族学者でもあるミュラー(Friedrich Wilhelm Karl Müller)(一八六三-一九三〇年)が、ドイツの俘虜収容所の所在地であったハマーシュタイン、ケーニヒスブリュック、ミュンスターで彼の助手であった朝鮮人学生キム・ジュンセ(Kimm Chung See)とともに行ったものである(Müller 1925, S. 96-115; Ulbrich 2001, S. 139-163)。一九枚のシェラック樹脂レコードのうち九枚が今日まで残されている。

ミュラーは朝鮮についての説明や「敵との遭遇——朝鮮人愛国者安応七《アンウンチル》(安重根の幼名)の歌」の解説に際しては、ヴェーバーの著書や彼の安一族に関する叙述に依拠していた。この歌は、安重根の目から見た、伊藤博文との遭遇を描いている(Lautarchiv der Humboldt-Universität zu Berlin, PK 840)。

「出くわした、出くわした!/敵に、ついに俺はお前に出くわした。/乙巳条約の後、/俺は戦士たちをひとつにまとめた。//お前に出会うために、俺は決意した/川を越えて遠く彼方に彷徨することを。/美しい風景を巡ること、三千里〔全朝鮮〕/俺は障害を取り除き、人びとを啓蒙してきた。//一晩中、俺は力を賜るよう天に祈ったものだ。/一千万人に及ぶわが民族の一万もの憂慮を俺は天に知らせた。(中略)//われらを守りたまえ、われらを守りたまえ、天地万有なるイエスよ、われらを守りたまえ。/今日、俺は決心した、死ぬまで歩き続けようと。……」

この歌では、とりわけイエスに救済を願う安の宗教観が明らかにされている。安重根に由来すると見てよい、いまひとつの愛国歌である「われらには祖国があるから」(Lautarchiv der Humboldt-Universität zu Berlin, PK 751)では、安重根の辛い亡命生活、そして独立と帰還への希望が語られている。一九二五年にこの詩と歌は初めてドイツ語に翻訳され公表された（Müller 1925, S. 117f.）。

こうして運命の円環が再び閉じることになる。カトリックに改宗した安重根による伊藤博文暗殺が親日的な立場の宣教師によって否認されたものの、独立を求める彼の政治的な歌がまさにドイツで録音されることによって、安が不朽の存在となったことは、皮肉な天の啓示である。暗殺とほぼ同時にヴェーバーの著書が出版され、その中でヴェーバーは彼自身のやり方で安への記念碑を建てたのだが、それが一〇年後に今度は安重根にまつわる歌の解釈のための資料として役立つことになった。歴史は宣教師たちの叙述や解釈だけに依存しているわけではないのである。確かに、録音は断片的であり、その時代には理解されなかった。しかし、録音はいまなお聴き取ることができる叙述された人びとの声であり、証言なのである。それゆえに、現地住民は宣教師の解釈に委ねられるべきではないのだ。なぜならば、彼らは自分自身の言葉を有しているからである。

おわりに——結論

宣教の歴史は、長年、宣教師の旅行鞄の中身や宣教地での彼らの活動に注意を払ってきた。宣教師はその活動において近代の表象としてあらわれた。宣教師中心の見方は、近代の衝撃が西洋に起源を持ち、宣教師が文明の仲介者として明確な構想を抱いて作用したと想定している。そこでは、現地住民はせいぜい受容者として登場するにすぎない。しかし本章で筆者は、宣教師と現地住民双方の声を、とりわけ、これまで言葉として表現されてこなかった現地住民の声を聞こうと試みた。

だが、宣教師の声、宣教地に関する知識を彼らの故郷であるドイツに伝える声もまた、多義的であった。ヴェーバーの作品では、彼が革新的な手段で新たな宣教理念を発展させ、そうすることによって因習的な方法と別れを告げたことが明らかになった。ヴェーバーは「異教徒の改宗」を社会状況の向上と共同体構築のための教育として理解していた。

キリスト教化は西洋化と同じではない。しかしながら、出版、映画、博物館といったジャンルでのヴェーバーの活動は、彼の企てがただ遠心的な方向性を有しただけではないことを示している。宣教は相関的かつトランスナショナルに構想されていた。ヴェーバーにとっては、彼の活動をドイツに伝えることは同じように重要であった。彼の功績は、映画でオリエント主義的な見方をひっくり返し、博物館では非対称な記憶の文化を可能にする接触ゾーンを設けたことである。

ヴェーバーの準則は、現地で具体的に実行に移される過程でそのまま実行されたわけではなかった。宣教方法は、修道院の伝統や自明視された文明化の使命に依拠していた。男女の宣教師はこの方法の正しさを確信していた。このことは、彼ら自身の修道院において、修道士の場合でも修道女の場合でも同様に日常生活で示された。現地住民が宣教師の文化的なヘゲモニーの下で苦しんでいることは省みられなかった。しかし、近代的な学校や病院はそもそも成功を約束するものではない。このことは、質素な棺台の方がはるかに共同体の構築には役立ったという、ヒーマー司祭の事例が示唆している。教会は共同体として、厳密に言えば価値観共同体として成功を収めたのであって、学校や病院といった近代的な制度の寄贈者ないしは担い手として成功を収めたわけではない。こうした共同体は伝統的な模範に従って構築されたのではない。共同体は身分、階級、氏族から独立していた。正確に言えば、これは共同体構築の新たな近代的な形態である。しかし、こうした形態は宣教師や現地住民によってそのようなものとして認知されることも、問題とされることもほとんどなかった。

けれども現地住民の実際の活動において、すなわち彼ら自身による宣教活動や強化された平信徒運動において、彼らが教会の新たな機構と組織を認識し利用していたことをわれわれは知っている。それは、現地住民が自ら権利を獲得する要因であり、彼らが現地において、特に宣教師のいる場所から遠く離れた公所において、自身の必要性や社会的な現実を考慮しながら行動する要因でもあった。というよりも、改宗者たちはそこに、導入され適用される西洋モデルではなく、彼ら自身が日常の実践を通じて生み出し、形作り、実施した一つの形態を見出したのである。その場合、宣教師との関わりは、宣教師たちが自画像において推測しているほど密接ではなかった。それにも拘わらず、宣教団は、文化的ヘゲモニーとしての位置や「帝国主義的な振る舞い」に責任があっただけでなく、たとえ彼らが意図しなかったにしても、現地住民が自由に行動できる空間を作ったことにも共同の功績があったのである。それをわれわれは男女の役割の変化においても、また、政治的観念においても見出すことができる。それらは現地住民に対して実行可能な習得方法を提示してくれたのである。

安重根の事例において、われわれはカトリック教会が多くのレベルで、すなわち植民地の状況を評価する点において、また植民地体制を支持し、政治的抵抗を抑圧したという点で問題があったことを見てきた。世界教会や普遍思想のような既存のモデルや概念に立ち返り、それに依拠し、そこからグローバルな政治的な展望を発展させたのは、改宗者の功績である。とはいえ、独朝関係において、宣教ベネディクト会修道女や修道士の遺産は、なおざりにすることはできない。彼らは、宗教、文化、学問のレベルにおいて、朝鮮とドイツとの複雑で密接なトランスナショナルな空間を創設したのであり、その影響は今日まで及んでいるのである。

■注

（1）朝鮮でのベネディクト会修道士に関する一般的議論については、Mahr（2009）, Kaspar/ Berger（1973）, Renner（1971, 1990, 1993）を参照。

（2）不幸にも職を辞した最高位大修道院長ヴェーバーに関する新しい歴史研究で評価できるのは、以下の最新の研究である。Schäfer（2005）, Mahr（2003, S. 103-179）.

（3）二度にわたる旅行について、ヴェーバーはかなり詳細に日記を書いている。この日記は速記体で書かれており、最初の旅行日記だけが、この間、他の書体に書き換えられている（ASO A1.8.1 Nobert Weber, TB 1911 und TB 1925）。

（4）Schäfer（2005, S. 131-134）. 映画『静寂な黎明の国で』は、ＤＶＤ化されている（*Im Lande der Morgenstille* 2009, DVD）。

（5）Clifford（1997, pp. 188-219）. 来訪者による宗教的な展示物の受容については、興味深い著作であるPaine（2000）を参照。

（6）Auf der Maur（1981, S. 92f.）に依拠。この著者が、一九四九年には二〇名の修道士と一二名の聖職者がおり、そのうち二名の修道士が亡くなり、七名が退会し、その結果二三名の朝鮮人ベネディクト会修道士という構成になったと叙述するとき、彼自身、上記の叙述と矛盾している。

（7） *Chronik von Wonsan* (1. Jan.-31. Dez. 1931). カトリック教徒の子どもたちの成長は徹頭徹尾記述されている。一九二七年に八二名のカトリック教徒の子どもたちがいたが、一九三一年には一四六名のカトリック教徒の子どもたちが元山の小学校に通っている。

（8） 尹（二〇〇一、七八頁）。実際には公所の数はもっと多かったかもしれない。植民地機関が公所を宗教の集会場所として認識するのは、しばしば困難を伴った。

（9） 崔（一九九四、一〇九頁）。朝鮮史における安重根の意義については、Lee（2003, S. 391-411）を参照。

■史料（欧文）

Archiv Missionsbenediktinerinnen von Tutzing（AMT）.

Archiv Missionsbenediktinerinnen von Tutzing Taegu（AMT Taegu）.

Archiv St. Ottilien（ASO）.

Lautarchiv der Humboldt-Universität zu Berlin.

Bayerische Staatszeitung.

Chronik der Abtei St. Benedikt Tokwon.

Chronik der Missionsbenediktinerinnen von Genzan, Korea.

Chronik der St. 'Immaculata Convents', Wonsan, Korea.

Chronik von Hoiryong.

Chronik von St. Benedikt Tokwon.

Chronik von Wonsan.

Chronik von Yongheung.

Im Lande der Morgenstille（2009）DVD: 118 Minuten, Benedictine Audiovisual Center, Waegwan.

■文献（欧文）

Antoni, Klaus（1998）*Shintô und die Konzeption des japanischen Nationalismus (Kokutai)*, Leiden u.a.: Brill.

Auf der Maur, Ivo（1981）„Koreanische Benediktinermönche“, in: *Neue Zeitschrift für Missionswissenschaft*, Bd. 37, S. 81–106.

Aus dem Missionstagebuch von Wonsan, Korea（1929）, in: *Missionsecho*, Bd. 8, Nr. 10, S. 206–207.

Aus dem Vortrag von Missionsbischof P. Bonifatius Sauer, O.S.B., in der „Missionsvereinigung katholischer Frauen und Jungfrauen“, München, am 6. Februar 1928（1928）, in: *Missionsecho*, Bd. 7, Nr. 8, S. 140–141.

Aus der Mission in Hoiryong（1930）, in: *Missionsblätter (MB)*, Bd. 34, S. 79–81.

Aus Wonsan in Korea schreibt P. Andreas（1921/22）, in: *MB*, Bd. 26, S. 173.

Bayerische Benediktiner im Lande der „erhabenen Morgenruhe“（1909/10）, in: *MB*, Bd. 14, S. 123–124.

Brief eines China-Missionärs（1930）, in: *MB*, Bd. 34, S. 75–78.

Clifford, James（1997）*Routes: Travel and Translation in the Late Twentieth Century*, Cambridge, Mass.: Harvard University Press.

Der Ruf koreanischer Heiden nach katholischen Schulen（1925）, in: *MB*, Bd. 29, S. 335–356.

Doegen, Wilhelm（1925）„Einleitung“, in: Wilhelm Doegen（Hrsg.）, *Unter Fremden Völkern: Eine neue Völkerkunde*, Berlin: Otto Stollberg Verlag, S. 9–16.

Drake, Henry B.（1930）*Korea of the Japanese*, London: John Lane.

Fischer, Rhabanus（1928）„Von der Sammeltätigkeit unserer Missionäre“, in: *Lumen Caecis: Festschrift zum silbernen Abts-Jubiläum des Hochwürdigsten Herrn Dr. Norbert Weber O.S.B. Erzabtes von St. Ottilien 1903-1. Februar-1928*, St. Ottilien: Missionsverl, S. 232–236.

Graf, Olaf（1932）„Zwei Bilder“, in: *MB*, Bd. 36, S. 131–134.

Graf, Olaf (1937) „Pionierarbeit im Lande der Morgenstille“, in: *MB*, Bd. 41, S. 8–14, 43–50, 106–112, 132–137, 178–183, 195–202.

Graf, Olaf (1973) „Abtbischof Bonifatius Sauer OSB: Lebensbild des Gründers der Benediktinermission in Korea“, in: Adelhard Kasper und Placidus Berger (Hrsg.), *Hwan Gab: 60 Jahre Benediktinermission in Korea und in der Mandschurei*, Münsterschwarzach: Vier-Türme-Verlag, S. 67–79.

Gründer, Horst (2004) *Christliche Heilsbotschaft und weltliche Macht: Studien zum Verhältnis von Mission und Kolonialismus. Gesammelte Aufsätze*, Münster: Lit.

Harley, J. Brian (1988) “Maps, Knowledge, and Power,” in: Denis E. Cosgrove and Stephen Daniels (eds.), *The Iconography of Landscape: Essays on the Symbolic Representation, Design and Use of Past Environments*, Cambridge: Cambridge University Press, pp. 277–312.

Harley, J. Brian (1989) “Deconstructing the Map,” in: *Cartographica*, vol. 26, no. 2, pp. 1–20.

Hiemer, Callistus (1929) „Koreanische Katecheten“, in: *MB*, Bd. 33, S. 312–314.

Hiemer, Callistus (1930) „Auch eine Bekehrungsmethode“, in: *MB*, Bd. 34, S. 212–214.

Hiemer, Callistus (1931) „Wie missioniere ich?“, in: *MB*, Bd. 35, S. 78–82, 108–112.

Hiemer, Callistus (1935) „Katechistenarbeit“, in: *MB*, Bd. 39, S. 322–326.

Kaspar, Adelhard und Placidus Berger (Hrsg.) (1973) *Hwan Gab: 60 Jahre Benediktinermission in Korea und in der Mandschurei*, Münsterschwarzach: Vier-Türme-Verlag.

Katechetenopfer und Katechetendank (1930), in: *MB*, Bd. 34, S. 268–271.

Kugelmann, Willibald (1973) „Gründungsbericht der Abtei St. Benedikt in Seoul, ihrer Verlegung nach Tokwon und Tätigkeit der Benediktiner im Apost. Vikariat Wonsan“, in: Adelhard Kasper und Placidus Berger (Hrsg.), *Hwan Gab: 60 Jahre Benediktinermission in Korea und in der Mandschurei*, Münsterschwarzach: Vier-Türme-Verlag, S. 80–111.

Lange, Britta (2007) „Ein Archiv von Stimmen. Kriegsgefangene unter ethnografischer Beobachtung“, in: Harun Maye (Hrsg.), *Original/ Ton. Zur Mediengeschichte des O-Tons*, Konstanz: UVK Verl.-Ges., S. 317–341.

Lee, Eun-Jeung (2003) „Ahn Choong Kun als Symbol des ‚Koreanerseins': Formen und Wandel des koreanischen Selbstbehauptungsdiskurses", in: Iwo Amelung, Matthias Koch, Joachim Kurtz, Eun-Jung Lee, und Sven Saaler (Hrsg.), *Selbstbehauptungsdiskurse in Asien: China-Japan-Korea*, München: Iudicium, S. 391–411.

Link, Gertrud (1998) *Mein Weg mit Gott: Erlebnisse einer Missionarin auf fünf Kontinenten*, St. Ottilien: EOS Verlag.

Mahr, Johannes (2003) „Sein Reich ist zunächst auf dieser Welt. Erzabt Norbert Weber als Organisator benediktinischer Missionsarbeit", in: Godfrey Sieber und Cyrill Schäfer (Hrsg.), *Beständigkeit und Sendung: Festschrift St. Ottilien 2003*, St. Ottilien: EOS Verlag, S. 103–179.

Mahr, Johannes (2009) *Aufgehobene Häuser: Missionsbenediktiner in Ostasien*, Bde. 1–3, St. Ottilien: EOS Verlag.

Maucher, Philipp Neri (1988) „Arbeit schafft Missionserfolg. Gedanken zu ‚Euntes in mundum universum' von Erzabt Norbert Weber OSB", in: Basilius Doppelfeld (Hrsg.), *Mönche und Missionare: Wege und Weisen benediktinischer Missionsarbeit*, Münsterschwarzach: Vier-Türme-Verlag, S. 41–53.

Missionsbilder (1929), in: *MB*, Bd. 33, S. 186–189.

Missionsbilder (1930), in: *MB*, Bd. 34, S. 17–21.

Missions-Sorgen, Chronik von Hoirjong (1932), in: *MB*, Bd. 36, S. 250–251.

Müller, F. W. K. (1925) „Die Koreaner", in: Wilhelm Doegen (Hrsg.), *Unter Fremden Völkern: Eine neue Völkerkunde*, Berlin: Otto Stollberg Verlag, S. 96–115.

Mutter Priorin Mathilde, O. S. B. (1929) „Emsiges Arbeiten in Wonsan, Korea", in: *Missionsecho*, Bd. 8, Nr. 2, S. 34.

Nach Korea (1928), in: *Missionsecho*, Bd. 7, Nr. 1, S. 12–13.

Nachrichten aus Korea. Der einzige europäische Missionsobere (1943), in: *MB*, Bd. 47, S. 31.

Oh, Joseph (1931) „Unsere beiden katholischen Schulen in Wonsan", in: *MB*, Bd. 35, S. 234–240.

Ohm,Thomas (1928) „Benediktinisches Mönchtum im fernen Osten", in: *MB*, Bd. 10, S. 58–64.

Paine, Crispin (ed.) (2000) *Godly Things: Museums, Objects and Religion*, New York: Leicester University Press.

Renner, Frumentius (Hrsg.), *Der fünfarmige Leuchter. Beiträge zum Werden und Wirken der Benediktinerkongregation von St. Ottilien*, Bde. 1–2, 1971; Bd. 3, 1990; Bd. 4, 1993, St. Ottilien: EOS-Verl.

Robinson, Mihchael E. and Gi-Wook Shin (eds.) (2001) *Colonial Modernity in Korea*, Cambridge, Mass.: Harvard University Asia Center: Distributed by Harvard University Press.

Said, Edward W. (1978) *Orientalism*, New York: Vintage Books.

Schäfer, Cyrill (2005) *Ave Maris Stella: Größe und Grenzen des ersten Erzabtes von St. Ottilien P. Norbert Weber OSB (1870–1956)*, St. Ottilien: EOS-Verl.

Schmid, Chrysostomus (1928) „Ein Blick in die Seele“, in: *MB*, Bd. 32, S. 142–144.

Schmidlin, Josef (1913) *Die katholischen Missionen in den deutschen Schutzgebieten*, Münster: Aschendorff.

Schmidlin, Josef (1914) *Missions- und Kulturverhältnisse im fernen Osten: Eindrücke und Berichte von meiner Missionsstudienreise im Winter 1913/14*, Münster: Borgmeyer.

Schulkapelle in Kaine bei Wonsan in Korea (1933), in: *MB*, Bd. 37, S. 165.

Schw. Gertrud Link O.S.B. (1938) „Gemeinde rund um die Kirche. Eindrücke von Kainei, Wonsan“, in: *Missionsecho*, Bd. 17, S. 192–193.

Schwester Thiathildis (1929) „Meine ersten Eindrücke in Korea“, in: *Missionsecho*, Bd. 8, Nr. 2, S. 212–217.

Sieber, Godfrey (2003) „Bonifaz Sauer (1877–1950). Abt und Bischof in Korea (1921–1950)“, in: Godfrey Sieber und Cyrill Schäfer (Hrsg.), *Beständigkeit und Sendung: Festschrift St. Ottilien 2003*, St. Ottilien: EOS-Verl, S. 351–356.

Thomas, Nicholas (1991) *Entangled Objects: Exchange, Material Culture, and Colonialism in the Pacific*, Cambridge, Mass.: Harvard University Press.

Ulbrich, Thomas (2001) „Historische Koreanische Aufnahmen im Lautarchiv der Humboldt-Universität und im Berliner Phonogramm-Archiv“, in: *Baessler-Archiv*, Bd. 49, S. 139–163.

Vom Alltag bei den Missionärinnen in Wonsan (1928) in: *Missionsecho*, Bd. 7, Nr. 8, S. 138.

Walter, Bernita (1985) *Von Gottes Treue getragen: Die Missions-Benediktinerinnen von Tutzing*, Bd. 1: Gründung und erste Entwicklung der Kongregation, St. Ottilien: EOS-Verl.

Weber, Norbert (1908) *Euntes in mundum universum: Gedanken über die Ziele, welche unserer Missionstätigkeit gesteckt sind. Seinen geistlichen Söhnen*, St. Ottilien: EOS-Verl.

Weber, Norbert (1914) *Soziale und religiöse Bedeutung der Heidenmission: Festrede, gehalten auf dem Missionsfeste im kgl. Odeon zu München*, St. Ottilien: Missionsverl.

Weber, Norbert (1915a) *Im Lande der Morgenstille. Reise-Erinnerungen an Korea*, München: Seidel; 2. und erweiterte Ausgabe St. Ottilien 1923.

Weber, Norbert (1915b) „Am Scheidewege. Nationalpolitische Bedeutung der Mission“, in: *Hochland*, Bd. 12, Nr. 7, S. 10–27.

Weber, Norbert (1917a) *Die Aufgaben der Zentralmächte in Ostasien*, Sonderdruck aus dem Jahrbuch „Die Kultur“, Wien: Selbstverl.

Weber, Norbert (1917b) *Gottes Wege: Ein Blick in die koreanische Missionsgeschichte*, St. Ottilien: Missionsverl.

■文献（韓国語）

「伊藤公の来歴」『京郷新聞』一九〇九年一一月一二日（「이등공의 내력」、『경향신문』、一九〇九년一一월一二일）。

辺琪燦（二〇〇一）「安重根の信仰と顕揚についての比較史的検討」『教会史研究』第一六輯、一一九－一四五頁（변기찬、「안중근의 신앙과 현양에 대한 비교사적 검토」、『교회사연구』、제一六집、一一九－一四五쪽）。

申光澈（二〇〇〇）「開港期天主教会の宣教政策と民族問題」崔奭祐神父受品五〇周年記念事業委員会編『民族史と教会史』ソウル・韓国教会史研究所、四八六－五〇七頁（신광철、「개항기 천주교회의 선교정책과 민족문제」、최석우 신부 수품 五〇주년기념사업위원회 엮음、『민족사와 교회사』、서울・한국교회사연구소、四八六－五〇七쪽）。

申雲龍（二〇〇五）「安重根義挙の思想的背景」『韓国思想史学』二五巻、三一三－三六四頁（신운용、「안중근 의거의 사상적 배경」、『한국사상사학』、二五권、三一三－三六四쪽）。

沈興輔（二〇〇〇）「韓国天主教会の社会福祉活動」崔奭祐神父受品五〇周年記念事業委員会編『韓国天主教会史の省察』ソウル・韓国教会史研究所、六三八‐六六九頁（심흥보、「한국 천주교회의 사회복지활동」、최석우 신부 수품五〇주년기념사업위원회 엮음、『한국 천주교회사의 성찰』、서울・한국교회사연구소、六三八‐六六九쪽）。

尹善子（二〇〇〇）「安重根の愛国啓蒙運動」『全南史学』第一五輯、六三‐一〇三頁（윤선자、「안중근의 애국계몽운동」、『전남사학』、제一五집、六三‐一〇三쪽）。

尹善子（二〇〇一）『日帝の宗教政策と天主教会』ソウル・景仁文化社（윤선자、『일제의 종교정책과 천주교회』、서울・경인문화사）。

李泰鎮（二〇〇八）「安重根のハルピン大捷と平和主義」『東北アジアの平和と安重根義挙の再検討』資料冊子、ソウル、二〇〇八年一〇月一七‐一八日、一‐九頁（이태진、「안중근의 하얼빈 대첩과 평화주의」、『동북아 평화와 안중근의거 재조명』자료책자、서울、二〇〇八년一〇월一七‐一八일、一‐九쪽）。

張錫萬（二〇〇一）「開港期天主教と近代性」韓国教会史研究所・韓国宗教文化研究所共同シンポジウム『韓国近代宗教文化と天主教』資料冊子、ソウル（장석만、「개항기 천주교와 근대성」한국교회사연구소／한국종교문화연구소 공동 심포지엄『한국근대 종교 문화와 천주교』자료책자、서울）。

趙珖（一九九六）「日帝下武装独立闘争と朝鮮天主教会」『教会史研究』第一一輯、一四九‐一七八頁（조광、「일제하 무장 독립 투쟁과 조선 천주교회」、『교회사연구』、제一一집、一四九‐一七八쪽）。

田達秀（二〇〇一）「安重根トマスの信仰と徳行」『教会史研究』第一六輯、五七‐八三頁（전달수、「안중근 토마스의 신앙과 덕행」、『교회사연구』、제一六집、五七‐八三쪽）。

鄭仁相（二〇〇一）「安重根の信仰と倫理」『教会史研究』第一六輯、八三‐一一九頁（전달수、「안중근의 신앙과 윤리」、『교회사연구』、제一六집、八三‐一一九쪽）。

車基真（二〇〇一）「安重根の天主教信仰とその影響」『教会史研究』第一六輯、九‐三三頁（차기진、「안중근의 천주교 신앙과 그 영향」、『교회사연구』、제一六집、九‐三三쪽）。

崔起栄（二〇〇〇）「安重根の東洋平和論」崔奭祐神父受品五〇周年記念事業委員会編『民族史と教会史』ソウル・韓国教会史研

究所、四六二 - 四八三頁（최기영、「안중근의　동양평화론」、최석우　신부　수품五〇주년기념사업위원회　엮음、『민족사와　교회사』、서울・한국교회사연구소、四六二 - 四八三쪽）。

崔奭祐（一九九四）「安重根の義挙と教会の反応」『教会史研究』第九輯、九七 - 一二三頁（최석우、「안중근의　의거와　교회의　반응」、『교회사연구』、제九집、九七 - 一二三쪽）。

宣教ベネディクト修道女会編（一九八八）『元山修女院史』大邱・宣教ベネディクト修道女会（포교성베네딕도수녀회　엮음、『원산수녀원사』、대구・포교성베네딕도수녀회）。

（訳　熊野直樹）

［訳者付記］韓国語の訳出等に関しては、平野達志氏に全面的にご協力頂いた。この場を借りて、平野氏に心より御礼申し上げる。

Ⅱ　東アジアへの固執　一九一四－一九三一

第五章　第一次世界大戦と「独探馬賊」
――ドイツのユーラシア「革命促進」戦略と満洲

田嶋信雄

はじめに

一九一四年八月二三日、日本は日英同盟に藉口してドイツに宣戦を布告し、同年一一月七日にはドイツの東アジアにおける最大拠点＝青島を攻略した。その後日本は、海軍第一特務艦隊をシンガポール方面へ、第三特務艦隊をオーストラリア・ニュージーランド方面へ派遣した。さらに一九一七年二月には第二特務艦隊を地中海へ派遣し、のちにドイツ・オーストリア海軍との交戦状態に入ることになるが、東アジアでの対独戦争は基本的には一九一四年一一月に終結した。

一方中国は、三年後の一九一七年三月一四日に北京政府がまず対ドイツ国交断絶を宣言し、八月一四日に宣戦布告をおこない、九月一三日には広東政府が対ドイツ宣戦布告をおこなったが、それまで中国は対独戦争には中立の立場を維持した。したがって、中国駐在のドイツ公使館・領事館は一九一七年三月まで存続し、その間、中国においてさまざまな政治工作をおこなった。

第一は、北京における日本との秘密の和平工作である。駐華公使ヒンツェ（Paul von Hintze）は、一九一五年五月、日本公使日置益との秘密の接触を試み始め、一五年末から一六年五月まで、断続的に交渉を持った。ヒンツェは日本との妥協の達成のためにはいつでも中国との友好関係を犠牲にする用意があったが、しかしこれは結局失敗に終わる（Hayashima 1982）。

第二に、中国駐在公使館は、対独戦争に参加しないよう中国政府や中国各界への働きかけをおこなった。それはたとえば、一九一七年二月における駐華公使ヒンツェ自身による段棋瑞への賄賂を含めた政治工作であったり、「軍閥」（督軍）への働きかけであったり、康有為、国民党急進派（孫文）、国民党右派（唐紹儀）らへの働きかけであった（田嶋二〇〇七）。

第三は、中立国中国という政治空間を利用したロシアおよび日本へのさまざまな政治的・軍事的謀略活動である。

本章は、この第三の点、すなわち第一次世界大戦下の中国におけるドイツの政治的・軍事的謀略活動を分析し、第一次世界大戦をめぐる日独中露四国関係、さらには第一次世界大戦下のドイツの戦略――とりわけイギリス、フランス、ロシアなど協商国およびその植民地に隣接する周辺地域での「革命促進」（Revolutionierung）戦略――に新たな光を当てる試みである。

日独戦争勃発後一〇〇年以上経つが、第一次世界大戦と日中独関係をめぐっては、日中独ともに十分な研究の蓄積があるとはいい難い。日独青島戦争については、斎藤聖二が監修・解説した参謀本部編『秘　大正三年日独戦史』（二〇〇一年）および斎藤（二〇〇一）があるが、いずれも焦点を青島戦争に絞っており、本章が対象とするドイツの活動については触れられていない。日独両国間の和平工作については、何よりも早島瑛による日独秘密講和交渉の研究（Hayashima 1982）があるが、本章が対象とするドイツの活動についてはやはり触れられていない。

ドイツでは、つとにフィッシャー（Fischer 1961）が第一次世界大戦時のドイツの戦争目的を詳細に分析し、かつそのなかでロシア帝国に隣接する諸国・ロシア内諸民族やイスラーム世界に対するドイツの「革命促進」戦略についても記述があるが（Fischer 1961, 4. Kapitel, "Revolutionierung", 邦訳第四章「革命の促進」）、残念ながら、この「革命促進」戦略の面では、多くのヨーロッパの歴史家と同じく、フィッシャーの目は東アジアにほとんど向けられていない。この時期のドイツのイスラーム・中東政策については、独墺トルコ関係における秘密工作・プロパガンダ工作を扱ったマクミーキンやヴィルの研究（McMeekin 2010; Will 2012）、オッペンハイム（Max von Oppenheim）に関するクロイツァーの研究（Kreutzer 2012）、ニーダーマイアー（Oskar Ritter von Niedermeier）に関するザイトの研究（Seidt 2002）が出版され、一つのブームをなしている感がある。日本では、山内（一九九九）がエンヴェル・パシャの、山内（二〇一三）がカラベキルの活動を詳細に追跡することにより、第一次世界大戦前後のドイツのイスラーム「革命促進」戦略の理解にも示唆を与えている。杉原（一九九〇）も同様に、第一次世界大戦前のドイツの中東政策の背景を知る上で有益である。

本章の分析対象の一つである「パッペンハイム遠征隊」については、いままで三つの側面から研究がおこなわれてきた。第一は、その指揮官パッペンハイム（Werner Rabe von Pappenheim）や主要なメンバーであるプフェルデケムパー（Fritz Pfeldekämper）の「顕彰」という観点からなされた研究である（Remmert 1966; Burmeister 2000）。第二は、モンゴル史の観点から、パッペンハイム遠征隊を襲撃した側、すなわちバボージャブ（巴布札布、パブチャップとも）らの運動に着目する研究である（Underdown 1981）。パッペンハイム遠征隊には触れていないが、烏蘭（二〇〇八）、橘（二〇一一）も当時の内外モンゴル人の動向を知る上で有益である。この第二の系列では、しかし何よりも、ロシア語、モンゴル語、中国語史料などを駆使した中見の研究が異彩を放っている（中見 二〇一三）。第三は、本章と同様の問題関心から、パッペンハイム遠征隊を第一次世界大戦におけるドイツの辺境戦略のなかで考察する研究であり、先行研究としては、Happel（2010）をあげることができる。本章は、このような先行研究に学びつつ、「パッペンハイム遠征隊」をドイツ＝東アジア関係史の観点から歴史的に位置づけなおそうとする試みである。なお、本章のもう一つの分析対象である「鞏衛団」については、管見の限り、先行研究は存在しないようである。

第一次世界大戦に関する日本側の史料については、『日本外交文書』に多くが掲載されており、また、海軍による地中海への第二特務艦隊派遣については、当事者の手による記録なども復刻されている。しかし、本章の研究対象については、いずれもほとんど掲載されていない。本章では、外務省外交史料館所蔵史料「欧洲戦争ノ際独国人ノ東清鉄道破壊計画一件（罩衛団組織）」（以下「罩衛団組織」と略記し、アジア歴史史料センターのフレーム番号を記す）などを主として利用した（なお、日本側の史料の引用に際しては、適宜、漢字・かな使いを改め、句読点を補った）。

ドイツでは、第一次世界大戦勃発前の外交史料および第一次世界大戦終了後の外交史料について、それぞれ浩瀚な史料集 *Große Politik der europäischen Kabinette 1871-1914*（全四〇巻）および *Akten zur Deutschen Auswärtigen Politik 1918-1945*（全六二巻）が刊行されているが、肝心の第一次世界大戦期については、まとまった刊行史料集が存在しない。したがって、第一次世界大戦期のドイツ外交を分析するためには、第二次世界大戦後にアメリカの歴史学者たちが作成したカタログ（American Historical Association, Committee for the Study of War Documents, 1959）などを用いて、ベルリンにあるドイツ外務省外交史料館の史料などを調査する必要がある。また、第二次世界大戦後に中国から東ドイツに返還されていた旧中国駐在ドイツ大使館文書については、やはりドイツ外務省外交史料館で備え付けのカタログにより調査する必要がある。

一　「罩衛団」

1　日独戦争勃発後の中国におけるドイツ出先機関の動向

日独戦争勃発前後、中国、とりわけ南満洲におけるドイツ在外代表部は、日本側官憲による厳重な監視下に置かれることとなった。

一九一四年八月一五日、奉天駐在ドイツ領事館は北京の公使館を通じて帝国宰相ベートマン＝ホルヴェーク（Theobald von Bethmann-Hollweg）に対し、奉天のドイツ領事館は「日本のスパイたち」に包囲されており、領事館のとった措置や行動は日本の警察により「正確に監視されている」との報告を送付した。さらに日本がドイツに宣戦布告した八月二三日には、奉天領事ハイントゲス（Emil Heintges）および通訳官のジーベルト（Franz Siebert）の捕虜としての逮捕が日本軍当局によって計画され、奉天領事館自体が日本軍によって包囲され、北京および天津との連絡が遮断されているという（Heintges an Bethmann-Hollweg vom 25 August 1914, in: PAdAA, R22396, Bl. 341）。当時奉天駐在ドイツ領事館は満鉄付属地外に居を構えていたから、もし日本官憲がドイツ領事らを逮捕する場合、それは当然のことながら国際法違反であるとともに、中立国としての義務を果たせない中国側にも大きな責任がかかってくる筈であった。

こうした日本側の措置に対しドイツ側は激しく反発し、さらに中立国として毅然たる態度を取らない北京政府へ抗議の姿勢を強めた。中国駐在ドイツ公使ハクストハウゼン（Elmershaus von Haxthausen）は一九一四年七月にベルリンで死去したため、開戦当時、一等書記官マルツァーン（Adolf Georg Otto（AGO）von Maltzan）が北京駐在公使館を実質的に指揮していた。そのマルツァーンの判断によれば、ドイツには中立を守れない中国に厳重な抗議をする権限があるが、しかし実際上、中国政府は日本の行動を阻止する物理的手段に欠けているという。マルツァーンは、もし奉天領事館およびその有能な人員が日本の捕虜となれば、領事館がおこなっていた「情報業務」の継続が阻害されると恐れた。こうした判断に基づきマルツァーンとハイントゲスは、外交上の機密書類を同じく中立国のアメリカ合衆国総領事館に預け、暗号表を焼却して奉天領事館を撤収することに決定し、ハイントゲスとジーベルトは二四日に奉天を離れた（Heintges an Bethmann-Hollweg vom 25 August 1914, in: PAdAA, R22396, Bl. 341）。領事館秘書官ヴィッテ（Witte）は、すでに兵役年齢を超えており、捕虜となる可能性が低かったため、自発的に奉天に残留し、「情報業務」を継続することとなった（Heintges an Bethmann-Hollweg vom 25 August 1914, in: PAdAA, R22396, Bl. 341）。

一方、ドイツ外務省は、ハルビン駐在ドイツ領事館に対しては別の措置をとった。ハルビン駐在ドイツ領事館は、奉天駐在ドイツ領事館と同様、やはり鉄道付属地外の商埠地に設置されていたため、ロシア官憲の管轄外にあった。しかし一九一四年八月一日にドイツがロシアに宣戦布告すると、ロシア側が八月三日、二日間の猶予をもってハルビン駐在ドイツ領事館の引き揚げを求め、八月四日、ドイツ領事館は自国民保護をアメリカ合衆国領事館に託してこれに応じたのである。当時ドイツはロシアによる東清鉄道付属地の行政権を承認していなかったため、もとより引き揚げの義務はなかったが、ドイツ側は、法的な議論に入った場合、自国民に危害がおよぶことを危惧したのだとされている（「独逸側の東清鉄道破壊計画参考事項」、「羣衛団組織」四一四－四一五）。

その後中国駐在ドイツ代表部の人事異動がおこなわれ、天津領事館のフィッシャー（Martin Fischer）通訳官が芝罘領事館へ赴き「同地の情報活動を支援」することとなり、ジーベルトは天津領事館に、ハイントゲスは漢口領事館に赴任することとなった（Maltzan an Bethmann-Hollweg vom 25. August 1914, in: PAdAA, R22396, Bl. 341）。メキシコ駐在大使ヒンツェが一九一四年八月一一日に中国駐在公使に任命され、いったん帰国したのち、戦時下でのアクロバティックな赴任旅行を敢行し、翌一九一五年一月二五日に中国政府に信任状を提出した（Auswärtiges Amt 2000-2014; Hürter 1998, S. 59-61）。

一方日本は、日独戦争の区域を山東省の一部に局限したため、戦闘地域以外の中国領土においてただちにドイツ軍人を捕虜とすることは不可能であるとの立場をとった。ただし、満鉄付属地や関東州など日本の権力範囲内において、ドイツ軍人がロシアの軍事行動に危害を加えるなどの場合は、別問題であるとの考えであった（佐藤総領事代理発石井外務大臣宛一九一五年一一月五日、「羣衛団組織」四八〇）。

2　ロシア外務省の日本外務省に対する照会とドイツによる鉄道爆破計画の「風評」

第一次世界大戦の勃発により、ロシアは総動員令を発し、召集された兵士の大部分はヨーロッパ戦線に送られることとなった。東清鉄道を警備している東清鉄道警備隊とても例外ではなく、一九一五年二月一〇日には、ロシア軍総司令部は警備隊の大部分をヨーロッパ戦線に送る決定を下した。その結果、満洲に残されたのは狙撃大隊三個と騎兵連隊六個のみになったといわれている。その後ロシアは同年五月に補充のため一五〇〇名の騎兵を満洲に派遣することに決し、さらに東清鉄道当局も沿線に居住する予備役を集めて「国民大隊」なる部隊を編成した（麻田 二〇一二、三三一－三三三頁）。しかしその兵員は「総て老朽の国民兵にこれ有り、到底機敏なる活動を彼らに期待することを得ず」というありさまであった（佐藤尚武発大隈重信宛一九一五年九月三〇日、「匪衛団組織」四六七）。東清鉄道を防備するための軍事力の弱体化は明白であり、ロシアの危機感は大きかった。

以上のような流れのなかで、一九一四年一二月、ロシア政府は満洲の治安に関わる一つの情報を入手した。それによれば、ドイツが「満洲・蒙古における支那の馬賊」を教唆し、「シベリア辺境を騒擾」せしめ、その機に乗じて「独逸の俘虜を解放し、鉄道を破壊せんと企てたる趣」であるという。この情報を憂慮したロシア政府・外務省は、北京駐在ロシア公使クルペンスキー（Vasilii N. Krupennskii）に訓令を発し、そのようなドイツの動きがあれば「自然南満洲方面においてもその形跡を認め得らるべし」と考えられるので、北京駐在日本公使日置益に面会し、情報収集への日本の協力を依頼するよう指示した（一九一四年一二月二五日日置発加藤宛、「匪衛団組織」二一〇）。すなわちロシア政府は、自らの権益外である南満洲におけるドイツの対ロシア破壊工作に関し、その捜査を日本の官憲にゆだねたのである。

一二月二五日、クルペンスキーは本国からの上記の訓令に基づいて北京駐在日本公使館に日置を訪問し、深刻な表情で、右に述べたロシア政府の依頼について「配慮方」を申し出た。日置はこれを承諾し、会談後、外相加藤高明に電報で会談内容およびロシア政府の要請を報告し、加藤に「内密ご調査の上、何分の儀報告相成る様」依頼したのである（一九一四年一二月二五日日置発加藤宛、「匪衛団組織」二一〇）。

加藤はこのロシア外務省筋の報告を訝しく思ったが、とにかく電報を陸軍参謀本部に伝えるとともに、在満各領事に日置の電報を訓令として転電し、各領事に「独逸国陰謀」を内密に調査するよう指示した（一九一四年一二月二八日落合発加藤宛、「匪衛団組織」二二二）。日本帝国外務省とロシア帝国外務省が、第一次世界大戦に直面し、とりわけ満洲に関する情報の交換において、密接な連携をおこなっていた様子がうかがわれる。

この調査命令に関し、中国東北に駐在する日本の各領事たちは、そのような「独逸国陰謀」はほとんど荒唐無稽であるほかはない、といった調子で返電してきた。一二月二六日、安東駐在領事吉田茂は加藤に復電し、領事館の管内では、ドイツの陰謀の形跡は「毫もこれなく候」と報告した（一九一四年一二月二六日吉田発加藤宛、「匪衛団組織」二二二）。また一二月二八日、奉天総領事落合謙太郎は加藤に返電し、奉天近辺には「稀に馬賊の出没を見る」ことあるも、「お申し越しの如き関係系統を有するものなし」と述べたが、なお引き続き注意する旨を付け加えた（一九一四年一二月二八日落合発加藤宛、「匪衛団組織」二二二）。

また、翌一九一五年の一月六日、遼陽駐在領事土谷久米蔵は、さまざまに調査した結果、「当地付近には未だ斯かる形跡あるを認めず」と断じた（一九一五年一月六日土谷発加藤宛、「匪衛団組織」二二四－二二五）。ただし土谷は、「西比利亜鉄道の破壊」について、「その基づく所は在天津独逸総領事の企図せる所なるや」との「風説」を得たという。「独逸国陰謀」の背後に在天津ドイツ領事（ヴェントシューフ（Fritz Gustav Horst Wendschuch））が存在するという「風説」は、日本外務省にとっては新しい情報であった。一月七日、営口駐在太田昇平領事も、「管内馬賊の動静」を調査したが、目下のところ「御電報の如き兆候なし」と報告してきた（一九一五年一月七日太田発加藤宛、「匪衛団組織」二二三）。

一月一二日、鉄嶺駐在領事代理酒匂秀一は、「当館管内に於て出没せる馬賊」に関する比較的詳細な情報を北京の日置公使に送ったが、それらはドイツの陰謀のもとに活動しているとは認められないと報告した（一九一五年一月一二日酒匂発日置宛、「匪衛団組織」二三八－二三九）。さらに、長春駐在領事山内四郎も同年一月一二日、加藤外務大臣に宛てて報告し、目下のところ領事館管内には「怪むべき形跡」を認め難いが、往来するドイツ人の行動に対しては十分注意すると述べた（一九一五年一月一二日山内発加藤宛、「匪衛団組織」二二八）。一月一五日、在吉林領事森田寛蔵も、馬賊の状況については調査を怠っていないが、「御来電の如き政治的色彩を帯ぶる馬賊」については、いままで何らの情報にも接していないと述べていた（一九一五年一月一五日森田発加藤宛、「猝衛団組織」一二三三－一二三四）。

以上のように、ロシア帝国政府に端を発する北京駐在ロシア公使クルペンスキーの「独探馬賊」に関する日本政府への照会は、北京駐在日本公使日置益および外相加藤高明を通じて安東（吉田茂）、奉天（落合謙太郎）、遼陽（土谷久米蔵）、営口（太田昇平）、鉄峯（酒匂秀一）、長春（山内四郎）、吉林（森田寛蔵）の各領事らに伝えられたが、当初、中国東北に駐在する日本各領事館がこの情報を真剣に受け止めることはなかったのである。

奉天総領事落合謙太郎は、その後も領事館警察を用いて各方面に聞き込みをおこなっていた。年が明けると、そこに「最近北満地方の馬賊団より当地支那人に達したる情報」がもたらされた。それによれば、ドイツ人が巨額の費用を投じて北満における馬賊の頭目「劉太同」および「天下好」を使嗾しているという。すなわち劉はその部下「約千五百名」とともに東清鉄道付近に出没し、ロシアの軍事施設ならびに商業施設に対し「間接の妨害」を加えつつあるのみならず、大連在住の馬賊領袖である「劉展臣（年齢二七歳）」が昨年一二月に「劉太同」および「天下好」に召集され、「大連を北上し前記馬賊団に投入」したという（一九一五年一月七日付落合発加藤宛「北満における独探馬賊の状況に関する件」、「猝衛団組織」一二一七）。

すなわち落合に入った情報によれば、ドイツ人が巨費を投じ、千数百名の馬賊を使嗾して中国東北部でロシアの軍事ならびに商業に妨害を試みているというのであった。さらに「馬賊の頭目」の名前（「劉太同」および「天下好」）が具体的にあげられ、「独探馬賊」の活動地域として東清鉄道付近の名が提示された。ここで「独探馬賊」に関する「風評」には一挙に具体性が加えられたのである。落合はこれを受け、情報収集にさらに努力するとしながら、一月七日、「取り敢えずご参考のため」、北京駐在日本公使日置益を通じてこの報告を外相加藤高明に提出した（一九一五年一月七日付落合発加藤宛「北満における独探馬賊の状況に関する件」、「猝衛団組織」一二一七）。

さらに一月一六日、三日前には「怪むべき形跡を認め難く」と報告していた長春駐在山内領事も、この間、以下のような新たな情報を取得していた。すなわち青島に居住していた「ムリ井」なるドイツ人が、日独戦争勃発後に大連に移住したあとで奉天に出入りし、同地の中国人と連絡を取り合いながら蒙古において事を起こし「露国鉄道等を破壊せんと計画」しているという。しかも「ムリ井」は「在奉天蒙古語学堂卒業生」である中国人「龍玉田」および「張散芝」の二名をハイラルに派遣し、「同地方一帯の馬賊を糾合せしめつつ」あるというのであった（一九一五年一月一六日山内発加藤宛、「羣衛団組織」二二八－二二九）。すなわち具体的に「独探」およびその中国人配下の名前（「ムリ井」および「龍玉田」「張散芝」）とその素性が挙げられ、破壊工作の対象地域としてハイラルが特定されたのである。この報告に驚いた霞ヶ関の外務省本省は、二二日に山内領事に返電し、加藤大臣名でこの報告を北京および奉天に転送するよう指示した（一九一五年一月二二日加藤発山内宛、「羣衛団組織」二三五）。

さらに山内は約半月後の二月一日、再び加藤大臣に発電し、「ムリ井」およびかれに使嗾された中国人は、「米独人経営の祥茂洋行」を拠点として活動しているとの新たな情報を伝えた（山内発加藤宛一九一五年二月一日、「羣衛団組織」二四二）。すなわち「独探馬賊」の「策源地」は奉天であり、しかも長春のアメリカ人・ドイツ人が共同経営する「祥茂洋行」がそれに関連している、というのであった。この情報に基づいて、長春在住のドイツ人は日本領事館の厳重な警戒の下に置かれたのである。

長春の山内に「策源地は奉天」と名指しされた奉天総領事落合謙太郎は、穏やかではいられなかった。すなわち山内の報告に答える形で、二月五日、落合は外相加藤高明に打電し、奉天には「祥茂洋行」などという会社は存在せず、ドイツ人「ムリ井」の出入りを伝える情報もなく、「本件に就ては未だ何等得る所なき」と断じて山内の情報を否定したのである。しかし落合はそれに続けてつぎのような新しい情報を加藤高明に伝えた。すなわち奉天駐在ドイツ副領事「ウィッテ」が『徳華電報』という通信を印刷して各所に無料で配布し、「自国勢力の維持に努め」ているほか、奉天城内の『支那醒時報』などに多額の金を与えて買収をおこなっているという。さらに、城内の「仁太洋行」社主であるユダヤ人「フヲーラス」がドイツのために「馬賊使嗾の計画」をおこなっている、というのである（一九一五年二月五日落合発加藤宛、「羣衛団組織」二四四－二四五）。東清鉄道爆破計画という「独探馬賊」の風評に、あらたにプロパガンダ計画という「風評」が加わったのである。

3　ロシア外務省のあらたな照会と「鞏衛団」の浮上

さらにロシア外務省は、一九一五年二月初旬、長春駐在ロシア領事館より「独探馬賊」に関するあらたな情報を入手した。それによれば、目下大連ヤマトホテルに滞在している「Wilhelm Moore なる独逸国人」が、「徳華新報なる新聞」を発刊し、「満洲に於ける日露の地位を傷けんことを計画」しているだけではなく、馬賊を使嗾し「東清鉄道の破壊」を目論んでいるというのであった（一九一五年二月三日日置発加藤宛、「鞏衛団組織」二四二―二四三〈傍点原文〉）。

ロシア外務省はこの情報をすぐに北京駐在ロシア公使クルペンスキーに伝達し、日本公使日置に善処を求めるよう指示した。二月二日、クルペンスキーは日置を訪問して事情を説明するとともに、「Mooreを取調べ、相当の制裁を加ふるの途」はないかと尋ねた。翌三日、日置公使は外務大臣加藤高明、関東都督中村覚、奉天総領事落合謙太郎および長春領事山内四郎に電報を打ち、クルペンスキーの情報と依頼を伝えた（一九一五年二月三日日置発加藤宛、「鞏衛団組織」二四二―二四三）。

すなわち、長春駐在ロシア領事館から北京駐在ロシア公使クルペンスキーへの報告によれば、「Wilhelm Moore なる独逸国人」（長春駐在山内領事の前述「ムリ井」と同一人物か）が、(1)『徳華日報』なる新聞の発行を計画するとともに、(2)馬賊らを使嗾して東清鉄道の破壊をも企んでいる、というのであった。クルペンスキーはこの情報に基づいて、北京駐在日置公使に対して申し入れをおこない、日本の外務省ルートを通じて日本の満洲駐在関係官憲に問い合わせるとともに、「Moore」を取り調べ、かつ制裁を加えるべきだと求めたのである。ここに、ふたたび満洲をめぐる日本とロシアの情報照会および協力がおこなわれたわけである。

このロシア公使のあらたな情報には、当然のことながら、旅順の関東都督府も無関心ではいられなかった。二月一一日、関東都督中村覚は、二月三日の日置公使のロシア情報を否定する以下のような電報を加藤外相に送った。

「在北京公使より申報に係かる独逸人『ウィルヘルム、ムア』に関する件調査するに、大連に似寄の独逸人往復滞在したる事なく、目下寛城子に事務所を設け新聞紙を発刊し、日露の地位を傷けんとする等の事実あるを認めず、又長春方面に於ては一時馬賊を使嗾し東清鉄道の破壊を計画するとの風説ありたるも、未だ確かなる事実を探知せず、尚精探中」（一九一五年二月一一日中村発加藤宛、「鞏衛団組織」二四六〈傍点原文〉）。

すなわち中村は、大連には「ウィルヘルム・ムア」なる人物は存在せず、長春方面における馬賊を使嗾した東清鉄道爆破計画についても「事実を探知せず」と否定したのである。

また、長春の山内領事も二月一二日、加藤外相に打電し、「独逸人Mooreなるもの」が新聞を発行して日露関係を傷つける計画をおこなっている気配は「当地には之れ無き様認めらる」と断じた。さらに「馬賊を使嗾し鉄道破壊の計画をなし居る」という風評についても、聞き込みはしたものの、「之とても今に何等確実なる事実を発見せず」というありさまであった（一九一五年二月一二日山内発加藤宛、「鞏衛団組織」二四七）。すなわち山内は、「Moore」なるドイツ人の陰謀なるものを否定し、さらに「馬賊を使嗾しての鉄道破壊の計画」についても懐疑的な姿勢を示した（なお、この時山内には、かつて一月一六日に自分が報告したドイツ人「ムリ井」と、ロシア公使館情報のドイツ人「Wilhelm Moore」を結びつけて考える発想はなかったようだ）。こうして、「独探馬賊」に関するロシア公使館筋の情報は、旅順の関東都督府および長春の山内領事により、ふたたび根拠のないものと断じられたのである。

落合奉天総領事はその後も調査を継続したが、奉天に居住するドイツ人の調査が一段落したため、三月一一日、それを加藤高明に報告した。その情報は「在奉領事館副領事ウヰッテ」「雑貨、銃砲、火薬商　礼和洋行　瑞記洋行　シャーレル」「魚職　テートラー」「雑貨及銃砲火薬商　克隆洋行　チェーレ」「牛乳及牧畜　シヨイブレ」「米国雑貨商方店

員　デッジレーン」「無職　カアルアルベルチー」「パン製造業メッサー」の八名のドイツ人およびその家族を網羅していた。こうして日本官憲による奉天在住ドイツ人に関する調査がおこなわれ、ドイツ人はさらに継続的な監視下に置かれたのである（一九一五年三月一一日落合発加藤宛「独逸人現住者取調の件」、「鞏衛団組織」二五七）。

その間、北京駐在ロシア公使館（モレル（N. Morel）武官）が三たび日本側に（しかも今回は北京駐在陸軍武官町田経宇に）重要な情報提供をおこなった。それは、在奉天ドイツ領事館が「鞏衛団」なるテロ組織を創設し、南北満洲および極東ロシアにおいて日本およびロシアの鉄道橋梁の破壊などさまざまな軍事上の妨害を加え、あるいはロシア高級官僚の殺害を企てており、実行者に対してさまざまな報償を与えようという計画を有しているというのであった。ロシア側によれば、この情報の出所は奉天駐在ロシア諜報機関ブロンスキー（Boris Blonskii）中佐の本国宛の「秘密報告」であるという。その内容は、「鞏衛団」なる組織に関しブロンスキーが極秘裏に入手したとされる以下のようなドイツ側文書なるものであった。町田は、この情報の写しをモレル武官から入手したのち、翻訳の上、四月二日、それを東京の陸軍参謀総長長谷川好道に送付した（一九一五年四月二日町田経宇発参謀総長長谷川好道宛、「鞏衛団組織」二六三－二六四）。すなわち町田は、北京駐在日本公使館に報告する前に、それを直接東京の陸軍中央に送付したわけである。

ロシア側がもたらし、町田らが翻訳した文書は全部で四通あり、それは、(1)「露国及日本の鉄道を破壊し又右両国に其他の危害を加うるの目的を以て在奉天独逸領事館により支那人の間に設立せられたる鞏衛団団員に対する訓令写」（以下「訓令」と略）、(2)「団長命令」、(3)「鞏衛団行賞規定」、(4)「鞏衛団員人名表」と題されていた。文書はＢ４判事務用箋にして七枚にわたるものであり、町田はそれに一枚強の解説を加えていた（「鞏衛団組織」二六五－二六九）。

まず、(1)「鞏衛団団員に対する訓令」では、「支那と独逸は昔より親善の関係を有し居ることは已々世人の熟知する所なり」と独中友好の歴史を強調した上で、欧州戦争に乗じ、「露国と日本は支那の滅亡を希望し已々其の実行に着手せり」と、日露に対する中国側の敵意を扇動する。その上で「訓令」は、以下のように独中軍事協力関係の確立を提案する。「若し支那にして活気ある軍勢の組織を希望するに於ては、独逸は一に支那を保全し且危殆に瀕せる支那に援助を与えんが為養兵上に必要なる費用其他物質的助力を藉すに吝かならざるべし」。この目的のためドイツ政府は、中国の事情に精通する「蛑里吟《ムーリンジン》」なる人物を鞏衛団の団長に任命したと述べる（「鞏衛団組織」二六五－二六九）。

ついで、(2)「団長命令」では、まず、鞏衛団の目的を「支那民族を統一し日露両国を満洲より駆逐すること」と規定し、本部を奉天に置くとした。団の活動は日本とロシアに向けられるが、日独戦争（青島戦争）が一段落した情勢を念頭に置いて「出来得る限り露国に最大の危害を加うることをその目的の一とす」と述べ、当面の主敵をロシアと規定する。

活動は大きくいって二つの分野に分かれる。その第一は反日・反露宣伝活動である。まず満洲において漢字新聞を発行し、「日露両国の暗黒面を批判」する。日本に対しては「日本に不利益なる謡言を支那人間に放ち、又は日貨排斥を実行せしむ」として反日宣伝および日貨排斥を試みる。さらにロシア語に熟達した朝鮮人を雇い、ロシアに対する「陰謀団」を組織し、またウラジオストック、ハバロフスクその他ロシア極東地域において「日露両国人間の好感を離間」する任務にあたらせる。ウラジオストックではハングルの「小雑誌」を刊行する。南北満洲、内外蒙古に「扇動者」を派遣し、住民に中国の中立を説き、「小利のため国家を誤るが如きなきを警告」し、そのことによりロシア向けの家畜および穀物の輸出を阻止する。さらに「蒙古語に熟達せる支那人」らをモンゴルに派遣し、「蒙古人に向けて露国に接近するの危険を説き、支那と接近せしむることに努む」（「鞏衛団組織」二六五－二六九）。

活動の第二は、各種の破壊活動である。本団団員たることを希望するモンゴル人に「露国の利益に危害を加うることを目的とする団体」を組織させ、そのうち実際にロシアの建物や企業などに危害を加えたものには「相当の報酬」を与える。皮革や毛皮の購入者を装い、軍事上重要な価値を有する鉄橋や建物、軍用倉庫等の「破壊の準備」をおこなう。ハルビンは重要な都市なので、同市に危害を加えることはロシア国民に対し「甚大の恐怖」を与えるであろう。河川の解氷を待って多数の商業用民船を購入し、「爆弾を投じ深游水雷を装置し又は其他の方法により鉄橋を爆発し」、それにより交通機関に危害を加える。ロシア人の中国人使用人を買収し、まず東清鉄道会社に、その後「黒竜江地方護境参謀部」に出入りさせ、「此等建物の焼毀を目的とする放火団の組織」に努める。「露国の事情に精通せる支那人張燿三」を雇い、ドイツ政府より「金銭的若くは栄誉的賞与に浴することの約束」をしたうえで「露国の官庁を破壊し高級官吏を殺害し若くは重要地点に於ける軍事に危害を与える」。「馬賊の頭目」である「盖三省」、「容易得」、「天下好」等を招聘し、停車場、農村等に危害を加え、またはロシアの軍用建設物を破壊することを目的とする「団隊」を組織する。ウラジオストック港において小舟を借り入れ、食料品の運搬船を装い、「適当の機会を見計い港内に爆弾を投入すべし」。なお「本団の事業上に必要なる爆発物」は特定の人物が供与するので、その人物については「在長春「ダーフィ」洋行、瑞記洋行に」問い合わせること（「鞏衛団組織」二六五－二六九）。

(3)の「鞏衛団行賞規程」では、さまざまな賞与や叙勲が規定されていた。軍用倉庫、兵営および兵器廠を焼毀し、もしくは軍艦および鉄橋を爆発破壊したもののうち、「生命を失いたるもの」は「殊勲者」と認められ、団長より在北京ドイツ公使を経てドイツ政府に「栄誉的賞与」を申請することができ、さらに当地において三万マルクまたはそれ以上の賞与金を給与される。「特定地点の破壊を果たしたるもの」は、負傷の有無にかかわらず「勲功者」と認められ、やはりドイツ政府に「栄誉的賞与」を申請することができ、一万マルク以上の賞与金を給与される。「破壊的行為を企画着手し之が為に負傷を受けたるもの」は、その行為の成功の有無にかかわらず、ドイツ政府に「栄誉的賞与」を申請することができ、五〇〇〇マルクの賞与金を支給される。「露国の将軍に危害を加えたるもの」は団長より五〇〇〇マルクを給与される。最低では、日露両国軍隊に関する「秘密情報」を得るか、鞏衛団のために各種の情報をもたらし、もしくは鞏衛団で使用する各種材料品の運搬をおこなったものには四〇〇マルクまたはそれ以上の賞与金が支給される（「鞏衛団組織」二六五－二六九）。

(4)の「鞏衛団員人名表」では「団長　独逸人　蚌里吟」「馬賊頭目　琿春人　盖三省」、「馬賊頭目　奉天省人　天下好」以下二四名のドイツ人、中国人、蒙古人、朝鮮人、「ユダヤ人」およびその年齢が記されていた（「鞏衛団組織」二六五－二六九）。

この情報を受け取った北京駐在日本公使館付陸軍武官町田経宇は驚倒した。町田によれば、従来ドイツ官憲が「あらゆる陰謀を逞しふし」、日本・イギリス・ロシア・アメリカ合衆国相互間の「離間中傷」を謀り、とりわけ「日支間を離間して支那をして第二の土耳古たらしめんことを計りつつある」はほとんど「公然の事実」ではあるが、本報告の内容はまさしく「大陰謀」であり、「果たして事実なりとせば実に由々敷大事」であるほか、「国際法より論ずるも之を人道上より見るも棄て置き難きこと」である、というのである。そのため町田は以下のような方策を提起する。

「我当該地方官憲並諜報機関の力を以て充分の捜索検挙を尽し、若し其事実の一端でも確め得ば、直ちに在支独逸公使館及領事館を撤退せしめ、支那全体に於ける独逸の勢力を一掃する好機会を得ることとなるべく、又一方支那に対しては、日露両国が更に踏み込みて新地歩を獲得するの最好理由となることに候」（一九一五年四月二日町田発参謀総長長谷川好道宛、「羣衛団組織」二六二－二六四）。

すなわち町田は、この機会に、ドイツの勢力を中国から駆逐し、同時にこの事件に藉口して、日露共同して中国で「新地歩を獲得」しようというのである。

さらに町田は、以下のように防衛措置を講ずることを提案した。本件は中国政府には秘密にしておき、「先ず我に於て之が証拠の検挙を努むること」が有利であると考える。満洲は現在日本の多数の軍隊および警察によって監視されており、「本件の如き陰謀の実現は恐らく無効に終る」とは思われるが、万一の場合を考慮し、「鴨緑江その他大切なる鉄橋や隧道、撫順、烟台、本渓湖等の炭坑ならびに主要なる倉庫等の監視を一層厳重ならしむる」ことが必要であろう、と（一九一五年四月二日町田発参謀総長長谷川好道宛、「羣衛団組織」二六三－二六四）。

ところで、以上に見られる「羣衛団」に関する情報収集において、日本の外務省は、致命的な弱点を示した。第一に、すでに見たように、町田は北京駐在日本公使館を通さず、陸軍中央に直接報告をおこなっており、外務省は蚊帳の外に置かれた。日本外務省関係者でこの「羣衛団」に関する情報に初めて接したのは、奉天総領事落合謙太郎であったが、しかし落合は領事館警察など独自の情報網からその情報を得たのではなく、東京の陸軍中央から情報を得た旅順の関東都督府に教えられたのであった。第二に、しかもそれは、北京駐在陸軍武官町田が北京駐在ロシア陸軍武官モレルから情報を得た四月二日から一週間も経過した四月九日のことであった。陸軍は、外務省に積極的に情報を提供しようという姿勢に欠けていた。第三に、落合は、関東都督府から得たこの重大情報をすぐに外務省本省に打電するのではなく、自分のところで三日も温め、四月一二日になってようやく外務大臣加藤高明に報告した。外務省本省は、一〇日も遅れてこの情報に接したわけである。

落合は、情報を温めていた三日間、総領事館で「探査」をおこなっていたが、その結果、「警察側の情報」として、以下のようにロシア公使館筋の情報の正しさを追認したのである。「罩衛団なるものは存在し、目下在奉天独国領事代理 Witte 之を指揮し、団員数人当地にあり、何事か独逸国の為画策し居るが如き形跡あり」。「Witte」はこの間奉天から北京へ向かったが、その目的は「罩衛団の為、資金を持ち来たらんとするにあるが如し」であった。以上に基づき落合は、「引き続き調査中」ではあるが、「右情報の価値に関する御意見ならびにその後本件に付何等御聞込あらば委細電報を請う」と本省に要求したのである（一九一五年四月一二日付落合発加藤宛、「罩衛団組織」二七四-二七五）。

奉天総領事館より初めて「罩衛団組織」に関する「探査」の報告を得た外務省本省は驚倒したが、しかしながら、かれらにできることは限られていた。すなわち外務省は、何らの「意見」も「委細」も付すことができぬまま、四月一三日、「該罩衛団の真相篤と御内探の上、他日の証拠となるべき事実を十分突止め置かるる様致たし」と落合に指示するのみであった（一九一五年四月一三日加藤発落合宛、「罩衛団組織」二七六）。

外務省が罩衛団の詳細について知ったのは、さらに四日遅れた四月一七日であり、しかもそれは関東都督府民政長官白仁武からの通報によってであった。白仁は関東都督府陸軍参謀長（西川虎次郎）からの内報を得た「内密調査」の結果、「罩衛団は目下奉天にて組織中なるが如き形跡」があり、「団長蜂里吟は奉天独逸国領事ウィッテの変名の如く」であるという。さらに「同人夫妻」は四月九日に北京に向け出発したが、その目的は「運動費受領の為」であり、「団員数名奉天に滞在してウィッテの訪奉を待ち居るやの説」がある。さらに「北方には既に八名出発せりとの聞込み」があり「引続き厳査中」である、と（一九一五年四月一二日白仁発外務次官松井慶四郎宛、四月一七日接受、「鞏衛団組織」二七八）。さらに外務省は、前掲鞏衛団の「訓令写」「団長命令」その他の重要文書を三日後の四月二〇日にようやく入手するありさまであった（一九一五年四月一六日新義州警察署長報告「鞏衛団組織に関する件」、四月二〇日接受、「鞏衛団組織」二七九－二九一）。

4　「鞏衛団」の実態

さらに外務省は、四月二七日、関東都督府民政長官白仁武から「独逸側の陰謀に関する件　第二報」を受け取った（一九一五年四月一七日白仁発松井宛、四月二七日接受、「鞏衛団組織」二九六－二九八）。それは四月一三日付の宮越奉天総領事館警察署長による以下のような報告であった。

一、「当地滞在中の同団員と称するもの」は「張輝三」ら数名であるが、そのうち張輝三は本渓湖付近の馬賊頭目を頼って四月一一日に奉天を出発したので、本渓湖警務支所に照会しその行動を偵察中である。「董蘭亭なるもの」は奉天電報総局員であり、「独逸商瑞記洋行に出入するもの」であるという。

二、奉天に滞在中の団員は「毎日の如く奉天大西辺門裡蓮宗寺内独逸人ショーベル方に集り賭博に耽り夜間は支那遊郭に出入し遊興をなしつつあり」。

三、同団員と称するものの中には中国官吏が四、五名おり、「独逸側の為に諜報其の他の便宜を与え」ているといい、かれらはドイツを信頼し、「目下欧州の戦局は混沌たるも、早晩独逸は戦勝の結果を収め再び大資本を投じて東洋に於ける勢力を恢復するに至るべし」などと述べている。

四、奉天独逸領事館内の密偵「馬振東（本名馬賛東）」は日露両軍隊の状況等を内偵しているとの噂があり、注意して監視しているが、馬振東の語ったところによれば、「独逸側支那人密偵王仲三、陳際太以下三〇余名」が昨年（一九一四年）一〇月三一日に北満の鉄橋破壊の計画を実行して妨害を加え、同月二八日にはハルビンにおいて「露国巡航船一隻を焼燬せる事実」が発生した。「王仲三」らはその後一一月中旬に天津に赴きドイツ領事より「賞金」として二七〇〇元を受領したようであるが、王は「該金を受領し何れにか逃走し目下行衛不明」である。

五、右の馬振東は、表面上はドイツ側に使役されているが、その実ロシア総領事館の命を含み「間諜同様の任務に服し居るもの」との聞き込みがある。また、「同人も又鞏衛団員の一人なりとの説」をなすものもある。

以上のような情報に基づき、宮越は以下のような暫定的結論を下す。奉天ドイツ領事館において恩賞を与えることにより中国人を使役し陰謀を企てているのは「事実」であり、また最近「親独派の支那人等」がその「実行に加担」していることが認められる。しかしながら、「各団員間の関係および実際の目的等にわかに信じ難き所」があるので、「引き続き極力厳探中なり」。

すなわち日本側関係者は、鞏衛団組織は確かに存在すると判断したが、その実際の目的や各団員間の関係、および実行力に疑問を持ち始めたのである。しかも、その際、「鞏衛団員」の口は極めて軽かったといえよう。

さらに外務省は、四月二三日、陸軍から鞏衛団に関する「比較的完全なる」情報を「極秘」として入手した。そこには、すでに見た「訓令」、「団長命令」「人名表」、「行賞規程」と同文のものが「附属書類」として添付されているとともに、「鞏衛団員の言」として、以下のことが記されていた（四月二一日付「鞏衛団ニ関スル状況ノ件」、「鞏衛団組織」二九九–三〇三）。

一、鞏衛団は一九一三年八月に小庫倫地方（現通遼市庫倫旗）において「元革命党馬賊」の領袖「徐定府」および頭目

「玉進禄」の二人が「東亜独立の目的」で組織し、多少の勢力を有し「もっぱら馬賊行為を働きて支那官憲に対抗」していたが、一九一五年二月初旬にドイツ人がこれを買収し、奉天ドイツ領事館に本部を置き、「領事館書記生ウィッテ」がこれを管掌している。その目的は日露両国に対し多大の損害を与えること、すなわち鉄道、橋梁、建築物の破壊、その他の軍事上の偵察および商業妨害などであり、このため各首領に任務を分担せしめている。各首領に対する任務および着手実行の方法もすでに決定されており、「経費の支給を待ちつつある模様」である。「ウィッテ」は鞏衛団に配給する資金約四〇万マルクを受領するため四月九日に北京駐在ドイツ公使館に出発した。

二、奉天に集合した団員は破壊工作の対象を「実地調査」すべく、約一週間前に各任地に向けて出発した。なお、各団員は護身用として「爆裂弾三個宛」を所持している。

三、朝鮮人「里克静」は日露両語に通じ、ドイツ人「シャーベル」方に傭われてつねに各方面を往復して「日露両国の機密を内偵」しているようだ。「シャーベル」は「牛乳搾取業」を営んでおり、現在奉天大西辺門にある「支那寺」連鐘寺に「妾（支那人）と同棲」している。「シャーベル」は在奉天アメリカ総領事と「交際」しており、また一説によれば「シャーベル」が住んでいる「支那寺院」は鞏衛団の本部ではないかといわれている。

この情報に驚いた外務大臣加藤高明は、ただちに「極秘」として、北京駐在公使館および長春、鉄嶺、奉天、遼陽の各領事館に同情報を送付した。

外務省はさらに、四月二六日、「独人陰謀の鞏衛団近状」と題する奉天満鉄公所の文書（四月二一日付）を受領した。この情報は、奉天駐在ロシア武官ブロンスキーの「直話」に基づくものであった。それによれば、鞏衛団の設立は、中国に残留するドイツ人が日露両国の鉄道を破壊し、もしくは軍事上の障害を加えるため「所謂独人特得の破壊主義を発揮」したものであり、最初は華北のドイツ人等によって唱道されたものであるが、破壊実行上の目的地が南北満洲および蒙古地方にある関係で、奉天を根拠地とすることになった。鞏衛団の設立は「在支那独逸官憲より本国政府へ意見具中を為したる結果」なので、経費もドイツ国庫より軍事費の一部として取り扱われているようだ。かれらは中国の対日露関係が危殆に瀕するかのように誇大に吹聴して、中国人に憤慨心を起こさせようとしており、「独人の手段は亦巧妙としなければならない」。中国人団員は従来からドイツ人に使用されているものか、使用人の知人の中から選抜され、比較的多額の給料を支給されている（「鞏衛団組織」三一九－三二三）。

しかしながら、ブロンスキーの「直話」によれば、これら団員の士気およびドイツ人の対応は以下のような状態であった。

「之等の支那人は団長の命を奉じ、必ず日露両国に対する破壊的行為を断行する決心あるにあらずして、要は優給を得て一時の発財を目的とするもの多く、其の危険なる企画に着手せざるのみならず、旅費の存する間は各地を徘徊し、旅費欠乏を告ぐると同時に帰来して随意の報告をなすに過ぎず、茲に於てか、独人は頻りに焦慮して支那人を督促厳命するも既に数月を経過して一も効果を見る能わず」。

すなわち、鞏衛団の団員は、団長の命令に従う気も、また日本やロシアに対する破壊活動をおこなう意志もなく、高給を得て放蕩することのみが目的であり、旅費を支給される間は各地を徘徊し、資金が尽きると戻ってきて勝手な報告をするだけなのであった（「鞏衛団組織」三一九－三二三）。

鞏衛団の一切の計画は「在北京独逸公使〔ヒンツェ〕の総指揮に由る事勿論」であり、「ウィッテ等」は大いに奔走中であるが、以上のような中国人団員の体たらくもあり、かれらの活動は、破壊活動よりも、「新聞を利用する各種の手段に汲々たる」状態である。「ウィッテ」はさらに「遊撃員」として「ウィンデキンド」なる一人のアメリカ人を買収し、「満蒙に於ける日露の行動を探査」させるためにロシア総領事館にビザ申請をさせたが、逆にロシア側に「疑念を生じ」させてしまい、さらにアメリカ総領事館にもビザ申請に行ったが「拒絶」されてしまった。そのため「ウィンデキンド」は、ドイツ領事が支給した「巨額の機密費」を得て、約二カ月前、「漂然として奉天を出発したる儘行衛不明」となるありさまであった。以上のような報告のあと、ブロンスキーはつぎのような判断を示した。

「要するに欧州及び東洋方面に於ても全く孤独の情態に陥り、四囲皆な敵国に臨める独人が、中立の支那に介在して仮令巧妙に支那人を利用し苦策を籌らすも、到底何事をも成し得ざる可きを信ず、但し万一を警戒し置く必要あるは勿論なり云々」。

すなわち羣衛団事件は、ヨーロッパおよび東アジアにおいてまったくの孤立状態に陥ったドイツが、中国の中立を利用して苦肉の策を弄した結果であり、まったく何ものをもなしえないことを証明したに過ぎないというのであった。ここにおいてブロンスキーやロシア外務省は、ほっと胸をなで下ろしたのである（「羣衛団組織」三一九－三二三）。以上のような判断は、また日本陸軍および日本外務省の判断でもあったようである。

結局、満洲および蒙古を舞台とした北京駐在ドイツ公使ヒンツェおよび奉天駐在ドイツ領事館秘書官ヴィッテの策謀は、大量の資金を無駄にしたまま、行き詰まってしまったのである。右の報告にもあるように、日本側およびロシア側は、ヴィッテへの監視を維持しつつも、羣衛団に対する厳戒態勢を緩和することになったのである。

二　パッペンハイム事件

1　パッペンハイム遠征隊とその壊滅

しかしながら、以上のように日本側およびロシア側が「羣衛団」の影におびえ、その実態を必死になって捜査していたちょうど同じ頃、ロシア外務省は、ドイツ人自身による、しかも北京駐在ドイツ陸軍武官パッペンハイム本人による、もう一つの東清鉄道および南満洲鉄道に対する爆破計画の情報を得ていた。

一九一五年三月一二日、駐日ロシア公使マレフスキー＝マレヴィッチ（Nikolai A. Malevskii-Malevich）は霞ヶ関に外務大臣加藤高明を訪問し、以下のようなロシア本国外務省からの驚くべき電報の内容を伝達したのである。

「独逸側に於ては、予て何等かの方法により東清鉄道を破壊し、東露交通断絶を目論見居る形跡ありたるに付、常に注意を払い居りたる所、今朝海拉爾領事より同地付近に八名の独逸国人の組織せる駱駝隊現れ、其荷物の一より爆薬および Pappenheim の名刺（同人は北京独逸公使館附武官にして最近数週間所在不明なり）出でたる点より見れば、同人は之を指揮し居るものと認めらる。尚一行の目的は独り東清鉄道のみならず南満鉄道線の破壊をも企図し居るものなる趣」。

こうした情報は、すでに見たように、何度か日本外務省に伝えられていたものの、多くは非常に疑わしいものであった。そのため外相加藤高明は、「例の露国側の情報なれば遽に信を措き難き」との感を懐いたが、しかしもちろんかれとても情報を捨て置くわけにはいかなかった。すなわち加藤は、さしあたり「何等かの御参考の為め取り敢えず電報す」として、翌三月一三日、中国駐在日置公使および落合奉天総領事、関東都督中村覚に発電したのである（「鞏衛団組織」二五三―二五四）。ここに初めて日本外務省は、北京駐在ドイツ公使館付武官パッペンハイムの満洲における破壊活動をめぐる「風説」を得たのである。

しかしながら、すでにそのころ、東清鉄道爆破を目指して北満にあったパッペンハイムと、他のドイツ人を含むその一行は、ハイラル付近において、自ら買収した蒙古義賊バボージャブの率いる蒙古人集団に殺害されていた。

ドイツがロシアに対して宣戦布告した一九一四年八月一日以降、さらにまた日本が日英同盟に藉口してドイツに宣戦布告した同年八月二三日以降、北京にあったパッペンハイムは、敵国となったロシアおよび日本に対し、ただちにさま

写真5－1　ヴェルナー・ラーベ・フォン・パッペンハイム（Werner Rabe von Pappenheim. 1877-1915）

出所：Burmeister und Jäger（2000）S. 114.

ざまな謀略的企図を実行に移した（写真5－1）。

第一におこなったのは、日本にスパイを派遣し、日本の動員態勢を探らせることであった。第一次世界大戦勃発の直前、日本にはパッペンハイムの同僚ファルケンハウゼン（Alexander von Falkenhausen）がドイツ陸軍武官として駐在していたが、日本の対ドイツ宣戦布告により日本から退去を命じられており、ドイツにとって日本に関する軍事情報は入手しづらくなっていた。とりわけパッペンハイムは、日本がシベリア鉄道を通じてヨーロッパに兵を送っているという噂にナーバスになっていた。日本に送ったスパイからの報告に基づき、パッペンハイムは一九一四年一〇月一六日、「現在まで、シベリアや海路を通じたヨーロッパへの輸送がないことは確実」であるとの報告をベルリンに送付していた（Zimmermann an Jagow vom 16. Oktober 1914, in: PAdAA, R22396）。

さらに第二に、パッペンハイムは、戦争勃発後、中立国中国に駐在しているという地の利を活かして、日本からヨーロッパ・ロシアへの大動脈であるシベリア鉄道ないし東清鉄道を爆破する計画を実行しようとした。もちろんパッペンハイムは、当初は必ずしも自分自身が破壊活動を実行する意図を有していた訳ではなかった。それが国際法上極めて深刻な問題を孕むことは自明であった。そのためかれは、「中国官憲」（おそらく東北地方の諸「軍閥」や「馬賊」）を使嗾して東清鉄道や南満洲鉄道を爆破させようとしたのである。その中には、東北軍閥として勢力を拡大しつつあった張作霖も含まれていたといわれている。張作霖は当時、陸軍第二七師団長として奉天に駐屯していた。しかしながら、協力を打診された中国側は、もちろんそのようなドイツ側の無謀な提案に簡単に乗るはずもなかった。パッペンハイムによれば、かれら中国側は「日本とロシアへの恐怖」からこれを拒否したという（Zimmermann an Jagow vom 8. Oktober 1914, in: PAdAA, R22396）。

そのためパッペンハイムは、九月から一〇月にかけて、自分自身が駱駝に乗って北満に赴き、この任務を遂行しようとした。しかしこの試みは、当初はすべて失敗に帰した。すなわちパッペンハイムによれば「みずから数度の爆破工作を試みたが、強力な鉄道監視のため、いままで成果はなきに等しく、あっても不十分」であったという。このためかれは北京駐在ドイツ公使館一等書記官マルツァーンを通じてドイツ本国の外務省および大本営に対し、「試みをさらに継続する」と伝えたのである（Zimmermann an Jagow vom 8. Oktober 1914, in: PAdAA, R22396）。

こうした「中国官憲」などへの協力取り付け工作は、作戦自体が戦死をも含めた非常なリスクを必然的に伴うため、もちろん多額の賄賂を必要としたであろうし、また、みずからおこなったという破壊工作でも、武器・弾薬、運搬手段などの確保に多額の軍資金を要したであろう。パッペンハイムは報告する。いままで使用した経費は五〇〇〇ドルであるが、「大規模な経費がなければ持続的な成果を得ることは難しい」。すなわち、今後の破壊工作の成否は軍資金にかかっているというのである。こうした事情から、一九一四年一〇月八日、パッペンハイムはマルツァーン一等書記官を通じて本国外務省および大本営に、つぎのような要請を発したのである。「支給しうる最高額を電信により報告されたし」（Zimmermann an Jagow vom 8. Oktober 1914, in: PAdAA, R22396）。

パッペンハイムは一〇月初旬にいったん満洲から北京に戻ったが、さらにこうした工作を継続するため、「もう一度」満洲に行く決意を固めた（Zimmermann an Jagow vom 24. Oktober 1914, in: PAdAA, R22396）。しかしその後、パッペンハイムは消息を絶ち、杳として行方知れずになったのである。

第一次世界大戦終結後（一九二〇年一二月）にドイツ外務省がおこなった調査によれば、パッペンハイム武官は一九一四年一二月半ばに陸軍総司令部から直接に鉄道爆破の軍事命令を受けた。パッペンハイムは北京やその周辺に居住していた徴兵可能なドイツ人一二人とともに内モンゴルへの遠征をはかった。その後パッペンハイム一行は興安嶺のトンネル破壊ないしチチハル南方の大鉄橋（嫩河の富拉爾基鉄橋）の破壊をめざし、興安嶺北麓に沿って北上したが、ダリノール（達里諾爾）湖付近で内蒙古人に襲撃され、最後の一人まで殺害された。この情報は一九一五年三月半ばにドイツ外務省に入った。一方モンゴル人商人が北京にもたらした情報によれば、パッペンハイム一行は渓谷を通過する時に襲われ、最後まで抵抗したが倒れた、という。バボージャブを使嗾したのはロシア政府であり、遺体は爆発物を仕掛けて焼却されたという（AGO von Maltzan an Hammersen vom 11. Dezember 1920, in: PAdAA, R23199）。

ドイツ外務省が一九二一年三月に陸軍復員局に報告したところによれば、パッペンハイム一行にはオーストリア陸軍中尉ヴェルライン（Werrlein）およびザゴリスニク（Zagoricnik）のほか、ベルガー（Berger）少尉（東プロイセンでロシアの捕虜になり中国に逃亡したといわれる）、ミュラー（Heinrich Wilhelm Theodor Müller）、クヴァッペ（Friedrich Paul Karl Quappe）、プフェルデケムパーの六人が確認できるという[1]。一九一五年二月末にダリノール湖近辺でロシア将校に率いられたモンゴル人一団に襲撃され、果敢に抵抗したが、最後の一人まで殺害されたことは疑いないという（Das AA an das Heeres-Abwicklungsamt Preußen vom 31. März 1921, in: PAdAA, R23199）。マルツァーンによれば、プフェルデケムパーは済南の大学教授で、戦争勃発時にモンゴルで活動していたが、北京に赴き、ドイツ公使館守衛に義勇兵としての申し出をしたという（Eidesstattliche Versicherung von Maltzan vom 20. April 1921, in: PAdAA, R23199; Remmert 1966）（写真5－2）。多言語に通じ、中国の地理を熟知したプフェルデケムパーは、パッペンハイム駱駝隊のいわば参謀役を果たしたといわれている（Remmert 1966）。クヴァッペは山東鉄道会社の技師で、その死はマルツァーンが確認した（Eidesstattliche Versicherung von Maltzan von 16. Juni 1920, in: PAdAA, R23199）。ミュラーは天津の酪農場所有者であったといわれる（Hammersen an Maltzan vom 7. Dezember 1920, in: PAdAA, R23199）。

スウェーデン赤十字社代表ヨーナス（H. Jonas）がチタで知り合ったロシア人大佐コスチューラ（Kostjura）から聞い

たところによれば、事件の経過は以下のようであったという。一九一五年二月、ハイラル駅に駐屯するロシア軍当局に、ドイツ人に率いられた部隊が接近してきた。大興安トンネルとチチハルの嫩江に架かる鉄橋を爆破するためであった。「ロシアびいきのモンゴル王侯」バボージャブの使者がもたらした情報によれば、ボバージャブはパッペンハイムとの間で、一人二〇〇ルーブルで二〇〇人のモンゴル人を雇うことで合意に達した。この情報はハバロフスク軍管区司令官に秘かにもたらされた。ロシアの軍管区司令官は、チチハルに駐在するロシア国境警備隊特別アムール軍に対し、一団を排除する命令を発したという。

パッペンハイム一行を殺害したバボージャブは、日露戦争時に日本軍と関係を持っていたが、その後彰義県で清朝現地当局から「巡警」ないし「警察隊長」に任命されていた。一九一一年一二月一日に外モンゴルでボグド・ハーン政権が樹立されると、約六〇名の兵力を率いてフレー（現ウランバートル）に赴き同政権に参加したのち、一九一三年一月、ボグド・ハーン政権による内モンゴル攻略戦が実行されるや、バボージャブもその指揮官となった。戦闘は次第に膠着した上、ロシア政府を通じた北京政府からの圧力にさらされたボグド・ハーン政権は、同年一二月、内モンゴルからの撤兵を宣言したが、バボージャブの部隊は外・内モンゴルの境界の内モンゴル側に根拠地をおき、外モンゴルへ撤退することはなかった。この間、一九一四年九月八日よりロシア政府、北京政府、ボグド・ハーン政権三者がモンゴル独立問題を協議するキャフタ会議が開催されて

写真5－2　フリッツ・プフェルデケムパー
(Fritz Pferdekämper. 1876–1915)
出所：Remmert (1966).

いる。一九一五年三月の記録によれば、当時のバボージャブの部隊は九班からなり、総勢一七七六名であったとされている（中見 二〇一三、一六九‐一七八頁）。バボージャブがパッペンハイムを殺害した動機について、現在は、「自分の存在がロシアの対独戦にとって役立つ「親露」的人物であることをしめし、キャフタ会議における内モンゴル問題討議へも有利となることを期待していたと考えられる」とされている。一九一五年六月六日にキャフタ協定が調印されたが、皮肉なことに、「パッペンハイム殺害の一件は、キャフタ会議の帰趨へはなんらの影響を与えなかった」といわれている（中見 二〇一三、一八〇頁）。その後バボージャブは一九一六年一〇月六日に戦死しているが、それについて語るのは本章の目的から外れることになる（中見 二〇一三、一九九‐二二九頁）。

2　ヴェルナー・ラーベ・フォン・パッペンハイム

パッペンハイムは一八七七年九月一三日、土地貴族カール・エドゥアルト・ヴィルヘルム・ラーベ・フォン・パッペンハイム（Carl Eduard Wilhelm Rabe von Pappenheim）男爵とその妻フィデス・ガブリエレ（Fides Gabriele）の息子としてヘッセンのリーベナウに誕生した。一九年後の一八九六年三月一一日にヴァールブルクのカトリック系ギムナジウムであるマリアヌム学校でアビトゥーア（大学入学資格）を取得した。多くの級友が神学部や法学部を志望するなか、パッペンハイムは軍人の道を選んだわずかな卒業生の一人であったといわれる。同年にベルリンで試験に合格して第二近衛歩兵師団下士官に任命され、翌一八九七年七月七日にはさらに将校資格試験に合格した。同月二〇日、皇帝ヴィルヘルム二世はノルウェーのベルゲンに停泊していたヨット「ホーエンツォレルン」の艇内でパッペンハイムの少尉（Second-lieutnant）昇進の辞令にサインしている（Burmeister 2000, S. 109–112）。

一九〇〇年に中国で公使館地区が義和団に包囲されると、パッペンハイムは志願して極東派遣第一砲兵連隊に加わった。その後二年半にわたってパッペンハイムは中国に残留し、張家口への懲罰遠征など多くの軍事行動に加わった。その過程で、モリエール（Molière）中尉率いる機関銃大隊でファルケンハウゼン少尉と行動をともにした。ファルケンハウゼンは、のちに在華ドイツ軍事顧問団長（一九三五 - 三八）となる軍人である（Burmeister 2000, S. 109-112）。

一九〇三年二月に中国から帰国したパッペンハイムは、原隊である第二近衛歩兵師団に復帰した。一九〇四年から〇七年まで陸軍大学に学び、その間ベルリンの銀行家の娘マグダレーネ・フォン・クリッツィング（Magdalene von Klitzing）と結婚し、一九〇七年九月には中尉に昇進している。さらに一九〇七年一〇月から〇九年三月末までの一年半、ベルリン大学（フリードリヒ・ヴィルヘルム大学）東洋学部で、主に日本語を学んだ。この間、久邇宮邦彦王のドイツ差遣時（一九〇七 - 〇九年）に接伴した（明治四四年二月「壹大日記」、防衛省防衛研究所、JACAR Ref. C04014716800）。一九一〇年には大尉に昇進し、日本へ派遣されることが決まった（Burmeister 2000, S. 113-114. 外務省外交史料館、独国代理大使発小村寿太郎宛一九一〇年一二月一三日、「外国武官本邦隊附関係雑纂／独仏国ノ部」JACAR Ref. B07090225100/0248）。同年一二月二九日にハンブルクを出発し（Reichskriegsministerium an das AA vom 7. Februar 1911, BA, R901/29046, AA Abt. IIIb）、翌一九一一年二月二〇日に日本に着任している（Deutsche Botschaft Tokio an Komura vom 22. Februar 1911.「外国武官本邦隊附関係雑纂／独仏国ノ部」外務省外交史料館、JACAR Ref. B07090225100/0253）。

当時日本に派遣されるドイツ将校は、まず地方（多くの場合京都）に居住しつつ各地を旅行して見聞を広め、その後地方の隊付になり、日本での軍隊生活を経験したのち、駐在武官に昇進するのが通例であった。パッペンハイムも、一九一一年四月より一一月まで京都に居住するとともに、日本各地を旅行している（明治四四年二月「壹大日記」、防衛省防衛研究所、JACAR Ref. C04014716800）。さらに同年一二月より一年間の予定で歩兵第一八連隊（当時第一五師団隷下、豊橋）に隊付勤務した（内田康哉発独国臨時代理大使宛一九一一年一一月二四日、「外国武官本邦隊附関係雑纂／独仏国ノ部」外務省外交史料館、JACAR Ref. B07090225100/0260）。

パッペンハイムの日本での勤務ぶりは、他のドイツ軍人同様、極めてまじめであったようである。パッペンハイムを一〇カ月間受け入れた第一八連隊長の権藤伝次は、一九一二年九月三〇日、パッペンハイムの勤務状況を以下のように評価している。

「大尉は品行端正にして、その円滑なる交際は良く将校一同の敬愛を享け、将校団内に於ける相互の友情頗る円満なりき。入隊当時より中隊に配属して随意見学せしめたるに、日常の勤務及演習は能く熱心に研究し、検閲には好んで出場し、新兵教育の如きは一日も休むことなく之を見学せり。就中、兵卒の精神的教育及将校教育には最も注意して研究したるが如し。之を要するに大尉の熱心なる研究視察は能く隊附の目的を達成したるものと認む。

尚大尉は日本留学以来しばしば各地を旅行せる間に於いて、好んで質朴なる農民と談り、或いは寺院に入りて僧侶と談り、或いは日常将校間の談話等に於いても日本国民の素質について深く研究せるやの感あり」（内田康哉発独国臨時代理大使宛一九一二年一一月二四日、「外国武官本邦隊附関係雑纂／独仏国ノ部」外務省外交史料館、JACAR Ref. B07090225100/0260）。

以上のような日本での経験ののち、翌一九一二年には一〇月一日付で北京駐在公使館付陸軍武官へ異動となり、前武官ヴェスターンハーゲン（Gustav von Westernhagen）と交代した（Wilhelm II. an das AA vom 13. September 1912, in: PAdAA, R9208, 778 Militär-Attache, Bd. 3, Febr. 1906-Aug. 1920）。こうして二年後の一九一四年、パッペンハイムは第一次世界大戦の勃発を中国で迎えることになったのである。

ところで、ここまでのパッペンハイムのキャリアは、⑴プロイセン陸軍参謀本部勤務、⑵極東派遣軍への参加、⑶ベルリン大学東洋学部での日本語学習、⑷日本での大使館付勤務および隊付勤務、⑸東アジアにおけるドイツ陸軍武官としての任務などの点で、ファルケンハウゼンのそれと非常によく似ていた。

ファルケンハウゼンは、パッペンハイムの一歳年下で、一八七八年にシュレージエンの土地貴族の息子として生まれ、ブリークのギムナジウムを中退したのち、ヴァールシュタットの士官学校で学んだ。そこで才能を認められてベルリン・リヒターフェルデの中央士官学校へ転校し、その後一八九七年、オルデンブルク第九一砲兵連隊に少尉として任官した。一九〇〇年、中国で義和団の反乱が勃発すると、ファルケンハウゼンは志願して極東派遣第三砲兵連隊に加わった。一九〇一年に帰国したあと、陸軍大学入学の準備を命じられ、一九〇四年に日露戦争が勃発すると、ベルリン大学東洋学部に派遣されて日本語の学習に専念した。その後一九一〇年二月に日本に派遣され、同年一一月末まで京都に滞在するとともに、日本各地を旅行し（明治四三年四月「壹大日記」、防衛省防衛研究所、JACAR Ref. C04014618400）、そののちパッペンハイムと交代した。一九一〇年一二月から一年間、第三師団歩兵第三三連隊（守山）隊付となった（小村寿太郎発ドイツ代理大使宛明治四三年一一月二九日、「外国武官本邦隊附関係雑纂／独仏国ノ部」外務省外交史料館、JACAR Ref. B07090225100）。一九一一年一一月末に日本での任務を終え（パッペンハイムは守山のファルケンハウゼンと交代する形で歩兵第一八連隊（豊橋）に隊付となっている）、一旦帰国するが（Deutsche Botschaft Tokio an Uchida vom 4. November 1911. 「外国武官本邦隊附関係雑纂／独仏国ノ部」外務省外交史料館、JACAR Ref. B07090225100/257）、一九一二年には東京駐在ドイツ陸軍武官に任命され、一九一四年八月の日独戦争勃発まで日本に滞在した（Liang 1978, pp. 6-9; 田嶋 二〇一三、七六‐七八頁）。同じ時期、パッペンハイムは北京駐在ドイツ陸軍武官を務めている。両者のキャリアの共通性からいって、パッペンハイムが日本駐在武官に、ファルケンハウゼンが中国駐在武官に任命されていたとしてもおかしくはなかった。その場合には、東清鉄道爆破の陸軍総司令部命令は、ファルケンハウゼンに下されていたはずである。両者に降りかかった歴史の運命の酷薄さを痛切に感じていたのは、ファルケンハウゼン自身であったかもしれない。

ところで、パッペンハイムより一〇年ほど前、東清鉄道を爆破しようとして失敗した日本人エージェントとして、横川省三、沖禎介らがいることが知られている。日露戦争勃発（一九〇四年二月一〇日宣戦布告）直後の二月二一日、北京駐在日本公使内田康哉および公使館付武官青木宣純大佐により組織された「特別任務班」の一員として北京を出発した横川、沖らは、ラマ僧を装い、カラチン王府を経て興安嶺南麓に沿って北上し、興安嶺のトンネル破壊を計画したが、果たせなかった。のちにチチハル南方の鉄橋（嫩河の富拉爾基鉄橋）の爆破を目指したが、一行のうち横川と沖の二名がロシア兵に発見された。かれらはハルビンに護送され、ロシア軍の軍法会議にかけられ、四月二一日に銃殺されたのである（利岡 一九九六）。その後日本の世上では、横川・沖らは英雄として大々的に扱われていた。パッペンハイムは日本語が堪能であったが、自らが東清鉄道爆破に赴いたとき、同じ目標の破壊をめざした約一〇年前の横川、沖らの行動が念頭にあったのであろうか。

3　パッペンハイム事件とその余波

一九一五年三月一九日の『朝日新聞』によれば、北京政府はパッペンハイムの中立違反に関し、北京駐在ドイツ公使館に抗議文を提出し、それと同時にパッペンハイムに率いられた「山賊的一行」を「捕縛」するために、中国人兵士の一隊を東北に派遣したという。さらに同紙は、パッペンハイムの「消息」についてつぎのように報じた。

「パッペンハイム一行は西伯利鉄道の一隧道を破壊せんとし力足らざるを知り、或支那士官に五万留〔ルーブル〕を与え兵士二百を借らんとせしも其の拒否に会い、其の後去って未知の地に入り爾来消息なし」（『朝日新聞』一九一五年三月一九日朝刊）。

さらに一カ月以上経った同年四月二九日の同紙朝刊は、パッペンハイムの一行は「蒙古において蒙古人のために殺害されたりと信ずべき理由あり」と伝えた（『朝日新聞』一九一五年四月二九日朝刊）。パッペンハイムが殺害されたとの情報が日本にも伝えられたのである。しかしながら、その後、日本の新聞がパッペンハイム事件について報じた形跡は存在しない。同事件は、日本の世論の中では忘れ去られたのである。

一方、満洲においては、バボージャブによるパッペンハイム殺害後も、「パッペンハイムは生きている」という噂はしばしば絶えることがなかった。一九一五年一一月三日、ロシアの東清鉄道民政部長がハルビンの佐藤総領事代理を訪問し、最近得た情報として、パッペンハイムがドイツ人一行とともに一〇月二六日より二九日まで長春のヤマトホテルに滞在し、「独逸俘虜逃走の援助」をなすとともに、東清鉄道破壊の目的を有する「第二遠征隊」を組織しているという噂があるというのであった。このため同民政部長は、「日本官憲において出来得る限り事実の有無取り調べ方尽力有りたし」と佐藤に依頼したのである。佐藤はこれをふまえ、パッペンハイムを殺害したと称するバボージャブについて、「同蒙古人の信用に関し大に警戒を要する次第なり」と外務大臣石井菊次郎に訴えたのである（佐藤総領事代理発石井外務大臣宛一九一五年一一月五日、「鞏衛団組織」四七九）。すなわち佐藤によれば、パッペンハイムは生きており、バボージャブの犯行声明は信じられない、というのであった。パッペンハイムの亡霊は、その後もしばしば満洲に徘徊したのである。

パッペンハイム遠征隊に参加した済南の元大学教授プフェルデケムパーの伝記を書いたレンマートは、一九六六年に出版した著作のなかで、「生存者の証言」に基づいて、中国駐在ドイツ公使ヒンツェの直接の命令により、壊滅したパッペンハイム遠征隊に続く「第二遠征隊」が、パッペンハイム隊と同じ目標（興安嶺の大トンネルないし嫩河の大鉄橋）の破壊をめざして北上したが、ブリヤート人部隊に見つかり、からくも北京に逃げ帰ったと述べている（Remmert 1966, S. 198-200）。レンマートによれば、「第二遠征隊」は、山東鉄道警察の警部ニムツ（Carl Nimz）とその友人で炭坑技師のクリッカー（Klicker）を中心とし、さらにニムツに忠誠を誓う中国人らで構成されていた(2)。

駐華ドイツ公使ヒンツェは、その後も、一九一七年三月の中独国交断絶まで中国にとどまり、段棋瑞、各督軍、康有為、国民党諸派、旧清朝帝室などさまざまな政治勢力への賄賂を含めた政治工作を展開していた（田嶋 二〇〇七）。ヒンツェのこうした手段を選ばぬ行動を考えれば、かれがパッペンハイムに続く「第二遠征隊」を派遣したというのはあり得ないことではないだろう。しかし、残念ながらこの「第二遠征隊」の存在および行動を証明する史料は発見されていない。

ドイツ政府は第一次世界大戦後、パッペンハイム遠征隊に参加し、殺害された民間人・外国人を「兵役に編入された義勇兵」と見なし、それに応じて遺族年金を扱うこととした（Zentral-Nachweise-Amt für Kriegerverluste und Krieger-

写真5－3　北京ドイツ公使館敷地内のパッペンハイムらの記念碑
出所：PAdAA, R21396.

gräber, Abteilung Marine, an das AA von 19. Juli 1920, in: PAdAA, R23199)。ドイツ外務省は、さらに、パッペンハイム夫人らのたっての要求を受け入れ、第一次世界大戦後、中独条約に伴う中独国交回復（一九二一年五月）により北京に復活したドイツ公使館の敷地内に、パッペンハイムら第一次世界大戦時に公務で死亡した職員らの記念碑を建立した（写真5－3）。

パッペンハイム遠征隊が壊滅した一九一五年春から約二七年後、第二次世界大戦中の満洲で、やはり一人のドイツ人がハルビンから遠征隊を派遣してシベリア鉄道爆破を試みている。一九四二年四月三〇日、ドイツ国防省防諜部のエージェントでハルビンに居住していた作家リスナー（Ivar Lissner）は、四人からなる遠征隊を東に向けて送り出した。この四人の名前、出自、職業などは明らかではない。遠征隊は五月五日に「満洲国」とソ連の境界にある興凱湖（ロシア名ハンカ湖）の北方から松阿察河を筏で渡河してソ連領に入り、ウスリー河畔の町レソザヴォーツク南のシベリア鉄道に到達した。その後起伏のあるタイガ地帯を南下し、さらにスパスクの街を迂回したが、爆破工作に適した場所はなかなか見つからなかった。六月五日、ムチナヤの南で単線の鉄橋を発見し、夜、橋脚に爆薬を仕掛けたが、歩哨に発見された。爆発音は聞こえたものの、戦果は確認できず、二人が命を落とした。生き残った二人は興凱湖を南に回り、六月九日に無事国境を越え、六月一四日に出発点に帰還した。要するに部隊は、北から興凱湖東岸にそってロシア領を南下し、同湖の南からほぼ湖を一周する形で「満洲国」に戻ったのである。リスナーは、「次回はより強力な戦果を期待しうるだろう」と作戦の継続に期待を繋いだ（Wagner an das AA, 27. Juni 1942, PAdAA, Russland Ivar Lissner Bd.l. R101863, Bl. 272320-321）。しかしながら、こうした冒険主義的な行動が日ソ関係に悪影響を与えることを憂慮した日本の憲兵隊は、約一年後の一九四三年五月末、リスナーを二重スパイとして逮捕してしまう（田嶋 二〇〇五）。

パッペンハイム遠征隊とその運命は、戦間期における断片的な新聞報道や、第二次世界大戦初期に戦意高揚のため刊行されたラーブルの野戦郵便版の冊子（Rabl. o. J.）などで、ドイツの一部には知られていた。リスナーがシベリア鉄道爆破を試みたとき、パッペンハイム遠征隊の名前が脳裏に浮かんでいたのであろうか。

おわりに――第一次世界大戦におけるドイツのユーラシア「革命促進」戦略と満洲

パッペンハイムの行動は、もちろん独断ではなく、総参謀長ファルケンハイン（Erich von Falkenhein）からの指令に基づく、ドイツの国家意志を体現したものであった。

ヴィルヘルム二世はすでに第一次世界大戦前から「世界政策」のなかで、元外交官で東洋学者のオッペンハイムの理論に刺激を受けつつ、イギリス帝国、フランス帝国およびロシア帝国におけるイスラーム系・非ロシア系諸民族の反乱を扇動することに大きな関心を抱いていたが、戦争の熱狂が高まる一九一四年の七月三〇日、オリエントでの反英武装蜂起の企てをつぎのように表現した。

「トルコとインドにいるわが領事や出先機関などは、全イスラーム世界を、この憎むべき嘘つきの良心のない町人根性のイギリス国民にたいする激しい反乱に燃え立たせなければならぬ」(Fischer 1961, S. 140, 邦訳一五二－一五三頁)。

第一次世界大戦勃発に際し、ドイツ帝国がイギリスやロシア、フランスに対して計画したさまざまな破壊活動の具体的な指導は、コーブレンツの大本営ではなく、ベルリンの参謀本部残留代理部の政務課長ナドルニ (Rudolf Nadolny) と外務省によっておこなわれた。政府・外務省のなかでは、首相ベートマン＝ホルヴェーク、外相ヤーゴ (Gottlieb von Jagow)、外務次官ツィンマーマン (Arthur Zimmermann) がとりわけ熱心にこうした謀略工作を進めた。しかもツィンマーマンには、皇帝ヴィルヘルム二世の篤い信頼が寄せられていたのである (Fischer 1961, S. 141-146, 邦訳一五三－一五六頁)。

戦争勃発後、外務省に呼び戻されたオッペンハイムは、ベルリン大学教授（トルコ史）のイエック (Ernst Jäckh) らとともに、イスラーム世界の「革命促進」の構想を推進し、イランとエジプトへの遠征軍の派遣を提案していた。さらに外務省内部では、ウクライナやバルト地方における諸民族の反乱を活性化させ、ロシア帝国の解体をめざす構想が推進された。加えて、ヨーロッパ中立国に駐在するドイツ外交代表部、とりわけベルン、コペンハーゲン、ストックホルムの大使館がこうした「革命促進」戦略の実行に際し、重要な役割を演じた。これらの代表部は、「全ロシア帝国を覆うドイツの情報網や密使網の中枢」をなしており、それぞれの代表者すなわち各国駐在ドイツ大使は、ドイツによる辺境部「革命促進」戦略の実行に全力を尽くしたのである (Fischer 1961, S. 141-146, 邦訳一五一－一五六頁)。

外務省と参謀本部がなによりも重視したのは、エジプトとインドであった。八月二日、総参謀長モルトケ (Helmut J. Ludwig von Moltke) は外務省宛の書簡でつぎのようにその構想を表明した。「もっとも重要なのは（中略）インドとエジプト、またコーカサスにおける反乱である。外務省は〔一九一四年八月二日に締結された〕トルコとの条約によって、この構想を実現し、イスラーム教徒の狂信を刺激しうる立場にあるのだ」。さらに、地理学者ニーダーマイアーらの遠征隊が、アフガニスタンのアミールと接触するため、ペルシアに派遣された。トルコ駐在ドイツ大使ヴァンゲンハイム（Hans von Wangenheim）は、エジプト副王と接触し、四〇〇万金フランの資金を提供していたが、その目的は、「エジプトにおけるイギリス支配を粉砕する」（ツィンマーマン）ことにあった。そのほかにもドイツは、アラビアやリビア、さらにはアビシニアにも遠征隊を派遣し、反乱促進の構想を進めたのである。ただし、ドイツの歴史家フィッシャーは、こうしたさまざまなイスラーム圏における「革命促進」戦略について、「狙った効果はゼロに等しかった」と評価している（Fischer 1961, S. 146-154, 邦訳一五六－一五九頁）。

ロシア帝国に対する「革命促進」工作もまたさまざまにおこなわれた。一九一四年八月三日、ツィンマーマンは、コンスタンティノープルのヴァンゲンハイムにたいし、コーカサスをロシアに対して扇動するよう指示を出し、八月五日、ヤーゴはポーランド「解放」を語った。八月六日、首相ベートマン＝ホルヴェークは「ロシアによって抑圧されている諸民族の解放と安全保障、ロシアの専制政治をモスクワへ後退させること」を主張し、ストックホルム駐在ドイツ大使に対し、フィンランド人に武装蜂起を呼びかけるよう指示を発していた。八月一一日、ヤーゴはポーランドやウクライナをめぐる戦争目的について、「ロシアとドイツ、とくにオーストリア＝ハンガリーとの間に多くの緩衝国家を創設」することにより、「巨人国ロシアの西ヨーロッパに対する圧力を軽減し、ロシアをできるだけ東方へ押し戻す」ことを主張した（Fischer 1961, S. 155-173, 邦訳一六一－一七二頁）。

東南アジアでもドイツの「革命促進」戦略が展開された。中国と同様当初中立国であったシャムや、同じく中立国であったオランダ領東インドにおいて、ドイツは、現地領事館を拠点に、イギリス領インド、ビルマやマラヤ、フランス領インドシナに武器弾薬や資金を送って反英・反仏活動を援助し、また同盟国トルコ帝国による聖戦の呼びかけを利用してイスラーム教徒を扇動した（早瀬 二〇一二、七四－七五、八二頁）。

第一次世界大戦勃発後にドイツがおこなった対ロシア後方攪乱・革命扇動工作のなかで、もっとも成功し、また歴史上もっとも有名になった作戦は、いうまでもなく、レーニンの帰国への援助と、ロシア革命・ボリシェヴィキ革命の促進であったが、それは一九一四年八月の戦争勃発から三年後のことである。しかし、ドイツは、すでに第一次世界大戦勃発前後より、右に見たような構想の下に、さまざまなユーラシア「革命促進」戦略を推進していた。

「羣衛団」の活動やパッペンハイム遠征隊の作戦は、まったくの失敗に終わったとはいえ、第一次世界大戦におけるドイツのこうしたユーラシア「革命促進」戦略の一環を形成していたのである。

■注

引用文中の〔　〕内の注は、引用者による。

本章で用いる略語は以下の通りである。

AA　Auswärtiges Amt

BA　Bundesarchiv（Berlin-Lichterfelde）

PAdAA　Politisches Archiv des Auswärtigen Amts（Berlin）

（1）　プフェルデケムパーにはドイツ連邦文書館に個人文書が所蔵されている。N1655 Pferdekämper, Fritz（筆者未見）。

（2）　ニムツには以下の文書が連邦文書館に保存されている。Carl Nimz, Streiflichter aus dem Leben eines Chinakaufmanns（Vortragsmanuskript）; Das erste Flugzeug in China（1913）, BA, ZSg 158/13（筆者未見）。

■文献（欧文）

〈参考文献〉

American Historical Association, Committee for the Study of War Documents（1959）, *A Catalogue of files and microfilms of the German Foreign Ministry Archives 1867–1920*, Washington: National Archives and Records Administration.

Auswärtiges Amt (2000–2014) (5 Bde.), *Biographisches Handbuch des deutschen Auswärtigen Dienstes 1871–1945*, Paderborn: Ferdinand Schöningh.

〈文書館史料〉

Politisches Archiv des Auswärtigen Amts (Berlin).

R9208　Deutsche Botschaft Peking.

R21194　IA-Weltkrieg WK Nr. 11m Geheim, „Unternehmungen und Aufwiegelungen in Sibirien vom September 1914 bis 31. Dezember 1916" (3 Bde).

R21195　IA-Weltkrieg WK Nr. 11m Geheim, „Unternehmungen und Aufwiegelungen in Sibirien vom 1. Januar 1917 bis Januar 1920".

R22396　Gr. Hauptquartier Nr. 14 Haltung Japans. Frage Kiautschou.

R23199　Weltkrieg China. Expedition Rabe von Pappenheim.

R101863　Russland Ivar Lissner Bd. I.

Bundesarchiv (Berlin, Lichterfelde).

R901/29046, AA Abt. IIIb, Deutsche Militärattasches in Japan vor dem Ersten Weltkrieg.

〈研究文献〉

Burmeister, Helmut (2000) „Der geheimnisvolle Tod des Werner Rabe von Pappenheim. Der Liebenauer Baron und sein Schicksal in China", in: Helmut Burmeister und Veronika Jäger (Hrsg.), *China 1900. Der Boxeraufstand, der Maler Theodor Rocholl und das „alte China"*, Hofgeismar: Verein für hessische Geschichte und Landeskunde e. V 1834, Zweigverein Hofgeismar, S. 109–126.

Burmeister, Helmut und Veronika Jäger (Hrsg.) (2000) *China 1900. Der Boxeraufstand, der Maler Theodor Rocholl und das*

„alte China", Hofgeismar: Verein für hessische Geschichte und Landeskunde e. V 1834, Zweigverein Hofgeismar.

Fischer, Fritz (1961) *Griff nach der Weltmacht. Die Kriegszielpolitik des kaiserlichen Deutschland 1914/18*, 3. Verbesserte Aufl., Düsseldorf: Droste（フリッツ・フィッシャー、村瀬興雄監訳『世界強国への道――ドイツの挑戦一九一四－一九一八年（一）（二）』岩波書店、（一）一九七二年、（二）一九八三年）。

Happel, Jörn (2010) „Eine Karte voller Ziele. Deutsche Sabotageträume in Russland während des Ersten Weltkriegs", in: *Osteuropa kartiert - Mapping Eastern Europe*, Wien: Lit verlag, S. 61–83.

Hayashima, Akira (1982) *Die Illusion des Sonderfriedens. Deutsche Verständigungspolitik mit Japan im ersten Weltkrieg*, München: Oldenbourg.

Hürter, Johannes (1998) *Paul von Hintze. Marineoffizier, Diplomat, Staatssekretär*, München: Harald Boldt Verlag im R. Oldenbourg Verlag.

Kreutzer, Stefan M. (2012) *Dschihad für den deutschen Kaiser. Max von Oppenheim und die Neuordnung des Orients (1914–1918)*, Graz: Ares Verlag.

Kuromiya, Hiroaki and Georges Mamoulia (2009) "Anti-Russian and Anti-Soviet Subversion: The Caucasian-Japanese Nexus, 1904–1945," in: *Europe-Asia Studies*, vol. 61, no. 8, pp. 1415–1440.

Liang, Hsi-Huey (1978) *The Sino-German Connection. Alexander von Falkenhausen between China and Germany 1900–1941*, Assen/Amsterdam: Van Gorcum.

McMeekin, Sean (2010) *The Berlin-Baghdad Express: The Ottoman Empire and Germany's Bid for World Power, 1898–1918*, London: Penguin Books.

Rabl, Hans (o. J.) *Der Tod in der Steppe. Die Kriegstaten des Hauptmanns Rabe von Pappenheim*, Braunschweig: Georg Westermann.

Remmert, Otto (1966) *Fritz Pferdekämper. Ein Weltwanderer außergewöhnlicher Prägung. Biographie–Studie des Gelehrten, Athleten und Soldaten. 22 Kunstdrucktafeln und zwei Karten*, Hamburg: Selbstverlag von Max Pferdekämper.

Schmitt-Englert, Barbara（2012）*Deutsche in China 1920–1950. Alltagsleben und Veränderungen*, Gossenberg: Ostasien Verlag.
Seidt, Hans-Ulrich（2002）*Berlin, Kabul, Moskau. Oskar Ritter von Niedermayer und Deutschlands Geopolitik*, München: Herbig Verlagsbuchhandlung.
Underdown, Michael（1981）„Aspects of Mongolian History, 1901-1915", in: *Zentralasiatische Studien*, Bd. 15, S. 152-240.
Will, Alexander（2012）*Kein Griff nach der Weltmacht. Geheime Dienste und Propaganda im deutsch-österreichisch-türkischen Bündnis 1914-1918*, Köln: Böhlau Verlag.

■文献（邦文）

〈文書館史料〉

外務省外交史料館。

「欧洲戦争ノ際独国人ノ東清鉄道破壊計画一件（葷衛団組織）」（三分割）（JACAR Ref. B07090649100, Ref. B07090649200, Ref. B07090649300, Ref. B07090649400, Ref. B07090649900）。

「外国武官本邦隊附関係雑纂／独仏国ノ部」（JACAR Ref. B07090225100）。

「在北京独国公使館附武官行動監視ノ件」（JACAR Ref. B07091078100）。

「日独欧州両戦争ノ際帝国ノ敵国人取締及処分関係雑件　第四巻」（JACAR Ref. B07091077600）。

「日独戦争ノ際新聞操縦一件」（JACAR Ref. B08090055600）。

防衛省防衛研究所。

「陸軍省欧受大日記」T四-四-三一（JACAR Ref. C03024459800）。

「陸軍省密大日記」T二-一-三（JACAR Ref. C03022314500）。

「陸軍省壹大日記」M四四-二-二〇（JACAR Ref. C04014716800）。

「陸軍省壹大日記」M四三-四-一二（JACAR Ref. C04014618400）。

〈刊行史料〉


参謀本部編『秘　大正三年日独戦史』全四巻、ゆまに書房、二〇〇一年。

〈研究文献〉


麻田雅文（二〇一二）『中東鉄道経営史――ロシアと「満洲」一八九六－一九三五』名古屋大学出版会。

烏蘭塔娜（二〇〇八）「ボグド・ハーン政権成立時の東部内モンゴル人の動向――バボージャヴを例として」『東北アジア研究』一二号、九七－一一八頁。

斎藤聖二（二〇〇一）『日独青島戦争』ゆまに書房。

杉原達（一九九〇）『オリエントへの道――ドイツ帝国主義の社会史』藤原書店。

田嶋信雄（二〇〇五）「リュシコフ・リスナー・ゾルゲ――「満洲国」をめぐる日独ソ関係の一側面」江夏由樹・中見立夫・西村成雄・山本有造編『近代中国東北地域史研究の新視角』山川出版社、一八五－二一一頁。

田嶋信雄（二〇〇七）「孫文の「中独ソ三国連合」構想と日本　一九一七－一九二四年――「連ソ」路線および「大アジア主義」再考」服部龍二・土田哲夫・後藤春美編『戦間期の東アジア国際政治』中央大学出版部、三－五二頁。

田嶋信雄（二〇一三）『ナチス・ドイツと中国国民政府　一九三三－一九三七』東京大学出版会。

橘誠（二〇一一）『ボグド・ハーン政権の研究――モンゴル建国史序説一九一一－一九二一』風間書房。

利岡中和（一九九六）『真人横川省三伝』大空社。

中見立夫（二〇一三）『「満蒙問題」の歴史的構図』東京大学出版会。

早瀬晋三（二〇一二）『マンダラ国家から国民国家へ――東南アジア史のなかの第一次世界大戦』人文書院。

山内昌之（一九九九）『納得しなかった男――エンヴェル・パシャ　中東から中央アジアへ』岩波書店。

山内昌之（二〇一三）『中東国際関係史研究――トルコ革命とソビエト・ロシア一九一八－一九二三』岩波書店。

第六章　北京関税特別会議とドイツの通商政策

――東アジア外交におけるアメリカへの追随

工藤　章

はじめに

総力を挙げての大戦の遂行により疲弊したドイツ経済は、革命とその前後の混乱、さらにはインフレーションの昂進、それにともなう政治的混乱――それはフランス・ベルギーのルール出兵で頂点に達する――によって疲弊の極に達した。そのため、予定された賠償の支払いが早々と不可能となった。この困難を克服するために、賠償額が軽減されるとともに、ドーズ公債の発行によるアメリカ資金のドイツへの導入が計画され、一九二四年八月にはその計画を内容としたドーズ案が実施された。アメリカは、ドイツの経済再建こそがヨーロッパの経済再建の鍵であり、ソ連への対抗上不可欠であるとして、ヨーロッパに経済的に介入したのである。こうして、ヴェルサイユ体制は修正されることになった。

ドーズ公債による資金を基礎に、ドイツは金本位制に復帰し、インフレーションを最終的に収束させた。さらに、産業合理化を国民経済的課題として掲げ、労使が協調してこの課題の達成に向けて邁進するとともに、それによる輸出競争力の強化、輸出超過の達成、外貨の獲得、賠償の支払いという好循環を目指した。「再建金本位制―産業合理化―賠償履行政策」という「三位一体」がヴァイマル体制——正確には修正されたヴァイマル体制——の総路線となった。そのかぎりで、アメリカはヴァイマル体制——正確には修正されたヴァイマル体制——にも関わることになったのである（工藤 一九九九、一五－一七、二三頁、工藤 二〇一七、一一〇頁）。

このような総路線は、一九二三年八月から一九二九年一〇月まで外相の地位にあったシュトレーゼマン（Gustav Stresemann）によるいわゆる「シュトレーゼマン外交」の骨格をなした。もちろんシュトレーゼマン外交の最終目標は賠償履行それ自体にあるのではなく、履行を実施することを通じてヴェルサイユ体制——とりわけその下で定められた国境線——を再修正するところに置かれていたが（北村 二〇一四、一一九頁）、そのような政治的な最終目標を実現するための手段として、賠償履行という経済的行為が選ばれたのである。さらに、「再建金本位制—産業合理化—賠償履行政策」という「三位一体」にあって、産業合理化と賠償履行をつなぐ環は、輸出競争力の強化と輸出超過の達成、およびそれによる外貨の獲得であった。そしてこの環を担うものは通商政策にほかならなかった。こうして、この時期の外交政策において、通商政策はかつてなかったほどに重視されることになった。

その際、通商政策の展開にとって、ヴェルサイユ条約二六四～二六七条および二八〇条の規定は桎梏であった。それらの規定によって、一九二五年一月一〇日まで、ドイツは連合諸国に対して一方的に最恵国待遇を与えるという片務的な関係を強いられたからである。ドイツ政府は、片務的な関係が解消される一九二五年一月一〇日以前から、関税法を改正するなど、通商政策を展開するための準備を開始していた。そして一九二五年一月一〇日以降、通商政策は本格的に展開される。その主たる対象がヨーロッパ諸国および米ソであったことはいうまでもないが、その射程はそれ以外の地域にも延びており、東アジアもその対象となった。

日本に対するドイツの関係は、他の連合国に対してのそれと同様、ヴェルサイユ条約により規定されることになった。これに対して対中国関係では、最終的に連合国の側に立った中国がヴェルサイユ条約に調印しなかったため、一九二一年五月、個別に国交回復が果たされるとともに、そのための協定のなかで通商・関税関係についても関税自主権の相互承認、相互的な最恵国待遇の供与などが約されていた。その後、ワシントン会議で調印された九カ国条約および中国関税条約の批准が一九二五年七月に完了したことを受け、同年一〇月から北京において中国関税条約を実施するための会議、すなわち北京関税特別会議が開催されることになった。

ドイツはもともとワシントン会議に招請されておらず、したがってまた九カ国条約にも加わっていなかったから、北京会議に参加することはなかった。だが、会議に対するドイツの関心は並々ならぬものであった。会議の全期間を通じて、北京のドイツ公使館は北京外交団から情報を収集し、それらの情報および新聞報道などの情報、さらにそれに基づく分析の結果などをあわせて本省へ送付した。本省では、駐華公使館をはじめとする在外公館からの報告を踏まえ、その時々の判断を積み重ねた。それは、中国市場への輸出拡大を実現し、輸出超過の達成、それによる外貨の獲得を目指す通商政策の一環であり、そのかぎりでシュトレーゼマン外交の中国への適用の一端にほかならなかった。

こうして、北京関税会議はシュトレーゼマン外交にとって、その東アジアへの適用の有効性が試される機会となった。それと同時に、北京関税会議は、ワシントン体制のアウトサイダーであるドイツがワシントン体制により深く関与し、インサイダーとなる好機でもあった。言い換えれば、この会議は、ヴェルサイユ体制とワシントン体制の双方のアウトサイダーであったドイツを通じて、ふたつの体制が結びつきを強化し、ヴェルサイユ＝ワシントン体制としての内実を形成できるかどうかが試される機会であった（工藤 二〇〇八、工藤 二〇一七、一一〇‐一一二、一一五‐一一七頁）。

そこで本章では、一九二五年一〇月から二六年七月まで北京で開催された関税特別会議およびその前後の時期におけるアメリカ、イギリス、日本、そして中国の行動に対するドイツの観察、分析、方針決定を跡づけることにしたい。その際とりわけ、ヴェルサイユ体制の修正においてアメリカの資金に依存することになったドイツが、東アジア、とくに中国市場への通商的進出に際して、アメリカの動きに対してどのような態度をとったのかに注目する。

これまでの東アジア政治経済史研究にあって、北京関税特別会議についての文献は汗牛充棟ただならぬ状態である。この会議を主題とする代表的なものに限っても、Wright（1938），Borg（1947），馬場（一九七七）[Bamba 1972]，Fung

（1991）などがあり、一九二〇年代の東アジアを扱うなかでこの会議に着目した代表的文献としては、入江（一九六八）［Irie 1965］、臼井（一九七二）、李（一九九三）、服部（二〇〇一）、後藤（二〇〇六）［Goto-Shibata 1995］などがある。だが、同会議に対するドイツの関わりという主題は、ドイツが会議に参加していない以上当然ともいいうるが、これまでまったくといってよいほど取り上げられなかった。入江（一九六八）がドイツの北京会議への参加および九カ国条約への加入に注目しているのが目立つ程度である。他方、ドイツの通商政策に関する研究においても、事態は同様である。シュトレーゼマン外交を扱った代表的な文献であるKrüger（1985）は、その東アジアでの展開については簡単な記述にとどまっている（Krüger 1985, S. 325-327）。独中関係史に関する数少ない本格的な研究のなかで、本章が対象とする時期を扱っているのはRatenhof（1987）であるが、北京会議には多少触れているものの、立ち入ってはいない（Ratenhof 1987, S. 334）。また独中関係に関する史料集Leutner（2006）も、会議に光を当てることはなかった。

　このような研究史の状況を踏まえ、本章では、一方で主としてドイツの外交史料を読み解きつつ、他方で北京会議をめぐる英米日中の動きに関する先行研究を批判的に参照するという方法をとることにする。用いる史料はドイツ外務省外交史料館（Politisches Archiv des Auswärtigen Amts. PAAA）所蔵のもの、史料集としては『ドイツ外交史料集』（*Akten zur deutschen auswärtigen Politik. ADAP*）のほか、『日本外交文書』、程・鄭・銭（一九八五）、中国第二歴史档案館（一九九一）、沈（一九六六）などである。

一　北京関税特別会議へのドイツの関わり

1　ドイツ通商政策の本格的展開

すでに指摘したように、ドイツの通商政策の展開にとってヴェルサイユ条約は桎梏となっていた。すなわち、ヴェルサイユ条約第二六四～二六七条および二八〇条の規定によって、ドイツは連合諸国に対して一方的に最恵国待遇を与えるという片務的な関係を強いられていたのである。ドイツ政府は片務的な関係が解消される一九二五年一月一〇日以前から、片務的関係の解消ないしは関税自主権の回復以降における通商条約締結交渉のための準備を開始していた。すなわち、一九二四年九月には関税の大幅引上げを内容とする改正案を作成していた。その引上げ幅は旧国定税率との比較では平均一倍半、協定税率との比較では約三倍に達していた。だが、この大幅な関税率引上げに対しては企業からの反対が強かった。そこで、総選挙の結果一九二五年一月一五日に新たに成立したルター（Hans Luther）内閣は、この改正案を撤回し、あらためて関税率の引上げ幅を小さくした法案を議会に提出した。その結果、八月一七日、同法案は可決され、改正関税法は九月に公布された。新たに設定された関税率水準は、戦前一九〇二年の水準に近いものとなった（日本学術振興会 一九五一、一一五八頁、加藤 一九七三、三六八‐三六九頁、熊野 一九九六、一九‐二〇頁）。

連合諸国に対する片務的な関係の終了を待たず、ドイツ政府は関税法改正の努力と並行して、各国とあらたな通商条約ないし通商協定を締結していった。アメリカとの間ではすでに一九二三年一二月に通商条約が締結されていたが、それは一九二五年一〇月になってようやく発効することになった。ただし、両国間には協定関税率によるアメリカ側からの譲歩がなく、一九二二年九月の高率のフォードニー＝マッカンバー関税により、ドイツは負担を強いられることになった（北村 二〇一四、一五四頁、注一三）。イギリスとの間でも、すでに一九二四年一二月に締結されていた通商条約が一九二五年九月に発効した。また、オランダとも一九二五年一一月に条約が締結され、これは一九二六年九月に発効した。さらにソ連との間では、すでに一九二二年四月のラパロ条約によって相互に最恵国待遇が供与されていたが、一九二五年一〇月にあらためて通商条約が締結された（加藤 一九七三、三六八－三六九頁、Ratenhof 1987, S. 334）。

これらの諸国との条約締結が比較的順調に進んだのに対して、フランスとの間での通商条約の締結は難航した。いうまでもなく、フランスが厳格な対独政策を進めていたからである。それでも、しだいに関係の修復が進んだ。政治的には、一九二五年一〇月、英仏伊、ベルギー、ポーランド、チェコ、ドイツの七カ国がロカルノ条約に仮調印し――これはヴェルサイユ体制の再修正を意味した――、ドイツ西部国境の現状維持と不可侵を約束した（一二月、ロンドンで正式調印）。これを踏まえ、一九二六年九月にはドイツは国際連盟に加盟し、常任理事国に選出された。一九二七年一月にはラインラントに進駐していた連合国軍事監視委員会（Interalliierte Militärkontroll-Kommission. IMKK）が解散した。経済面では、最大の懸案であった鉄鋼をめぐって、同年九月に両国の鉄鋼業を中心とする国際粗鋼共同体（Internationale Rohstahlgemeinschaft）が結成された（工藤 一九九九、一二九－一四八頁）。こうして、通商条約の締結にとっての障害が取り除かれ、一九二七年八月に独仏新通商条約が締結された。この条約は、国際連盟の主催により一九二七年五月にジュネーヴで開催された国際経済会議以後における、ドイツ通商政策の最初の重要な成果であった（加藤 一九七三、三六九頁）。

東アジアに目を転じれば、旧連合国である日本との関係においては、ヴェルサイユ条約の規定により旧条約すなわち一九一一年の通商航海条約が暫定的に適用され、かつ片務的な関係が生まれた。片務的な関係が解消される一九二五年一月一〇日の直前、ベルリンで新たな通商条約を締結するための交渉がおこなわれたが、これはまったく成果なく終了している。こうして、この日を境にして、日独間の通商関係は無条約状態に移行した。双方は、今後に想定される新通商条約締結のための交渉に向けて、準備を進めることになった。

他方、対中国関係は、すでに触れたように、一九二一年五月の協定によって個別に国交回復および通商・関税に関して合意したのみであり、ヴェルサイユ条約およびワシントン条約のいずれによっても律せられないままであった。その結果、北京関税会議こそがドイツにとっては――参加はしなかったにもかかわらず――対中国通商政策を再構築する最初の機会となったのである。

2　九カ国条約・中国関税条約とドイツ

(1) 中国関税条約から北京会議開催に至る過程とドイツ

大戦後、ワシントン会議において、一九二二年二月六日、九カ国条約と並んで「中国の関税に関する条約」(中国関税条約) が調印された。その骨子は次のとおりであった。

第一条で、中国の輸入関税率を現実五%すなわち従価五%に改訂するための委員会を速やかに上海において開き、改訂作業は四カ月以内に終了することを目指し、改訂税率を公表の後二カ月後になるべく速やかに実施することを規定した(1)。

第二条で、一九〇二年および〇三年の英清・米清・日清条約で規定された付加税を賦課する目的で、各条約の諸条に規定された釐金《りきん》の廃止その他の条件の履行について準備をおこなうため、特別会議で必要な措置をとることを規定した。さらに、この特別会議は、本条約実施後三カ月以内に、中国において、中国政府の指定する日時および場所で開催することを規定した(2)。

第三条は、特別会議は釐金の廃止その他の条件の履行に先立ち、適用される暫定規定を考慮し、有税輸入品に対し従価二・五%――ある種の奢侈品に対しては最高五%――の一律付加税を課すことを認めると規定した。

つまり、中国の輸入関税率について直ちに従価五分を実施し、条約実施後三カ月以内に関税特別会議を開いて、まず従価二・五％を付加税として認め、さらに一九〇二～〇三年条約の趣旨により、輸入に対して七・五％までの付加税を認めようとするものであった（臼井 一九七二、二三一－二三三頁）。これは主として日・英・米間の妥協の結果であって、中国はこれに不満であった。それは税率が低位であること以上に、中国がパリ講和会議に続きこのワシントン会議でも強く主張した関税自主権の回復について、この条約がなんら触れていないからであった（臼井 一九七二、二二九－二三一、二三二頁）。

中国関税条約第一条に規定された従価五％を改訂するための関税会議は、一九二二年三月末から上海で開かれ、九月二五日に改訂税率が採択され、翌一九二三年一月一七日から実施をみた。こうして第一条の目的は達成された。次の課題は第二条の実施であった。条約の規定に従えば、条約の発効後三カ月以内に関税特別会議が開かれる予定であった。しかし、フランスと中国との間に義和団事件賠償金の金フラン支払いをめぐって紛争が発生し、これが長引いたため、フランスが九カ国条約および関税条約を批准したのは両条約の調印から三年半も経った一九二五年七月七日であった。八月五日、関税条約はようやく発効した（臼井 一九七二、二三二頁）。

この間、中国では、一九二五年の上海での五・三〇運動以降、不平等条約廃棄・帝国主義反対の世論が高まり、六月一九日には広州・香港でストライキ――省港大罷工――が開始された。このような動きを背景に、中国政府（北京政府）外交部は六月二四日、ワシントン会議参加国に対して不平等条約改定の希望を伝えるとともに、改定案を提示していた。中国関税条約が発効した後の八月一八日、中国政府外交部は関税条約調印国に対して、同条約第二条の規定に基づき一〇月二日から北京で関税特別会議を開催することを通告するとともに――実際は二六日からとなったが――、関税自主権回復問題を議題にするとの意思をも表明していた（沈 一九六六、一頁、程ほか 一九八五、二四七－二四八頁、臼井 一九七二、二三一－二三三頁）(3)。

中国政府（北京政府）が関税率の引上げにとどまらず関税自主権の回復を主張したのは、自国産業の保護および財政収入の確保のためであった。これに対して、北京政府と対立していた諸軍閥は、北京会議の開催によって北京政府の立場が強化され、かつ付加税の実施によって北京政府の財政が強化される一方、自らが課していた一種の国内関税である釐金の廃止によって自らの収入源が奪われるとして、会議の開催それ自体に反対していた。他方、広州に根拠を置く孫文らも不平等条約無条件廃棄の立場から北京会議の開催に反対の意思を表明しており、七月一日に成立した国民政府（広東政府）もその立場を堅持した（臼井　一九七二、二三九頁）。こうして、北京関税特別会議は広く内外の注目を集めるに至った。

中国関税条約の署名国は、九月四日付けの中国政府宛の覚書で会議の開催に同意する旨を伝えた。

さてドイツは、一方ですでに一九二一年五月に締結された国交回復のための独中協定によって、関税自主権の相互承認、相互的な最恵国待遇の供与などで合意していた。他方でワシントン会議には招請されておらず、したがって当然九カ国条約にも中国関税条約にも調印していなかった。しかもこの間、賠償問題をめぐる国際的な緊張と国内的な政治経済危機のため、東アジアに目を向ける余裕がなかった。だが、一九二四年八月のドーズ案実施はこのような状況に根本的な変化をもたらした。修正ヴェルサイユ体制の下で、シュトレーゼマン外交、とりわけその通商政策を東アジアに適用することが可能となり、また課題ともなったのである。

事実、ドイツ外務省は北京会議の開催が日程に上ってきたあたりから、それをめぐる列強および中国の動向を周到に観察し始めた。その際の情報源として最も重要なものは、北京における公使団会議ないし外交団会議であった(4)。これに世界各地の在外公館による、とくにワシントン、ロンドン、東京、モスクワでの情報収集が加わった。列強の動向に対する眼は、九カ国条約調印国全体の動きよりもむしろ個々の諸国の動き、とくにアメリカ、イギリス、日本のそれに向けられ、さらに、それらの相違こそが注目された。会議に参加しない外部者としてのドイツにあっては、以下において徐々に明らかになるように、対東アジア通商政策を遂行する上でどの列強の動きが参考になるのか、さらには範例になるのかという意識が働いていたからである。ちなみに、北京からベルリンへの報告は電報および文書が用いられたが、北京会議が始まってからしばらく経った一一月初旬、本省から北京の公使館に対する報告は通常電報でおこなうよう指示が出されている（Trautmann an Peking, Telegramm, 5. November 1925, R94998）。郵送された会議開会式に関する詳報（Boyé an Auswärtiges Amt〈以下 AA と略記〉, 29. Oktober 1925, R94998）のベルリン到着が遅れたことが、その直接の契機であったかもしれない。

さて、この時点でドイツ外務省が最も注視したのは、中国の会議開催通告に対するアメリカの反応であった。アメリカ政府は、北京政府からの働きかけもあって、北京政府が六月二四日に提出した条約改定案に対して最も理解ある態度を示していた（服部 二〇〇一、一六一、一六三－一六四頁）。この点は日本の駐華公使芳沢謙吉によっても、「兎ニ角会議範囲ノ拡大ハ支那側ノ魂胆ニシテ之レカ為ニハ特ニ米国ノ好意ニ訴ヘントシ……」として注視されていた（芳沢発幣原宛、電報、一九二五年八月一四日、『日本外交文書　大正一四年第二冊下巻』一〇二一－一〇二二頁、引用は一〇二二頁）。

ドイツ外務省はこのようなアメリカ政府の態度について、その背景を含め、さらに詳細に把握していた。会議開催の直前、駐米大使マルツァーン（Adolf Georg Otto Freiherr Maltzan）は本省に宛てた電報のなかで、アメリカの中国に対する好意的な態度に関する秘密の情報を報告していた。すなわち、国務省は駐華公使に対して、会議が成果なく終わるときは、アメリカ政府は単独で中国の関税自主権を承認するとともに——さらに治外法権の撤廃をも約束し——、最恵国待遇原則に基づく通商条約を締結するとの方針を伝えていたというのである（Maltzan an AA, Telegramm, 13. Oktober 1925, R94998）。その直後、これと同じ内容の記事がロンドンの『タイムズ』紙に掲載された。この記事を本省に送付した駐英ドイツ大使館は、この記事にはすくなくとも一片の真理が含まれていると見ており、イギリスではもしアメリカがそのような単独行動に出れば日英が接近することになるであろうと観測されているとも伝えていた（[Mauer] an AA, 15. Oktober 1925, R94998）。さらに、ワシントンからは続報として、ボルティモアのジョンズ・ホプキンズ大学で開催されたある私的会合での議論では——二〇〇名を超す出席者の大部分は大学教授、作家、宣教師および対中貿易関係者であり、アメリカ政府代表は出席していなかったが、駐米中国公使が出席して自国政府の立場を詳細に語った——、北京会議への方針について意見の分岐はあるものの、親中派が多数を占めており、対中単独行動をも辞すべきではないとの意見が強く出されたと伝えていた。この報告はまた、駐華公使マクマリー（John Van Antwerp MacMurray）が列強との緊密な協力を進言したにもかかわらず、国務長官ケロッグ（Frank B. Kellogg）が前述の方針を発したとも伝えていた（Maltzan an AA, 20. Oktober 1925, R94998）。

こうしてドイツ外務省は、アメリカ国務省の中国に対する好意的態度を読み取っており、さらにその方向での単独行動の可能性をも認識していた。

他方、イギリス政府の態度についての駐英大使館からの報告は、北京のイギリス外交団の中国に対する友好的な言辞と実際に採られている方針との間に見られる対照に注目していた（[Mauer] an AA, 24. September 1925, R94998）。列強中で中国に最大の既得権益を有するイギリスでは、外務省を中心に、北京会議のための準備は早くから着手されていた。ただし、その権益が貿易、直接投資、およびそのためのインフラストラクチャー、さらに海関と多岐にわたるものであったために（小瀬 一九九七、岡本 二〇〇五）、方針の確定には困難がともなった。一九二四年九月、駐華イギリス公使館の一員から本省に宛てて、「各省には釐金など内国税廃止の代償として、輸入品の関税収入も含めた『国税（the national revenues）』の一部を分配し、関税の増収分は無担保債務の整理にあてる」ことを眼目とする案が送付されていたが、この案に対して、一九二五年九月、本省から無担保債務整理は第二次的な議題であるとの訓令が送付されていた（岡本 二〇〇五、四〇、四二頁）。

アメリカ、イギリスと並んで日本もまた、ドイツ外務省の周到な――そしてこの時点ではなおすくなくとも米英と並んで重要な――観察の対象であった。駐華公使館は九月初頭の本省宛て文書において、八月三一日に日本が列強のなかで最初に中国の招請を受諾した旨を伝えるとともに、日本は暗黙裏に中国の関税自主権を承認する意向をも表明しており、これは当然中国側の歓迎するところであるとも伝えていた。ただしこの文書は日中間の緊張にも目を配っており、中国側は一九一五年の対華二一カ条要求当時の駐華公使であった日置益が首席全権に任命されたと知り――次席全権は芳沢謙吉である――、強く反発していると記すことも忘れていなかった（Michelsen an AA, 3. September 1925, R94998）。

日本側が中国による関税自主権の回復に肯定的であるとのこの報は、しかしながら、やや速断に過ぎた。日本政府の方針は、ようやく一〇月一三日の閣議決定で確定された。しかも、そこでは関税自主権承認の方針は明確にされておらず、あくまでも条件付きであり、しかも一〇年ないし一五年の後に実施することとされていた（馬場 一九七七、三七七－三八六頁、臼井 一九七二、二三五－二三九頁、服部 二〇〇一、一六四－一六五頁）。

中国政府の方針についても、駐華公使ボイェ（Adolf Boyé）は極秘情報として、中国側が関税引上げおよび関税自主権回復に関する三段階の計画を有しており、これに対する列強の了解が得られなければ一方的にこれを実施する可能性があると伝えていた（Boyé an AA, Telegramm, 6. Oktober 1925, R94998）。

（2）ドイツの北京会議参加問題——中国のイニシアティヴ

すでに繰り返し述べたように、ドイツはワシントン会議に参加しておらず、九カ国条約および中国関税条約の調印国でもなかったから、北京関税特別会議に招かれることはなかった。ただし、ドイツが中国のイニシアティヴによってなんらかの形で招請される可能性について、さまざまな観測がなされていた。八月下旬の段階で、北京のボイェはドイツが招かれることはないと観測していた。中国側はドイツを招請すればソ連をも招請せざるをえないと判断したうえで、ソ連の招請については列強の同意を得られないと結論づけたというのが、ボイェの推測である（Boyé an AA, Telegramm, 22. August 1925, R105587）。その背景には、この頃までに中国は外モンゴルと中東鉄道を除くロシアの在華権益を回収しており、また帝政ロシアとの間に結んでいた不平等条約が失効していたという事情があるとみてよい（唐 二〇一〇、第六章、とくに二六七－二七〇頁、参照）。事情は違うが、中国はドイツと同様、ソ連との間でも不平等条約を廃棄していたのであって、そのかぎりで中国としてはソ連をドイツと同等に扱わねばならないとの考えがあったと思われるのである。ただし、その後一〇月初旬になって、ボイェは中国側の極秘の計画を伝える電報の末尾で、中国側がなおソ連を除きドイツのみをオブザーヴァーとして会議に招請する可能性を考慮していると伝えていた（Boyé an AA, Telegramm, 6.

Oktober 1925, R94998)。

この間、ソ連は会議への参加を実現すべく積極的に動いていた。その一環として、日本に対する働きかけがあった。日本は列強から大幅に遅れて一九二二年六月にシベリア撤兵を果たした後、一九二五年一月の日ソ基本条約の調印をもって英仏に遅れてソ連を承認していた。九月二一日、駐日ソ連大使コップ（Viktor Kopp）は外相幣原喜重郎を訪問し、北京会議への参加の希望を伝え、日本側の意向を問うた。これに対して幣原は直ちに拒否回答をおこなっている（幣原発芳沢宛、電報、一九二五年九月二四日、『日本外交文書　大正一四年第二冊下巻』一〇五九－一〇六〇頁）。この報は、駐日ドイツ大使館を通じてワシントンのドイツ大使館に伝わった（Maltzan an AA, Telegramm, 1. Oktober 1925, R94998）。駐日大使館から本省への報告はこれよりも遅れた（Solf an AA, Telegramm, 8. Oktober 1925, R94998）。

ソ連の動きはその後も止まず、モスクワではドイツ政府の方針を探るべく駐ソドイツ大使館にこの問題を提起していた（Rantzau an AA, Telegramm, 10. Oktober 1925, R94998）。北京でもソ連からの働きかけがあり、ボイェがこれに対応していた（Boyé an AA, Telegramm, 16. Oktober 1925, R94998）。

ソ連とは異なり、オブザーヴァーとしての参加を含めての会議への参加に関して、ドイツ政府が積極的に動くことはなかった。それは主として、この問題に関する外務省内部の見解、政府の見解、さらにドイツの世論が割れていたからである。北京の公使ボイェ自身は、参加は得策ではないと考えていた。彼は会議に参加するか否かによって中国におけるドイツの権益が影響されることはないと判断していた（Boyé an AA, Telegramm, 22. August 1925, R105587）。このような彼の判断はその後も変わらず一貫していた（Boyé an AA, Telegramm, 14. Oktober 1925; Boyé an AA, Telegramm, 16. Oktober 1925, R94998）。

東京では駐日大使ゾルフ（Wilhelm Solf）が一〇月一二日、外相幣原と会談し、中国がドイツをオブザーヴァーとして招請する意向であることにつき幣原の見解を求めた。これに対して幣原は、「日本トシテハ独逸カ『オブザーバー』トシテ会議ニ参加スルコトニハ別段異議ヲ挟ムヘキ筋合ニ非ルモ前述ノ如ク独逸ノ参加ハ必然露国ノ参加ヲ促スコトトナリ事態ノ紛糾ヲ招クノ虞アル点ヨリシテ他国ノ承認ヲ得ルコト困難ナルヘシ」と答えた。これに対してゾルフは「全然同感ナリ」として、本国政府にはこの趣旨で意見具申するつもりであると述べた。幣原は、オブザーヴァー参加は「面目ノ点ヨリ云フモ余リ問題トナラサルヘシ」と駄目を押し、これに対してもゾルフは「首肯セリ」と答えた（「関税会議独逸参加問題ニ関シ幣原大臣「ゾルフ」大使会談」一九二五年一〇月一二日、『日本外交文書　大正一四年第二冊下巻』一〇八一－一〇八二頁）。ただし、ゾルフの本省宛ての報告では、日本政府はこの件に異存がないとの態度であるとのみ記されている（Solf an AA, Telegramm, 15. Oktober 1925, R94998）。

他方でゾルフは、オブザーヴァー参加に関する本省からの照会に対する北京のボイェの見解を求めた際、ソ連への影響を考慮して懸念を抱いているとも記していた（Boyé an AA, Telegramm, 14. Oktober 1925, R94998）。これに対して、本省の局長（Ministerialdirektor）ヴァルロート（Wilhelm Theodor Erich Wallroth）はゾルフへの返電のなかで、ソ連への影響はベルリンでは懸念されていない旨を記していた（Wallroth an Tokyo, Telegramm, 17. Oktober 1925, R94998）。独ソ関係は一九二二年四月のラパロ条約調印の後、一〇月一二日にはモスクワで独ソ通商条約が調印されたばかりであって、微妙な時期を迎えていた。独ソ友好中立条約（ベルリン条約）が調印されるのは、翌一九二六年四月のことである。

一〇月二七日、ベルリンの外務省からモスクワの大使館に宛てて、対ソ方針が打電された。その骨子は、ソ連の対中国外交は共産主義的な関心に基づき北京政府の崩壊を目指すものであって、そのようなソ連と対中国政策に関し、とくに北京会議において協力することはありえず、したがってまたソ連との協議には意義を見出しえないというものであった。この方針は北京のボイェの報告に依拠したものである。他方では、ソ連との関係を安定的に維持すべく、ドイツの対中国外交の基調が経済的利益を追求するものであって、政治的な目標は設けず、中立的であり、そのかぎりで「門戸開放」政策と近いこと、また北京会議への参加に向けての積極的な働きかけはしていないこと、ドイツの経済的関心は主としてヨーロッパに向けられており、東アジアでは「きわめて抑制的な態度」（große Zurückhaltung）を保持していることをソ連側に伝えるよう指示していた（Köpke an Moskau, Telegramm, 27. Oktober 1925, R94998）。

ともあれ、オブザーヴァーとしての参加の是非をめぐる外務省の見解は割れていた。ドイツの政界と世論も同様であった。[5] 結局、ドイツは北京会議にはオブザーヴァーとしても参加しなかった。ソ連もまた不参加であった。

(3) ドイツの九カ国条約加入問題——アメリカのイニシアティヴ

この頃、北京会議へのドイツおよびソ連の参加問題と並行して、九カ国条約調印国の拡大という問題が持ち上がっていた。この問題を提起したのは、中国のイニシアティヴによる独ソ両国の北京会議参加問題に表面だって関わることのなかったアメリカである。

北京関税会議開催の直前、一九二五年一〇月一日、アメリカは九カ国条約調印国（中国を含む）を代表し、ドイツ、オーストリア、ボリビア、チリ、デンマーク、ノルウェー、ペルシア、ペルー、スペイン、スウェーデン、スイスの一一カ国に対して九カ国条約への加入を呼びかけた（Schlichtmann 1998, S. 9）。九カ国条約に調印すれば、それは同時に中国関税条約に調印することになり、したがって間近に迫った北京関税特別会議に参加することにもなる。

ドイツ政府はアメリカの提案につき対応を検討した。この間、一〇月末には北京会議が開始されたが、検討はその後も続けられた。ようやく一二月一七日になって、シュトレーゼマンはケロッグ宛ての書簡でこの呼びかけに応じる旨の回答をした（Ratenhof 1987, S. 336）。

ドイツ政府が慎重であった背景を、一九二六年一月末、本省で東アジアを担当する上級参事官トラウトマン（Oskar Trautmann）が作成した総括的文書によって見ておこう。それによれば、ドイツ外務省はこの案件を何よりもまず中国における「門戸開放」に関わるものと理解していた。そのうえで、ドイツの列強との関係、ソ連との関係、中国との関係について、ドイツ外務省は次のように認識していた。

第一に、列強との関係のうち、アメリカとの関係については次のように記されている。

「北京のアメリカ公使の説明によれば、ワシントン条約調印国の側からすれば、ドイツの条約加入は当初から予定されており、調印国が中国とも話し合っていたことは明らかである。これに対してロシアは、列強によって承認された国家のみが加入を誘われることができるという理由から、初めから排除されていた。条約の条文に従えば、アメリカがわれわれに加入を要請するのは義務でさえある。なぜならば、われわれはすでに中国と条約を結んでおり、そのような条約を結んでいるすべての列強は加入を要請されるべきであるからである。／われわれへの要請がかくも遅くなったことは、ドイツをめぐるヨーロッパにおける状況がある程度整理されるまでアメリカが待とうとしたことから説明されうるかもしれない。招請はロカルノ条約とは直接関係がない。招請は同条約以前になされたからである」。

ここには、アメリカへの信頼が率直に披瀝されている。アメリカ以外の列強との関係については、次のように記されている。

「われわれがアメリカの招請を受け入れれば、他の列強に対するわれわれの関係は間違いなく改善されよう。すなわち、われわれは太平洋［地域――引用者］に関してもふたたび大きな「諸国民の家族」（Völkerfamilie）に迎え入れられるのであり、政治状勢の形成にとって重要な国際諸条約にふたたび関与せざるをえない。当時、アメリカ大使が強調したところによれば、われわれは条約加入によって将来への一種の『権原』（Rechtstitel）を獲得するのである」。

つまり、九カ国条約に加われば、ヨーロッパに続き東アジアにおいても列強との関係が改善されることは疑いないというわけである。ここでも自ずとアメリカへの信頼が表明されている。

第二に、対ソ関係については次のように認識されていた。ソ連は当初から自らが加入呼びかけの対象とされていないことを承知しており、したがって、ドイツの九カ国条約加入に対して、ソ連が自らの孤立を招くという理由から不快感を示すことは当初より明らかであった。それはヨーロッパにおけるロカルノ条約に対する態度と同様である。しかし、ドイツは「わが東アジア政策におけるロシア要因」を無視しうる。その理由のひとつは、ソ連はまったく信頼しえないということであり、いまひとつは、ソ連はイギリスによる英ソ通商条約の廃棄通告に結果した、その攻撃的・挑発的な対英政策の遂行に際してドイツとの相互了解を考慮しなかったことである。こうして、ソ連が中国政策における協働を提案したのに対し、ドイツは遷延方針で応じたのである。

第三に、中国との関係は次のように理解されていた。中国は、アメリカの提案に際して協議に加わり、提案にも加わっているはずであるが、それにもかかわらず会議への正式参加につながるドイツの条約加入に、公然とではなかったにせよ、反対の態度をとった。その理由は、中国がドイツを列強の一員として認めていないことを別とすれば、ドイツの加入になんらの利点をも認めていないことである。すなわち、中国は北京会議の開催によってすでに一定の成果を挙げたと考えており、すべての不平等条約の廃棄をさらに強く主張しているが、独中間ではすでに一九二一年の協定によって不平等性が廃棄されているのであるから、そのドイツの九カ国条約への加入にはなんら得るところがないと考えたのである。

結局、議会に九カ国条約の批准を求める方針に変更はないものの、政府は議会への法案の提出には慎重たらざるをえなかった。その主たる理由は中国の態度への懸念であった。なお外務省は、国内世論は九カ国条約加入におおむね好意的であると見ていた（Trautmann, Aufzeichnung, 30. Januar 1926, *ADAP*, B, III, S. 81-85）。

要するに、ドイツは中国においては「通商利害」（Handelsinteressen）のみを有しており、そのかぎりでアメリカの提唱する「門戸開放」を支持し、アメリカに追随するとの方針に変更はなかった。したがって、九カ国条約への加入に関するアメリカの提案を受け入れるのは当然のことであった。ただ、当の中国がこれに賛成していないとすれば、通商利害重視の立場からも受入れを躊躇せざるをえないのであった。

事実、シュトレーゼマンの回答の後も、外務省の内部では意見が割れていた。駐日大使ゾルフは東アジアにおける中立の方針が揺らぐことを懸念し、その旨を次官シューベルト（Carl von Schubert）に伝えた。シューベルトはゾルフの懸念を否定した（Solf an Schubert, 2. Februar 1926, *ADAP*, B, III, S. 91-94）。モスクワの大使ブロックドルフ＝ランツァウ（Ulrich von Brockdorff-Rantzau）もまた加入に否定的であった。これに対してはシュトレーゼマンが説得に当たっている（Brockdorff-Rantzau an AA, Telegramm, 11. Februar 1926, *ADAP*, B, III, S. 115-116; Stresemann an Brockdorff-Rantzau, Telegramm, 19. Februar 1926, *ADAP*, B, III, S. 131-133）。

一九二六年三月初旬までに、批准のために議会に提出すべき法案は準備されていた（Entwurf eines Gesetzes, 3. März 1926, RGB, R35843）。だが、政府は逡巡し、結局法案は議会に提出されず、それゆえ当然批准されることもなかった（Fox 1982, p. 344, note 4; Ratenhof 1987, S. 337）(6)。この九カ国条約加入問題は、ワシントン体制におけるアメリカのイニシアティヴの限界を示し、したがってまたワシントン体制へのドイツのインサイダー化が道半ばであることをも示した。

二 北京関税特別会議――外部からの観察者としてのドイツ

1 ワシントン付加税をめぐる日本案と米英案 一九二五年一〇月 - 一一月

(1) 日本案とアメリカ案――開会式と第一委員会

一九二五年一〇月二六日、北京において関税特別会議の開会式が催された。参加国は中国を含む九カ国条約調印国、すなわちアメリカ、ベルギー、中国、フランス、イギリス、イタリア、日本、オランダ、ポルトガルのほか、原加盟国を代表するアメリカの招請に応じて新たに九カ国条約に加入したスウェーデン、デンマーク、ノルウェー、スペインの四カ国が加わり、一三カ国であった（Trautmann, Aufzeichnung, 16. Dezember 1925, R94998）。

開会式冒頭での中国側の発言のうち、ボイェは外交総長沈瑞麟および首席全権王正廷の演説に注目したが、いずれも事前に入手していた情報通りであったと片づけている（Boyé an AA, Telegramm, 27. Oktober 1925, R94998）。一二月一六日付けのトラウトマンによる中間総括では、この開会式での王正廷の演説につき、王が主張ないし確認した諸点を次のように紹介している。

（１）中国の関税自主権の原則的承認、現存する条約による中国の関税に対する拘束（Bindung）の撤廃。
（２）中国による自主的関税ないしは国定関税の一九二九年一月一日までの実施、それまでの釐金制度全体の撤廃。
（３）同時日までの中国の輸入関税の引上げ（ないし付加税）――通常品につき五％、Ａ級（Klasse A, 甲類）奢侈品（ワインおよび煙草）につき三〇％、その他のＢ級（Klasse B, 乙類）奢侈品につき二〇％。
（４）中間付加税（Interimszölle）の条約調印後三カ月以内の実施。
（５）前記四項の決定の、条約調印と同時の発効

（Trautmann, Aufzeichnung, 16. Dezember 1925, R94998. 臼井 一九七二、二四〇頁をも参照）

続く各国の演説のなかでは、ボイェは日本の首席全権日置のそれ、とりわけ中国の関税自主権回復を認める用意がある旨の発言に着目し、それが王の発言に続く「この日第二のクーデター（Coup）」であったと記している（Boyé an AA, 29. Oktober 1925, R94998; 程ほか 一九八五、二四九－二五〇頁、沈 一九六六、二四頁）。ボイェの観察によれば、一方で、列強の雰囲気は楽観から程遠く、他方、中国内部にはふたつの路線があるが、王正廷の急進路線が沈瑞麟の穏健路線を圧倒していた（Boyé an AA, 29. Oktober 1925, R94998）。

このような会議の内容について、ボイェは文書での詳細な報告を外務省に送っていた。これとは対照的に、本省のトラウトマンの中間総括は、日置の発言のうち関税自主権への言及にはいっさい触れず、関税自主権回復までの暫定措置としての付加税（ワシントン付加税）に関する提案の部分のみを紹介している。さらにトラウトマンは、関税率に関して、

会議参加国は次の二案のいずれかを採択することを迫られていると見ていた。

　第一案　中国は適切な関税率を全般的に設定する。ただし特定の商品類については、中国と関心を有する個々の列強とのあいだで特別に協議して協定税率を合意する。

　第二案　一二・五％を最高税率とし、関税条約第二条に基づき、特定の商品群により段階付けられた関税を設定する（Trautmann, Aufzeichnung, 16. Dezember 1925, R94998）。

　このように、ドイツ外務省はドイツの中国への関心が通商的なものに限られるとの基本方針を堅持していた。しかもその関心は関税自主権回復問題ではなく、関税率そのものに向けられていた。ドイツはすでに一九二一年の条約によって中国の関税自主権を承認していたし、さらに相互に最恵国待遇を供与することをも約していたから、この会議で関税率について合意が成れば、その税率は独中貿易にも適用される。したがって、ドイツ外務省のこのような関心のあり方は当然であった。

　開会直後、三つの委員会が設立された。そのうち第一委員会は、関税自主権、釐金の廃止を扱い、第二委員会は過渡期の暫定措置を扱い、第三委員会は関税改訂に伴うその他の諸問題を扱うこととされた（Trautmann, Aufzeichnung, 16. Dezember 1925, R94998）。

　第一委員会は、一〇月三〇日、第一回会合を開いた。そこでは、列強の代表がこもごも総会における演説内容を繰り返した。ボイェの観察は次のごとくであった。第一に、日本を除く列強（米英仏、ベルギー、イタリア）はこぞって中国への友好的態度を表明しながらも、関税自主権を議論する前に釐金廃止を議論すべきであるという点では一致している。これに対して日本は、総会での付加税提案を再説した。日本は「独自の立場」（Sonderstellung）をとったのである。第二に、その日本の立場は前記の二案のうち第一案を優先していることが明白になった[7]。そこには、日本の対中国輸出の利害が反映されている。それればかりではなく、ここから明らかになるのは、日本が対中国輸出を擁護しつつ、しかも他の列強との関係を維持しながら、ワシントン条約の枠組みを改変する意図を持っていることである（Boyé an AA, 4. November 1925, R94998）。

このように、ボイェは日本の出方に注目し、そして日本が「独自の立場」に立ったと認識した。日本の提案は、関税自主権問題よりも関税率そのものに関心を集めるドイツにとって、大いに関心を引くものであり、ボイェは日本案への列強および中国の反応を見守った。

案の定、一一月三日、第一委員会の第二回会合において、日本案を念頭に置きながらアメリカの提案がなされた。その骨子をボイェは次のごとくまとめている。

（1）すべての商品に対する付加税二・五％を一九二六年二月一日から実施し、奢侈品に対する付加税五％を、関税スキーム（Tarifschema）の完成後、遅くとも一九二六年七月一日までに承認する。
（2）新条約発効後三カ月から関税自主権成立までの過渡期において、輸入品に対して五％から一二・五％、輸出品に対して五％から七・五％の関税を課すことを承認する。
（3）すべての前提条件が満たされた場合、一九二九年一月一日に関税自主権が成立する。その前提条件として、関税増収分が海関に納められ、会議で決定された計画に従ってのみ使用されること、条約に違反して釐金が徴収された場合には、納税者に返還されることなどが挙げられる。

（Boyé an AA, 5. November 1925, R94998. 臼井 一九七二、二四一－二四二頁をも参照）

このアメリカ案についてのボイェの解釈は次のごとくであった。第一に、このアメリカ案はおそらくイギリスとの事前協議を踏まえて提出された。第二に、同案はレトリックを避け、「実務性」（Sachlichkeit）を指向している。第三に、それは関税自主権の回復という中国の要求に大幅に応える内容となっている。ただし、リスクは回避したいとの思いがにじみ出ている。第四に、日中で別個の条約を締結するという基本的な発想がある日本案に対して、アメリカ案は九カ国条約締結国が共同で関税率につき合意するという発想に基づいている。

このように、ボイェはアメリカ案を日本案への対案と位置づけた。この見方はベルリンのトラウトマンの中間総括でも共有された。

なお、一〇月三〇日の第一委員会第一回会合で、中国は釐金廃止に関する覚書を提出していた（Boyé an AA, 4. November 1925, R94998）。さらに中国は、一一月三日の第一委員会第二回会合で、一九二九年一月一日までに釐金を完全に廃止する旨を宣言した（Boyé an AA, Telegramm, 7. November 1925, R94998; 沈 一九六六、七一頁）。これについて、トラウトマンの中間総括では、「だがそれはあたかも中央政府が地方に影響を行使しうるかのような擬制に基づいている」という醒めた見方が記され、また覚書からは、中央政府の釐金廃止への準備は進捗していないことが明らかであるとも記されていた（Trautmann, Aufzeichnung, 16. Dezember 1925, R94998）。

(2) 日本案対米英案——第二委員会

第一委員会では、本来第二委員会が扱うべき過渡期の暫定措置に関する議論に移行していた。その第一委員会は閉会となり、第二委員会が過渡期の暫定措置を扱うことになった。一一月六日、第二委員会の第一回会合が開かれた。ここで中国は、すでに開会式において王正廷が提案していた過渡期の暫定措置（本節1（1）、参照）をより具体化した提案をおこなった。それは、普通品に対して五％（ワシントン付加税すなわち中国関税条約での規定は二・五％）の付加関税率を課し、A級奢侈品（ワイン、煙草）に対して三〇％、B級奢侈品（毛織物、絹織物、皮革、砂糖、陶磁器、ガラス、医薬品、玩具、楽器、時計等）——これらを中国側は奢侈品とみなすのである——に対しては二〇％の付加関税率を課す（ワシントン付加税は奢侈品に対して一律五％）というものである。また、税収は内外債務の返済に充当するという提案も付加された。この中国案の内容を本省に電報で伝えたボイェは、普通品の五％について、日本がワシントン付加税の二・五％で十分であると反応したことを特記していた（Boyé an AA, Telegramm, 8. November 1925, R94998）。ちなみに、これら奢侈品に分類された品目のうち、ワイン、玩具、楽器が、この頃在華領事館などによっておこなわれた中国市場調査の対象となっていた（浅田 二〇一七、四六三－四六四頁）。

ボイェはさらに文書で中国案の詳しい内容を伝えた。そこでは、B級に分類される奢侈品として毛織物、紙製品、ガラス製品、ほうろう製品、医薬品、自転車、楽器、電気製品、時計、インディゴが挙げられている。電報に比して詳しくなったというよりも、ドイツの輸出利害に即して列挙されていると見るべきであろう。ボイェは、このB級奢侈品のリストから判断して、中国側が関税率引上げの目的として、自国産業の保護育成よりも財政収入の増加を重視していると解釈した（Boyé an AA, 9. November 1925, R94998）。つまり関税率は保護育成関税としては十分に高いわけではなく、ある程度の輸入を許容して関税収入の増加を目指すものと解釈したのである。このとき、ボイェの念頭には、保護育成関税という面を重視する傾向にある日本との相違があったかもしれない。

ボイェはこの文書のなかで、普通品を二・五％とする日本側提案の詳細を報告していた（Boyé an AA, 9. November 1925, R94998）。ここにも、ドイツ外務省がいかに日本を注視していたのかが示されている。

その後、中国の提案が修正されていくなかで、ボイェがとくに重視して本省に伝えたのは、インディゴ以外の「アニリン染料等他のすべての染料」がB級奢侈品に追加されたことである（Boyé an AA, Telegramm, 2. Dezember 1925, R94998）。(8)一二月一六日付けのトラウトマンの中間総括でも、B級奢侈品のリストにインディゴに続けて「アニリン染料等他のすべての染料」が追加されている。他方、楽器ははずされている。さらにボイェの詳報を受けて、トラウトマンも関税収入の増加という中国政府の目的を推測している。また、各国の反応としては、B級奢侈品の二〇％について列国はおおむね高すぎると判断したこと、アメリカは一二・五％を主張し、日本は一〇％が上限であるとしたことを記していた（Trautmann, Aufzeichnung, 16. Dezember 1925, R94998）。

ドイツは日本案、それに対置されたアメリカ案について、関税率そのものに関する部分に関心を集中していたが、中国の新たな提案は関税自主権の回復までの過渡期間の暫定措置に関わるものであって、すぐにも実施される可能性があるため、中国案に対して日本案、アメリカ案に対する以上の関心を示すことになった。そして、関税率はもちろんであるが、中国案における商品分類にも注目したのである。個別の製品としては、とりわけ染料の扱いが重視された。IGファルベン（I. G. Farbenindustrie AG）の東アジア事業の最高責任者ヴァイベル（Hermann Waibel）によれば、インディゴはドイツの対中輸出総額の三分の一を占めるとされていた（Waibel an Solf, 21. November 1925, R94999）。したがって、中国案でインディゴがB級とはいえ奢侈品に入れられ、さらに「アニリン染料等他のすべての染料」までもが同じ扱いとされたことに、IGファルベンは警戒を強めた。IGファルベンおよび化学工業の業界団体から外務省などに宛てて善処を要望する文書が殺到した(9)。

一一月一三日および一四日の両日、第二委員会の第二回および第三回の会合が持たれた。一三日の第二回会合で、中国は暫定措置による税収の用途についての詳細を提案した（沈 一九六六、一〇三－一〇四頁）。さらに、それまで具体案を提出しなかったイギリスが提案をおこなった。それは合意すべき諸点を網羅的に挙げる協定草案の形式をとっていたが、その核心は中国の関税自主権回復を原則として承認し、ワシントン付加税（二・五％および五％）を早急に実施するという点にあった（沈 一九六六、一〇一－一〇二頁）。ボイェは、イギリスが提案に先立ってアメリカと緊密に協議したことは明らかであるとし、さらに内容的にもイギリス案はアメリカの提案に基づくものであるとともに、中国への譲歩を示したものであると解釈した（Boyé an AA, 18. November 1925, R94998）。

一三日の会合では、このイギリス案に議論が集中した。しかも、その焦点は関税自主権問題をめぐるアメリカ代表ストローン（Silas H. Strawn）と中国代表王正廷との間の論戦であった。この事実は、イギリス案の核心がアメリカ案を引き継いでいることを暗示していた（Boyé an AA, 18. November 1925; Trautmann, Aufzeichnung, 16. Dezember 1925, R94998）。前述のように、ボイェはイギリスが事前にアメリカと協議したと推測し、イギリス案をアメリカ案に基づくものと解釈していたが、その彼はさらに、アメリカおよびイギリスが仮条約（Vorvertrag）——条約草案の形式をとったイギリス案を指す——を共同で提案したとも表現していた（Boyé an AA, Telegramm, 19. November 1925, R94998）。

米中間の議論は、翌一四日の第三回会合に持ちこされた。この日、王正廷は、中国以外の条約調印国が中国の関税自主権を即時承認する旨決議するよう提案し、決議案をも提示した。アメリカ代表ストローンおよびイギリス代表である公使マクリー（Sir Ronald Macleay）は、与えられた権限の範囲を超えるとの理由で即答を避けた。マクリーは、中国以外の締約国の代表が本国政府に対して、中国の関税自主権承認を含む対中条約を速やかに締結するよう勧告する旨の決議案を提示した。彼はさらに、これを独立した決議とせず、アメリカ案の一部とすることを提案した。アメリカ代表はこれに賛意を示した。さらにアメリカ代表は、イギリスの提案内容を協定草案としてまとめた案を提示した。これに対して中国代表は頑強に反対し、今後の交渉は関税自主権問題の即時解決如何によると述べた。結局、外交団会議の主席公使であるオランダ代表の提案に従って、オランダ、アメリカ、日本、イギリス、中国の代表の五名からなる第五委員会という名称の小委員会を立ち上げ、そこで議論を詰めることになった（Boyé an AA, 18. November 1925; Trautmann, Aufzeichnung, 16. Dezember 1925, R94998）。

第二委員会では、あたかも本来第一委員会の議題であった関税自主権問題をめぐる議論が中心にあり、しかもそれをめぐる米英対中国という対立が議場を支配しているかのごとくであった。しかし、実態は異なっていた。ボイェの報告するところでは、中国を含む会議参加国はイギリス案——ただしその一部——を今後の交渉の基礎とすることを承認していた。米英と中国とのあいだには、部分的にせよ共通了解があったのである。そしてその共通了解には、ワシントン付加税については二・五％に固執しないことも含まれていた。[10] これに対して日本のみは二・五％に固執し、イギリス案への態度を留保した（Boyé an AA, 18. November 1925, R94998）。こうして、会議参加国ではないドイツの駐華公使ボイェの眼には、米英対中国ではなく、日本対米英という対立構造が鮮明になっていたのである。

第一委員会第二回会合が終了した直後、日本の外務次官出淵勝次は駐日ドイツ大使ゾルフと会談し、北京会議に臨む日本の立場につき率直かつ詳細に語ったが、そのなかで、「イギリスの中国における政策はたえず揺れ動いているが、それはおそらく賢明さによるものであろう」と語っていた。ゾルフは、出淵の内話の要点として、中国をめぐる日英間の種々の利害対立が明らかにされていること、そしてその対立をめぐっては日英間の合意が日中間の合意と同様に重要であると見られることを指摘していた。出淵はイギリスの日和見主義をよく承知していたというわけである（Aufzeichnung, 3. November 1925, R94998）。

この頃、ドイツはまだ日本の出方を十分注視していた。そしてドイツにとっては、イギリスが日本に接近するか、それともアメリカと歩調をあわせるかがひとつの焦点であった。そして、イギリスは日本にではなくアメリカに接近したのだとドイツは解釈した。

（3）関税自主権の承認――第二委員会

前述のように新たに設けられた第五委員会（第二委員会の小委員会）の会合は、一一月一七日に持たれた。ボイェが収集した情報では、それに先だってアメリカ、イギリス、オランダの代表が日本代表抜きで密かに会合し、中国の関税自主権回復問題に関する日本の「これみよがしの」（ostentativ）対中譲歩ないし接近を考慮して、中国の要望を可能な限り容れることで合意していた。第五委員会では、中国側が関税自主権および釐金廃止に関する宣言を将来の一三カ国条約の本文に繰り込むことを提案し、宣言の文言に関する中国の提案をも含め、全会一致でこれを承認した（Boyé an AA, 24. November 1925, R94998. 臼井 一九七二、二四三－二四四頁をも参照）。[11]

この第五委員会の決定を受け、一一月一九日の第二委員会第四回会合では、中国の関税自主権承認を内容とする決議が全会一致で採択された。[12] これは中国にとって大きな成果であるとボイェは評価した（Boyé an AA, Telegramm, 19. November 1925, R94998. 程ほか 一九八五、二五六頁、沈 一九六六、一三六－一三七頁）。

ボイェは文書による詳細な報告のなかで、あらためて、この決議は中国にとって「初めての大きな成果」であると評価した。その意味するところは、彼によれば次のごとくであった。第一に、中国の関税自主権および関税条約改正の権利が列強により明白に承認された。しかも第二に、これは釐金の廃止を条件としていなかった。両者は時間的には結びつけられているものの、論理的には結びつけられていなかった。第三に、中国は仮に会議が成果なく終わるとしても、今後列強の出方を顧慮せず我が道をいくための道義的な権利を得ることになった。ボイェはさらに、中国がこのような成果を得ることができた理由を問い、それを列強の不統一に帰している。その際、とくに日本の動きに焦点を絞り、「日本は当初から『独自の役割』（Sonderrolle）を演じ［前述の言葉では「独自の立場」（Sonderstellung）――引用者］、いたるところで他の列強との接触なしに振る舞った……」と記している。さらに、日本が自らの「独自の計画」（Sonderprogramm）を実現すべく密かに中国と交渉したことをも指摘していた（Boyé an AA, 24. November 1925, R94998）。このような報告内容は、ボイェが、そしてドイツ外務省が、この頃いかに日本の出方を注視していたかをあらためて裏書きするとともに、日本の動きに批判の眼を向け始めていたことをも示唆している。

一二月一〇日、中国は第二委員会第五回会合を招集し、その席上、次の三つの宣言書を手交した。

（1）関税自主権回復までの過渡期における従価関税は、四年後すなわち一九二九年一月に改訂する。

（2）釐金廃止後の、外国の支店・支社および鉄道付属地に対する中国の課税高権を確認する。

（3）釐金廃止の取組みは会議が終了してから三カ月後に開始する。

（Boyé an AA, Telegramm, 12. Dezember 1925, R105587; Boyé an AA, 12. Dezember 1925, R94999）

中国の勝利宣言とでもいうべきであろうか。

一九二五年一二月半ば、外務省本省のトラウトマンは、一〇月二六日の開会から一二月半ばまでの北京会議の経過について中間総括の文書を作成した。この文書はこれまでもしばしば言及してきたものである。そこでは、最初に、中国の要望――ただし開会式において表明されたそれ――を、次にやはり開会式においてなされた日本の提案を紹介している。その際、中国代表および日本代表による関税自主権への言及にはいっさい触れず、付加税（ワシントン付加税）に関する部分のみを紹介している。さらに、一一月三日、アメリカが日本案への対案を提出したことを特記している。そして最後に、会議の今後はなお不確実であるものの、会議での「作業」（Arbeiten）は将来必ずふたたび見なおされてしかるべきであろうと結んでいた（Trautmann, Aufzeichnung, 16. Dezember 1925, R9498）。関税率問題が未解決のままに終了することになる会議に対するドイツ外務省の評価は、関税自主権問題よりも関税率それ自体を注視するその姿勢にもかかわらず、ボイェの北京からの報告、トラウトマン名の中間総括ともに、このように肯定的であった(13)。

2　日本の「独自の役割」と無期休会　一九二五年一二月－一九二六年七月

当初は米英対中国という対立の構図をもって現れた関税自主権問題は、こうして決着を見た。その後に残ったのは関税率問題をめぐる対立であった。とくに、第二委員会でのイギリスの提案を今後の交渉の基礎とすることについての対立であり、二・五％への固執から態度を留保する日本と賛成するその他の列強、とくに米英との間の対立であった。ボイェの見方では、それはとくに日本の「独自の立場」あるいは「独自の役割」、「独自の計画」に起因するものであった。

中国の関税自主権承認に関する決議が全会一致で採択された一九二五年一一月一九日の第二委員会第四回会合以降、税収の使途に関する小委員会が設置され、その後、この小委員会が税収の使途に限らずさまざまな議題をめぐる交渉の場となる。

トラウトマンによれば、この小委員会において――その日時は明記されていない――、日本代表は税収の使途についての覚書を提出したが、それは実は、暫定期間における付加税がワシントンで決められた従価二・五％を超えることに強く反対する内容であった（Trautmann, Aufzeichnung, 16. Dezember 1925, R9498）。それは第二委員会におけるイギリス案への留保を踏まえたものである。

一九二六年一月八日、各国専門委員による非公式会合――税収の使途に関する小委員会であろう――において、ワシントン付加税二・五％をめぐる対立による膠着状態を打開する動きがあったが、対立は解けなかった。一月一六日にも、イギリス公使館に中国を除く各国代表が参集した際、ワシントン会議の付加税だけを決定かつ実施し、その他の事項は継続して審議するというフランスの妥協案をめぐって協議されたが、すべての懸案を付加税問題と同時に決定すべきであるとする日本がこれに同意しなかった（臼井　一九七二、二四六―二四七頁）。その後、一月一九日、日本は中国に対して二国間交渉を提起し、日中間の協定税率と二・五％付加税との同時決着を図ろうとした。中国側がこれに応じたため、日本側の主張が容れられる状況が生まれた（臼井　一九七二、二四八頁）。ボイェのいう日本の「独自の計画」が実現するかに見えたのである。

事実、日中間での合意が成った。それを踏まえ、三月一〇日には日英米の専門委員案が作成され、一五日のイギリス公使館での中国を除く各国専門委員会において共同案が作成され、二五日に日英米委員が中国側に協定税率表を手交するに至った。それはA級二二・五％からG級二・五％までの七段階からなる差等税率であった（臼井　一九七二、二四九頁）。

このような経緯は、この間のボイェの本省への報告ではほとんど触れられていない。それは、非公式の会合ゆえに情報が乏しかったためでもあろうが、それ以上に、ドイツの関心がそこにはなかったからであろう。この頃のボイェの報告での関心は、中国案のうちのB級奢侈品リストと中国によるその改訂――奢侈品という名称は後に消える――に集中していた（Boyé an AA, 31. Dezember 1925; Boyé an AA, Telegramm, 5. Februar 1926; Boyé an AA, 24. Februar 1926; Boyé an AA, 22. März 1926, R94999）。

ただし、二月一八日の第二委員会第六回会合の後、二二日にボイェは、それまでの日中間の交渉について列強が理解を示していることを記していた（Boyé an AA, Telegramm, 22. Februar 1926, R94999）。また中国が第二委員会に対して、中国側が付加税による税収を九〇〇〇万ないし一億ドルを上限とすることと引替えに、各国がワシントン付加税（二・五

%および五%）を承認するとの提案をおこない、第二委員会はこれを小委員会に委ねることとしたという事実を伝えていた（Boyé an AA, Telegramm, 27. Februar 1926, R94999）。

さらにボイェは三月一六日の時点で、北京会議のこれまでの経緯を踏まえ、その成果をおおむね肯定的に評価する旨の報告を本省に送付していた。すなわち、委員会は開催されていないものの、小委員会や専門家委員会あるいは非公式協議が盛んに開かれ、それらを通じて多くの懸案についてしだいに合意が形成されるようになっており、間もなく決着を見ることもありうると展望していたのである（Boyé an AA, 16. März 1926, R94999）。

北京会議に対するこのようなボイェの肯定的評価、そして今後についての楽観的展望は、北京政府が今後とも存続するとの前提の上で出されたものである。ところが、ボイェがこのような報告を送った直後から北京政府の基盤を揺るがす事件が相次ぎ、ついに四月九日、段祺瑞政権は崩壊する。

それにもかかわらず、四月一八日、北京公使団は関税会議の続行を決定した。だが、今度は二・五%付加税増収分の使途をめぐって、イギリスと日米とのあいだに対立が生じた。イギリスが増収分を債務整理に充当することに反対したのに対し、多額の不確実債権を抱える日本は増収分の一部を債務整理に充てるべきであるとし、アメリカも債務整理によって中国政府の信用回復を図るべきであると主張したのである。それでも五月一三日には日英米間で妥協が成立し、その妥協案が一五日の各国全権会議で可決された（臼井　一九七二、二五〇－二五一頁）。

このような動きを受け、五月末、ボイェはベルリンに報告を送付した。それによれば、列強は次の二点を骨子とする協定案で合意した。すなわち第一に、協定調印の三カ月後、中国はワシントン付加税を引き上げること、第二に、税収の使途につき具体的な規定を定めることである。そのうえで、再開されるべき関税会議において中国に対してこれを共同提案することになった。そしてボイェによれば、中国がこの提案を受け入れれば、会議は事実上終了すると観測されていた（Boyé an AA, Telegramm, 27. Mai 1926; Boyé an AA, 29. Mai 1926, R95000）。六月一日、ボイェは追加的な報告を送付していた。すなわち、新たな情報に基づき、列強の協定案は英米日案に他の条約国が賛成したものであること、またこの案を中国は受け入れるであろうとの観測がなされていることが付加されていた（Boyé an AA, 1. Juni 1926, R95000）。だが、七月五日の電報では、ボイェの楽観論は影を潜める。そして、日本政府が協定案のうち抵代税ないし通過証（Transitpässe）、および沿海貿易税（Küstenhandelszoll）に対して異議を唱えていることを報告していた。そのうえで彼は、「日本政府の意図は、明らかに仮協定を何としても阻止する（hintertreiben）ところにある」として、日本に対してこれまでに見られなかったほどに厳しい評価を下していた（Boyé an AA, Telegramm, 5. Juli 1926, R95000）。この頃、北京で協定案をまとめた日本代表団は、これに反対する幣原外相とのあいだでの深刻な対立に直面していた。結局、幣原も若干譲歩したが、その帰結こそが、「抵代税及び沿岸貿易税の部分を削除することを条件として取決めを認める」という主張であった（臼井 一九七二、二五一－二五三頁）。ボイェはこの日本側の主張に対して厳しい評価を下したのである。

七月下旬、ボイェはいま一度、仮協定について、列強が日本を唯一の例外として合意していると報告し、そのうえで、共感の現れであろうか、会議の現状に関するイギリスの声明を敢えて長々と紹介していた（Boyé an AA, 22. Juli 1926, R95000）。ボイェがこの報告を送付した直後、北京関税特別会議は無期休会となった（臼井 一九七二、二五三－二五四頁）。

振り返ってみれば、ドイツは北京会議の正式参加国ではなく、オブザーヴァーですらなかった。また、九カ国条約にも結局加入することはなかった。ドイツはワシントン体制のアウトサイダーであり続けた。それにもかかわらず、ドイツ外務省は、北京の公使ボイェと本省のトラウトマンを軸として、あたかもインサイダーであるかのごとき熱心さをもって、情報の収集と分析を続けた。アメリカの提唱する「門戸開放」に追随するという方針は不変であったにせよ、ドイツが会議における列強の動きに着目したのは、ひとつには、いうまでもなくそれが自らの東アジアに対する通商政策的な態度決定に資すると考えたからであったが、いまひとつは会議で合意される関税率が独中間貿易にも適用されるはずだからであった。

方針決定の焦点は端的に、どの列強に追随するか——アメリカが最上位に置かれるとしても——を決めるところにあった。そのために、当初から列強の分岐に注目しつつ、各国それぞれの動きを観察したのである。当初はとくに日本の動きへの注目が目立った。ボイェの用語によれば、日本は自らの「独自の計画」を遂行すべく「独自の立場」に立ち、「独自の役割」を意識した。日本をこのように見ていたとしても、ボイェは当初は日本に対して必ずしも批判的ではなかった。揺れ動くイギリスを日本はいかに取り込むであろうかという点にボイェの関心があった。だが、イギリスを取り込んだのは日本ではなくアメリカであった。ボイェにとって、日本対米英という対立構造が鮮明になった。それでもなお、日中妥結への列強の理解を指摘するなど、日本を注視する姿勢に大きな変化はなかった。しかし、一九二六年に入ってから日本が二・五％付加税に固執するのを見て、彼はしだいに日本に対して批判的になる。そのかぎりでは、ボイェはアメリカおよびイギリスの方針の肯定へと傾く。そしてこのようなボイェの評価は、ベルリンの本省のトラウトマンもまた共有するところであった。

東アジアに対してはもっぱら通商利害のみを有しており、そのかぎりでアメリカの提唱する「門戸開放」を支持し、政治・外交的には中立政策を堅持するというドイツの方針は不動であった。だが、東アジアの国際環境はしだいに変化し、列強の動き、中国の動きもまた変化する。北京関税特別会議の無期休会後、ドイツの情報収集と分析、そして態度決定はどのように展開されたのであろうか。この点の解明が次節の課題である。

三　無期休会後におけるドイツ外務省の観察と方針決定(14)

1　広東付加税をめぐる列国の対応とイギリスの「独自の政策」　一九二六年七月－一二月

(1)　広東付加税への共同抗議案とイギリスの反対

北京関税特別会議が無期休会となった一九二六年七月は、中国の政治・軍事状況が転換しはじめる時期であった。国民政府は、七月九日に国民革命軍総司令に就任した蔣介石の指揮下、北伐を開始した。北伐のための基盤を強化すべく、国民政府は七月一五日、イギリスとの間で、前年六月から続く英製品ボイコット――この頃この言葉は省港大罷工をも含んでいた――を解決するための交渉を開始したが、これは不調に終わり、ふたたびボイコットが激化した。九月四日にはイギリス海軍が広州湾に出動する事態となった。

この間、八月三日、国民政府は宣言を発し、関税会議に反対する態度をあらためて鮮明にしていた（国民政府反対重開関税会議宣言、中国第二歴史档案館 一九九一、一六〇九－一六七〇頁）。国民政府はこの立場からさらに進み、九月一八日、イギリス総領事に対して、一〇月一〇日までに反英ボイコットを停止するとともに、輸入品には二・五％ないし五％の消費税、輸出品には二・五％の生産税を課すと通告した（Boyé an AA, Telegramm, 10. November 1926, R95000）。これがいわゆる広東付加税であり、その内実はワシントン付加税と同じものであった。

北京会議終了後、ボイェの本省宛ての報告は散発的になっていたが、この国民政府の動きを契機としてふたたび頻繁になった。ボイェの情報収集活動にとって引き続き主たる情報源となったのは、北京の外交団である。ドイツが北京会議のアウトサイダーであることに変わりはなかった。ただ、会議が終了したので、ボイェが外交団会議で疎外されることは減ったであろう。

一〇月八日付けのボイェの電報は、一〇月初め、国民政府が一一日に二・五％ないし五％の消費税・生産税を課すと通告したことを報告していた。さらに、国民政府は海関のなかあるいはその近辺に徴税のための施設を設ける意向であること、これに対して海関は当面あらゆる支援を拒否したとの情報があることをも伝えていた。関係各国の外交団は、さしあたり個々に抗議することを各政府に提案し、あわせて共同抗議につき照会することになった。ボイェによれば、外交団は決定的な転換点が訪れつつあると判断していた。しかし、外交団は総じて今後の見通しに悲観的でありながら、とるべき政策に関しては分裂していた（Boyé an AA, Telegramm, 8. Oktober 1926, R105587）。

事実、この件に関する最初の会合となった一〇月七日における外交団会議では、共同抗議についての合意が成らなかった。この会議では、主席公使を務めるオランダ公使が、条約による権利を形式的にせよ擁護するために広東および北京に対してただちに共同で抗議することを提案した。だが、イギリス公使マクリーはこれに異論を唱えた。彼は前年六月から続く反英ボイコットのために広東でのイギリスの対中貿易が完全に麻痺していることを指摘し、イギリスは八〇年間列強のために闘ってきたが、この一年は一国で闘っているのだと述べた。さらに、新たな付加税に影響を受けず、これまで国民政府の度重なる条約違反を容認してきた各国が今さら突然これに抗議するのは奇異であるなどと述べたた（Boyé an AA, Telegramm, 10. November 1926, R95000）。

ちなみに、同日の会議の内容を伝える日本側文書に、きわめて稀なことであるが、次のようなドイツ公使ボイェの発言とそれをめぐる動きが記されている。すなわち、ボイェがイギリスに理解を示しつつ、「単ニ『プロテスト』スルモ其効無カルヘキニ付キ現在諸地ニ割拠セル支那各派ノ実力者ヲ集メ之等ト華府附加税ヲ許容スルニ付キテノ方法条件等ニ付キ協議ヲ遂クル方可然」と述べたのに対し、外交団会議主席公使は、「『共同抗議案ト独逸公使トノ提議トヲ折衷セル一声明書案ヲ作成シ度シ』ト述へ主席公使米仏代表者ヨリ成ル小委員会ヲ任命」したのである（芳沢発幣原宛、広東政府ノ付加税実施問題ニ関スル経過概要報告ノ件、一九二六年一一月一五日、『日本外交文書　大正一五年第二冊下巻』一一〇〇－一一〇九頁、引用は一一〇三頁）。

一〇月八日には外交団非公式会合が持たれたが、ここでもイギリスの不同意のために合意が成立しなかった。一〇月一一日、予定通り、国民政府による付加税徴収が海関以外の徴税施設を通じて実施された。日本はあらためて共同抗議を提案し、フランスはこれに同意したが、米英代表は本国の指示を待つとの姿勢であった（Boyé an AA, Telegramm, 12. Oktober 1926, R105587）。一〇月二〇日の外交団会議では、共同抗議文の案文につき交渉が継続された（Boyé an AA, Telegramm, 21. Oktober 1926, R105587）。

ところが、一〇月二九日の外交団会議において、イギリス代表はこれまでの共同抗議に反対するという立場をさらに進め、外相チェンバレン（Sir Joseph Austen Chamberlain）からの指示に従って新たな提案をおこなった。それは第一に、国民政府に対し、広東における新たな付加税は海関を通じてのみ徴収するよう要求すること、第二に、抗議はせず、文書によって条約による権利の擁護を主張するにとどめることを骨子としていた[15]。このイギリスの提案に対して、米日仏の代表者はこれをただちに拒否した。外交団会議は共同抗議文の案文についての交渉を継続した（Boyé an AA, Telegramm, 30. Oktober 1926, R105587）。

一一月三日の外交団会議で、共同抗議文をめぐる交渉がようやく妥結した。それはイギリス公使マクリーが本国からの指示に逆らって共同抗議に同意したからであった。翌四日、共同抗議文が広東、北京、および広東と同様の徴収を実施した済南に送付された。ただし、それは抗議というよりもむしろ条約の存在に注意を喚起するものでしかなかった（Boyé an AA, Telegramm, 30. Oktober 1926, R105587）。むろん、国民政府がこの抗議を受け入れるはずはなかった。

共同抗議文の送付をめぐる事態が一段落したところで、一一月一〇日、ボイェは九月以来の経緯を詳細に跡づけた文書――すでにしばしば参照してきた――を本省に送付している[16]。その総括的な部分は次のごとくであった。

第一に、国民政府の通告について、ボイェは次のように評価していた。九月一八日の国民政府のイギリスに対する通告は、当初ほとんど注目されなかった。だが、この通告は、反英ボイコットの停止と引替えにイギリスの譲歩を引き出し、事実上ワシントン付加税を実施するとともに、北京政府に対する勝利を得、さらに事実上関税自主権を回復する「きわめて巧妙な一手」であった。国民政府は交渉戦術の上でも、香港との交渉を通じて、イギリスが相応の譲歩をおこなう用意があると認識するなどの点で高く評価しうる。

第二に、列強、とくにイギリス、日本、アメリカについての評価は次のごとくであった。

イギリスは他の列強の犠牲の下に、しかも列強の立場がいちじるしく脅かされている時期に、反英ボイコットを停止させるために「独自の政策」（Sonderpolitik）を遂行した。当然、それはほとんど列強の理解を得ることはできなかった。その態度は外交団において悪感情を醸し出すほどであった。

外交団会議における日本の方針は、たとえ直接の成果が得られないとしても、強硬に抗議すべきであるという点で一貫していた。それは一種の待機方針と理解しうる。日本は国民政府との交渉の席に着くつもりはなかった。その理由のひとつは、日本政府は国民政府による全国統一はありうるとしても差し迫ったものではないと認識しており、北京に親日政権を樹立することを重視していたことである。いまひとつの理由は、中国が対日通商条約を破棄したのを契機として、通商条約改定ないし新条約締結のための交渉が開始されており、それに集中するとの方針であったことである。[17]さらに、もし対中交渉が不調に終わり、満足しうる「独自の協定」(Sonderabkommen)が締結されないとしても、ワシントン条約に依拠する途が残されており、関税会議の再開に期待すればよいと考えていた。日本の公使館員は、関税会議はいまなお生きていると繰り返し述べていた。

アメリカは、共同抗議に賛成するという点では日本と同じ立場をとったが、その動機はまったく異なっていた。アメリカはワシントン会議を通じて中国のために尽力したと確信しているものの、中国はとくに感謝することなく、またその事実を認めることもなく、したがってアメリカをとくに厚遇することもなかった。関税会議での中国の尊大な態度にアメリカはひどく落胆した。要するに、好意ある譲歩の政策に対して、感謝ではなくさらなる要求で応えられただけであった。したがって、公使館の態度も変化し、一部には国民政府に接近する傾向さえ生まれた。ただしワシントンではなお伝統的な親中国の態度が続いている。

第三に、中国の現状についてボイェは次のように見ていた。国民政府は付加税徴収の対象地域を拡大する意向であり、また各地に国民政府に倣って同種の措置を導入する動きがある。また国民政府の方針にもかかわらず、反英ボイコットは止んでいない。中国におけるイギリスの威信が損なわれたのみならず、列強は中国でもはや恐れられず尊敬もされていない。中国の現状をこのように見るボイェは、さらに、錆びついた国家を統治する者はすべて吸血鬼であり、腐敗しており、無能であって、結局はすべての責任を外国人に負わせるのだと激語を発し、期待していた北京政府に裏切られ、国民政府は信頼に値しないとする絶望的な心情を吐露していた(Boyé an AA, Telegramm, 10. November 1926, R95000)。

ボイェはその後の本省宛て報告では冷静さを取り戻したが、「南の承認」(Anerkennung Süd)が時期尚早であるとの判断を堅持し、列強の公使団も同様の見方であるとして、待機方針をとるべきであるとしていた。他方では、親中国、さらに国民政府への親近感を示すドイツ国内の世論を批判していた（Boyé an AA, 26. November 1926, R35843; Boyé an AA, Telegramm, 13. Dezember 1926, *ADAP*, B, III, S. 491-493）。このように国民政府――一一月末に国民政府は武漢に本拠地を移していた――の承認に否定的なボイェに対して、ドイツ外務省はむしろ国民政府に傾斜していた（Schubert an Boyé, Telegramm, 24. Dezember 1926, *ADAP*, B, III, S. 501-502）。ここに、国民政府の承認問題をめぐって、ボイェとベルリン本省との間の齟齬が発生した。承認が現実の日程に上っていないかぎりで、この齟齬は目立たなかったが、それが生まれたことはたしかである。

(2) イギリスの「一二月メモランダム」

一九二六年一〇月から一二月にかけてのイギリス、アメリカ、日本の動きをあらためて見ておこう。

イギリスの方針はこの間、揺れ動いた。先述したように、一〇月二九日の外交団会議では、公使マクリーは外相チェンバレンからの指示に従って、国民政府への譲歩を内容とする提案をおこなった。ところが、一一月三日の外交団会議では、その彼が一転して共同抗議案に同意したのである。その後、一二月になってマクリーは更迭された（古瀬 二〇〇六（二）、二七頁）。

他方、アメリカの方針も揺れた。一〇月初めの段階では、マクマリー駐華公使は付加税の実施を阻止するためには武力による示威も辞すべきではないと主張していた。ところが、国民政府が漢口においても付加税徴収を開始すると、一二月初め、マクマリーはこれをワシントン付加税と読み替え、無条件に――とはいっても海関を通じての徴収という要求は取り下げず――承認する方針に転換した。つまり、この時点でアメリカはイギリスと同じ立場に立つことになった。英米が歩調を揃えて、共同抗議から譲歩へと方針を転換したのである。一二月一五日、国務長官ケロッグもこの方針を追認した。英米同調の動きは、日本の外務省も把握していた（幣原発駐米大使松平・駐ソ大使田中宛、電報、一九二六年一

二月一一日、松平発幣原宛、電報、一九二六年一二月一一日、松平発幣原宛、電報、一九二六年一二月一五日、『日本外交文書大正一五年第二冊下巻』一一四二‐一一四五、一一五〇‐一一五一頁）。

日本は付加税の使途を限定すべしとの従来の主張を変えず、英米に反対した。一二月一六日、北京政府は列国に関税会議の再開を要請したが、イギリスはこれを日本の指示によるものと解し、対抗措置を講じた（古瀬 二〇〇六（二）、三四‐三五頁、西田 二〇〇一、一〇六‐一〇七頁）。

一二月一八日、イギリスの要請によって緊急に条約締結国の代表者会議が開催された。この席上、イギリス代表はワシントン付加税の中国全土での即時無条件での――ただし海関を通じての――実施を承認するとの提案をおこなった。次いで、イギリス代表は新たな中国政策に関する大量の文書を提出した。ボイェの印象によれば、イギリス政府は列強、とくに日本の異議を計算した上で、中国、とくに南部で好印象を得るために自らの「計画」（Programm）を大至急公表したいと考えていた（Boyé an AA, Telegramm, 20. Dezember 1926, R105587）。この日イギリス政府が北京の列強公使に伝達し、その後公表した対中政策文書は、「一二月メモランダム」あるいは「クリスマス・メッセージ」と呼ばれるものである。(18)

東京のドイツ大使館参事官ボルヒ（Herbert von Borch）から本省に宛てた電報によれば、日本政府はイギリスの提案を極めて不快であるとして、全力を挙げてこれに反対するとしており、それに向けてのアメリカの協力を期待していた（Borch an AA, Telegramm, 23. Dezember 1926, R105587; 西田 二〇〇一、一〇七‐一〇八頁）。事実、アメリカの駐華公使マクマリーは、一八日の時点ではイギリスの提案を青天の霹靂であるとし、これまでの米英の共同歩調が覆されたと考えていた（古瀬 二〇〇六（二）、三六頁）。このようなアメリカの反応を受け、イギリスは英米共同ではなく単独でのメモランダムの公表に踏み切ったのである。イギリスの提案に同意しなかった公使マクマリーは、その後、中国状勢を検討するためにワシントンに呼び戻された（Boyé an AA, Telegramm, 6. Januar 1927, R105587）。

イギリスの提案に対する中国国内での反応は、ボイェによれば芳しいものではなかった。中国の新聞には「イギリスの人気とりのための宣伝」（englische Stimmungsmache）という皮肉な批評が掲載された（Boyé an AA, Telegramm, 23. Dezember 1926, R105587）。一一月末、国民政府は広州から武漢に本拠地を移していたが、その武漢の一角をなす漢口では示威行動、ボイコットが激化した（Boyé an AA, Telegramm, 6. Januar 1927, R105587）。江蘇・安徽・浙江の三省に地盤を持つ蘇皖浙三省聯合自治会（Exekutivkommitee der Union der Provinz Kiangsu, Anhwei, Chekiang）は、イギリスの提案を北方軍閥および北京政府を強化するものとし、これに反対した。ボイェによれば、この三省は現在は北京政府の支配下にあるゆえ、抗議そのものはさしあたり現実的意義を持たないが、武漢の国民政府に接近しつつあった（Boyé an AA, Telegramm, 27. Dezember 1926, R95000）。

イギリスの提案は付加税徴収の新たな波を生み出した。ベルリンへは漢口の領事館から、国民政府が二・五％ないし五％の新たな付加税の徴収を一九二七年一月一日からその支配領域全体で実施するとの情報が入った（Timann an Peking, Telegramm, 28. Dezember 1926; Boyé an AA, Telegramm, 29. Dezember 1926, R95000）。北京公使館からは、北京政府もまた一九二七年二月一日から付加税の徴収を実施するとの情報が届いた（Boyé an AA, Telegramm, 7. Januar 1927, R95000）。続報によれば、北京政府は執政令により付加税を導入するとされた（Boyé an AA, Telegramm, 8. Januar 1927, R95000, R105587）。そして実際にも、一月一二日に執政令が出された（Boyé an AA, Telegramm, 13. Januar 1927, R95000, R105587）。さらに北京政府外交総長名の条約締結国宛ての通牒は、一九二九年一月一日より国定税率を実施し、それ以前に一九二七年二月一日より付加税の徴収を実施するとしていた（Boyé an AA, Telegramm, 15. Januar 1927, R95000, R105587）。このように、地方政権、北京政権は相次いで付加税徴収を開始した。これらの報は各地のドイツ領事館からベルリンの本省に逐一伝えられた。

徴収に対する列強の協調行動への動きは、広東付加税の通告の際と比べても、鈍かった。

一月二〇日、外交団会議が開かれ、北京政府執政令について協議された。日本の公使芳沢は、日本政府は関税自主権の一方的な通告を承認せず、また付加税徴収の実施についても、国民政府のそれに対するのと同様、抗議すると述べた。

さらに芳沢は、中国がとった措置はワシントンでの取決めの、ひいては諸条約全体の破綻を意味するとし、関税会議の継続ないし再開を要求した[19]。

新任のイギリス公使ランプソン（Sir Miles Lampson）は政府の訓令を読み上げた。それは、海関による徴収がなされること、また五％付加税については関税会議で合意された奢侈品リストに基づくものと理解されていることという条件の下に、付加税についての中国政府の措置を了解するというものであった。また、関税会議については、中国の状況はなお会議が中断した当時と同様であるという理由で継続ないし再開に反対するとした。

アメリカ代表は、イギリスと同様、付加税を了解すると表明したが、ただし、中国の通牒に対して回答する際、日本が参加を希望しないのであれば日本に配慮した形式とすべきであるとした。

日本以外の諸国はアメリカ案に同意した。日本公使芳沢は、政府の訓令を求めたいと言明した。中国政府への回答の案文は、アメリカ、フランス、オランダの代表により構成される委員会が作成し、一週間後の外交団会議で検討することとされた。ボイエの分析によれば、多くの公使は、日本は関税会議での中国支持の対価を日中通商条約改定交渉で支払わせるとの方針であると理解していた。さらに、ボイエによれば、アメリカ案に同意した公使たちの狙いは、日本に方針変更と孤立のいずれかを選択させるところにあった（Boyé an AA, Telegramm, 20. Januar 1927, R95000）。中国政府への回答案は、早くも二日後の二二日には作成されていた（Boyé an AA, Telegramm, 22. Januar 1927, R95000）。

同じ頃、上海の領事団は国民政府から輸入品に二・五％の付加税を課すと通告された。領事団は北京の外交団に対応措置に関する指示を求めた（Boyé an AA, Telegramm, 19. Januar 1927, R105587）。これに対する外交団の回答は、上海における付加税に反対する日本を除く条約締結国領事団に対し、すでに支社・支店に到着している商品について付加税免除を要求するにとどめるよう勧告するものであった（Boyé an AA, Telegramm, 20. Januar 1927, R95000）。

結局、日本を含む列国の協調行動はただちには実現しなかった。それでも、主としてアメリカ主導による多数派形成によって、日本は北京の外交団において孤立していった。

2　アメリカの単独行動——「ケロッグ声明」（一九二七年一月）

ここで、アメリカのこの間の動きをいま一度振り返っておこう。一九二六年一〇月の段階では、アメリカは国民政府の付加税徴収の通告に対して、動機は異なるものの日本と同じ立場をとり、共同抗議に賛成した。ところが、一二月初め、マクマリーは広東付加税をワシントン付加税と見て無条件に承認する方針に転換した。つまりイギリスと同じ立場に立つことになったのである。ところが、イギリスの新提案ないし「一二月メモランダム」にはマクマリーは賛成せず、その後中国状勢を検討するためにワシントンに呼び戻された。地方政府や北京政府が国民政府の広東付加税に倣って新付加税の徴収を列強に通告すると、今度はイギリスと同様にこれを了解した。通告に対するアメリカ案は、日本への配慮をも含みつつ、日本以外の列強の同意を取り付けるというものであった。このように、広東付加税以降、アメリカの方針は揺れ動いたが、傾向としてはイギリスのそれに接近したということができよう。

そのアメリカは、一九二七年一月二六日——同日イギリスは中国への派兵を実施に移した——、ケロッグ国務長官が中国に対して治外法権の撤廃、関税自主権の付与などにつき約する宣言を発した。いわゆる「ケロッグ声明」である（Kellogg to Meyer, 25 January 1927, *FRUS*, 1927, Vol. 2, pp. 350-353）。

ドイツはこれまで、北京関税特別会議が開かれ一九二五年一〇月以降（第一節2（1））、アメリカの動きに格別の関心を払ってきた。そして一九二六年一一月末には、アメリカの方針転換の予兆を捉えていた。すなわち、上海の総領事館から本省に、北京会議代表の一人ストローンが中国に譲歩して中国政策の転換を図るべきであると発言したとの情報が伝えられた。ワシントンへの影響は小さいであろうが、方針転換の可能性があるというのである（Thiel an AA, 29. November 1926, R95000）。さらに一二月末、今度はワシントンの大使館から、帰国したストローンと国務省幹部とがイギリスの一二月メモランダムに対する態度決定に関して協議したとの情報が入った。さらに国務省幹部からの秘密情報によれば、国務省はこれまでと同様、ワシントン付加税の実施を――たとえ増収分が北京政府に確保されないとしても――支持する、また治外法権の問題をも含め、米中通商条約の改定の用意がある、ただしそのためには中国全土を支配する政府ができるのを待つとの方針であった（Wallroth an Peking und Tokyo, Telegramm, 28. Dezember 1926, R9500）。前述したように、イギリスの提案（一二月メモランダム）に同意しなかったアメリカ公使マクマリーは中国状勢を検討するためにワシントンに戻っていたが、この出来事もボイェの注視するところであった（Boyé an AA, Telegramm, 6. Januar 1927, R105587）。

さて、ドイツ駐米大使館はケロッグ声明の写しを新聞発表の前日国務省より入手し、その内容が一方では中国人民への共感を示すものであり、他方ではアメリカ政府の義務を表明するものであると要約して、本省に報告した（Maltzan an AA, Telegramm, 26. Januar 1927, R9500）。声明の全文は同日付けの電報（別便）で送付された（Maltzan an AA, Telegramm, 26. Januar 1927, R9500）(20)。

ドイツ外務省はイギリスの「一二月メモランダム」よりもむしろケロッグ声明をより重視したように思われる。それは、ドイツにとっては、アメリカの政策転換がイギリスのそれよりも明瞭に看取できたからでもあろうが、それ以上に、ドイツがこれ以前から一貫してアメリカをイギリス以上に注視してきたからではなかろうか。アメリカはドーズ案によるヴェルサイユ体制の修正を実現し、ドイツの「再建金本位制―産業合理化―賠償履行政策」というヴァイマル体制の総路線の基盤を築いた。また、アメリカは、実現しなかったにせよ、ドイツの九カ国条約加入のためのイニシアティヴをとり、ドイツがワシントン体制のインサイダーとなるために助力したし、なによりも中国における「門戸開放」を主唱した。それはドイツの東アジア通商政策の基本方針でもあった。

この頃北京では、一月一二日の北京政府の通告に対する対応が、一月二七日の外交団会議で引き続き協議された。日本の公使芳沢は、予定されている条約締結国による宣言に対する日本政府の異議を読み上げた。フランス公使は、全条約締結国による宣言でなければならないと原則論を述べた。イギリス公使は、日本が宣言に加わるのであれば、宣言は口頭での伝達にとどめるよう本国政府に提案すると述べた。アメリカ公使は、日本が加わらない宣言について本国政府は態度を決めていないと述べた。結局、結論は出なかった（Boyé an AA, Telegramm, 27. Januar 1927, R105587)。

同じ頃、北京政府が海関の長である総税務司アグレン（Sir Francis Aglen）を罷免するという事件が起こった。イギリスが広東付加税の海関を通じての徴収を考えたとき、アグレンは、海関は北京政府の公的機関であって、北京政府以外による税徴収を担うわけにはいかないとして、イギリス政府に同意しなかったという経緯があった。そのアグレンを北京政府が解雇したのである。そのため、北京政府とイギリスとのあいだに緊張が走ったが、結局、北京政府は海関を通じての付加関税徴収を断念するとともに、アグレン罷免の形式を緩和するという形で決着した（Boyé an AA, Telegramm, 10. Februar 1927, R95000; 岡本 一九九五、二一〇－二一三頁、小瀬 一九九七、三五九－三六二頁、久保 一九九九、一七六－一七九頁)。

北京政府への宣言をめぐる外交団会議の議論は、この問題が絡んで複雑化した。いったんは、二月七日、公使団は通牒に代えて口頭での宣言を北京政府に伝達する予定となった（Boyé an AA, Telegramm, 2. Februar 1927; Boyé an AA, Telegramm, 5. Februar 1927, R95000; Boyé an AA, Telegramm, 6. Februar 1927, R105587)。だが、列国共同での宣言は、日本の反対により実現しなかった。結局、列国は中国の通牒にはいっさい回答しない旨を決定した。イギリスは北京政府外交部長に口頭で、イギリスの立場は「一二月メモランダム」の通りであると告げた。日本公使は近く通牒により付加税に正式に抗議するとした（Boyé an AA, Telegramm, 11. Februar 1927, R95000)。

広東付加税通告に端を発する、「一二月メモランダム」というイギリスの「独自の政策」およびケロッグ声明というアメリカの単独行動によって、列国の協調は乱れた。この頃、中国の一方的破棄を契機とする中国とベルギーとの通商条約交渉が開始された（唐 二〇一〇、三八二頁)。中国との交渉に応じるベルギーの態度につき、ボイェは「列国の連帯の欠如」ゆえにやむをえないことかと嘆いていた（Boyé an AA, Telegramm, 8. Januar 1927, R105587)。

その反面、イギリスの「独自の政策」とアメリカの単独行動とは関連していた。すなわち、イギリスの先行に対するアメリカの追随という面があったのである。ただし、英米の協調行動は明確なものとはならなかった。そのかぎりで日本の孤立はなお表面化することがなかった。ただ、いまやドイツが注視すべき対象はアメリカとイギリスであって、日本はその視界から消えつつあった。

3　ドイツの選択
――「時期が到来し次第、われわれは承認を躊躇しないであろう」（一九二七年四月）

北伐のなかで武漢に本拠を移していた国民政府は、一九二七年一月から二月にかけて、漢口、九江のイギリス租界の回収を強行した。この事態に直面して、イギリスは一月二六日、中国への派兵を実行する。ところが、中国状勢はさらに転換する。三月二四日、北伐の途次、南京を占領した国民革命軍が列国と衝突する、いわゆる南京事件が勃発した。さらに、四月一二日、蔣介石は上海においてクーデター（反共クーデター）をおこし、一八日には南京国民政府を樹立して、二月二一日に成立した武漢国民政府と対立するのである。

ドイツの対中国通商政策、ひいては外交政策は、通商利害を重視し、アメリカの主唱する「門戸開放」に賛同し、中立政策を堅持するというものであった。このような方針は、一九二七年二月、外務省の局長ヴァルロートによって繰り返されていた。彼はロンドンの大使館に宛てた文書において、とくにこの間の中国国内の諸政権の対立および中英間の対立に触れ、ドイツの対中貿易のために英中間の対立が平和的・理性的に解決されることを望みつつ、これまでの中立方針を堅持する旨記していた（Wallroth an London, 12. Februar 1927, *ADAP*, B, IV, S. 294-296）。

だが、中国国内の諸政権に対する中立政策は、いまや維持されがたくなった。

政策再検討の契機を与えたのはボイェである。彼は四月一二日付けの本省宛ての電報において、北京政府重視の方針を堅持しつつ、南の国民政府は容共的であるとして、これまでの承認時期尚早論以上に国民政府に厳しい態度を表明した。さらに彼は暗に、国民政府承認に傾いている東アジア担当トラウトマンの更迭を要求した（Boyé an AA, Telegramm, 12. April 1927, R35672）。これに対して次官シューベルトはトラウトマンを更迭するつもりはないとただちに回答した（Schubert an Boyé, Telegramm, 14. April 1927, R35672）。

さらに、シューベルトはボイェ個人に宛てた長文の電報で本省の方針を示した。すなわち、第一に、国民政府についてゾルフ経由の日本外務省の認識を紹介しつつ、それがボルシェヴィズムの支配下にあるとの見方を否定した。日本も国民政府と一定の関係にあり、イギリスも国民政府に必ずしも強硬ではないというのである。第二に、トラウトマンについて、東アジア部門の責任者としてシュトレーゼマンおよびシューベルトと緊密に連携しており、仕事ぶりも有能かつ一貫しているとして、彼をあらためて擁護したのである（Schubert an Boyé, Telegramm, 14. April 1927, R35672; *ADAP*, B. V, S. 182-185）。

皮肉にも、ボイェが電報を発したのは蔣介石の反共クーデターの起きた日であった。その翌日、四月一三日、外務省は「南方政府の承認」（Anerkennung der Südregierung）および「ワシントン条約への加入」（Beitritt zum Washingtoner Abkommen）と題する二通の文書を、トラウトマン名で全世界の公館（北京を除く）に送付した（Trautmann an sämtliche Missionen außer Peking und Konsulate Manila, Singapore, Batavia, Melbourne, 13. April 1927, R95000）。後者の「ワシントン条約への加入」と題された文書は、九カ国条約加入問題に関するものであり、ドイツの九カ国条約への加入に反対する中国の誤解を解かねばならないことを指摘するとともに（第一節2（3）、参照）、いまだ法案を議会に提出していない現状が記されている。

前者の「南方政府の承認」と題された文書こそ、北京からのボイェの態度表明に内容的に答えるものであった。その主旨は次のごとくである。国民政府の承認およびドイツの九カ国条約への加盟につき、議会で質問があった時点から、事態は大きく変化した。承認という形式問題よりも、協定関税の撤廃と関税自主権の回復、治外法権・領事裁判権の撤廃など、要するに中国の主権回復が前面に出て来た。国民政府の承認という形式的な問題は、後景に退いたのである。

国民政府と関係の深いロシアでさえ、これらの実質的な問題については公式に態度を表明していない。われわれの側では、漢口総領事がすでに国民政府との関係を構築している。結論は次のごとくである。「承認がいつ許され、またいつなされるかについては、確固たる国際法的な規則が存在する。時期が到来し次第、われわれは承認を躊躇しないであろうし、この点でどこにも遅れをとることはないであろう」(Trautmann an sämtliche Missionen außer Peking und Konsulate Manila, Singapore, Batavia, Melbourne, 13. April 1927, R95000)。

おわりに

ドイツはヴェルサイユ体制──ドーズ案によって修正されたそれ──の下、ヴァイマルの総路線を歩んだ。その一環としてのシュトレーゼマン外交と呼ばれた賠償履行政策において、通商政策は重要な役割を担うことになった。一九二〇年代央までにドイツ経済は再建軌道に乗り、ドイツ企業は東アジア市場に復帰することになった。ドイツ政府の対東アジア通商政策も再始動した。それはヴェルサイユ＝ワシントン体制の下、ただしそのアウトサイダーとして、しかも大戦前のような政治・軍事力の裏付けを欠くものとして遂行された。ドイツの対東アジア外交はもっぱら通商利害を追求し、そのかぎりでアメリカ主唱の「門戸開放」に賛同し、中立を堅持するものであった。通商政策もその方針に従った。

一九二五年一〇月に開催された北京関税特別会議は、ワシントン会議で課題とされた中国の関税改訂を目的とするものであったが、ドイツ通商政策の東アジアにおける展開にとっても重要な意義を持つものであった。中国およびアメリカそれぞれのイニシアティヴにより、ドイツにはオブザーヴァー参加および九カ国条約への加入──それにともなう会議への正式参加──の可能性があったが、その動きは頓挫し、結局、ドイツは外部からの観察者として会議に関わることになった。その際のドイツの観察対象は列強それぞれの動きにあり、列強の政策上の差異に着目することになった。

その根底には、どの列強に追随するか――アメリカか、イギリスか、日本か――という意識があった（第一節）。

北京関税特別会議において、列国は中国の要求に応じ、その関税自主権の回復を承認したが、ドイツが着目したのは、それよりも関税率それ自体であり、とくに中国が関税自主権を回復するまでの暫定期間中の関税率であった。この点をめぐっては、日本が二・五％水準に固執したが、ドイツ公使ボイェの見方によれば、日本は「独自の立場」をとり、「独自の役割」、そして「独自の計画」を追求した。その結果、ドイツの観察では、米英対日本という対立構造が鮮明になった（第二節）。

会議が無期休会となった後、一九二六年九月、国民政府は内実においてワシントン条約で約束された付加税と異ならない付加税の徴収を通告し、一〇月にはこれを実施した。これに対して、イギリスは海関をめぐる自らの利害を擁護することを目指して「独自の政策」を追求し、さらにアメリカは中国に好意を示す単独行動をとった。アメリカの動きはドイツが北京会議開催以前からとくに注目していたところであったが、その新たな単独行動はドイツのさらなる関心を惹いた。追随すべき列強はどこかというドイツの潜在的な意識がいまや顕在化した。一九二七年四月の時点では、日本はドイツの視界から消えつつあり、アメリカとイギリスが残った（第三節）。

ドイツの通商政策、ひいては外交政策にとって、ドーズ案によるヴェルサイユ体制の修正およびワシントン体制におけるイニシアティヴという二重の意味で、アメリカは重要な位置を占めていた。そのようなアメリカへの追随が鮮明になるのは、一九二八年七月の米中条約に追随しての八月の独中関税条約調印の際であるが（工藤二〇一一、一一九－一二三頁、工藤二〇一七、一一九－一二三）、それはすでに指呼の間にあった。

■注

（1）「現実」五％が従価五％を意味することについて、末廣（一九二五、六九七頁）、参照。

(2) 国際会議の開催による多角的解決という案は、すでに大戦前の列強と中国とのあいだの条約改正交渉に際して清朝の側から出されていた。これに対してドイツは賛意を示したが、イギリスやアメリカは否定的であった(小池 二〇一五、一八一‐一八九頁)。

(3) 治外法権問題に関する会議について、臼井(一九七二、二三三‐二三五頁)、服部(二〇〇一、一六三‐一六九頁)、参照。

(4) 「外交団会議は世界唯一の外交機関団体であって、十人以上の各国公使の中、日、英、米、仏、伊五公使の外、主席和蘭公使の六人が最も重要な位置を占めていたので、これを世界では老舗(Old firm)と称していた——英国ランプソン、米国マクマリー、仏蘭西マルテル、伊太利チェルッテー、和蘭ウーデンダイク、日本芳澤——である」(芳澤 一九九〇、八〇頁)。

(5) 駐独大使本多熊太郎は次のようなうがった見方を示している。「支那関税会議ニ関シ独逸輿論ノ一角ニハ独逸カ同会議ニ参加セサルニ対シ不満ノ声ヲ放ツモノ無キニ非スト雖夫レト無ク探知ノ結果ニ依ルニ寧ロ会議ニ参加セサルコトヲ幸ト為シ居ルカ如シ即チ参列国ハ支那ニ同情スト揚言スルモ其重要ナル利益ハ飽迄モ擁護スヘキヲ以テ独逸ノ利益モ同時ニ擁護セラルル結果ヲ齎スヘク又何等会議ヨリ生スル支那ノ失望ハ参列国ニ対スル反感トナリ会議圏外ノ独逸ハ却テ反射的ニ支那ノ親シミヲ受クルコトアルヘシトノ意見ナルカ如シ」(本多発幣原宛、電報、一九二五年九月一一日、『日本外交文書　大正一四年第二冊下巻』一〇五四‐一〇五五頁)。

(6) 批准されたとの誤解は、ヴァイマル期ドイツの外交政策に関するKrüger (1985, S. 326)にも見える。あわせて、工藤(二〇一一、二四二頁)での、九カ国条約に加入したとの記述を訂正する。

(7) 「日置は、日本としては第一案を主張すると告げたのである」(臼井 一九七二、二四一頁)。日置による理由付けは同頁に詳述されている。

(8) 沈(一九六六、七九頁)では、天然インディゴおよび人造インディゴが挙げられている。インディゴ以外の染料は挙げられていない。改訂前のリストであろう。

(9) 北京関税会議における染料をめぐる中国とドイツの応酬については、中国が一九二四年の日本の農商務省令を参考に輸入規制を図った事実をも含め、別稿の課題としたい。

(10) 「つまり過渡期間の二分五厘に対し、中国側は非常に不満であったのである。日本案と比較して米国案は、三年後に完全に自主権を回復し得る望みがある点で次第に支持を得つつあった。日置ら日本全権も、このような事情を幣原外相に具申し、なんらかの態度の緩和の必要性を示唆したのであるが、幣原外相はむしろ二分五厘の限度を維持する姿勢を堅持したのである。／一一月一九日、自主権承認の決議が採択されると幣原外相は、早くも会議の早期終了を画策するにいたった」(臼井 一九七二、二四五頁)。

(11) 「一一月一七日、日本が出した動議では、釐金の廃止と関税自主権の付与が単に併記されていただけであった。そして、密接に協調しているとイギリスが信じていたアメリカ代表団はすぐに日本の提案を支持し、動議は可決された」（後藤 二〇〇六、八七頁）。だが、ボイェの報告を信ずれば、アメリカとイギリスとの間に溝はなかった。ちなみに、服部（二〇〇一、一六六頁）では次のように記述されている。「アメリカ案が、一二・五％までの輸入課税を認めると同時に釐金を廃止させるとしていたのに対して、イギリス側は『王正廷等の急進派』に対する不信感を当初懐いていた。その後、会議開催から一カ月を経て、チェンバレンは釐金廃止に合意することでケロッグの立場に接近していった。かくして米英両国は高率関税の容認で一致する方向にあったが、……」。

(12) 一一月一九日の小委員会での議決は「日本の仲介」によるものであるというのが、日本での通念であるが（例えば、馬場 一九七七、三七五頁、参照）、これはもっぱら日本側当事者の認識に依ったゆえであろう。ドイツ史料から明らかになるのは、米英蘭間には対中譲歩ですでに合意があったこと、しかもそれは日本の「これみよがしの」対中譲歩への対抗であったということであり、むしろ日本と米英との対抗ないし対中譲歩における競争の側面を見なければならない。すくなくとも仲介者としての日本の役割は割り引かねばならない。

(13) 近年の日本における研究では、中国に対して一定の条件付きながら関税自主権を一九二九年一月から付与することを原則として承認したことが、北京関税特別会議の意義として評価されている。久保（一九九九、四八頁）、服部（二〇〇一、一六七頁）、参照。ただし、このような評価はすでに臼井（一九七二）が披瀝していた。「一九二九年一月の中国の関税自主権実施の原則的承認や、七種差等税率の意見一致等が、主たる収穫といえよう」（臼井 一九七二、二五四頁）。ボイェ、そしてトラウトマンの評価はこれらの見方と符合している。臼井（一九七二）はさらに、「この会議の基本的な意義は、列国が、まったく脆弱な形骸のみの北京中央政府を相手として、ともかく数ヶ月にわたって自主権につながる関税改訂交渉を継続したという事実そのものに見られよう」（臼井 一九七二、二五四頁）とも評価している。

(14) 広東付加税をめぐる過程は、北京会議の意義を探るためにもその検討が不可欠であるが、邦語文献ではイギリスの政策を追った論考がこれを取り上げている。後藤（二〇〇六、九〇－九四頁）、西田（二〇〇一、一〇五－一〇七頁）、宮田（二〇〇六、一二八－一三二頁）、古瀬（二〇〇六（二）、二四－二八頁）などを参照。ただし、詳細な記述は見当たらない。郭（二〇一一）にはイギリスの「一二月メモランダム」へのごく簡単な言及はあるものの（郭 二〇一一、一〇八頁）、当該問題に触れるところはない。

(15) 広東付加税は海関以外の国民政府独自の組織によって徴収された。国民政府は広東以外でも同様の措置をとり、また国民政府以外の地方政権もこれに倣った。このことが契機となって、イギリスは海関擁護を前面に押し出した新たな政策を追求するに至る。岡本（二〇〇五、四六－四八頁）、古瀬（二〇〇六（二）、二六－二七頁）、参照。

(16) 共同抗議文の送付に至る曲折に満ちた経緯については、ほぼ同じ頃、芳沢も本省に報告していた。芳沢発幣原宛、広東政府ノ付加税実

施問題ニ関スル経過概要報告ノ件、一九二六年一一月一五日、『日本外交文書　大正一五年第二冊下巻』一一〇〇－一一〇九頁、参照。

(17)　この間、一〇月二〇日、北京政府外交部は日本公使館に対する通牒により、一八九六年通商条約の抜本的な改定を要求した（Boyé an AA, Telegramm, 20. Oktober 1926, R105587）。そこから日中間の通商条約交渉が開始される。ボイェもその後この交渉の経緯を追跡しているが、ここでは立ち入らない。いまひとつ、中国はベルギーに対して一八六五年通商条約の失効を一方的に通告した（Boyé an AA, Telegramm, 7. November 1926, R105587）。これも重要な問題であるが、ここでは立ち入らない。いずれも中国（北京政府）の攻勢を意味している。

(18)　イギリスの新提案（一二月メモランダム）の発表の経緯について、河合（一九七八、一六七－一七二頁）、後藤（二〇〇六、九四－九五頁）、古瀬（二〇〇六（二）、二九－三七頁）、参照。その意義付けについて、これまでの諸研究をごく単純化して分類すれば、従来のイギリスの政策からの連続性を強調する見解として、入江（一九六八、一〇〇－一〇一頁）、古瀬（二〇〇七、九六－九七頁）、西田（二〇〇一、一〇七頁）、宮田（二〇〇六、一三五頁）があり、これに対して従来の路線からの断絶ないし飛躍、ワシントン体制からの離脱を強調する見解として、河合（一九七八、一六六頁）、後藤（二〇〇六、九六頁）、阿曽沼（二〇〇九（二）、六五頁）がある。

(19)　芳沢自身、関税会議の継続を断念して日中通商条約改定交渉を重視すべきであると本省に具申していたが、幣原はこれを取り上げなかった（西田 二〇〇一、一〇八－一〇九頁）。

(20)　声明にはワシントン付加税の即時実施は盛り込まれなかった。国民政府が一二月メモランダムに軍閥をも利するとして批判的であったことを考慮し、即時実施に前向きな原案をケロッグが修正したのである。幣原は声明を歓迎した（西田 二〇〇一、一〇九頁）。研究史を一瞥すれば、「この声明に関し、従来の歴史家は米中友好の一大文献として取扱ってきたが、実際には当時のアメリカ外交の直面した難題を卒直に表わしたものととるべきであろう」、あるいは「一二月のイギリス覚書と同様ケロッグ声明は従来の政策方針をくり返し明らかにしたものであるといえよう」（入江 一九六八、一〇七、一一〇頁）とする連続説に対して、次のような断絶を強調する見解がある。「これ［ケロッグ声明――引用者］は英国による『一二月覚書』単独公表に触発され、米国が形成した独自の対中国基本方針である。それは、米中二国間交渉も辞さないとしており、列国協調を前提とした『一二月覚書』とはその点において異なるものであった。……列国統一を目指した『一二月覚書』は、米国による『ケロッグ声明』を誘発し、皮肉にも、かえって列国協調体制を崩す方向に作用したのだった」（古瀬 二〇〇六（二）、三八－三九頁）。ドイツの観察に沿うかぎり、断絶面を強調すべきである。

■史料

Politisches Archiv des Auswärtigen Amts (PAAA).
R35672, R35843, R94998, R94999, R95000, R105587.

■史料集

ADAP Auswärtiges Amt (Hrsg.), *Akten zur deutschen auswärtigen Politik 1918-1945. Aus dem Archiv des Auswärtigen Amts.*
Serie B: 1925-1933, Band III, Göttingen: Vandenhoeck & Ruprecht 1968.
Serie B: 1925-1933, Band IV, Göttingen: Vandenhoeck & Ruprecht 1970.
Serie B: 1925-1933, Band V, Göttingen: Vandenhoeck & Ruprecht 1972.

Leutner, Mechthild (Hrsg.), Klaus Mühlhahn (Bearb.) (2006) *Deutsch-chinesische Beziehungen 1911-1927. Vom Kolonialismus zur „Gleichberechtigung". Eine Quellensammlung*, Berlin: Akademie Verlag.

FRUS United States Department of States, *Papers relating to the foreign ratations of the United States, 1927*, vol. 2, Washington, D.C.: U.S. Government Printing Office, 1942.

程道徳・鄭月明・銭戈平編（一九八五）『中華民国外交史資料選編　一九一九－一九三一』北京・北京大学出版社。

沈雲龍編（佚名編）（一九六六）『関税特別会議議事録』台北・文海出版社。

中国第二歴史档案館編（一九九一）『中華民国史档案資料匯編　第四輯』南京・江蘇古籍出版社。

外務省編（一九八四）『日本外交文書　大正一四年第二冊下巻』外務省。

外務省編（一九八七）『日本外交文書　大正一五年第二冊下巻』外務省。

■文献（欧文）

Borg, Dorothy (1947) *American Policy and the Chinese Revolution 1925-1928*, New York: American Institute of Pacific Relations, Macmillan Company (reprinted, New York: Octagon, 1968).

Fox, John P. (1982) *Germany and the Far Eastern Crisis 1931-1938: A Study in Diplomacy and Ideology*, Oxford: Oxford University Press.

Fung, Edmund S. K. (1991) *The Diplomacy of Imperial Retreat: Britain's South China Policy, 1924-1931*, Hong Kong: Oxford University Press.

Krüger, Peter (1985) *Die Aussenpolitik der Republik von Weimar*, Darmstadt: Wissenschaftliche Buchgesellschaft.

Ratenhof, Udo (1987) *Die Chinapolitik des Deutschen Reiches 1871 bis 1945: Wirtschaft-Rüstung-Militär*, Boppard am Rhein: Harald Boldt Verlag.

Schlichtmann, Klaus (1998) "Japan, Germany and Shidehara Diplomacy"（「幣原外交と日独関係」）『国際学論集』（上智大学国際関係研究所）四一号、一－一九頁。

Wright, Stanley F. (1938) *China's Struggle for Tariff Autonomy, 1843-1933*, Shanghai: Kelly.

■文献（中文）

郭恒鈺（二〇一一）「従徳国外交官的眼中看一九二七年的徳国与中国」張寄謙編『中徳関係史研究論集』北京・北京大学出版社。

李恩涵（一九九三）『北伐前後的「革命外交」（一九二五－一九三一）』台北・中央研究院近代史研究所。

唐啓華（二〇一〇）『被〝排除不平等条約〟遮蔽的北洋修約史（一九一二－一九二八）』北京・社会科学文献出版社。

■文献（邦文）

浅田進史（二〇一七）「一九二〇年代における中国市場調査――市場の再獲得をめざして」田嶋信雄・工藤章編『ドイツと東アジア　一八九〇－一九四五』東京大学出版会、四五一－四八六頁。

阿曽沼春菜（二〇〇九）「中国の関税自主権回復問題と二十世紀イギリス外交――一二月メモランダムをめぐる政治過程　一九二五－一九二八年（一）（二）（三・完）」『法学論叢』（京都大学法学会）（一）一六五巻五号、四一－五六頁、（二）一六五巻六号、五二－六九頁、（三・完）一六六巻二号、二一－四三頁。

入江昭（一九六八）『極東新秩序の模索』原書房（Akira Irie, *After Imperialism: The Search for a New Order in the Far East, 1921-1931*, Cambridge, Mass.: Harvard University Press, 1965）。

臼井勝美（一九七二）『日本と中国――大正時代』原書房。

岡本隆司（一九九五）「一九二〇年代中国の内債問題」狭間直樹編『一九二〇年代の中国』汲古書院、一八七―二一二頁。

岡本隆司（二〇〇五）「関税特別会議とイギリス対中外交」『京都府立大学学術報告（人文・社会）』五七号、三五―五五頁。

加藤栄一（一九七三）『ワイマル体制の経済構造』東京大学出版会。

河合秀和（一九七八）「北伐へのイギリスの対応――「クリスマス・メッセージ」を中心として」細谷千博・斎藤真編『ワシントン体制と日米関係』東京大学出版会、一五七―一八九頁。

北村厚（二〇一四）『ヴァイマル共和国のヨーロッパ統合構想――中欧から拡大する道』ミネルヴァ書房。

工藤章（一九九九）『二〇世紀ドイツ資本主義――国際定位と大企業体制』東京大学出版会。

工藤章（二〇〇八）「日独経済関係の変遷――対立と協調」工藤章・田嶋信雄編『日独関係史　一八九〇―一九四五（一）総説／東アジアにおける邂逅』東京大学出版会、七七―一二五頁（工藤章『日独経済関係史序説』桜井書店、二〇一一年、一七―六一頁に再録）（Kudo Akira, "Changing Japanese-German Economic Relations: Competition and Cooperation," in: Kudo Akira, Tajima Nobuo and Erich Pauer (eds.), *Japan and Germany: Two Latecomers to the World Stage, 1890-1945*, vol. 1, Folkestone: Global Oriental, 2009, pp. 44-87）。

工藤章（二〇一一）「ドイツと東アジア――一九二八年独中関税条約とヴェルサイユ＝ワシントン体制の急旋回」和田春樹・後藤乾一・木畑洋一・山室信一・趙景達・中野聡・川島真編『講座東アジア近現代通史（四）社会主義とナショナリズム――一九二〇年代』岩波書店、二二七―二四四頁。

工藤章（二〇一七）「総説二　ドイツの通商政策と東アジア　一八九〇―一九四五――崩壊・再建・変容」田嶋信雄・工藤章編『ドイツと東アジア　一八九〇―一九四五』東京大学出版会、九一―一五九頁。

久保亨（一九九九）『戦間期中国〈自立への模索〉――関税通貨政策と経済発展』東京大学出版会。

熊野直樹（一九九六）『ナチス一党支配体制成立史序説――フーゲンベルクの入閣とその失脚をめぐって』法律文化社。

小池求（二〇一五）『二〇世紀初頭の清朝とドイツ——多元的国際環境下の双方向性』勁草書房。

小瀬一（一九九七）「中国海関と北京特別関税会議」『東洋史研究』五六巻二号、一五三-一七五頁。

後藤春美（二〇〇六）『上海をめぐる日英関係　一九二五-一九三二年——日英同盟後の協調と対抗』東京大学出版会（Harumi Goto-Shibata, *Japan and Britain in Shanghai, 1925-31*, London: Macmillan Press, 1995）。

末廣重雄（一九二五）「関税特別会議に就て」『経済論叢』（京都帝国大学経済学会）二一巻五号、六九五-七一九頁。

田嶋信雄（二〇〇七）「孫文の「中独ソ三国連合」構想と日本　一九一七-一九二四年——「連ソ」路線および「大アジア主義」再考」服部龍二・土田哲夫・後藤春美編『戦間期の東アジア国際政治』中央大学出版部、三-五二頁。

田嶋信雄（二〇〇八）「総説一　東アジア国際関係の中の日独関係——外交と戦略」工藤章・田嶋信雄編『日独関係史　一八九〇-一九四五（一）　総説／東アジアにおける邂逅』東京大学出版会、三-七五頁（Tajima Nobuo, "Japanese-German Relations in East Asia, 1890-1945," in: Kudo Akira, Tajima Nobuo and Erich Pauer (eds.), *Japan and Germany: Two Latecomers to the World Stage, 1890-1945*, vol. I, Folkestone: Global Oriental, 2009, pp. 1-43）。

西田敏宏（二〇〇一）「東アジアの国際秩序と幣原外交——一九二四-一九二七年（二・完）」『法学論叢』（京都大学法学会）一四九巻一号、九九-一二二頁。

日本学術振興会編（外務省監修）（一九五一）『条約改正関係　日本外交文書（七）別冊　通商条約と通商政策の変遷』世界経済調査会（川島信太郎執筆）。

服部龍二（二〇〇一）『東アジア国際環境の変動と日本外交　一九一八-一九三一』有斐閣。

馬場伸也（一九七七）「北京関税特別会議にのぞむ日本の政策決定過程」細谷千博・綿貫譲治編『対外政策決定過程の日米比較』東京大学出版会、三七五-四一七頁（Nobuya Bamba, *Japanese Diplomacy in a Dilemma: New Light on Japan's China Policy, 1924-1929*, Kyoto: Minerva Press, 1972）。

古瀬啓之（二〇〇六）「オースティン・チェンバレンと「一二月覚書」（一）（二）」『政治経済史学』（一）四八三号、一-一六頁、（二）四八四号、二三-四四頁。

古瀬啓之（二〇〇七）「英国と東アジア——一九二〇年代の東アジア政策の展開を中心に」伊藤之雄・川田稔編『二〇世紀日本と

東アジアの形成　一八六七―二〇〇六』ミネルヴァ書房、八八―一〇七頁。

宮田昌明（二〇〇六）「北京関税特別会議とワシントン条約後の東アジア秩序の変容――イギリスの外交・帝国政策と日本」『史林』八九巻二号、二八一―三一六頁。

芳澤謙吉（一九九〇）『外交六十年』中央公論社（初版、自由アジア社、一九五八年）。


［謝辞］小池求氏（流通経済大学経済学部講師）と平野達志氏（東京大学大学院総合文化研究科博士課程）には草稿の段階で目を通していただき、それぞれに有益なご指摘とご教示を賜った。厚くお礼申し上げたい。

第七章　一九二〇年代における中国市場調査

——市場の再獲得をめざして

浅田進史

はじめに

一九一四年八月一日、ドイツによる対ロシア宣戦布告は、バルカン半島をめぐる局地紛争を欧州大戦へと拡大させ、さらに世界戦争を惹起した。この第一次世界大戦は、ドイツの対東アジア経済関係、とくに本章が扱う対中国経済関係を一時的に壊滅させるものであった。それは、アヘン戦争以来七〇年以上もの間、ドイツ経済勢力が中国市場で築き上げてきた基盤の消失を意味した。

一八九七年一一月一四日の軍事占領以降、ドイツの実質的な植民地統治下にあった膠州湾租借地、そしてドイツ資本によって建設・経営された山東鉄道ならびにその沿線鉱区は、東アジアにおけるドイツ帝国主義を体現するものであった。これらは第一次世界大戦の勃発を中国大陸での勢力拡大の絶好の機会と捉えた日本によって占領されることになった。しかし、中国市場におけるドイツ経済勢力の基盤は膠州湾租借地および山東経済利権にとどまらない。第一次世界大戦の勃発までに、ドイツ系の商社、銀行、工業界は、イギリス植民地であった香港、上海共同租界、天津、漢口のドイツ租界、あるいは広州、煙台ほか対外貿易に開放された租界を中心に広範な事業網を展開していた（浅田 二〇一一、第六章）。第一次世界大戦は、これらすべてのドイツ経済勢力の事業網を断絶した。第一次世界大戦以前、ドイツ事業者数は三〇〇弱あったが、一九一九年にはわずか二を数えるのみにまで落ち込んだのである（Leutner/Steen 2006, S. 335）。

第一次世界大戦まで、ドイツ経済勢力は帝国主義列強の一員として、東アジア、なかでも中国市場に巨大な潜在的市場を見出し、その影響力を拡大してきた。しかし、第一次世界大戦での敗北によってその基盤を失ったドイツは、列強としての地位を失い、ヴェルサイユ体制下で敗戦国の立場へ追いやられた。一九二一年五月二〇日にドイツ・中国間で締結された条約は、戦争賠償および戦時に接収されたドイツ籍民の財産返還を規定しただけでなく、ドイツ経済利権の放棄、治外法権の撤廃、関税自主権の承認といった対等な二国間関係を約束するものであった（唐 二〇一〇、一〇〇－一〇四頁、工藤 二〇一一、一三二頁）。もはや第一次世界大戦以前のように、ドイツは権力政策を前提として東アジア市場に参入することが不可能になったのである。大戦後に東アジア市場へふたたび参入する際、ドイツ系企業は戦前とはまったく異なった前提条件に置かれていたといえよう。

さらに、第一次世界大戦の間、ヨーロッパから東アジア向けに輸出されていた工業製品の輸入が落ち込んだことから、中国経済は輸入代替工業化の道を進むきっかけをつかんだ（加藤・久保 二〇〇九、四二－四三頁）(1)。日本経済は、重化学工業部門での輸入代替工業化が進むとともに、交戦国であるヨーロッパとアジアへの輸出ブームを経験した（杉山 二〇一二、二九七－三〇〇頁）。この点も、ドイツ経済勢力にとって、もとの東アジア市場に戻るというよりは、新たな経済的条件への適応を要求するものであった。第一次世界大戦後に中国市場へふたたび参入することになったドイツ系企業は、日本およびアメリカ合州国の企業の市場シェアの拡大に加えて、この中国の輸入代替工業化の進展に直面し、新たな対応を迫られたのである。

これまでの研究で指摘されている通り、敗戦国としてヴェルサイユ体制の制約下に置かれたドイツにとって、中国はソ連と南米諸国と並ぶ重要な市場であった（Ratenhof 1987, S. 280）。ヴェルサイユ体制から排除された、あるいは中立的とみなされたこれらの国々は、ドイツにとって原則的に敵国ではないと考えられたからである。さらに、一九世紀末以来、中国はドイツ経済にとっての一次産品調達市場および工業製品輸出市場として期待されており、本章が扱う中国市場への関心は第一次世界大戦以前から脈々と受け継がれていた。

それでは租借地・租界を喪失し、賠償問題によって制約されたことで金融帝国主義としての力も発揮できなくなった、かつての帝国主義国家に属したドイツ経済勢力はどのようにその事業網を再建していったのか。本章は、一九二〇年代に焦点を合わせ、ドイツ経済勢力が中国市場競争へふたたび参入する際に、現場でどのような課題に直面し、その克服のために市場をどのように分析していたのかを明らかにする。

この課題に応えるために、本章では、在中国ドイツ領事館および現地の情報提供者によって作成された中国市場調査を取り上げたい。これまでの研究では、一九二〇年代のドイツ経済勢力は、中国市場への再参入に際して、政権による表立った支援を敬遠していたと理解されている。それは、ヴァイマル共和国に対して経済界が不信感をもっていたこと、また政権と距離を取る方が戦争賠償問題に制約されずに東アジアで地歩を固めることができると考えられていたからであったという。しかし、対外貿易に関していえば、各分野の商工業界は、ドイツ本国の外務省およびその関連支部局、そして在外公館と密接に連絡を取り合っていた（Ratenhof 1987, S. 280-282; Leutner/Steen 2006, S. 335-336; 工藤 二〇一七a、一〇四－一〇五頁）。とくに、中国に点在したドイツ領事館を通じた現場からの中国市場情報は、ドイツ国内の様々な産業分野で高く評価されていた。一九二〇年代は、中国市場へふたたび参入しようとしたドイツ経済勢力が、戦争によって断ち切られた事業網を再構築した時期であったといえよう。

本章で分析する資料は、ドイツ外務省政治文書館に所蔵されている北京公使館関係史料中の「ドイツ産品輸入・販売可能性（Einfuhr- und Absatzmöglichkeiten für deutsche Waren）」と題されたファイルである（PAAA, Peking II, 2706-2708）。「ドイツ産品輸入」と記されているが、もちろんここではドイツ製品の対中国輸出・販売拡大が問題となっている。この文書群は、一九二〇年九月から一九三三年八月までを対象としており、ドイツ本国の様々な業界および個別企業から依頼された中国市場調査に関する報告が収められている。これらの市場調査報告から、ドイツ経済勢力が中国市場へふたたび参入する際に、現場でどのような課題に直面していたかについて明らかにしたい。

まず、次節では、第一次世界大戦前後のドイツ・中国関係について概観する。その際、大戦勃発以前にドイツ経済勢力がどのように事業網を築いたかを、老舗ドイツ商社を事例に説明し、またその事業網が戦争によって断絶する過程を簡潔に述べていく。そのうえで、一九二〇年代に再建されたドイツ・中国間貿易の構造を整理する。続いて、第二節では、中国に駐在したドイツ外交代表部、すなわち公使館、総領事館、領事館が中心となって作成した市場調査が、その開始から徐々に制度化されていく過程を明らかにする。そのうえで、その市場調査資料をもとに、一九二〇年代初頭にドイツ企業が中国市場に抱いた期待と直面した困難について論じていく。第三節では、市場調査が行われた品目のうち、ドイツ・中国貿易関係の主要な輸出品であった紙製品、自動車、自転車、工作機械の四品目について、その市場調査報告書を分析する。最後に、これらの分析をふまえて、一九二〇年代のドイツ経済勢力による中国市場への再参入の歴史的意義を論じたい。

一　第一次世界大戦前後——経済関係の断絶と再開

1　第一次世界大戦以前の中国におけるドイツ事業網の形成

アヘン戦争を契機として、一九世紀半ば以降、ドイツ経済勢力は東アジアでの事業基盤を築き上げていった。第一次世界大戦以前に、中国では沿岸部の開港場を中心に、ドイツ商工業および銀行の事業網が形成されていた。とくに、一九一〇年前後から第一次世界大戦の直前まで、ドイツの対中国貿易は急速な拡大をみせていた。輸入額では、一九〇四年の三九六〇万マルクから一九一三年に一億三〇〇〇万マルクへと三倍以上も、輸出額では、同じ期間に五二九〇万マルクから一億二二八〇万マルクへと二倍以上も増加した（浅田 二〇一一、一九〇－一九二頁）。先行研究では、一九一三年の中国対外貿易に占めるドイツ輸出入額の割合は一〇％程度と見積もられている（Ratenhof 1987, S. 244）。

一九世紀末から二〇世紀初頭にかけて、ドイツの重化学工業化が急速に進展するとともに、中国はその重要な輸出市場とみなされるようになった。中国での鉄道事業の本格化をみすえて、一八八九年、ドイツ最大手の金融機関であったディスコント・ゲゼルシャフトの主導のもとで、ほぼすべての主要な金融機関が出資する形で、ドイツ・アジア銀行が設立された（Schmidt 1976, S. 48-50; Barth 1995, S. 29-42）[2]。ドイツ・アジア銀行は、一八九七年の膠州湾占領事件とその後に締結された膠州湾租借条約によって進められた山東鉄道事業の中心的な出資機関であり、同時期に交渉が開始した華北・華中を結ぶ津浦鉄道事業でも中心的な役割を担った。ベルリンで設立され、上海で事業運営を開始したドイツ・アジア銀行は、一九一一年までにカルカッタ、天津、漢口、青島、香港、済南、北京、横浜、シンガポール、広州と順に支店を開設することでアジア事業網を形成し、アジア市場、とりわけ中国市場へのドイツ資本の参入を促した。一九一四年のドイツの額面上の対中国政府借款は一億二七六〇万ドルと見積もられ、イギリスの二億七五〇〇万ドルに及ばないものの、フランスの一億一一四〇万ドル、ロシアの三二八〇万ドル、日本の九六〇万ドルを抑え、全体の二五・七％を占める第二位となっていた（Leutner/Steen 2006, S. 329-331; Ratenhof 1987, S. 247; Remer 1933, p. 138）。

第一次世界大戦以前のドイツ・中国間貿易の特徴をみてみよう。まず、中国産品のドイツ輸入では、一九一〇年前後から中国農畜産品、なかでも植物性油および植物性油脂加工品の原料となる胡麻、大豆、落花生が急激に伸びていた。たとえば一九一三年のドイツの胡麻輸入額のうち、中国は三〇〇四万マルクを数え、およそ七割を占めていた。これは、第二位の英領インドの一一八四万マルクを大きく引き離す数値であった。同年の大豆の場合、中国は一八二四万マルクでおよそ八割を占めている。そのほか、鶏卵、牛皮、原綿、絹布絹糸なども伸びていた（浅田 二〇一一、一九五－一九六頁）。

これに対して、ドイツ産品の対中国輸出の場合、政治権力を介した鉄道事業や軍需産業と並んで、この時期に急激に伸びたのは化学染料であった。ドイツの対中国輸出は、一九世紀末以降に化学・電気工業などのいわゆる新産業分野で世界市場をリードしたドイツ経済の特徴をあざやかに映し出していた。化学染料分野でほぼ独占的な地位を築いていたドイツの化学染料の輸出先として、中国市場はきわめて重要な位置を占めていた。一九一三年の時点でドイツのアニリン染料の対中国輸出額は、二八二二万マルクのアメリカ合州国、二二四八万マルクのイギリスに次いで一九〇六万マルクを数え、第三位となっていた。合成インディゴの場合、同年のドイツ輸出額は約半分の二六八七万マルクを輸出していた。また、電気関連資材の輸入も緩やかながら上昇していた（浅田 二〇一一、一九六－一九八頁）。この時期のドイツと中国は、それぞれ特定の品目を通じて、第一次産品と工業製品の輸出入関係という古典的な国際分業関係を結んでいたといえるだろう。

このドイツ・中国間貿易の担い手は、現地の中国商人と取引関係を結ぶことで販路を獲得したドイツ商社であった。主にハンブルクとブレーメンを出自とするドイツ商社は、香港などの植民地、上海、広州、煙台、天津、漢口などの租界あるいは青島、旅順、大連などの租借地に店舗を構え、事業網を築き上げた（表7－1参照）。

ここで、ドイツの代表的な在中国老舗商社であるジームセン社（Siemssen & Co. 禪臣洋行）とカルロヴィッツ社（Carlowitz & Co. 礼和洋行）の事例を紹介したい。

一八四六年一〇月一日、ジームセン社は、広州でハンブルク出身のジームセン（Georg Theodor Siemssen）によって設立された。一八三七年、ハンブルク商社ロース・ヴィダル社（Roß, Vidal & Co.）の指示で、彼は英領インドを経由して太平洋へ航海を行った後、一八四一年、バタヴィアのT・E・ヴィダル社で職を得た。その後、独立して広州で開業し、対中国貿易事業を展開した。当初、中国からの主要な取扱商品は香辛料、砂糖、竹、茶であり、中国への輸入取扱商品は東南アジア米、イギリス産石炭、繊維製品であったという。一八五〇年代以降、香港、上海、福州、漢口、寧波、厦門、天津と次々に支店・系列店を構え、開業後二〇年間弱で中国沿岸の主要な開港地を結ぶ事業網を形成し、イギリス

表7－1　在中国有力ドイツ商社の事業網（1912年）

企業名	中国名	本店	1912年時点の中国支店網
Anz & Co.	盎斯洋行	煙台	青島
Sietas, Plambeck & Co.	哈利洋行	青島	煙台，旅順，済南，天津
F. Schwarzkopf & Co.	順和洋行	青島	上海，漢口，広州，香港，済南，北京
Diederichsen, Jebsen & Co.	捷成洋行	青島	上海，北京，天津，漢口，済南，煙台
Carlowitz & Co.	礼和洋行	香港	上海，漢口，長沙，重慶，広州，青島，済南，天津，北京，牛荘，奉天
Siemssen & Co.	禪臣洋行	香港	上海，広州，寧波，漢口，青島
Arnhold, Karlberg & Co.	瑞記洋行	上海	漢口，長沙，重慶，広州，香港，青島，済南，天津，北京，牛荘，奉天，大連
Carl Bödiker & Co.	不明	ハンブルク	広州，香港，青島
E. Meyer & Co.	世昌洋行	天津	青島
Sander, Wieler & Co.	和康洋行	香港	上海，広州，香港，青島，天津
A. Ehlers & Co.	愛礼司洋行	上海	青島，天津，漢口，寧波
Melchers & Co.	美最時洋行	香港	上海，宜昌，重慶，広州，青島，天津

出典：浅田（2011）210頁.

のジャーディン＝マセソン社と競合するまでに拡大した。ジームセンは、一八五八年にハンブルクへ戻り、同地でハンブルク支店を構え、欧米市場での直接の事業取引を開始した。ジームセン社は、東アジア航路向けのハンブルク海運業を掌握したという。中国での事業は、ニッセン（Woldemar Nissen）が総括した。彼は香港上海銀行の設立に関与し、第一次世界大戦勃発まで同銀行の監査役会のメンバーであった。大戦前までジームセン社は、香港経済・社会で傑出した地位にあったと評されている。一八七〇年代以降、事業の中心は中国の工業化の進展に合わせて、機械や機械設備といった資本財の代理輸入業となった（Eberstein 1988, S. 37-40）。

一八四六年一月一日、ジームセン社に先行する形でカルロヴィッツ＝ハルコルト社（Carlowitz, Harkort & Co.）は広州で設立された。きっかけは、一八四四年にライプツィヒの商社C・ヒルツェル社（C. Hirztel & Co.）とカール＆グスタフ・ハルコルト社が組織したアジア市場調査遠征に、ドレスデン出身のカルロヴィッツ（Richard von Carlowitz）が参加したことであった。ハルコルト（Bernhard Harkort）とともにカルロヴィッツは事業を開始したが、後の一八五五年にカルロヴィッツ社（Carlowitz & Co.）と社名を変更した。一八六一年に、プロイセンによって派遣されたオイレンブルク使節団が清と天津条約を交わした後、同社はおよそ半世紀をかけて香港、上海（一九〇五年末以降、広州から本社移転）、天津、漢口、青島、済南、重慶、北京、奉天（現瀋陽）へと支店を開設し、事業網を形成した。カルロヴィッツ社の特徴は、李鴻章のような政治権力やドイツ本国の大企業と密接な関係をもつことで事業を拡大したことにあった。ハンブルク＝アメリカ郵船会社やクルップ社の代理業者を務め、またアヘン貿易や契約労働者の輸送、すなわち苦力貿易、なかでも軍需品輸入業で重要な地位を築いていた（Eberstein 1988, S. 53-58）。

ドイツ工業製品は、主にこれらのドイツ商社とその中国人仲介業者を通じて中国市場での販路を開拓した。当時、ドイツ側では中国機械輸入の五〇％がドイツ製との見方があった（Ratenhof 1987, S. 244-245）。しかし、ドイツ工業界のなかには、ドイツ商社がドイツ工業界の利益を十分に代弁していない、という不信感も存在した。一九一三年にドイツ商社は、中国への外国輸入品の一九％を取り扱っていたが、そのうちドイツ製品の割合はわずか七・八％にすぎなかったという（Kirby 1984, p. 13; Leutner/Steen 2006, S. 329）。ドイツの電機産業を代表するジーメンスやＡＥＧ《アーエーゲー》の二社は、ドイツ商社による代理業を飛び越して、自ら中国に支店網を設置した。ジーメンスは一九〇四年に上海に常設支店を構え、一九一〇年にジーメンス・チャイナ・エレクトリカル・エンジニアリング社を設立し、一九一四年にジーメンス・チャイナ社（Siemens China Co.）と改称した。第一次世界大戦勃発までに北京、天津、漢口、青島、成都、長沙、香港、広東に事務所を構え、自社独自の中国事業網を構築していた。同時期にＡＥＧも、広東、長沙、重慶、大連、漢口、香港、奉天（現瀋陽）、南京、北京、上海、天津、済南、青島に拠点を有していた（Mielmann 1984, S. 90, 95; Leutner/Steen 2006, S. 329）。

2　第一次世界大戦の勃発——経済関係の断絶から再開へ

第一次世界大戦の勃発は、ドイツ経済勢力がつくりあげてきた中国での事業網を一時的に断絶するものであった。一九一四年八月六日、中華民国北京政府は、袁世凱の名のもとで「局外中立条規」を発した。この宣言は、列強どうしのヨーロッパでの戦争から東アジアを切り離すことを意図したものであった（小池 二〇一四、二二四－二二六頁）。しかし、その翌日から八日にかけての臨時閣議で対ドイツ参戦を決定した日本は、八月一五日、対ドイツ最後通牒を発し、膠州湾租借地のドイツ艦船の退去あるいは武装解除と、膠州湾租借地の引き渡しを要求した。この軍事行動の目的は、膠州湾租借地だけではなく、山東鉄道および沿線の鉱山区域の占領も含むものであった。山東半島へ派遣された日本軍は、中国側の抗議を無視して、一〇月上旬までに先に山東鉄道全線を占領し、その後に膠州湾租借地への総攻撃を開始した。一一月七日、青島は陥落した。膠州湾租借地および山東鉄道沿線のドイツの官民財産は、日本によって接収されることになった（斎藤 二〇〇一、第一章）。

この日本の軍事行動によって、山東でのドイツ勢力の基盤は崩れ去った。また、八月七日にイギリスが自国主権内での対ドイツ通商禁止措置を進めたことによって、ドイツ経済勢力の活動は大きな制約を受けることになった（Leutner/Steen 2006, S. 333）。イギリス植民地であった香港およびイギリス租界でのドイツ商社の資産や船舶は接収された。しかしながら、一九一五年の半ばまでは、在中国ドイツ商社の貿易活動はかなり満足する結果が得られていたという。ドイツ以外の外国産品の対中国輸入業の分野では、ドイツ商社は取引を継続できた。さらに、ドイツ向けの輸送業でさえも、在庫分あるいはアメリカ合州国を通じて、ある程度調整できていた（Ratenhof 1987, S. 260-261）。しかしながら、一九一六年七月に、イギリスは、同盟国陣営の国籍民との通商禁止措置を中国に拡大したことで、ドイツ商社の活動はいっそう制約を受けることになった（Müller-Jabusch 1940, S. 250-251）。

一九一七年三月一四日、中国はドイツとの国交を断絶した（小池 二〇一四、二三〇－二三三頁）。この結果、ドイツの公使館、領事館および郵便業務が閉鎖された。さらに、中国沿岸のドイツ船舶の接収も始まり、天津、漢口のドイツ租界も管理下に置かれた(3)。そして八月一四日、中国の対ドイツ参戦によって、第一次世界大戦以前に築き上げられた中国におけるドイツ経済勢力の事業網は完全に消滅することになった。ドイツ国籍民の資産は差し押さえられ、またドイツ・アジア銀行のすべての支店は閉鎖された。本章冒頭で述べたように、一九一九年までに中国で活動するドイツ事業者数はわずか二件にまで落ち込んだのである（Leutner/Steen 2006, S. 334-335）。

第一次世界大戦が終結すると、中国で事業活動に従事していたドイツ商社は、すぐに中国への帰還を望んだ。東アジアに展開するドイツ商業界の利益を代表する東アジア協会は、はやくも一九一九年七月一八日に外務省宛に、中国への渡航許可とそのための中国側との交渉を要求していた（Leutner/Steen 2006, S. 335）。一九一九年九月一五日に、大総統令によって中国は戦争状態の停止を宣言した。これ以降、クルップは炭鉱向けの機械供給を、またカルロヴィッツ社はアメリカ製品を中国へ納入する事業を開始した。そのほかにも、日本代理店を通じて対中国貿易を再開するドイツ商社が現れた。翌年、中国は対ドイツ貿易禁止を解除し、一月一五日にはドイツ製品の関税率を一〇～二〇％に固定する命令が発せられた（小池 二〇一四、二三八頁、工藤 二〇一一、二三二－二三三頁、Ratenhof 1987, S. 283-285）。

そして、一九二一年五月二〇日にドイツ・中国間で平等な関係を確認した通商条約（中独協定）が締結された（唐 二〇一〇、一〇二－一〇三頁、小池 二〇一四、二四〇頁）。これ以降、一九二〇年代を通じて、ドイツの対中国貿易は急速に戦前の水準に回復していくことになった。一九二〇年代初頭、ドイツ本国での急激なインフレーションとマルクの価値の低落に後押しされて、中国の対外貿易に占める対ドイツ輸入額の割合は、一九二〇年の〇・七％（五四〇〇万海関両）から一九二二年には二・五％（二億四七〇〇万海関両）へと増加した（Louven 1982, S. 167）。そしてドイツ製品の対中国輸出額は、一九二六年に一億五一五〇万マルクを数え、一九一三年の一億二二八〇万マルクを超えた（表7－2参照）。

さらにいえば、一九二〇年代には、ドイツの対日本輸出の四分の一ないし三分の一が日本を経由して中国へ再輸出されていたと指摘されており、貿易統計では全体像が捕捉されにくい構造になっていた（Ratenhof 1987, S. 291）。貿易の拡大とともに、ドイツ商業会議所も、一九二二年四月に漢口、同年八月に天津、翌年四月に上海に設置された。一九二〇年に九社であった会社数も、一九二一年に九二社、一九二四年に二五三社、そして一九二八年に三一九社を数え、一九一五年の二九六社を凌駕していく。一九二三年頃にはドイツ・中国経済関係の急速な拡大は、他国から注目を浴びる

表 7－2　ドイツの対中国貿易（1913～1931 年）

単位：100 万マルク

年	対中国輸出額	%	対中国輸入額	%	対中国貿易収支
1913	122.8	1.2	130.5	1.2	－7.7
1923	102.4	1.7	97.2	1.6	5.2
1924	113.3	1.8	127.2	1.4	－13.9
1925	117.9	1.3	228.5	1.8	－110.6
1926	151.5	1.5	197.2	2.0	－45.7
1927	121.0	1.1	265.1	1.8	－144.1
1928	169.8	1.4	329.8	2.4	－160.0
1929	185.1	1.4	370.7	2.8	－185.6
1930	149.8	1.2	297.7	2.9	－147.9
1931	140.7	1.5	215.5	3.2	－74.8

注：%はドイツ総輸出額および総輸入額に占める割合．明らかな計算ミスと判断される数値は修正した．
出典：Ratenhof (1987), S. 562.

ようになっていた（Leutner/Steen 2006, S. 335-337）。

ただし、それでも中国対外貿易全体に占める割合でみれば、一九一三年の四・六％を超えたのは、ようやく一九三一年（六・五％）になってのことである。ドイツの貿易統計からみれば、ドイツは対中国貿易において一貫して入超であった（表7－2参照）。戦間期のドイツの対中国貿易構造は、全体としてドイツから工業製品を輸出し、中国から農畜産品および工業原料を輸入するものであり、第一次世界大戦以前の構造と基本的に連続していた。主な輸出品目としては、染料、化学製品・薬品、ゴム製品、紙、銅・鉄などの金属製品、繊維製品、繊維機械、電気機械・工作機械、時計、ガラス製品などが挙げられる(5)。これに対して輸入品目として、羊毛、絹、亜麻、麻、ジュート、豚毛などの獣毛、牛皮、毛皮、鉄、茶、胡麻、卵、落花生、大豆であった。とくに、満洲大豆はもっとも重視される輸入品目となった（Leutner/Steen 2006, S. 338-339; 周 二〇〇七、一三二－一三四頁、熊野 二〇〇九、一五四－一五六頁）。

二　中国市場の輪郭形成

1　市場調査の開始から組織化へ

「多くのドイツ工業部門が抱えている販売の困難は、たとえ限定的な雇用にすぎないとしても大きなドイツ労働者範疇のそれをできるかぎり長く維持できるようにするために、最大限あらゆる販売可能性を把握することを望ましいと考えさせる。ほぼすべてのドイツの機械工場を加入させているドイツ機械工業連盟（Verein deutscher Maschinenbau-Anstalten）は、そのためにドイツ機械製造の何らかの分野でドイツ会社の代理業者として考えられる、できるかぎりすべての会社あるいは個人の名称を、その管轄区域から挙げるように外交代表部に提案することを要請している」。

これは、一九二〇年九月一日に、ドイツ外務省が大使、公使など国外に駐在するすべての外交代表に宛てた文書である。そして一一月二三日に北京公使館は、この謄本を中国に駐在する領事へ送付した。ここで調査対象となった工業分野は、蒸気機関・内燃機関、水力機関、機関車、繊維機械、工作機械ほか二六項目に及んだ（AA an sämtliche diplomatischen und berufskonsularischen Vertretungen, Berlin, 1. September 1920, PAAA, Peking II, 2706, Bl. 326; Gesandtschaft Peking an Konsulate, Peking, 23. November 1920, PAAA, Peking II, 2706, Bl. 319）(6)。

第一次世界大戦直後のドイツの対外政策のなかで、東アジア、なかでも中国はどのように位置づけられていたのか。ヴァイマル期ドイツの対外政策は、ヴェルサイユ体制に対する修正主義をその基本路線としていた（Niedhart 2013, S. 17-18; 北村 二〇一四、一一八－一一九頁、工藤 二〇一七b、三九五－三九六頁）。ヴェルサイユ講和条約に調印しなかった国々は原則的にドイツと敵対する関係になかったことから、それらのなかでも、混乱したドイツ国内経済の再建に寄与する国々との関係の拡充が期待されていた。したがって、ソ連とアメリカ合州国との外交関係を強化することはもちろん、ブラジル、アルゼンチン、チリといった南米諸国と東アジア諸国、とくにヴェルサイユ講和条約への調印を拒否した中国と対等かつ友好的な外交関係を築くことが重視されたのである（Ratenhof 1987, S. 280）。

ドイツ経済にとって、中国はふたたび参入すべき重要な市場であった。新たに発足したヴァイマル共和国体制に対する不信に加えて、戦争賠償問題による経済活動への制約を懸念していたために、ドイツ経済界は、対中国経済関係の再開にあたって、政治が前面に出ることを望まなかった。しかしそれでも対外貿易面では、経済界は外務省および中国に駐在する公使館、総領事館、領事館と密接に連絡を取り合っていた（Ratenhof 1987, S. 280–282, Leutner/Steen 2006, S. 335-336, 工藤 二〇一七a、一〇四－一〇五頁）。経済界にとって、中国市場およびそれをめぐる経済・政治動向に関する情報収集は不可欠であったのである。そして外交担当者の側も、経済界の要望に応えて、各種の市場調査の依頼に応えて報告書を作成していくことになる。

本節冒頭で引用した機械工業界からの要請に応えた文書は、本章「はじめに」で紹介した中国市場調査関係史料を収めたファイル「ドイツ産品輸入・販売可能性」の冒頭に収められていたものである。この文書群のなかでももっとも早い市場調査報告は、ニュルンベルクを拠点とするカール・ヘッセナー金属製品工場（Metallwaren-Fabrik Carl Hessener）からの玩具市場の調査依頼に対する、当時の漢口副領事ブラクロ（Bracklo an Carl Hessener, Hankau, 13. November 1920, PAAA, Peking II, 2706, Bl. 313-316）の返答である。この文書群の最後の報告書の日付は一九三三年八月二八日であるが、業界団体あるいは個別企業からの市場調査依頼に関するファイルは、一九三三年五月二三日付の公使館作成の文書で終わっている。この文書群最後の個別企業からの市場調査依頼は、二月二一日に通商中央局を通じて、公使館宛に送付された無線会社（Telefunken Gesellschaft）の市場調査票である。この無線会社は、上海に中国拠点を持ち、南京に無線基地局を建設していた。ちなみにこの依頼への回答は、このファイルに収録されていない（Voss an Zentralstelle für Aus-

表7－3　中国市場調査の照会および回答（1920～1933年）

業種	調査依頼	年月日	回答した公使館・総領事館・領事館	回答期間
玩具	カール・ヘッセナー金属製品工場	1920/7/9	漢口	1920/11/13
機械製造一般	ドイツ機械工業連盟	1920/9/1	漢口	1920/12/13
タイプライター	ドイツタイプライター製造業者連合	1920/11/29	不明	不明
煙草製造機械	煙草製造業者（不詳）	1920/12/22	不明	不明
マッチ製造機械	不明	不明	天津	1921/3/15
紙製品	不明	1922/2/2	上海	1922/7/21
	紙加工業貿易連合	1928/6/30	上海，天津，済南，漢口，ハルビン，北京，青島，重慶，奉天	1928/8/3～1929/8/15
	リヒャルト・ベルガー紙工場	1932/10/8	上海	1932/11/24
時計	外務省ライプツィヒ通商支局	1922/9/20	上海，北京	1922/10/1～5
石鹸	不明	1922/10/31	天津	1922/12/22
工作機械	ドイツ工作機械工業会	1923/4/5	北京	1923/6/1
	不明	不明	漢口，天津	1927/11/22～12/16
フェルト製品	外務省ブレーメン通商局	不明	広州	1923/7/27
ワイン	不明	不明	天津	1923/12/18
	外務省ケルン通商情報局	1925/5/23	不明	不明
	ハンブルク商業会議所	1925/11/3	北京	1926/1/12
ラジオ・無線機器	ニュルンベルクねじ工場	1924/1/21	不明	不明
	不明	不明	天津	1925/9/5, 11/9
	外務省ニュルンベルク通商局	1926/4/10	不明	不明
	無線会社	1933/5/23	不明	不明
火薬	ヴォルフ社	1924/5/28	天津，漢口	1925/4/28, 5/15
自動車	自動車工業全国連合	1924/7/23	漢口，広州，北京，天津，上海	1924/9/24～1930/6/17
	同上（オートバイ追加調査依頼）	1924/10/17		
	Joh. Lange Sohn's Wwe 社	1927/5/17	北京	1929/9/26
	外務省シュトゥットガルト通商局	1928/11/26	天津	1929/2/14
自転車	アダム・オペル社	1929/8/15, 1930/6/10, 8/14	上海，奉天，青島，ハルビン，天津，漢口，広州，北京	1929/10/14～1930/10/3
自動車部品	通商中央局	1931/11/5	香港	1932/5/26
手動式ポンプ	外務省マンハイム通商情報部	1924/7/28	上海	1924/10/18
造幣用印刷機械	ギーゼッケ＆デブリエント社	1925/4/3	漢口，上海，天津	1925/5/14～6/22
書籍印刷機械	外務省ニュルンベルク通商局	1925/7/6	不明	不明
リトグラフ石版	外務省ミュンヒェン通商局	1925/9/30	広州	1926/1/22
電気資材	不明	不明	天津，奉天	1925/10/23, 1926/1/6
	ドイツ電線製造工場	1930/11/28, 1931/2/5	北京，上海	1931/1/13～2/2

楽器製造工業	不明	1926/2/17	済南	1926/4/30
ミシン	ムントロース社	不明	漢口	1926/5/26
	通商中央局	1932/7/18	北京，ハルビン，奉天，漢口，上海，天津，広州	1932/10/7〜12/29
発動機	不明	1926/3/31	漢口	1926/6/7
輸送機器	不明	1926/4/30	漢口	1926/6/15
道路建設	不明	不明	上海	1926/6/21
	経済通商情報業務中央局	1929/7/3	広州，重慶，北京，天津	1929/8/14〜1930/7/19
	外務省ブレーメン通商局	1930/10/31	北京	1930/12/15
金庫	不明	1926/10/18	広州	1926/12/3
写真機	不明	不明	大連	1926/12/30
手袋	外務省シュトゥットガルト通商局	1927/3/9	不明	不明
漁業	外務省ブレーメン通商支局	1927/2/9	奉天	1927/10/13
レース工業	フォークトラント製造業者保護共同体	1927/4/5	天津	1927/5/24
鉄鋼	ドイツ鉄鋼業協会	1927/6/22	上海，広州，天津	1927/8/1〜1928/3/7
	エッセン情報局	1928/3/21	不明	不明
染料	印刷塗料連合	1929/1/20	上海，漢口，北京，天津	1929/2/14〜6/3
消火器	通商中央局	1929/10/21	青島，北京，上海，済南，重慶，漢口，奉天，天津	1929/10/21〜1930/2/19
繊維ベルト	ドイツ繊維ベルト工業連合	1929/11/7	北京	1929/12/11
陶磁器	通商中央局	1929/11/27	済南，天津，重慶，広州，上海，青島，奉天	1930/1/1〜3/21
食塩	外務省マンハイム通商局	1930/4/17	北京	1930/5/6
ホップ	通商中央局	1930/7/12	上海	1930/8/23
農業用トラクター	ランツ社	1930/8/29	北京	1930/11/25
水道設備	ニーダーシュレージエン通商部	1930/10/17	済南，ハルビン，天津，上海，奉天，重慶，漢口，青島，広州	1930/11/7〜1931/2/9
化粧品	通商中央局	1931/6/8	上海，重慶，漢口	1931/7/2〜11/28
宝石類	通商中央局	1931/8/12	上海	1931/10/22
衛生教材	ドイツ衛生博物館（ドレスデン）	1931/10/22〜1932/3/1	北京，上海，ハルビン，奉天，青島，漢口，重慶，広州	1931/10/29〜1932/2/19
畜牛	通商中央局	1932/5/20	南京，北京	1932/7/4〜7/9
鉄加工品	ブルガー鉄加工工場	1932/6/13	広州，天津	1932/9/21〜10/11

注：混同を避けるため，北平への都市名変更後も北京に表記を統一している．

出典：PAAA, Pekin II, 2706-2708 の 3 つのファイルより筆者作成．

表 7-4　市場調査質問項目例

調査依頼主	ドイツ工作機械工業会	ドイツ自動車工業全国連合	外務省ケルン通商情報局	外務省ブレーメン通商支局	紙加工業貿易連合
調査依頼日	1923 年 4 月 5 日	1924 年 7 月 23 日	1925 年 5 月 23 日	1927 年 2 月 9 日	1928 年 6 月 30 日
調査項目内容	中国における工作機械輸入関係国とその主要国	車種別自動車統計	ドイツ・ワインの販売可能性についての評価	水産品輸入対象国とその品目	現地工業および第三国輸入との競争状況の有無，現地工業の規模
	優勢な機械の種類とその需要動向	人口比別自動車量	販売増加の方法	優勢な水産品の種類	現地工業の特別な優遇措置の有無
	最恵国待遇の有無とその対象国，ヴェルサイユ条約の規定による干渉の有無	対象国の自国生産規模（製造会社の情報を含む）	ドイツ会社の適切な代理業者とその獲得の方法	包装・加工の特性，それと関連する考慮すべき習慣	品質・価格面での現地工業製品のドイツ製品に対する優位の有無
	工作機械輸入緩和措置の対象国	ドイツ製品販売の展望	ドイツ・ワインの現地輸入業者	水産品輸入統計	ドイツ製品の欠点についての評価
	ドイツ製機械の輸入禁止措置および輸入認可義務の有無およびその対象	自動車輸入禁止措置	注文票・価格表の言語	価格	包装・寸法面でのドイツ製品の現地との適合性
	ダンピング条項の有無	自動車輸入関税の変更	輸入制限ないし関税賦課の観点からの特別規定の有無	関税	通常の支払・納入条件
	原産国別の工作機械向け高率輸入関税の有無とその内容	外国競合製品の価格	関税以外の特別料金の有無	水産品輸入業者名	販売方法の改善
	中国工業化の発展によるドイツ工作機械輸入増の可能性	道路網とその現況	特別な発送用紙の必要性	水産加工業者との貿易にあたっての支払条件	価格ほかのドイツ製品への非友好的な世論の有無
		産業部門での鉄道および馬車による輸送克服の程度	マーケティングの地点と方法	水産加工品貿易とその販売可能性について全般的な報告	展示場・メッセでのドイツ製品の展示形式
		自動車展示会・メッセ	包装時の特別規定の有無		
		納入の公示	最も早く容易な発送のルート		

出典：Verein Deutscher Werkzeugsmaschinenfabriken, e.V. an Gesandtschaft Peking, 5. April 1923, PAAA, Peking II, 2706, Bl. 274-275; Reichsverband der Automobilindustrie E.V. an AA, Berlin, 23. Juli 1924, PAAA, Peking II, 2706, Bl. 252-253; Reichsnachrichtenstelle für Aussenhandel an Gesandtschaft Peking, Köln, 23. Mai 1925, PAAA, Peking II, 2706, Bl. 193-194; Zweigstelle für Aussenhandel Bremen an AA, Bremen, 9. Februar 1927, PAAA Peking II, 2706, Bl. 74-76; AA an sämtliche Auslandsvertretungen mit Ausnahme, Berlin, 30. Juli 1928, PAAA, Peking II, 2707, Bl. 374-376.

senhandel, Peping, 23. Mai 1933, PAAA, Peking II, 2708, Bl. 61-65)。

表7－3は、これらの業界団体、個別企業からの市場調査依頼とその回答を整理したものである。機械工業、自動車、自転車工業関連の市場調査依頼が多いものの、それ以外にも石鹼、フェルト、ワイン、楽器、金庫、手袋、漁業、レース、消火器、化粧品など多様な業界が中国市場への輸出の可能性を探っていたことがわかる。また、この表から、一九二〇年代前半での市場調査依頼に対して回答した外交代表部は、上海、天津、漢口、広州といった早くから対外貿易に開かれた租界の総領事館、領事館に限定されていたことがわかる。そして一九二〇年代末になると、紙加工業貿易連合、アダム・オペル社、消火器産業、陶磁器産業などの市場調査依頼に対する回答のように、新たに、青島、済南、重慶、奉天、ハルビンからも報告が届くようになっている。およそ一〇年弱を通じて、中国に駐在するドイツ外交代表部は市場調査報告を作成できる人脈・体制を整備し、その地理的範囲を拡大していったと判断できる。

この市場調査に関連する史料を読むと、一九二〇年代初めの市場調査は、依頼する側も報告する側も、まだ手探りの状況であったように思われる。第一次世界大戦後の新たな国際的な条件のもとで、ドイツ経済勢力がふたたび中国経済に参入する際に、とくに力点を置くべき項目は何か、ということがまだ不確かであったのであろう。しかし、表7－4に挙げたように、外交代表部に市場調査を依頼するにあたって、各業界団体は個別に質問票を作成するようになり、またドイツ各地の外務省支局も依頼に応じて、質問票を作成し、一律に各国に駐在するドイツ外交代表部に送付するようになった。

中国市場の場合、ドイツ工作機械工業会の質問票がもっとも早い事例であり、一九二三年四月の時点で、八項目からなる質問票を北京公使館宛に送付していた(7)。その内容は、表7－4に掲げた通りである（Verein Deutscher Werkzeugmaschinenfabriken an Gesandtschaft Peking, Berlin, 5. April 1923, PAAA, Peking II, 2706, Bl. 274-275）。この質問票からは、中国市場の工作機械市場の現況に加えて、ヴェルサイユ体制下でドイツ製機械に対する特定の不利な条件が存在するかどうかに関心があったことがわかる。ちなみに、この質問に関しては、一九二一年五月二〇日のドイツ・中国間の通商条約（中独協定）が「決定的」な影響を与えており、ドイツ製機械に特別に不利なものはなく、将来のドイツ製工作機械の輸入は有望であると、北京公使館より回答されている（Altenburg an Verein Deutscher Werkzeugmaschinenfabriken, [Peking], 1. Juni 1923, PAAA, Peking II, 2706, Bl. 273）。

一九二〇年代半ば以降になると、たとえばワインや水産品に関する質問項目のように、価格、包装、加工、支払条件など、現地市場への参入あるいは販路拡大のために、どのように現地市場に適応すべきかに関心が寄せられていることがわかるだろう。また、一九二八年六月三〇日付の紙加工業貿易連合の質問項目のなかでは、現地市場でのドイツ製品の評価について問い合わせをしている（AA an sämtliche Auslandsvertretungen mit Ausnahme, Berlin, 30. Juni 1928, PAAA, Peking II, 2707, Bl. 374-376）。

2　一九二〇年代初頭における困難と期待

戦争によって断絶した市場シェアを回復すべく、対中国輸出を再開したドイツ企業にとって、一九二〇年代は新たな競争相手の登場、品質維持の困難さ、輸送船舶の不足といった様々な困難に直面した時期であった。

たとえばドイツ製玩具についての、一九二〇年一一月一三日の漢口副領事ブラクロからの報告をみてみよう。この報告によれば、「漢口のイギリス百貨店は、戦前にほとんどもっぱらドイツ製玩具をロンドン経由で当地の市場に持ち込んでいた」という。しかし、「ドイツ製品は今ではアメリカ、イギリス、日本製品によって完全に追いやられている」。ちなみに、日本製品は、第一次世界大戦中にヨーロッパ製品が途絶した際に、見栄えを工夫することで現地の中国人に受け入れられるようになったが、一九一九年以降、対日製品ボイコットによって後退した、と指摘されている。この報告では、英日製品の輸入が減少する一方で、米国製品の輸入が顕著に増加しており、またドイツ製品が確固とした基盤を獲得するには多大な努力と活動が必要であると述べていた（Bracklo an Carl Hessener, Hankow, 13. November 1920, PAAA,

Peking II, 2706, Bl. 313-315)。

他の業界分野でも戦前の市場の喪失に直面して先行きを不安視する報告が寄せられており、たとえば紙工業についての一九二二年七月二一日の上海総領事ティール（Fritz August Thiel）からの報告がそれにあたる。この報告では、新聞制度の発達、新式学校の制度化、そして近代的な大衆文学の勃興による紙の需要の増加が指摘されている。戦前ではドイツもこの市場でかなりのシェアを持っていたが、大戦中のドイツからの納入の中断と海上輸送の縮小によって、日本、アメリカ合州国、カナダが優位に立ったという。ただし、これらの国々での原料価格と賃金が上昇してきたことから、ヨーロッパ諸国、なかでもスカンジナビア諸国の地位が高まっていると報告された。さらに、ドイツ製品について次のような指摘があった。

「近年、ドイツの紙工業がごくわずかにしか成功の見通しをもって中国事業に参加できない。輸入業者からは、ドイツはそもそも納入できないか、あるいは要求されている価格があまりにも高すぎると訴えられている。たとえば色紙などの種類のような、かつてほとんどドイツの独占であった品目でさえ、ドイツはたいてい競合できない」（Thiel an AA, Shanghai, 21. Juli 1922, PAAA, Peking II, 2706, Bl. 292)。

ドイツ本国におけるインフレーションとマルクの国際的な通貨価値の下落にもかかわらず、その恩恵を享受できなかった分野もあったということであろう。もちろんすべての分野が悲観的であったわけではない。石鹼工業のように、高い品質のトイレ用石鹼に特化して、中国市場での販路拡大を期待する分野もあった。一九二二年一二月二二日の天津総領事ベッツの報告では、中国現地での石鹼工業の発達に留意したうえで、芳香と包装に価値を置くべきことが示唆されている。そして、良質のトイレ用石鹼のみが有望であり、すべてのドイツ商社が輸入に関心を持つと伝えている（Betz an Deutscher Wirtschaftsdienst G.m.b.H., Tientsin, 22. Dezember 1922, PAAA, Peking II, 2706, Bl. 277-278)。

ただし、大戦直後のドイツ本国経済の混乱から、品質が保てずに戦前のような取引が継続できない分野もあった。ワインがその良い例である。一九二三年一二月一八日の天津からの報告では、華北でのドイツ・ワインの需要はもともと限定的であったが、「ワインの品質は、戦前に対してひどく悪化し、それに対してその価格は顕著に高騰した」という。改善策として、ホテルや社交場で戦前と同様にドイツ・ワインを販売することが挙げられているが、現時点ではそのようなドイツ商社の試みは成功していない、と報告されている（Betz an AA, Tientsin, 18. Dezember 1923, PAAA, Peking II, 2706, Bl. 259-261）。

当初から有望視されていた工業分野は工作機械である。ドイツ工作機械工業会からの問い合わせに対する北京公使館の報告によれば、一九二二年の中国における工作機械についての海関統計では、六三万四三六九海関両のうち、二〇万四三八三海関両がドイツから、一五万四一六四海関両が日本から、八万六六四二五海関両がイギリスから輸入されていたという。そして、「中国における既存のあるいは勃興しつつある諸工業の発展もまた、将来、ドイツ製工作機械の輸入にとって好ましい展望を提供している」と結論づけている（Altenburg an Verein Deutscher Werkzeugmaschinenfabriken, Peking, 1. Juni 1923, PAAA, Peking II, 2706, Bl. 273）。この時点で、すでにドイツ経済界および外交代表の間で、中国の輸入代替工業化がドイツの工作機械にとって販路拡大の絶好の機会と捉えられていたことがわかるだろう。

その早期の事例が、マッチ製造機械についての天津からの一九二一年三月一五日付報告である。これによれば、マッチは数年前からヨーロッパから華北へ輸出されていたが、第一次世界大戦以前にすでに低価格な日本製品が華北市場を席巻し、ヨーロッパ製品を追いやっていた。しかし、中国系の北洋火柴公司と丹華火柴公司がそれぞれ一九〇九年および一九一〇年に相次いで設立されると、日本製品に対して強力な競争を開始したという(8)。この報告書では、華北に存在する一六の工場について情報が記されている。「マッチ製造は、工場が手作業からヨーロッパ製機械の活用へ移行するならば、そこでドイツの機械製造に新たな販売市場が開かれる可能性があり、重要性を増すことになりうる」と述べられている。注目すべきは、マッチ製造に必要な材料を日本から輸入しているという指摘である。これについても塩素酸カリや膠・ヤニ、青・黄紙もドイツ経済が平常化すれば納入できるはず、との期待が述べられている。それでもこの報告全体での想定は、日本がマッチ材料を、ドイツが機械を輸出し、中国現地の工場がマッチを製造するという国際分業の展開であり、そこにドイツ製機械の販路拡大が期待されていたのである（Tigges an Borch, Tientsin, 15. März 1921, PAAA, Peking II, 2706, Bl. 320-325）。

一九二〇年一二月一三日の漢口からの報告でも、すでにドイツ・中国間の通商条約締結以前に、ドイツ製機械の販路拡大が期待されていた。ここでは、漢口でドイツ製機械に関心をもつドイツ商社として、カルロヴィッツ社、メルヒャース社（Melchers & Co.）、F・W・バーンソン社（F.W. Bahnson）、G・W・A・ヴェストファール・ゾーン社（G.W.A. Westphal Sohn & Co.）、ブーフハイスター社（Buchheister & Co.）の五社の名が挙げられ、なかでもバーンソン社とブーフハイスター社が特記され、たとえばバーンソン社が関心をもつ機械として、蒸気機関、繊維機械、工作機械、鉱山機械、ポンプ、冷却機、秤量機器といった多様な品目が列挙されていた。これらの会社と領事は、これらの品目の一部に漢口で「良好な販売可能性が存在する」という点で意見の一致をみており、「ドイツ製品は長い間、当地の市場から姿を消しており、購入者は他国の製品に馴れてきたけれども、購入者はドイツ製品を断念する気はまったくない」という。そして、「より高い価格の場合でさえ、多くの事例で、ドイツ製品を優先する」と述べられている（Blacklo an Borch, Hankow, 13. Dezember 1920 PAAA, Peking II, 2706, Bl. 308-309）。

しかしながら、中国での機械市場でふたたびシェアを獲得するために、もっとも懸念されていたのは販売方法、とくに輸出元が提示する支払条件であった。前述の漢口からの報告では、「ドイツ工業の支払条件」は「かつての友人でさえもますますそれらのプロジェクトを、ドイツを外した競争によって進め、実行させるように移行するようなもの」であると批判する。その支払条件とは、受注時の代金支払いであり、それが「多くの素晴らしい事業を失敗へと追い込んできた」と批判している。ただし、「かつてのように商品の分割払いが導入されることなしに、ドイツ機械事業の再建は不可能である」と述べられているように、ドイツ工業界はかつてから受注時の一括払いを要求していたわけではなかったようである。戦争直後のドイツ本国経済の混乱時に、ドイツ機械工業界の各企業は、長期的な支払条件を提示できるほどの金融面での余裕がなかったということであろう（Blacklo an Borch, Hankow, 13. Dezember 1920 PAAA, Peking II, 2706, Bl. 309）。

もちろん、この支払条件の問題は、ドイツ本国経済界でも認識されていた。ドイツタイプライター製造業者連合（Verband deutscher Schreibmaschinenfabrikanten）によれば、アメリカ合州国の同業者が支払条件を大きく緩和しており、とくに「支払期限をできるかぎり引き延ばし、アメリカから納入された商品の支払いを規定の通貨価値に固定している」という。これは一九二〇年一一月二九日に、同団体からの依頼に応じて外務省から北京公使館宛に送付された調査依頼である。ここでは、「アメリカの競争は、今日までに、ドイツ工業が世界市場で真剣に考慮しなければならない唯一のものであり――この分野でのイギリスとフランスの競争は、今までに危険なものではないことが明らかとなっている」と認識されている。そして、アメリカ合州国との市場競争に対抗するために、場合によっては、支払条件の「かなりの緩和」に踏み込まざるをえない、と述べている。そのうえで、北京公使館に対して、「アメリカのタイプライター工業が中国での顧客に緩和措置を行っているか、そうだとすればどのような緩和措置か、そしてまた場合によっては、中国のどこで、どの程度、ドイツのタイプライター製品の販売可能性が存在するか」を問い合わせている（AA an Gesandtschaft Peking, Berlin, 29. November 1920, PAAA, Peking II, 2706, Bl. 307）。

三　主要輸出品目別調査から現れる中国市場競争の内実

1　紙製品

一九二〇年代初めの段階では、ドイツ紙製品の対中国輸出について、悲観的な見通しが報告されていた（Thiel an AA, Bericht über die Lage des Papiermarktes in China, Shanghai, 21. Juli 1922, PAAA, Peking II, 2706, Bl. 289-292）。しかし、ドイツの関連業界は、事務用紙の需要が国際的に増加していくと予測していた。一九二八年六月三〇日に外務省から国外に駐在する外交代表部へ送付されていた市場調査依頼では、「事業および事務目的で必要とされる、それらの紙加工業の大衆向け製品の輸出」は、「この商品での類例のないほどの国際的な需要の高まりが期待される」にもかかわらず、「ますます困難なものになっており、一九一三年に対する外国販売の比較の割合はある部分では落ち込み、ある部分では好景気になっていない」という。そしてここではその原因として、輸出対象国での自国生産の強化か、それは高関税もしくは低賃金に支えられてのことか、あるいはドイツ工業に対する外国との市場競争の激化なのか、と問いかけ、各外交代表部に調査の協力を呼びかけた。その具体的な質問項目については、すでに挙げた表７－４を参照されたい（AA an sämtliche Auslandsvertretungen mit Ausnahme, Berlin, 30. Juni 1928, PAAA, Peking II, 2707, Bl. 374-376）。

この市場調査については、天津、上海、済南、北京、漢口、ハルビン、青島、重慶、奉天と各地の公使館、総領事館、領事館から報告が届いている。注目すべきは、それぞれの地域市場の特徴が色濃く映し出されていることである。まず、天津の場合、事務用紙の販路は、中国当局、とくに鉄道や関税局と外国商社に限定されているという。そして、中国当局についてはほとんどドイツ製品が占めており、外国商社については、それぞれ自国の製品を好んでいると報告されている。ただし簡易封筒の分野では、戦前に手作業で製造されたドイツ製は機械製品を上回る名声を博していたが、戦時中に途絶し、戦後は北京、上海、天津で大量に製造される現地商品に押されていた。この報告では便箋に新たなシェア拡大の可能性が指摘されている。そのためにこの報告では、「数年来、米国業者が行っているように、現地でできるかぎりあらゆる種類の良質の便箋を倉庫に保管し、需要に応じて消費者に大量に引き渡す」ことを推奨している（Betz an AA, Tientsin, 8. August 1928, PAAA, Peking II, 2707, Bl. 367-371）。

これに対して、東アジアを代表する国際貿易都市上海では、企業・商社向けの事務用紙はかなり大きな販売市場を有していた。欧米製品と並んで現地工業も参入していたが、とくに低賃金労働に支えられて、ノートや製本された出版物の分野で強かったという。ドイツ製品に関しては、良質でリーズナブルな値段であれば好んで購入されており、世論のなかに非友好的な態度は見られないと指摘されている。また当地では、支払いの際の信用保証は一般的ではなく、契約時に代金が支払われるという。さらに将来の販路拡大を見込める分野として、高品質の包装紙・包装用紙箱が挙げられている。この分野ではイギリス製品が強いと指摘されており、イギリス業者にならって、現地の好みに合った加工と宣伝に力を注ぐことが提案されている（Thiel an AA, Shanghai, 3. August 1928, PAAA, Peking II, 2707, Bl. 362–365）。

そのほか、対外貿易が限定されていた都市、たとえば済南では、現地住民の需要は現地の中国工場が満たしており、競争は問題外であると報告された。したがって、外国企業向けの業務ノートに販路が限られるも、たいてい本国の本社から直接仕入れているという（Siebert an AA, Tsinanfu, 15. August 1928, PAAA, Peking II, 2707, Bl. 360–361）。また重慶でも、中国人事業家は中国製の紙を利用し、外国企業は必要な分をすべて上海本店から取り寄せていると指摘されている（Nord an AA, Chungking, 27. August 1928, in: PAAA, Peking II, 2707, Bl. 343）。また、日本の影響力が強い都市、すなわち青島、ハルビン、奉天でも、ドイツ製の紙製品の販売可能性は乏しいこと、ただし、それでも高級な便箋や包装紙・包装箱の分野で、ドイツ製品の需要があると報告されていた（Stebbe an AA, Harbin, 20. August 1928, Bl. 350–351; Schirmer an AA, Tsingtau, 27. August 1928, Bl. 345–348; Tigges an AA, Mukden, 15. August 1929, PAAA, Peking II, 2707, Bl. 242–246）。

2　自動車

ドイツ自動車工業は、中国市場では紙製品以上に販路を見出すことが困難であった。一九二〇年代後半以降、ほとんどドイツ車が中国市場で売れなくなっていたのである。ドイツ自動車工業全国連合（Reichsverband der Automobilindustrie）が一九二四年七月二三日に外務省宛に依頼した市場調査に対して、中国からは漢口、広州、北京、天津、上海から回答が寄せられている。同年一一月二九日の広州からの報告は、ドイツ車が中国市場で入り込めない要因を端的に述べたものである。

「当地では目下のところ自動車販売の見込みは全般的になおかなり乏しい（中略）。しかし、とくにドイツ車はほとんど見込みがなく、一つには市場に存在する残りすべてのそれと比較して高いからであり、中国人は購入に際して価格のみに引きつけられるからである。しかしまた、そしてこのことはとくに将来に有効であるかもしれないが、ドイツ車は統一的な車種をもたないからであり、そのために代替部品を入手するのに非常に困難を伴うからである。それに対して、たとえばフォード車ではそれらはどこででも手に入るのである。イギリス製造業者もできるかぎり標準品を市場に持ち込もうと努力している。香港ではみたところドイツ車は一台も走っておらず、広東では一台のみである」（Behrend an AA, Canton, 29. November 1924, PAAA, Peking II, 6706, Bl. 234-238）。

一九二六年四月二三日の天津総領事からの報告によれば、華北とモンゴルを走行する自動車は直近の二年間で顕著に増加したという。天津で一八〇〇台、北京で二一〇〇台と推計されている。さらに、内戦のために鉄道運行が中断された結果、天津周辺で一五の地点でバス交通会社が運行を開始したと報告されている。自動車工業自体は現地でまだ現れていないものの、車体製造の現地工業が勃興していることにも言及されている。それによれば、木枠は日本から、ラッカーは英米商社から、ガラスは日本もしくはベルギーから、というように各部品が輸入され、現地で組み立てられ、車体が安価に販売されていた。輸入車では、華北でもドッジやビュイック、ホワイト、さらにフォードといったアメリカ車が市場を支配していた。トラックでもアメリカ車が首位を占めたが、モロッコでのフランス軍に投入されているルノー社のトラックが、軍事目的で納入されているという。ドイツ製のトラックは一九二四年初めには数台販売されたものの、この自動車販売が全般的に増加していた二年間にまったく販売されていない、と述べられている。売れない理由は、上記の広東の報告と同様に、価格で対抗できず、現地で代替部品をすぐに入手できないという点に加え、さらに車体が重く、燃費も悪いと酷評されていた（Betz an AA, Tientsin, 23. April 1926, PAAA, Peking II, 2707, Bl. 139-146）。かろうじて将来的な展望につながった販売方法は、自動車そのものではなく、自動車部品であった。ドイツ自動車部品工業連合によれば、ドイツの多くの工場がフォード、シボレー、エセックス向けに代替部品・消耗品を製造していた。

そして、この自動車部品を直接外国市場へ輸出できないかどうかを模索し始めたのである（Zentralstelle für Außenhandel an Auslandsvertretungen mit Ausnahme, Berlin, 25. Juni 1932, PAAA, Peking II, 2708, Bl. 118-119）。一九三二年五月二六日の香港からの報告では、廃棄された自動車が香港から広州経由で中国内陸部へ売却されており、そこにランプやバッテリーなどの交換部品の販売可能性があると指摘されている。一九三一年に自動車部品は額にして八五万二七九八香港ドルが輸入され、そのうちドイツ製は五・五％を占めるにすぎなかったが、それでも自動車部品の販路拡大に期待が寄せられていた。そして自動車部品の販売を通じて、自動車そのものの販売も促進されると考えていた。その一例として、ジェネラル・モータースがオペルと共同で自動車部品の販売を本格的に試みており、ドラゴン自動車会社がその代理業者を引き受けたところ、三週間のうちに納入された五台のうち四台のオペル車が売れたという（Hahn an Zentralstelle für Außenhandel, Hongkong, 26. Mai 1932, PAAA, Peking II, 2708, Bl. 126-135）。

一九二〇年代には、高価格と規格の統一性の欠如から中国市場でまったく販路を見出せなかったドイツ車であったが、一九三〇年代初頭になってようやく、もっとも標準化が必要な自動車部品にドイツ自動車工業は今後の展望を見出した。それも、中古車や廃棄された自動車を現地の中国人業者が修繕・改造するという局面が現れたからこそ、将来の販路の可能性が生まれたのである(9)。

3　自転車

自動車と比較すれば、自転車は中国市場で競争可能な製品であった(10)。自転車については、一九二九年八月一五日にアダム・オペル社が北京公使館宛に、一九二八・二九年の中国における自転車製造台数、外国輸入台数およびそのドイツ製自転車の割合、卸売価格・商社価格・販売価格の平均、もっとも人気があり普及している自転車の型式、自転車の輸入販売業を営む中国駐在ドイツ商社を問い合わせている（Adam Opel an Gesandtschaft Peking, Rüsselheim a. M., 15. August 1929, PAAA, Peking II, 2707, Bl. 236）。この調査依頼に対する各総領事館、領事館の回答には、紙製品と同様に、かなりの地域的特徴が現れている。

一九二九年一〇月一四日の上海総領事館からの報告では、イギリスおよびドイツから輸入される最安値の自転車の需要が大きいことが伝えられている。もっとも人気がある型式はイギリス製自転車であり、その特徴としてバックブレーキなしで二つの車輪ブレーキ、上方に湾曲したハンドル、サドルカバン、ダンロップタイヤ一式が挙げられている（Rüdt an Adam Opel, Shanghai, 14. Oktober 1929, PAAA, Peking II, 2707, Bl. 224-225）。一九三〇年七月二九日の報告では、一九二九年の自転車輸入額は七四万七六〇〇海関両で、台数は三万九六台、そのうちイギリスより一万一九一二台、ドイツより九二一九台、日本より三一〇三台が輸入されたという。さらに自転車部品でいえば、二四五万一九九八海関両が輸入されており、その大部分が日本から持ち込まれ、組み立てられていると指摘されている（Rüdt an Adam Opel, Shanghai, 29. Juli 1930, PAAA, Peking II, 2707, Bl. 66-69）。一九三〇年九月一九日の奉天からの報告でも、フレームそのほかの部品を輸入し、かつ使用可能な中古タイヤを組み合わせて、「新品」ないし「ほぼ未使用な」自転車が組み立てられているという実態が記されている（Tigges an Zentralstelle für Außenhandel, Mukden, 19. September 1930, PAAA, Peking II, 2707, Bl. 93-95）。

ドイツ製自転車の輸出については、悲観した見解も存在した。一九三〇年七月三一日の漢口からの報告では、「ドイツブランドは当地の環境では良質すぎてかつ高すぎる」と指摘されている。イギリス製造業者は簡素化した輸出用自転車を中国市場に持ち込んでおり、品質と比較して価格は非常に安く設定されているという。そして、中国銀相場が落ち込んでいる現状では、同等の価格水準でなければ、「ドイツブランドの競争は当地では見込みがない」と診断された

（Timann an Adam Opel, Hankow, 31. Juli 1930, PAAA, Peking II, 2707, Bl. 63-65）。広州からも「ドイツ製自転車は数年前から当地の市場から完全に姿を消した」と報告されている（Sakowsky an Adam Opel, Canton, 20. August 1930, PAAA, Peking II, 2707, Bl. 59-61）。

漢口の報告に対して、青島からの報告はより楽観的な調子で記されていた。これによれば、山東の自転車市場で流通している自転車は、ドイツ製と日本製か、あるいはそれらの部品を組み立てたもののみであったという。しかし同時に、銀相場の下落と内戦は山東市場にも影響を与えており、輸入が増加したものの内陸部へ輸送できず、倉庫に保管せざるをえず、また中国人顧客からの新規注文もなくなっていた。それでも内陸部への交通が復旧すれば、新たな需要が生まれると期待されていた。ただし、内陸部の購買力では通貨の下落に対応できないと予測されており、将来の事業展開としては自転車の場合も、自動車と同様に部品が注目されていた。ちなみに一九二九年の青島港における自転車輸入台数は、イギリスから二〇〇台、日本が七四台であったのに対し、ドイツからは二四五四台であった（Wacker an Adam Opel, Tsingtau, 20. September 1930, PAAA, Peking II, 2707, Bl. 87-91）。

4　工作機械

一九二三年六月一日の北京からの調査報告は、ドイツ製工作機械の対中国輸出について明るい展望を述べていた（Altenburg an Verein deutscher Werkzeugmaschinenfabriken, Peking, 1. Juni 1923, PAAA, Peking II, 2706, Bl. 273）。しかし実際には、一九二〇年代後半に、旋盤を別として工作機械の対中国輸出額は伸び悩むことになった（表7－5）。この低迷の要因について、漢口と天津からの調査報告をみてみよう。

漢口の場合、もともと需要はきわめて少なく、ドイツ製工作機械を購入する見込みがある販売先は、三つの手工業的経営の修繕工場と並んで、漢陽兵工廠、武昌および長沙の造幣局、京漢線および粤漢線の修理工場のみと判断されてい

表７－５　ドイツ製工作機械の対中国輸出額

単位：100 海関両

年	1913	1922	1923	1924	1925	1926	1927	1928
工作機械（旋盤を除く）	15	204	219	158	44	50	45	125
旋盤	—	—	193	88	65	120	193	153

出典：Leutner/Steen（2006）S. 402.

た。販売される工作機械は、硬貨製造用および兵工廠用の特殊機械を別とすれば、主に簡素な構造の旋盤であるという。そして、販売可能性のある国営・地方自治体経営の事業体も、資金不足からほとんど新規調達を控えていると指摘されている。したがって、外国との競争はほとんど問題にならず、「全般的には、輸入された機械のほとんどはドイツ製であると推測される」と結論づけられている。また、同済大学医工学校へも、近年、完成された旋盤がたびたび納入されていると付記されている（Timann an AA, Geschäftsmethoden der Werkzeugmaschinenindustrie, Hankow, 22. November 1927, PAAA, Peking II, 2706, Bl. 8-9）。

天津からの報告も、ドイツ製工作機械の販売低迷は、政治・経済上の混乱に求められている。太原の兵工廠が主な販売先であり、その大部分は簡易なドイツ製工作機械であったという。また、扱いの難しい高度な機械は好まれないとも指摘されている。そして、工作機械の販路開拓に際しては、広告に力を入れるよりも、「利益関係者を定期的に訪問し、個人的な関係を」もつことが推奨された（Tigges an AA, Geschäftsmethoden der Werkzeugmaschinenindustrie in Ostasien, Tientsin, 16. Dezember 1927, PAAA, Peking II, 2706, Bl. 2-7）。

これらの報告から、一九二〇年代後半のドイツ製工作機械の対中国輸出の低迷は、蔣介石の北伐などによる政治・経済上の混乱に起因すると考えられるだろう。工作機械の納入先が主として国・自治体の経営する事業体だけに、この部門は、政治動向とその販売状況が密接に関係する性格を持っていた。

おわりに

第一次世界大戦によってドイツが租界、租借地および経済利権を失い、中国と対等な国家間関係を結んだことは、中国世論に肯定的な印象を与え、中国市場でのドイツ製品の地位の回復に役立っていたのだろうか。当時の市場調査報告にも、この点について言及されていた。一九二七年五月三一日、漢口総領事ティーマン（Wilhelm Timann）は以下のように述べている。

「ドイツ語新聞では、中国人の親ドイツ的風潮への指摘があり、そしてそれによって、ともすれば輸出業界では、ドイツ商品の対中国輸入が民衆の友好的な心情から根本的な利益を引き出せるにちがいないという発想が生まれている。このことはしかし限定的な範囲でのみあてはまる。われわれドイツ人は今現実に中国でもっとも憎まれていない外国人であるかもしれない。しかしながらこのことは、中国商人がほかに取り寄せるのにいっそうの利点があると信じるかぎりのことにすぎず、いまだ顧客として導くものになっていない」（Timann an AA, Hankow, 31. Mai 1927, PAAA, Peking II, 2706, Bl. 57）。

現地の観察では、帝国主義列強としての地位を失い、中国との対等な国家間関係を取り結んだことによる中国世論のドイツへの肯定的な風潮は、ドイツ製品の市場シェアの回復・拡大に直接結びつくものではない、と判断されていたのである。中国海関統計では、対中国輸出額に占めるドイツの割合は、一九一三年の一・二％と比較すれば、回復してはいたものの、目立った増加は見られなかった（表7－2参照）。

このことは、ドイツ工業界の期待を満足させるものではなかった（Ratenhof 1987, S. 294-295）。なかには、マグデブルクのミシン会社ムントロース（Mundlos）のように、在中国ドイツ商社に代理業を委託したにもかかわらず、対中国事業が成功しないことで、輸入代理業者を非難する声もあった（Timann an AA, Hankow, 26. Mai 1926, PAAA, Peking II, 2706,

Bl. 123)。しかし、こうした意見に対して、中国現地の外交代表部は、一貫して、現地のドイツ商社を介して販売することを推奨していた。それらが作成した数多くの市場調査報告では、たいていその管轄区域に拠点をもつドイツ系輸入業者と、そのドイツ本国の店舗の一覧が付されていた。中国駐在領事は、中国人業者との直接取引のリスクを指摘し、ドイツ本国の製造業者が、現地のドイツ商社の事業網と結びつくことで、販路が拡大されることを推奨したのである。たとえば代表的な老舗商社であったカルロヴィッツ社は、戦後すぐに一四もの支店の事業網を復活させ、中国の工業化によるドイツ製機械の需要増を見込んで様々な事業を展開したという（Eberstein 1988, S. 58-59）。さきほどのミシンの例でいえば、漢口総領事ティーマンは、一九二〇年代の中国市場で圧倒的な地位を築いていたアメリカ企業のシンガー社に対抗するために、老舗のドイツ商社と連携して現地に支店網を築くことを提案していた（Timann an Mundlos, Hankow, 26. Mai 1926, PAAA, Peking II, 2706, Bl. 129)。

本章で明らかにしたように、第一次世界大戦後のドイツ経済勢力は、中国市場へ単に回帰したのではない。分野・地域ごとに生じていた新たな市場環境のなかで、ドイツ製品の販路可能性のある品目を探求していった。紙製品では、高品質の包装紙・包装用紙箱に可能性を見出し、自動車工業では、米国車の圧倒的優位のなか、中国現地での中古車修繕に必要な代替部品供給を通じてドイツブランドの浸透を模索した。自転車工業の場合、イギリス製の簡易化された人気のモデルに押されていたが、青島経由から山東市場へのドイツ製自転車の販路を見出した。

第一次世界大戦を契機に進んだ中国での輸入代替工業化の動きは、本章で明らかにしたように、ドイツ工業界にとって新たな事業機会と捉えられていた。そして、当時の中国市場では、ドイツ工業製品の主な競争相手はアメリカ合州国と日本の製品であり、分野・品目をめぐって競争とすみ分けが生じていた。この点について、最後に電気資材の事例を紹介したい。

これは、一九二六年一月六日の奉天からの報告である。一九二四年の中国での電気資材の輸入は、八四五万五三八海関両であったという。このうち、ドイツからの電気資材の輸入額は二一七万九七三海関両であり、日本の二一七万八四四海関両、イギリスの一二三万六一一二海関両、アメリカ合州国の一二一万五三四三海関両を上回っていた。ドイツからの輸入品目は、主にモーター、変圧器、電話・無線機、家電製品、日用必需品であるが、しかし電球と電線、とくに電線では日本の敵はいない、と報告されていた。大連の場合も、ドイツとアメリカ合州国の製品は電球、モーター、変圧器が主であり、電線は日本の独占状態にあると指摘されている（Kühlborn an AA. Mukden, 6. Januar 1926, PAAA, Peking II, 2706, Bl. 155-160）。

中国市場における新たな市場環境の下で、ドイツ工業界は可能性のある品目を見出し、そこでの販路と市場シェアの拡大を追求していた様子がうかがえるだろう。現地の外交代表を通じた市場調査は、きわめて貴重な情報源と評価されていた（Reichsverband der Automobilindustrie an Gesandtschaft Peking, Berlin, 6. Dezember 1925, PAAA, Peking II, 2706, Bl. 227-230）。現地の外交代表を媒介とした市場調査を通じて、有望な品目を確定し、さらに市場に適した仕様・販売方式を把握したうえで、中国商人との取引の経験を積んだ現地のドイツ商社の事業網を通じて販路を見出していくこと。政治権力を前面に押し出して経済的な勢力拡大を図ることが困難であった一九二〇年代においては、中国市場の再獲得に向けたドイツ経済勢力の取り組みは、このような過程に重きが置かれていたといえるだろう。

■注

（1）輸入代替工業化の工業戦略について、久保（一九九九）、実際の輸入数量の数値を整理したものに、木越（二〇一二、八二頁）を参照。青島および山東経済の事例について、久保（二〇〇六）ならびに浅田（二〇〇八）を参照。

（2）ドイチェ・バンクおよびほかに出資した金融機関の動向について、赤川（二〇〇八）は近年の研究成果を整理している（三五－四一頁）。

（3）天津のドイツ租界接収については、貴志（二〇一〇）を参照。

（4）この戦後インフレーションによる輸出増加について、幸田（二〇一一）では機械工業の事例が言及されている（一一－一三頁）。

（5）第一次世界大戦前後のドイツ製機械の対中国輸出について、Gransow（1986）を参照。

（6）ドイツ機械工業連盟については、幸田（二〇一一、一六頁）を参照。

（7）ドイツ工作機械工業会については、幸田（二〇一一、一七－一九頁）を参照。

（8）戦間期における中国マッチ工業について、今井（二〇一二）を参照。ここではとくに一〇〇－一〇一頁を参照。ここでの輸入代替工業化戦略と列強による生産財輸出の期待との関連については、久保（二〇〇一、一四七頁）を参照。また、山東の事例になるが、一九二〇年代の中国資本によるマッチ工業の勃興と日系資本への対抗について、庄（二〇〇〇、四四四－四五二頁）を参照。

（9）戦間期のドイツ自動車工業については、西牟田（一九九九）、山崎（一九九八）を参照。山崎（一九九八）は、ドイツの自動車工業界は小型の大衆車向け生産で、一九二〇年代後半に製品の定型化・部品の規格化・流れ生産方式の導入による大量生産への移行が強力に進められたと指摘している（三八頁）。それでも、一九二〇年代では、フォード・システムを積極的に導入したオペル社であっても互換性部品の生産は導入されていなかったという（四五頁）。

（10）ドイツ自転車産業については、第一次世界大戦前が分析の中心となるものの、西（二〇一〇）をはじめとした西圭介の一連の研究を参照。

■史料

PAAA = Politisches Archiv des Auswärtigen Amtes, Berlin.
Peking II, 2706–2708, Einfuhr- und Absatzmöglichkeiten für deutsche Waren.

■文献（欧文）

Barth, Boris（1995）*Die deutsche Hochfinanz und Imperialismen. Banken und Außenpolitik vor 1914*, Stuttgart: Steiner.

Eberstein, Bernd（1988）*Hamburg – China. Geschichte einer Partnerschaft*, Hamburg: Christians.

Gransow, Bettina（1986）„Deutscher Maschinenexport und Ingenieurausbildung in China vor und nach dem Ersten Weltkrieg", in: Kuo Heng-yü（Hrsg.）, *Von der Kolonialpolitik zur Kooperation. Studien zur Geschichte der deutsch-chinesischen Beziehungen*, München: Minerva Publikation, S. 163–191.

Kirby, William C. (1984) *Germany and Republican China*, Stanford: Stanford University Press.

Leutner, Mechthild (Hrsg.), Andreas Steen (Verf.) (2006) *Deutsch-chinesische Beziehungen 1911–1927. Vom Kolonialismus zur „Gleichberechtigung“. Eine Quellensammlung*, Berlin: Akademie Verlag.

Louven, Erhard (1982) „Die frühen Wirtschaftsbeziehungen: Von den preußischen Handelskompanien bis zum Zweiten Weltkrieg“, in: Rüdiger Machetzki (Hrsg.), *Deutsch-chinesische Beziehungen: Ein Handbuch*, Hamburg: Institut für Asienkunde, S. 157–176.

Mielmann, Peter (1984) *Deutsch-chinesische Handelsbeziehungen am Beispiel der Elektroindustrie, 1870–1949*, Frankfurt am Main: Peter Lang.

Müller-Jabusch, Maximilian (1940) *Fünfzig Jahre Deutsch-Asiatische Bank. 1890–1939*, Berlin: Deutsch-Asiatische Bank.

Niedhart, Gottfried (2013) *Die Außenpolitik der Weimarer Republik*, München: Oldenbourg, 3. Auflage.

Ratenhof, Udo (1987) *Die Chinapolitik des Deutschen Reiches 1871 bis 1945: Wirtschaft-Rüstung-Militär*, Boppard am Rhein: Harald Boldt Verlag.

Remer, Charles F. (1933) *Foreign Investments in China*, New York: Macmillan.

Schmidt, Vera (1976) *Die deutsche Eisenbahnpolitik in Shantung 1898–1914. Ein Beitrag zur Geschichte des deutschen Imperialismus in China*, Wiesbaden: Otto Harrassowitz.

■文献（中文）

庄維民（二〇〇〇）『近代山東市場経済的変遷』北京・中華書局。

唐啓華（二〇一〇）『被〝廃除不平等条約〟遮蔽的北洋修約史（一九一二－一九二八）』北京・社会科学文献出版社。

周建明（二〇〇七）「民国時期的中徳貿易（一九一九－一九四一）」『中国経済史研究』一期、一三二－一四一頁。

■文献（邦文）

赤川元章（二〇〇八）「近代中国とドイツ・アジア銀行」『三田商学研究』五一巻一号、一九‐四一頁。

浅田進史（二〇〇八）「植民地支配移行期における青島の工業化と貿易構造——日本勢力圏・東アジア経済・世界経済のはざまで」『三田学会雑誌』一〇一巻一号、八九‐一〇五頁。

浅田進史（二〇一一）『ドイツ統治下の青島——経済的自由主義と植民地社会秩序』東京大学出版会。

今井就稔（二〇一二）「一九三〇年代中国のマッチ製造業と日本——生産・販売カルテルをめぐって」『社会経済史学』七八巻二号、九七‐一一七頁。

加藤弘之・久保亨（二〇〇九）『進化する中国の資本主義』岩波書店。

木越義則（二〇一二）『近代中国と広域市場圏——海関統計によるマクロ的アプローチ』京都大学学術出版会。

貴志俊彦（二〇一〇）「天津の租界接収問題からみる東アジア地域秩序の変動」大里浩秋・貴志俊彦・孫安石編『中国・朝鮮における租界の歴史と建築遺産』御茶の水書房、五‐四七頁。

北村厚（二〇一四）『ヴァイマル共和国のヨーロッパ統合構想——中欧から拡大する道』ミネルヴァ書房。

工藤章（一九九九）『二〇世紀ドイツ資本主義——国際定位と大企業体制』東京大学出版会。

工藤章（二〇一一）「ドイツと東アジア——一九二八年独中関税条約とヴェルサイユ＝ワシントン体制の急旋回」和田春樹・後藤乾一・木畑洋一・山室信一・趙景達・中野聡・川島真編『講座東アジア近現代通史（四）社会主義とナショナリズム——一九二〇年代』岩波書店、二二七‐二四四頁。

工藤章（二〇一七ａ）「総説二　ドイツの通商政策と東アジア　一八九〇‐一九四五——崩壊・再建・変容」田嶋信雄・工藤章編『ドイツと東アジア　一八九〇‐一九四五』東京大学出版会、九一‐一五九頁。

工藤章（二〇一七ｂ）「北京関税特別会議とドイツの通商政策——東アジア外交におけるアメリカへの追随」田嶋信雄・工藤章編『ドイツと東アジア　一八九〇‐一九四五』東京大学出版会、三九五‐四四九頁。

久保亨（一九九九）『戦間期中国〈自立への模索〉——関税通貨政策と経済発展』東京大学出版会。

久保亨（二〇〇一）「戦間期中国の対外経済政策と経済発展」秋田茂・籠谷直人編『一九三〇年代のアジア国際秩序』渓水社、一四五‐一七六頁。

久保亨（二〇〇六）「近代山東経済とドイツ及び日本」本庄比佐子編『日本の青島占領と山東の社会経済――一九一四－二二年』東洋文庫、五五－八一頁。

熊野直樹（二〇〇九）「バター・マーガリン・満洲大豆――世界大恐慌期におけるドイツ通商政策の史的展開」熊野直樹・柴尾健一・山田良介・中島琢磨・北村厚・金哲『政治史への問い／政治史からの問い』法律文化社、一四七－一七四頁。

小池求（二〇一四）「中国の不平等条約改正の試みと第一次世界大戦」池田嘉郎編『第一次世界大戦と帝国の遺産』山川出版社、二一九－二四五頁。

幸田亮一（二〇一一）『ドイツ工作機械工業の二〇世紀――メイド・イン・ジャーマニーを支えて』多賀出版。

斎藤聖二（二〇〇一）『日独青島戦争』ゆまに書房。

杉山伸也（二〇一二）『日本経済史――近世－現代』岩波書店。

西圭介（二〇一〇）「第一次世界大戦以前のドイツにおける自転車の生産と普及」『経済学論叢』六一巻三号、五九七－六三五頁。

西牟田祐二（一九九九）『ナチズムとドイツ自動車工業』有斐閣。

山崎敏夫（一九九八）「一九二〇年代のドイツ自動車工業における合理化過程」『立命館経営学』三七巻三号、二一一－五二頁。

Ⅲ　危機のなかの模索　一九三一―一九四五

第八章　戦間期日本の「西進」政策と日独防共協定

――ユーラシア諜報・謀略協力の展開と挫折

田嶋信雄

はじめに

一八五一年の日本＝プロイセン修好通商条約以来、日独関係は一五〇年以上の歴史を有している。そのうち一九三六年から一九四五年までの一〇年間は、日独防共協定（一九三六年一一月）や日独伊三国同盟（一九四〇年九月）に象徴されるように、日独両国の政治的・外交的・軍事的な関係がとりわけ緊密な時期であった。[1]しかもこの時期の日独関係は、一九四五年における両国の共通の破局をもたらしたという点でも、世界史的に見て決定的な重要性を有したといえよう。

しかしながら、日独関係深化のきっかけとなった肝心の日独防共協定については、協定締結から四分の三世紀を経た今日においてもなお不明の部分が多い。たとえばこの協定は、日独両国において、どのような政治勢力が、どのような構想の下に推進したのか、あるいは、この協定はどのように決定され、執行されたのか、ということさえ必ずしも明瞭に解明されたとはいえないのが研究の現状である。逆にいえば、協定の内実が不明であるがゆえに、日独防共協定は「空虚な同盟」（Meskill 1966）であったとする――本章の立場から見ればまったく誤った――解釈が、いまだに世界的に流通しているともいえよう。

もちろん、こうした研究上の陥穽にはさまざまな原因が存在していた。第一に、欧米における日独防共協定研究は、多くの場合、主としてドイツ語史料・英語史料に依拠していたため、当時の日本の対ドイツ政策や「防共外交」について十分な考察がなされてこなかった。(2) 第二に、そもそもこの協定は通常の外交回路の枠外で決定・執行されたため、日独両国の外務省には十分な記録が残らず、また、主要な関係アクターの文書（たとえば日本参謀本部第二部文書やドイツ国防省防諜部文書など）は、その多くが日独の敗戦前後に焼却ないし隠滅されてしまったため、研究者に史料的な困難をもたらした。第三に、既存の研究では、ナチス・ドイツの外交政策を決定したのはもっぱらヒトラーであると想定されたため、日独防共協定研究においても、ヒトラー（Adolf Hitler）（および部分的にリッベントロップ（Joachim von Ribbentrop））の政治的動向にのみ研究上の関心が集中し（三宅 一九七五、三宅 二〇〇〇、Michalka 1980）、それ以外のアクターは考察の外におかれる結果となった。

ドイツでおこなわれた日独防共協定交渉については、以上のような事情により、詳細な分析は遅れたが、一九七〇年代にはマーティン（Martin 1976）がドイツ側交渉者の一人ハック（Friedrich W. Hack）の文書を発掘して大きな研究上の前進をもたらし、さらに八〇年代には田嶋（一九八七）が、ハック文書を利用しつつ、国防省防諜部長カナーリス（Wilhelm Canaris）というアクターをあらたに加えて政策決定過程を分析したことにより、日独防共協定交渉をめぐるドイツ側の政治過程がかなりの程度明らかとなった。

また、外相広田弘毅を中心に一九三〇年代半ばに日本側で進められていた「防共外交」については、一九八〇年代に酒井（一九八四）が「防共的国際協調主義」という概念を提唱して日本外交思想史に防共外交を位置づけ、さらに一九九〇年代に井上（一九九四）が、広範な史料基盤に基づく詳細な政策決定過程分析をおこなった。しかしながら、ドイツでおこなわれた日独防共協定交渉と日本側で展開された防共外交との関係は、こうした研究によっても必ずしも明らかにされず、ドイツ外交史研究者と日本外交史研究者の間での学問的に立ち入った対話は、残念ながらほとんどなされてこなかったといってよい。

こうした状況を打ち破る契機は、やはり外務省を中心とする伝統的な日本外交史研究にあらたなアクターを加える試みによってもたらされた。すなわち関東軍の満蒙政策に関する詳細な研究の中で森（二〇〇九）は、日独防共協定の推進主体として日本陸軍、とりわけ関東軍を措定し、日独防共協定の下位協定としての日独「満」航空協定の詳細を明らかにしたのである。これによって森は、結果的に、関東軍を媒介としてドイツ外交史と日本外交史を架橋するあらたな可能性を提示することとなった。

関東軍の満蒙政策を検討する際には、いわゆる「華北分離工作」に関する知見が不可欠であるが、それについては芳井（一九八七）、安井（二〇〇三）、内田（二〇〇六）、内田（二〇〇七）、内田（二〇一三）、光田（二〇〇七）などの研究が詳細な分析をおこなっており、やはりこの間大きな進歩が見られた。また、日本の「西進」および「南進」政策の思想的背景として、近年、Saaler and Koschmann (2007)、坂本（二〇〇八）、松浦（二〇〇七）、松浦（二〇一〇）、松浦（二〇一三）、臼杵（二〇一〇）、長谷川（二〇一四）などが精力的に日本の対イスラーム政策や大アジア主義の研究を進めており、日独防共協定研究にも大きな示唆を与えている(3)。

以上のような研究の進展を踏まえ、本章では、日独防共協定を再考するための四つの視点を設定する。第一は、日本陸軍、とりわけ関東軍の政治的動向、特にその満蒙政策と対ソ謀略工作に注目する。第二に、日独防共協定のドイツ側推進力であったカナーリスへの着目を維持・発展させる。第三は、いままでの研究で明らかにされてきた日独防共協定の成立過程に加え、その執行過程にも着目する。第四は、日本陸軍の対中国政策の思想的な背景の一部をなす、大アジア主義や対イスラーム政策にも関心を払う。本章では、こうした視点の設定により、「空虚な同盟」ではない、内実を持った国際条約としての日独防共協定（あるいは、やや先回りしていえば、「日独防共協定体制」ともいうべきもの）の全体像を明らかにしたいと考える(4)。

最後に、本章で使用される史料について一言触れておく。ドイツ側では、日独の仲介役となったハックの個人文書が、日独防共協定交渉の詳細を知る上で不可欠である。さらに、日独防共協定交渉の重要な推進力となった国防省防諜部および防諜部長カナーリスの文書は、断片的にしか残されていないが、逸することができない。ドイツ陸軍参謀局（のち参謀本部）第三課（外国陸軍担当）文書も、当時のドイツ国防軍主流の東アジア観を知る上で不可欠である。防共協定交渉のもう一人の重要な推進者であったリッベントロップの防共協定に関する文書は、残念ながらほとんど存在していないが、リッベントロップ事務所の東アジア政策責任者ラウマー（Hermann von Raumer）が、当時の日記をもとに戦後記した回想録がそれを部分的に補っている。日本側の交渉者であったドイツ駐在日本陸軍武官（のち駐独大使）大島浩については、この時期に関するまとまった史料はほとんど残されていないが、ドイツ外務省外交史料館・連邦文書館には、この時期の大島の動向を示す若干の史料が断片的に残されている。

日本側では、すでに一九六〇年代に刊行されていたものの、日独防共協定研究にはほとんど利用されてこなかった関東軍関係の史料、とりわけ島田・稲葉（一九六四）および角田（一九六四）が重要である。未刊行史料としては、防衛省防衛研究所図書館の「文庫・宮崎」に所蔵されている文書「日独両軍間取極」を逸することができない。そのほかに、「防共外交」について先行研究で利用されている、主として日本外務省および日本陸軍の関係史料も適宜参照されるべきである。詳細な注釈のついた『徳王自伝』日本語版（ドムチョクドンロプ 一九九四）は、関東軍に使嗾された内蒙古自治運動について、豊富なデータを提供している。

極東国際軍事裁判のため国際検事局により収集された各証拠資料、とくに大島浩および日本駐在ドイツ陸軍武官（のち駐日大使）オット（Eugen Ott）の尋問調書（国際検察局三三巻および四一巻、一九九三）も、もちろん慎重な史料批判を必要とするが、有用である。

さらに、日本外務省の「防共外交」および関東軍の「満蒙政策」に対する中国側の対応を知るためには、中国国民党中央委員会党史委員会編『中華民国重要史料初編――対日抗戦時期』、秦孝儀総編集『総統　蔣公大事長編初稿』、国史館『事略稿本』などの中国側の史料にあたらなければならない。

一　「独禍東漸」と「日禍西漸」

1　前史としてのヴィルヘルム二世の「黄禍論」と「日禍論」

一九〇四‐〇五年の日露戦争は、いうまでもなく東アジアの国際関係あるいは広く当時の国際関係全般を大きく揺り動かすとともに、その後の日独関係に対しても深甚の影響をもたらした。その重要な影響の一つは、当時のドイツ帝国の政治および外交において、日本がヨーロッパの政治的・軍事的脅威であるとのイメージが形成されたことであった。これがいわゆる「黄禍論」であり、その代表的なイデオローグはもちろんドイツ皇帝ヴィルヘルム二世（Wilhelm II.）自身であった(5)。

ヴィルヘルム二世は日露戦争前後のさまざまな局面で多くの「黄禍論」的な発言を残しているが（ヴィッピヒ 二〇〇八）、とりわけ激烈であり、なおかつ本章の立場から見て興味深いのは、一九〇四年八月一一日の手書きのメモである。そのなかでヴィルヘルム二世は、将来の国際政治において「黄色人種と白色人種の大決戦」が勃発すると予想した。ヴィルヘルム二世によれば、それは「キリスト教と仏教の二つの宗教間の、さらに西洋文化と東洋の半開の文化との決戦」であり、そこでは、ドイツの指導するヨーロッパと、中国を突撃させる日本が、お互いに艦隊をヨーロッパ沿岸と日本沿岸に派遣して戦うことになるという。

「もし日本がヨーロッパを攻撃するならば、われわれは日本沿岸での戦争をおこなう場合がありうる。ドイツの艦隊は〔バルチック艦隊とは別の〕もう一つの日本の敵となるのだ。われわれはまもなくヘルゴランド、キール、クローンシュタットで日本の艦隊を目撃することを理解しなければならない」。

つまり、将来の国際政治の帰趨は、「東漸」するドイツ海軍と、「西漸」する日本海軍の決戦になるというのである。ヴィルヘルム二世は、このイメージをつぎのようにまとめた。

「余は、われわれが将来、日本と生死を賭けて戦わなければならないことを正確に知っている。したがって、余が察するに、日本もわれわれから同じ事を想定している。情勢は明らかで、余はそれに対して自らの準備に当たるのだ」（ヴィッピヒ 二〇〇八、一六四頁、Arco an Bülow, 11. August 1904, Randbemerkung Wilhelm II., *GP*, Bd. 19, Dok. Nr. 6057, S. 210-212）。

まさしくヴィルヘルム二世にとって、「黄禍論」（gelbe Gefahr）とは、恐るべき日本がヨーロッパに「西漸」してくるという意味で、「日禍論」（japanische Gefahr）に他ならなかった（ヴィッピヒ 二〇〇八、一六二頁）。ただし、ここで注意しておくべきは、ドイツの東漸と日本の西漸といっても、バルチック艦隊東航のイメージの延長で、日独間の決戦はいわば海軍間の戦いとして想定されていたことである。ヴィルヘルム二世の「黄禍論」は、差しあたり海軍の思想として現れたわけである。しかし、それはともかく、「ドイツ東漸」と「日本西漸」のイメージは、ヴィルヘルム二世を代表とするドイツ政治指導部の有するイデオロギーの一類型として、その後もドイツ外交に影響を与えることになる。

一方、日露戦争の結果、東アジアには日英仏露からなる「四国協商体制」が成立し、そこから疎外されたドイツは、清国およびアメリカ合衆国とともに、米独清三国連携構想を繰り返し試みることとなった（田嶋 二〇一七a、本書総説I）。そこに見られる日独関係の政治的・外交的冷却化には、上述のような「黄禍論」的なイデオロギーもまた一定の役割を果たしたといわなければならない。

2　第一次世界大戦における「独禍東漸」と「日禍西漸」

一九一四年夏に第一次世界大戦が勃発すると、ドイツは、東部戦線・西部戦線での正規の戦闘とともに、イギリス帝国やロシア帝国などの内部に居住する少数民族への政治的働きかけを強め、帝国辺境地域、とりわけ中東・イスラーム圏でのテロ活動、破壊活動などの「革命促進」（Revolutionierung）工作を推進した（Fischer 1961、邦訳（一）一九七二年）。東アジアでは、とりわけ中国東北部（満洲）を舞台として、中国人を使嗾し、あるいはドイツ人自らが関与する形で、東清鉄道・シベリア鉄道の爆破などの破壊活動やさまざまな親独プロパガンダが試みられていた（田嶋 二〇一七b、本書第五章）。

ロシア政府と日本政府は、こうしたドイツの東アジアにおける陰謀およびその噂に翻弄されたが、中国北京政府が一九一七年三月に対独断交を、同年八月に対独宣戦布告をおこない、中国に在留するドイツ人の多くを抑留ないし国外追放したことにより(6)、東アジアにおけるドイツの後方攪乱工作への不安はひとまず減少することとなった。

一方、日独青島戦争の終結（一九一四年一一月）によりアジアにおける第一次世界大戦の大勢は決したが、ヨーロッパにおいてはなおも戦争が継続し、勝敗の帰趨は不明であった。日本は一九一七年一月に第二特務艦隊を地中海に派遣し、イギリス海軍の指揮の下で対独戦争を継続したが、日本政府および日本陸海軍にとっては、ドイツが勝利する可能性を完全には排除し得ない状態が続いた。こうした状態は、ドイツがいずれ勝利し、やがてその勢力を東アジアにまで及ぼしてくるのではないかという恐怖感を、日本の政治家や軍人や世論の中に生じさせた（「独禍東漸」論）。

その際、ドイツが「東漸」してくるルートについてはさまざまに考えられた。第一の可能性は、ドイツがオランダに圧力を加え、オランダ領東インドに手を伸ばすという、いわば東南アジア・ルートのシナリオである。たとえば一九一五年二月三日、田中義一（参謀本部付）は首相寺内正毅につぎのようにドイツの脅威を述べていた。「白耳義〔ベルギー〕

は言う迄もなく荷蘭〔オランダ〕も〔ドイツによる〕併合若しくは少なくも〔ドイツとの〕聯邦の位置に立つものと考えられ候。左すれば東洋の蘭領印度は独逸の占有に帰し、日本は手も足も出ぬ様に相成るべく……」（小林 一九九四、一〇頁、田嶋 二〇〇八a、一七頁）。

第二の可能性は、ドイツ軍がロシアを屈服させ、場合によってはロシア軍とともにシベリア鉄道を通じて東アジアへ進出するという、いわばシベリア・ルートのシナリオである。第三の可能性は、ドイツがトルコ、イランを通じて中央アジアに進出し、アフガニスタンやインドから中国の新疆へ、さらにはモンゴルや満洲方面へ進出するという、いわば中央アジア・ルートのシナリオである。この第二、第三の可能性は、とりわけ一九一七年一一月にボリシェヴィキ革命が成功し、翌一八年三月にブレスト＝リトフスク講和条約が締結されたのちには、現実性を持ったシナリオとして日本の人口に膾炙する有様となった。しかもその際に注目されたのは、シベリアにおいて俘虜収容所から多くのドイツ人俘虜が脱走したとの風評であった。日本では、脱走したドイツ人兵士が再武装し、ソヴィエト赤軍とともにシベリアや中国東北部に「東漸」してくる可能性が取り沙汰されたのである。右翼黒竜会の機関誌『亜細亜時報』は、一九一八年七月の「社説」において、以上のような状況を踏まえつつ、つぎのように主張した。

「今や独逸は西部戦線に於て、全力を傾注して大攻勢運動を開始しつつありと雖も、苟も該戦闘にして、一旦終結せむ乎、独逸は長駆して波斯〔ペルシャ〕より中央亜細亜に出で、印度を衝き、或は西比利鉄道を利用して新疆・甘粛方面、又は満洲、蒙古方面に進出せむとするは、必至の勢にして、其の実現は殆ど疑を容れざる也。（中略）目下西比利各地に散在しつつある多数の独墺捕虜は、左したる盲動に出でざるが如しと雖も、其の裏面に於て、如何なる陰謀を蔵し、何時如何なる行動に出でむも、未だ測る可からず。況んや独逸が波斯若くは印度方面に進出するも、西比利方面に進出するも、此の多数の捕虜を利用し、之をして先鋒の任に当たらしむるは、彼等に取りて屈強の利便たるに於いておや」（サーラ 二〇〇八、二〇一頁から再引用）。

ボリシェヴィキ勢力の伸張と歩調を合わせた「独禍東漸」の脅威に対し、日本が軍事的に対応しようとしたのが、いうまでもなくシベリア出兵であった。シベリア出兵は、当初はウラジヴォストークに蓄積されたおびただしい軍事物資がソヴィエト・ロシアを通じてドイツに利用されることを阻止するために、のちには「東部戦線再建」を目指すために英仏によって提起されたが（細谷 二〇〇五）、日本陸軍の内部では、以下のような目的設定がおこなわれていた。

「帝国陸軍はバイカル湖以東の露領および東清鉄道沿線に於ける諸要地を占領し、露国穏健派を支援し、以て極東の治安を維持し、且つ将来発生すべき対独（独逸に支援せられて来る露兵をも含む）作戦の為め所要の準備を行い、特に露国穏健分子を推進して其の力を西漸せしむる」（外務省外交史料館「露国革命一件／出兵関係／英米仏トノ交渉第一巻」JACAR-Ref. B03051186600〔傍点は引用者〕）。

まさしくシベリア出兵は、ボリシェヴィキ勢力と手を携えた「独禍東漸」に対する、ロシア「穏健派」をしたがえた日本勢力の「西漸」として把握される側面を有していたといえよう。

もちろん、「独禍東漸」の脅威は、ドイツの敗北およびヴェルサイユ講和条約の調印によって、当面日本外交の考慮から除外されることになる。しかしながら、第一次世界大戦におけるドイツ脅威の経験は、一九二〇年代の日本外交にいわば下位意識として伏在し、一九三三年一月三〇日のナチスの権力掌握を画期として、やがて一九三〇年代の日本の対外態度にふたたび影響を与えることとなる。しかもその時には、ドイツの「東漸」は、日本に対する政治的脅威として意識されるよりも、むしろ正反対に、対ソ政策において手を結ぶべき政治的傾向として肯定的に認識されるようになるのである。

シベリア出兵に際し、一九一八年五月一六日、日本は中国北京政府と日華共同防敵軍事協定を締結したが、その第七条第七項には「軍事行動区域内に諜報機関を設置し、ならびに軍事所用の地図および情報を相互交換す。諜報機関の通信連絡に関しては彼此輔助してその便利を図る」と規定され、日中両国の諜報上の協力が含意されていた（外務省 一九六五（上）、四四一－四四四頁）。

この協定が成立することを前提として、日本の参謀本部員および属官の一団が、諜報員として庫倫（現ウランバートル）、売買城（キャフタ対岸）、塔城（新疆）、伊寧（新疆）、迪化（現ウルムチ、新疆）、喀什（カシュガル、新疆）などに派遣されることとなった。同年五月二八日、かれらは大規模なキャラバン隊を組み、北京を出発した。一行は砂漠のなかで困難な西進を続け、六月二三日に粛州に到着、七月一日から七日まで甘粛省最西部の安西に滞在、新疆東部の哈密を経て八月一〇日に迪化に到着した。一行の一部はロシアとの国境に近い伊寧を目指してさらに七〇〇キロ西進、九月一〇日に目的地に到着した。西域各地に分散したかれら参謀本部員は、その後現地当局者の協力も得つつ、一九二〇年に帰国命令が出るまで、それぞれの地にあってロシア情勢をも含めた情報収集に努めた。こうして日本陸軍は、ロシアおよび外モンゴル南部に接壌する甘粛・新疆の現地情勢や地誌などに関し、大量の諜報資料を合法的に蒐集したのである（長峰 一九八九）。

一方、翌々年の一九二二年一〇月に日本が一部を残してシベリアから撤兵し、一九二五年一月二〇日に日ソ国交回復が実現したが、そののちも、日本陸軍の第一の仮想敵は、いうまでもなく、ソヴィエト連邦およびソヴィエト赤軍であり続けた。

そのため関東軍は、甘粛、新疆などで集めた前述の諜報資料などにも依拠しながら、将来の対ソ戦争遂行をさまざま

3　関東軍の対ソ謀略構想

に構想した（富田 二〇一〇）。そこでの一つの特徴は、将来の対ソ戦争では、正規軍同士の戦いよりも、むしろ後方攪乱、すなわち民族対立の扇動、破壊活動、テロ行為などを含む「謀略戦」が重要になるという認識であった。しかもそのような謀略活動は、たんにソ連と勢力圏を接する中国東北地方において必要とされるだけでなく、アジアとヨーロッパにまたがるソ連の地政学的広大さゆえに、ユーラシア全域において実行されることが肝要であると考えられたのである。たとえば一九二八年二月、当時満鉄に出向していた関東軍の対ソ謀略担当者神田正種少佐は、参謀本部第二部（諜報・謀略担当）ロシア班長若松只一大尉に宛てた「対露謀略の大綱」なる文書で、以下のように述べていた。

「将来戦に於ける謀略の占める地位は頗る重大なり。就中対露作戦に於ては武力を以て最終の決を告ぐる能はず。場合に依りては戦争の大部は謀略戦に依り終始すべし。対露謀略の包含する業務は多岐にして其行動は全世界に亘るべきも、今其行うべき業務の大綱を掲ぐれば次の如くなるべきか」国立公文書館「A級極東国際軍事裁判記録（和文）」JACAR-Ref. A08071279300）。

その「大綱」の一として挙げられているのは、極東ソヴィエト内部における政治的混乱を促進し、極東ロシアをヨーロッパ・ロシアに対抗させる方策であった。神田はつぎのように述べる。「人種、思想、階級に関する諸闘争を激成せしめ、特に共産党の内訌を盛ならしめ、国家組織の破壊を期す。就中聯盟〔ソヴィエト連邦〕内の亜細亜系民族諸州を結束し、欧羅巴〔ヨーロッパ〕露西亜に対抗せしむるを要す」と。第二は、極東赤軍内部の少数民族部隊に対する謀略工作である。「前項と相関聯し、軍隊就中異民族諸隊に非戦熱を煽り、露軍の極東作戦計画に錯誤を生ぜしむ」必要があるというのである。第三は、ソ連に隣接するユーラシアの諸国家・諸地域（想定されているのはアフガニスタン、イラン、コーカサス、トルコ、東ヨーロッパ諸国など）に働きかけて、ソ連の軍事上の諸方策を妨害することである。すなわち「西方及南方の接壌諸邦を誘引して露国を脅威し、大軍の極東移動を不可能ならしめ、また経済封鎖に依り物資就中軍需の輸入を防止」すべきであるというのである。

第四、第五は、上述の諸方策に付随する破壊工作およびテロ行為、具体的にはシベリア鉄道を中心とする輸送機関の破壊、通信施設の破壊、軍需工場でのサボタージュ扇動などである。神田によれば、「輸送機関を破壊して軍の動員、集中を渋滞せしめ、軍需工場の騒擾を惹起せしめて軍需の製造を妨害」することが必要であり、シベリア鉄道は「其最も要点をなす」重要な戦略目標であった。さらに「通信施設を破壊し、また無線競争等に依りて世界より孤立せしめ」る必要があるというのであった。

第六は、日本の勢力圏における対ソ破壊工作の準備、ならびにシベリアやコーカサスにおける破壊活動との連携である。すなわち「南満洲、朝鮮、樺太に於て反共産党団体を組織し、機に応じて北満洲及極東露領に進出せしめ、露軍の作戦行動を掣肘し、一般戦況の進展に伴い露領内に反共産政権を樹立し、西伯利、高架索方面と相呼応して共産党政権の転覆を企図」すべきであるとされたのである。

最後に神田は、こうした反ソ工作は「全世界」、とりわけヨーロッパ大陸およびアジア大陸で展開する必要があり、そのため世界各国に特務機関を設置すべきことを強調する。「対露謀略の行はるる範囲は全世界に跨るを以て、其機関も又両大陸〔ヨーロッパおよびアジア〕に網羅せざる可らず」。

以上のような戦略的考察のほかに、関東軍が想定したいわば戦術的な方策も興味深い。神田によれば、ロシアの農民に対する工作をおこなうには、「商人に仮装」した活動拠点の形成が有用であるという（「農民と取引関係を有する商人に仮装し、資金を有する武官数名を配属す」）。さらに状況の進展によって、ユーラシア諸地域での農民の反共産党運動、反戦運動、ストライキを先導し、相互に連携させることが肝要であるという（「情況進展するに伴い極東、欧露、南露地方と連絡して農民を主とする反共産非戦運動を惹起せしめ、クズネスク、チェルノゴルスク炭坑の罷業、農民の穀物非売を扇動し、西伯利鉄道破壊を指導して逐次東方に撤退す」）。

以上に見たように、神田ら関東軍の謀略担当将校が想定した計画は、ソヴィエト連邦に接壌するヨーロッパ大陸諸国およびアジア大陸諸国に働きかけ、ユーラシア諸民族を扇動するとともに、そこでの反ソ活動を促進し、シベリア鉄道や軍事施設・通信施設に対する破壊活動をおこなおうというものであった。これはいわばユーラシアにまたがる対ソ謀略工作とそのための拠点形成（特務機関の設置など）を目指す計画であったといえよう。そしてこの「対露謀略の大綱」が若松只一を通じて参謀本部第二部に届けられていたことからも明らかなように、関東軍と陸軍参謀本部は、対ソ謀略工作に関する摺り合わせと意志一致をおこなっていたのである。

二　関東軍と満洲航空の「西進」政策

1　「蒙古国建設に関する意見」と関東軍の内蒙計画・「西進」政策

一九三一年九月一八日、関東軍は謀略により「満洲事変」を引き起こし、翌三二年三月には傀儡国家「満洲国」を作り上げた。この「満洲国」の建設には、中国東北地方の経済的資源の確保や中国本土への侵略の橋頭堡の確立、遠い将来における対米戦争遂行のための工業建設など、いくつかの複合的な戦略目的が存在したが、近い将来における対ソ戦争遂行のための反共産主義的な戦略拠点の確保が、そのなかで極めて大きな比重を占めていたことはいうまでもない（加藤 二〇〇二、二四六頁以下）。

関東軍は一九三三年五月三一日のいわゆる塘沽《タンクー》停戦協定で「満洲事変」に一応の終止符を打った。この協定により関東軍は、長城線を確保するとともに、冀東地区に非武装地帯を設定することに成功したのである。しかしそれにとどまらず関東軍は、ソ連およびモンゴル人民共和国を南から牽制するため、この華北の非武装地帯を出発点として、甘粛、寧夏、青海、新疆への「西漸」を秘かに進めることとなった。

一九三三年一〇月、関東軍の松室孝良大佐は「蒙古国建設に関する意見」なる文書を起草し、「満洲国」とモンゴル人民共和国の間に横たわる内蒙地域にあらたな傀儡国家「蒙古国」を建設する計画を展開した。この「蒙古国」は、「帝国の対蘇および対支軍事行動並びに政策実施を容易」にするとともに、「外蒙を通じて蘇国を牽制する役割」を担うことになっており、その反ソ的・反共産主義的性格が強調されていた。さらにこの「蒙古国」が成立すれば「甘粛、新疆等にある回々族の興起」を促し、必然的に「回々国の建設」となり、「また西蔵をして蒙古国を通じ日本と提携するの機運」を醸成することになる。松室はこのようにして、日本を出発点とし、「満洲国」、「蒙古国」、「回々国」、「西蔵国」からなる反ソ的・反共産主義的な「環状同盟」が形成されるというのであった。しかもその「環状同盟」は、「中央亜細亜、波斯〔ペルシャ〕」へと繋がるユーラシア的な契機をもつものとされたのである。松室は「蒙古国建設の準備期間は三年」とし、一九三六年までに関東軍のあらたな陰謀を実行する姿勢を示した（島田・稲葉 一九六四、四四九－四六三頁）(7)。

こうした内蒙工作のため関東軍は、蒙古地方自治政務委員会（蒙政会）指導者で西スニト（西蘇尼特）旗長であるドムチョクドンロプ（徳王）に接近した。一九三四年春ごろから関東軍の特務機関員がシリンゴル（錫林郭勒）盟や蒙政会所在地である百霊廟をしばしば訪問し、一九三五年には西スニト旗に常設の特務機関が開設された。同年五月末には関東軍参謀部第二課（諜報・謀略担当）の田中隆吉少佐が西スニト旗に飛来して徳王に「蒙古国」建設を教唆し、さらに同年九月一八日、関東軍参謀副長板垣征四郎が第二課長河辺虎四郎、田中隆吉らを引き連れて西ウジュムチン（西烏珠穆沁）旗を訪問し、徳王ら内蒙自治運動指導者と協議している（ドムチョクドンロプ 一九九四、九八、一〇四－一〇五頁）。同年一一月、徳王はみずから「満洲国」を訪問して関東軍司令官南次郎ら幹部と面会、軍費等の援助を引き出した（森二〇〇九、九八、一〇一－一〇二頁）。

2　満洲航空の活動

関東軍参謀部は、さらに、満洲航空株式会社をもこうした「西漸」に組み込む計画を進めた。満洲航空は「満洲国」成立約半年後の一九三二年九月、関東軍の要請により設立された民間会社であるが、この会社は、前身の日本航空大連支所時代をも含め、満洲事変期に積極的に関東軍に徴用され、とくに一九三三年二月の「熱河作戦」では「空中輸送隊」を編成し、関東軍の指揮下に入った。このように満洲航空は、初発より「関東軍の空軍」という性格を強く有していたのである（樋口 一九七二）。

一九三五年夏に続き、翌三六年八月にも板垣は第二課長武藤章および副官を引き連れ徳化（徳王）、百霊廟（雲王）を訪問し、その後包頭で満洲航空重役武宮豊次らと合流、さらに沙王府（沙王）、定遠営（達王）を訪ねている。その目的は蒙古諸王との「親善」および各特務機関に対する指導のほか、「欧亜直通航空の中継点偵察」も含まれていたとされる。さらに板垣一行は、オチナ（額済納）に先遣隊を派遣し、視察させていた（森 二〇〇九、一八六－一八七、二一七－二一八頁）。板垣の副官であった泉可畏翁によれば、板垣の出張の成果は「一つは欧亜直通航空の最良の中継点が発見されたこと、今一つは日ソ開戦の場合、シベリア鉄道を側面から脅威する絶好の爆撃基地が見つかった」ことであった（板垣征四郎刊行会 一九七二、二二八－二三〇頁）。このふたつは、いずれもオチナを指していた。

ところで、日本陸軍は、このようにソ連辺境部に隣接する地点に特務機関および爆撃基地の設置を目指していたが、日ソ戦争勃発の場合、そこからの空爆はどの程度効果があると考えられていたのであろうか。一九三六年一〇月より欧州を視察していた日本陸軍の視察団は、極東ソ連軍への空爆の効果について、以下のように判断していた。

「西欧列強の如く、その国家組織鞏固にして国民の対敵国戦争意識強烈なる国においては、空中爆撃によりその戦争意志を挫折し戦争を終局に導くことは容易ならずといえども、蘇邦の如く其の政権と国民との結合弱く、殊に長遠なる連絡線を隔て資源貧弱の地に戦わざるべからざる極東軍に対しては、開戦初頭空軍の行う圧倒的空中爆撃に依り之に内部崩壊を起し、速に戦争を終局に導き得るの公算尠しとせず、伊国の『エチオピア』遠征は之が一面の真理を開示しあり」(「航空視察団報告第二巻」防衛省防衛研究所「中央－軍事行政その他六六一」JACAR-Ref. C15120557600)。

すなわちイタリアのエチオピア侵略を例として、開戦初頭での航空機を使った極東ロシアへの「圧倒的空中爆撃」によりソ連の内部崩壊を引き起こし、戦争を終結に導くことが可能であると考えられていたのである。その際、「満洲国」やソ連邦南部接壌地域からの「圧倒的空中爆撃」を担うと想定されたのは、もちろん、関東軍の空軍＝満洲航空の航空機であった。

さらに、ベルリン駐在日本陸軍武官大島浩も、ヨーロッパ(ドイツ)と東アジア(日本・「満洲国」)をつなぐ航空ルート開拓の重要性について強く認識していた。大島は満洲事変勃発以来参謀本部で事変処理に関わり、さらに一九三四年三月に駐独陸軍武官に任命される直前に「満洲国」を訪問し、自らの眼で現地の情勢を視察していた(このときに大島が関東軍幹部や満洲航空幹部らと立ち入った議論をおこなった可能性は極めて高い)。そうした情報をもとに、一九三五年二月七日、大島はベルリンの独日協会で講演し、「満洲国」における航空情勢についてつぎのように述べていた。

「満洲国建国以来、航空運輸網は強力に発展せしめられました。大気の状態や地上の状態はとりわけ良好であります。もちろん満洲国における航空運輸の現状はヨーロッパ諸国のそれと同列に論じるわけにはいきません。こんにち航空路は約三〇〇〇キロですが、地表部分との関係でいえばまだまだ非常に短いと考えなければなりません。しかし現在ここでも進展が見られます。

目下モスクワとバイカル湖西方のイルクーツクの間ではロシアの航空路が、また東京と大連の間では日本の航空路が操業中ですが、この二つの路線を結合すれば、ヨーロッパと東アジアの航空路が結びつくことになります。それは満洲国と日本の国民の切なる願いなのです」(BA-L, R/64/IV/65, fol.1, S. 245-261)。

ここでは、聴衆（独日協会会員。多くは文民）の性格を考え、ソ連の航空路との連絡も含めた穏やかな連絡形態が前提とされていたが、それでも日本・「満洲国」とヨーロッパ、とりわけドイツとの航空連絡に関する大島の熱意を伺い知ることができよう。約一年後、大島は、ソ連との連絡を回避する（より正確には、ソ連を仮想敵とする）新しい航空路の開設構想に取り憑かれることになる。

3　日本の「西進」とドイツ国防省

以上のような関東軍の「西進」政策は、もちろん極秘裏に進められたため、ドイツ側のアクターでもこれに気づいた者はきわめて少なかった。その数少ない例外は、ドイツ国防軍の諜報関係者、とりわけドイツ陸軍参謀局第三課（外国陸軍担当）であった。

ドイツ陸軍が日本の膨張政策についてイメージを形成する際に重要な役割を演じたのは、オット（のち日本駐在陸軍武官、日本駐在大使）の東アジアでの観察であった。オットは当初、満洲事変の観戦武官として満洲へ派遣されるよう希望し、一九三三年夏に東京に着任したが、一九三三年五月三一日の塘沽停戦協定ですでに満洲事変は事実上終結していたため、名古屋の第三師団付となった。名古屋に着任する前の一九三三年八月、オットは一カ月間満洲への調査旅行を許され、そこで菱刈隆関東軍司令官、小磯国昭参謀長兼特務部長らと会談した。さらに、ある佐官級の関東軍幹部の話から「満洲国」や「隣接諸省」をめぐる関東軍の意図に関する認識を深めた(8)。その折には、熱河作戦で関東軍が獲得した地域への満洲航空機を使った航空偵察を許されている。その後オットは名古屋に着任し、そこでさらに「もっぱら日本軍に関する研究に専心」した。かれがのちに述べているように、ドイツ陸軍は、一九一四年にファルケンハウゼン

(Alexander von Falkenhausen) 日本駐在陸軍武官が日独戦争勃発のため帰任して以来、「日本軍とのすべてのコンタクトを失ったので、それに関する知識をまったく欠いていた」からである(国際検察局 一九九三b、八四頁)[9]。

翌一九三四年四月にオットは、第一次世界大戦終結後初めての駐日ドイツ陸軍武官に任ぜられるが、その前の一九三三年一二月末に一旦帰国し、ヒトラーに直接面会して日本情勢について報告したほか、ドイツ国防省で東アジア情勢に関する報告をおこなった(国際検察局 一九九三b、五四 - 五五、八四 - 八六、一一一 - 一一四、一八四 - 一八六頁、Vortrag „Die Lage im Fernen Osten" vom 22. Januar 1934, BA-MA, RW5/v. 348)。

ドイツ陸軍参謀局第三課長(外国陸軍担当)シュテュルプナーゲル (Carl Heinrich von Stülpnagel) は、一九三四年三月二九日、オットの報告などをもとに「アジアにおける日本の政策――概観」という文書を作成し、以下のような分析をおこなった。この文書は日本の「西漸」に関するドイツ国防省の認識を示している点で、非常に興味深い („Übersicht über die politische Entwicklung. Überblick über die japanische Politik in Asien" vom 29. März 1934, in: BA-MA, RH1/v. 78. Bl. 138-141)。

シュテュルプナーゲルはまず、満洲事変後、日本の影響力が満洲から内蒙古へ、さらに新疆へと拡大しているとして、つぎのように述べる。「満洲自身をめぐって情勢は沈静化しているが、ロシア帝国の周辺地域で日本の外交および日本の密使の活動が顕著である」。「内蒙への日本の影響力の浸透はさらに進んでいる」。「中国領東トルキスタン(新疆)にはロシア・日本・イギリスのエージェントおよびその支援者が活動している。現在カシュガルでは日本の影響力が優勢である」[10]。

さらにシュテュルプナーゲルは、日本の影響力が中国を超えて西漸し、中東にまで及んでいるとの認識を示した。かれは日本の対アフガニスタン政策についてつぎのように述べている。「アフガニスタンにおいては、はるか前から日本の貿易・軍事使節団がかなり強化されている」[11]。さらに日本の対ペルシャ(イラン)政策については、一九三四年二月一六日のテヘラン駐在ドイツ公使の報告として、以下のように述べている。「テヘランに最近着任した日本武官はコーカサスに関する情報を収集している。また、テヘラン駐在日本公使は、ペルシャ湾上の航空母艦からロシアのバクー油田に対する空爆の可能性を示唆した[12]」。

さらに日本の対トルコ政策に関してはつぎのように述べられている。「新聞によれば、日本はトルコ海軍のために一万トン級巡洋艦二隻、駆逐艦四隻、潜水艦四隻などを建造するという。建造の実施のため日本はトルコに四億マルクに相当する借款を与える。対価として日本はアナトリアにおける木綿と果実の栽培に関する巨大な利権を獲得する[13]」。

シュテュルプナーゲルによれば、こうした計画に関する視察のため、「田中陸軍中佐がロシア西部国境に隣接するヨーロッパ諸国を旅行し、ヘトマン・スコロパツキー（Pavlo Skoropadsky）と会談（ウクライナ問題）をもった」。さらに「フィンランドにも日本のエージェントが暗躍している」という[14]。

シュテュルプナーゲルの報告は日本の対アフリカ政策、とくに対エチオピア政策にも及んでいる。「日本はアビシニア〔エチオピア〕で木綿に関する包括的な利権を獲得し、アフリカでの定着を開始した。まずエチオピアの皇族男子が日本の華族女性と結婚する[15]。新聞はアビシニアにおける日本人の定住計画について驚くべき報道をおこなった。すなわち日本の定住計画は飛行場建設のためだというのである。アビシニアに日本の飛行場が建設されるならば、アデン湾を経由する航路が深刻な脅威を受けることとなろう[16]」。

以上に見た日本の対外政策に関するシュテュルプナーゲルの情勢判断には、事実に合致しない誇大妄想的な分析も多く含まれていた。しかし、とはいえ、このシュテュルプナーゲルの報告では、ドイツ陸軍が、関東軍をはじめとする日本勢力のユーラシアにおける「西漸」に注目していたことが重要であろう。すなわちかれの判断によれば、日本の関心は、満洲、内蒙古から新疆へ、さらに「ロシア周辺地域」へ、すなわちアフガニスタン、イラン、トルコへ、さらにはエチオピアへと向けられており[17]、こうした計画のため、「田中陸軍中佐」をはじめ多くの「エージェント」が、フィンランドをはじめ「ロシア西部国境に隣接するヨーロッパ諸国」で暗躍しているというのであった。

しかもその際重要であるのは、ドイツ陸軍・シュテュルプナーゲルが、「深刻な脅威」などの言葉にも見られるように、こうした日本の動きを政治的に好ましいものとして見ていたのではなく、むしろそれを一種の政治的脅威（いわば「日禍西漸」）と受け止めていたことであろう。(18)

しかしながら、ここでやや先回りしていえば、こうした日本勢力の西進は、国防省防諜部長カナーリスによって、政治的脅威としてではなく、むしろ対ソ政策において手を結ぶべき政治傾向として肯定的に認識された。一九三五年一月一日に海軍から国防省防諜部長に転出したカナーリスは、以後、日本との対ソ諜報上・対ソ謀略上の協力関係形成に向けて駐独日本陸軍武官大島浩との交流を強化していくことになる。

三　「華北分離工作」と「防共外交」

1　華北分離工作、防共外交と日独中三国防共協定案

一九三五年に入ると、中国北部では、国境線の不明確な熱河省（「満洲国」に編入）とチャハル省の間で頻繁に偶発事件が起こるようになった。こうした事態を背景に関東軍および天津軍（支那駐屯軍）はいわゆる「華北分離工作」を進めた。六月一〇日、天津軍司令官梅津美治郎は国民政府北平軍事分会委員長何応欽と「申し合わせ」に合意し、河北省主席于学忠の罷免と国民政府軍の華北からの撤退を実現した（一九三五年六月一一日天津軍司令官発参謀次長宛、島田・稲葉　一九六四、九三頁、内田　二〇〇六、一七三－二〇三頁）。さらに六月二七日には関東軍奉天特務機関長土肥原賢二とチャハル省主席代理秦徳純との間で協定が結ばれ、関東軍は国民政府第二九軍司令官宋哲元のチャハル省からの撤退を実現させた（一九三五年六月二五日北平武官室補佐官発参謀次長宛、一九三五年六月二七日北平武官室補佐官発参謀次長宛。島田・稲葉　一九六四、九九－一〇〇頁）。この協定では、徳王の内蒙での工作を妨害しないこと、チャハル省における飛行

場の建設と無線電信施設設置の要求が実現された（「第一次華北分離工作」）。すなわち関東軍の華北分離工作では、徳王の「高度自治運動」と満洲航空の「西漸」政策が強く意識されていたことに注目されなければならない。

関東軍参謀部は、土肥原・秦徳純協定をもとに、約一カ月後の七月二五日、「対内蒙施策要領」を起草し、「満洲航空会社を指導し、西スニト旗飛行場および張家口飛行場を基礎とし、外蒙方面、百霊廟、綏遠、包頭、なしうれば新疆および青海方面に至る航空路」を開拓する計画を立案した（「対内蒙施策要領」島田・稲葉 一九六四、四九二－五〇〇頁）。これはまさしく、関東軍の「環状同盟」を構成する各地域を、航空路でつなごうという構想であった。

日本の外務省は、このような関東軍の行動に危機感を強め、軍部の要求を大幅に容れつつも、何とか日本の統一的な外交政策を推進しようとした。一九三五年一〇月四日、外相広田弘毅は陸海軍大臣と対中国政策における合意（「広田三原則」）に達し、以後この原則のもとに南京国民政府との交渉をおこなうことになった。三原則の内容は、（1）排日言動の取り締まり、（2）「満洲国」の黙認、（3）「外蒙等より来る赤化勢力の脅威排除」であった。この「防共外交」では、中国をして「我が方の希望する諸般の施策に協力せしむること」とされていたが、具体的には「華北自由航空」「飛行場の建設」などの施策であり、念頭に置かれていたのは、やはり「西漸」を含めた関東軍および満洲航空の活動であった（「対支政策に関する外・陸・海三相間諒解」一九三五年一〇月四日、外務省 一九六五（下）、三〇三－三〇四頁）。

しかしながら、中国現地では、こうした外務省の対中交渉を無視する形で関東軍と天津軍が独自行動をおこない、一九三五年一一月二五日には塘沽停戦協定の非武装地帯に傀儡政権である「冀東防共自治委員会」（一二月二五日に「冀東防共自治政府」に改組）を設立していた（「第二次華北分離工作」）。こうした日本軍の行動に対抗するため中国国民政府は、「民衆による自治と防共」「中央からの分離」を意図する宋哲元の親日的な「冀察政務委員会」創設を事実上黙認せざるを得なくなった。

日本外務省は、中国国民政府との交渉において日中二国間での防共協定（日中防共協定）の締結を目指したが、中国側では、この日中防共協定にドイツを編入する案が浮上し、この案は、上海駐在ドイツ総領事クリーベル（Hermann

Kriebel）を通じて、リッベントロップおよびヒトラーのもとに届けられた。中国に対する日本の防共外交に、ドイツがリンクしてきた訳である。

ヒトラーとリッベントロップは一九三五年一一月、この日独中（三国）防共協定案に賛成した。一一月一五日、クリーベルは汪兆銘に打電し、「日中和平への帝国宰相〔ヒトラー〕の非常に温かい関心」を伝えた（Aufzeichnung Erdmannsdorff vom 18. November 1935, *ADAP*, Serie C, Bd. IV, Nr. 416）。しかしながらこの三国防共協定案は、上に見た華北情勢の険悪化などの諸要因によって、翌一二月に潰え去ってしまう。一二月七日、リッベントロップはクリーベルに打電し、「ドイツの側から介入しうる余地は当面ほとんど存在しないので、蔣介石がこの問題で公式の措置を執るのを阻止せよ」と伝えたのである（Ribbentrop u. Dieckhoff an Kriebel vom 7. Dezember 1935, in: *ADAP*, Serie C, Bd. IV, Nr. 451）。[19]

しかしながら、その後も日本陸軍の動きはやまなかった。たとえば支那駐屯軍は、関東軍の意向を入れつつ「防共協定」締結に固執し、一九三六年三月末、多田駿支那駐屯軍司令官と冀察側宋哲元との間で「防共協定」を成立させることに成功し、さらには山西の閻錫山とも同様の「防共協定」を締結する姿勢を示した（内田 二〇〇七、島田・稲葉 一九六四、二八五頁）。そこには、「共産軍は甘粛および陝西に進入し山西、綏遠を伺いつつある」との現地軍の危機意識が表現されているとともに、現地政権との協定を締結することにより、「将来北支政権と満洲国若しくは帝国との間に訂結せらるべき一般的取極の糸口」とする意図が込められていた（内田 二〇〇七、九三頁）。まさしく関東軍の「西進」ルートが脅かされていたのであり、そのため関東軍は、「防共協定」に基づく華北政権との協力を強く求めていたのである。

一方、日本外務省および陸軍省も、「防共外交」の名のもとに、南京中央政府との日中防共協定の実現に固執した。さらにその過程では、日中防共協定に日独防共協定を加える案をも追求した（井上 一九九四、二六九－二七九頁）。しかしながら、それはもちろん無駄な試みであった。なぜならすでに見たように、一九三五年秋の段階でドイツ側は日独中三国防共協定案を、日本に通知することなく密かに葬り去っていたからである。

さらに日本外務省は、陸軍の論理とは別に、中国、ドイツ以外にも対象をさらに拡大し、ポーランド、オランダ、イギリスなどを相手に防共を主な内容とする協定の締結を働きかけ続けた（ＮＨＫ取材班 二〇一一）。

2　国防省防諜部長カナーリスと日独防共協定の成立

のちの防共協定へといたる日独交渉は、一九三五年九月にドイツ駐在日本陸軍武官大島浩が武器商人ハックに軍事協定の締結をもちかける形で始まった[20]。当時ハックは、リッベントロップと国防省防諜部長カナーリス両者の情報員を兼ねていた。

カナーリスは、陸軍参謀局第三課長（外国陸軍担当）シュテュルプナーゲルとの業務連絡や大島浩との協力関係を通じて、関東軍の「西漸」政策に関して一定の知識を有していたと思われる。しかしながら、関東軍の「西漸」を「日禍西漸」的に捉えていたシュテュルプナーゲルら陸軍参謀局とは異なり、カナーリスはそれを日独の対ソ諜報・謀略協力の観点からむしろ肯定的に評価していた。交渉はハックを通じた大島とカナーリスの会談から始まり、一九三五年一一月にはこれにリッベントロップが加わった。大島は当初はソ連を対象とする純然たる日独軍事協定の締結を想定していたが、のちの交渉の過程で協定案はコミンテルンを対象とする「防衛」および「情報交換」を内容とするものに変わっていった（田嶋 二〇〇八ｂ）。さらにドイツ側は、この日独協定に、ポーランドやイギリスを加える可能性を示唆していたのである（Auszeichnung Hack vom 15. November 1935, in: Nachlaß Hack）。戦間期のポーランド軍と日本陸軍参謀本部は、対ソ政策上、密接な関係を築いており、ポーランドを加えることには、日本陸軍としても異存はなかっただろう（実際、やや時期は下るが、ポーランド駐在日本陸軍武官沢田茂がポーランド外務省でポーランドの日独防共協定への参加を慫慂している。パワシュ＝ルトコフスカ・ロメル 二〇〇九、一七二－一八七頁）[21]。

一九三五年一月に国防省防諜部長に就任していたカナーリスは、東欧・東南欧諸国の軍部との間でソ連を対象とする情報交換を組織化する構想を推進していた。一九三五年春・夏にハンガリー、エストニア、フィンランドの情報当局と接触したカナーリスは、同年七月と九月にイタリア軍情報部長ロアッタ（Mario Roatta）とも「共産主義の危険に対する共同闘争」のための協定を締結する問題で協議していた（Bericht Canaris vom 17. Juli 1935, in: BA-MA, RH 1/v. 78, Bl. 318-324; Bericht Canaris vom 19. September 1935, in: PAdAA, Geheimakten II FM 11, „Militär-Politik"）。[22]

ベルリンで大島浩により進められた日独防共協定交渉に関し、日本陸軍は、状況を確認し、カナーリス、リッベントロップ、ドイツ国防軍らの情勢判断ととるべき方針を確認するため、参謀本部第二部（情報・謀略を担当）第四班（総合情勢判断を担当）班長若松只一中佐をドイツに派遣した。対ソ謀略と情勢判断のエキスパートである。若松の念頭には、七年前の一九二八年に関東軍の対ソ謀略担当者神田正種と摺り合わせた「対露謀略の大綱」が存在していた。関東軍の「西進」政策を熟知していた東京駐在ドイツ陸軍武官オットは、若松が「日本参謀本部の外蒙に関する広範な諸計画」を携えて訪独することを見抜いていた（Dirksen an das AA, *ADAP*, Serie C, Bd. V, Dok. Nr. 197, S. 252-254）。若松は翌一九三六年一月までドイツに滞在したが、その過程では、もちろん、ドイツ国防軍の対ソ謀略担当者＝防諜部長カナーリスとの立ち入った協議がおこなわれたはずである。

カナーリスは、若松帰国後の翌二月、「三軍の秘密情報業務に関する一九三六年度業務基本方針」なる文書を起草し、ソ連近隣諸国との情報協力の拡大に関し、つぎのように述べていた。「すでに着手された方法により「戦略的活動」、すなわちより広範な領域における秘密情報業務の拡大強化を体系的に前進させなければならない」。具体的にはハンガリー、フィンランド、イタリア、スウェーデン、エストニアとの情報協力の追求および拡大、東欧圏のドイツ系少数民族領域での情報活動の展開などが目指されたが、日本に関してもつぎのように述べられていた。「日本との情報交換業務を推進しなければならない」（Denkschrift Canaris, „Richtlinien für die Arbeit 1936 im geh. Meldedienst der drei Wehrmachtteile", in: PAdAA, Geheimakten Abt. IIF, „Militärische Nachrichten -geheim", Bd.3）。すなわちカナーリスは、当時、日本を含むソ連近隣諸国の軍情報部との間で反ソ・反共を目的とする諜報網の設立を構想していたのである。

こうした考えに基づき、カナーリスは、同月五日、ドイツ駐在ポーランド大使リプスキ（Józef Lipski）とも会談し、「軍事諜報業務の分野でポーランド軍当局と密接な協力関係に入りたいという希望」を伝えていたのである（Aufzeichnung Canaris vom 6. Februar 1936, in: PAdAA, Spionage-Abwehr, Allgemein）。同じ時期に推進されていた日独防共協定交渉は、まさしくカナーリスの「反ソ・防共諜報網」構想と、大島および日本陸軍（とりわけ関東軍）の進めた「対露謀略の大綱」が重なる形で展開されたものであるということができる。

その後日独防共協定交渉は、大島およびカナーリスの手を離れ、一九三六年八月からはリッベントロップおよびドイツ駐在日本大使武者小路公共の手で継続され、一九三六年一一月二五日に調印された。協定第一条には、以下のように規定されていた。「締約国は共産『インターナショナル』の活動に付き相互に通報し、必要なる防衛措置に付き協議し、且つ緊密なる協力により右の措置を達成することを約す」。また、同協定秘密議定書第一条ではつぎのように規定されていた。「両締約国の当該官憲は共産『インターナショナル』の活動に関する情報の交換竝に共産『インターナショナル』に対する啓発及び防衛の措置に付き緊密に協力すべし」（外務省　一九六五（下）、三五二－三五四頁）。まさしく日独防共協定にはドイツ駐在日本陸軍武官大島浩およびドイツ国防省防諜部長カナーリスの政治的意図が明瞭に反映されていたといえよう。

3　日中交渉の挫折と「綏遠事件」

一九三六年一月一三日に日本政府が決定した「第一次北支処理要綱」（島田・稲葉　一九六四、三四九－三五〇頁）は、華北五省（河北、山東、山西、綏遠、チャハル各省）の分治を方針とした。陸軍省（軍事課）の要求を大幅に受け入れた国策が制定されたのである。しかし一方同要綱は、華北分離工作の主務機関を天津軍とし、「関東軍及在北支各機関は右工作に協力するものとす」と述べて、関東軍の行動を抑えようとした。さらに対内蒙工作に関しては「関東軍に於て依

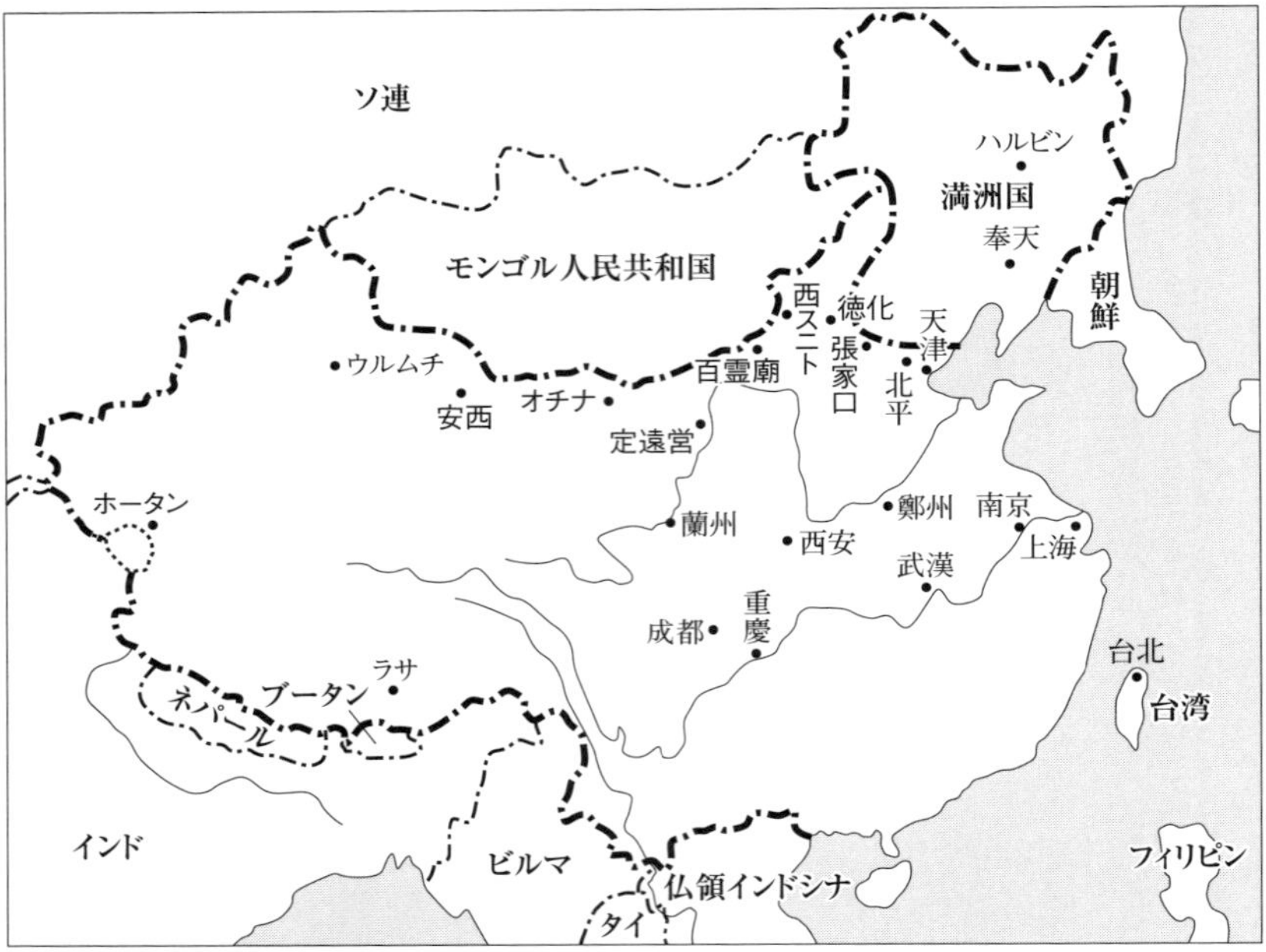

図8－1　日本の「西進」政策と内モンゴル・新疆

然従来の方針に基き継続すべきこと固より」と述べて、関東軍を主務機関としつつも、「内蒙工作は其範囲を概して外長城線以北に限定し、且東部綏遠四蒙旗の地域に波及せしめざるもの」としてその行動範囲を限定した。要するに関東軍は、陸軍省軍事課にその西漸政策を掣肘される形となったのである。

しかしながら、もちろん関東軍はそれに甘んじなかった。たとえば翌一九三六年二月一〇日、関東軍は徳王を支援して西スニト旗に「蒙古軍総司令部」を秘密裡に成立させた（ドムチョクドンロプ 一九九四）。この「蒙古軍総司令部」は、その後「内蒙各地に散在せる人材を糾合」するため、内蒙古各地への工作を強め、さらに「綏遠、察哈爾〔チャハル〕内の各旗及土黙特〔トゥムド〕、阿拉善〔アラシャン〕、額済納〔オチナ〕部、青海等に対し悉く連絡を完了」するにいたった（「内蒙古工作の現状について」島田・稲葉 一九六四、五五－五五四頁）（図8－1）。

同年三月中旬、関東軍参謀部は関係特務機関長を招集して会議を開催し、こうした内蒙古工作の現状を総括するとともに、徳王を中心とする「蒙古軍政府」の建設をさらに推進することとした。さらに関東軍は同年四月二〇日より二六日まで、一週間にわたって西ウジュムチン王府で「蒙古建国会議」を開催した。会議の目的とするところは、いままで「概ね秘密」とされてきた「蒙古軍政府」を「蒙古側に対しては一切之を公開」し、親日満の態度を決定的なものにし、「名実共に蒙古民族中央政府たらしめ、同時にチャハル、綏遠、阿拉善、額済納、青海蒙古を合する領域の結束を鞏固」にすることであった（「内蒙古工作の現状について」島田・稲葉 一九六四、五五一‐五五四頁）。関東軍のまなざしは、内蒙古からさらに西へ、すなわちアラシャン、オチナ、青海へと向けられていたのである。

翌一九三六年五月一二日、以上のような経過ののち、関東軍の影響下に「蒙古軍政府」が正式に発足するにいたった。これは松室孝良や田中隆吉のいう「環状同盟」構想が一歩前進したことを意味した（ドムチョクドンロプ 一九九四、森二〇〇九、九八、一〇一‐一〇二頁）。

このような関東軍の動向に南京国民政府・蔣介石は危機感を深め、対抗策を準備することになった。一九三六年八月九日、蔣介石は綏遠省の南に隣接する山西省の閻錫山に対し、以下のような指示を送った（楊 二〇一二、二一頁、国史館 二〇一〇、六六‐六七頁）。

「私は、傀儡匪軍に二度と綏遠を攪乱させないつもりである。我が軍はただ防御のみではその目的を達することができない。必ず相手を撃滅すると同時に、その後方の司令部および集結地を探り、不意を突いて全力で猛然と奇襲をかけ、相手に大きな打撃を加えたあと、即座にもとの防衛体制に退いて固守すれば、傀儡匪軍は以後軽々に侵攻しようとはしないであろう」。

すなわち、蔣介石は、一九三六年夏、「蒙古軍」の妄動を許さぬ不退転の決意を固めたのである。

一九三六年一一月九日、内蒙古軍が「防共」を旗印として綏遠省に侵入した。これに対し傅作義に率いられた綏遠軍は反撃を開始し、一一月二三日から二四日にかけて百霊廟を奪回、内蒙古軍は潰走した。二一日に日本の外務省は、この「綏遠事件」は中国の内政問題であり、日本は関知しないと声明したが、内蒙古軍の敗北は明らかに関東軍の軍事的な失敗であった。

綏遠事件は大島らの進めた日独防共協定と「環状同盟」構想への重大な打撃となった。一九三七年二月、大島はつぎのように痛憤した。「蒙古人の綏遠に対する行動は関東軍の重大な失策である。関東軍は、満洲国の安全保障圏を創設するため努力したが、しかしその行動の時期および行動の規模の両面において誤った」。当時日本に一時帰国していた大島は、このため、「関東軍参謀長を東京に召還」しようとするほどであった (Ott an Tippelskirch vom 2. Februar 1937, in: BA-MA, RH2/v. 2939)。綏遠事件に関する大島の焦燥は深かったといえよう。

綏遠事件にいたる蒙古軍の動向および関東軍の「西漸」政策は、さらに、同時期に並行して進められていた南京での日中交渉を破綻させた。九月一五日、日本の六項目要求のうちの一つである「共同防共」に対し、張群外交部長は「我が方の領土主権および行政の保全を侵害しないことを原則とする」と反論した。すなわち張群は、華北での共同防共は中国の領土主権に関わる重大な問題であることを示したのである。さらに同月二三日、張群は、逆に五項目の中国側要望事項を提出したが、その中では、関東軍の動きに関し、とくに「華北自由飛行の停止」「察東および綏遠北部における偽軍の解散」を求めた。満洲航空による華北の自由飛行および「蒙古軍」の活動は、中国にとって許容しがたいものであった。こうして川越・張群会談は、一九三六年九月二三日、ついにいったん打ち切られるにいたった。蔣介石は、交渉が決裂したと判断し、何応欽に「いつでも抗戦できるよう」命じたのである (臧 二〇一一、一一四－一二二頁)。

その後日中交渉は一〇月一九日に再開されるが、主として防共問題をめぐって紛糾し、膠着した。その直後に綏遠事件が勃発することになる。一二月七日、国民政府外交部は「綏遠事件が勃発したことによって、外交交渉が妨げられている」と主張し、交渉は事実上終焉を迎えた (臧 二〇一一、一一四－一二二頁)。

結局のところ、この交渉において日本側が要求した「共同防共」とは、たんに「ソ連および共産主義に反対する」というイデオロギー的な意味のみを有していたのではなく、綏遠事件に示される内蒙独立運動や、関東軍が進めた寧夏・

甘粛・新疆への「西漸」＝「環状同盟構想」の承認を求めるに等しく、中国国民政府にとってはとうてい受け入れることができない性質のものであった（「綏遠工作の中国に及ぼせる影響に関する川越大使上申」一九三六年一一月二五日、外務省一九六五（下）、三五四－三五五頁）。日中交渉打ち切りの五日後に発生した西安事件と、その帰結である抗日民族統一戦線への流れは、広田が何よりも求めていた蔣介石政権との日中（二国間）防共協定締結を絵空事とした。広田弘毅内閣の対中国政策および「防共外交」は、こうして、陸軍との協調を維持しつつ対中交渉を図るというその内在的論理によって破綻したのである。

一九三六年一一月二五日、日独防共協定は締結されたが、中国以外でも、日本の「防共外交」の対象であったポーランド、オランダ、イギリスなどは、結局、「防共」を内容とする二国間ないし多国間の協定締結に動くことはなかった。したがって、日独防共協定は、日本外務省の「防共外交」の成功ではなく、むしろその失敗の結果として成立したのであった。

四　日独防共協定の執行過程

1　日独「満」航空協定の成立

日独防共協定が締結されたあと、そのいわば附属協定として日独「満」航空協定（一九三六年一二月）、情報交換と謀略に関する日独協定（「大島＝カナーリス協定」）（一九三七年五月）、情報交換と謀略に関する日独参謀本部間協定（一九三八年一〇月）、日独文化協定（一九三八年一一月）という一連の協定が締結された。こうした協定は、日独防共協定を補完する意味を帯びていた。ここでは、日独文化協定を除く前三者について分析しておきたい(23)。第一に、それらの協定が軍事戦略的な意味を色濃く有していたからであり、第二に、それらの協定は、いままでの研究ではほとんどその実態が知られていなかったからである。

一九三五年末、関東軍参謀副長板垣征四郎は満洲航空の永淵三郎をドイツに派遣し、日独「満」航空交渉に当たらせることとなった。ドイツ駐在陸軍武官大島浩は、日独防共協定交渉と平行する形で、永淵三郎とルフトハンザのヴロンスキー（Max Wronski）およびガーブレンツ（Carl August von Gablenz）との間でおこなわれていた日独「満」航空協定交渉を後見した。ドイツ側でルフトハンザを後見したのは、航空次官ミルヒ（Erhard Milch）であった（国枝 一九七二、二三七頁）。交渉に当たった永淵によれば、一九三五年一二月にベルリンに到着した永淵とガーブレンツとの協議はわずか三週間ほどで妥結したが、当時進行中であった日独防共協定交渉に合わせるかたちで調印を延期することになった（永淵 一九七二、一六七－一七五頁）。

一方、日本外務省は、南京における国民政府との交渉と平行して、あるいはその破綻を予期しつつ、冀察政務委員会とも交渉し、満洲航空のための華北自由航空の実現を目指していた（萩原 二〇〇四）。堀内干城天津総領事と冀察政務委員会は、一九三六年一〇月一七日に「日支航空協定」に調印し、日中合弁の航空会社「恵通公司」を設立することに決定したのである。これに基づき河北省保安処長張允栄と満洲航空会社取締役児玉常雄が、中国航空公司と欧亜航空公司（ルフトハンザと中国航空公司の合弁会社）の例に倣い、新会社の設立の準備に取りかかった（国立公文書館「満支情報」、逓信省・郵政省文書、JACAR-Ref. A09050878000）。恵通公司は、もちろん、満洲航空のいわば傘下に置かれながら、一般的には「北支に対しわが航空勢力の進出を図り、之を拠点とし機会を求めて全支に於ける航空権を実質的に把握せんとする」意図を持っていたが（「満洲航空会社増資及北支航空会社設立に関する件」JACAR-Ref. C01003169700, 内田 二〇一三、一五四頁）、さしあたりの緊急課題は、なによりも、ルフトハンザおよび欧亜航空公司との間での日独「満」航空路線の実現であった。

一九三六年一一月の日独防共協定締結により、日独「満」航空協定に調印する政治環境は整えられた（永淵 一九七二、一六七―一七五頁)。同年一二月一五日、陸軍省はベルリンの大島に「欧亜航空協定に関する件」を打電し、日独航空提携に関する権限を大島に委任するとともに、関東軍にも同旨を通知した(防衛省防衛研究所「欧亜航空協定に関する件」JACAR-Ref. C01004330400)。大島は、この委任を受け、三日後の一二月一八日、「中央の指示に基き……折衝内定」していた日独「満」航空協定に調印した(永淵 一九七二)。以上のように、日独「満」航空協定は、いわば日独防共協定の関連協定として締結されたのである。

日独「満」航空協定では、第二条で協定の「目的」が規定され、ルフトハンザと恵通公司が共同で「伯林―ロードス―バグダッド―カーブル―安西―新京―東京の線に予定せられたる航空路に依り東京―伯林間の共同定期航空を設定する」こととされていた。さらに、両者はアフガニスタンと中国(新疆)の国境を境とし、その東西において定期航空路に必要な「諸設備の準備を担任」することとされていた。「東進」するルフトハンザと、「西進」する満洲航空・恵通公司は、アフガニスタンと中国(新疆)の国境で相まみえることとなった。

日本側は、日中交渉の難航に鑑み、中国内の飛行に関する欧亜航空公司の協力を求めた。すなわち恵通公司は、「支那の情勢により、新疆省内通空等に関しては、当初要すれば「ル」社既得航路を恵通等が臨時飛行名儀にて飛行する」などの便宜を求めていた。日本側は、南京政府の強硬な反対を想定せざるを得なかったのである。

さらに協定は、「総ての研究準備および試験飛行」を一九三七年中に実施し、一九三八年三月までには定期飛行を開始する計画であった。そのためルフトハンザは「「パミイル」飛行竝同地付近の気象観測」をおこなうこととし、満洲航空・恵通公司側は「新京(「新疆」カ)方面に於ける諸調査」をおこない、「此の際為し得る限り「アンシイ」(安西)「カブウル」間に中間着陸場設置の可能性を探究す」とされた(防衛省防衛研究所「欧亜航空協定に関する件」JACAR-Ref. C01004330400)。

ただし、この案には、さまざまな政治的ないし航空技術的な不安定要因が存在した。第一に、安西の利用に関し、なお中国当局の了解を得る必要性は残った。そのため日本の陸軍省は、「速に日満独連絡飛行の準備並に実施に支障なからしむる如く、支那領土上空飛行及び安西に飛行場設置に就き〔中国国民政府と〕交渉」すべきとの姿勢を示した（外務省外交史料館「帝国ノ対支外交政策関係一件第七巻」JACAR-Ref. B02030159600）。しかしながら、先に見た「共同防共」および「自由飛行」に関する中国国民政府の強硬な態度に鑑みれば、このような交渉がたとえ実現したとしても、安西の利用許諾が南京から下りる可能性は極めて低かったといわなければならない。安西利用に関しては、そのため、すでに見たように、欧亜航空公司の飛行場に依拠した「臨時飛行名儀」が必要だったのである(24)。さらに、安西が使えない場合を考慮し、満洲航空・恵通公司は、モンゴル人民共和国に接する寧夏省北部のオチナを有力な飛行場建設地と想定した。オチナは、すでに見たように、板垣征四郎や満洲航空幹部らにより「欧亜直通航空の最良の中継点」かつ「シベリア鉄道を側面から脅威する絶好の爆撃基地」として「発見」されていたのである。

第二に、安西（ないしオチナ）が確保されるとしても、安西（ないしオチナ）とカーブルの間の航空路は長く、なお航空技術的な不安が残っていた。そのためルフトハンザ・欧亜航空公司および満洲航空・恵通公司の両者はあらたな「中間着陸場」を想定したが、それは新疆南西部にあるホータン（和田）であった。

一九三七年三月二〇日、日本政府は航空協定案を閣議決定し、こうした陸軍・関東軍の航空政策を承認するとともに、ドイツとの国家間協定の正式調印を目指すこととなった（国立公文書館「日満独連絡航空路設定に関する件」JACAR-Ref. A03023592000）。そこには、ユーラシアの北回りルートはソ連に、南回りルートはイギリス、フランス、オランダに抑えられているという以下のような航空情勢認識が示されていた。

「現下の国際情勢並列強の東亜に対する航空進出の現況に鑑みるも、速かに我航空勢力の対外発展を企図するは国家百年の大計上焦眉の急務なりと信ず。就中亜欧連絡航空関係に於ては南方航空路たる印度経由線は既に英、仏、蘭の三国に依りて実施せられ、北方航空路たる西比利亜経由線は蘇連邦の介在に依りて阻まれ、新航空路としては纔《わずか》に蒙古新疆を横断する中央経由線を残存するのみなる処、偶々客臘〔「昨年一二月」の意〕満洲航空株式会社取締役永淵三郎と独逸「ルフト、ハンザ」会社社長「ウロンスキー」との間に本経由線に依る相互乗入に付、日、満、独政府の許可を条件として、完全なる諒解の成立を見たるは、帝国の対欧航空進出上絶好の機会なるを以て、此の際左記要領に依り、成る可く速に本件航空路の設定を期することと致度」。

満洲航空は、ルフトハンザとの協定をうけて、「満洲国」からアフガニスタン＝中国国境までの状態を探査することとした。さらに満洲航空は、甘粛省安西が回教軍閥馬歩青の支配下にあることに鑑み、これに代えて、寧夏省北部のオチナ旗に中継飛行場を設置することに決定した（永淵　一九七二）。すでに一九三六年六月、満洲航空はオチナへの橋頭堡としてアラシャン旗の定遠営に飛行場を設置していた。同年九月、ガソリン缶を積んだラクダ一五〇頭からなる第一次ガソリン輸送隊が秘かに百霊廟を出発し、砂漠を越えて一一月三日に定遠営に到着した。また、翌一九三七年五月、第二次ガソリン輸送隊がラクダ三〇〇頭にガソリン缶を満載して西スニト旗を出発し、オチナを目指した（森　二〇〇九、二二二、二三二－二三三頁、比企　一九七一、一四一－一四九頁、永淵　一九七二）。

一方ルフトハンザは、協定成立以前の一九三六年六月にアフガニスタン領アンジュマン峠付近に石造の小屋を建てて気象観測を開始し、カーブルに飛行無線技士を常駐させた。日独「満」航空協定に調印したガーブレンツは、さらに一九三七年、みずからアフガニスタン＝中国ルートを試験飛行する準備を開始した（Gablenz 2002）。

2　日独情報交換・謀略協定（大島・カナーリス協定）の成立

すでに見たように、日独防共協定はコミンテルン（およびソ連）に対する防衛と情報交換を謳っていたが、それをどのように執行するかについては何も述べていなかった。大島浩は一九三六年末、ちょうど日独「満」航空協定に調印したばかりの永淵三郎とともに、極秘で帰国の途についた。日独防共協定および日独「満」航空協定の運用について、日本の陸軍参謀本部第二部（情報・謀略担当）と協議するためであった（永淵 一九七二）。

大島は一時帰国前、ヒトラー、ゲーリング（Hermann Göring）、国防省軍務局長カイテル（Wilhelm Keitel）、ヒムラー（Heinrich Himmler）、リッベントロップらと個別に会談し、「日独〔防共〕協定を軍事的に利用可能にするための諸方策」、すなわちかれ自身の表現でいえば、日独防共協定という「弱い吊り橋」を「コンクリートの橋」に拡張する計画について協議している（Ott an Tippelskirch vom 2. Februar 1937, in: BA-MA, RH2/v. 2939）。

翌一九三七年一月一八日に帰国した時、駐日ドイツ陸軍武官オットもかれを横浜港の桟橋に迎えた。その後大島はオットとの間で二月初旬まで四回にわたって秘密に協議し、オットに対し、日本は将来対ソ戦争を戦わざるを得ないが、ロシアは「戦争の重圧の下で容易に個々の国家に分裂する可能性」があるので、対ソ戦争勝利の見込みは高いとの見通しを述べていたのである（Ott an Tippelskirch vom 2. Februar 1937, in: BA-MA, RH2/v. 2939）。

さらに同年二月一二日、防共協定の軍事的強化に関し、オットと日本参謀本部第二部（部長渡久夫少将、欧米課長丸山政男大佐、ドイツ班長馬奈木敬信中佐および大島浩）の詳細な会談がもたれた。この席では多くの事項が話し合われたが、とくに、想定される日独軍事協力の仮想敵はソ連であることが強調され、協議の過程で、日本参謀本部側は、航空戦力拡張の遅れを理由に、対ソ戦争準備には四年から五年の期間が必要だとの認識を示した。日独両軍が協力すべき分野としては、（1）作戦構想の交流、（2）対ソ情報交換、（3）謀略、（4）軍備および軍事教育、の四領域が挙げられた。さらに、こうした協力をドイツで推進するため、ベルリン駐在日本陸軍武官府内に両軍協力担当の特別部局を設置し、その長として諜報および対ソ謀略の専門家である馬奈木を派遣することがドイツ側に伝えられたのである（Ott an Tippelskirch vom 1. März 1937, in: BA-MA, RH2/v. 2939, Bl. 20–27）。

一九三七年三月末にドイツに再赴任した大島は、日本での協議を踏まえ、同年五月一一日、ドイツ国防省防諜部長カナーリスとの間で「ソ連邦に関する日独情報交換付属協定」および「対ソ謀略に関する日独付属協定」に調印した。情報交換協定では「独逸国防省はその取得する情報を伯林在勤日本帝国大使館附陸軍武官に交付す。日本側にて得たる資料は東京において独逸大使館附陸軍武官に交付し直ちに伝書史を以て国防省に送付せらるるものとす」など情報交換の方法が五条にわたって規定されていた。また謀略協定では、「全少数民族運動の窜化」、「反共産主義宣伝」、「戦争勃発時における革命行動、「テロ」行為、擾乱破壊行動実施のための諸準備」などと謀略目的が記され、謀略の範囲としては、「芬蘭［フィンランド］より勃牙利［ブルガリア］にいたる欧州西方国境方面は独逸の主たる利害関係地域とす」、「西南国境方面（土耳古［トルコ］および「イラン」方面）は両国共同利害関係地域とす」、「亜細亜東方国境方面は日本の主たる利害関係地域とす」などと規定されていた。まさしくドイツの「東漸」と日本の「西漸」が、中東・中央アジアで合流する計画であった。

さらに注目すべきは謀略協定付属の「五カ年計画表」（表８－１）であろう。そこでは、トルコ、コーカサス、ペルシャなど「共同利害関係地域」における日独両当事者の、一九三七年から四一年までの「行動計画」が記されていたのである。それはたとえば「軍当局との連絡」「反ソ・親日独宣伝」「エージェントの育成」「無線通信の確立」から始まって、「国境での拠点建設」「黒海での海上連絡」「航空機の着陸地点の探索」「軍事的重点目標に対する空爆の詳細な準備」「戦争準備の完成」など広範なものであった（防衛省防衛研究所「情報交換及謀略に関する日独両軍取極」JACAR-Ref. C14061021200）。

この「五カ年計画表」では、さらに、つぎの二点が重要であろう。第一に、この「計画表」には、関東軍の「対露謀略の大綱」と同じ発想が随所に見られることである。すなわちこの「計画表」は、「大綱」と同様に、ソ連に隣接するユーラシアの諸国家・諸地域（イラン、コーカサス、トルコ、東ヨーロッパ諸地域）を対象としているのをはじめ、ソ連内少数民族への働きかけ（「欧州諸邦」欄一九三七年第二項「「カフカズ」軍の教育」、同一九三九年第三項および「土耳古」欄一九三九年第四項「高架索軍隊の編成の為に幹部教育開始」、「土耳古」欄一九四一年第三項「高架索軍隊の骨幹編成」など）、赤軍内部の少数民族部隊に対する謀略（「高架索」欄一九三九年第三項「赤軍及『カフカズ』土軍との連絡設定」など）、炭坑・油田などでのサボタージュ扇動（「高架索」欄一九三九年第二項「石油輸送線に細胞設置」、同一九四〇年「全般的暴動勃発に対

表8-1　五カ年計画表

	1937年	1938年	1939年	1940年	1941年
土耳古	1．政府要路者との連絡，買収 2．軍部との連絡（参謀総長） 3．国境要点数ヶ所に秘密拠点の構成（商売人に偽装す） 4．政治及軍事状況の調査 5．徐ろに親日，親独，反蘇宣伝の開始 6．土耳古に於て要員教育（学生に対する奨学資金の体裁とす）	1．前年度工作の強化 2．要すれば「リツペントロツプ」事務局をして土政府を反蘇戦線に立たしむる如く政治的工作をなさしむ 3．拠点の増加，増強 4．黒海汽船による連絡の設定 5．特使経路の設定及越境者の養成並配置 6．高架索現地へ細胞設置及之との連絡設定	1．前年度工作の強化 2．「ラヂオ」連絡の設定 3．飛行場設置に関する研究 4．高架索軍隊編成の為に幹部教育開始	1．前年度工作の強化 2．主要なる軍事対照物に対する空中攻撃の為の詳細なる準備 3．武器搬入	1．前年度工作の強化 2．軍事的諸準備の完成 3．高架索軍隊の骨幹編成
イラン	1．政治及軍事状況の調査 2．軍部との連絡 3．為し得れば「リツペントロツプ」事務局をして経済関係の強化に努めしむ	1．前年度工作の強化 2．国境拠点の構成 3．越境連絡員の教育及配置 4．要員の教育	1．前年度工作の強化 2．「カスピ」海汽船による連絡 3．「カフカズ」との間に「ラヂオ」連絡の設定	1．前年度工作の強化 2．主要なる軍事対照物に対する空中攻撃の為の研究準備 3．武器搬入	1．前年度工作の強化 2．軍事的諸準備の完成
高架索	1．政治及軍事状況の調査	1．調査の継続強化 2．常続連絡路の設定 3．宣伝開始	1．前年度工作の強化 2．「バクー」「グローズヌイ」「チフリス」「ウラヂ，カフカズ」「バツーム」石油輸送線に細胞設置 3．赤軍及「カフカズ」土軍との連絡設定	1．前年度工作の強化 2．全般的暴動勃発に対する諸準備	前年度に同じ
欧洲諸邦	1．為し得れば「リツベントロツプ」事務局をして接壌第三国特に「ブルガリア」及「ルーマニア」に対し政治的工作をなさしむ 2．「カフカズ」軍の教育即ち同地方の住民より抽出し教育後再び帰郷せしむ 3．英，伊，波蘭の対高工作に注意す	前年度工作の強化	1．前年度工作の強化 2．東地中海に根拠地（倉庫）の編成 3．高架索軍隊編成の為に幹部教育開始	前年度工作の強化	前年度に同じ
対「エミグラント」	1．「バーマート」の率ゆる国粋主義派を支持し宣伝の為次の措置をとる a．雑誌「カフカズ」の増強拡張 b．必要なる各国語にて発刊 c．高架索及他の諸邦への宣伝 2．「プロミテー」派の工作に注意す	1．前年度工作の強化 2．情況に応じ反蘇宣伝の方法を適宜変更す	前年度工作の強化	前年度に同じ	1．前年度に同じ 2．軍事的諸準備の完成

出典：防衛省防衛研究所戦史研究センター史料室，文庫・宮崎 32.

する諸準備」など）、無線通信での対ソ対抗（「土耳古」欄一九三九年第二項『ラジヲ』連絡の設定」、イラン欄一九三九年第三項「『カフカズ』との間に『ラジオ』連絡の設定」など）への関心などが共通し、果ては諸民族内での活動に際し商人を装うなどの方法（「土耳古」欄一九三七年第三項「商売人に偽装す」）まで共通していたのである。

第二に、この「計画表」は、日独「満」航空協定と同じく、航空機の利用や飛行場ないし航空拠点への強い関心を示していた（「土耳古」欄一九三七年第三項「国境要点数カ所に秘密拠点の構成」、イラン欄一九三八年第二項「国境拠点の構成」、「土耳古」欄一九三九年第三項「飛行場設置に関する研究」、同一九四〇年第二項およびイラン欄一九四〇年第二項「主要なる軍事対象物に対する空中攻撃の為の詳細なる準備」など）。「欧州諸邦」欄の一九三九年第二項に見られる「東地中海に根拠地（倉庫）の編成」は、あるいは日独「満」航空協定で想定されたロードス島（当時イタリア領）を念頭に置いていたのかもしれない。いずれにせよこの「計画表」は、ソヴィエト隣接地域に秘密の飛行場を設置し、対ソ作戦実施の場合にはこうした拠点からソヴィエト連邦（とりわけシベリア鉄道や各種炭坑・油田、さらには各種工場など）への航空機を使った攻撃を想定していたのである。

ドイツ国防省防諜部と日本陸軍は、こうして、フィンランドからポーランド、ハンガリー、ブルガリア、トルコ、イラン、ペルシャ、アフガニスタン、新疆、甘粛、寧夏、綏遠、チャハルを経て「満洲国」へといたる「防共回廊」を想定しつつ、場合によっては各地域に飛行場を含めた拠点を設置し、そこからソ連に対する情報収集および各種謀略工作、さらには航空機を使った空中攻撃をおこなう計画を策定したのである（防衛省防衛研究所「情報交換及謀略に関する日独両軍取極」JACAR-Ref. C14061021200. 田嶋 一九九七、一九八－一九九頁）。

なお、この謀略協定が準備の期間を五年としたことには、もちろん理由があった。すでに述べたように、一九三七年二月一二日、日本参謀本部第二部はオットを相手に「対ソ戦争準備には四年から五年の期間が必要」と述べていた。さらにこのころ日本陸軍および関東軍は、一般的に、一九四一年を目処として、戦備完成の期日を対ソ戦開始の期日としていたのである（一九三六年三月二七日付「第三艦隊機密第八五号電」、日本国際政治学会太平洋戦争原因研究部（一九六三）

別巻『資料編』二一六頁)。参謀本部作戦課長石原莞爾は、一九三六年七月二三日、陸軍省に対し、「対ソ戦争準備の為、戦争持久に必要なる産業は昭和一六年までを期間とし、日、満、北支(河北省北部および察哈爾省東南部)を範囲として之を完成し、特に満洲国に於てこれが急速なる開発を断行すること」を要望した(「戦争準備の為産業開発に関する要望」島田・稲葉 一九六四、六八一頁)。さらに同月二九日に石原は、この要望に基づき、ソ連を対象とする戦争準備計画を立案していた(島田・稲葉 一九六四、六八二頁)。大島が立案した「五カ年計画」は、まさしく一九四一年までを期間とする陸軍および関東軍の対ソ戦争準備計画と符合していたのである。(25)

3　日中戦争下の日本とドイツ

一九三六年一〇月一七日に堀内干城天津総領事と冀察政務委員会との間で締結された「日支航空協定」およびそれに基づく恵通公司の創設は、南京国民政府を強く刺激した。同年一二月、『大公報』など中国各紙は、「およそ各省市の対外協商および外国人との合資条款について、中央の審査、許可を経ざるものは一律無効とする」との国民政府の「訓令」を報道した。さらに国民政府は、翌一九三七年五月一三日、冀察政務委員会に対して「日支航空協定」は無効である、との決定を伝えた(内田 二〇一三、一五五頁)。恵通航空公司は、中国国民政府により、事実上非合法化されたのである。日独「満」航空協定は重大な政治的困難に直面した。

一九三七年七月七日、北京郊外の盧溝橋で日独両軍の偶発的発砲事件が発生し、それが拡大してやがて日中両国は全面戦争に突入した。日独両国の防共協力はあらたな局面を迎えた。

八月一四日、ルフトハンザのガーブレンツは自らユンカース五二型機を繰ってベルリンのテンペルホーフ空港を飛び立ち、ロードス、ダマスカス、バグダッド、テヘランに立ち寄りながらカーブルに到着した。その後八月二四日、北にパミール高原、南にヒンズークシ山脈をあおぐ最難関ワハーン回廊を横切り、標高四九二三メートルのワフジール峠を超えて中国領に入る厳しい試験飛行に成功した（図8－2、8－3、写真8－1、8－2）。中国領ではドイツと中国の共同出資である欧亜航空公司の施設を使い、甘粛省の安西および粛州を経て西安に到着した。しかしながらガーブレンツは帰途、八月末に新疆のホータン付近で不時着を余儀なくされ、地方軍閥馬西麟将軍の下で四週間にわたり拘留されたのである（Gablenz 2002）。この試験飛行により、東西三〇〇キロ、南北の狭いところでは一〇キロにも満たないワハーン回廊を航空技術的に乗り超える展望は開けたが、日中戦争下の条件の下でこのルートは政治的には実行不可能となった。

このころ、三〇〇頭のラクダにガソリンを満載してオチナに向かっていた満洲航空の第二次ガソリン輸送隊は、広大な砂漠の中で消息不明となった。安西付近で中国側の捕虜となり、粛州から蘭州に向け護送され、九月に同地で日本人メンバー一三人全員が処刑されたと伝えられている（森 二〇〇九、二三五－二三六頁）。

日本軍はその後一九三七年一〇月に傀儡政権「蒙古連盟自治政府」を、一一月には「蒙疆連合委員会」を樹立したが、その支配は新疆までには及ぶことがなかった。さらに、日本・「満洲国」とドイツを結ぶ要の一つであるアフガニスタンをめぐっても、日中戦争勃発後、国際政治環境が劇的に変化していた。一九三八年四月五日、桑原鶴アフガニスタン駐在代理公使は、日中戦争によりアフガニスタンとソ連・イギリスの関係にも変化が生じたため、「我が方の大陸政策遂行のために当国〔アフガニスタン〕を利用することは極めて困難となりたり」という報告を外務省に送った（臼杵二〇〇七、二一〇頁。外務省外交史料館「ＡＦ阿富汗斬旦／一、アフガニスタン、英国間」JACAR-Ref. B02030860000）。日独「満」航空協定や関東軍の「環状同盟」構想を実施に移す基盤は、こうして、日中全面戦争によって失われたのである。

ドイツでは、航空省も外務省も、日独「満」航空協定の正式調印は困難に陥ったという判断を示した（Aufzeichnung Mackensen vom 8. Oktober 1937, in: PAdAA, R29839, Büro des Staatssekretärs. Aufzeichnungen über Besuche von Nicht- Diplomaten Bd. 1, 36081）。また、ドイツ駐在日本大使館も、日独「満」航空協定締結への意欲を急速に後退させた。外務大臣ノイラート（Konstantin Freiherr von Neurath）との会談で駐独大使武者小路は、一度は航空協定協議の継続のため大使

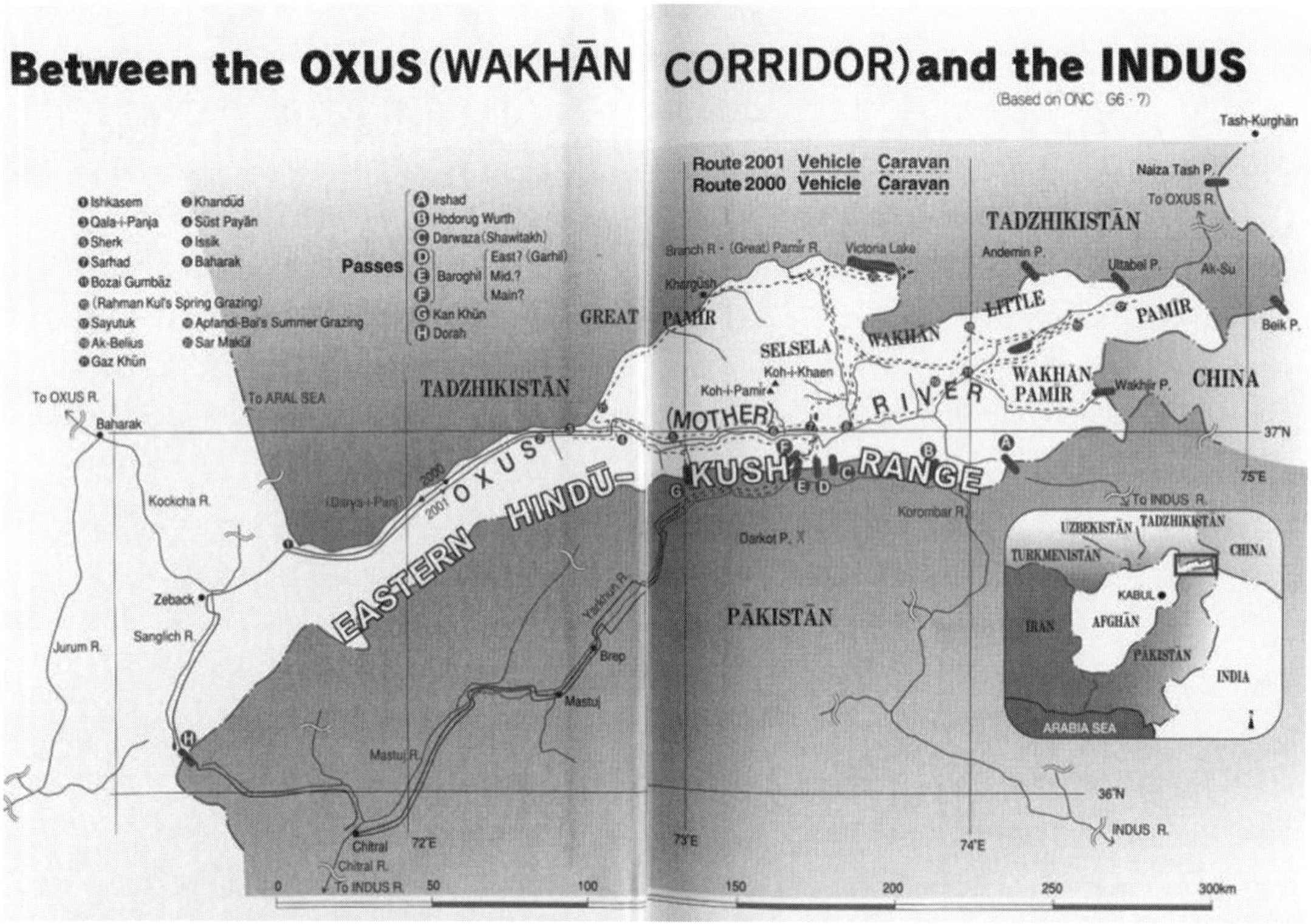

図8-2 ワハーン回廊 (Wakhan Corridor)

出典：平位 (2003) (原出典：Based on Operational Navigation Chart G6, 7).

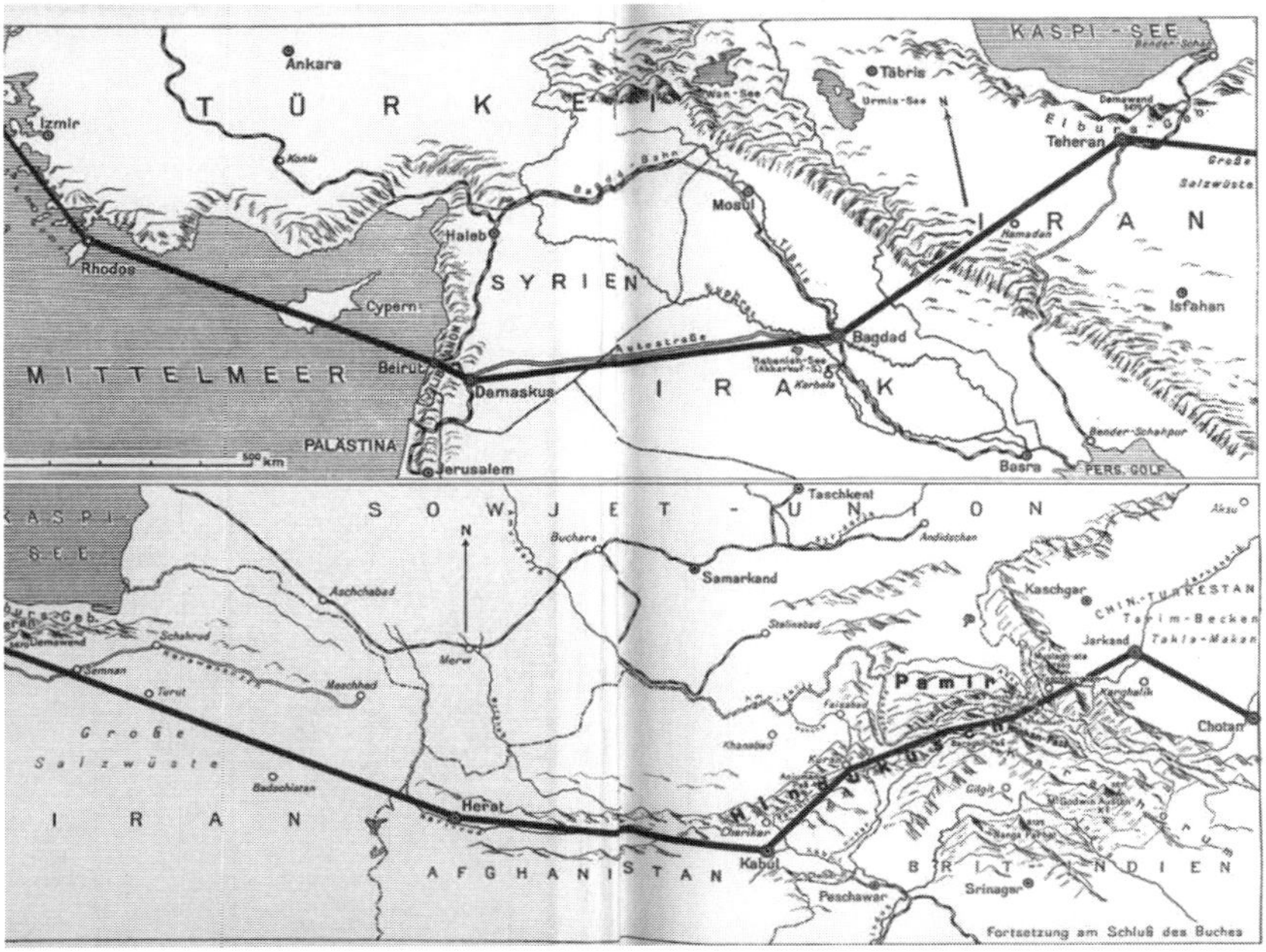

図 8-3　ガーブレンツの航空路

出典：Gablenz（2002）.

館員をドイツ外務省に派遣すると述べていたが、一九三七年一〇月初頭の時点でその約束は果たされないまま放置された（Aufzeichnung Mackensen vom 8. Oktober 1937, in: PAdAA, R29839, Büro des Staatssekretärs. Aufzeichnungen über Besuche von Nicht- Diplomaten Bd. 1, 36081）。

他方ヒトラーと駐英大使リッベントロップは、日中戦争の長期化にもかかわらず、政府間の日独「満」航空協定をさらに推進する姿勢を示した。すなわち一九三七年一〇月八日、リッベントロップは外務次官マッケンゼン（Hans-Gerog von Mackensen）に、「いかなる困難をも顧みず、可及的速やかに日独航空協定を成立させるように」というヒトラーの「命令」を伝えたのである。リッベントロップによれば、ヒトラーもかれ自身も、「日本の対独信用を保持するという上位の利益から見れば、なお多くの困難があろうとも、日独航空協定の即時締結が必要である」というのであった。しかしながらマッケンゼンは、「総統の命令は無前提に実行可能か、あるいは実行困難なの

写真 8－1　アフガニスタン・中国・ソ連国境地帯のワハーン回廊

出典：Gablenz（2002）.

写真 8－2　ガーブレンツのパミール飛行

出典：Gablenz（2002）.

か」との疑問を呈し、あからさまにヒトラーの命令への難色を示した。結局ヒトラーとリッベントロップも、おそらく航空大臣ゲーリングや外務大臣ノイラートの説得により、いま日独「満」航空協定を政府間で締結するのは困難だという判断に傾くことになる（Aufzeichnung Mackensen vom 8. Oktober 1937, in: PAdAA, R29839, Büro des Staatssekretärs. Aufzeichnungen über Besuche von Nicht- Diplomaten Bd. 1, 36081）。ヒトラーとリッベントロップの対日積極政策にもかかわらず、かれらは日中戦争の現実になす術もなかった。

他方、大島浩は、翌一九三八年七月五日、航空協定の締結はしばらく見合わせなければならないことを認めたが、やがて「日本が新疆に治安を打ち立てる」ときにそれは可能となるだろうとの希望的観測を示した。しかしもちろん、その見込みは当面まったく立たなかったのである（Aufzeichnung Ribbentrop. 5. Juli 1938, *ADAP*, Serie D, Bd. 1, Dok. Nr. 603, S. 719）。

おわりに——「日独防共協定体制」の終焉

一九三八年一〇月八日、日本とドイツの参謀本部は、ソ連を対象とする情報交換および謀略に関する取りきめに調印した[26]。この協定は前文で「一九三六年一一月二五日の日独防共協定の精神」に基づくとされ、日独防共協定からの派生協定であることが明記されていた。第一条では「両軍は「ソ」軍及び「ソ」連邦に関する軍情報を交換す」とされ、第二条では「両軍は「ソ」連邦に対する防衛工作を協力して行う」と規定されていた（防衛省防衛研究所「情報交換及謀略に関する日独両軍取極」JACAR-Ref. C14061021200）。大島とカナーリスの間での申し合わせであった一九三七年五月の協定は、こうして、日独両軍間の正式の協定となり、日独両軍間の課題を達成した。調印の翌日、大島は、当時の慣行としては極めて異例ではあったが、駐独陸軍武官から駐独大使へと転出した。

しかしながら、こうした日独両軍間の反共産主義的協力関係は、一九三九年夏に突然の終焉を迎えることになる。その第一の要因は、一九三九年五月一二日にノモンハンで開かれた「満洲国」軍・関東軍およびモンゴル人民共和国軍・ソ連軍との間での戦端と、そこから派生したノモンハン事件であった。この軍事紛争では、日本側が七月に何度かの攻撃を仕掛けて失敗したのち、八月二〇日にソ連側の総攻撃が始まり、日本軍第二三師団は壊滅的な損害を被ったのである。このことは、ソ連側と日本側の軍事力の圧倒的な差を関東軍に見せつけた。日本陸軍と関東軍は、すでに三八年末から三九年にかけて、対ソ戦略計画である「八号作戦計画」を検討し、ソ連に対する東と西からの正面戦を想定したが、実際には、すでにノモンハン事件が始まる前から、この想定は破綻していた。すなわち「八号作戦計画」では、とくに開戦と同時に西正面に主たる攻勢をかける案が検討されたが、それに必要な軍備を準備するのは当時の日本の国力を前提とすればほぼ不可能と判断されていた。ノモンハンでの敗北は、こうした判断をさらに加速し、「八号作戦計画」がふたたび取り上げられることはなかったのである（戸部 一九九〇）。

正面作戦でさえその有様であるから、かれら関東軍は、いままで進めてきた「西漸」政策、とりわけ新疆・中央アジアでの拠点建設・傀儡政権樹立やそこでの対ソ謀略工作が、何らの実現性・実効性を持たないことを悟らざるを得なかった。関東軍は、一九三九年八月二七日に起草した文書のなかで、「外蒙並びに新疆省方面に於ける「ソ」連の既成勢力、また中央亜細亜方面より南に向う「ソ」連の進出を黙認す」とのあらたな方針を表明し、新疆・中央アジアへの進出および拠点建設、さらにはそこでの対ソ謀略工作をさしあたり放棄せざるを得なかったのである（「欧州情勢の変転に伴う時局処理対策に関する意見具申（昭和一四年八月二七日調製）」（角田 一九六四、一三三－一三四頁）。

日独両軍間の反共産主義的協力関係終焉の第二の要因は、いうまでもなく、一九三九年八月二三日に締結された独ソ不可侵条約であった。この条約が大島大使および日本陸軍に与えた政治的衝撃は極めて甚大であった。その衝撃はノモンハンで戦闘中であった関東軍にも波及し、その国際認識の転換をもたらした。たとえば植田謙吉関東軍司令官は三九年八月二七日、「「ノモンハン」方面の「ソ」軍に対し徹底的打撃を与えつつ他面独逸、伊太利を利用して「ソ」連より休戦を提議せしむると共に、速やかに日「ソ」不可侵条約を締結し、更に進みて日独伊「ソ」の対英同盟を結成し東洋における英国勢力を根本的に芟除」すべきであると述べていた（角田 一九六四、一三三頁）。ソ連はもはや敵とは見なされず、むしろイギリス勢力を仮想敵とした日独伊ソ四国同盟を結成すべきであるというのであった。

もちろん、一九三九年九月以降も、国際協定としての日独防共協定は存続し、一九四五年五月八日のドイツの敗北により日本側から破棄されるまで有効であった。しかもその間、加盟国は、むしろ増加さえした。すでに一九三七年一一月に、イタリアが早々に日独防共協定に原加盟国の資格で参加し、一九三九年にはハンガリー、「満洲国」、スペインが加盟した（森田 二〇〇七）。ヨーロッパにおける第二次世界大戦勃発後、ブルガリア、フィンランド、ルーマニア、スロヴァキア、南京「国民政府」（汪兆銘政権）、クロアチア、ドイツ占領下のデンマークが加入している。しかしながら、独ソ不可侵条約調印以降、日独防共協定に基づく対ソ軍事協力体制が崩壊したことにより、防共協定は、ほとんど条約としての実質的な意味を失ったといえよう。

一九三九年八月二四日、ベルリン駐在日本陸軍武官府で対ソ謀略を担当していた馬奈木敬信中佐は、ドイツ国防省防諜部の対ソ謀略担当者グロースクルト（Helmuth Groscurth）大佐に対し、独ソ不可侵条約に関する「強い不快感」を示し、「防共協定全体は効力を失った」と吐き捨てるように語った（Groscurth 1970, „Privattagebuch", Eintragung vom 24. August 1939, S. 181）。ここに述べられた「防共協定全体」とは、もちろん、たんなるイデオロギー協定としての日独協定それ自体のみではなく、本章で見たような、いわば「日独防共協定体制」とも呼びうる日独防共協力関係の総体を意味していたのであった。

■注

引用文中の〔 〕内の註は、引用者による。日本語の史料の引用に際しては、適宜、漢字・かな使いを改め、句読点を補った。本章で用いる略語は以下の通りである。

AA　Auswärtiges Amt.
ADAP　*Akten zur Deutschen Auswärtigen Politik 1918–1945. Aus dem Archiv des Auswärtigen Amts.*
BA-L　Bundesarchiv Berlin-Lichterfelde.
BA-MA　Bundesarchiv-Militärarchiv Freiburg.
GP　*Die Große Politik der europäischen Kabinette 1871–1914. Sammlung der Diplomatischen Akten des Auswärtigen Amtes.*
PAdAA　Politisches Archiv des Auswärtigen Amts.

（1）一八九〇年から一九四五年にかけての日独政治外交関係の概略については、田嶋（二〇〇八ａ）参照。また、日独交流史編集委員会（二〇一三）も日独関係一五〇年のさまざまなテーマについて有益な論文を掲載している。

（2）Krebs（1984）は数少ない例外の一つである。ただしクレープスは日本の政治中枢（政府・陸海軍）内部での対ドイツ政策決定過程に焦点を絞っており、本章が重視する関東軍の動向にはほとんど関心を払っていない。

（3）なお、最近、こうした流れの中で、本章に近い問題意識に立った論考（レヴェント 二〇一二）が発表され、注目される。ただし、当該論考はまだ端緒的・暫定的であって、著者自身も断っているように、「日本さらには国際的な史料発掘・調査・研究によって、今後にその細部が検討・検証」されることに期待を込めている。

（4）日独防共協定を日本のイスラーム政策のなかに位置づける必要性について山内昌之氏から、また、日本の「西漸」とドイツの「東漸」の関連づけについて加藤陽子氏から、それぞれ貴重なご教示を得た（山内 二〇〇〇、加藤 二〇一一）。なお以下では、史料上ないし文脈上、日本について「西進」ないし「西漸」、ドイツについて「東進」ないし「東漸」との言葉を使っているが、意味するところは同じである。

（5）「黄禍論」については、以下を参照。Gollwitzer 1962（邦訳一九九九）。飯倉（二〇〇四）、飯倉（二〇一三）。

（6）第一次世界大戦期の中国におけるドイツ人俘虜の問題については、蔡（二〇一四）を参照のこと。

（7）松室孝良については、松浦（二〇一〇、四四四頁）に詳しい。

（8）オットは、この佐官級将校の名前をはっきりとは覚えておらず、あるいは“Fujimura”だったような気もする、と述べている。また、その将校の名前はその後のかれの長い日本滞在生活（ドイツ陸軍武官時代・ドイツ大使時代）を通じてふたたび耳にすることがなかったという（国際検察局 一九九三b、八六、一八五頁）。筆者は、この関東軍将校は、松室孝良だったのではないかと推測している。

（9） ファルケンハウゼン（のち一九三五〜三八年在華ドイツ軍事顧問団長）の日本駐在時代については、田嶋（二〇一七b、本書第五章、三八二‐三八三頁）を参照のこと。

（10） 以上は満洲から発して内蒙・寧夏・新疆へといたる当時の関東軍の関心を具体的に指摘したものということができる。ただし、一九三三年一一月にカシュガル地区に成立し、翌三四年五月に事実上崩壊した東トルキスタン・イスラーム共和国では日本の影響力はほとんど見られず（新免 一九九四、王 一九九五）、その後東トルキスタン地区に支配権を再確立した新疆省督軍の盛世才は国民政府からも半ば独立した存在であった。この部分はおそらくオットが関東軍から聞かされた妄言をシュテュルプナーゲルがそのまま借用したものであっただろう。

（11） 実際日本からは大阪毎日新聞の田中逸平を団長とする調査団が一九三四年一月にアフガニスタンに派遣されており（前田 二〇〇六、一四〇頁）、さらにやはり同年一月、下永憲次少佐がアフガニスタン出張を命じられ、三月にカーブル入りしている（前田 二〇〇六、一五〇頁、防衛省防衛研究所「将校海外出張に関する件」JACAR-Ref. C01006526800）。すなわちここでドイツ陸軍は、日本の実業界および陸軍の関心の方向をよく察知したといえるが、「軍事使節団がかなり強化されている」というのは明らかに誇張された判断であった。なお、下永は、「吾人は従前より蒙古、新疆、西蔵並にアフガニスタンを貫く縦の一線、換言すれば支那辺疆の諸地方は皇国将来の発展に対し、頗る意義重大なものがあると信じ、至大の興味を有し、聊か研究を怠らなかった」と述べている。下永（一九三四、三頁）。ここにも「西漸」に対する陸軍謀略将校の強い関心が示されているといえよう。

なお、戦間期・戦時期の日本＝アフガニスタン関係については、臼杵（二〇〇七）が詳しい。

（12） たしかに日本陸軍は一九三三年九月二一日に上田昌雄大尉をあらたにペルシャに派遣していた。日本陸軍が正式にペルシャに駐在武官職を置いたのは約三年後の一九三六年六月であるが、上の情報はほぼ正確である（秦 一九九一、三六八頁）。上田が「コーカサスに関する情報を収集している」という報告も、おそらく正しいだろう。しかし日本公使（一九三三年二月に任命された岡本武三公使）が語ったとされる「バクー空爆計画」は、この時点ではほとんど空想の産物に近かったといえよう。なお、戦間期の日本とコーカサスの関係、とりわけ日本陸軍のコーカサスに関する謀略計画については、Kuromiya and Mamoulia (2009) が詳しい。

（13） 当時の日本＝トルコ関係においてこうした大規模な軍拡計画を日本が推進したという事実はなく、しかもここに示された援助とその対価は明らかにバランスを欠いており、極めて疑わしい新聞報道であったといわなければならない。

（14） ここでいうスコロパツキーとは、かつてニコライ二世（Nicholai II.）の侍従文官を務めたこともあるウクライナ名門貴族出身の軍人で、内戦期の一九一八年にはウクライナ中央ラーダ政府の軍事部長にも選ばれたことのある人物である。その後ウクライナがドイツに占領されるとスコロパツキーは傀儡政権の首長（ヘトマン）となるが、一九一八年一二月にソヴィエト赤軍に敗北するとドイツに亡命し、その後ドイツにあって反ソ活動を続けていたのであった。この報告が起草されてから四年後の一九三八年に、当時の駐独日本大使大島浩はスコロパツキー派との連絡を再開するが（田嶋 一九九七、二一二－二一三頁）、この一九三四年におけるシュテュルプナーゲルの記述は、早い時期における日本陸軍のスコロパツキーに対する関心を言い当てており興味深い。

なお、ここでいう「田中陸軍中佐」とは田中新一のことである。田中が当時ヨーロッパでスコロパツキーと実際に会談したか否かは明らかではないが、いかにもありそうなことである。田中自身はのちにこの欧州旅行を「欧州謀略の皮切りなり」と述べている（田中 一九七八、四五四頁）。

戦間期の日本＝フィンランド関係については、本章に関わる事柄については言及がない。

(15) たしかに日本＝エチオピア関係では、Momose (1973) が詳しいが、本章に関わる事柄については言及がない。

たしかに日本＝エチオピア関係では、一九三一年一一月から約二カ月にわたってエチオピア使節団が日本を公式訪問し、満洲事変の進展のさなか、日本社会でも素朴な「エチオピア熱」がわき起こった。さらにこのブームは、一九三四年一月に発表されたエチオピア皇帝ハイレ・セラシエ（Haile Selassie I.）の親族アラヤ・アベバ（Lij Araya Abebe）と黒田廣志子爵次女雅子の婚約により頂点に達した。しかしこの「エチオピア熱」は同年四月の婚約破談によってすでに衰退しつつあり、最終的には一九三五年九月にイタリアがエチオピアとの全面戦争を開始し、翌三六年に同国を併合することによって終了することとなる。婚約劇には黒龍会系の右翼人脈が背後でうごめいていた節もあるが、日本の宮中も外務省もそれほど乗り気ではなかったとされている。まして日本陸軍が大陸政策の立場から婚約劇を推進したというような形跡は存在しない（藤田 二〇〇五、一七八－一二八頁参照）。

(16) 当時エチオピアに日本の商社や貿易会社の支店は一つもなかったが、インド人商人を通じて、生綿布では日本が市場を独占する状態となっていた（藤田 二〇〇五、一九六頁）。しかし「日本が包括的な利権を獲得」していた訳ではなく、シュテュルプナーゲルのイメージには誇張がある。また、当時ヨーロッパでは、イタリアを発信源として、一〇〇〇人近い日本人がエチオピアに居留しているという噂が流れていたが、実際の定住者は極めて少数で、日本では「イタリーの愚劣な宣伝」と報道されていた（藤田 二〇〇五、二一〇－二一一頁）。日本によるアデン湾航路への進出も荒唐無稽で、おそらく同様の文脈で出てきたものであろう。

(17) ちなみに、ナチス党イデオローグでナチス党外交政策局長でもあったローゼンベルク（Alfred Rosenberg）も、当時、以下のように、シュテュルプナーゲルと同様の判断を示していた。「日本の膨脹政策は、疑いもなく、日本本土から出発して満洲、蒙古、トルキスタンを超え、トルコとの結節点を求め、ますますエチオピア王家へと浸透を試みている」(Seraphim 1956, S. 164-165)。ローゼンベルクが何らかの態様（たとえばオットの報告会への出席など）でオットおよびドイツ国防軍の情勢判断を共有していた可能性が高い。

(18) シュテュルプナーゲルの詳細な伝記的研究であるBücheler（1989）には、残念ながら、日本および東アジアに関する言及はまったくない。

(19) 「日独中三国防共協定」案の形成と挫折について、さらに詳しくは、田嶋（二〇〇八ａ）を参照のこと。

(20) ドイツにおける日独防共協定交渉の詳細については、田嶋（二〇〇八ｂ）を参照のこと。

(21) 一九三〇年代後半における日本とポーランドの関係については、さらに、阪東（二〇〇四）も参照のこと。

(22) ちなみに、アフガニスタン駐在日本公使北田正元は、一九三五年八月八日、任地アフガニスタンに対するドイツの諜報上の関心について、つぎのように述べている。「独逸の当国への経済的其の他の進出は昨今より顕著となり、当国を将来策源地（主に英国流の「インテリジェンスオフィス」の活動）に利用せんとするの底意をも漸く認めらるる」（臼杵 二〇〇七、一〇五頁、外務省外交史料館「新疆政況及事情関係雑纂第六巻」JACAR-Ref. B02031849600）。ドイツの諜報上の関心は、アフガニスタンにおいても感知されていた。

(23) 日独文化協定の成立と執行については、葉（二〇〇三）のほか、清水（二〇一四）が最新の分析をおこなっている。

(24) 一九三三年の話ではあるが、スウェーデンの親独的探検家ヘディン（Sven Hedin）は、安西の欧亜航空公司に「一二万二〇〇〇リットルのガソリン」が蓄えられていると知らされ、許可を得てその一部を利用している（ヘディン 二〇〇一、二五頁）。

(25) 内蒙古の特務機関員であった中井古満雄は、田中隆吉の構想を回想し、「田中氏は内蒙はもちろんのこと、綏遠、寧夏など西蒙古工作を考え、ゆくゆくは中央アジアまで手をひろげ、東進するドイツと組んでソ連の南側を取り巻く防共回廊をつくりあげるという、とてつもない大構想を打ち立て、これを関東軍謀略の永年計画としてとりあげさせた」と述べている（田中 一九八八、一八七頁の伊藤隆「解説」から再引用）。

(26) この協定のドイツ語版は、Tajima（1994, S. 66, Anm. 14）に掲載されている。

■文献（欧文）

〈個人文書〉

Nachlaß Friedrich Hack, im Besitz vom Verfasser.

Nachlaß Hermann von Raumer, im Besitz vom Verfasser.

〈文書館史料〉

Bundesarchiv Berlin-Lichterfelde.

R/64/IV/65.

Bundesarchiv-Militärarchiv Freiburg im Breisgau.

RH1/v. 78.

RH2/v. 2939.

RW5/v. 348.

Politisches Archiv des Auswärtigen Amts（PAdAA).

Geheimakten Abt. IIF, „Militärische Nachrichten -geheim“.

Büro des Staatssekretärs. Aufzeichnungen über Besuche von Nicht- Diplomaten.

Spionage-Abwehr, Allgemein.

〈刊行史料集〉

ADAP　*Akten zur Deutschen Auswärtigen Politik 1918–1945. Aus dem Archiv des Auswärtigen Amts.*

GP　*Die Große Politik der europäischen Kabinette 1871–1914. Sammlung der Diplomatischen Akten des Auswärtigen Amts.*

Groscurth, Helmuth,（1970）*Tagebücher eines Abwehroffiziers 1938–1940*, Stuttgart: Deutsche Verlags-Anstalt.

Seraphim, Hans-Günther（Hrsg.),（1956）*Das Politische Tagebuch Alfred Rosenbergs aus den Jahren 1934/35 und 1939/40*, Göttingen: Musterschmidt-Verlag.

〈回想録〉

Gablenz, Carl August Freiherr von (2002) *Pamirflug: Lufthansa D-ANOY 1937*, München: F. A. Herbig（ガブレンツ、永淵三郎訳『パミール飛翔』一九三八年、私家版）.

〈研究文献〉

Bücheler, Heinrich (1989) *Carl-Heinrich von Stülpnagel. Soldat-Philosoph-Verschwörer. Biographie*, Frankfurt am Main: Ullstein.

Fischer, Fritz, *Griff nach der Weltmacht. Die Kriegszielpolitik des kaiserlichen Deutschland 1914/18*, Düsseldorf: Droste Verlag（フリッツ・フィッシャー、村瀬興雄監訳『世界強国への道――ドイツの挑戦、一九一四－一九一八年（一）（二）』岩波書店、（一）一九七二年、（二）一九八三年）.

Gollwitzer, Heinz (1962) *Die Gelbe Gefahr. Geschichte eines Schlagworts. Studien zum imperialistischen Denken*, Göttingen: Vandenhoeck & Ruprecht（ハインツ・ゴルヴィッツァー、瀬野文教訳『黄禍論とは何か』草思社、一九九九年）.

Krebs, Gerhard (1984) *Japans Deutschlandpolitik 1935–1941. Eine Studie zur Vorgeschichte des Pazifischen Krieges*, Hamburg: Gesellschaft für Natur- und Völkerkunde Ostasiens.

Kuromiya, Hiroaki and Georges Mamoulia (2009) "Anti-Russian and Anti-Soviet Subversions: The Caucasian-Japanese Nexus, 1904–1945," in: *Europe-Asia Studies*, vol. 61, no. 8, pp. 1415–1440.

Martin, Bernd (1969) *Deutschland und Japan im Zweiten Weltkrieg. Vom Angriff auf Pearl Harbor bis zur deutschen Kapitulation*, Göttingen: Musterschmidt-Verlag.

Martin, Bernd (1976) „Die deutsch-japanischen Beziehungen während des Dritten Reiches", in: Manfred Funke (Hrsg.), *Hitler, Deutschland und die Mächte. Materialien zur Außenpolitik des Dritten Reiches*, Düsseldorf: Droste, S. 454–470.

Meskill, Johanna Menzell (1966) *Hitler & Japan: The Hollow Alliance*, New York: Atherton Press.

Michalka, Wolfgang (1980) *Ribbentrop und die deutsche Weltpolitik, 1933–1940. Außenpolitische Konzeptionen und Entscheidungsprozesse im Dritten Reich*, München: Wilhelm Fink Verlag.

Momose, Hiroshi (1973) "Japan's Relations with Finland, 1919–1944, as Reflected by Japanese Source Materials," *Slavic Studies*, Vol. 17, pp. 1–39.
Saaler, Sven and J. Victor Koschmann (ed.) (2007) *Pan-Asianism in Modern Japanese History: Colonialism, Regionalism and Borders*, London: Routledge.
Sommer, Theo (1962) *Deutschland und Japan zwischen den Mächten, 1935–1940. Vom Antikominternpakt zum Dreimächtepakt. Eine Studie zur diplomatischen Vorgeschichte des Zweiten Weltkriegs*, Tübingen: J. C. B. Mohr（テオ・ゾンマー、金森誠也訳『ナチスドイツと軍国日本――防共協定から三国同盟まで』時事通信社、一九六四）.
Tajima, Nobuo (1994) „Die japanische Botschaft in Berlin in nationalsozialistischer Zeit. Personal und Politik", in: Gerhard Krebs und Bernd Martin (Hrsg.) *Formierung und Fall der Achse Berlin-Tōkyō*, München: iudicium verlag, S. 57–74.

■文献（中文）

〈刊行史料集〉


国史館（二〇一〇）『蔣介石総統档案　事略稿本（三八）民国二五年八月（下）至一〇月（上）』台北・国史館。

秦孝儀（総編集）（一九七八－）『総統　蔣公大事長編初稿』台北・出版社記述なし（第九巻より財団法人中正文教基金会）。

中国国民党中央委員会党史委員会（一九八一）『中華民国重要史料初編――対日抗戦時期』緒編（三）。


〈研究文献〉


蔡振豊（二〇一四）「中国設立俘虜収容所之研究（一九一四－一九二〇）」周惠民編『国際秩序与中国外交的形塑』台北・政大出版社、六九－一〇七頁。

楊天石（二〇一二）「綏遠抗戦与蔣介石対日政策的転変」『普陽学刊』二〇一二年第四期、一八－二七頁（楊天石、劉珊珊訳「綏遠抗戦と国民政府対日戦略の転換」『季刊中国』一一〇号、二〇一二年、三六－六五頁）。

臧運祜（二〇一二）「抗戦前夕的中日国交談判述論」楊天石・侯中軍編『戦時国際関係』北京・社会科学文献出版社、九五－一二

四頁（臧運祜「日中戦争直前における中日国交交渉」西村成雄・石島紀之・田嶋信雄編『国際関係のなかの日中戦争』慶應義塾大学出版会、二〇一一年、三二五 - 三五四頁）。

周恵民編『国際秩序与中国外交的形塑』台北・政大出版社。

■文献（邦文）

〈文書館史料〉

外務省外交史料館。

「ＡＦ阿富汗斬旦／一、アフガニスタン、英国間」（JACAR-Ref. B02030860000）。

「新疆政況及事情関係雑纂　第六巻」（JACAR-Ref. B02031849600）。

「帝国の対支外交政策関係一件　第七巻」（JACAR-Ref. B02030159600）。

「露国革命一件／出兵関係／英米仏との交渉　第一巻」（JACAR-Ref. B03051186600）。


国立公文書館。

「対露謀略の大綱」（「Ａ級極東国際軍事裁判記録（和文）」）（JACAR-Ref. A08071279300）。

「日満独連絡航空路設定に関する件」（閣議決定）（JACAR-Ref. A03023592000）。

「満支情報」（通信省・郵政省文書）（JACAR-Ref. A09050878000）。


防衛省防衛研究所戦史研究センター史料室。

「欧亜航空協定に関する件」（JACAR-Ref. C01004330400）。

「航空視察団報告　第二巻」（JACAR-Ref. C15120576600）。

「将校海外出張に関する件」（JACAR-Ref. C01006526800）。

「情報交換及謀略に関する日独両軍取極」（JACAR-Ref. C14061021200）。

「満洲航空会社増資及北支航空会社設立に関する件」（JACAR-Ref. C01003169700）。

〈刊行史料集〉

外務省編（一九六五）『日本外交年表竝主要文書　一八四〇－一九四五（上）（下）』原書房。

国際検察局（一九九三a）（粟谷憲太郎・吉田裕編集・解説）『国際検察局（ＩＰＳ）尋問調書』第三三巻（大島浩）、日本図書センター。

国際検察局（一九九三b）（粟谷憲太郎・吉田裕編集・解説）『国際検察局（ＩＰＳ）尋問調書』第四一巻（Eugen Ott，大河内正敏・酒井忠正）、日本図書センター。

島田俊彦・稲葉正夫解説（一九六四）『現代史資料（八）　日中戦争（一）』みすず書房。

角田順解説（一九六四）『現代史資料（一〇）　日中戦争（三）』。

日本国際政治学会太平洋戦争原因研究部編（一九六三）『太平洋戦争への道　開戦外交史』別巻『資料編』朝日新聞社。

〈自伝・回想録・伝記〉

板垣征四郎刊行会編（一九七二）『秘録　板垣征四郎』芙蓉書房。

国枝実（一九七二）「欧亜航空路の開設協定について」満洲航空史話編纂委員会編『満洲航空史話』一五五－一五九頁。

下永憲次（一九三四）『あふがにすたん記』文聖社。

田中新一、松下芳男編（一九七八）『田中作戦部長の証言――大戦突入の真相』芙蓉書房。

田中隆吉（一九八八）『日本軍閥暗闘史』中央公論社。

ドムチョクドンロプ、森久男訳（一九九四）『徳王自伝――モンゴル再興の夢と挫折』岩波書店。

永淵三郎（一九七二）「空の「シルクロード」」満洲航空史話編纂委員会編『満洲航空史話』一六七－一七五頁。

比企久男（一九七一）『大空のシルクロード――ゴビ砂漠に消えた青春』芙蓉書房。

樋口正治（一九七二）「第一次空中輸送隊の活躍」満洲航空史話編纂委員会編『満洲航空史話』五六－六四頁。

ヘディン、スヴェン、鈴木啓造訳（二〇〇一）『さまよえる湖』中央公論新社。

満洲航空史話編纂委員会編（一九七二）『満洲航空史話』私家版。

満洲航空史話編纂委員会編（一九八一）『満洲航空史話（続編）』私家版。


〈研究文献〉


飯倉章（二〇〇四）『イエロー・ペリルの神話――帝国日本と「黄禍」の逆説』彩流社。

飯倉章（二〇一三）『黄禍論と日本人――欧米は何を嘲笑し、恐れたのか』中央公論新社。

石田憲（二〇一三）『日独伊三国同盟の起源――イタリア・日本から見た枢軸外交』講談社。

井上寿一（一九九四）『危機のなかの協調外交――日中戦争に至る対外政策の形成と展開』山川出版社。

ヴィッピヒ、ロルフ＝ハラルド（二〇〇八）「日清・日露戦争とドイツ」工藤章・田嶋信雄編『日独関係史　一八九〇－一九四五（一）　総説／東アジアにおける邂逅』東京大学出版会、一三三－一八三頁。

臼杵陽（二〇〇七）「戦時期日本・アフガニスタン関係の一考察――外交と回教研究の間で」『日本女子大学紀要　文学部』五七号、九七－一一三頁。

臼杵陽（二〇一〇）『大川周明――イスラームと天皇のはざまで』青土社。

内田尚孝（二〇〇六）『華北事変の研究――塘沽停戦協定と華北危機下の日中関係　一九三二－一九三五年』汲古書院。

内田尚孝（二〇〇七）「冀察政務委員会の対日交渉と現地日本軍――「防共協定」締結問題と「冀東防共自治政府」解消問題を中心に」『近きに在りて』五一号、九一－一〇四頁。

内田尚孝（二〇一三）「冀察政務委員会と華北経済をめぐる日中関係」『言語文化』（同志社大学）一五巻二・三号、一三七－一六二頁。

NHK取材班編著（二〇一一）『日本人はなぜ戦争へと向かったのか――NHKスペシャル（上）』NHK出版。

王柯（一九九五）『東トルキスタン共和国研究――中国のイスラムと民族問題』東京大学出版会。

大畑篤四郎（一九六三）「日独防共協定・同強化問題（一九三五年－一九三九年）」日本国際政治学会太平洋戦争原因研究部編『太

平洋戦争への道——開戦外交史（五）　三国同盟・日ソ中立条約』朝日新聞社、一-一五五頁。

加藤陽子（二〇〇二）『戦争の日本近現代史——東大式レッスン！　征韓論から太平洋戦争まで』講談社。

加藤陽子（二〇一一）「トナリのシガク（二）　日独関係の相互イメージ」『UP』（東京大学出版会）四〇巻二号、五一-五六頁。

小林道彦（一九九四）「世界大戦と大陸政策の変容　一九一四-一六年」『歴史学研究』六五六号、一-一六、六四頁。

サーラ、スヴェン（二〇〇八）「日独関係における陸軍」工藤章・田嶋信雄編『日独関係史　一八九〇-一九四五（二）　枢軸形成の多元的力学』東京大学出版会、一七五-二二八頁。

酒井哲哉（一九八四）「日本外交におけるソ連観の変遷（一九二三-三七）——日本外交史の枠組の再検討」『國家學會雜誌』第九七巻三・四号、二九四-三二四頁。

坂本勉編（二〇〇八）『日中戦争とイスラーム——満蒙・アジア地域における統治・懐柔政策』慶應義塾大学出版会。

清水雅大（二〇一四）「文化の枢軸同盟？——日独文化協定の成立と実施をめぐって　一九三八-四四年」横浜市立大学博士論文（未刊行）。

新免康（一九九四）「「東トルキスタン共和国」（一九三三-三四年）に関する一考察」『アジア・アフリカ言語文化研究』四六-四七巻、一-四二頁。

田嶋信雄（一九八七）「日独防共協定像の再構成——ドイツ側の政治過程を中心に（一）（二・完）」『成城法学』（一）二四号、一三九-一八八頁、（二・完）二五号、一〇五-一四二頁。

田嶋信雄（一九九七）『ナチズム極東戦略——日独防共協定を巡る諜報戦』講談社。

田嶋信雄（二〇〇八a）「総説一　東アジア国際関係の中の日独関係——外交と戦略」工藤章・田嶋信雄編『日独関係史　一八九〇-一九四五（一）　総説／東アジアにおける邂逅』東京大学出版会、三-七五頁。

田嶋信雄（二〇〇八b）「親日路線と親中路線の暗闘——一九三五-三六年のドイツ」工藤章・田嶋信雄編『日独関係史　一八九〇-一九四五（二）　枢軸形成の多元的力学』東京大学出版会、七-五三頁。

田嶋信雄（二〇一三）『ナチス・ドイツと中国国民政府　一九三三-一九三七』東京大学出版会。

田嶋信雄（二〇一七a）「総説一　ドイツの外交政策と東アジア　一八九〇-一九四五——重畳する二国間関係」田嶋信雄・工藤

章編『ドイツと東アジア　一八九〇－一九四五』東京大学出版会、三一－八九頁。

田嶋信雄（二〇一七b）「第一次世界大戦と「独探馬賊」――ドイツのユーラシア「革命促進」戦略と満洲」田嶋信雄・工藤章編『ドイツと東アジア　一八九〇－一九四五』東京大学出版会、三五三－三九四頁。

戸部良一（一九九〇）「陸軍の日独同盟論」『軍事史学』二六巻二号、二六－三七頁。

富田武（二〇一〇）『戦間期の日ソ関係――一九一七－一九三七』岩波書店。

長嶺秀雄（一九八九）「軍人のシルクロード旅行」『軍事史学』二五巻二号、四三－五六頁。

西村成雄・石島紀之・田嶋信雄編（二〇一一）『国際関係のなかの日中戦争』慶應義塾大学出版会。

日独交流史編集委員会編（二〇一三）『日独交流一五〇年の軌跡』雄松堂書店。

萩原充（二〇〇四）『日中戦争と中国空軍』（二〇〇三年度財団法人交流協会日台交流センター歴史研究者交流事業報告書）日台交流センター。

長谷川雄一編（二〇一四）『アジア主義思想と現代』慶應義塾大学出版会。

秦郁彦編（一九九一）『日本陸海軍総合事典』東京大学出版会。

パワシュ＝ルトコフスカ、エヴァ、アンジェイ・T・ロメル、柴理子訳（二〇〇九）『日本・ポーランド関係史』彩流社。

阪東宏（二〇〇四）『世界のなかの日本・ポーランド関係　一九三一－一九四五』大月書店。

平位剛（二〇〇三）『禁断のアフガーニスターン・パミール紀行――ワハーン回廊の山・湖・人』ナカニシヤ出版。

藤田みどり（二〇〇五）『アフリカ「発見」――日本におけるアフリカ像の変遷』岩波書店。

細谷千博（一九六三）「三国同盟と日ソ中立条約（一九三九年－一九四一年）」日本国際政治学会太平洋戦争原因研究部編『太平洋戦争への道――開戦外交史（五）　三国同盟・日ソ中立条約』朝日新聞社、一五七－三三一頁。

細谷千博（二〇〇五）『シベリア出兵の史的研究』岩波書店。

前田耕作監修・関根正男編（二〇〇六）『日本・アフガニスタン関係全史』明石書店。

松浦正孝編（二〇〇七）『昭和・アジア主義の実像――帝国日本と台湾・「南洋」・「南支那」』ミネルヴァ書房。

松浦正孝（二〇一〇）『「大東亜戦争」はなぜ起きたのか――汎アジア主義の政治経済史』名古屋大学出版会。

松浦正孝編（二〇一三）『アジア主義は何を語るのか――記憶・権力・価値』ミネルヴァ書房。

光田剛（二〇〇七）『中国国民政府期の華北政治　一九二八－三七年』御茶の水書房。

三宅正樹（一九七五）『日独伊三国同盟の研究』南窓社。

三宅正樹（二〇〇〇）『ユーラシア外交史研究』河出書房新社。

森田光博（二〇〇七）「「満洲国」の対ヨーロッパ外交（一）（二・完）」『成城法学』（一）七五号、七三－一三七頁、（二・完）七六号、六一－一六四頁。

森久男（二〇〇九）『日本陸軍と内蒙工作――関東軍はなぜ独走したか』講談社。

安井三吉（二〇〇三）『柳条湖事件から盧溝橋事件へ――一九三〇年代華北をめぐる日中の対抗』研文出版。

山内昌之（二〇〇〇）「歴史のぐるり（一四）　日独防共協定と中東謀略工作」『本の旅人』（角川書店）六巻六号、七〇－七三頁。

葉照子（二〇〇三）「日独文化協定とその背景について――ナチスドイツの人種政策の観点から」稲元萠先生古稀記念論集刊行会編『ドイツ文学・語学論集　稲元萠先生古希記念』一九七－二一〇頁。

芳井研一（一九八七）「華北分離工作の背景」『人文科学研究』（新潟大学人文学部）七一号、一－二七頁。

レヴェント、シナン（二〇一二）「戦間期における日本の「ユーラシア政策」と三国同盟――「回教政策」・反ソ戦略の視点から」『アジア研究』五八巻一・二号、六九－八八頁。

第九章　ドイツのファシズム政権と中国

——協力関係から断絶へ

周　恵民

はじめに

ドイツのファシズム政権は一九三〇年代以後の産物ではあるが、ファシズム概念はそれ以前から発展し、中国に対しても極めて大きな影響をもたらした。一九二〇年代にすでに中国の多くの知識人はファシズム概念の発展に注目し、さらにこれを中国に紹介した。中国の知識人はもともと日本の新聞や論文からイタリアのファシズム概念の発展を認識し、イタリア・ファシズム団体に相当の関心を示していた。一九二八年以降、ドイツ軍事顧問団が中国で活動し、国家の指導者たちにドイツの社会制度や工業技術に対する深い印象を与えた。ヒトラーの「国家社会主義」が次第にドイツの主導的な政治勢力になると、中国の指導層はこの二者を結びつけた。ヒトラーが選挙で勝利を獲得し、政府を樹立し、さらにナチスの推進する各種の政策が一定の成果を生み出したことは、中国知識人の関心を呼び起こし、ドイツの国家社会主義党とドイツの高度の近代化には一定程度の関係があるのではないかと考えられるようになった。かれらはここからドイツ式のファシズム運動を高く評価し、さらにヒトラーを模倣して、中国にもファシズムを中心思想とする政治モデルを打ち立てたいと希望するようになった。三民主義青年団や力行社の活動は、ドイツ・モデルに基づいて発展した。

ファシズムが共通して求めるのは「国家主義」であり、一切の政治と社会運動はすべて国家とともに発展することを最高目標とした。このような考え方は、当時の中国や日本の政治的雰囲気ともかなり類似していた。中国は元来、考え方の類似した日本やドイツなどの国家と協力することが可能であった。しかし当時日本は、東アジアにおける中国の主導的地位に不断に挑戦したため協力の基礎を欠いており、本来設定していた「反共政策」にも背馳することになった。たとえば、中国は極力ドイツのナチス党の支持を獲得し、ドイツの能力を中国に引き入れなければならなかった。ドイツはヴェルサイユ講和条約の制限を受け入れたため、中国とドイツの協力は、軍事工業の発展や兵員の訓練、戦術の訓練などに等しく利益をもたらした。しかし中国の建軍の目的は日本の侵略に対処することであり、それはむしろ共同防共という日本の政策目標と抵触した。中独関係は、この種の協力と矛盾の中で展開された。

ドイツ政府はもともと中国に対して大きな関心を有していた。中国の政治経済の発展はドイツと相互補完的であり、ドイツ政府は、長期的なスパンで見れば、中国と協力する方が日本と協力するよりもはるかに利益が大きいと考えていた。しかしながら、ヒトラーの反共思想のなかでは、東アジアで同盟国を打ち立て、共同で共産主義の拡張と対抗するという希望があり、日本の軍事的・政治的姿勢はヒトラーの期待に沿うものであった。日中戦争が勃発すると、ドイツは日中両国の衝突を極力調停しようとしたが、ひとたびドイツが二者択一を迫られると、ヒトラーは躊躇なく日本との協力を選択した。

一　中国におけるファシズム思想

1　中国におけるファシズムの浸透

一九一二年に中華民国政府が成立し、清朝の帝政は覆った。多くの人々は、共和政府の出現とともに新しい秩序が到来すると期待した。しかしながら、民国初期の政治局面はかなりの混乱を見せた。一九一六年から一九三一年の間、中国政治は動揺し、軍閥の内戦は止まず、清朝時代と比べてもはるかに秩序を失うことになる。一九一六年、軍閥を統制していた袁世凱が病死したあと、その統制下にあった軍隊は雑多に入り乱れて割拠し、実態はそれぞれ独立しているも同然で、相互に兵力をもって攻撃しあっていた。一九一六年から一九二八年の間、四川省内だけでも大小四〇〇回あまりの内戦が発生した。北京を中心とする華北地区では、状況はさらに厳しく、一九二〇年の安直戦争の開始以来、一九三〇年の中原大戦まで、各軍閥は入り乱れて北京の統治権の争奪を繰り返した。一九三〇年三月、半年にも及ぶ中原大戦の幕が切って落とされ、各方面が投入した一〇〇万以上の兵力が交戦し、死傷者は三〇万人にも及んだ。これは民国史の上でも空前の規模の内戦であったということができる。この戦争中、ドイツ軍事顧問団長ヴェッツェル（Georg Wetzell）が参謀長を務め、蔣介石の作戦計画立案を助け、優勢の確保に協力した。中原大戦後、各勢力は、表面上はいったん軍事活動を停止し、それぞれの勢力を保持することを望んだ（周　一九九八）。

一九二〇年代以降、各国において、第一次世界大戦のため棚上げされてきたいくつもの問題が漸次浮上してきた。たとえば工業の重点調整、都市の急速な発展、人口構成が直面する重大な変化、女性の地位の漸進的向上、労働市場が直面する構造的改革、家族および社会福祉問題などが、欧米等の国家がすべからく真剣に取り組まなければならない問題となった。世界各国はすべて経済的圧力と社会的圧力に晒されていたが、しかし適切な対策は存在しなかった。社会問題が群発的に生じる場合、比較的有効な方法を用いて世界の困難な問題を解決しようとする新しい社会思想が出現するのは必然である。ファシズムはまさに当時の重要な政治思潮の一つであり、第一次世界大戦後の政治情勢と国際経済の発展に一つの解決方法を提供しようとした。ただし、その効果は結局限定されていた（周 二〇〇三、一六七－一七一頁）。

しかしながら、このような社会秩序の喪失状態のゆえに、人々は切実に安定を求め、一つの強力な政治的中心を求めた。とりわけ知識人は、安定した政治秩序の建設を強く訴えた。このような政治的現実と社会的条件は、ファシズム運動の伝播と発展に対して極めて有利に作用した。さらに加えて、ヴェルサイユ条約に刺激され、多くの知識人が各種の社会運動への浸透を開始し、国家の前途に関するかれらの観点を伝達した。多くの人々の間でもまたファシズムに対する憧憬と期待が充満した（周 二〇〇三、一七二－一七四頁）。

当時の中国政府は、普及すべき政策では「三民主義」を主とし、つねに三民主義を用いた中国の建設を提唱していたが、一方知識人は何とかしてファシズム思想を中国に導入し、新しいロジックや推論を自己の解釈としなければならないと考えていた。当時、陶百川、薛光前、周毓英らは「ファシズムと三民主義の違いは小さい」との主張を提出し、さらに「三民主義は理論であり、ファシズムは具体的な行動である」と説き始めた。このような事情は、清末以来の「中体西用」的概念とかなり近似していた。すなわち中国の一つの概念を利用して一種の外来学説を包括し導き出し、中国社会の窮境を解決するとともに、国家の自負を満足させることを可能にするというのである（馮 一九九八、七三頁以下）。

当時の中国ではたしかに経済問題が続発し、民族問題もまた解決困難であり、すみやかに「祖国の滅亡を救い生存を図る」（「救亡図存」）政策を樹立し、人身の安定を図ることが求められていた。九一八事変（満洲事変）以後、この種の需要はさらに切実さを加え、中国ファシズム勃興の重要な背景となった。知識人たちは、イタリアのファシストたちが最初にこの種の国家理論を発展させ、ドイツの国家社会主義もまた一九三〇年代以後隆盛し始めたと認識していた。両者はともに上述の機能を達成し、そのため類似の政策を取り入れることが必要であると考えられたのである（馮 一九九九

八、五四 - 六六頁)。

一九三〇年代、中国の知識人たちはファシズムに対し相当大きな関心を示し、日本に留学したことのある中国学生たちも関連する著作を大量に紹介した。たとえば、日本の各大新聞に掲載された室伏高信、河野密らの関係論文や、五来欣造が発表した『儒教の独逸政治思想に及ぼせる影響』や『現代の政治』などである。(1) そのほか、藤井悌、鶴見祐輔、安達賢造、下位春吉などの作品もまた中国語訳が出版された(馮 一九九八、五七頁)。

中国の知識人たちは、ヨーロッパおよび日本のファシズム活動家の言論から概念を引き出し、中国に紹介し、多くの政治家に影響を与えた。さらにかれらは、ファシズム概念に関する議論を開始し、中国でファシスト政党の制度を実施することを主張するものさえあった。周毓英は、比較的早い時期にファシズムを鼓吹した者に数えることができる。かれは、上海で『社会主義月刊』を中心になって編纂し、しばしば文章を発表した。かれは、九一八事変以後、ファシズムを手本とし、「規律を有し、勇気を持って行動する鉄血組織」を設立することによってこそ、中国を存亡の危機から救うことができる、と強調した。かれの理論は人から人へと広く伝わり、青年学生が熟知するところとなり、政治家に対しても相当の影響を与えた。蔣介石もまた、その一人であった。蔣介石は漸次ファシズムの影響に感染し、ドイツに対するかれの評価は日ごとに高まった。積極的にドイツと協力しようというかれの考えも勃興し、ドイツに関する時事への関心も相当に高まった。蔣介石の日記には、しばしばドイツに関係する報道や評論が現れるようになった。「力行社」の組織と活動もまた、はっきりとドイツの影響を受けた(馮 一九九八、六六 - 七七頁)。

2　蔣介石におけるファシズムの影響

一九三一年、「九一八事変」が勃発した。中国社会各界は、共通の敵に対して敵愾心を燃やし、民衆を組織して日本に対抗することを希求した。黄埔軍官学校の多くの学生らは救国行動を開始し、「国家社会主義ドイツ労働者党」(NSDAP)

の突撃隊および親衛隊にならって同様の武装勢力を建設しようとした。それにより、民衆の国家意識・民族意識を喚起し、対日抗戦の動機を強化することを求めたのである。

かれらは、蔣介石の支持の下に「三民主義力行社」を設立し、教育の革新、実業の開発、工業商業の統制、民衆の喚起、武力の創造、領土の回復、主権の返還などの議題を提出した。その行動綱領と活動内容は、ヨーロッパや日本のファシズム思想と大きな差はなかった。主要な参加者としては胡宗南、戴笠らが含まれるが、賀衷寒、勝傑および鄧文儀の三人がもっとも重要である。蔣介石はこうした活動に強い支持を表明し、さらにかれらがドイツやイタリアを訪問して実際にファシズムに関係する課題の学習に取り組むのを激励した。一九三二年三月一日、蔣介石は自ら南京を訪れ、力行社の会議を主催し、三民主義力行社の成立を宣言し、自ら力行社長を兼任した。一九三三年一月二日、力行社は改組し、賀衷寒が書記の任務を担当することとなった。一九三三年三月二九日、賀衷寒はドイツの突撃隊を真似て軍事委員会別動総隊を建設し、康澤を総隊長とした。一九三四年二月一九日、蔣介石はまた南昌で新生活運動を開始し、ファシズム思想を鼓吹し始めた（馮 一九九八、一六七－一七三頁）。

一九三四年春、蔣介石は勝傑、鄭介民ら七人を欧州視察に特派し、ヒトラーとムッソリーニを真似て、その精神と制度を中国に導入することを期待した。一九三五年夏、考察団は帰国し、『ドイツ・イタリア考察記』を発表して国家社会主義ドイツ労働者党の認識を説明した。

日本政府はこのような趨勢に対して、相当な警戒心を持った。一九三五年六月の「梅津・何応欽協定」では、類似団体の取締りと廃止を要求した。このことからも、力行社の活動がかなりの成果を収めたことが明らかであり、蔣介石をしてこの種の組織を強化させるようになった。かれは全国人民の軍事訓練を開始し、六〇万名の学生および五〇〇〇万の民衆を組織して軍事訓練を施した。

蔣介石はたしかに力行社を重視し、「青白社と力行社の会員を訓話に招く」こともあったが、しかし同社を「外郭組織」とみなし、「〔陳〕立夫を派遣して力行社を指導」させた。蔣介石の心中では、力行社の地位は、蔣の安全を保障する憲兵の地位と類似していた。一九三六年末、「憲兵、特務人員および力行社員に対する奨金」を給付している（蔣介石日記、一九三六年一一月「本月大事予定表」）。

しかしながら、一九三六年一二月の西安事変は蔣介石と力行社の関係に影響を与えた。力行社の指導的人物である鄧文儀、賀衷寒らは、張学良の反乱を武力で解決するよう主張し、蔣介石の安全を顧みなかった。このため蔣介石は、力行社の問題の解決を決意し、戴笠にこの勢力を接収させる決定をおこなった。一九三七年二月一三日、蔣介石は鄧文儀、賀衷寒を訓戒し、さらに賀衷寒と三度にわたって会談して、力行社に関する事項を検討した。蔣介石の日記には、力行社に関する多くのことが記載されているが、そのことは蔣介石が力行社の活動を重視していたことを明示している（蔣介石日記、一九三七年二月九、一三、一六、二五日各条）。一九三八年五月、蔣介石は力行社を解散し、「軍事委員会調査統計局」に改組し、戴笠を通じてこの組織を管理した（江 二〇一一、五四七頁）。

三民主義青年団と力行社の組織は、ファシズムに対する蔣介石の認識と基本的態度を説明している。蔣介石は、ファシズムのやり方を採用して中国の問題を解決しようと真剣に考えていた。一九三七年七月七日に日中戦争が勃発すると、こうした要求はさらに切実となった。かれは国民党の改造計画を推進し始め、戦時団体を組織し、時局に対処しようとした。とりわけ蔣百里と薛光前を通じて、イタリア・ファシスト政府の財政官僚デ・ステファーニ（Alberto De Stefani）を顧問として招聘した(2)。一九三五年夏、蔣百里は国民政府軍事委員会の高等顧問に就任し、蔣介石の命を受け、特使の身分でヨーロッパへ渡り軍事を考察し、秘密裡に交渉をおこなってドイツ、イタリアが中国を支持するように説いて回った。蔣百里はローマの中国公使館で薛光前と知り合い、かれに対し非常な好印象を懐き、かれに「第一次世界大戦後のイタリア経済と財政改革の経緯」なる論文を書かせた。蔣百里はそれによりデ・ステファーニの業績を認識し、蔣介石に推薦し、その同意を得た。蔣介石はデ・ステファーニを中国に招聘し、財政顧問に任じた。薛光前は通訳を担当するよう命令を受け、デ・ステファーニに随行して中国に戻った。デ・ステファーニは蔣介石と会見して建議を提出した。対日抗戦が始まると、デ・ステファーニはイタリアに戻った。蔣百里と薛光前は個別にベルリンとローマに赴き、ドイツ・イタリア両国が日本と協力しないよう、また満洲国を承認しないように勧告した（陶 一九七一、一九三－一九九頁、劉 二〇一一、一四三九頁）。

二　ドイツの対中国政策――連続と断絶

1　中国とドイツの外交関係

イタリア・ファシズムと接触するはるか以前から、中国政府はドイツとかなりの協力関係を有した。中国は、ドイツから軍事顧問を招聘したほか、ドイツから大量の工業製品を輸入した。ドイツはヴェルサイユ条約の制限を受けていたため、特定の軍事物資を生産することができなかった。このためドイツ商業・工業は各地で生産と販売の可能性を求め、その焦点をラテンアメリカとアジア地域に集中した。中国の広東等の地方ではドイツの生産技術と専門家、顧問が到来した（Remy an das AA, 27. Februar 1924. *ADAP*, Serie A. Bd. IX. Dok. Nr. 172, S. 460–464）。

一九三〇年代になると、中国・ドイツ双方の協力はさらに密接となった。とりわけ軍事部門がもっとも緊密であった。ドイツの武器商人はゼークト（Hans von Seeckt）ら高級将校に中国訪問を要請し、蔣介石と面会させた。こうした将校を通じて武器弾薬が販売されたが、その効果は大きかった。一九三三年五月二八日、蔣介石は日記に記している。「ドイツのゼークト将軍との会見。まことにドイツの軍人領袖たるに恥じない」（蔣介石日記、一九三三年五月二八日条）。一九三四年、中独両国の武器弾薬貿易はさらに活況を呈し、蔣介石とドイツは兵器工場と飛行機の購入に関する事項について折衝した(3)。一九三六年になると、中国はドイツから総額六四〇万ライヒスマルクに達する武器弾薬を輸入したが、それは同年のドイツ武器輸出総額の二八・八％を占めていた。そのほか、広東軍閥の陳済棠もドイツから大量の航空機を購入した。ドイツはたんに航空機の生産ラインを維持し得たのみならず、ヴェルサイユ条約の制限さえ回避し、こうした新しい軍種を認識し理解する機会を獲得するのに好都合であった（周 一九九五、八二－九二頁）。

第一次世界大戦ののち、ドイツは多額の戦争賠償金を支払わなければならず、経常的に外国為替が不足し、中国もまた長期の内戦のため経済が疲弊していた。国際支払い問題の解決のため、両国は「国内支払用外国特別勘定」（Ausländer-sonderkonto für Inlandzahlung. ASKI）方式の貿易を特別に約定した。両国の貿易はこの種の方法による記帳制度のため大幅に増加した（表９－１）。

一九三〇年代には、両国の経済協力が非常に密接になっただけではなく、ドイツの外交・国防両部門の人員もまた、とりわけ中国と協力し相互補完の機能を発揮したいと希望した。ドイツの貿易研究者の見方によれば、中国は工業面で遅れており、主として農産品および工業原料を輸出し、主として工業産品を輸入している。中国の対外貿易活動は、主としてイギリス、アメリカ、日本およびドイツに向けられている。この四国の対中貿易の基本構造は類似しているが、一九二九年の世界経済危機の発生以来、ドイツはアジア市場の開拓に努力しているため、その他三国とは完全に競合する立場にある。とりわけ日本との競争状況はもっとも熾烈である（Casper 1937, S. 412）。

九一八事変前後の中独貿易と日中貿易の状況を見てみると、中国の対独貿易はつねに巨額の黒字を享受しているが、日本の対独貿易はむしろ輸入超過の局面を呈している。中国がドイツに輸出するものの多くは、ドイツが緊急に欲している食糧作物および工業原料ではあるが、そのうちの大部分は東北地区から来たものであった。日本もドイツから大量に工業品を輸入していたから、中国・日本両国に対するドイツの依存はともに甚だ深いものであった（表９－２）。

一九三四年以降、ヒトラーが建軍計画を開始すると、かれは既存の中独武器貿易関係が非常に有利であることに気づき、中独関係の強化を支持した。中独軍事協力関係は、さらに緊密さを増した。歴代の軍事顧問団長はみな大きな影響力を発揮し、中国が求める武器弾薬および人材を獲得した。かれらの影響は時には政治方面にも及んだ。たとえばヒトラーの「旧友」クリーベル（Hermann Kriebel）は、かつて中国で軍事顧問および顧問団長代理を務めたあとドイツへ帰

表 9－1　1927 年から 1936 年までの中独貿易一覧

単位：100 万ライヒスマルク

	ドイツの対中輸出		ドイツの対中輸出
1927 年	121.0	1935 年	95.4
1928 年	169.8	1936 年	132.5
1929 年	185.1		

出典：Casper（1937）S. 412.

表 9－2　1929 年から 1931 年までの日中，中独貿易一覧

単位：100 万ライヒスマルク

	中国の対独輸出	ドイツの対中輸出	日本の対独輸出	ドイツの対日輸出
1929 年	370.7	181.1	43.3	244.8
1930 年	297.7	149.8	41.1	192.9
1931 年	215.5	140.7	29.8	144.2

出典：Aufzeichnung Gipperich, 8. November 1932, *ADAP*, Serie B, Bd. XXI, Dok. Nr. 140, S. 293-298.

国した。一九三三年一月三〇日にヒトラーが政権掌握した後、クリーベルはヒトラーに対して中国での任務を要求し、上海総領事の任にあたったが、中独間の武器弾薬貿易に対してもかなりの貢献をおこなった（周一九九五、一九二－一九三頁）。

一九三六年四月八日、中独双方は中独バーター協定を締結した。ドイツからは高級将校である元国防省軍務局長（Chef des Ministeramts, Chef des Wehrmachtsamts）ライヒェナウ（Walter von Reichenau）将軍が、要請に応じて中国を訪問した。蔣介石もまた次男緯国をドイツに派遣して軍事を学習させ、行政院長孔祥熙もまたイギリス王戴冠の祝賀の機会を利用して途次ドイツを訪問し、ヒトラーと面会した。双方の関係は友好的であり、中独間の貿易上の数字もまた頂点に達した（周一九九五、一二七－一三四、二〇四頁）。

中国と日本は土地の面積、人口および天然資源の上で大きな差異があり、長期的にいえば、ドイツの在中経済利益は、日本に対して持つ経済利益と比べて顕著に大きかった。ドイツが自ら作成した統計によれば、一九三〇年前後、ドイツは中国におよそ四〇〇〇名の居留民を有し、約三五〇の会社が各種の商務その他の活動を展開していた。同じころ日本で活動していたのは約一〇〇〇名のドイツ人および六〇の会社にすぎない（Aufzeichnung Gipperich, 8. November 1932, *ADAP*, Serie B, Bd. XXI, Dok. Nr. 140, S. 293-299）。しかしながら、当時の日本の国際的地位は中国よりもはるかに優っており、軍事的にはアジアさらには世界の強国であった。ワシントンおよびロンドンで開かれた軍縮会議において、イギリス・アメリカ両国と対等に振る舞っていた。その経済発展もまた非常に速やかであった。東北アジア地域において、日本はすでに最重要の主導的勢力の一つとなっていた。一九二〇年に、ドイツ外務省の一通の内部文書は、すでに以下のような指摘をおこなっている。

「東アジアにおける日本の優越的地位（一九一七年一一月の石井・ランシング協定後の必然的結果）は承認せざるを得ない。（中略）もし日本の善意がなければ、わが国は中国と日本とを問わず経済活動を展開することができない。日本の善意はわが国が東アジアに再度出現し列強に対応していくときの唯一の機会である」（Simons an Sthamer, 3. Juli 1920, *ADAP*, Serie A, Bd. III, Dok. Nr. 177, S. 329-330）。

こうした状況は、一九三〇年代初頭にはいよいよ顕著になった。日本が中国東北を占領後、東北地域全体の経済および対外関係はすべて日本の統制下に入った。当時ドイツは東北地域に対し甚大な関心を有し、東北から大豆と鉱石の購入を希望した。このためドイツと日本の間には、協力のための極めて大きな空間が存在したということができる。

しかしながら、国際政治の角度から見ると、当時の国際連盟はイギリス・フランス両国の主導下にあり、成果を挙げることはもともと困難であった。多くの事業にはやはりアメリカ合衆国の参加を必要とした。英仏両国は東北地区には大きな利益を有してはおらず、列強の在華利益の日本による蚕食をつねに懸念していたのは、アメリカのみであった。一九三二年の「一二八事変」〔「上海事変」〕において、列強の在華利益の中心である上海が日本の攻撃を受けたあと、英米両国の対日態度は次第に強硬なものとなっていく。当時ドイツの対外関係はいまだイギリスやアメリカの鼻息をうかがわざるをえず、東アジアの問題においても、依然として列強の意向に従っていた。東アジア政策を決定するとき、ドイツはいつもこうした要素を無視することができず、非常に曖昧な態度をとらざるを得ないのであった（周　一九九五、四七－四九頁)。

ドイツが中国および日本の両国に対し等距離外交を採用する局面は、長く続くことはなかった。一九三三年一月三〇日、ドイツ政府が改組され、ヒトラーが首相に就任すると、こうした状況には変化が生じ始めたのである。

2　ドイツの対中国政策の試金石──「満洲国」

一九三〇年代初頭、中国に対する日本の野心はますます明瞭となった。中国と日本の間では大小さまざまな衝突事件が不断に発生したが、そのうち満洲国問題もまた深刻であった。

日本は中国東北地区に対して、つねに強烈な幻想を懐いていた。すなわち、広大で豊穣な「満洲」は、日本が物資の欠乏と人口増加を解決する際の唯一の活路である、との幻想である。日清戦争ののち、日本は中国に遼東半島割譲を要求したが、ロシア・ドイツ・フランス三国の干渉により放棄を迫られた。一九〇五年、日本がロシアを打ち負かすと、とうとう願いが叶い、ロシアが中国東北地区に維持していた特権を接収するだけではなく、軍隊を駐留させ、鉄道を開発し、さらに民政をコントロールし、まさに東北を建設して日本の「準国内状態」となし、事実上の管理者となった。当時、張作霖等のいわゆる奉天系「軍閥」が東北を統治していたが、それは有効な統治ではありえず、日本の関東軍の鼻息をうかがわざるを得ないものであった。中国に長期的な利益を有する西洋列強といえども、日本がコントロールする東北地方には幻想はなく、日本の優越的地位に挑戦しようと計画することはなかった。

一九三〇年代初頭、経済的不況と国際軍縮の衝撃のもとで、日本の国内政治も不安定となり、ファシズム的な雰囲気が勃興した。右翼軍人たちは計画を拡張し、日本帝国の「生命線」を打ちたてようとした。一九二八年六月、蔣介石に導かれた国民革命軍が北京に入城したが、東北に逃れた張作霖は日本軍により爆殺された。張学良は中央への帰順を宣言し、中国は形式上統一され、日本軍に極めて大きな圧力を与えた。そのため関東軍は一九三一年九月一八日に「瀋陽事件」（柳条湖事件）を発動し、傀儡政権を樹立してその支配を強化しようとした。そこには「奉天市政府」（一九三一年九月二一日）、「遼寧省地方維持会」（一九三一年九月二五日）、さらに吉林省独立宣言（一九三一年九月二八日）などが含まれていた。それ以外にも黒竜江省等各地は、みな省およびその組織、たとえばハルビンの「東省特別区長官公署」などの独立を宣言した。こうした組織の背後にはすべて関東軍の影があった。中国政府の実力は限られており、反撃する方法がなかったので、外交的手段に訴え、国際連盟が前面に出て干渉するよう求めた。国際連盟は中国の要求を受け入れ、一九三一年一二月一〇日に決議を採択し、五人の代表で構成される「リットン調査団」を派遣して調査のため東北に向かわせた。日本は一九三二年一月二八日に上海に出兵して「一二八事変」を引き起こした。それにより国際的な関心を引きつけ、東北地域の支配圏を拡大し確保しようとしたのである（周 一九九五、三五 - 三七頁）。

日本はもとより中国東北地域を統治できるか否か自信がなかった。さらにひとたび支配を確立すると、日本当局もこの地域を如何に管理・経営していくかについて確固とした考えをもっていなかった。そこで日本はまず、ロシアが外蒙古独立のため用いた方式を模倣した。すなわち東北地域を独立させるよう計画し、日本当局が背後で操縦し、しかるのちに情況を修正していこうというのである。(4) 一九三一年一一月八日、奉天特務機関の土肥原賢二が溥儀をそそのかして撫順へ護送した。関東軍高級参謀板垣征四郎は一九三二年二月末にハルビンの張景恵、吉林の熙洽、黒竜江省の馬占山ら東北各省の行政長官を集め、「東北地区行政委員会」を組織し、張景恵を委員長とした。その後直ちに張景恵を通じて「東北地区行政委員会」名義で各地に通電を発し、「東北独立」の成立を宣布させた。日本当局は溥儀をそそのかして長春に連れて行き、一九三二年三月に溥儀は自らの名前で「満洲国」の成立を宣言し、「執政」を自任した。溥儀は「執政」の呼称に不満であったが、反抗する能力はなく、日本統治の道具になることに同意した。

九一八事変の勃発後、中華民国政府はまず外交ルートを通じて、調査団を東北へ派遣し、事件の原因を調査するよう国際連盟に提案した。さらに国民政府は、国際連盟が国際正義を主張し、問題解決を図るよう希望した。当時国際社会は日本に多くの批判を有し、また、アメリカ合衆国は国際連盟のメンバーではなかったが、必要なときには国際社会日本に対して経済制裁を実施するよう提案した。国際連盟は一九三一年一一月一六日以前に日本に対し撤兵を要求したが、日本は何らの反応をも示さなかった。国際連盟は現地の情況を調査するため、調査団の派遣を決議した。リットン（Victor Bulwer-Lytton, 2nd Earl of Lytton）が引率した調査団は報告書を提出し、「自衛」という日本の主張を否定し、「満洲国」の成立を日本の侵略行動にもとづくものと認定した。しかし一方、報告書は日本の満洲に対する「特殊権利」を認め、満洲国を主権国家としては承認しないものの、満洲に中国統治下での自治を認めた（周 一九九五、一三七－一四〇頁）。

一九三二年一月七日、アメリカ合衆国国務長官スティムソン（Henry Stimson）は、日本およびその他の九カ国条約調印国に以下のように表明した。

「アメリカ政府はいかなる事実上の情勢をも合法なものと認めることはできない。日中両国政府あるいはその代表者が取り決めたいかなる条約協定といえども、アメリカ合衆国ないしその人民が中国に持つ条約上の権利を損なうに足るもの、中国の主権と独立、あるいは領土および行政の一体性を損なうもの、中国に関する国際的な政策、すなわち一般にいわゆる門戸開放に違反するものについては、アメリカ合衆国政府は承認するつもりはない」（「美国務卿史汀生致中日両国備忘録」、中華民国外交問題研究会 一九六六、二七〇頁）。

と同時に、国際連盟にも共通の認識が成立していた。

「法律上ないし事実上を問わず、満洲の現存政権を承認することはできない。満洲の地位に関する問題では、単独行動をとってはならず、メンバー国あるいは関係する非メンバー国と一致協力する」（Report of the Assembly, Part IV, Statement of the Recommendations, Section III, Hudson 1933, p. 81）。

満洲問題に関して、ドイツは一つの明確な政策を一貫して持っていたわけではない。外務省は列強との衝突が発生するのを回避したいと考え、列強の「不承認」原則に従った。ドイツは国際連盟のメンバーであり、一九三一年一〇月、国際連盟理事会が開かれて調査団を中国に派遣することが決められたとき、その団員のなかにはドイツ人シュネー（Heinrich Schnee）の名前があった。ベルリンのドイツ外務省は、もともと中立的な態度をとるよう訓令していた。一九三二年七月、リットン調査団が東北での行程を終えて北京に向かったとき、ドイツ外務省はドイツ代表シュネー博士に特別の指示を与えた。

「もし調査団のなかでわが国が主導し、満洲国問題に対し何らかの解決方法を提案するならば、わが国の利益にならない。わが国は、調査団はあまり大きな企図を有するべきではないというイギリス側の見解に完全に同意する」（Köpke an die Gesandtschaft in Peping. 2. Juli 1932. *ADAP*, Serie B, Bd. XX, Dok. Nr. 190, S. 417–418）。

一九三三年二月、ベルリン駐在日本陸軍武官坂西一良が外務省を訪問し、国際連盟総会で一九カ国委員会の調査報告書案を採決するとき、日本を支持しないとしても、少なくとも棄権して欲しいと語った。これに対しドイツ外務省は、極東情勢に対しては何らの意見表明をもおこなわないという態度を明確に表明したのである（Aufzeichnung Czibulinski. 20. Februar 1933. *ADAP*, Serie C, Bd. I, Dok. Nr. 28, S. 60–61）。

実際、ドイツの基本態度は「政治を語らず、利益を追求する」というものであった。この点は、比較的以前からの広東武器弾薬貿易問題においてもすでに垣間見られたものであった。もともとヴェルサイユ条約の規定により、ドイツは武器弾薬を輸出することができなかったが、ナチス政権成立後、武器商人が南京政府と広東軍閥に対し武器弾薬を販売することを積極的に支援した。南京政府はドイツが広東軍閥に武器を供給することに対し不断に抗議をおこなったが、効果はまったくなかった。中独両国が南京国民政府に有利な貿易条約を締結したあと、ドイツはようやく広東への武器弾薬販売をおこなわないと了承したが、実際は依然としてこの同意を守らず、継続して広東に武器を販売した（周 一九九五、一一一－一一三頁）。

東北問題においても、ナチス政府は類似の方法を採用した。一九三三年、ドイツは日本が設立した傀儡政権を承認しないとの態度を明確に表明したが、南京国民政府の抗議にもかかわらず満洲国との貿易を推進し、ドイツ商人ハイエ（Ferdinand Heye）と「満洲国」は貿易協定交渉を開始したのである。

一九三三年三月、ヒトラーの深い信任を得たシャハト（Hjalmar Schacht）が再度ライヒスバンク総裁に就任し、経済改革を計画し始めた。対外貿易の調整はその全体計画の中の重要な一環であり、中国東北地方ももちろん貿易の一つの重点地域であった。この目標を達成するため、ヒトラーは信頼する元モスクワ駐在大使ディルクセン（Herbert von Dirksen）を東京に派遣し、日本との関係の強化を図るため、以下のような指示を出していた。

「もし経済的な利益があるならば、わが国は満洲国を承認する用意がある」（Dirksen an das AA, 17. Februar 1934, *ADAP*, Serie C, Bd. II, Dok. Nr. 267, S. 494-496）。

しかしながらドイツ外務省の官僚たちは、そのような措置がイギリス、フランス等の国々の不満を醸成し、さらにドイツの国際的な地位に影響を及ぼしかねないと憂慮し、しばしばヒトラーを制止した。

「満洲国」は成立後もずっと、各国の承認を獲得することができなかった。日本はこの苦境を突破したいと念願し、積極的に友邦の支持を探し求めた。当時日本は、「満洲国」を承認する可能性のある主要な国家は唯一ドイツのみであるとの見通しを持っていた。ナチス政府は軍備の拡大に努力し、東北地域との貿易を必要としていたが、その貿易権は日本の手によりコントロールされていたからである。

一九三三年一二月、日本の外務大臣広田弘毅は数度にわたって東京駐在ドイツ大使ディルクセンに「満洲国」訪問を要請したが、ドイツ外務省はこの要請を婉曲に断るよう命令した。しかしながらナチス党は、極東地区に在住するドイツ人商人を「満洲」に派遣することができると一貫して示唆していた。そのうちの一人はハルビンに居住していた在華貿易商人ハイエであり、もう一人のドイツ人アイゼントレーガー（Lothar Eisenträger）とともに「アイゼントレーガー&ハイエ」社を経営し、工業産品を売買していたが、密貿易をおこなったため中国政府の重罰を受け、破産を宣告されていた。ハイエはナチス党と接触し、ヒトラーの授権を得たのち、満洲へ渡り、ドイツの工業産品と満洲の大豆および食用油とのバーター貿易を計画した（周 一九九五、一四八－一五〇頁）。

一九三三年に日本に到着したハイエは、「独満経済問題専門」のドイツ特命全権と自称し、荒木貞夫等の人物と面会したが、何らの具体的な承諾をも得られなかった。このとき、日本および上海に在留する多くのドイツ人商人たちは、ハイエに対ししきりに異議を申し立てた。横浜のドイツ商社、上海のドイツ商社、さらには日本駐在ドイツ大使館さえハイエの行動が重大な結果を招来しかねないと憂慮し、ドイツ外務省に向けて強い関心の意志を表明した（周 一九九五、一四九－一五一頁）。

ドイツ外務大臣ノイラート（Constantin Freiherr von Neurath）は、満洲地区におけるドイツの発展の可能性について懐疑的な態度を維持していたが、ヒトラーはむしろハイエに対して大きな期待を懐いていた。一九三四年初め、ドイツ駐在中国公使劉崇傑はつぎのように指摘している。

「ドイツ当局および一部の人間は、日本を欺き、大豆と機械の交換という利益で誘導して、日本および偽〈満洲国〉と経済協定を締結しようとしている」（「劉公使柏林来電」中華民国外交問題研究会 一九六六、民国二三年二月二二日、三〇二頁）。

一九三三年末、蔣介石と中国共産党の衝突は激しさを増し、蔣介石は第四次・第五次の剿共戦を発動したため、ドイツの武器弾薬だけではなく、ドイツ軍事顧問団の協力を必要としていた。このため蔣介石は、ドイツと満洲の間でのある程度の接触と貿易を容認しようとした（周　一九九五、一五二－一五五頁）。

しかしながら、ひとたび交渉が進展してドイツが満洲国を承認するという段に至ると、中国もある程度行動せざるをえなくなった。一九三四年五月、ハイエが満洲国と政府間貿易協定を達成したと自称するようになると、劉崇傑はすぐさまベルリンに抗議をおこない、ノイラートはすぐにヒトラーの腹心ヘス（Rudolf Heß）に連絡し、ハイエの秘密の地位および任務を取り消すように要望した。またかれは、日本および中国の各地に駐在するドイツの大公使館・領事館に対し指示を出し、ハイエは政府代表ではないことを明確にした（周　一九九五、一四六－一四七頁）。このとき日本の齋藤実内閣は帝人事件で下野したが、新任の岡田啓介は和平を主張し、新しい外交政策を採用して列強との関係の均衡を試み、もはや満洲国承認問題を強調しなくなった。

この時ゼークトはドイツ武器商人の委託を受けて中国を訪問し、同時にドイツを代表していくつもの商業上の注文書や工業契約に署名した。それゆえ日本政府はベルリンに対し、中独の過度の接近に抗議した。このためナチス党は中国・日本両国において不満を感じていたが、しかし情況が許す限り、中国で享受している経済利益を継続して維持した（周　一九九五、一一九－一二二頁）。

一九三六年に日本がドイツと「防共協定」（Anti-Kominternpakt）を締結したあと、ドイツはようやく満洲国との間で「領事級」の関係を樹立し、満洲国と政府間関係を有する数少ない国家の一つとなった。ただし、ドイツの「満洲国」正式承認は一九三八年にまで引き延ばされた。

三　防共協定から日独軍事同盟へ

1　日独防共協定

日独両国は国際連盟を脱退したあと、イデオロギー面で次第に接近し、さらに政治上の協力を求め始めた。一九三三年、広田弘毅は外務大臣の任に当たっているとき、つぎのように認識していた。すなわち、日本は東アジア地域において優先的な地位と責任を有しており、もし欧米の国家に東アジアを侵犯する意図があれば、日本は必ずそれを防衛しなければならない、と。

このような前提のもとに、外務省情報部長天羽英二は一九三四年四月に声明を発表し、つぎのように述べた。すなわち、日本は中国と特殊な関係にあり、欧米列強は中国の事柄に干渉すべきではないと要求する。日本は東アジアの秩序と平和を維持する義務がある、と。このいわゆる「第一次天羽声明」は列強の注意を呼び起こし、「アジア・モンロー主義」と見なされた。天羽はそのためふたたび声明を発表せざるを得なくなり、つぎのように強調した。すなわち、日本は第三国の利益を妨げるものでは決してないし、また欧米各国がさらに中国と通商し、中国の繁栄を促進することを希望する。しかし日本外務省は、どのような第三国でも中国問題において何らかの「自己本位的行動」をとることに従来通り反対するとしており、その本質はいまだに変わっていなかった。日本の対中政策は依然として、西洋列強の中国における勢力の駆逐を最重要のものとしていた。一面においてドイツ・イタリアとの協力を求めたが、しかし英米などの国を過度に刺激しないことが肝要であった。東アジア問題において、日本は絶えず中国を圧迫し、資源を略奪するほか、その勢力拡張政策において中国の助力を得ようというのである。この政策に対する英米等の国の反応は、当然芳しいものではなく、かれらは日本を孤立させる政策を採り始めた（周 一九九五、一六七－一七〇頁）。

日本は孤立状態を突破するため、外交および国防部門が積極的に日独伊三国の協力を促進し、もって壮大な勢力にしようとした。白鳥敏夫を主とする「革新派」が積極的に行動を開始した。ドイツ駐在日本陸軍武官大島浩は、さらに積極的なファシストであった。こうした人物の扇動のもとで、日独両国は共同協定締結の可能性を検討し始めた。一九三五年秋、大島はナチス党外交顧問リッベントロップ（Joachim von Ribbentrop）との協議を開始し(5)、共同防共をテーマとして協力協定に調印することを決定した。しかしながら、日独両国の外務省はこれに対し反対の意見を持っていた。当時の日本外務省欧亜局長東郷茂徳（のちドイツ駐在大使）は、その一例である。しかし大島は依然として継続的にリッベントロップとの協議を進め、日本駐在ドイツ大使館付陸軍武官オット（Eugen Ott）と直接かつ秘密の連絡ルートをうち立てた。ドイツ外務省でさえ、それに気づかなかったのである。日本駐在ドイツ大使ディルクセンは、外務省に以下のように報告している。駐日ドイツ大使館付武官オットは、日本と秘密の協議を進めており、かつ最新の暗号機（「エニグマ」）を使用している、ディルクセンはその内容がどのようなものか知らない、オットに尋ねると、オットは日独間で交渉があるとのみ答えた、と（Dirksen an das AA, 23. März 1936, *ADAP*, Seroe C, Dok. Nr. 196, S. 248-252）。

このとき、ドイツ国内の政治情勢もまたいくたの重大な変化を来していた。すなわち、ドイツは一九三三年にまず国際連盟を脱退し、一九三五年には徴兵制度を復活させた。一九三六年三月七日にヒトラーは、仏ソ両国が相互援助条約に調印し、ロカルノ条約などが失効したとして、ヴェルサイユ講和条約に規定されたラインラントの非武装地域に軍隊を進駐させた(6)。ヒトラーはさらに、空軍および潜水艦部隊を建立すると主張した。ナチス政府のこうした建軍政策および戦争準備措置は、たんに大量の軍事物資を必要とするだけではなく、軍事同盟関係をうち立てる必要があった（周 二〇〇三、一七四－一八〇頁）。

ヒトラーは日本の提案に対し、非常に関心を持ったように見える。日独双方の協力機運が濃厚な状況の下で、日本駐在ドイツ大使は新任首相広田弘毅とただちに満洲における利益の問題について協議をおこなった。広田がドイツの多くの要求に同意したあと、ドイツもまた満洲国との領事関係の樹立に同意し、一九三六年半ば以降、満洲国がベルリンに派遣した代表を受け入れた。一九三六年一一月二五日、両国はさらに「防共協定」に調印し、翌三七年一一月六日にはイタリアが加入、三国の関係はいっそう緊密となった。

ヒトラーが日本に対して友好親善の態度を採ろうとしたのは、主としてソ連を牽制したいと考えたからであった。一九三六年九月のニュルンベルク党大会以来、ナチス政権は「新しい生存圏の獲得」を行動綱領とし、東ヨーロッパ地域での軍事行動を容易ならしめるため、ポーランド、チェコスロヴァキアを主要目標とした。ドイツは日本が東部方面からソ連を攻撃し、ソ連からの圧力を部分的に解除することに期待した。しかしこうした計画の前提として、中国と日本は一定の平和的関係を保持し、日本がまさにその兵力を対ソ戦争に投入することが可能でなければならなかった。中国と日本はもともと、イデオロギーの上でも協力する基礎を有していた。両国ともファシズム的傾向を持ち、反共を基本方針としていたからである。しかし両国は東アジア地域での主導権を目指して競合していたため、協力は決して容易ではなかった。ヒトラーは、日本が出兵しロシアを打倒しうるため、日中両国が平和的関係を維持すべきだと考えていたが、この考えはいまだ実現していなかった。反対に、日本は中国との戦いに陥ったため、予定の目標にしたがってロシアに対する圧力を形成することはまったくできなくなった。このことは、ドイツに既存の計画の変更を余儀なくさせた。ドイツはロシアと「独ソ不可侵条約」を締結し、それにより東ヨーロッパに対する戦争を発動することができたのである。

しかしながらこのような日独の政治同盟は、その他の国々に強い関心を引き起こした。日本とドイツが防共協定を締結したあと、アメリカ合衆国もまたこのことに対し大きな関心を示した。モスクワ当局も中国に武器と装備を提供し、中国が日本に対抗することを検討し始めた。一九三六年末、モスクワ駐在アメリカ大使は、ソ連外務省と中国支援について協議を開始した（蔣廷黻 二〇一二）。一九三七年初頭、蔣介石はすでに国際連盟の枠組みの中で協力し日本に対抗する方法について、ソ連との協議を開始した（蔣介石日記、一九三七年一月五日条）[7]。

当時の日本の考え方は、侵略戦争を発動し、優越する兵力をもって迅速に軍事行動を終了することであり、「三カ月で中国を滅ぼす」ことを目標とした。中国における軍事行動が終結し次第、ただちに兵力を抽出し、対ソ攻撃を発動する、というのである。一九三七年七月、日本は「七七事変」を発動したが、軍事行動はけっして予定通り順調に進んだわけではなく、絶えず大量の軍隊を投入しなければならず、予め設定した目標を達成するための方法はまったくなかった。このため日本はヒトラーに対し、ドイツが中国に武器を提供しているだけではなく、軍事顧問を派遣していることを認識しているとの抗議をたびたび提出した。これは軍事行動を速やかに収束できずにいることの主要な病根であるというのであった。日本とドイツは不和を生じ始めたのである（周　一九九五、一九五－一九七頁）。

2　日中衝突に対するドイツの積極的調停

一九三七年七月七日の盧溝橋事件は、中国の八年にわたる対日抗戦の序幕を公式的に開くものであったが、当時の中国政府指導部は依然として衝突を回避できると期待していた。七月一七日、蔣介石は廬山で開催した談話会の席上、依然としてつぎのように表明していた。

「盧溝橋事件が日中戦争に拡大するか否かはすべて日本政府の態度にかかっている。和平が続くか否かの鍵は日本軍隊の行動にかかっている。和平が完全に絶望的となる一秒前までわが国は和平を希望するものである。平和的な外交方法により盧溝橋事件の解決を求めうると期待する」（蔣介石「対盧溝橋事件之厳正声明」一九三七年七月一七日、中国国民党中央委員会党史委員会　一九八一a、五五－五八頁）。

蔣介石は七月八日の日記でも、つぎのように記している。日本は盧溝橋で挑発した、わが国の準備が未完の時に戦争発動を計画し、わが国を屈服させようと希望している、と。蔣介石は同時に、「応戦を決意するのはこのときか」、しかしこのとき日本人とわが国が開戦しても何らの利益もない、と認識していた（蔣介石日記、一九三七年七月八日条）。こうした考えはドイツ人の判断と一致していた。

ドイツについていえば、日中戦争の勃発は、ドイツの東アジア政策および世界政策に等しく非常に重大な影響をあたえるものであった。ヒトラーの理念においては、共産主義、ユダヤ文化および同性愛は許すべからざる罪悪であった。反共産主義の問題では、ヒトラーは、独力でソ連と対抗し得ないことを承知しており、そのため同盟国を多く獲得したいと考えていた。一九三六年の日独防共協定も、このために生み出されたものであった。

実際には、中国政府は当時非常に反共的であり、蔣介石の指導した剿共戦はこれを証明するものであった。理念上の不一致はなく、したがってヒトラーは蔣介石とドイツの間での軍事協力を支持していた。しかしながら中国の国力は決して日本に及ばず、しかも日中両国が長期にわたって緊張状況にあるなかで、日中両国と同時に共同・協力することができないという条件の下で、ドイツはどちらか一国を選択せざるを得なくなった（周 一九九五、一七六－一七八頁）。

ドイツ東アジア政策の基本計画の主要理念は、日本と連合することにより、共同でソ連を処理しようというものであった。一九三五年より日独間において軍事協力に関する協議が開始され進展したが、それはドイツ側の企図を説明するに十分である。しかしながら、日独双方とも、日本が東アジアにあってソ連を牽制しうるための基礎は、日本が兵力を集中しうることにあることを明確に認識していた。一九三二年以後の極東情勢から見ると、中国と日本の間の衝突が絶えず、ひとたび日中両国の間で紛争が発生すれば、日本が中国の戦場に軍事力を集中せざるを得ないことになる可能性は否定し得なかった。そのためドイツは、中国と日本が相当程度の和平を保持し、ドイツの戦略全体に影響を与えないようにすることを望んだ。一九三五年以降、ドイツ政府はたびたび警告を発し、日本が自制することを希望した。しかし中国と日本の衝突は一九三七年についに拡大し、ドイツの憂慮はいよいよ現実のものとなった。一九三七年七月七日の盧溝橋事件勃発ののちに至っても、ドイツは依然として中国と日本が基本的な和平状態を維持することを企図し、ソ連に対抗する実力を中国侵略のために削ぐことのないよう日本に期待した。ドイツは同時に中国にも警告を発し、もし中国がソ連と協力するような場合は、ドイツは迫られて日本を支援する可能性があると告げた（Aufzeichnung Weizsäcker, 28. Juli 1937, *ADAP*, Serie D, Bd. I, Dok. Nr. 473, S. 607-608）。

ドイツ外務省の文書が明示するところによれば、日中の衝突の発生後、ドイツはこの衝突が継続して進行し、ドイツに対し何らかの影響が生じる場合を考慮した。すなわちドイツ外務大臣は日中衝突発生の数日後、ベルリン駐在日本大使武者小路公共に向けてドイツの観点を以下のように説明したのである。

「もし日本が中国に対して起こした武力衝突を継続するならば、ソ連に漁夫の利を与えるだけだ」（Aufzeichnung Neurath, 14. Juli 1937, *ADAP*, Serie C, Bd. VI, 2, Dok. Nr. 465, S. 968-969）。

ここにいう漁夫の利とは、以下の二つの可能性を含んでいた。

（1）日本の兵力が中国の牽制を受けるので、ドイツと同時にロシアに対する挟撃戦略を採ることができなくなる。

（2）中国が生存のためにソ連と協力する可能性があるため、反共産主義の計画も当然不利になる。

ドイツはこの二つの可能性のどちらも望まなかった。ベルリンの外務省のこうした立場は、極東関係を主管していたヴァイツゼッカー（Ernst von Weizsäcker）政務局長を通じて、東京駐在大使ディルクセンに説明された。ドイツはもちろん、日中両国の衝突を調停する可能性を放棄することができなかったので、一九三七年七月以降、ドイツ外務省は、駐日大使ディルクセンおよび駐華大使トラウトマンとの間で、中国と日本の「和平」のため積極的に奔走した。しかしながら、日中衝突の調停に関するドイツの態度はひた隠しに隠されていた。当時列強はこのことについて深甚な関心を表明し、たとえばベルリン駐在イギリス大使はドイツ外務省の外交官に向かって、日中両国間の和平交渉にドイツはどの程度関わっているのかと問いただした。しかしながらドイツ外務省は、上述のような態度により、これにまったくの否認をもって答えたのである（周 一九九五、一七六－一八二頁）。

盧溝橋事件の発生ののち、ドイツ内部の意見はまったく一致していなかった。ドイツ駐在中国大使程天放の分析によれば、八一三〔第二次上海事変〕以後、日中戦争に対するドイツ政府内の重要人物の意見は二つの派に分かれていた。そのうちの一派はゲーリング（Hermann Göring）、ゲッベルス（Joseph Goebbels）らを始めとするナチス党幹部であり、かれらは日本とイタリアを籠絡し、イギリス、アメリカ、フランス、ソ連に反対する国策に基づいて、親日を主張し、中国を抑えつけることを主張した（程 一九六七、二〇五頁）。もう一つの一派は国防大臣ブロムベルク（Werner von Blomberg）、外務大臣ノイラートおよび経済事務を主管するシャハトらの一連の技術官僚であった。かれらは国際事情に比較的詳しく、イギリスやフランスやアメリカなどの国を敵に回すのは益がないことを承知していた。このためかれらは、日中戦争中では厳正な中立を要すると主張した。当時ナチス党の力量は強大ではあったが、やむを得ずこの三人の意見を尊重した。ナチス党の宣伝機関はつねに日本のための宣伝をおこなっていたが、ドイツ政府の態度はむしろかなりの中立を保持したのである（周 一九九五、一七八－一七九頁）。

当時の状況についていえば、戦争はなお収拾不可能なまでには拡大していなかった。中国が国際社会に向けて日本の行動を告発するにあたり、あらゆる情報伝達のルートおよび調停のためのパイプは、依然として障害なく通じていた。実際ドイツは、急いで態度を表明する必要がなかったし、それは明らかにドイツの国家利益にも符合していなかった。一九三七年八月、ニュルンベルクで外務省および国防省のメンバーとの会議を開催したとき、ヒトラーは中立を厳守するように指示を出し、中国に輸出している武器および弾薬もなお契約に基づいて進められた（Aufzeichnung Neurath, 17. August 1937. *ADAP*. Serie D, Bd. I, Dok. Nr. 478, S. 612）。しばらく経ってのち、ドイツ宣伝省のベルント（Alfred Bernd）が記者会見において明確な親日的立場を表明したとき、外務次官マッケンゼン（Hans-Georg von Mackensen）はただちに宣伝省次官フンク（Walter Funk）に異議を申し入れ、訂正を要求した。フンクもまた、国防省と外務省の会談でドイツが中立を厳守するとの立場が確認されたとして、これに同意した（Aufzeichnung Mackensen, 19. August 1937, *ADAP*, Serie D, Bd. I, Dok. Nr. 480, S. 614–615）。

一九三七年一〇月末、国際連盟が九カ国条約調印国およびドイツ・ソ連両国をブリュッセルに招集し、会議を開いて日中紛争を解決するよう提案したとき、日本は強力に運動してドイツが出席しないよう期待した。しかしワシントンのアメリカ政府とアメリカ駐在ドイツ大使館は緊密に連携し、ドイツが会議に出席できるよう希望した。ドイツの外務省は長い考慮ののち、どちらか一方への非難を避けるため、会議に出席しない方向に傾いた。ドイツ外務次官マッケンゼンは、トラウトマンに対し、つぎのような解釈を中国政府に示すよう求めた。われわれ〔ドイツ〕が出席を拒否するのは、けっして中国に対し何らかの敵意を持っているからではなく、また日本に対し何らかの善意を持っているからでもない。それは、日本が今回の会議に出席しないという状況の下で、会議が何らの結果をももたらさないからである、と（周　一九九五、一七二－一七六頁）。

天羽声明が日本の対中政策の重要方針となったため、日本の外務大臣広田は、一九三七年一〇月二一日、ドイツ政府に対し、そのような多数の国家の参加する中で、日本はどのような形式であろうと中国との討論を進めることはできないと、明確に意思表示した。日本は、和平に関する問題はただ中国と単独で協議することを望む、と。日本がこのような示唆を与えたので、ドイツは日中衝突の問題を解決し、ドイツの極東における最大の利益を維持するため、そのほかの可能性を検討し始めた（Dirksen an das AA, 21. Oktober 1937, *ADAP*, Serie D, Bd. I, Dok. Nr. 501, S. 627–628）。

一〇月二七日、ヒトラーは、ブリュッセル会議には参加しないが、日中衝突を調停すべきとの裁可を下した。一〇月二九日、トラウトマンはベルリンに報告し、以下のように説明した。

「本日外交部次長陳介に対し、御内示の意見を伝達し、あわせていまこそ日本とともに問題の解決を求めるときだと述べた。

陳介は、〔蔣介石〕将軍はまず日本の条件を知りたいと希望していると述べた。私は、近々蔣介石とそのことについて協議するつもりだと伝えた」(Trautmann an das AA, 30. Oktober 1937, *ADAP*, Serie D, Bd. I, Dok. Nr. 508, S. 631)。

トラウトマンは同時に、和平協議に関する中国の希望を日本に伝える権限を、南京の外交部がトラウトマンに与えるよう要求した。会談中、中国側は防共協定に対する不満を表明したが、トラウトマンもまた中ソ友好条約に対し異議を申し出た。日本が受け入れられる和平条件については、トラウトマンは以前に駐華日本大使川越茂に尋ねたが、川越もまた、政府の訓令を受けていないが、近衛文麿の声明が交渉の基礎であるべきだと述べた(Trautmann an das AA, 30. Oktober 1937, *ADAP*, Serie D, Bd. I, Dok. Nr. 508, S. 631)。

ドイツはこのように積極的であったが、蔣介石はなおブリュッセル会議に希望を託していた。完全な破滅を望んでもいない以上、日本と単独講和を結ぶ理由がないのは当然である、というのであった。これに対しヴァイツゼッカーは、つぎのように批判した。

「中国側はブリュッセル会議に対し期待に満ちており、そのため和平を求める意志が阻害されている」(Aufzeichnung Weizsäcker, 24. November 1937, *ADAP*, Serie D, Bd. I, Dok. Nr. 525, S. 640)。

一〇月三一日、トラウトマンは、すでに東京駐在ドイツ陸軍武官オットから得ていた日本参謀本部提出の和平条件を中国外交部に示した。オットの企図は、トラウトマンあるいは在華軍事顧問団長ファルケンハウゼン(Alexander von Falkenhausen)将軍が「郵便配達夫」の役割を担い、蔣介石に伝達するというのであった。トラウトマンは、和平条件は必ずしも明確ではないと考えたが、しかし少なくとも双方は意思疎通を開始したのであった(Trautmann an das AA, 31. Oktober 1937, *ADAP*, Serie D, Bd. I, Dok. Nr. 512, S. 633)。

一九三七年一一月二日、駐日ドイツ大使ディルクセンは日本の外務大臣広田と面会したが、そのとき日本側は、以下のような和平条件を提出した（周 一九九五、一八一－一八二頁、郭 一九八四、七三一－七三二頁）。

一、内蒙自治。
二、華北における非武装地帯の設定、親日的行政長官の任命、鉱産権利委譲の円満解決。
三、上海の非武装地帯を拡大し、国際警察隊によりこれを管理す。
四、排日政策の停止、教科書改訂を含む。
五、共同防共。
六、日貨に対する海関税を低減す。
七、外国の権利を尊重す。

一一月五日、蔣介石はトラウトマンを接見し、孔祥熙が同席した。蔣介石は中国政府の立場を説明し、未だ戦争勃発前の原状に回復していない情況のもとで、日本の如何なる条件も受け入れることはできないが、もし日本が原状回復要求に同意すれば、各要求項目を検討することが可能であろう、との考えを示した。蔣介石はまたトラウトマンに対し、以下のように述べた。「もし中国政府が日本の条件を受け入れれば、国民の前で政府の信望は失墜し、それにより中国では革命が発生する可能性がある。日本の中国政策は完全に誤っている。将来の友好関係をうち立てるため、日本がいまなすべきことは善意を示すことであり、条件を提出することではない。もし日本人が戦争を継続すれば、中国はもちろん勝利することができないが、しかし中国は武器を捨てることもできない」。蔣介石はさらに警告を発した。

「もしいま政府が日本の行動のもとで長期にわたって持ちこたえることができなければ、その唯一の結果は、中国に共産政権が出現するということであろう。共産党は決して投降しえないから、それは、日本が和平を達成することができないということを意味する」(Trautmann an das AA, 5. November 1937, *ADAP*, Serie D, Bd. I, Dok. Nr. 516, S. 636)。

蔣介石はまた、いままさにブリュッセルでワシントン条約の基礎のもとに、列強が日中紛争の平和的解決を模索し、中国が期待を寄せるなか、なお結果が出ていないのに、日本側からの何らかの条件を受け入れることは不可能であると、はっきりと述べた。トラウトマンもまた、当時中国側では多くの政治指導者が日本との和平交渉に賛成していないこと、したがって蔣介石もまた意表をつく行動に出ることはできないことを承知していた(Trautmann an das AA, 5. November 1937, *ADAP*, Serie D, Bd. I, Dok. Nr. 516, S. 636)。

3　調停の失敗

ドイツの調停が進行中も、日中間の戦争は依然として継続・進行しており、一一月八日には大原が占領され、一一月一一日には上海が陥落した。一一月一四日、蔣介石は重慶への遷都を決定したが、しかしなおアメリカとドイツが日中紛争を調停することに期待していた(蔣介石日記、一九三七年一一月一四日、一七日条)。一一月二〇日、国民政府は最大の規模により最大の持久戦に従事することを決定した。ブリュッセル会議もまた、何ら中国に有利な結果をもたらさなかった。一一月二二日、顧維均は九カ国条約会議の大会において、会議が無内容であると宣言し、何らの具体的な建議をも提出できなかったことを痛憤した。さらにまたかれは、つぎのように述べた。

「あなた方は、原則を簡単に宣言するとか、約束を誠実に守ると明言することで満足するのだろうか？　あなた方は中国への援助を拒絶するが、中国が抵抗を停止することを欲しているのだろうか？　あるいは中国が相当の実力を借りずにいつまでも抗戦しうるとでも思っているのだろうか?」(頼・簡　一九八七、民国二六年一一月二二日条)。

しかしながら、こうした抗議には何らの効果もなく、二日後、会議の閉幕が宣言された。中国が国際正義の伸張に託した期待は、ここに至って完全に破綻した。

一方、日本は一一月六日にイタリアおよびドイツと共同防共協定を再確認した。三国が緊密に協力し、中国における順調な軍事行動も加わり、日本の気炎はいっそう盛んになった。和平交渉の可能性も、いよいよ見通しが立たなくなった。このため蔣介石はさらに中国の抗戦の立場を堅固にし、それゆえ一一月二四日、南京に外国記者を招待し、中国政府の徹底抗戦の決意を説明した。ドイツ側は、なおも東京と南京の間を奔走し、日中間の和平の維持に希望を繋いだ(周　一九九五、一八三頁)。

ドイツ外務大臣ノイラートは、ドイツ駐在中国大使程天放に対し、中国政府は可及的すみやかに日本との交渉のテーブルに着くべきであり、さもなくば、日本は、軍事行動が順調に進む状況下にあって、現時点での条件に満足できなくなる可能性もあり、そのときは、交渉はさらに困難になるかも知れない、と述べた。蔣介石が一二月二日に南京でトラウトマンを接見したとき、トラウトマンが蔣介石に対し日本の和平条件を伝達したあと、蔣介石はあたかも受け入れる用意があるかのようであった。しかし中国は敗戦国ではないので、尊厳が保持されなければならないと、重ねて言明した。さらにかれは四点の基本的立場を提出し、日本が受け入れることを要求した(Trautmann an das AA, 3. Dezember 1937, *ADAP*, Serie D, Bd. I, Dok. Nr. 528, S. 641–642)。

一、中国は日本の条件を交渉の基礎とすることに同意する。

二、華北の一体性は保持されなければならず、主権の侵害は受け入れられない。

三、ドイツは初めから中立者の役割を引き受けるべきである。

四、中国と第三国が締結したいかなる条約も侵害されてはならない。

最後に蔣介石はトラウトマンに対し、あらゆる会談および協議について、すべて秘密を保つという基本原則を日本側に伝達して欲しいと要請した。トラウトマンはドイツ外務省に向けて、とくにこの点は必ず実行される必要があると訴え、もし和平交渉の情報が暴露されればその影響は蔣介石の政治的地位にまで及びかねず、和平会談もまた継続できない可能性があると指摘した（Trautmann an das AA, 3. Dezember 1937, *ADAP*, Serie D, Bd. I, Dok. Nr. 528, S. 641-642）。蔣介石が指摘したのは、ソ連がまさに中国共産党を利用し、世論に訴え、抗戦を主張することであった。しかもこの時蔣介石に対するソ連の態度は決して友好的ではなかった。蔣介石はとくに日記の中で記している。「ソ連の武官の態度は驕慢である」、「ソ連の支援物資はおそらく届かないだろう」（蔣介石日記、一九三七年一二月三日条）。

当時ソ連は、ドイツの態度をつぎのように推測していた。すなわち、日本が極力中国と交戦しないようにし、日本がソ連に対する軍事的脅威を必ずしも減殺しないよう希望している、と。そのためソ連は、中国は比較的強硬な態度を採るべきだと主張していた。ソ連が蔣介石のために提出した和平条件とは、日本は軍を撤退し、盧溝橋事件以前の状態を回復したあと、ようやく交渉が可能になる、というものであった。しかもソ連がこのとき出兵するのは不都合だとし、中国に「技術援助」を与えることのみを望んだ（頼・簡 一九八七、一九三七年一二月三日条、七〇六頁）。

蔣介石は依然として和平交渉方式をもって紛争を解決しようと希望していたので、トラウトマンはベルリンに向けた報告で以下のように指摘した。

「蔣介石はまず私に向かって、中国での和平を保持するためにドイツがおこなっている努力に対し、深甚の謝意を表明した。中国は以前より変わらずドイツを友好国と見なしており、ドイツの調停を受けたいというので、私は再度日本の和平条件を説明した。蔣介石は、日本はそれで満足するかと尋ねた」（Trautmann an das AA, 3. Dezember 1937, *ADAP*, Serie D, Bd.

I, Dok. Nr. 528, S. 641-642)。

当時中国とソ連の協力関係は明らかに強化されており、ドイツ側に大きな猜疑を引き起こした。実際、ナチス党の宣伝機関は一貫してこの点を責め立てた。中ソ条約締結後、各新聞は全文を掲載するなどして民衆の敵愾心を惹起しようとした（程　一九六七、二〇七頁）。そのためディルクセンはベルリンの外務省に対し、ドイツ政府が前面に出て、日中双方が交渉のテーブルに着くように促し、すみやかに日中和平を達成し、中国とソ連が過度に接近しないようにすべきだと提案した。かれは、日本はすでにその戦争目的を達成したのだから、和議を受け入れるべきであるが、唯一適当な調停者はドイツであるから、ドイツは和平を達成するよう努力すべきだ、と語った（Dirksen an das AA, 3. Dezember 1937, *ADAP*, Serie D, Bd. I, Dok. Nr. 530, S. 643-644）。

一九三七年一〇月末に、ドイツが中国に対し調停工作を担当する用意があると意思表示したとき、ディルクセンとトラウトマンの基本的な立場はともに「郵便配達夫」の仕事のみを引き受けるというものであった。しかるにこのとき二人のドイツ大使は、急遽ドイツ政府が前面に出ることを期待した。これは、二人がともに時機が切迫していると考えたからであろう。ディルクセンはつぎのように指摘している。

「在華ドイツ軍事顧問団がソ連の戦闘機を指揮して日本軍に対抗しているのは、実に耐え難い」（Dirksen an das AA, 3. Dezember 1937, *ADAP*, Serie D, Bd. I, Dok. Nr. 530, S. 643-644）。

中国における日本の軍事行動が非常に順調に進んだため、提出された和平条件は疑いもなく蔣介石に敗戦国の地位を承認させようとするものであった。しかし蔣介石の戦略は、なお引き延ばして時間を稼ぐというものであった。一二月六日、「満洲国」の新京（長春）に駐在するドイツ領事クノール（Karl Knoll）が伝えた情報によれば、関東軍はすでにドイツによる日中紛争調停を無効と見なし、むしろドイツが「満洲国」を遅々として承認しないことを耐え難いと感じていた。クノールはドイツ外務省に対し、関東軍がドイツに不利な行動を取りかねず、少なくとも「満洲国」におけるドイツの政治的・経済的な利益を損ないかねないとの警告さえ発した（Knoll an das AA, 6. Dezember 1937, *ADAP*, Serie D, Bd. I, Dok. Nr. 534, S. 649）。

この時期、ドイツのナチス党指導部はすでに調停の努力を放棄しようとしていた。一九三七年一一月五日にヒトラーは、オーストリアおよびチェコスロヴァキアの占領を含む対外拡張計画を立案するよう秘密裡に将軍たちに要求したが、それはヒトラーがすでに政治的な局面を徐々に掌握し、比較的過激な手段を採用して自らの「理想」を達成しようと決意したことを示していた（Aufzeichnung Hoßbach, 10. November 1937, *ADAP*, Serie D, Bd. I, Dok. Nr.19, S. 25-32）。

一二月五日、中国外交部次長は、トラウトマンが中国側とおこなった調停の努力についてメモを作成してドイツに提示し、そのなかで中国はまず日本が敵対行動を停止するよう求め、そうでなければいかなる交渉もおこなわないと述べた。東京駐在ドイツ大使ディルクセンがこのメモを外務大臣広田に伝達したとき、広田は、一一月初めに日本が提出した要求を蔣介石は受け入れなかったが、現在もし蔣介石がこれと同じ条件を受け入れようと思っても、もはや不可能であり、その後日本軍は中国における行動を順調に進めているので、軍部側の要求もますます拡大している、と述べた（Dirksen an das AA, 7. Dezember 1937, *ADAP*, Serie D, Bd. I, Dok. Nr. 536, S. 650）。ドイツ側は中国側の考えに同意し、軍事行動が進行する一方で、和議を要求するのでは、あたかも世の中に道理がないかのようだと考えた。外務大臣ノイラートは、もし日本側の和平交渉条件がさらに高まるならば、ドイツの「郵便配達夫」の工作にも限度があると述べた（Neurath an Dirksen, 10. Dezember 1937, *ADAP*, Serie D, Bd. I, Dok. Nr. 538, S. 651）。蔣介石は、一二月五日の日記に記している。「ドイツの調停は望みがないようだ」（蔣介石日記、一九三七年一二月五日条）。しかし中国および日本に駐在するドイツの外交官たちは、停戦に関する日中双方の基本的立場はなお変わっていないと望みを繋いだ。一二月二二日、広田はディルクセンにふたたび日本の「最新版」の和平条件を手交した。トラウトマンは日本の意向を伝達するため蔣介石に謁見を求めたが、蔣介石はそのときまさにイギリスおよびアメリカと交渉中で、両国とも非常に積極的に応じようとしたため、体調不良を理由にトラウトマンとの面会を断り、代わりに孔祥熙と宋美齢に対応させた。トラウトマンは、以下を含む日本の和平条件を伝達した（Dirksen an das AA, 23. Dezember 1937, *ADAP*, Serie D, Bd. I, Dok. Nr. 540, S. 652-654）。

一、排日および排「満」政策の放棄、反共の声明。

二、内蒙、華北および上海の現在の占領地を区切って非武装地域とする。内蒙には自治を認め、その他の地域では特殊政権を樹立する。

三、経済協力。

四、戦費、日本財産の損失の賠償および日本が中国を占領する期間の費用の負担。

トラウトマンの言によれば、これらの条件は、東京駐在ドイツ大使ディルクセンが日本の政府要人を訪問し会談したのちに得られた結論であり、なお日本政府の最終的立場を代表するものではないという（Dirksen an das AA, 23. Dezember 1937, *ADAP*, Serie D, Bd. I, Dok. Nr. 540, S. 652-654）。

トラウトマンが提出した日本の和平条件は極めて苛酷であり、中国各方面は驚愕した。孔祥熙がトラウトマンに向かって日本が提出した条件に関する態度を尋ねたとき、トラウトマンは意見の表明を拒否した。蔣介石は、まさしくつぎのように述べた。

「今日投降以外に和平なく、抗戦以外に生存なし」（秦 一九七八、一五六頁）。

会談と同じころ、日本軍はすでに南京城を攻略し、長江上のイギリス・アメリカの船舶を攻撃していた。また南京等の地では大規模な虐殺がおこなわれ、中国の憤激および列強の強烈な抗議を惹起していた。戦争情勢が次第にエスカレートする状況の下で、蔣介石以下の政府高官らは、このとき日本が提出した和平条件は城下の盟にほかならず、中国は絶対に受け入れることができないと一様に認識した。このため蔣介石は一方でトラウトマンに対し、中国はこうした条件を受け入れることができないと訴え、他方で外交部に訓令を発し、日本が提出した条件を各国に電報で伝えるよう命じた。蔣介石がもはや対日交渉を秘密にしなかったことは、まさにかれがすでに交渉の放棄を決定したことを意味するものである。二九日、孫科が代表団を率いてモスクワを訪問し、各種の武器・装備を提供するようソ連政府に要求した（周　一九九五、一八八頁、中国国民党中央委員会党史委員会　一九八一b、七七二頁）。

甲　二〇個師団全部に必要な武器の数量、歩兵銃、軽機関銃・重機関銃および対戦車砲を三カ月以内に用意すること。
乙　毎月、飛行機総数一五〇機。もし近い将来この数量が無理な場合、一カ月以内に戦闘機三個大隊、爆撃機二個大隊が可能かどうか。

こうした行為は、まさに蔣介石が日本との周旋を終える決断を下したことを表現していた。トラウトマンはこれに対し非常に強い関心を示し、まさに中国がロシアの武器弾薬の購入の準備をしていることをベルリンに報告した。トラウトマンは同時に、ファルケンハウゼンの見通しに基づき、現在の中国軍の軍備はすくなくとも六カ月以上は維持できると主張した。このころ中国はまさに大規模な高級軍事会議を開催しており、閻錫山らが漢口に到着していた（Trautmann an das AA, 31. Dezember 1937, *ADAP*, Serie D, Bd. I, Dok. Nr. 548, S. 661）。ベルリンはなおディルクセンを通じて、日本に自発的な考慮を求めていた。

一九三八年一月一二日、日本の外務次官が、中国に対し警告を発するようディルクセンに再度要請し、もし中国が一月一五日までに何らの意思表示もおこなわない場合は、日本はまさに「行動の自由」を保持すると述べた。ディルクセンが、この要求は「最後通牒」を意味するのかと問いただすと、日本側は、この件は長期にわたり遷延しており、中国側の回答が得られることを希望するとだけ述べた（Dirksen an das AA, 12. Januar 1938, *ADAP*, Serie D, Bd. I, Dok. Nr. 550, S. 662）。一月一三日に中国側は、四点の条件に関するさらに詳細な説明を求めるとの要望を日本側に伝達するよう、ドイツに要請した。一月一五日、孔祥熙はトラウトマンに対し同様の意思表示をおこなった（Trautmann an das AA, 13. Januar 1938, *ADAP*, Serie D, Bd. I, Dok. Nr. 552, S. 663; Trautmann an das AA, 15. Januar 1938, *ADAP*, Serie D, Bd. I, Dok. Nr. 554, S. 664）。

一月一六日、広田はディルクセンに対し、日本は日中間のあらゆる交渉を放棄し、「新しい立場」から日中の問題を解決すると述べた。一月二六日、日本の近衛首相は声明を発表し、もはや蒋介石を交渉の対象としないと述べた。日中間の和平の可能性は、ここに至って完全に絶たれたのである（周 一九九五、一八九頁）。

4　日独伊三国同盟

一九三八年一月、リッベントロップは大島に対しソ連に向けられた「日独軍事同盟」の成立をめざす提案をおこない、さらにそのための好意を示した。二月に外務大臣ノイラートが更迭され、リッベントロップが外務大臣に就任すると、ドイツの外交政策には重大な変化が出現した。ヒトラーはまず二月の時点で「満洲国」を承認し、さらに一九三八年七月には軍事顧問をすべて撤退させた。日独軍事同盟に関することについては、大島は東郷大使を迂回して直接日本の参謀本部と協議した。一九三八年八月、日本側は陸軍省と海軍省の会議を開催したが、意見はしばしば一致を見なかった。海軍大臣米内光政は、もし日本がドイツ・イタリアと協力したら、必ずイギリスの報復に遭うだろうとの意見を表明した。当時日本はなお中国と交渉して停戦を達成したいと考えており、そのため日独軍事同盟は中国問題の解決に益なしと考えられたのである。こうして米内は日独同盟問題については同意しなかったが、他方で海軍は対外膨張に反対であるとも述べなかった。

当時日本国内の右翼勢力の政治的主張は次第に影響力を拡大し、民間においても、英米に対し強硬な外交手段を採用すべきと要求する声が勢いを増してきた。このため、対外膨張に対する政府内部の態度も一様ではなく、各種の争いが絶えなかった。日本ではこうして内閣が変動する頻度は非常に高くなった。一九三八年、日本軍の中国における軍事行動は非常に迅速に推進され、中国の首都はすでに日本に攻略されていたので、外交界のタカ派勢力も次第に台頭し、日独伊三国の過度の接近に反対する駐独大使東郷はソ連に異動させられた。大島浩が後任の大使となり、白鳥敏夫もイタリア駐在大使に任命された。こうした何人かの外交官と軍部は呼応し、日独伊三国のいっそうの協力が促進されるよう期待した。

しかしながら、日本の内閣には、日独軍事同盟になお留保的な態度を保持する勢力が存在した。それらの勢力は、日独軍事同盟はアメリカを刺激し、逆にアメリカをイギリスとの協力に追いやり、日本に不利になる可能性があると考えていた。そのため一九三八年五月から一〇月までの間、外務大臣は二度交代した。一〇月に有田八郎が外務大臣になると、日本の外交政策はようやく広田の路線に復帰し、アメリカとの関係の調整を絶えず企図し、直接衝突を回避するようになった。一九三九年八月、阿部信行内閣の成立後、日独伊三国の過度の接近を回避するため、大島と白鳥は国内に召還された。ドイツとソ連の提携も、日独両国関係の後退を引き起こした。ドイツ外務次官ヴァイツゼッカーは、つぎのように述べている。

「とうとうリッベントロップも日独伊同盟条約というユートピアは達成できないと判断した。我が国はロシアという馬に乗り換えた。ドイツは東京とも交渉したが、その時の性急な態度と雰囲気は日本人に合わず、かれらを疎外してしまった」(Hill 1974, S. 177)。

日本の中国に対する軍事行動が予定通り進まなかったので、ドイツはソ連との妥協を決定し、東ヨーロッパのポーランドとチェコを併合するという計画を進め始めた。ヒトラーはまず国防大臣を罷免して軍部を直接統制し、オーストリアを「併合」した。一九三八年九月の「ミュンヒェン協定」は、ヒトラーを鼓舞して、その東ヨーロッパにおける行動を加速させた。かれは一九三九年五月にまずイタリアと「友好軍事同盟」（またの名を「鋼鉄同盟」）を締結し、エストニア、ラトヴィア、リトアニアなどの国と「不可侵条約」を締結し、最後にスターリンと「独ソ不可侵条約」を達成した。こうした一連の手配が完成したのち、ヒトラーはポーランド攻撃を下命し、九月三日にはフランスに対して宣戦布告をおこなった（周 二〇〇八、一五六－一五七頁）。

戦争が開始された当初、ドイツ軍の威勢はとどまるところを知らなかった。オランダに侵入するのみならず、ダンケルクにおいてイギリスに撤退を迫った。多くの日本人は、ドイツが迅速にフランスを占領し、イギリスに攻め入ることができると信じた。そこで日本軍の態度は非常に強硬なものに変化した。一九三八年末、日本は「東亜新秩序」の主張を掲げ、イギリス・アメリカ両国との緊張を引き起こした。英米は日本の内部の動きに重大な関心を払い始め、フランスとともに日本の揚子江封鎖のやり方に抗議を提出した。イギリスはさらに、蔣介石との間で借款供与などを含む提携を強化したが、それは日本の敵意をさらに深めた。一九三九年二月、日本海軍は海南島を攻撃し、インドシナ半島への進出を企図したので、イギリスと衝突し始めた。それと同じ時期に、イギリス天津租界当局が容疑者の引き渡しを拒否したため、日本軍は六月中旬にイギリスとフランスの租界を封鎖した。日本国内でも反英的言論が出現し、デモが絶えなかった。こうした活動はもちろん、外務省および陸軍の扇動があって可能となったものであり、日英関係はいよいよ悪化した。

一九三九年以後、英米が提携を強化し、多くの軍事物資が日本に輸出されるのを制限した。七月、アメリカ合衆国がさらに日米通商条約の廃止を決定したため、日米関係は絶えず悪化した。こうした状況は、ドイツ側の期待に合致するものであったため、ドイツは一方で日本が蔣介石との衝突を速やかに終わらせるよう求めつつ、他方で、日本がシンガポールに出兵し、対英攻撃を展開するよう期待した。このためリッベントロップは、同盟に調印する件に関し、ふたたび日本と交渉を開始した。一九三九年から一九四〇年にかけて、阿部内閣および米内内閣は国際関係の処理に関しいずれも比較的慎重であり、このため英米両国を刺激しないよう、日独軍事同盟を極力回避しようとした。

一九四〇年七月、日本では内閣が交代し、近衛文麿が首相、東条英機が陸相、松岡洋右が外務大臣に就任したあと、日本の主戦派勢力が台頭した。すなわち九月末、三国同盟が成立したのである。ドイツの外交官は、三国同盟は主としてアメリカ合衆国を対象としていると明確に述べていた。そのため三国同盟の成立後、世界が二つの陣営に分かれる情況変化が非常に鮮明となり、各国はいずれかの陣営を選択しなければならなくなった。つづいて一九四〇年一一月末、日本と汪兆銘政権が「日華基本条約」および「日満華共同宣言」に調印し、三つの政権がさらに協力することを宣言した。まずイタリアが祝賀の意を表明し、ローマからはイタリアがすでに南京政府を承認したとのニュースが伝わってきた。一九四一年一月、イタリア外務大臣チァーノ（Galeazzo Ciano）が汪兆銘に新年を祝賀する電報を発した。ドイツもまた、汪兆銘政権承認という日本政府の要求の受け入れを検討し始めた。

四　「汪兆銘政権」承認をめぐる日独交渉

1　汪兆銘政権承認問題と日中関係

「満洲国」は成立後も国際的承認を受けることがなかったが、「満洲国」に対する日本の態度は非常に確固としており、その政治的発展はすべて日本の指導によるものであった。しかし日本が扶植した汪兆銘政権は、むしろ日本が蔣介石に交渉を迫るための道具に成り下がった。

日本が中国を侵略する際、「華を以て華を制する」策略が広範に用いられた。「北京臨時治安維持会」「天津地方治安維持会」「冀東防共自治政府」等が成立したが、その目的は個別の維持会を徐々に一つの傀儡政府に整序していくことにあった。同様に、日本軍が南京を陥落させた翌日、日本は王克敏を「行政委員会」委員長とする「中華民国臨時政府」を北平に成立させた。しかしながら、こうした傀儡政権は必ずしも政治的行為能力を有していたわけではなく、ただ統治に協力するという機能しか持ち得なかった。当時の中国の情況についていえば、蔣介石は全国的な政治指導者として公に認められており、軍隊を組織し、日本に抵抗することができ、対外面でも中国を代表し、各国の承認を普遍的に獲得していた。軍事作戦であれ政治的な協商関係であれ、日本が採用する政治手段は、すべて蔣介石を交渉の対象とする必要があった（周 二〇〇八、一四七－一四九頁）。

日本は中国との交渉を計画するとき、蔣介石と対話しなければならなかった。ひとたび蔣介石との戦争に勝利することができると自任したならば、もはや意思を疎通させる必要はないから、日本は極めて苛酷な停戦条件を提出したのである。蔣介石が日本の和平条件を受け入れることができなくなると、日本は交渉継続を拒否した。一九三八年一月、日本は改めて「傀儡政権樹立」方式を採用し、蔣介石に屈服を迫った。首相近衛はたしかに「蔣介石を対手とせず」という日本の政策を声明したが、しかし日本は、軍事的な考量に基づき、蔣介石を何とかなだめて交渉に導こうとした。日本の新任外相宇垣一成はなお孔祥熙の腹心と香港で会談を開こうと企図していた。ただし数カ月後、宇垣は辞職し、意思の疎通は中断してしまった。

日本軍側は自ら行動することを決定し、影佐禎昭と今井武夫を派遣して、汪兆銘側の代表高宗武および梅思平と協議させ、「日中和平」を樹立しようと考えた。一九三八年一一月、双方が協議を達成したあと、翌一二月、汪兆銘はハノイで「艶電」（「二九日付電報」の意）を発し、日本の処置方針を受け入れた。一九四〇年三月、汪兆銘は「中華民国国民政府」の南京「遷都」を宣布し、「満洲国」を承認した（周 二〇〇八、一六〇頁）。汪兆銘の南京「国民政府」と「満洲国」は、国際的承認を獲得できない点で類似していた。日本はただその友邦に対し懇切に承認を促すことしかできなかったので、ドイツ、イタリア等の「枢軸集団」による承認を積極的に手配した。「満洲国」成立後、日本とエルサルバドルがまず承認したが、しかしアメリカ合衆国は世界に「満洲国」の不承認を通告し、イギリスもただちに今後「満洲国」を承認しないことを声明した。

ドイツは一九三八年五月に「満洲国」を承認し、日本の初歩的要求を満たしたが、ドイツ外務省は、「満洲国」は成立以来変わらず日本の統制下にあり、それを承認しても蔣介石の指導に影響せず、したがって蔣介石も「満洲国」承認を容認しうることを明瞭に理解していた。一九三八年五月九日にトラウトマン駐華大使は、ドイツ外務省に蔣介石の態度をつぎのように報告した。

「ドイツの満洲国承認にもかかわらず、中国政府は旧来の中独友好関係をさらに発展させようと努力している」（Trautmann an das AA, 9. Mai 1938, *ADAP*, Serie D, Bd. I, Dok. Nr. 583, S. 698-699）。

しかるにひとたび汪兆銘政権を承認すれば、それは明らかに蔣介石政権の存在を否定することになるため、それは蔣介石政権が絶対に容認できないことであった。そのためドイツ政府はこれに対しなお猶予を示した。他方でドイツは、もし蔣介石を過度に圧迫すれば、蔣介石がソ連と提携する可能性があることを心配していた。それはもちろんヒトラーが望まない事態であった。一九三七年に日中戦争が勃発したあと、ソ連もその機会を利用し、中国が必要とする援助を提供し、中国に日本軍を牽制させたいと欲していた。そのため早くも一九三七年一一月、ドイツ外務省はヒトラーの注意を喚起していた。

「総統にとって、蔣介石の軍事顧問として望ましい将軍は誰なのか。ファルケンハウゼン将軍か、それともソ連の将軍か?」

（Aufzeichnung Mackensen, 3. November 1937, *ADAP*, Serie D, Bd. I, Dok. Nr. 513, S. 633-634）。

もちろん日本も、ドイツに汪兆銘政権を承認するよう積極的に働きかけることはなかった。日本もなお蔣介石との和平交渉に対し期待を繋いでいた。ドイツも日本もつねに和平条件を提出しており、蔣介石と停戦を達成したいと希望していた。それにより日本がシベリアからソ連に向かって進撃し、ドイツ軍とウラル山脈で合流することを望んだのである。一九四〇年一〇月三日、ベルリン駐在の譚伯羽は蔣介石に対し、ドイツが日中戦争の調停を望んでおり、あわせて以下の和平条件を提案していると報告した。

「日本は蔣介石政権を承認し、撤兵する。わが国（中国）は偽満洲国および華北における日本の特殊権益を承認し、あわせて上海、青島、福州、香港、汕頭を日本海軍の根拠地とする。ドイツはヴェトナムおよびオランダ領東インドを日本に譲渡する」（譚伯羽来電、一九四〇年一〇月三日、中国第二歴史档案館　一九九四、六四頁）。

しかしこのとき、蔣介石を圧迫するため、日本の外務大臣松岡がソ連と不可侵条約に調印するという伝聞が届いた。ドイツは日ソの接近を決して望んでいなかったので、中国に対し速やかに和平交渉をおこなうよう説得し、その影響を回避しようとした。日独伊三国同盟の成立後、リッベントロップは一九四〇年一一月にドイツ駐在中国大使陳介を接見し、以下のように述べた。ドイツは政治的現実に迫られてやむを得ず親日に重点を置いているが、中国に対してはつねに経済上の関係を保持している、現在日本では新内閣が成立し、南京を承認しようと計画しており、あわせてドイツに対しても、極力これに加わり承認するよう促そうとしている、しかしドイツは実際には中国との関係の悪化を望んでいない、云々。リッベントロップは、最後につぎのように述べた。

「もし閣下が日中和平は可能性があるとお考えなら、蔣委員長および貴国政府に対し、この案を考慮し、この最後の機会を見逃さないよう伝えていただきたい」（陳介電、一九四〇年一一月一一日、中国第二歴史档案館　一九九四、六四-六五頁）。

陳介はドイツ側の意見を蔣介石に報告したほか、一九四一年一月、わざわざ重慶に戻り、関連する事項について蔣介石と討論した。それは重慶政府内での重大な論争を惹起したが、どのような結果をも生み出すことがなかった。蔣介石の方でも重慶に会議を招集し、アメリカ合衆国との提携を強化する路線を決定した。日中の和平交渉は、いよいよ展望を失った。イタリアおよびドイツが汪兆銘政権の承認を計画し始めると、アメリカ合衆国は国民政府を堅固に支持する意向を示し、一九四〇年末、ローズヴェルトは蔣介石政府に一億ドルの借款を供与することに同意した。

日中戦争が膠着し、中独関係も日増しに緊張してきたので、蔣介石の陣営においては多くの人々が対ソ外交を強化し、それにより日本を牽制することを主張した。日本も継続してソ連との折衝を強化し、ソ連が中国と過度に接近しないよう期待した。すなわち一九四一年の初め、松岡外務大臣は積極的にロシアを籠絡し、ノモンハン事件以降悪化したままであるロシアとの国交調整をなし遂げたいと考えた。一九四一年四月、日ソは「中立条約」を実現した。そのほか松岡は、海軍に対しアメリカとの衝突発生の回避を約束するよう積極的に求めた。「日米了解」についての協議は、ドイツにとっては、非常に警戒すべき知らせであった。こうしたやり方は、ドイツに不安を感じさせるものであった。松岡がアメリカと協議するにあたり、ドイツはそれを妨害し始めた。

「目下のところ、日米のいかなる政治的取り決めも望ましくない。しかし伝えられる条文は、日本がドイツに背を向けることを意味しよう。条文は、対米戦争をわが国にのみ任せるものになろう。そうなると三国同盟は意義を失ってしまうだろう」（Weizäcker an Ribbentrop, 15. Mai 1941, *ADAP*, Serie D, Bd. XII, Dok. Nr. 517, S. 682）。

もし情勢が継続してこのように変化していけば、ソ連と対抗できないのみならず、場合によってはソ連をむざむざ強大にしかねない。そのように恐れたのはヒトラーのみではなかった。たとえば駐独日本大使大島もつぎのように認識していた。

「日本大使大島は苦しい立場に置かれている。かれは日本の外交政策が動揺していると見ている」(Aufzeichnung Weizäcker, 8. Juni 1941, Hill 1974, S. 257)。

ドイツ外務大臣もまたつぎのように述べた。

「日本で松岡は怪しげな芝居を演じている。アメリカは日本を誘惑して太平洋における日米了解に導こうとしているが、松岡はこの誘惑に積極的には反対していない。もし松岡が近い将来イギリスの敗北が確実であると考えているのであれば、もっと積極的に反対すべきであろう」(Aufzeichnung Weizäcker, 1. Juni 1941, Hill 1974, S. 257)。

2　独ソ戦争勃発から太平洋戦争勃発へ

ドイツは幾たびかの遷延ののち、一九四一年六月二二日、ついに対ソ攻撃を発動し、日本がドイツの軍事行動に呼応してシベリアに出兵するよう期待した。松岡の対米接近政策は、アメリカの賛成を得ることができなかった。日本はかくしてフランス領インドシナ南部への出兵を決定し、さらにアメリカの警戒心を惹起した。このとき日本は、ドイツが汪兆銘政権を承認するよう再度要望を提出したが、ドイツはそれを代価として日本の協力を得ることに決定した。すでに一九四一年二月にドイツの外交官は日本に対し、近い将来南京政権を承認すると述べ、同年三月には「ドイツ通信社」（DPA）が南京への進出を開始した。上海駐在ドイツ総領事フィッシャー（Martin Fischer）らの関係官吏も南京へ赴任し、あらたに大使館を開設する準備を開始した（周 二〇〇八、一六五頁）。

一九四一年六月末にドイツ外務省は、駐華ドイツ大使および重慶駐在領事館に対し、ただちに汪兆銘政権との国交を樹立するという方針を通知したが、その問題での情報漏洩を禁止した。これに対し中国駐在外交官たちは、ドイツは汪兆銘政権を承認すべきでないとの意思表示を外務省本省におこなったが、リッベントロップらの決意を揺るがすことはできなかった。中国側もまた情報を入手した。ドイツ駐在中国大使陳介はわざわざドイツ外務大臣のところに赴いてこの件について照会し、あわせて「汪兆銘を承認するのは蔣介石との断交を宣言するに等しい」と表明した。得られた回答は「まだ情報を得ていない」というものであったが、しかし陳介は、一歩進んでつぎのような情報を本国に伝えた。

「ドイツ外務大臣は重慶駐在ドイツ代表部をそのまま存続させ、一方上海総領事に偽政府駐在代表を兼任させるとの決定をすでに下した。けだし偽汪を第二の偽満と見なすからである」（陳介電、一九四一年六月二八日、中国第二歴史档案館 一九九四、六九頁）。

ドイツ外務省はこうしたやり方で日中双方の利益を顧慮しうると考えていたが、しかし蔣介石はもちろんそうした方法を受け入れなかった。中国政府は、ドイツの汪兆銘承認は一つの国際的な集団行動であり、イタリア、ルーマニア、スロヴァキア、クロアチアおよび「満洲国」などの諸国が同時に汪兆銘政権に外交的承認を与えるであろうことを認識していた。ドイツなどが汪兆銘政権の承認を宣布したつぎの日（一九四一年七月二日）、蔣介石はただちに以下のように宣言した。

「ドイツ・イタリア両国政府はついに南京偽組織を承認した。これは両国の侵略政策が極東にまで推し進められたことを示しており、かつまたナチス・ドイツとファシスト・イタリアがすでに中国の敵国と助け合って悪事を働いていることを十分証明している。これは実に中国に加えられた重大な侮辱である。とりわけ中国はドイツ、イタリア両国と外交関係を断絶したことをここに正式に宣言する」（中国国民党中央委員会党史委員会　一九八一b、七〇三－七〇四頁）。

八月初め、スペインやデンマークなどがつぎつぎと南京汪兆銘偽政権を承認した。やや遅れて、南京政権もまた要請に応じて共同防共協定に加入した。汪兆銘はもともと中華民国ドイツ駐在大使陳介をそのまま留任させ、政権の継続性を示そうとしたが、陳介らは同意せず、全員でフランスに撤収し、中国への帰国の途についた（「桂永清電文」一九四一年七月五日、中国第二歴史档案館　一九九四、五〇四頁）。汪兆銘は一九四一年九月に至って、ようやく李聖武を汪兆銘政権のドイツ駐在大使に任命した（南京市档案館　一九九二、六二三頁）。

ドイツの汪兆銘政権承認後、日独双方の意思疎通は次第に好転していった。近衛内閣は外務大臣松岡を更迭し、海軍大将豊田貞次郎を外務大臣に任命した。当時フランスのヴィシー政権はドイツの統制下にあったが、日本はドイツとの協議ののち、南部仏印への出兵を開始した。アメリカはただちに日本に対する警戒を強め、対日石油輸出を禁止した。双方の敵意は次第に昂じ、日本軍側の態度はいよいよ対米戦争発動に傾いていった。一九四一年九月、近衛内閣は退陣し、東条英機が組閣をおこなった。一一月末、日本は戦争発動を決定し、一二月八日、真珠湾を奇襲攻撃した。日米間に戦争が勃発すると同時に、ドイツもただちにアメリカに向けて宣戦を布告した。アメリカもこれにより、枢軸国に正式に宣戦を布告した。中国も戦争勃発の一日後（一二月九日）に、ドイツ・イタリアと戦争状態に入ったことを宣言した。

「最近ドイツ、イタリアと日本はその侵略行動を拡大し、太平洋全体の平和を破壊している。かれらはじつに国際正義に害をなす賊であり、人類文明の敵である。中国政府と人民はこの重大な災難をもはや容認することはできない。中華民国三〇年一二月九日をもって、中国はドイツ・イタリア両国に対し戦争状態に入ることをここに正式に宣言する。中独関係および中伊関係にかかわる一切の条約、協定、契約は一律に廃止される」（中国国民党中央委員会党史委員会 一九八一b、七〇四頁）。

しかし日本は依然としてソ連邦に対する攻撃行動の採用を望まず、ドイツの期待に沿うことができなかった。一九四三年九月、ドイツの外交官僚は以下のように述べていた。

「日本の最高指導部は、中国に対する広大な地域での戦争の経験から教訓を得ている。したがって、ロシアが決定的に弱体化されない限り、日本はユーラシア地域での第二の戦争を引き受けようとはしないだろう」（Aufzeichnung Braun, 30. September 1943, *ADAP*, Serie E, Bd. VI, Dok. Nr. 364, S. 607–609）。

たしかに、二正面戦争を避けるため、日本はつねにソ連との協調を試みていた。それゆえ戦争が終結に近づく時期になると、ドイツは、日本が出兵してソ連を攻撃するのをもはや期待しなくなったのである。

おわりに

日本にとって、満洲は広大で豊穣な地域であり、物産が豊富であるほか、地理上においても一つの単位となり、長い間日本の統制下にあった。一九三二年以降、日本が建設した傀儡政権は、日本の負担にならないどころか、むしろつねに日本経済の重要な命脈であり続けた。そのため、当時の日本政府が宣言したように、「満洲問題」などはなく、ただ「満洲国承認問題」のみがあるのであった。しかしながら、汪兆銘の南京政権はまったく異なっていた。一方で、南京政府は明確な管轄領域を持たず、日本占領地域から区画した一部分を南京政権の領土としただけであった。南京政府が統治し得た地域には限界があり、そのため財政的にも当初より独立し得ず、日本の支援に頼らなければならなかった。多くの日本人官吏は、南京政府に友好的ではなかった。周仏海が一九四一年六月に東京を訪問し、三億円の借款について交渉したとき、日本陸軍省の役人はつぎのように述べた。

「軍部が得ている情報によれば、国府を賞賛しているものは誰もいない。もし国府の同僚が自ら努力をしなければ、おそらく日本人も援助の熱意を失ってしまうだろう」（周 一九八六、一九四一年六月三〇日条、五三九－五四〇頁）。

実際、汪兆銘に対する日本の態度は、もともと非常に猜疑に満ちたもので、もし蔣介石が日本との和平交渉を望めば、日本は明らかにいつでも汪兆銘政権を見捨てることが出来るのであった。

日本人は、無力な汪兆銘政権との提携を通じてでは、日中衝突を解決できないと先刻承知していた。日本はまた、つねに蔣介石との了解の達成を求め、和平交渉を速やかに実現することを望み、かつそのために努力していた。蔣介石との和平を実現してこそ、ソ連に対抗するため全力を集中することができるからであった。

一九四三年になると、いわゆる「繆斌工作」がおこなわれ、蔣介石との和平交渉が期待された。しかしもちろん時すでに遅く、戦争はいよいよ拡大し、日本はますます不利となった。蔣介石は日本との停戦を排除することはなかった。一九四一年末、陳介らが相変わらず「日中停戦」を主張したとき、蔣介石も完全に反対したわけではなかった。しかし一九四二年に日本と汪兆銘が国交調整をおこなったとき、蔣介石は次のように認識した。

「日本と偽〔汪兆銘政権〕は、日本が汪奸〔売国奴汪兆銘〕に大量の武器を貸与し、大量の偽軍を組織し訓練する予定であると宣伝している」（蔣介石日記、一九四二年一〇月二〇日(8)）。

アメリカが蔣介石に対する協力関係の強化を決定したあと、情況は変化して非常に緊張し、日中関係はもはや回復不能となった。

交渉過程全体を見れば、日独両国はそれぞれ悪事を企て、しかもお互いに相手の実力を実際より高く評価していた。たとえば一九四〇年九月に三国同盟が成立したとき、ドイツの一官吏はそれを予想外の事態であると認識し、日本が軍事同盟に加入するのはドイツに有利だとしてつぎのように述べた。

「日本は自国を過小評価し、ドイツを過大評価しているに違いない」(Aufzeichnung Weizsäcker, 28. September 1940, Hill 1974, S. 219)。

同じようなことは、一九三九年以後にも発生していた。ドイツは東欧において戦火を拡大したのみならず、フランスにも侵攻し、イギリスを爆撃した。このことは日本軍部にかなりの錯覚を与え、ただちにドイツと同盟を結ばなければ、それはまさに一種の誤りだと認識させた。ドイツは汪兆銘政権の承認を重要な道具としつつ、日本に対ソ宣戦を説得しようと企図し、日独間におけるいっそうの協力関係を促進しようとした。この行動はたしかに日ソのいっそうの接近を有効に阻止することはできたが、その当初の目標、すなわち日ソ開戦は、むしろドイツの敗北をまってようやく実現した。しかしそれは、たんなる象徴的な意義しか持たなかったのである。

■注

引用文中の〔　〕内の註は、引用者による。

本章で用いる略語は以下の通りである。

AA　Auswärtiges Amt

ADAP *Akten zur Deutschen Auswärtigen Politik 1918-1945. Aus dem Archiv des Auswärtigen Amts.*

（1）室伏高信（一八九二－一九七〇）はかつて新聞記者として新聞雑誌で評論を発表し、さらに『日本評論』の主筆を務めた。九一八事変後、室伏は熱狂的な国家主義者となり、大東亜戦争を支持した。河野密（一八九七－一九八一）は政治家。大政翼賛会に参加し、右翼積極分子でもあった。具島兼三郎（一九〇五－二〇〇四）はかつて満鉄調査部に勤めた。有名な著作として『ファシズム』『現代国際政治史』がある。五来欣造（一八七五－一九四四）は新聞社主筆を務め、日本の政治家大隈重信の秘書となった。のち早稲田大学・明治大学教授。著書に『大東亜戦争と儒教文化』『大東亜戦争と世界』などがあり、国民の関心を集めた。かれの『滅共読本』はそのファシズム的な立場を説明している。鶴見祐輔（一八八五－一九七三）は日本の内閣拓殖局に勤め、鉄道省運輸局総務課長となり、のちに衆議院議員に当選した。米内内閣では内務政務次官。大政翼賛会の活動を支持し、右翼分子となった。著書にバイロン伝、ナポレオン伝、ビスマルク伝など、民族主義を強調する伝記などがある。

（2）デ・ステファーニはもともと自由主義者であったが、一九二〇年にファシスト党に加入し、一九二二年にムッソリーニにより財政部長に任ぜられた。独裁政府の力を利用して国会のコントロールを回避しつつ順調に税制を改革し、自由貿易を推進し、イタリア財政をして迅速に均衡状態へと至らしめた。

（3）「ドイツ工場契約だけ未締結。重砲の様式は未定」（蔣介石日記、一九三四年六月一六日条。「庸兄を招きイタリア製およびドイツ製の航空機工場について話す」（蔣介石日記、一九三四年六月一九日条）。

（4）板垣征四郎は一九二九年に関東軍高級参謀に任ぜられ、九一八事変の首謀者の一人となった。一九三二年八月八日、陸軍少将に昇任し、満洲国執政顧問となったあと、奉天特務機関長（一九三三年二月より）、満洲国軍政部最高顧問（一九三四年九月より）、関東軍参謀副長兼満洲国駐在武官（一二月一〇日より）等の職を歴任した。

（5）リッベントロップとヒトラーの関係は密接であり、ヒトラーが首相に就任すると、リッベントロップは政界での活動を開始した。しかし過去の経歴が芳しくなく、いまだ他の職責担当者の賛同を得ていなかった。そのため、リッベントロップは積極的な行動をとり、熱狂的なナチス分子となって承認を得ようとした。ヒトラーはかれを外交顧問に任命し、リッベントロップはヒトラーの意志を執行した。

（6）ロカルノ条約は一九二五年一〇月に調印され、ドイツが西部国境を受け入れるという前提のもと、ドイツ、フランス、ベルギー等がまず相互の不侵犯を保証し、イギリスおよびイタリアがそれを保証するというものである。もしドイツ、フランス、ベルギーのいずれかが他の一国を攻撃した場合、その他の調印国は攻撃された国家を保護する責任を有する。フランスも別個ポーランドおよびチェコスロヴァキアとの条約に調印し、両国がドイツの侵略に抵抗する場合の協力援助を約束した。これらの国際条約は西欧各国関係の改善の基礎となり、ドイツは一九二六年に国際連盟の六番目の常任理事国となった。連合国軍は一九三〇年六月に、ドイツ西部のラインラントから完全撤退した。

（7）この時蔣介石の次男蔣緯国はちょうどドイツで軍事訓練を受けていたが、蔣介石は報告を受け、ドイツが蔣緯国の行動を監視し始めたことを知り、非常に不満であった。「帝国主義が他人を妨害する際の陰険残忍さは、ロシアもドイツもみな然りである」。

（8）蔣介石は続けてつぎのように記している。「この情報には若干の信ずべきものがある。日本はつねに華を以て華を制することを考えており、ましてや各戦場に対し使用しうる日本兵力はすでに不足しているのであるから、汪奸に偽軍の編成・訓練を許可した可能性がある」（蔣介石日記、一九四二年一〇月二〇日条）。

■文献（欧文）

〈欧文史料〉

ADAP *Akten zur Deutschen Auswärtigen Politik 1918–1945*.

Hill, Leonidas E.（Hrsg.）（1974）*Die Weizsäcker-Papiere. 1933–1950*, Frankfurt am Main: Propyläen Verlag.

Hudson, Manley O.（noted and introduced）（1933）*The Verdict of the League. China and Japan in Manchuria*, Boston: World Peace Foundation.

〈研究文献〉

Casper, Karl（1937）„Deutschland und China im gegenseitigen Warenaustausch", in: *Weltwirtschaftliches Archiv* Jg. 1937, Heft 1. Bd. 45, S. 409–442.

■文献（中文）

〈中文史料〉

程天放（一九六七）『使徳回憶録』台北・国立政治大学出版委員会。

郭廷以（一九八四）『中華民国史事日誌』第三冊、台北・中央研究院近代史研究所。

蔣介石「蔣介石日記」Stanford: Hoover Institution, Stanford University 所蔵。

蔣廷黻（二〇一一）『蔣廷黻回憶録』北京・東方出版社。

頼暋・簡笙簧編（一九八七）『中華民国史事紀要　民国二六年七月－一二月』新店・国史館。

南京市档案館編（一九九二）『審訊汪偽漢奸筆録（上）』南京・鳳凰。

秦孝儀総編（一九七八）『総統　蔣公大事長編初稿』巻四、上冊。発行場所記載なし。

中国第二歴史档案館編（一九九四）『中徳外交密档（一九二七－一九四七）』桂林・広西師範大学出版社。

中国国民党中央委員会党史委員会編（一九八一ａ）『中華民国重要資料初編』第二編『作戦経過（二）』台北・中央文物供応社。

中国国民党中央委員会党史委員会編（一九八一ｂ）『中華民国重要資料初編』第三編『戦時外交』台北・中央文物供応社。

中華民国外交問題研究会編（一九六六）『中国外交史料叢編』第五巻『日本製造偽組織與国連的制裁侵略』台北・中華民国外交問題研究会。

周仏海『周仏海日記』（一九八六）北京・社会科学出版社。

〈研究文献〉

馮啟宏（一九九八）『法西斯主義與一九三〇年代中国政治』台北・国立政治大学歴史学系。

江紹貞（二〇一一）「戴笠」李新／孫思白等（主編）『中華民国史　人物伝』第二巻、北京・中華書局。

劉敬坤（二〇一一）「蔣方震」李新／孫思白等（主編）『中華民国史　人物伝』第三巻、北京・中華書局。

陶菊隱（一九七一）『蔣百里先生伝』台北・文海出版社。

周惠民（一九九五）『徳国対華政策史研究』台北・三民書局。

周恵民（一九九八）「魏沢爾与中徳軍事合作」『国立政治大学歴史学報』第一五号。

周恵民（二〇〇三）『徳国史』台北・三民書局。

周恵民（二〇〇八）「日独同盟と中国大陸――「満洲国」・汪兆銘「政権」をめぐる交渉過程」（和文）、工藤章・田嶋信雄編『日独関係史　一八九〇－一九四五（二）　枢軸国形成の多元的力学』東京大学出版会、一四五－一七三頁。


（訳　田嶋信雄）

第一〇章　ＩＧファルベンの中国戦略

――戦争準備と人造石油

工藤　章

はじめに

一九二五年一二月、ドイツの主要化学企業の結集により設立されたＩＧ染料工業株式会社（I. G. Farbenindustrie AG）は、ドイツ製造大企業群の一角をなすとともに、戦間期の世界化学工業界において米英の企業と覇を競う存在でもあった（工藤 一九九九、一―二頁）[1]。このＩＧ染料工業、いわゆるＩＧファルベンないしＩＧは、多くのドイツ企業と同様、世界恐慌を機に中国市場への期待を高めていった。その関心は主力商品である染料や窒素肥料の輸出を軸とするものであったが、当時の先端技術のひとつである人造石油製造技術についても、中国をそのライセンシング（技術供与）の対象とするに至った。本章の課題は、ＩＧファルベンの中国戦略を人造石油製造技術のライセンシングの事例に即して明らかにすることである。

人造石油の研究開発は、油田の枯渇が喧伝された二〇世紀初頭に始まり、第一次世界大戦で航空機や自動車の戦略的な意義が確認されたことによりさらなる契機を与えられ、石油資源の世界的枯渇があらためて予想された一九二〇年代に本格的に進められた。そのなかで、世界に先駆けて工業化に成功した企業こそ、ＩＧファルベンであった（工藤 一九九九、一五七 - 一五八頁）。

ＩＧファルベンが開発した人造石油製造技術は、工業化成功の報が世界を駆け巡った直後から世界的に注目されたが、それは東アジアにおいても例外ではなかった。政治的・軍事的緊張が高まるなか、日本および中国は競って戦争準備を急いでおり、しかも総力戦が想定される将来の戦争では航空機と自動車が軍備の焦点とされ、したがってそれを駆動するガソリンの原料たる石油が一躍注目されるに至った。そのなかで、もともと石油資源に乏しい両国にとって、石油代替製品としての人造石油の意義は大きかった。このような東アジア地域に、人造石油技術を世界に先駆けて開発したＩＧファルベンは商機を見出した。同社は日本および中国の政府機関ないしそれと連携する企業との接触を開始し、ライセンシング契約の締結を目指すことになるのである。

「序」で述べたような本書全体の狙いからすれば、本来ここでは、日本および中国の双方に対するＩＧの戦略をあわせて検討し、東アジア戦略として総括すべきであるが、紙幅の関係から中国戦略に絞り、日本との関係については必要なかぎりで言及するにとどめる。人造石油製造技術のライセンシングの事例に即した東アジア戦略については別稿を期したい。

本章の課題に関する先行研究について見れば、本格的なものは見当たらず、簡単に言及したものも、管見のかぎりではわずかに陳正卿（一九九八、七二 - 八〇頁）および王・張（一九九六、四四頁）を挙げうるのみである。後に触れるように、前者は中国へのライセンシングという事実に言及した数少ない文献のひとつであって、その意味で貴重であるが、精確な史料情報が示されていない。後者は事実を簡単に記すのみであり、しかも内容は正確さを欠き、典拠は示されていない。史料集である上海市档案館（一九八九）、上海市档案館（一九九二）には該当する史料は見当たらない。対日関係についても工藤（一九九二b、第七章）、Kudo（1998, Chapter 7）がある程度だが、それに比べてさえも、対中国の事例が従来いかに注目されなかったかが歴然としている。もちろん、一方でのドイツ・英・米における人造石油工業の状況、他方での中国の石油資源、石油業、人造石油工業への関心に関する文献は少なくない。それらについては必要なかぎりで言及する。

本章で用いるドイツ側史料は、ひとつはＢＡＳＦ史料館（BASF SE: Unternehmensarchiv Ludwigshafen <BASF UA>）所蔵のものであり、いまひとつはバイエル史料館（Bayer AG: Corporate History & Archives, Bayer Unternehmensarchiv Leverkusen <BAL>）所蔵のものである。前者については、工藤（一九九二b、第七章）および Kudo (1998, Chapter 7) の執筆時に利用できなかったものが今回利用できた。後者は今回初めて利用するものである。ＢＡＳＦの史料とバイエルの史料は部分的に重複しているものの、大部分は別のものであり、補完的な関係にある。中国側の史料でＩＧファルベンとの接触を記録した史料は、管見のかぎりでは上海市档案館所蔵のもののみである(2)。

一　多数の照会と消極的対応——一九二七年秋－一九三五年初頭

1　ライセンシング戦略と国際技術プールの形成

一九二七年四月、ＩＧファルベンはこれまで研究開発を重ねてきた人造石油の工業化に目処をつけた。ただし、実際にはなお技術的困難を解消できておらず、しかも石油との価格競争における展望を開くという難問は未解決のままであった。それにもかかわらず、工業化成功の報は瞬く間に世界を駆け巡り、その結果、世界の各地からＩＧに製造技術についての照会が届き始めた。その背景には、一方では、石油資源の枯渇を予想する声がふたたび高まるなか、石油価格の動向が注目されるという事情があり、他方では、総力戦準備の鍵としての人造石油の研究開発にたえず関心が寄せられていたという事情があった。そのなかで、ＩＧファルベンが開発したと報じられた水素添加（Hydrierung）あるいは石炭液化（Kohlenverflüssigung）の技術、いわゆるＩＧ《イーゲー》法は、一躍多大の注目を集めることになったのである（工藤 一九九九、一五五－一六〇頁）(3)。

だが、このような照会に対して、ＩＧはさしあたり消極的な対応をとった。たしかに一方で、製造技術のライセンシング（技術供与）およびそれにともなう――あるいは場合によってはそれに含まれる――製造設備の輸出による収益に期待する動機はあった。それによって、これまで研究開発に投じた資金の一部を回収するとともに、今後の研究開発に備えたいという動機が働いていたことは見やすい。そもそも、人造石油は軍事的な観点から注目されるかぎり、製品の輸出は成立しがたく、したがって事業形態としてはライセンシングあるいは直接投資だけが想定されたのである。だが他方では、工業化には原料や触媒などの技術的課題が残されており、また依然として石油との価格面での競争という問題があったのである（工藤 一九九九、一五八－一六〇頁）。

ところが、ドイツおよび世界の経済が景気後退から恐慌に向かうなか、世界市場における石油価格が下落した。このことはただちに人造石油の市場が閉ざされることを意味した。研究開発費用の回収どころか、工業化あるいは商業化・企業化それ自体が中止されかねない危機が訪れた。事実、ＩＧファルベンの内部では工業化を中止する案が提出され、それをめぐって経営陣最上層での厳しい対立が生まれていたのである。結果的に、人造石油工業化の事業は継続されることになったが、そのためには政府からの政策的助成に期待することにもなった（工藤 一九九九、二〇四－二〇八頁）。

政府からの助成と並んで、危機を脱出する方策として打ち出されたのは、人造石油の技術開発・工業化に関心を持つ米英の石油・化学企業との提携であった。具体的には、スタンダード石油（ニュージャージー）（Standard Oil of New Jersey）、ロイヤル・ダッチ・シェル（Royal Dutch Shell）、およびイギリスの化学企業ＩＣＩ（Imperial Chemical Industries, Ltd.）と提携して国際技術プールあるいは国際技術カルテルを形成した。四社は国際水素添加特許（International Hydrogenation Patents Co. IHP）および国際水素添加エンジニアリング化学（International Hydrogenation Engineering & Chemical Co. IHECC）を設立した。リヒテンシュタインに本拠を置くＩＨＰは技術特許を保有するとともにライセンシングの可否を決定し――この場合のライセンシングは狭義のそれ、すなわち製造設備の輸出を含まないものである――、ＩＨＥＣＣはＩＨＰの子会社としてライセンシングの実務を担当することになった[4]。それとともに、四社はライセンシングの対象地域についての分割を約し、さらにＩＧはスタンダード石油と製品の販路についての協定を結んだ。このような提携に向かったＩＧ側の動機が、工業化の技術的および市場的な困難に直面して、資金と販路とを確保したいというところにあったことは容易に推定しうる。これとは対照的に、スタンダード石油、ロイヤル・ダッチ・シェル、ＩＣＩ側の動機がＩＧファルベンの有する技術を獲得するところにあったことも見やすい。いずれにせよ、一九三二年初めまでに、ＩＧファルベンのライセンシング（および製造設備輸出）戦略は、この国際技術プールとそれを構成する三社、より直接的にはそれら三社と共同で設立したＩＨＰおよびＩＨＥＣＣからの制約を受けることになった（工藤 一九九二b、二四三‐二四五頁、工藤 一九九九、二四一‐二四四頁）[5]。

2　中国からの照会

ＩＧファルベンによる人造石油工業化の成功が報じられた直後から、ＩＧに対して世界各地からの照会がしきりに寄せられた。そのなかで最も早く数も多かったのは、日本からの照会であった[6]。とくに一九二九年秋、ＩＧとスタンダード石油との提携が伝えられたあたりから、日本からの照会が増えており、一九三〇年初頭の時点でＩＧ内部で作成された照会者リストには、南満洲鉄道（満鉄）、海軍、三井物産、三菱商事、その他の名前が挙げられていた（Gaus und Müller an Standard, 24. Januar 1930, BASF UA B4/2058）。その後も、朝鮮窒素、東洋窒素工業（東洋窒素組合の後身）などが新たにＩＧに接触してきた。一九三五年初めの時点でＩＧがまとめた日本からの照会者の一覧によれば（Bericht, 4. Februar 1935, BASF UA B4/2058）、日本からの照会がいかに多数であったかがわかる。このような日本からの多数の照会の背景には、燃料調査委員会の答申、商工審議会の答申、石油国策大綱の策定、石油業法の施行などの、政府による人造石油工業の政策的育成政策があった（工藤 一九九二b、二四六頁）。

日本からの照会と比べれば、中国からの照会は遅く始まった。

たしかに、世界恐慌の勃発と深化の過程で、ドイツ企業は中国市場への関心を高めた。ドイツ工業連盟（Reichsverband der Deutschen Industrie. RDI）が使節団を中国に派遣し、それらが契機となって、経済界の対中国組織である中国調査会（China-Studiengesellschaft）が設立されたし、ハンブルクやブレーメンの商社を中心とした組織である東アジア協会（Ostasiatischer Verein. OAV）もまた、中国調査会の動きに対抗しつつ中国への関心をいっそう高めていた（Kirby 1984, pp. 62-68）。

ただし、人造石油についてはいささか事情が異なっていた。たしかに、中国においても人造石油製造技術への関心は生まれていた。中国が石油供給の多くを輸入に依存し、さらにその大半がアメリカからの輸入であったなかで（陳歆文 二〇〇六、二三九－二四五頁）、対日抗戦という方針の下、航空機と自動車を軸とする総力戦の準備が急がれたのであるから、動力源としての石油、したがってまた人造石油に関心が向くのは当然であった。例えば、地質学者である翁文灝は、一九三二年一一月に国民党政権が国防設計委員会を設立すると、その秘書長に就任したが、その前後、中国の地下資源を推計する小論、あるいは国防における液体燃料問題の重要性を指摘する小論を発表していた（翁 一九三二a、翁 一九三二b）。事実、設立された国防設計委員会は陝北油田の探索を試みたが（呉 一九八八、七三－七四頁）、これは調査を主たる業務とする同委員会の数少ない実際の活動のひとつであった。そして翁文灝もまた論文のなかで人造石油に着目していた。ただし彼が注目する技術は低温蒸溜法であって、それはＩＧファルベンが開発した水素添加法あるいは石炭液化法とは異なる低水準の技術であった（翁 一九三二b）。

ＩＧファルベンにとっての問題は、中国に当時の先端技術である人造石油製造技術に対する関心があるのかどうか、そしてあったとしてもこの技術を消化しうる技術的基盤があるのかどうかであった。だが現実には、ＩＧファルベンへの中国からの照会は、日本からは相当に遅れてではあるが、そして当初は照会というにはあまりにおずおずとしたものではあったが、たしかにあったのである。

（1）実業部長陳公博の照会

おそらく、中国からの最初の照会は、国防設計委員会が設立される直前の一九三二年七月、国民政府実業部からのものであった。孔祥熙の後を継いで実業部長に就任して間もない陳公博の意を受け、シュペルリング（Eduard Sperling）なる者が、化学者および学生を石炭液化技術の習得を目的としてドイツに派遣する計画を立て、ＩＧに対して彼らを雇用するよう要請したのである。当時、実業部は実業四カ年計画を策定し、これを実施に移していたから（Kirby 1984, pp. 83-84; 久保 一九九六、九二－九三頁）、その一環として立てられた構想であろう。だが、それはＩＧファルベンから技術を導入するものでもなく、製造設備の購入を図るものでもなかったから、ＩＧが要請に応ずるはずもなかった。ＩＧの一部局はただちに拒否する旨回答していた。ただし、ライセンシング契約の可能性を考慮してのことであろうが、実業部長陳公博との接触に関心があると付言していた（Schubert an Fahrenhorst, 21. Juli 1932; Schubert an Sperling, 22. Juli 1932, BASF UA B4/2028）。事実、ＩＧはその後もシュペルリングとの接触を断っておらず、国際技術プールのエンジニアリング会社ＩＨＥＣＣに対して、シュペルリングを通じて陳公博に接触するよう要請するとともに（Müller und Fahrenhorst an IHECC, 31. August 1932, BASF UA B4/2028）、シュペルリングに対しては再度ＩＨＥＣＣと接触するよう要請していたのである（Müller und Fahrenhorst an Sperling, 31. August 1932, BASF UA B4/2028）。

このような実業部長からの照会があった後の一九三二年一一月、国民党政権は国防設計委員会を設立した。委員長には蔣介石が就任し、秘書長には翁文灝、副秘書長には銭昌照がついた。その後、実業部からの照会に関しては、目立った進捗はなかったようである。後述するように、一九三六年春時点の照会者リストに実業部の名前が挙げられているが、照会の内容は一九三二年七月のものとは異なっている。

(2) 広東政府・ハプロの照会

実業部長陳公博の照会から二年あまりが経った一九三四年一二月、今度はまったく異なった方面からの照会がＩＧファルベンに舞い込んだ。照会の主はドイツの私企業、工業製品販売有限会社（Handelsgesellschaft für industrielle Produkte mbH. HAPRO）、通称ハプロであった。ハプロは中国の地方政権である広東政府の意向を受けており、しかも前述の実業部長からの照会とは異なって、石炭を原料とし、ＩＧの水素添加法を用いて石油を製造する計画が含まれていた。ハプロの社員は、まもなくＩＧの取締役会長に就任することになる人造石油部門の最高責任者クラウホ（Carl Krauch）に会って尽力を要請するとともに、彼に一通の書簡を送り、原料石炭の品質に関する資料をＩＧのルートヴィヒスハーフェン工場人造石油部門の幹部ピール（Matthias Pier）――彼は触媒の専門家でもあった――に送った旨を伝えていた（HAPRO an Krauch, 20. Dezember 1934, BASF UA B4/2028）。照会の内容はもちろんだが、人造石油製造技術のライセンシング事業において枢要な地位にあったクラウホおよびピールとの接触を図り、しかもそれに成功するあたり、このハプロは要点を逃さなかった。

それと同時に、ハプロはＩＧのベルリン支社にも文書を送っていた。そのなかでハプロは、近々社員を中国に派遣する予定であることを理由に、一月一五日までという期限を付して早くも見積りを請求するとともに、支払い方法をも提示しており、しかもそれはＩＧにとって魅力的な一括払い（einmalige Pauschalabfindung）であった（HAPRO an IG Farben, 20. Dezember 1934, BASF UA B4/2028）。

さて、このハプロなる企業は、この年の初め、すなわち一九三四年一月二四日、ベルリンに設立されたばかりであった。同社は中国で活動する政商的人物クライン（Hans Klein）を業務執行者としたが、国防省軍務局国防経済兵器局長（一九三五年一〇月から国防経済幕僚部長）トーマス（Georg Thomas）が役員に名を連ねる半官的な有限会社であった（田嶋信雄 二〇一三、八二頁）。すなわち、ハプロは私企業という外見を持った国防省のダミー企業に他ならなかった。ハプロがＩＧファルベンの人造石油部門の最高責任者クラウホに接触しえたのも、当然であると見なければならない。

次に、このハプロの背後にあった広東政府とは、陳済棠の率いる地方政権（広東派）を指しており、それは李宗仁らの率いる広西派などとともにいわゆる西南派を形成し、南京の国民政府と敵対していた。その広東政府は、ハプロが設立される以前の一九三三年七月、クラインとのあいだで広東省に一大軍需工業を建設することで合意していた。それは大砲工場、砲弾・信管・薬莢工場、毒ガス工場、防毒マスク工場などを内容とし、契約総額は約五五〇万香港ドルであった。さらに、ハプロ設立後の一九三四年七月から九月にかけて、第二次契約が結ばれた。それは鉄道および港湾の建設、防毒マスク工場の建設を内容とするものであり、後者は契約額二九万香港ドルであった。このとき広東政府側はハプロに対して、二億ライヒスマルクの信用供与を要請していた。これが広東プロジェクトと呼ばれるものである（田嶋信雄 二〇一三、五五 - 五六、一〇三 - 一〇四頁）。

広東プロジェクトのこの段階では、人造石油は登場していない。だが、広東政府は元来空軍建設に積極的であったため（田嶋信雄 二〇一三、二九頁）、ハプロがその意向を受けてＩＧファルベンに人造石油製造設備について具体的な内容を持つ照会をおこなったものであろう。ただし、その経緯は不明である。需要予測とその背後にあるべき空軍および戦車部隊などの建設計画についても同様である。とはいえ、ハプロ経由の照会で早々に見積りを請求し、しかも一括払いを提案していることから、広東政府がハプロからのクレディットを前提にしていたことは明らかであろう。

さて、一九三四年一二月、ハプロを通じての広東政府からの照会を受け取ったＩＧは、ハプロという存在、広東政府という存在、そして両者のあいだの契約の存在を、おそらく漠然とではあれ、認識したであろう。ＩＧはただちに、ライセンシングの実務を担当するＩＨＥＣＣに接触するよう要請する旨の回答をおこなった。さらにＩＧはＩＨＥＣＣに対して、ドイツのある政府機関（Regierungsstelle）の仲介により中国のある委員会（Kommission）から照会があったこと、それに対してＩＧはその委員会宛てにＩＨＥＣＣと接触するよう回答したこと、これに対して同委員会はＩＧの仲介を要請したことを伝えるとともに、ハプロからの書簡の写しを送付した（Holzach und Müller an IHECC, 21. Dezember 1934, BASF UA B4/2028）。このようなＩＧの対応には、多かれ少なかれ、いままでにはない積極性を見ることができる。

ＩＧからの連絡を受けたＩＨＥＣＣは、ハプロに対して、特許を保有するリヒテンシュタインの親会社ＩＨＰと接触するよう要請した。ただし、ＩＨＥＣＣは事業者と直接に交渉することを原則としているゆえに、もし「中国の貴社の友人」が真剣であるのならば直接に接触したいとも付言していた（IHECC an HAPRO, 29. Dezember 1934, BASF UA B4/2028）。ＩＨＥＣＣもＩＧと同様に、ある程度の積極性を示したのである。

一九三五年一月四日、ＩＧのクラウホはハプロのクラーナイ（Wilhelm Kraney）に文書を送り、そのなかで、年産五万トンないし一〇万トン規模での石炭を原料とする水素添加設備のための見積りを作成するよう、自らの部下のシェーン（Schön）に命じたことを伝えていた。クラウホはあわせて、シェーンは中国でのさまざまなプロジェクトで働いた経験のある技術者であって、原料をはじめとする中国の事情を熟知しているとも記していた（Krauch an Kraney, 4. Januar 1935, BASF UA B4/2028）。

クラウホの指示を受けたシェーンは、見積り作成の準備に取りかかり（Schön, Aktennotiz, 5. Januar 1935, BASF UA B4/2028）、一月五日にはクラーナイと会談していた（Müller, Lizenzanfrage HAPRO, 15. Januar 1935, BASF UA B4/2028）。この会談の席上、クラーナイは、この案件はある建設計画の一部であるとした上で――広東プロジェクトを指している――、その支払いはドイツからの借款によること、さらに建設計画の成否は、水素添加設備のための費用が計画の他の部分の予算を制約するか否かにかかっていることを告げた。これを聞いたシェーンは、この案件は是が非でもＩＧが獲得せねばならぬと決意していた（Schön an Eymann, 6. Januar 1935, BASF UA B4/2028）。シェーンはクラーナイからの情報を、クラウホの他、ルートヴィヒスハーフェン工場のピールにも伝えたうえで、クラーナイが中国側の「面子」（Prestige）を考慮して、この案件はＩＧが直接担当し、ハプロは脇役に回りたいとしているとも記していた（Schön an Pier, [6. Januar 1935.] BASF UA B4/2028）。

クラウホに命じられ、クラーナイに煽られたシェーンは、プロジェクトおよび見積りの要点を示す書類を作成した（Schön, Projektierungsunterlagen, 11. Januar 1935, BASF UA B4/2028）。この書類は、シェーンがルートヴィヒスハーフェン工場でピールたちと協議のうえで作成したものと推測できる。これまでのＩＧの対応では、とくに対日関係では考えられないほどの迅速さである。ただし、その書類はあくまでもプロジェクトおよび見積りの要点を示すものであって、価格はいっさい記されておらず、見積書（Angebot）そのものではなかった。

こうした準備を踏まえ、一月一五日、ＩＧはＩＨＥＣＣとの協議に臨んだ。ＩＧ側は石炭水素添加技術のライセンシングに関して粗い見積りが欲しいとのハプロの要望をＩＨＥＣＣに伝え、さらに、ハプロがさしあたり委託者の名前を挙げない意向であるにもかかわらず、ＩＧとしてはこの要望に応えたいとも述べた。ＩＧが大規模なプロジェクトの存在とドイツからの信用供与の可能性などをＩＨＥＣＣに対して明らかにしなかったことは、政治・外交的な配慮が働いたとも考えられるが、ＩＧ側にこの案件を自らの手でおこないたいとの意思が働いていたことの現れでもあろう。いずれにせよ、ＩＨＥＣＣの代表者はハプロに見積り関係の文書を渡すことを、ＩＧが直接渡すのではなく、ＩＨＥＣＣを通じて渡すことを条件に了承した。この時点でＩＧはＩＨＥＣＣに先のシェーン・クラーナイ会談の議事録およびシェーンの手になる見積り関係の文書を渡した。ＩＨＥＣＣは見積り関係の文書をハプロに渡すことになった（Müller, Lizenzanfrage HAPRO, 15. Januar 1935, BASF UA B4/2028）。

このように、広東政府がハプロを通じて照会したこの案件について、一九三四年一二月から翌一九三五年一月にかけて、ＩＧとＩＨＥＣＣとは競うように積極的に対応した、その結果、ＩＧ側が作成した見積り関係の文書——見積書そのものではない——がＩＨＥＣＣに渡された。この書類がハプロの手に渡ったのであろう（Schön an Eymann, 6. Januar 1935, BASF UA B4/2028）。だが、その後の経緯は史料的には不明である。

先述したように、一九三四年七月から九月にかけての段階では、広東プロジェクトに石炭水素添加ないし石炭液化の計画は登場していなかった。しかし、一九三四年一二月から翌年一月にかけての、ハプロを経由した広東政府とＩＧおよびＩＨＥＣＣとの接触の後、一九三五年一月三一日、クラインがドイツ外務省に提出した「交渉経過報告書」では、一連の建設計画リストのなかに石炭液化設備が挙げられている（田嶋信雄 二〇一三、一一九頁）。さらに、一九三五年五月には、ドイツ空軍総司令官ゲーリング（Hermann Göring）およびドイツ航空省が広東プロジェクトに関心を示した。南京では、広東プロジェクトに関連して、広東にドイツ空軍顧問が派遣され、飛行場の建設にあたるとの情報や、ドイツから航空機が輸出されるとの情報が流れたという（田嶋信雄 二〇一三、一三九－一四〇頁）。

（3）その他の照会

人造石油製造技術に関する中国側からＩＧへの照会には、前記の二件――国民政府実業部長陳公博・シュペルリングからのものおよび広東政府・ハプロからのもの――のほか、フーゴ・ダウ社（Hugo Dau & Co.）からのものがあったが、それはＩＧ法に関する古い情報に依拠したものであった。いずれにせよ、ＩＧはこの照会をＩＨＥＣＣへ回した（Hugo Dau & Co. an Direktion der IG, 20. März 1934; 29. März 1934, BASF UA B4/2028）。

広東政府とハプロとの第二次契約が結ばれた頃、一九三四年八月二三日、南京国民政府財政部長孔祥熙は、ハプロのクラインとの間で同種の契約に調印していた。このいわゆる南京プロジェクトは鉄道、製鉄所、港湾設備、爆薬工場、ガスマスク工場の建設を主な内容とする仮契約であって、ここでもクラインは一億ライヒスマルクの信用供与の実現に努めることを約束していた（田嶋信雄 二〇一三、九七頁）。ただし、この仮契約に人造石油は盛られておらず、したがってまた、ハプロを経由した南京政府のＩＧに対する人造石油関連の照会はなかった。その理由は明らかではないが、国民政府内部ではかつての実業部の照会がなお生きていると認識されていたということであろうか。あるいは、クラインとハプロの関心が南京プロジェクトよりも広東プロジェクトに傾斜していたことの反映なのであろうか。なお解明を要する問題である。

二　照会への積極的対応——一九三五年初頭‐一九三六年九月

1　対日・対中ライセンシング戦略の再検討

一九三〇年代半ば以降、世界的な景気回復傾向、政治・軍事的緊張の増大とそれにともなう総力戦準備の進展が見られ、さらに石油の世界市場価格の上昇などの要因が加わって、人造石油の生産が経営的に成り立つとの展望、したがってまたＩＧにとっては製造技術のライセンシング（製造設備の輸出を含む）への展望が開かれようとしていた。このような背景の下、ＩＧのライセンシングへの意欲を喚起する事態が生じた。

そのひとつは、人造石油技術の供給側における変化であった。新たな技術が登場し、競争状況が生まれたのである。石炭液化法と並んで当時有力視されていた人造石油製造技術として、フィッシャー＝トロプシュ法（Fischer-Tropsch-Verfahren. 以下しばしばフィッシャー法と略記する）があった。同法はＩＧの水素添加法とは異なって合成法の一種であったが、同じ人造石油という製品を生み出すかぎりでは、ＩＧにとっての脅威となった。このようにフィッシャー法技術を競争相手として脅威とみなす認識は、日本での売込み活動の第一線に立つアーレンス社（H. Ahrens & Co. Nachf.）がとくに強く持っていた（Hermann Bosch an Fahrenhorst, 18. September 1935, BASF UA B4/2058）。このような懸念は、一九三六年二月、三井鉱山がフィッシャー法を導入したというニュースが伝わったとき、現実のものとなる。

フィッシャー＝トロプシュ法のライセンシングの主要な主体はクルップ（Fried. Krupp AG）であった。したがってＩＧはクルップを主な競争相手とみなした。ただし、他方でＩＧには、ライセンシングの機会が増えるかぎりではクルップとの協調を考慮する発想もあった。(7)

ところで、ＩＨＥＣＣの方針にも変化があった。この時点でのＩＨＥＣＣの方針は史料的には確認しえないが、ＩＧ側がＩＨＥＣＣのこれまでの対応に批判的であったことを示唆する文言が、ＩＧ側の文書に散見される（BASF UA B4/2549）。ただし、ＩＨＥＣＣがアーレンス社との関係を緊密化することを望んでいたことを裏づける文書も残されており、ＩＨＥＣＣのライセンシングへの態度に変化が現れたと見ることができる（Fahrenhorst an Bosch, 9. Juli 1935; Winkler und Müller an Bosch, 11. Juli 1935, BASF UA B4/2058）。

ＩＧはライセンシングを積極化するためには、いずれにせよＩＨＥＣＣを説得せねばならなかったが、ＩＨＥＣＣのこのような態度の変化は、ＩＧにとって好ましいものであった。ＩＧは説得に際して、フィッシャー法およびクルップとの競争という新たな現状、そしてクルップとの協調の可能性に言及したと思われる(8)。

ＩＧがライセンシング戦略を再検討することになったいまひとつの契機は、とくに日本における窒素（アンモニア合成）分野でのハーバー＝ボッシュ法（Haber-Bosch-Verfahren）のライセンシングが成功したという事実である（工藤 一九九二b、第五、六章）。アンモニア合成技術であるハーバー＝ボッシュ法技術は、人造石油製造技術と同様に、高温高圧下での反応の制御という技術体系を持っていることもあり、東アジアでは同じ技術スタッフが売込みを担当していた。ＩＧの側に、ハーバー＝ボッシュ法のライセンシングに成功したのであれば、人造石油技術でも成功するのではないかとの期待が高まったとしても不思議ではない。

これらの技術的要因とは別に、ＩＧの東アジアへの関心の高まりのいまひとつの契機となったのは、ベルリンで渉外、とくに対政府・ナチ党交渉を担当する幹部イルクナー（Max Ilgner）の介入である。彼は一九三四年九月から三五年六月までの九カ月間、東アジア全域を視察し、その結果を浩瀚な報告書にまとめた。そのなかでイルクナーは成長地域としての東アジアに注目した。しかも彼は、日本、中国などの個々の国に注目するのではなく、東アジア全域に目を向け、この地域で利益機会を得られるか否かが問題だとした（Ilgner 1936, Vorwort zu dem Gesamtbericht, S. III; I. S. III）。

イルクナーは報告書の取りまとめと並行して、東アジア旅行で得た知見を基礎に、いまこそ東アジアへ積極的に打って出るべきであると社の幹部に対して説いて回った（Weber-Andreae an Direktions-Abteilung, 2. Mai 1936, BAL 82/10 Ostasienausschuß der I.G. 1936-1943）。とくに、人造石油（および窒素）部門の最高責任者クラウホに対しては、帰国後早々に働きかけていた（Ilgner an Krauch, 3. Oktober 1935, BASF UA B4/2058）。その際、イルクナーは東アジア諸国への人造石油技術のライセンシングを念頭に置き、対ＩＨＥＣＣ関係を強く意識していた（Ilgner an Krauch, 3. Oktober 1935, BASF UA B4/2058. 前記の文書とは別のものである）。これを受けてクラウホはあらためて積極的な姿勢を示すことになる（Krauch an Ilgner, 8. Oktober 1935, BASF UA B4/2058）。

イルクナーはまた、フランクフルト本社のヴェテラン幹部ヴァイベル（Hermann Waibel）に対しても、頻繁にさまざまな意見を表明した（Ilgner an Mitglieder des Ostasien-Ausschusses, 27. März 1936; Ilgner an Waibel, 30. März 1936, BAL 330/474. Vol. 2）。ヴァイベルはＩＧ設立以前から東アジア委員会（Ostasien-Commission あるいは Ostasien-Kommission）を主宰し、長きにわたって東アジア事業の責任者の地位にあった。イルクナーの働きかけの結果、東アジア事業の組織が再編された。ベルリンに新たに東アジア委員会（Ostasien-Ausschuß）が設立され、その下に担当者会議（Vertreter-Konferenz）が置かれた。さらに中国については、上海に担当組織（China-Sitzung）が置かれた（BAL 330/536）。このようなイルクナーの介入は、彼とヴァイベルとのあいだの権限争いという様相を呈したが、それでも、新設された東アジア委員会はヴァイベルが主宰することになり、東アジア事業がヴァイベルの管轄下に置かれる組織構造に変化はなかった。

2　中国からの照会への積極的対応

一九三〇年代半ばの時点で、日本からの照会は引き続き多数にのぼり、接触、訪問受入れなどが相次いだ。日本側からの照会はこれまでと同様、満鉄、海軍、三井物産、三菱商事、商工省などからのものが中心であったが、新規の照会も目立った。活発な照会の背景には、燃料政策実施要綱の決定、人造石油製造事業法および帝国燃料興業株式会社法の公布などにより、政府の人造石油分野への関心がさらに高まるという事情があった。そのなかで、一九三六年二月、三井鉱山がクルップ傘下のルール化学（Ruhrchemie AG）からフィッシャー法を導入した（工藤 一九九二b、二四六－二四八頁）。

このような状況は、IGファルベンの日本への関心をさらに高めるものであった。とくに、三井鉱山がフィッシャー法を導入したとの報道は、前述のように、フィッシャー法がIGの水素添加法にとっての有力な競争相手であっただけに、否が応でもIGの競争心を煽るものであった。だが他面では、日本経済が国際収支難に直面するなか、IGに接触する政府機関や企業はいずれも資金的な制約を被っていた。

これに対して、中国においては新たな状況が生まれつつあった。中国では一九三五年一一月、幣制改革が実施されたが、その前後から急速に景気が回復した（久保 一九九九、二〇七－二一九頁）。政治・軍事的には対日関係が小康状態を保つなか、国民党政府は総力戦準備を進捗させるべく、一九三五年四月、国防設計委員会を拡充・改組して新たに国家資源委員会（National Resources Commission. Nareco）を設立し、これを軍事委員会に直属させた。委員長には蔣介石が就任し、秘書長翁文灝、副秘書長銭昌照という布陣は、これまでの国防設計委員会のそれを引き継いでいた（薛 二〇〇五、一三三－一三四頁、田嶋信雄 二〇一三、一五〇頁）(9)。

(1)　南京国民政府・ドイツ外務省の照会

一九三五年七月初旬、四月に国家資源委員会が発足してから三カ月の後、「中国中央政府」（Chinesische Zentralregierung）の照会がドイツ外務省を経由してIGに届けられた。「中国中央政府」とは南京国民政府を意味するものとして間違いなく、その照会が国民政府工業顧問ザールフェルト（Salfeld）なる人物の手から重慶のドイツ領事館を経て、ベルリンの外務省にもたらされたものであった。その内容は、政府から派遣される者に石炭水素添加設備を見学する機会を与えることはできないかというものであった（Krauch an Thomas, 8. Juli 1935, BASF UA B4/2028）。設備、技術を購入するという計画はなく、この点では以前の実業部の照会（第一節２（１））の延長線上にある発想であった。ＩＧはこの照会をＩＨＥＣＣに伝えるとともに、近い将来に中国で人造石油設備の建設が真剣に検討されるとは考えられないとしながらも、設備の見学をただちに断る理由もないとしてＩＨＥＣＣの判断を求めた（Müller-Curradi und Müller an IHECC, 5. Juli 1935, BASF UA B4/2028）。

この照会がＩＧに届けられた時期は、一九三五年六月、翁文灝が蔣介石の命を受けて四川省成都に飛び、そこでクラインと前年一九三四年八月に結ばれた仮契約の履行に関して集中的に交渉していた時期に当たっている。この交渉は双方の主張の対立をはらみながらも断続的に続けられ、一二月末になってようやく妥結したのだが（呉 一九八八、七八－八二頁、薛 二〇〇五、一五二－一五三頁）、その間、クラインに対する翁文灝の不信が募り、翁文灝はいっさいの案件をハプロを介さず、直接ドイツ側と交渉すべきであると提言していた（田嶋信雄 二〇一三、一六二－一六三頁）。こうした事実を念頭に置けば、なぜ重慶のドイツ領事館を経由するという異例のルートが選ばれたのかも多少は合点がいく。

ＩＧはＩＨＥＣＣに問い合わせる一方で、国防軍とも接触していた。すなわち、クラウホは――彼はまだハプロと南京プロジェクトについてはよく知らなかったであろう――トーマスに、この案件について国防経済幕僚部は承知しているかどうか、そしてトーマス自身はこれに同意しうるかどうかを打診していた（Krauch an Thomas, 8. Juli 1935, BASF UA B4/2028）。トーマスの回答は、なんら懸念していないというものであった（Reichskriegsminister und Oberbefehlshaber der Wehrmacht an Krauch, 12. Juli 1935, BASF UA B4/2028）。南京国民政府とハプロとの間の契約、ハプロと国防軍の関係、そしてそこにおけるトーマスの役割と彼のハプロへの直接的関与を考えれば、このトーマスの回答は当然である。

この案件がその後どう扱われたかは史料的に確認することができないが、ともかく、国民政府と資源委員会は、ドイツのハプロを外してＩＧと直接に交渉する途を歩み始める。

（2）中国担当者会議（China-Vertreter-Konferenz）のリスト

その後も中国からは照会が相次いだ。東アジア委員会の下部組織である中国担当者会議が一九三六年二月一二日に開催した会合では、三つの照会が検討の対象とされた。それは、ブルーメ（Gustav Blume）からのもの、実業部からのもの、および広東政府からのものであった。

第一の案件は、ＩＧの黒色火薬の専門家であり、当時南京政府の経済顧問として政府傘下の研究所に在籍していたブルーメからの照会であった（Martin 1981, Anhang, S. 460; Kirby 1984, p. 219; 馬・戚 一九九七、二四〇頁）。一九三五年一一月、新実業部長呉鼎昌が製鋼所の建設に関心を示したことを受け、ブルーメがそれに合わせて石炭液化設備の建設を構想し、そこからＩＧに接触を図ったのである。これは前述の実業部のプロジェクト（第一節２（１））の延長線上に位置づけられよう。

第二の案件もやはり実業部関連のものであった。石炭液化に関心を有していた実業部は、それに属する地質調査所に対して構想の具体化を指示した。地質調査所の所長は資源委員会秘書長翁文灝である。この組織は華北における政治的緊張を理由として北京から南京に移転していたが、アメリカから小規模の高圧設備を購入し、これを用いて石炭液化の実験をおこなう予定であった。他方、実業部長はＩＧの中国駐在の社員に対して、石炭水素添加設備に関する資料の提供を要望した。彼の関心はとくに、石油に対する人造石油の価格関係にあった。

第三の案件は広東政府からの照会であり、駐華大使トラウトマン（Oskar Trautmann）――一九三五年九月に公使館が大使館に昇格した際、駐華公使から初代駐華大使に昇格していた――を経由して持ち込まれたものである。トラウトマンは広東政府を率いる陳済棠と会見した際、彼から石炭水素添加設備の建設計画を聞き、これを外務省に伝えるとともに、ＩＧファルベンに伝達するよう要請していた（Anlage zu Schreiben an Krauch, 31. März 1936, BASF UA B4/2028）。この建設計画とは、前述の広東政府のプロジェクトのことであろう（第一節２（２））。陳済棠はＩＧが作成してＩＨＥＣＣに渡された見積り関係書類をハプロ経由で受け取ったものの、その後進展がなく、しびれを切らしてトラウトマンに側面援助を依頼したものと推測される。ただ、その後一九三六年六月、両広事変が勃発し、九月には広東政府が広西派とともに南京国民政府に帰順することとなった結果、広東プロジェクトは当然南京政府の傘下に収められることになった。

これら三件への対処方針について、中国担当者会議の上部組織である東アジア委員会は、人造石油部門の最高責任者であるクラウホに対して打診した（Ostasien-Ausschuß an Krauch, 31. März 1936, BASF UA B4/2028）。これに対するクラウホの回答は、ブルーメの照会はすでにＩＧの在中国代理店であるドイツ窒素販売会社（Deutsche Stickstoff-Handelsgesellschaft Krauch & Co. DSHG）を通じて届けられているが、この件はＩＨＥＣＣに伝達したい旨回答したところ、ブルーメはそれに同意しなかったので、この件はこれ以上進められないというものであった。クラウホはいまひとつの実業部の案件および広東政府の案件についても、ＩＨＥＣＣに伝える方針であった（Fahrenhorst u. a. an Ostasien-Ausschuß, 3. April 1936, BASF UA B4/2028）。クラウホのこのような対応は、広東政府からの照会に対する以前の対応（第一節２（２））と比べて、また東アジアへの事業展開を主張するイルクナーへの積極的対応を念頭においても、冷淡である。その理由は史料的に確認できないが、中国におけるドイツ窒素販売会社とドイツ染料販売会社（Deutsche Farben-Handelsgesellschaft Waibel & Co. Defa）の並存――前者が窒素・人造石油部門を担当し、後者は染料部門を担当するという分業関係にあった――につきまとう社内競争を念頭に、クラウホがイルクナーとヴァイベルとの権限争いでイルクナーに与した結果であったのかもしれない。

（３）独中信用供与条約の締結と人造石油

この間、一九三五年四月の国家資源委員会の設立に続く重要な出来事があった。すなわち、一九三六年四月八日、ベルリンにおいて、ドイツ経済相シャハト（Hjalmar Schacht）と中国代表団団長顧振とのあいだで独中信用供与条約（徳華信用借款合同）が調印されたのである。この条約は、一九三四年八月二三日に南京国民政府とハプロとのあいだで締結された仮契約（第一節２（３））を「政府間契約」（Staatsvertrag）に格上げするものであった。その核心は、ドイツ側が中国側に一億ライヒスマルクの信用を供与し、中国側はこれをもって武器、軍需関連の重化学工業設備などのドイツ製工業製品および技術を購入し、後に原料資源の輸出をもって返済に充てるという点にあった（中国第二歴史档案館 一九九四、三二九－三三〇頁、薛 二〇〇五、一五〇－一六一頁、田嶋信雄 二〇一三、一九〇－一九一頁）。信用供与の条件は、年利五％、無担保、繰り返しの利用可能、また随時延長可能という寛大なものであった（薛 二〇一〇、三一〇頁）。

この顧振代表団の団員として名が挙げられているのは、凌憲揚、呉蘊初、金開英、王守競であり（銭 一九九八、四五－四六頁、陳正卿 一九九八、七八頁）、いずれも資源委員会の委員である（陳正卿 一九九八、七八頁）。凌憲揚はハプロに対応する中央信託局の副総理である（田嶋信雄 二〇一三、一七一－一七二頁）。呉蘊初は天厨味精廠、天原電化廠、天利淡気製品股份有限公司などの化学企業集団を率いる企業家であり、国防設計委員会、国家資源委員会の委員を歴任していた（陳正卿 一九九八、七二－七四、七七頁）。彼の関心は人造石油にあった（陳正卿 一九九八、七七頁）。金開英は翁文灝が所長を務める地質調査所の「燃料研究室」主任であった（呉 一九八八、八三頁）。

顧振代表団はドイツ側に厚遇され、企業・工場視察も充実していた。視察リストには、鉄鋼・機械企業の諸工場と並んで、IGのルートヴィヒスハーフェンおよびロイナの両工場が含まれていた（田嶋信雄 二〇一三、一七四－一七五頁）。条約締結に先だって、翁文灝――一九三五年一二月からは資源委員会秘書長に加えて行政院秘書長を兼務していた――は顧振に対し、各種の武器および重工業設備をドイツに発注するよう指示していた（田嶋信雄 二〇一三、一九五－一九六頁）。ここには、ハプロを介在させたくないとの翁文灝の意思が現れている。ちなみに、発注すべきプラントのなかにアンモニア合成設備は挙げられているが、人造石油製造設備は挙げられていない。また買い付けるべき武器のなかに、各種戦車は挙げられているが、航空機は挙げられていない。

中国側では、資源委員会がこの条約の締結を機に、これまでの重工業建設五カ年計画を改定して中国工業発展三カ年計画を策定した（銭 一九九八、四七頁、呉 一九八八、八二頁）[10]。資源委員会は一九三六年六月、この新たな三カ年計画を上部組織の軍事委員会を通じて政府に提出し、その了承を得た（薛 二〇〇五、一四四－一四六頁、田嶋信雄 二〇一三、一九六－一九七頁）。先行する重工業建設五カ年計画では、その項目のひとつとして人造石油は挙げられていなかった（薛二〇〇五、一四四頁）。ところが、新たな三カ年計画ではそれが挙げられていた。すなわち、江西省における人造石油工場（煤煉油廠）の建設がそれである。

独中条約の締結とそれによるドイツからの信用供与を踏まえ、人造石油製造事業には一〇〇〇万ライヒスマルクが投じられることになった（陳正卿 一九九八、七八頁）。この額はドイツの供与する信用総額の一〇％に当たっており、人造石油がいかに重視されていたかが明らかである。

人造石油への需要の太宗をなすものは、航空機と自動車であった。国民政府の空軍は一九二八年一〇月に発足していたが、一九三三年七月には「空軍建設三年計画」が策定されるなど、拡充が目指されていた。この動きを主導したのは蔣介石である（笠原 二〇〇五、二五〇、二五七－二五八頁、萩原 二〇〇六、四七、四八頁）。この頃、一九三六年六月の両広事変の結果、広東政府の空軍および機械部隊が国民政府の手中に入った。蔣介石はさらに、事変後も比較的自立的であった広西派の空軍にも触手を伸ばした（高 二〇一〇、一七、九三－九五、一二三、一二八－一三〇頁）。彼は八月二三日に広州空軍司令部において「いかにして統一空軍を建設するか（如何建全空軍）」なる訓話をおこなっていた（高 二〇一〇、一六三－一七六頁）。

ただ、資源委員会副秘書長である銭昌照の回想では、導入すべき技術として考えられていたのは低温蒸溜法（煤煉油）のみであった（銭 一九九八、四五－四六頁）。資源委員会の一九三五年度業務報告においても、すでに終了した作業のひとつとしてルルギ（羅基）式低温蒸溜炉の試験が挙げられ、現在進行中の作業のひとつとして低温蒸溜工場の建設が挙げられている（高 二〇一〇、三八、四〇頁）。さらに、一九三六年、資源委員会は「液体燃料自給方案」を策定していたものの、その内容は、二年以内に各地にアルコール製造工場を建設し、年産四〇〇万ガロンのアルコールを製造し、それをガソリンと混ぜて航空燃料とするというものであった（鄭・程・張 一九九一、九九頁）。このような人造石油製造計画と並んで、油田の開発・再開発も注目されており、陝西省延長・延川、四川省達県・巴県の油田を開発して年産二五〇〇万ガロンを供給し、国内需要の半ばを供給する計画が立てられた（鄭ほか 一九九一、九八－一〇六頁、薛 二〇〇五、二五九－二七三頁、田嶋信雄 二〇一三、一九七頁）。

（4）翁文灝への接触

さて、独中条約の調印は極秘扱いとされたが、しだいに知られるようになった。IGファルベンの東アジア委員会も、新聞報道、中国で活動するドイツ商社からの情報、そして自社の日本担当の技術者ルール（Otto Ruhl）からの情報を通じて、条約およびハプロなる組織について知るようになった。ただそれでも、ハプロが完全に国防省の傘下に入ったという事実は、明確に認識していなかった（Sekretariat-Abteilung II, Geheimvertrag, 11. August 1936, BAL 330/474, Vol. 1）。またドイツ側から供与される信用の額を当初一億ドルと誤認しており（Ruhl, Bemerkungen, 20. August 1936, BAL 330/474, Vol. 1）、一億ライヒスマルクであったという情報を得るのは一〇月になってからのことであった（Sekretariat-Abteilung II, Staatsvertrag, 21. Oktober 1936, BAL 330/474, Vol. 1）。

この新たな事態に対応すべく、IGは日本で窒素および人造石油技術の売込みに従事していた博士号を持つ技術者であるルールを中国に派遣した。南京に到着したルールは、一九三六年八月三日、IGの現地組織であるドイツ窒素販売会社の上海駐在員シュテルンベルク（H. S. Sternberg）とともに、早速資源委員会秘書長兼行政院秘書長の翁文灝を訪ねていた。彼らを迎えた翁文灝は、彼らに対し、自らが所長を務める地質調査所の「燃料試験室」の視察を勧めている（翁 二〇一〇、六六－六七頁）。それから三カ月後の一一月四日、今度はシュテルンベルクが一人で翁文灝を訪ねていた。このとき話題に上ったのは広東政府の硫安製造計画のみであったようである（翁 二〇一〇、八七頁）。だが、一九三七年二月三日、やはりシュテルンベルクが一人で訪ねたとき、彼は人造石油工場の建設計画を持ち出し、技術的な問題についての交渉を提案していた（翁 二〇一〇、一一三－一一四頁）。さらに同月一二日にも、シュテルンベルクは翁を訪ねて人造石油の件を話していた（翁 二〇一〇、一一六頁）。このように、IGファルベンはハプロを介さず直接に資源委員会に接触し始めていた。

3　ライセンシング戦略をめぐるＩＨＥＣＣとの調整

（1）対日関係でのＩＨＥＣＣとの調整

一九三六年一〇月、ナチス・ドイツで化学代替品を中心とする軍需物資の生産拡大を目的とする第二次四カ年計画が発足すると、ＩＧファルベンはそれに深く関与するとともに、計画の遂行によって恩恵を受けることにもなった（工藤一九九九、二三五－二四一頁）。

戦争準備のための四カ年計画の下で、人造石油製造設備は当然何よりもまず内需に振り向けられ、次に輸出されるとしても、ドイツの政治的・軍事的圧力の及ぶヨーロッパの近隣諸国に向けられることになった。そこでは、直接投資の可能性さえあった。言い換えれば、東アジア向けのライセンシング（製造設備の輸出を含む）は、そのかぎりで制約を受けることになった。それでもドイツ政府はライセンシングに外貨獲得手段としての意義を認めた。ただし、支払条件については自由外貨――つまりドルかポンド――での支払いを求め、また信用供与には否定的であった。

ＩＧファルベンとしても、遠隔の東アジアへのライセンシングに腐心せずとも、国内市場での利益獲得の機会が拡がった。ただ、経営危機に際して政府から受けた政策的助成の代償として、ＩＧは技術的改良および石油価格上昇による成果を政府に吸収されてしまうことになっていた。そのため、対外ライセンシングの魅力は抗い難かった（工藤一九九九、二二八－二三四頁）。しかも、中国に対してはすでにドイツからの一億ライヒスマルクの信用供与が約束されており、その魅力はさらに高まっていた。

前述したように（第二節1）、ＩＧファルベンが日本および中国への人造石油技術のライセンシングに積極化するに至ったひとつの契機は、フィッシャー法とそれの売込みを図るクルップが競争者として有力となったことである。とくに、一九三六年二月、三井鉱山が同法を導入したことにより、また同法がＩＧ法に比して廉価であったこともあり（IHECC, Notiz, 12. Oktober 1936, BASF UA B4/2058）、ＩＧはフィッシャー法の存在をさまざまな形で意識せざるをえなかった。一九三七年一月一九日、フランクフルトのＩＧ本社において、東アジアにおける水素添加技術のライセンシングに関するＩＧとＩＨＥＣＣとの会合がもたれたが、その際もフィッシャー法、とくに三井鉱山による同法の導入が重要な議題として取り上げられた（Duden, Ergebnis der Besprechung über Hydrierung Ostasien, 26. Januar 1937, BASF UA B4/2058）。

さらに、フィッシャー法の売込みに、これまでのクルップに加えて、商社オットー・ヴォルフ（Otto Wolff oHG）および鉄鋼機械企業グーテホフヌング製鉄（Gutehoffnungshütte AG）が加わった（Note to Hieuwenhuis, February 5, 1937; Note to Pier, February 1937, BASF UA B4/2028）[11]。そのため同法からの競争圧力はさらに高まった。オットー・ヴォルフはケルンに本拠を置くドイツ最大の鉄鋼・機械商社であり、しかも東アジア、とくに中国での活動が顕著であった。同社は世界恐慌期に破綻し、経済省の介入ないし救済を受けてようやく立ち直った。同社はその後も民間企業の外見をとり続けたが、一九三四年一月以降、実態は経済省の傘下にある国営企業であった（Danylow und Soénius 2005, S. 165-173）[12]。しかもその実権は、一九三六年秋以降、経済省から四カ年計画庁に移っていた（Danylow und Soénius 2005, S. 128-142, 173-180, 187-189）。したがって、ＩＧとオットー・ヴォルフはいずれもゲーリングとの関係が深い企業ということになる。これにより、両者間に協調への誘因が加えられることになった。

すでに触れた一九三七年一月のフランクフルトにおけるＩＧとＩＨＥＣＣの会合では、中国からの照会が日本からのそれと一括して扱われた。会合に関する文書で、中国に関する記述は分量的には少ないものの、日本に関する記述と並列されていた（Duden, Ergebnis der Besprechung über Hydrierung Ostasien, 26. Januar 1937, BASF UA B4/2058）。こうしたことは初めてではなかったにせよ、ＩＧとＩＨＥＣＣの方針の確立が、同時に、日本と中国の双方を等しく売込みの対象とするとの意思決定でもあったことを示唆している。

このように、ＩＧファルベンによる対東アジアライセンシング方針の確立は、日本と中国とを等しく念頭に置いてなされた。その背景には、フィッシャー法との競争の激化、イルクナーのイニシアティヴと東アジア委員会の設置による東アジア重視、四カ年計画への関与という要因があったが、さらに中国における資源委員会の設立と独中信用供与条約の締結、三カ年計画の発足という中国における動きが重要な要因となっていた。一九三六年一一月二五日、日独防共協定が調印され、一二月一二日、西安事件が勃発したが、ＩＧの東アジア重視の方針には影響しなかった。西安事件後の一九三七年一月、ＩＧの東アジア事業の最高責任者であるヴァイベルは、長年にわたる東アジア事業統轄の経験を踏まえ、中国の政治状勢が辛亥革命以来最も安定しているとの認識を示していた（Duden, Ergebnis der Besprechung über Hydrierung Ostasien, 26. Januar 1937, BASF UA B4/2058）。

（2）中国からの照会

一九三七年一月のフランクフルトにおけるＩＧとＩＨＥＣＣとの会合から一カ月の後、ＩＧは人造石油製造技術のライセンシングに関して初めて自ら見積書を作成していた（IG an Yokohama, Telegramm, 20. Februar 1937, BASF UA B4/2058）。ただしそれは、日本の照会者に提示することを予定したものであった。一九三七年三月の会議で、ＩＨＥＣＣはこの見積書作成の動きに同意した（Jaberg, Besprechung, 17. März 1937, BASF UA M1104/69; Nieuwenhuis an Pier, 13. April 1937, BASF UA B4/2058; Jacobson an Knieriem, 8. Juli 1937, BASF UA B4/2058）。

「満洲国」および占領下の華北を含む日本からの照会は、相変わらず多数に上った。だが、それらは引き続きなお照会にとどまっていた。一九三七年八月以降のある時点で、ＩＧおよびその在日組織アーレンス、さらにＩＨＥＣＣ、スタンダード石油、ロイヤル・ダッチ・シェル、ＩＣＩが人造石油製造技術をめぐって接触したのは、商工省、海軍、陸軍参謀本部、三菱商事ベルリン支店、日本産業、日本鉱業、日本石油、興中公司、日本電力（朝鮮）、帝国燃料興業、満鉄、満洲石炭液化などの多数にのぼっていた（Aufstellung. Projekte aus dem Arbeitsgebiet des Sekretariats Abteilung II. Gruppe Ost. BAL 82/3.1）。一九三七年八月、人造石油製造事業法および帝国燃料興業株式会社法が公布されたにもかかわらず――施行は一九三八年一月――、窓口の集約への動きは見られなかった。それに加えて、国民経済次元での外貨欠乏により、政府の外貨使用許可の獲得が制約条件となっていた。

日本からの照会に比べると、中国からの照会は、資源委員会の発足、両広事変の勃発、そして独中条約の調印を通じてはるかに集中していた。しかも、ドイツからの信用供与により、資金面での制約も緩和されていた。

一九三七年二月、ＩＧファルベンにまたもやハプロからの照会が入った。前述したように（第一節2（2））、一九三四年一二月にハプロがＩＧに対して照会していた際には、その背後にあったのは広東政府であったが、今回はいうまでもなく南京国民政府であったはずである。ただし、これ以前にも、ハプロは独中条約関連業務を委託されているとして、ＩＧおよび低温蒸溜法を用いるブラバク（Braunkohlenbenzin AG）と接触していた。その際、ハプロはＩＧに対しては中国産の原料炭の品質検査を依頼するとともに、低温蒸溜法の副産物として得られるコークスはフィッシャー＝トロプシュ法の原料となしうるか否かという奇妙な質問を記していた（HAPRO an Pier, 8. Februar 1937, BASF UA B4/2028）。フィッシャー＝トロプシュ法ないしフィッシャー法は、ＩＧ法にとっては競合する製法であるにもかかわらず、そのＩＧに同法について尋ねるとは、たんなる無知のせいでなければ、ＩＧをフィッシャー法の売込みを図るクルップなどと競わせようとする小細工であろうか。あるいはそこには、後述するように中国側がこの時点ではなおＩＧ法かフィッシャー法かという選択の前に立たされていたこと、さらにフィッシャー法に傾いていたことが反映されているのかもしれない。この照会がハプロの独断によるものでなければ、当然南京政府の関心を伝えたものであろうが、その場合には、ハプロの介在を忌避していた翁文灝よりも、低温蒸溜法に関心を持っていた銭昌照の意向が反映されていると見るべきであろう。

この照会に対してＩＧは、原料となる中国産の石炭の品質検査を実施する用意があると回答した。その際、検査にはＩＨＥＣＣの同意が必要であることを付言し、さらに、その点は一九三四年から一九三五年にかけてのハプロとＩＧおよびＩＨＥＣＣとの間のコレスポンデンスを通じて、ハプロにとっては承知のはずであると付け加えることも忘れなかった。フィッシャー法に関する質問には、ＩＧはむろん一切答えていない（Pier und Müller-Cunradi an HAPRO, 17. Februar 1937, BASF UA B4/2028）。

（3）対中関係でのＩＨＥＣＣとの調整

中国からの照会へのＩＧのこのような対応の背後には、中国に対してのライセンシングの展望が開けてきたとの判断があった（Duden an Ilgner, 20. Februar 1937, BASF UA B4/2028）。この段階まで来たとき、ＩＧにとってあらためて課題となったのは、ＩＨＥＣＣとの方針の調整である。対日方針についての調整は済んでいたから、いまやＩＧはＩＨＥＣＣと共通の東アジア戦略を構築する必要に迫られたのである。

そのための具体的な案件が、ハプロからの原料炭検査の依頼であった。ＩＧが中国からの照会に対して、原料炭の品質検査を実施したうえでさらに交渉を進めるためには、ＩＧがハプロに対して確認していたように、ＩＨＥＣＣの承諾を得る必要があった。ＩＨＥＣＣと積極的な東アジア戦略を共有するための最初の課題がこれであった。この点は、一九三七年二月、社内であらためて確認されていた（Sekretariat Abteilung II an Sparte I, 19. Februar 1937, BASF UA B4/2028）。

たしかに、日本からの照会に対しては、ＩＨＥＣＣはすでに見積書を作成し、照会者に提示するという「プロパガンダ」の重要性を認識していた。それはとくにフィッシャー法への対抗を念頭に置いてのことであった（Nieuwenhuis to Pier, February 11, 1937, BASF UA B4/2028）。だが、中国からの照会に関しては、ＩＨＥＣＣの態度はＩＧにとって判然としないものであった。ＩＨＥＣＣは中国に対するプロパガンダを原則的には了承していた。しかし、ＩＧの担当者が全権を委譲され、他の三社との緊密な連携の下で売り込むこと、とくに見積書（Offerte ないしは Angebot）を提出することには難色を示していた（Sekretariat Abteilung II an Sparte I, 19. Februar 1937; Duden an Ilgner, 20. Februar 1937, BASF UA B4/2028）。ＩＧの社内では、東アジアを重視し、同地域への人造石油技術のライセンシングのイニシアティヴをとったイルクナーが（第二節1）、ＩＨＥＣＣの承認を取り付けうることを楽観していた（Ilgner an Duden, 31. März 1937, BASF UA B4/2028）。

ＩＧのＩＨＥＣＣに対する働きかけは、まず現地上海で開始された。二月末、ＩＧ、スタンダード石油（ニュージャージー）傘下のスタンダード・ヴァキューム・オイル（Standard Vacuum Oil Co.）、ロイヤル・ダッチ・シェル傘下のアジアティック・ペトロリアム（Asiatic Petroleum Co.）、ＩＣＩの四社の関係者による会合がもたれ、ＩＧの解釈では一定の合意が形成された（Extract from minutes, 26. Februar 1937, BASF UA B4/2028）。これを踏まえ、ＩＧはＩＨＥＣＣに対して、見積書の照会者への提示についての了解を求めた。ＩＨＥＣＣは当初、上海での合意についてのＩＧの解釈にただちには同意せず、曖昧な態度をとったものの、結局はＩＧの解釈を承認し、ＩＧの方針に同意した（IG an IHECC, 18. März 1937; Nieuwenhuis an Pier, 15. März 1937; 27. <30.> März 1937, BASF UA B4/2028）。

この間にも、ＩＧの技術陣はＩＨＥＣＣの技術陣に対して、焦眉の課題である、ハプロから依頼のあった中国産原料炭検査の開始につき、同意を求めていた。その際、ＩＧの技術陣は、このハプロの事業が独中条約に基づくことを挙げて、ハプロが中国で持つ広範な縁故を徹底的に利用することが有利であると指摘し、ハプロからの照会にできるだけ迅速に対応することを勧めた（Winkler und Fahrenhorst an IHECC, 11. März 1937, BASF UA B4/2028）。そして実は、ＩＨＥＣＣ経営陣のＩＧへの曖昧な対応とは裏腹に、一九三六年一一月以降、ＩＨＥＣＣの技術陣は原料炭の品質検査および見積書の作成を鋭意進めており、そのための文書を作成してもいた（IHP's High Pressure Hydrogenation Process, November 26, 1936; Note on Hydrogenation in China, February 5, 1937; Gasoline Production by Hydrogenation of Coal in China, February 12, 1937; Memo Re Notes China Meeting, February 27, 1937; Memorandum in connection with Shanghai's Letter to London, March 10, 1937; Oil from Coal, n. d., BASF UA M1104/67）。

結局、ＩＨＥＣＣは五月一二日、これらの技術文書をＩＧ側に渡すことになる。これは、対中国ライセンシング方針についてＩＧに同意するとの意思表示と解釈しうる。日本への売込みに関する方針転換からほぼ一年後のことである。

ＩＨＥＣＣの方針転換は、前述のように対日、対中関係の双方で進んだが、決定的な転換は対中関係において、このときに生じたのである。

三　資源委員会との交渉と仮契約調印――一九三七年五月－八月

1　現地視察の受入れと契約に向けての交渉

（1）呉蘊初の現地視察

これまで、南京政府はいく度か、さまざまな経路を経てＩＧに接触することを試みていた。一九三二年七月には、実業部長陳公博が石炭液化技術の習得を目的として中国人の化学者および学生をドイツに派遣することを計画し、ＩＧに対して彼らを雇用するよう要請していた。一九三五年七月には「中国中央政府」がドイツ人顧問、重慶のドイツ領事館、ドイツ外務省を経由して接触を求めた。一九三六年春にも実業部が複数の経路を通じてＩＧに人造石油技術について照会していた。さらに一九三六年四月、顧振がベルリンで独中条約に調印した際、この顧振代表団には人造石油に関心を持つ呉蘊初が加わっていた。他方、一九三六年八月以降、南京の翁文灝に対してＩＧファルベンの技術者たちが直接に働きかけていた。

一九三七年春、新たな局面が訪れた。すなわち、国民政府は孔祥熙使節団をイギリスに派遣した。名目は英国国王の戴冠式への出席であったが、実質は資金と技術を求めての欧米諸国の行脚にほかならなかった（Fox 1982, pp. 212, 224-228; 馬・戚 一九九七、三四八－三五九頁、田嶋信雄 二〇一三、三一六－三二〇、三二六－三二七頁）。後に触れるように、資源委員会秘書長兼行政院秘書長の翁文灝が、使節団秘書長として加わっていた。

一行に遅れて加わった者が一人いた。天厨味精廠、天原電化廠、天利淡気製品股份有限公司などの化学企業集団を率いる呉蘊初である。彼はイギリスに向かった使節団の後を追い、一九三七年四月末、飛行機でベルリンに直行した（陳正卿 一九九八、七九頁）。呉蘊初の派遣を決めたのは、資源委員会副秘書長の銭昌照であった。呉の任務は「煤煉油軽化廠」建設の準備であった（呉 一九八八、八七頁）。これは必ずしもIGとの交渉・契約のみを指すものではない。呉の渡独は資源委員会秘書長翁文灝の要請によるものであった。ハプロの介在を忌避し、IGとの直接交渉に期待するという点において、銭昌照も翁文灝と同じ考えであったのであろう。そして、呉の目的はただひとつ、ドイツの人造石油技術を導入することであった。

呉蘊初とその企業集団の概要は次のとおりである。呉は一九二三年、グルタミン酸ソーダを製造する天厨味精廠を上海に設立した。一九二八年には、グルタミン酸ソーダの製造に必要な塩酸を電気分解で製造するために、天原電化廠を設立した。さらに一九三四年、天利淡気製品股份有限公司を設立し、アメリカ、フランスから設備を購入して年産九九〇トンの液体アンモニア、一六一〇トンの硝酸などを生産するに至った（田島俊雄 二〇〇五、八、一〇－一一頁、久保 二〇〇五、二四八－二五〇頁、陳歆文 二〇〇六、八三－八四頁、峰 二〇〇九、五〇－五一頁）。他方、前述のように（第二節2（3））、呉は国防設計委員会、国家資源委員会の委員を歴任していた。一九三六年四月には顧振代表団に加わって訪独しており、その時すでにIGのルートヴィヒスハーフェンおよびロイナの両工場を視察していた。その彼が資源委員会によって人造石油製造技術の導入のための対独交渉の直接担当者に起用されたのである[13]。

一年前の渡独以降、彼は入念な準備を怠っておらず、遅くとも一九三七年四月までに、製造拠点として江西省吉安を選んでいた。その理由のひとつは人造石油製造に品質上適した石炭の産地に近いことおよび輸送の便があることであり、いまひとつは国防上の考慮であった。日本軍の侵略に晒されている華北を避け、かつ沿岸よりも内陸を選好すべきであるとしたのである。この立地選択に、翁文灝と銭昌照が了承を与えていた（陳正卿 一九九八、七八－七九頁）[14]。

呉蘊初の任務はあくまでも「煤煉油軽化廠」建設の準備であり、彼の関心はＩＧの技術である水素添加法ないし石炭液化法に限定されていなかった。彼がより大きな関心をもって着目していたのは、むしろフィッシャー法であった。およそ一年前の一九三六年二月、日本で三井鉱山がこれを導入していたこともあり、そのような関心はけっして不思議ではなかった。すくなくともＩＧは、呉蘊初の関心についてそのように観察していた（Duden, Hydrieranlage in China, 3. August 1937, BASF UA B4/2029）。

翁文灝を含む孔祥熙使節団がドイツに到着する以前、一九三七年五月二〇日、呉蘊初はＩＧのルートヴィヒスハーフェン工場を訪れた[15]。彼に同行した者は、教授の肩書きを持つ教育部高等教育司長（Dezernent）謝樹英（Hsieh Shu Yung）、博士号を持つ地質調査所「燃料研究室」主任・国家資源委員会燃料問題顧問の金開英（K. Y. King）、上海交通大学教授徐名材（M. T. Hsu）の三名である（Besprechungsbericht, 20. Mai 1937, BAL 330/658; 金 一九九一、四六頁[16]）。このうち、謝および金は翁文灝の系統に属し、徐は呉蘊初の右腕ともいうべき存在であった。また、金は呉とともに一九三六年四月の顧振代表団の一員として訪独していた（第二節２（３））。ちなみに、このとき彼らを迎えたのはＩＧの社員のみであり、ＩＨＥＣＣの関係者の姿は見えなかった。

この日、呉蘊初たちはＩＧ側に、石炭の水素添加により年産五万トンのガソリンを製造し、その半分は航空機用ガソリンとするとの構想を披瀝した。彼らが重視したのは高オクタン価の品質である。また、すべての設備について運賃保険料込み（c.i.f）上海渡し価格による見積書を要望した。今後の日程につき、ＩＧ側は、設備の稼働は契約調印の一八カ月後になることを明言した。他方、呉たちは契約について、もし交渉が妥結した場合には呉蘊初が政府を代表して署名する予定であると述べた。このとき、代金の支払いについても言及され、また原料炭の品質検査について、すでにサンプルの一部がドイツに向け搬送中であることが確認された（Besprechungsbericht, 20. Mai 1937, BAL 330/658）。

呉蘊初一行四名は、五月二四日に最大規模の人造石油設備を有する中部ドイツのロイナ工場を視察した後、五月二五日、再度ルートヴィヒスハーフェン工場を訪れ、ＩＧファルベンの担当者と会談している。このときはＩＨＥＣＣおよびＩＣＩの担当者も同席していた（Besprechungsbericht, 20. Mai 1937, BAL 330/658; Donath, Bericht, 25. Mai 1937, BASF UA M1104/67）。それは、前述のように（第二節３（３））、五月一二日、ＩＨＥＣＣがＩＧに技術文書を渡したこと、そして両社が積極的な東アジア戦略を共有するに至ったことを踏まえていたと見てよい。

五月二五日の会談では、技術的な詳細について立ち入った質疑応答がなされた。論点の第一は、原料炭の候補とされる江西省の楽平（Loping）炭および湖南省の天河（Tienho）炭の品質であり、第二に、製品のオクタン価、第三に、楽平炭を用いた低温タール（Urteer）の水素添加、第四に、水素製造用ヴィンクラー法ガス発生炉などであった。その後、呉蘊初はあらためて中国側の構想を次のように語った――年産五万トン設備および七万トン設備各一機の購入を検討したい、当初は航空機用ガソリンを生産し、後に自動車用ガソリン、さらにディーゼル油ないし潤滑油の生産をも検討したい、等々と（Donath, Bericht, 25. Mai 1937, BASF UA M1104/67）。

呉蘊初一行は、その後イギリスに渡りＩＣＩのビリンガム（Billingham）人造石油工場を視察した後ドイツに戻り、六月八日には国営企業ヒベルニア（Bergwerksgesellschaft Hibernia AG）が所有し、瀝青炭を原料とするショルフェン（Scholven）人造石油工場を訪問した。この時彼らを出迎えたのは、ショルフェン関係者とＩＧ社員のみであった（Wissel, Besuch der chinesischen Kommission, 8. Juni 1937, BASF UA M1104/67）。

さらに六月一〇日には、一行はふたたびロイナ工場を訪問している。呉自身にとっては三度目の訪問である。今回彼に対応したのは、ＩＧの社員だけであった。そのなかに、一九三六年八月以降、南京で翁文灝に接触していたルールの姿が見られた。そのルールは、会談の冒頭で呉蘊初にＩＧ法とフィッシャー法の比較について問い、これに答えて呉は、ＩＧ法はきわめて優れていると思うと述べている。この日の会談では、技術的な問題での質疑応答が継続された。最後に呉蘊初一行は、中国産原料炭の品質検査の結果および見積書を待つと述べて会談を締めくくった（Goetze, Bericht über den Besuch, 10. Juni 1937, BASF UA M1104/67）。この間、ＩＧの技術陣は中国産の原料炭について――それは呉蘊初の訪独と相前後して中国から送られたものである――精力的に試験を実施していた（Simon, Chinesische Kohlen, 31. Mai 1937;

Klinkhardt, Vorläufige Ergebnisse mit chinesischen Kohlen, 19. Juni 1937; Klinkhardt, Hydrierung von chinesischen Kohlen, 21. Juni 1937; Simon und Grass, Chinesische Kohlen, 23. Juni 1937; Produkt-Untersuchungen, 24. Juni 1937, BASF UA M1104/67)。

（2）翁文灝の現地視察

イギリスでの任務を終えた孔祥熙使節団は、パリ滞在の後、一九三七年六月九日、ベルリンに着いた。使節団の秘書長でもある資源委員会秘書長兼行政院秘書長翁文灝は、ドイツ側要人との会見を重ねるとともに、その合間を縫ってドイツ国内の重化学工業設備を精力的に視察した（李 二〇〇五、一三九－一四一頁、翁 二〇一〇、一四四－一四七頁）。本章に直接・間接に関わる記事を摘記すれば次のごとくである。[17]

六月　九日　ベルリン駅に到着、経済相兼ライヒスバンク総裁シャハトの出迎えを受ける。
一一日　空軍相ゲーリング、同次官ミルヒ（Erhard Milch）、国防省の国防経済幕僚部長トーマスと会見。
一二日　ＩＧを訪問、イルクナーと会談、イルクナーは徳華銀行（Deutsch-Asiatische Bank）との合弁事業を提案する。[18]
一四日　国防大臣ブロムベルク（Werner von Blomberg）を訪問。この日、孔祥熙は単独でシャハトと会っている。
一五日　元外務省のミヘルゼン（Erich Michelsen）の訪問を受け、オットー・ヴォルフの件について話す。
一六日　国防省にトーマスを訪ねる。ブロムベルクと在独日程につき協議。ブラバク（褐炭タールを原料とする低温蒸溜法）およびルールラント（Ruhrland）（フィッシャー法）の人造石油工場の視察を計画。
一七、一八日　トーマスを訪問。
一九日　ハレに向かう（同行者のなかに呉蘊初の名が見える）。午後ロイナ人造石油工場を視察。翁文灝は日記に次のように記した――水素添加法を用い、油年産三〇余万トン、設備ははなはだ良い。油三〇万トンは九〇〇〇万英ガロン、一億二〇〇〇万米ガロンに相当する。イギリスの水素添加法によるビリンガム人造石油工場はもともと油年産一〇万トンであり、近く二〇万トン（即ち六〇〇〇万ガロン）に増設する予定である。

二二日　ホールテン（Holten）人造石油工場（フィッシャー法、年産三万余トン）を視察。

二三日　ベルリンに戻る。シャハトに会う。

二四日　飛行機と汽車を乗り継ぎふたたび中部ドイツに向かう。鉄鋼関連の施設のほか、ルールラント人造石油工場（フィッシャー法、年産約三万五〇〇〇トン）を視察。

二五日　ベルリン滞在、そしてドイツ滞在最後の日、トーマス、クラウホ、シャハトと会談。この他、クルップおよびハプロと鉄鋼工場建設計画につき交渉。

ここには、人造石油への翁文灝自身の関心が顕著に認められる。彼にとって、人造石油は鉄鋼と並ぶ二大関心事であった。ただし、人造石油への関心はＩＧ法のみを対象としたものではなく、フィッシャー法（ルールラント、ホールテン）や低温蒸溜法（ブラバク）も彼の視野に入っていた。それでも、最大の関心はＩＧ法に向けられた。事実、面談の相手として名前が記されている企業経営者は、化学工業関係ではＩＧの経営者のみであった。

ＩＧの経営陣との面談には、いまひとつの含意がある。鉄鋼業の分野では、一九三二年一月、グーテホフヌング製鉄と南京政府とのあいだに借款仮契約が締結されたものの、その後破棄され、一九三七年六月、ハプロと国民政府とのあいだに正式契約が締結された。これが中央鋼鉄廠建設計画である（萩原 二〇〇〇、五一－七〇頁）。この契約をめぐっては、ベルリンの翁文灝は当初クルップと直接に交渉し、直接に契約を結ぼうとしていたが、トーマスの介入によりハプロを介しての契約となったことがわかる（李 二〇〇五、一四〇－一四一頁、翁 二〇一〇、一四五－一四七頁）。これとは対照的に、人造石油の分野では、翁文灝はハプロを介さずに直接ＩＧと接触していたのである。

（3）契約に向けての呉蘊初との交渉(19)

一九三七年六月二六日、翁文灝は呉蘊初をドイツに残し、モスクワに向かった。翁が呉に対して何らかの指示を下していたのか、またそうだとすればいかなる内容のものであったのかは、史料的には確認できない。ただし、当初銭昌照とともにフィッシャー法や低温蒸溜法への関心を隠していなかった呉が、この間、人造石油工場、とくにＩＧのそれの視察を重ね、また現地でのＩＧとの接触を継続するなかで――その一部は翁に同行してのものであった――、以前よりもＩＧ法に傾斜していたと推測することは可能である。

ただし、資源委員会あるいは国民政府として、導入すべき製法をＩＧ法に絞っていたわけではなかったこともまたたしかである。事実、一九三七年七月二日、国民政府は、アメリカに渡りワシントンに滞在中の孔祥熙に宛てて電報を送り、アメリカから武器・軍需工業設備を購入するよう指示していた。そして、購入すべき品目を列挙するなかで、人造石油工場（人工煉油廠）用資材を挙げていた（秦 一九七八、一一一頁）。

南京からワシントンに電報が送られたのと同じ七月二日、呉蘊初の一行総勢四名は一カ月ぶりにＩＧのルートヴィヒスハーフェン工場を訪れ、ＩＧとの会談に臨んでいた。呉蘊初たちは資源委員会の下部組織である燃料委員会の代表としてこれに臨み、ＩＧ側からはピール、ファーレンホルスト（Fahrenhorst）という人造石油部門の最高幹部以下、各工場の担当者が揃っていた。東アジアを担当する技術者ルールも加わっていた。さらに、ＩＨＥＣＣからも二名が同席していた。すでに触れたように、両者の接触は回を重ねるごとに密になっていたが、正式の交渉はこの七月二日の会談をもって開始されたと見てよい（Donath, Besprechungsbericht, 2. Juli 1937, BASF UA M1104/67; BAL 330/658）。

まずＩＧのピール以下の幹部が技術的説明をおこない、それに続いて総括的な質疑応答があった。この日、ＩＧは二種類の見積書（Angebot）を渡した。第一のそれは、楽平炭を原料とし、ガソリン年産五万トンを見込む、総額四二〇〇万マルクとするものであり、第二の見積書は、やはり楽平炭を原料としてガソリン年産三万五〇〇〇トンを見込み、さらにアンモニア年産一万三〇〇〇トンを加え、総額四〇五〇万マルクとするものであった。さらにＩＧは、第三案としてガソリン五万トンおよびアンモニア一万三〇〇〇トンの計画を示し、この場合、総額は四五〇〇万マルクになると付言した。これに対して呉蘊初たちは、アンモニア製造設備についての資料を請求した（Donath, Besprechungsbericht, 2. Juli 1937, BASF UA M1104/67; BAL 330/658）。

さらに、この席についていたＩＨＥＣＣの代表者は、ライセンス料につき具体的な数値を提出した。すなわち、一括支払い一二万五〇〇〇ポンド、ガソリン一トン当たり二シリングというものであった（Donath, Besprechungsbericht, 2. Juli 1937, BASF UA M1104/67; BAL 330/658）。

このように、この日の交渉で、設備総額およびライセンス料が初めて提示された。またアンモニア製造設備が交渉の対象に加えられた。そして重大な争点はなかった。

それから数日後の七月七日、盧溝橋事件が発生した。だが、ルートヴィヒスハーフェンでの交渉は続けられた。翌日の七月八日、ベルリンに戻った呉蘊初はやはりベルリンに戻っていたルールを訪ね、非公式の会合をもった。このとき呉は、南京での最終決定の結果をルールに伝えた。それによれば、政府首脳がＩＧの提示した三つの見積書を前提に、年産規模について協議した後、蔣介石自らが航空機用ガソリン二万五〇〇〇トンおよび自動車用ガソリン二万五〇〇〇トン、計五万トンの案を選ぶとの決定を下した。七月二日にＩＧが提示した三案のうちの、最後に付言された案を選択したことになる（Ruhl, Aktennotiz, 8. Juli 1937, BAL 330/658）。呉蘊初はＩＧの別の交渉担当者に対しても、蔣介石の電報、翁文灝の手紙を示しつつ内話していた（Wissel, Telefonische Mitteilungen, 6. Juli 1937, BASF UA M1104/67）。

この意思決定の詳細は不明であるが、盧溝橋事件発生の直後に、政府首脳の協議を経て蔣介石自身が具体的な計画を決定するあたりには、人造石油製造計画にかける国民政府の意気込みが伝わってくる。また、意思決定における集権性、さらに迅速さもまた印象的である。

この南京での決定を受け、ベルリンの呉蘊初とルートヴィヒスハーフェンのピールとの間で書簡が交換され、ＩＧ側はガソリン年産五万トンとアンモニア年産一万三〇〇〇トンを前提とする、詳細な見積書の作成にとりかかることになった（Pier an Woo, 15. Juli 1937, BAL 330/658）。この間にも、原料炭の試験結果が出されていた（Untersuchung der Loping- und Tien-Ho-Kohe. 20. Juli 1937, BASF UA M1104/67）。

七月二一日、呉蘊初がルートヴィヒスハーフェンに戻り、交渉が再開された。このとき彼を迎えたのはＩＧの代表のみであった。呉はこれまでと同様に燃料委員会の代表として交渉の席についた[20]。彼に同行したのは、彼の右腕である徐名材のみである（Saxer an Pier, 27. Juli 1937, BASF UA M1104/67）。ＩＧ側が八月初旬に認めていたところでは、燃料委員会の代表のあいだで意見が割れていた（Sekretariat Abteilung II an Ludwigshafen-Oppau Sparte I, 4. August 1937, BASF UA M1104/67）。そのことを念頭に置けば、この日、交渉の席についたのが呉と徐のみであって、翁文灝系統の謝樹英および金開英の姿がなかったことは、たんなる偶然ではなく、本国の資源委員会内部における翁文灝と銭昌照の対立が影を落としていたのかもしれない[21]。

いずれにせよこの日、ＩＧは七月二〇日付けの、楽平炭を原料とする、ガソリン五万トン、アンモニア一万三〇〇〇トン規模の詳細な見積書を提示した。また、原料炭の試験結果をも伝えた（Saxer an Pier, 27. Juli 1937, BASF UA M1104/67）。

呉蘊初たちは見積書を一読の後、いくつかの質問を発した。そのなかには、水素製造に関するもの、また原料炭の相違による総額の差異に関するものが含まれていた。さらに呉蘊初はフィッシャー法の数値を出しながら同法による製造コストの低さを指摘し、石炭ガス製造設備にもより安価に製造しうるものが存在すると述べた。これに対してＩＧ側は、ドイツではフィッシャー法の製造コストは呉の示した数値よりはるかに高いし、そもそもドイツでは同法で航空機用ガソリンは製造していないと答えた（Donath, Aktennotiz, 21. Juli 1937, BASF UA M1104/67）。

翌二二日の午前、非公式の会合がもたれた。呉は見積書の内容、とくに支払条件につき前夜ただちに南京に電話で報告し、折り返し電報でいくつかの技術的な質問――一部は価格に関連するもの――が届いたことを伝えた。さらに呉は

ＩＧとの交渉に先だってドイツ銀行（Deutsche Bank AG）の率いるあるコンソーシアムと交渉したことを明かし、さらに、フィッシャー法による年産五万トンの設備につき約四〇〇〇万マルクという数値、および七年間の信用供与という寛大な支払条件を提示されたと述べた。呉はＩＧからはガス製造設備、水素添加設備などの必要最小限の設備および資材のみを購入し、その他の設備・資材はそれぞれの製造企業から直接購入したいとの意向を示したのである。また、呉はエネルギー供給に関してある大企業と交渉したとも述べた。そのうえで、呉はＩＧに対して総額の引下げおよび支払条件の緩和（七年間の信用供与）を要求した（Saxer an Pier, 26. Juli 1937, BASF UA M1104/67）。

これに対してＩＧ側は、これらの点について交渉するのはさしあたり無意味（zwecklos）と思われるとし、むしろ仮契約（Vorvertrag）を締結することを重視していると答えた。呉の提起した事項を先送りしようとしたのである。呉はこのＩＧ側の回答につき南京に電報を送って指示を仰ぐと述べたうえで、仮契約草案の作成をＩＧ側に依頼した（Saxer an Pier, 26. Juli 1937, BASF UA M1104/67）。

その後、ＩＧは早速ドイツ銀行に連絡し、呉の発言につき確認した。ドイツ銀行の回答は呉の発言を裏づけるものであった。ＩＧはドイツ銀行とのあいだで、支払条件につき調整することを前提に協力することを約束した。ＩＧ側はさらに、呉がフランスのある技術者から意見書（Gutachten）を受け取っていることをも察知した。そのうえで、ＩＧ側は、呉の右腕である徐名材が八月三日にベルリンを離れるとの情報を基に、その前日までにすべての懸案を解決せねばならないと判断した。それまでの旬日が仮契約調印にこぎ着ける最後の機会であるというのである（Saxer an Pier, 27. Juli 1937, BASF UA M1104/67）。ＩＧ側担当者の脳裏には、中国の政治状勢の不安定化、フィッシャー法との競争など、さまざまな要因が浮かんでいたのであろう。ともかく、ＩＧは具体的な争点についての交渉は後回しにして、仮契約を結んでおくという戦術をとったのである。

ＩＧは仮契約草案の作成を急いだ。七月二八日付けの草案では、支払条件で譲歩し、設備についての保証は製造される製品の数量を保証する形式とすることが明記されていたが、費用総額は空欄になっていた（Vorvertrag, 28. Juli 1937,

BASF UA M1104/67; BAL 330/658）。

他方、呉蘊初はこの間にも、フィッシャー法につきルール化学にあらためて技術的な問い合わせをおこなっていた（Martin an Woo, 27. Juli 1937, BAL 330/658; Martin an Woo, 30. Juli 1937, BASF UA B4/2029）。このような動きは、呉の側になおフィッシャー法へのこだわりがあったことを示すのか、それとも競争技術への関心を示すことによってＩＧからより有利な条件――とくに対価――を獲得しようとする交渉技術であったためなのかはわからない。いずれにしても、呉のルール化学への問い合わせは、すくなくともひとつの成果をもたらした。すなわち、ルール化学からの回答に示唆を得た呉は、仮契約に、ＩＧが提示した数量保証ではなく、品質を保証するとの条項を入れるよう要求したのである（Saxer an Fischer, 28. Juli 1937, BAL 330/658）。実際、七月三〇日および三一日のベルリンでの仮契約についての交渉では、呉たちは中国側が負うべき義務の緩和、ＩＧが負うべき義務の厳格化を主張し、ＩＧ側を辟易させていた。保証条項については数量保証の規定を削除し、後日品質・数量双方を保証する条項を入れることで合意した。こうして、七月三一日付けの仮契約（Preliminary Agreement）についての合意が成った（Donath, Aktennotiz, 2. August 1937, BASDF M1104/67）。

2　仮契約の調印

一九三七年八月三日、ＩＧ側はファーレンホルスト――彼はクラウホの部下である――およびイルクナーが、中国側は資源委員会を代表する呉蘊初が仮契約に調印した（Donath, Aktennotiz, 2. August 1937; Saxer und Donath an Sparte I, 4. August 1937, BASF UA M1104/67）。八月三日付けの英語の仮契約の骨子は、次のごとくであった（Preliminary Agreement, August 3, 1937, BASF UA B4/2029）。

（1）ＩＧの高圧・触媒利用による水素添加法（hydrogenation process）をＩＨＰがライセンスし、またアンモニア製造のためのハーバー＝ボッシュ法をＩＧがライセンスする。
（2）生産規模はガソリン年産五万トン（航空機用および自動車用それぞれ二分の一）、アンモニア年産一万三〇〇〇トン（硫安年産五万トン）とする。
（3）立地は江西を予定する。原料炭は楽平炭ないし天河炭を予定し、ＩＧが品質検査を実施する。
（4）見積り対価は運賃保険料込み（c.i.f.）上海渡し価格で二億八七〇六万ライヒスマルク（二三二万四三七一ポンド）、うちプラントが二億七二〇〇万ライヒスマルクである。これは楽平炭を原料とする場合であり、天河炭の場合は一二万ポンド加算される。この他、硫酸プラント一一万ポンドが予定される。
（5）ＩＧが包括契約者（general contractor or agent）となって全般を統括する。
（6）支払いはスターリング・ポンドにより、ロンドンのＩＧの口座へなされる。分割払いであり、三分の一は操業を開始した時点までに、三分の二は契約から二年半から六年後に八回に分けてなされる。
（7）納入は本契約から二年後を予定する。
（8）ＩＧはドイツ人スタッフを派遣し、その費用は中国側が負担する。中国側は中国人化学者・技術者を派遣する。
（9）正式の契約を締結するまでに、ＩＨＰと資源委員会はライセンス契約を結ぶ。
（10）仮契約の期限は一九三七年末とする。

ここにライセンス契約の締結主体として登場するＩＨＰはＩＨＥＣＣの親会社であり、そのライセンサー（ライセンス供与者）たるＩＨＰの下で、ＩＨＥＣＣがライセンシング業務を担当するのである（Duden an Vertragszentrale, 3. August 1937, BASF UA B4/2029）。

そのＩＨＥＣＣはこの間、呉たちをハーグに招き交渉をおこなっていた。ＩＨＥＣＣはとくに、今後速やかに締結されるべきライセンス契約において、ガソリン年産五万トンの製造設備について一括払い一二万五〇〇〇ポンドおよびガソリン一トン当たり四ポンドのロイヤルティー支払いとされるべきことにつき確認を求め、さらにライセンス料はロンドンにおいてポンド・スターリングで支払われなければならないとしていた（IHECC to Woo, July 30, 1937, BASF UA B4/2029）。ＩＨＥＣＣは同時にＩＧに対しても、設備価格に算入されたライセンス料相当額一一万ポンドについて、自由外貨での支払いを要求していた（IHECC an Saxer, 30. Juli 1937, BASF UA B4/2029）。

仮契約調印を受け、ＩＨＥＣＣはＩＧに仮契約書の送付を要請した（IHECC an Duden, 3. August 1937, BASF UA B4/2029）。ＩＧ側は仮契約書をＩＨＥＣＣに送るべきかどうか躊躇したものの、結局は送付し（Duden an Saxer und Böckler, 4. August 1937; Duden an IHECC, 6. Ausust 1937, BASF UA B4/2029）、アンモニア製造技術のライセンスとの関連でＩＣＩへも送付していた（Winkler und Fahrenhorst an ICI, 6. August 1937, BASF UA B4/2029）。

他方、一九三七年八月三日の仮契約調印を終えた呉蘊初は、ただちに空路で帰国して廬山に飛び、政府首脳に直接報告していた。報告を終えると、彼は立地予定の江西省吉安に向かった（陳正卿 一九九八、八〇頁）。その後も、呉は正式契約の締結と契約の実施に向けて意欲を示していた。だが現実には、日本軍による上海占領のなか、彼の本拠たる天原電化廠は破壊され、天利淡気製品股份有限公司もまた損害を受けた。そのため、彼の率いる天原・天利企業集団は国民党とともに上海から四川省の重慶に移転することになった（呉 一九八八、八七頁、田島俊雄 二〇〇五、一〇頁）。その後も、呉は人造石油製造計画の遂行のために新たに必要となった立地および原料炭の検討、さらに機器の輸送可能性の調査などに携わっていた[22]。

一九三八年七月、ＩＧに対して中国から新たな照会が入った。それは永利化学工業公司によるものであった。永利化学は、呉蘊初と並び称された化学分野の企業家である范旭東が率いる企業集団のひとつであった。同社は当初は苛性ソーダ、ソーダ灰の製造企業であったが、その後窒素部門への進出を目指し、一九三四年に南京に硫安工場を建設していた[23]。人造石油製造技術についてＩＧに照会した一九三八年七月の時点で、同社の本社は日本軍の侵攻を避けて上海から香港に移されており、四川省に工場が移設ないし新設されつつあった。原料炭の品質検査、機器の輸送経路、支払額と支払条件などについてのＩＧとの折衝には、同社の中心的技術者である侯徳榜が当たった。ただし、永利からの照会は仮契約の調印までにも進まなかったようである(24)。

日を日本に移せば、中国へのライセンシングが困難になるなか、ＩＧでは日本へのライセンシングへの期待が高まったはずであり、事実、その売込み活動は活発化した。だが、その期待は現実とならないままであった（工藤　一九九二b、二六一－二七五頁）。

いま一度、呉蘊初が関わったＩＧと資源委員会との仮契約に戻れば、中国における政治・軍事状況から、本契約の締結は事実上不可能になっていった。それにもかかわらず、ＩＧ、資源委員会はともに、仮契約の期限が訪れるたびにこれを延長した。延長はもっぱら中国側の要請によるものであったが、ＩＧ側も、仮契約から正式契約に進む見込みがほとんどないことを承知しながら、契約の更新に同意していた。一九四一年七月一日、ドイツ政府が汪精衛の中華民国国民政府（南京）を承認するや、翌日、国民政府は対独国交を断絶し、ＩＧからのライセンシングは不可能になった。

おわりに

一九二〇年代後半にＩＧファルベンが世界に先駆けて開発した人造石油製造法、いわゆるＩＧ法は、総力戦準備に不可欠の技術であった。ＩＧファルベンには世界中からライセンシングを求めるための照会が届いたが、日本からの照会は最も早いものに属した。満洲事変以降になると、中国からの照会も増えていった。それに対して、当初はライセンシングに消極的であったＩＧも、やがて積極方針に転換し、国際技術プール――特許保有会社であるＩＨＰおよびライセンシングの実務を担当するＩＨＥＣＣ――の説得を試みるようになった。その際、積極的な方針は、まずは日本からの照会に対して適用され、次いで中国からの照会に対しても適用されるようになった。ちょうどその前後、中国で総力戦準備を担う資源委員会がＩＧファルベンへの接触を試みた。その直接の交渉担当者は天原電化・天利淡気を率いる企業家であり、資源委員会の委員でもあった呉蘊初である。ＩＧファルベンと彼との交渉は、盧溝橋事件勃発後の一九三七年八月初頭、契約——ただし仮契約——の締結となって結実する。当初、照会において日本に遅れた中国が、この時点でいわば逆転を果たしたのである。

ただし、日中戦争が激化するなか、仮契約が正式の契約に移されることはなかった。それでも、中国政府が重慶に移った後も、両者は数次にわたって仮契約を更新していた。

たしかに、中国においてＩＧ法による人造石油が現実に製造されることはなかった。中国——「満洲国」を含む——における人造石油に関する先行研究で、ＩＧ法ないしそれによる人造石油製造が稀にしか登場しないことは当然である（陳歆文 二〇〇六、二四七－二四八頁、峰 二〇〇九、六〇－六一、一〇三－一〇五頁）[25]。ここに取り上げたＩＧファルベンと資源委員会との契約にしても、仮契約にとどまっており、商談としても未完であった。

このような未完の事例の意義は、むろん過大に評価してはならない。しかし、この事例の意味は慎重に考える価値があるように思われる。たんに軍事化過程の徒花、あるいは重化学工業化のエピソードとして切り捨てるわけにはいかないのではなかろうか。鉄鋼の分野における中央鋼鉄廠建設計画の事例——それは正式の契約にまで進んだ——を掘り下げた萩原は（萩原 二〇〇〇、第二章）、「……こうした〔政府部局間の——引用者〕対立構造と計画の帰趨を辿ることが、南京国民政府の経済建設の目的を明らかにするうえで重要であろう」（萩原 二〇〇〇、五一頁）と記している。この指摘は、ＩＧ法による人造石油製造工場建設計画を取り上げた本章についても、そのまま当てはまるものと思われる。

さらに、世界的製造企業とのライセンシング契約、またそれを目指す交渉を分析する意義は、「南京国民政府の経済建設の目的を明らかにする」ところに局限されない。事例の分析を終えたいま、この事例の持ちうる含意として、次のような諸点を挙げることができるように思われる。

東アジアにおける政治的・軍事的緊張が高まるなか、ＩＧは国際技術プール——ＩＨＰおよびＩＨＥＣＣ——を結成したスタンダード石油、ロイヤル・ダッチ・シェルおよびＩＣＩとのあいだで、摩擦をはらみながらも一定の共通了解を形成する努力を続けた。その成果が積極的な東アジア戦略の構築である。それは、満洲事変以後の米英と日本との間の緊張の高まり、あるいは一九三六年一一月の日独防共協定に見られる、日独の政治的接近などの国際環境のなかで遂行された[26]。

政治的・軍事的、そして経済的にも対立を深めつつあった日本と中国とは、ＩＧファルベンにとっては、ともに有望なライセンシングの対象であった。一九三七年初頭を境にして、ＩＧはライセンシング交渉の相手としての日本と中国を同列に扱うようになった。技術力や資金力などで、明瞭な差をつけることはなかった。そして、資源委員会との仮契約に調印することによって、ＩＧは中国の技術導入能力、ひいては化学工業の技術力を評価していることを示したのである。

事態を日中の側から見れば、両国の政府・企業はＩＧの人造石油製造技術を導入すべく競争した。それは、総力戦準備を進める両国間の競争の一環をなしていた。そして、一九三七年八月の時点でＩＧファルベンとの契約を果たしたという点において、中国は日本に先行した。そのかぎりで、総力戦準備において中国は日本に先行したのである。

ただし、資源委員会の内部における意思決定過程については、翁文灝と銭昌照とのあいだの「矛盾」ないし確執をはじめ、なお不明の部分が大きい。中国政府の資金力が高額の設備・技術料を支払いうる程度に余裕があったこと、また資源委員会が迅速な意思決定をなしうる集権性を保持していたこと、さらにこれらの点において日本は中国と対照的であったことはある程度明らかにされたとはいえ、その原因となると、資源委員会の組織と活動、また同委員会の政府総体内部における意義などに即してのさらなる分析が要請されるのである。

また、最初にＩＧに接近したのが永利化学の范旭東ではなく、天原電化の呉蘊初であったのは何故なのかも、たんに両者の資源委員会への関与の深浅で説明するのではなく、企業史的な視角からも問われなければならない。中国の民族系化学企業の双璧と目された永利化学および天原電化は――それを率いる企業家范旭東と呉蘊初はそれぞれ天津と上海に立地したところから、当時「北范南呉」と称された――、いずれも窒素分野に進出した。そして、この分野に進出した民族系企業はこの二社のみであった（田島俊雄 二〇〇五、四、八頁）。この二人はまたともに人造石油に関心を示し、実際にもＩＧファルベンと接触して製造技術の導入を図った。そしてそのうちの一社は現に仮契約にまで進んでいた。それだけに、対ＩＧ交渉の過程で呉蘊初が示した技術選択に関する交渉態度の解明から分析の歩をさらに進めて、天原電化・天利淡気の企業経営を永利化学のそれと比較しつつ、この二社のあいだに生じた分岐の原因を明らかにする必要があろう。

■注

（1）ＩＧファルベンの全容について、さらに Hayes（1987）および Plumpe（1990）を参照。

（2）ただし、同館内での検索によっても関連する史料を見出すことができず（検索の対象としたのは「上海化工系統（八十三個単位）全宗匯集（全宗Q三八）」のうちの一、二、八二）、今回は同館所蔵史料を利用した陳正卿（一九九八）の記述に依拠せざるをえなかった。

（3）水素添加と石炭液化は厳密には異なる。前者は必ずしも石炭を原料としないのに対し、後者は石炭を原料とすることが含意されている場合が多い。ただし、ここで用いるＩＧなどの史料では、石炭液化は水素添加法によるものであるので、ここではこのふたつを互換的な用語として用いる。

（4）ＩＨＥＣは史料・文献によってはＩＨＥＣと表記されることも多いが、ここではＩＨＥＣで統一する。

（5）国際技術プールおよびそれに付属する各種協定の内容、とくにそれらにおけるライセンシング関連条項、そしてＩＨＰおよびＩＨＥＣの全容は、今日なお必ずしも明らかにされていない。最近の文献として、Coleman（2006, pp. 42-50）をも参照。

（6）BASF UA B4/2058にかなりの文書がある。

（7）BAL 330/672; BAL 330/677に含まれる文書を参照。時期は違うが、クルップはフィッシャー法用高圧反応筒の対日輸出に力を入れていた（工藤 一九九二a、七六‐八三頁）。

（8）BAL 330/826, Vol. 1に関連する文書が散見される。

（9）人造石油は、資源委員会の組織構造では石油工業に属する（程・程 一九八四〈下一〉、四九三頁）。資源委員会の活動を中心とする国民政府の重工業育成政策全般については、すでに先行研究が多数ある。とくに、石島（一九七八）、石島（二〇〇四）、Kirby（1984）;

Ratenhof（1987）；鄭ほか（一九九一）、久保（一九九六）、久保（二〇〇四）、久保（二〇一二）、馬・戚（一九九七）、奥村（二〇〇四）、程（二〇〇六）を参照した。ただし、いずれの文献にも人造石油に関する言及は見当たらない。

(10)　ただし、これらの文献はいずれも、三カ年計画ではなく、先行する五カ年計画を独中協定と関連づけている。二つの計画の関連は、なお検討の余地を残している。

(11)　オットー・ヴォルフとグーテホフヌング製鉄の両社は、鉄鋼分野では協働していた（萩原 二〇〇〇、第二章）。

(12)　Danylow und Soénius（2005）はオットー・ヴォルフに関する最新の、しかもまとまったものとしては初めての文献である。同書は財団の委嘱になるものであって、とくに同社にとって不利あるいは不名誉な事実関係についての記述は信頼しうるはずである。

(13)　呉蘊初について書かれた伝記の類は多数あるが、なかでは李（二〇一一、四〇一三－四〇一七頁〈朱信泉執筆〉）、徐（二〇〇七、六四七頁）が信頼しうる。ただし、いずれにも、彼が顧振代表団の一員であったことへの言及どころか、人造石油関連の活動への言及がない。彼が顧振代表団の一員であったことに触れたほぼ唯一の例外は陳正卿（一九九八、七八頁）である。

(14)　この当時（一九三一年以降）、軍事的考慮は立地選択にとって決定的であったといってよい。鉄鋼の事例について、萩原（二〇〇〇、五七頁）を参照。

(15)　ＩＧ側の史料では、この時ルートヴィヒスハーフェン工場を訪れたのはP. N. Wooと記されている。蘊初がP. N.と表記されることはふつうありえない。それにもかかわらず、P. N. Wooは呉蘊初その人であると見なしてよい。その根拠のひとつは、国史館に所蔵されている天利淡気製品股份有限公司関係史料に関して、同館のアーキヴィストが一貫してP. N. Wooは呉蘊初であると認識していることである。いまひとつの根拠は、陳正卿（一九九八、七七－八〇頁）において、一九三七年に呉蘊初がＩＧと人造石油製造技術のライセンシングをめぐって交渉した経緯に言及されており、かつその記述が上海市档案館史料に依っていることである。ちなみに、陳正卿は同館史料の史料集である上海市档案館（一九八九）および上海市档案館（一九九二）の中心的編纂者でもある。ただし、呉蘊初がＩＧ側によってP. N. Wooと記されることになった事情は不明である。

(16)　ただし、この文書ではM. T. HsuがM. T. Zeeと記されている。

(17)　ドイツ語の誤記が散見されるが、いちいち指摘せず、適宜訂正した。

(18)　この会合の出席者は双方とも少数であり、ＩＧ側にはヴァイベルの姿があった。ここでは具体的に突っ込んだやりとりがあった（程 一九六七、一八八－一八九頁）。

(19)　この交渉について、陳正卿（一九九八、七九－八〇頁）は具体的内容に乏しい。

(20) ＩＧの文書では、燃料委員会は前回はBrennstoffkommissionとされ、今回はTreibstoffkommissionとされている。

(21) 資源委員会副秘書長の銭昌照は、その回顧のなかで、孔祥熙がドイツ到着後まもなくアメリカへ発った後も、翁文灝はドイツにとどまり「商談を継続した」と記している。その上で、蒋介石が翁文灝に対し、イギリスおよびドイツへ赴き両国の対日方針を探るとともに、資金・軍事面での支援を獲得するよう指示していたが、具体的な成果はなかったと、いささか辛すぎる評価を下している（銭 一九九八、五一頁）。資源委員会の幹部であった呉兆洪は、やはりその回顧のなかで、抗戦開始後、翁文灝と銭昌照とのあいだに「矛盾」が発生したと記し、その契機となったのは独中条約の締結であり、また翁文灝がドイツにおいて「中徳合弁工鉱企業的合同」を自らの手で締結したことであったとしている。その後翁文灝が資源委員会の活動により積極的に関与するようになり、そのことが「矛盾」を生んだというのである（呉 一九八八、八七－八九頁）。

(22) BAL 330/713に関連する文書が散見されるが、その検討は別稿の課題としたい。

(23) 永利化学の概略について、貴志（一九九七、二五四－二六五頁）、久保（二〇〇五、二〇〇－二〇二、二五〇－二五二頁）、田島俊雄（二〇〇五、六－八頁）、峰（二〇〇九、四六－四七、四九－五〇頁）を参照。硫安工場の建設、永利の技術導入のための交渉、および資金調達についての詳細は、王（二〇〇五、六五－六九頁）を参照。一九三七年の日本軍による天津、南京の占領の後、工場を内陸の四川省に移してソーダ生産などを継続したことについて、貴志（一九九七、二六五－二八一頁）、田島俊雄（二〇〇五、一〇－一一頁）、陳歆文（二〇〇六、八四－八五頁）を参照。なお、当時の中国の化学工業全般については、貴志（一九九七）、田島俊雄（二〇〇三）、田島俊雄（二〇〇五）、王（二〇〇五）、峰（二〇〇五）、峰（二〇〇九）、久保（二〇〇五）を参照。

(24) この照会についてはBAL 330/761にかなりの量の文書があるが、その検討は他日を期したい。

(25) 最新の包括的な研究史のサーヴェイである中国企業史研究会（二〇〇七）においては、石油および人造石油のいずれについても記述がない。

(26) ＩＨＥＣＣでの合意形成の過程における国際政治的要因の影響については、とくに四社の本国政府との関係において、検討すべき余地が残されている。

■史料

BASF　SE: Unternehmensarchiv Ludwigshafen (BASF UA).

B4/2028; B4/2029; B4/2058.
M1104/67; M1104/69.
Bayer AG: Corporate History & Archives, Bayer Archiv Leverkusen（BAL）.
82/3.1.
82/10 Ostasienausschuß der I.G. 1936-1943.
330/474, Vol. 1; 330/474, Vol. 2; 330/536; 330/658; 330/672 ; 330/677; 330/761; 330/826, Vol. 1.

■史料集

程玉鳳・程玉凰編（一九八四）『資源委員会档案史料初編（上）（下一）（下二）』台北・国史館。

高素蘭編（二〇一〇）『蔣中正総統档案　事略稿本（三八）』新店・国史館。

金開英（陸寶千・黃銘明編）（一九九一）『金開英先生訪問紀録　中央研究院近代史研究所口述歴史叢書（二九）』台北・中央研究院近代史研究所。

秦孝儀総編集（一九七八－）『総統蔣公大事長編初稿（四上）』。出版地、出版社ともに不明。

上海市档案館編（一九八九）『呉蘊初企業史料　天原化工廠巻（上海档案史料叢編）』北京・档案出版社。

上海市档案館編（一九九二）『呉蘊初企業史料　天厨味精廠巻（上海档案史料叢編）』北京・档案出版社。

翁文灝（李学通・劉萍・翁心鈞編）（二〇一〇）『翁文灝日記』北京・中華書局。

中国第二歴史档案館編（一九九四）『中徳外交密档（一九二七－一九四七年）』桂林・広西師範大学出版社。

■文献（欧文）

Coleman, Kim（2006）*IG Farben and ICI, 1925-1953: Strategies for Growth and Survival*, Houndsmills, Basingstoke: Palgrave Macmillan.
Danylow, Peter und Ulrich S. Soénius（Hrsg.）（2005）*Otto Wolff: Ein Unternehmen zwischen Wirtschaft und Politik*, München:

Siedler.
Fox, John P.（1982）*Germany and the Far Eastern Crisis 1931–1938: A Study in Diplomacy and Ideology*, Oxford: Oxford University Press.
Hayes, Peter（1987）*Industry and Ideology: IG Farben in the Nazi Era*, Cambridge: Cambridge University Press.
Ilgner, Max（1936）Bericht über eine Reise nach Ostasien 1934-35, Erster Band: Japan und Mandschurei; Zweiter Band: China, Hong Kong und Macao; Dritter Band: Südostasien, BAL 191/1.3.
Kirby, William C.（1984）*Germany and Republican China*, Stanford: Stanford University Press.
Kudo, Akira（1998）*Japanese-German Business Relations: Cooperation and Rivalry in the Inter-war Period*, London: Routledge.
Martin, Bernd（Hrsg.）（1981）*Die deutsche Beraterschaft in China 1927–1938. Militär-Wirtschaft-Außenpolitik*, Düsseldorf: Droste.
Plumpe, Gottfried（1990）*Die I.G. Farbenindustrie AG. Wirtschaft, Technik und Politik 1904–1945*, Berlin: Duncker & Humblot.
Ratenhof, Udo（1987）*Die Chinapolitik des Deutschen Reiches 1871 bis 1945. Wirtschaft-Rüstung-Militär*, Boppard am Rhein: Harald Boldt Verlag.

■文献（中文）

陳歆文編（二〇〇六）『中国近代化学工業史（一八六〇－一九四九）』北京・化学工業出版社。
陳正卿（一九九八）『味精大王呉蘊初（中国民国史叢書　人物係列）』鄭州・河南人民出版社。
程天放（一九六七）『使徳回憶録』台北・国立政治大学出版委員会。
李新編（二〇一一）『中華民国史　人物伝（六）』北京・中華書局。
李学通（二〇〇五）『翁文灝年譜』済南・山東教育出版社。
馬振犢・戚如高（一九九八）『蔣介石与希特勒――民国時期的中徳関係』台北・東大図書公司（北京・九州出版社、二〇一二年）。
銭昌照（一九九八）『銭昌照回憶録』北京・中国文史出版社。

徐友春編（二〇〇七）『民国人物大辞典　増訂本（上）』石家荘・河北人民出版社。

王琪・張発齢（一九九六）『民国大亨　味精大王呉蘊初　化工大王范旭東』太原・山西経済出版社。

翁文灝（一九三二ａ）「中国地下富源的估計」『独立評論』一七号、一九三二年九月一一日（翁文灝〈李学通編〉『科学与工業化――翁文灝文存』北京・中華書局、二〇〇九年）。

翁文灝（一九三二ｂ）「中国的燃料問題」『独立評論』二四号、一九三二年一〇月三〇日（翁文灝〈李学通編〉『科学与工業化――翁文灝文存』北京・中華書局、二〇〇九年）。

翁文灝（李学通編）（二〇〇九）『科学与工業化――翁文灝文存』北京・中華書局。

呉兆洪（一九八八）「我所知道的資源委員会」全国政協文史資料研究委員会工商経済組編『回憶国民党政府資源委員会』北京・中国文史出版社（全国政協文史和学習委員会編、新版、二〇一四年）六三－一四一頁。

薛毅（二〇〇五）『国民政府資源委員会研究』北京・社会科学出版社。

薛毅（二〇一〇）『中国近代経済史探微』北京・商務印書館。

鄭友揆・程麟蓀・張伝洪（一九九一）『旧中国的資源委員会（一九三二－一九四九）――史実与評価』上海・上海社会科学院出版社。

■文献（邦文）

石島紀之（一九七八）「国民党政権の対日抗戦力――重工業建設を中心に」野沢豊・田中正俊編集代表『講座中国近現代史（六）抗日戦争』東京大学出版会、三一－六二頁。

石島紀之（二〇〇四）「重慶国民政府論」石島紀之・久保亨編『重慶国民政府史の研究』東京大学出版会、一－二二頁。

王京濱（二〇〇五）「永利化学からみる民国期の産業金融」田島俊雄編『二〇世紀の中国化学工業――永利化学・天原電化とその時代』東京大学社会科学研究所研究シリーズ、一七号、五三－七九頁。

奥村哲（二〇〇四）『中国の資本主義と社会主義――近現代史像の再構成』桜井書店。

笠原一九司（二〇〇五）「国民政府軍の構造と作戦――上海・南京戦を事例に」中央大学人文科学研究所編『民国後期中国国民党

政権の研究』中央大学出版部、二二九－二九六頁。

貴志俊彦（一九九七）「永利化学工業公司と范旭東——抗戦下における国家と企業」曽田三郎編『中国近代化過程の指導者たち』東方書店、二五三－二八六頁。

工藤章（一九九二a）『日独企業関係史』有斐閣。

工藤章（一九九二b）『イー・ゲー・ファルベンの対日戦略——戦間期日独企業関係史』東京大学出版会。

工藤章（一九九九）『現代ドイツ化学企業史——ＩＧファルベンの成立・展開・解体』ミネルヴァ書房。

久保亨（一九九六）「近現代中国における国家と経済——中華民国期経済政策史論」山田辰雄編『歴史のなかの現代中国』勁草書房、八二－一一六頁。

久保亨（一九九九）『戦間期中国〈自立への模索〉——関税通貨政策と経済発展』東京大学出版会。

久保亨（二〇〇四）「戦時の工業政策と工業発展」石島紀之・久保亨編『重慶国民政府史の研究』東京大学出版会、一七一－一九〇頁。

久保亨（二〇〇五）『戦間期中国の綿業と企業経営』汲古書院。

久保亨（二〇一一）「東アジアの総動員体制」和田春樹・後藤乾一・木畑洋一・山室信一・趙景達・中野聡・川島真編『岩波講座東アジア近現代通史（六）アジア太平洋戦争と「大東亜共栄圏」一九三五－一九四五年』岩波書店、四七－七二頁。

田島俊雄（二〇〇三）「中国化学工業の源流——永利化工・天原電化・満洲化学・満洲電化」『中国研究月報』五七巻一〇号、一－二〇頁。

田島俊雄（二〇〇五）「二〇世紀の中国化学工業——本書の課題」田島俊雄編『二〇世紀の中国化学工業——永利化学・天原電化とその時代』東京大学社会科学研究所研究シリーズ、一七号、一－一九頁。

田嶋信雄（二〇一三）『ナチス・ドイツと中国国民政府　一九三三－一九三七』東京大学出版会。

中国企業史研究会（二〇〇七）『中国企業史研究の成果と課題——日本・中国（大陸）・香港・台湾・欧米での研究動向』汲古書院。

程麟蓀（関智英訳）（二〇〇六）「国民政府資源委員会とその人民共和国への遺産」久保亨編『一九四九年前後の中国——その政治・経済・社会構造の断絶と連続』汲古書院、一三九－一六〇頁。

萩原充（二〇〇〇）『中国の経済建設と日中関係――対日抗戦への序曲　一九二七－一九三七年』ミネルヴァ書房。

萩原充（二〇〇六）「中国空軍の対日戦略――日本爆撃計画を中心に」波多野澄雄・戸部良一編『日中戦争の軍事的展開』（日中戦争の国際共同研究（二））慶應義塾大学出版会、四五－七一頁。

峰毅（二〇〇五）「戦間期東アジアにおける化学工業の勃興」田島俊雄編『二〇世紀の中国化学工業――永利化学・天原電化とその時代』東京大学社会科学研究所研究シリーズ、一七号、二一－五一頁。

峰毅（二〇〇九）『中国に継承された「満洲国」の産業――化学工業を中心にみた継承の実態』御茶の水書房。


［謝辞］ＢＡＳＦ文書館（BASF Unternehmensarchiv Ludwigshafen）のハントリヒ（Annette Handrich）女史、バイエル文書館（Bayer Archiv Leverkusen）のポガレル（Hans-Hermann Pogarell）氏には史料収集に際して便宜を図っていただいた。峰毅氏（東京大学経済学博士）および平野達志氏（東京大学大学院総合文化研究科博士課程）には草稿を読んでいただき、有益な批評および助言をいただいた。厚くお礼申し上げたい。

第一一章　第二次世界大戦期の「満」独通商関係

――満洲大豆から阿片へ

熊野直樹

はじめに

第二次世界大戦期においてアジアとヨーロッパとの関係、特に「大東亜共栄圏」と独伊を含む欧米との通商関係は、従来、日米英開戦の勃発によって事実上杜絶したと一般的に考えられてきた。しかし、「大東亜共栄圏」の重要な一角をなした「満洲国」とナチス・ドイツとの通商関係は、日米英開戦以降も脈々と大戦末期に至るまで継続していたのである。そもそも戦間期の「満」独間の主要な貿易品は、満洲産の大豆（大豆粕・大豆油）、すなわち満洲大豆であった。しかし、関係が杜絶したと考えられてきた第二次世界大戦期において「満」独間の主要な貿易品は、満洲大豆から阿片へと代わっていたのである。そこで本章では、両国間の貿易品が満洲大豆から国際的な禁制品である阿片へと代わった経緯と理由を検討するとともに、第二次世界大戦期の「満」独阿片貿易の実態を解明することが、主要な課題となる。

そもそも大豆は、ドイツ史研究では主にナチス・ドイツの食糧政策研究において着目されてきた。特に油脂とタンパク質に関して、満洲大豆が果たした役割が注目されてきた（Corni und Gies 1997; Drews 2004; 熊野 二〇〇九、足立 二〇一三）。当時のドイツの油脂自給率は四五％（熊野 二〇〇九、一六六頁）だったが、第二次世界大戦勃発による満洲大豆の輸入杜絶によって、戦時中のドイツは油脂・タンパク質不足に苦しむことになった。そのため、昨今ではとりわけ油脂やタンパク質不足の強調と、それへの対策の研究がなされている（Pelzer und Reith 2001; Reith 2007; Pelzer-Reith und Reith 2009）。その際、戦時中のドイツ国民の食糧事情が階層によって異なっており、平準化されたものではなかったことが指摘されている（Buchheim 2010）。いずせにせよ、ナチス・ドイツにおいては、油脂自給率の低さがその食糧政策を規定していたのは事実である。その際、満洲大豆がナチス・ドイツの食糧政策に対して大きな影響を与えていたことは重要である。

しかしながら、ドイツの食糧政策研究においては、満洲大豆への着目はなされても、依然として満洲大豆の輸出国であった「満洲国」とナチス・ドイツとの通商関係への視点は希薄である。そうしたなかで、「満」独関係の先駆的研究が田嶋（一九九二）である。日独双方の外交史料を網羅した本研究によって、一九三六年の「満」独貿易協定締結に至る政治過程が詳細に明らかにされた。最近のドイツにおける「満」独関係史研究の成果としては、ムント編集の史料集が挙げられる（Mund 2006）。本史料集は、詳細な解題付きの在日ドイツ大使のディルクセン（Herbert von Dirksen）の外交史料集であるが、「満」独関係に関する史料も解題付きで掲載されている。

その一方で、「満」独二国間の関係だけでなく、日「満」独の三国間の関係に着目し、当時構想されていた三角貿易の構想とその実態について検討したのが、パウアーと工藤である（Pauer 1984, 1986; 工藤 一九九六、工藤 二〇一一）。とりわけ工藤は、一九三〇年代の「満洲国」と日独通商関係についての事実関係を整理しながら、日「満」独の三角貿易の幻想性を明らかにしている。ただ、以上の研究は、主に第二次世界大戦前までであり、大戦勃発後の「満」独関係を中心に扱ったものではない。

このように一九三〇年代の「満」独関係の研究は存在するものの、第二次世界大戦勃発後の「満」独関係についての研究は、管見の限りではあるが、殆ど存在していないといえる。というのは、大戦勃発以降イギリスをはじめとした連合軍の海上封鎖によって、「満」独間の海上輸送が一時杜絶してしまったと考えられてきたことによる。事実、満洲大豆についての「満」独通商関係に関する考察において、岡部は「第二次世界大戦が勃発し、満独貿易は事実上杜絶してしまった」と述べている（岡部 二〇〇八、六九頁）。

確かに、一時的に「満」独間の海上輸送が杜絶してしまったのは事実であるが、しかし、シベリア鉄道による満洲大豆の輸送が再開されていたのである。こうした事実を踏まえた上で、「満洲国」関係者が中心となって執筆・編集された『満洲国史』は、独ソ戦勃発による陸路杜絶や、日米英開戦に伴う海上輸送の危険性によって、「満」独間の「交易は漸減の一途を辿った」と述べている（満洲国史編纂刊行会 一九七一、三六四頁）。

これに対して、独ソ戦後も封鎖突破船（Blockadebrecherschiff）やドイツの潜水艦によって輸送が日「満」独間でなされていた事実が、パウアーや工藤ならびにチャップマンから指摘されている（Pauer 1984, 1986; 工藤 一九九六、工藤 二〇一一、Chapman 2011）。こうした事実の解明は、従来杜絶ないしは衰退したと考えられていた第二次世界大戦期の「満」独間の通商関係を考察する上においては、重要な指摘である。

しかしながら、以下の諸問題については、未だ十分には解明されていないといえる。すなわち、第二次世界大戦勃発によって一度は杜絶した「満」独通商関係は、どのようにして復活したのか。その際、シベリア鉄道を通じての輸送再開はいつ、どのような経緯でなされたのか。さらには、この時期満洲大豆は、いつ、どのように輸送されたのか。しかも、独ソ戦勃発によってシベリア鉄道経由の対独輸送が不可能になって以降、「満」独通商関係はそもそもいかなる状態にあったのか。これらについては、研究史上においては依然として空白のままである。

そうしたなか、拙論（熊野 二〇〇九）では「満」独通商関係は独ソ戦勃発後も継続し、大戦末期においては、満洲大豆に代わって阿片が両国間の主要な貿易品になったことを指摘した。その後、岡部によって「満」独通商関係における阿片について、大変に興味深い指摘がなされている。

「また古海〔忠之〕は、ドイツ、日本、華中、香港などとの貿易勘定の決済に、満州阿片が輸出されたことも語っている。事実古海が管理所で書いた詳しい「経歴書」には、一九四一年ドイツ経済使節と協議し、貿易協定の「満州国」側借越分の精算として阿片七トンなどの引き渡しを決定したという記述が見える。これらは当然正規の貿易決済と思われるが、いままで実態は解明されていない」（岡部ほか 二〇一〇、六七頁［〔 〕内引用者。以下同じ］）。(1)

岡部が指摘するように、第二次世界大戦期の「満」独間の阿片貿易の実態は、内外の研究においては依然として解明されていない。このように、第二次世界大戦期の「満」独関係の残された課題は、「満」独阿片貿易の実態解明である。とりわけ、なぜ、そしてどのような経緯を経て、両国の主要な貿易品が満洲大豆から阿片に代わったのか。その際、誰が主導し、いかなるアクターが関与したのかが重要な課題となる。以上の点を明らかにするのが、本章の主たる目的である。

一　「満」独関係と第二次世界大戦の勃発

1　満洲大豆と「満」独貿易協定

（1）満洲大豆とドイツ

ナチス・ドイツの当初の農業政策は、アウタルキー（自給自足）政策を特徴としていた。この政策に基づいて、当時食糧農業大臣であったフーゲンベルク（Alfred Hugenberg）主導の下、一九三三年三月二三日付で「国内産動物性脂肪および国内産飼料の使用促進に関する第二次大統領令」、いわゆる「油脂法」が発令された（*Reichsgesetzblatt*, Teil I, 24.

表 11－1　ドイツにおける大豆輸入高

単位：トン

	1932 年	1933 年	1934 年	1935 年
輸入数量	1,186,993	1,170,900	913,740	515,838

出典：熊野（2009）表 5-1，154 頁より作成.

März 1933, S. 143-145)。この「油脂法」の目的の一つは、当時ドイツが一〇〇万トン以上輸入していた大豆を大幅に制限することであった（表11－1参照）。安価な大豆は、その大豆油が植物性油脂としてマーガリンの原料となり、その大豆粕が酪農の飼料として中小農民によって好んで利用されていた。「油脂法」によって、動植物性油脂の一切の流通が油脂局によって管理されることになり、油脂の量や価格が政府によって統制されることになった。しかも、大豆や大豆油ならびに大豆粕に対しては、専売付加金が課せられるようになった。さらには、マーガリンの関税が大幅に引き上げられた。こうして、当時のユンカーを中心とした農業界の主要な要求であったバター価格引き上げのための政策が、実行に移されたのであった（熊野 二〇〇九、一六一－一六二頁、熊野 一九九六、第五章）。

こうしたナチス・ドイツの「油脂法」について、『満鉄調査月報』は、以下のようなベルリン滞在の調査員隠岐猛男のコメントを掲載している。

> 「新油脂政策が外來油脂に加へる壓迫中特に大豆及鯨油に重點を置いて居る事は明白で、両者の油脂原料中に占める地位に鑑み當然に理解される。就中大豆は油及粕の両方面からの壓迫を受けこの點から從來輸入された油料子實中最深刻な打撃を蒙るものと云ひ得る」（隠岐 一九三三、一八六頁、熊野 二〇〇九、一六四頁）。

隠岐は、ドイツの大豆輸入の三〇～四〇％の減少を見込んでおり、一九三四年の輸入は六〇～七〇万トンに止まると予想していた（隠岐 一九三三、一八八頁）。

一九三三年六月にフーゲンベルクが辞任した後、ナチ党の農民指導者ダレー（Richard Walther Darré）が食糧農業大臣に就任したが、アウタルキー政策は基本的に継承された。フーゲンベルクの

「油脂法」によって、バター価格は上昇し、マーガリンの価格も上昇した。さらには、大豆の輸入も一九三四年には九〇万トンへと減少した。そして一九三五年には、外貨危機による為替管理政策の影響も加わって、大豆の輸入は、表11－1が示すように、ピーク時の半分にまで落ち込むに至ったのであった（熊野 二〇〇九、一六四頁）。

こうしたさなか、一九三五年には油脂不足によって、ドイツ国内で「油脂飢饉」ならびに「飼料飢饉」といわれる深刻な食糧危機が生じたのであった。

こうした食糧危機を前にヒトラー（Adolf Hitler）は、民衆のなかで不満が広がることを何よりも恐れていた。ヒトラーは、第一次世界大戦の経験から民衆に対する食糧問題の重要性について教訓を引き出しており、食糧価格の騰貴が場合によっては「革命的状況」を導きかねないとみなしていた（栗原 一九九四、二五七頁、Corni und Gies 1994, S. 45f.）。また、そもそも食糧農業省も、満洲大豆の輸入は不可欠とみなしており、そのために外国為替を必要としていたが、これに対して経済省は外国為替の悪化を理由に難色を示していた。こうして一九三五年以降、満洲大豆を輸入するための外国為替の割当をめぐって、食糧農業省と経済省との間で対立が生じることになった（参照、田嶋 一九九二、二二六頁、Schweitzer 1962, S. 253）。こうしたなかで「満」独貿易協定が成立することになるのであった。

（2）「満」独貿易協定の成立

外国為替の割当をめぐる食糧農業省と経済省との対立において、これを仲裁し、かつ「満」独貿易協定の成立において主導権を発揮したのが、外務省であった。外務省は一九三五年八月に「満洲国委員会」設立を提案することによって、使節団派遣に対する各省庁の基本的合意の調達に成功した。こうしてキープ（Otto Kiep）使節団が、同年一〇月に極東に派遣されることになった。外務省は、経済省と食糧農業省の同意を得て、一九三六年の一年間、三〇万トンの大豆を外国為替で購入し、それ以外の輸入については、バーター化することを当面の方針としてキープに与えたのであった（田嶋 一九九二、二三二－二三三頁、熊野 二〇〇九、一六六－一六七頁）。

　このように、深刻な食糧危機を前にドイツは満洲大豆の輸入を目的として、「満洲国」とのバーター的清算方針を骨子とした「満」独貿易協定を締結しようとしていたのであった。事実、キープ公使は、満洲特産中央会との座談会において、使節団の目的として、「満洲大豆は油脂原料として、又飼料としても優秀なる物質でありまして、この種物《ママ》資の缺乏せる我が獨逸としては絶對に必要なのでありますから、その意味に於てのみでも、これが輸入増加を計らねばなりませんので、この目的達成のために我々一行が御當地まで態々乗込んだ次第であります」と述べていたのであった（『満洲特産月報』創刊号、一九三六年、四三頁、熊野 二〇〇九、一六七–一六八頁）。

　こうしたドイツの目的のもと、一九三六年四月三〇日に、「満」独貿易協定が東京において「満洲国」駐日大使謝介石とドイツ東洋経済使節団団長キープとの間で調印され、翌五月一日に正式に発表されたのであった。そこでは、代金の支払い方法としては、代金の四分の三がポンド貨外国為替、残りの四分の一がライヒスマルク払いとなっていたのであった（『満、獨通商協定関係一件』JACAR Ref. B04013696900；熊野 二〇〇九、一六八頁）。

　こうして成立した「満」独貿易協定は、一年間の有効期間であったが、その後更新に関する商議が開始された。その結果、一九三七年五月二一日には、ベルリンの経済省において、「満洲国」関係官憲代表加藤日吉通商代表とドイツ側外国為替管理局代表ヴォールタート（Helmuth Wohlthat）との間で、協定効力延長同意書が調印された。これによって、一九四〇年五月三一日まで延長されることが同意された（『満洲特産月報』三巻一号、一九三八年、七〇頁、熊野 二〇〇九、一六八頁）。さらに「満洲国」は満洲産業開発五カ年計画に必要な建設資材を確保する目的をもって、一九三七年九月に満洲中央銀行とドイツのオットー・ヴォルフ（Otto Wolff）財団との間で、二〇〇〇万ポンド（約三五〇〇万円）の借款を成立させた（満洲国史編纂刊行会 一九七一、五二七–五二八頁）。この間、ナチス・ドイツは一九三六年四月八日に中独（ハプロ）条約を締結し、対中国武器輸出ならびに中国からのタングステンをはじめとする鉱業資源の輸入を行っていた（田嶋 二〇一三、一九〇–一九一、三五二–三五六頁）。そのためドイツは、中国国民政府への配慮から「満洲国」を承認しないまま、「満」独貿易協定を締結してきたのであった。そうしたなかで一九三八年二月二〇日に、ナチス・ドイツはつ

表 11－2　ドイツの満洲大豆輸入量

単位：トン

	1936 年	1937 年	1938 年	1939 年 1 月～7 月
輸入数量	456,607.6	545,118.9	717,412.4	587,420.6

出典：熊野（2009）表 5-2，169 頁より作成.

いに「満洲国」を承認するに至った。この「満洲国」承認を踏まえて、一九三八年九月一四日に新京において蔡運升外務局長官とクノル（Karl Knoll）駐満公使との間で、「滿洲國及獨逸國間ノ貿易及支拂ニ關スル協定」が署名調印された。こうして「満」独貿易協定は、今や国家間の貿易協定として締結されるに至った。この協定は、第一五条にあるように「一九三六年四月三十日初めて締結せられたる後一九三七年五月二十一日延長せられたる滿獨貿易に關する協定に代るもの」であった。この有効期間は、一九三八年六月一日に遡及して一九四〇年五月三一日までとされ、協定効力延長同意書の有効期間をそのまま承継した（『大阪毎日新聞』一九三八年九月一五日夕刊、神戸大学経済経営研究所新聞記事文庫通商条約〈Oa－一七七〉）。

こうした一連の貿易協定によって、ドイツの満洲大豆の輸入量は着実に増加していった。表11－2から窺えるように、一九三七年は前年比で約九万トン増加し、一九三八年には約七〇万トンまで増加していた。一九三九年九月に第二次世界大戦が勃発したため、『満洲特産月報』の一九三九年のデータは七月までであるが、月当たり平均で約八・三万トンであり、年に換算すれば約一〇〇万トンになる。戦間期のドイツにとって、満洲大豆は油脂の原料として依然として必要不可欠な農産物であり続けたのであった。

2　「満」独関係と第二次世界大戦の勃発

一九三九年九月一日に第二次世界大戦が勃発した。これによって海上輸送による満洲大豆の対欧輸出は、一時杜絶することになった。そのため満洲特産協会は、同年九月に神戸で行われた総会で、「満洲国」側の対日大豆輸出割当を年間七五万トンから一〇〇万トンへ引き上げるように議決してい

た（『満洲特産月報』四巻一〇号、一九三九年、二七頁）。

そうしたなか「満洲国」側では、「満」独貿易再開の試みがなされており、その際、輸出入の経路の輸送方法について検討がなされていた。この点の事情については、一九三九年九月二八日付の梅津美治郎特命全権大使より野村吉三郎外務大臣宛電報からも窺える。

「……本日獨側ニ「現行満獨貿易協定ハ之ヲ繼續スルモ獨側ハ現協定ニ従ヒ滿側ノ前借金ノ要求ニ應スルト共ニ滿側ハ獨側ヨリノ借入金ノ存スル範圍内ニ於テ差當リ優先的ニ全額馬克拂ニ依ル輸出ヲ行フコトト致度キ」旨ノ申入ヲ行フコトトセルカ両國品ノ輸出入ノ經路輸送方法其ノ他條件ニ關シテハ冒頭貴電御申越ノ次第モアリ一両日中ニ方針ヲ決定スル趣ナリ」（「梅津特命全権大使より野村外務大臣宛電報」昭和一四年九月二八日、JACAR Ref. B08062038100）。

さらに、同年九月には、「満洲国」側において「満独貿易戦時対策要領」が策定され、輸出入の経路や輸送方法の条件について協議することなどが、ドイツ側に提案された[2]（満洲帝国政府 一九六九、六三六頁）。そうしたなか、一九三九年一〇月一〇日にドイツの「ツエーゼン〔Zeesen〕獨語放送」は、以下のことを放送した。

「一、滿洲大豆は以前は船で印度洋經由で獨逸へ運ばれたが、今後はシベリア鐵道により迅速に獨伊へ供給せられる事となり日滿ソ獨伊各國に夫々良好な結果を與へることとなつた」（「内閣情報部一〇・一二　情報第二號ツエーゼン獨語放送（十日）東京都市逓信局聽取」JACAR Ref. A03024528800）。

実際に一九三九年一二月に、シベリア鉄道を通じて日本からドイツへの輸送が再開された模様である。その際のルートは、上海↓（神戸・横浜）↓敦賀↓ウラディオストック↓シベリア鉄道↓ケーニヒスベルクであった。その際、シベリア鉄道の輸送を牛耳っていたのが、ドイツの貿易会社ハーマッヒャー商会（Harry W. Hamacher & Co.）の日本代表ウムバウ事務所（Buero Umbhau）であった（BA/ MA Freiburg, RW19, Anhang 1/ 1393: Ostasiatischer Verein Hamburg-Bremen e.V. 1931-1943, Bll. 93-95, 97-101, 114）。しかも一九三九年一二月下旬には、ケーニヒスベルクから満洲里経由の輸送が再開され、輸送品は満洲里に一九四〇年一月下旬に到着した模様である（*ibid.*, Bll. 114f.）。

しかし、この時期、満洲大豆の輸送は未だに再開されてはいなかった。そのためドイツでは、第二次世界大戦によって杜絶した満洲大豆をどのようにして補完するかが、食糧政策において重要な争点になったのであった。その際、シベリア鉄道を通じての満洲大豆の輸入が試みられるとともに、東南欧産の大豆で補完することが試みられた（足立 二〇一三）。

こうしたなか、満洲大豆一万トンを引っ提げて、満洲重工業開発株式会社（満業）総裁の鮎川義介《あいかわよしすけ》が、ナチス・ドイツを訪問することになる。

3　鮎川義介の訪独と満洲大豆

（1）鮎川訪独とヴォールタートとの邂逅

鮎川によると、駐満ドイツ公使のヴァーグナー（Wilhelm Wagner）に「満洲の大豆とドイツの機械とのバーターを行なえば、満業の計画は遂行できるのではないか」と言われたことが、ドイツを訪問する契機となったという（「鮎川義介」一九八〇、七〇頁）。この点については、鮎川の秘書であった岸本勘太郎も同様のことを述べている。

「……或る日ドイツの公使に新京でお會ひになりました時に、ドイツ公使のいはれるのには、ドイツは戰争を始めたけれども生産力には十分なる余裕があるし、又輸送についてもドイツとロシアとの關係から行けばシベリア鐵道を利用することによつて相當の輸送能力があるものと思ふから、是非向ふへ行つて獨逸の實狀を見て欲しいといふ希望がありました」（「昭和十五年五月二日歐洲視察側面觀　滿業秘書役岸本勘太郎」故鮎川義介先生資料（以下、鮎川資料と略記）一八二・三（2 of 3）、国立国会図書館憲政資料室〔ゴチック原文ママ。以下同じ〕）。

その際鮎川は、ドイツの機械とバーターを行うために、「満洲国」総務庁長官であった星野直樹から満洲大豆一万トンの「ワク」をもらったと回想している（「鮎川義介」一九八〇、七〇頁）。鮎川訪独の目的は、ドイツで彼自らが述べるところによると、やはりドイツからの機械購入であったらしいが（*Ostasiatische Rundschau*, Nr. 2 vom Januar 1940, S. 47. 鮎川資料三三三・三（1 of 1）、国立国会図書館憲政資料室）、もう一つの目的は、渡米によるアメリカ資本の導入であった（井口 二〇一二、一九八頁以下）。これに対してドイツ側は、鮎川訪独を「満」独経済関係の強化ならびに深化と捉えていたようである（*Berliner Lokalanzeiger*, Morgen-Ausgabe, 25. Januar 1940. 鮎川資料三三三・三、国立国会図書館憲政資料室）。

こうして鮎川は、シベリア鉄道経由で一九三九年一二月二二日にドイツに向けて出発した。翌年一月一八日にベルリンで、鮎川は早速、四カ年計画の遂行委員で一九三七年の「満」独貿易協定締結の際のドイツ側の代表でもあったヴォールタートと会談を行っている。当時の詳細な旅程報告には、以下のように記述されている。

「7.1.18 1.30 P.M. Hotel Adlon ニ於テ四ヶ年計畫遂行委員 Dr. Wohlthat 主催ノ官民歡迎午餐會ニ□席滿洲大豆ノ極東ニ於ケル情勢變化ニ付長講一席」（「総裁鮎川義介　満洲重工業株式会社旅程」鮎川資料一八二・三（1 of 3）、国立国会図書館憲政資料室〔□は判読不明、以下同じ〕）。

その後、一九四〇年一月二四日には、鮎川はヴォールタートの仲介で、四カ年計画庁長官であったゲーリング（Hermann Göring）と会談を行っている。

「1.24 10.00 A.M. Dr.Wohltat [sic] ノ案内ノ下ニ航空大臣官邸ニゲーリング元帥ヲ訪問會談四十分」（「総裁鮎川義介　満洲重工業株式会社旅程」鮎川資料一八二・三（1 of 3）、国立国会図書館憲政資料室）。

こうした鮎川・ヴォールタート会談及び鮎川・ゲーリング会談について、日本の内閣情報部は以下のような評価をしていた。

「鮎川氏は到着以來一週間に亘りゲーリング元帥及びウォルタート外國爲替管理局長等獨政府要人と連日に亘り會談を遂げたが、その結果滿獨両國の希望については相互に諒解に達した、ドイツ側の要求は大豆、鯨油等ドイツの食料自給上の最大の弱點となつてゐる油脂及び飼料に重點が置かれてゐる、これに對し鮎川氏はドイツより工作機械飛行機、自動車輕金屬の供給を要求した、更に滿洲大豆は數年前の如く滿洲より國外輸出を奬勵した時代と異り現在は日本の需要により輸出能力を超過してゐる實狀にあるからドイツ側から相當好條件を提示されぬ限りドイツの希望する様な大量輸出に應じ得るか否か疑問であるとドイツの保障を要請してゐる模樣である、（中略）一方獨滿両國間の物資輸送にはシベリア鐵道を利用せねばならずこの點に付きソ聯の積極的協力を必要とする……」（「内閣情報部一、二六　情報第三號」JACAR Ref. A03024558500）。

事実、「満洲国」内においては、農民の大豆未納入や不作（前年度比で一〇〇万トン減）が相俟って大豆が不足しており、しかも日本側の肥料としての大豆の需要が増大していた（BA/ MA Freiburg, RW19, Anhang I/ 1393: Ostasiatisher Verein Hamburg-Bremen e.V. 1931-1943, Bl. 114）。一連の会談では「満」独双方において、お互いの希望については諒解しつつも、満洲大豆の大量輸出には、ドイツ側が満洲側に対してかなりの好条件を提示する必要があると鮎川は強調していたようである。

鮎川がドイツを訪問して、満洲大豆と工作機械等のバーターについて交渉している間、それと並行してシベリア鉄道の利用をめぐって独ソ間の交渉が展開されていた。以下では、その独ソ間の交渉の過程について考察することにしよう。

（2）独ソ経済協定の成立

ナチス・ドイツは、戦争勃発に伴いイギリスやフランスによって海上封鎖される可能性が高いことを予想していた。そのため、海外からの輸入に頼っていた原料をいかに獲得するかが重要な政策課題となった。その際、大豆をはじめとした油脂の獲得もまた、ドイツの戦時の食糧政策においては重要な争点となっていた。そうしたなか、ドイツは戦争開始以前から、海上封鎖によって輸入が杜絶する原材料をシベリア鉄道経由で獲得することを画策していたのであった。その結果、ドイツはソ連と様々な協定を締結することになる。

一九三九年八月一九日には、独ソ信用協定（das deutsch-sowjetische Kreditabkommen）が締結され、それを受けて一九三九年九月二八日には独ソ両外相間の往復書簡において、極東‐ドイツ間のトランジット輸送が確認されている（*ADAP*, D, Bd. VIII, Dok. Nr. 157, S. 127; Dok. Nr. 162, S. 130; Dok. Nr. 163, S. 131）。これらの確認に基づいて一〇月には独ソ間で交渉が開始され、同年一二月二三日にモスクワにおいて独ソ交通協定（das deutsch-sowjetische Verkehrsabkommen）が締結された。これらの一連の交渉や協定を踏まえた上で、一九四〇年二月一一日に独ソ経済協定（das Wirtschaftsabkommen zwischen dem Deutschen Reich und der Union der Sozialistischen Sowjetrepubliken）が締結されるに至ったのである（*Der Vierjahresplan*, Jg. 4 (1940), Folge VI, S. 218f.）。こうして締結された独ソ経済協定の意義は、ヒトラーにとっては、極東とソ連からの物資輸送による海上封鎖の突破にあったといえる（Vgl. *ADAP*, D, Bd. VIII, Dok. Nr. 637, S. 644f.）。

この独ソ経済協定は、満洲大豆のシベリア鉄道を通じての輸送再開を考える上で重要な役割を演じた。その第一二条において、一九三九年九月二八日の両国外相の往復書簡に基づいてトランジット輸送の簡略化が確認され、その際、大豆の輸送料の五〇％ほどを割り引くことで合意がなされていたのであった（*ADAP*, D, Bd. VIII, Dok. Nr. 607, S. 604）。一九四〇年二月二六日のドイツ経済使節団代表の記録によると、ソ連は極東諸国などからのトランジットを保障したとされる。ドイツ経済使節団は、こうしたトランジットの保障は「ドイツの満洲国からの大豆の購入に関してはとりわけ重要である」と記していたのであった（*ADAP*, D, Bd. VIII, Dok. Nr. 636, S. 642）。ここからも独ソ経済協定において、満洲大豆の輸送が重要な争点であったことが窺える。

こうして独ソ経済協定締結以降、シベリア鉄道を通じて満洲大豆がドイツへ本格的に輸出されることになる。実際に一九四〇年二月初旬には、満洲里から満洲大豆がシベリア鉄道経由で輸送されている。これについては、同年四月五日に開催されたハンブルク・ブレーメン東アジア協会（Ostasiatischer Verein Hamburg-Bremen）の会議で「二月初旬に満洲里で積みこまれた最初の大豆が、既に少し前にヴィンダウ（Windau）に到着した」と報告されている（BA/ MA Freiburg, RW19, Anhang I/ 1393: Ostasiatischer Verein Hamburg-Bremen e. V. 1931-1943, Bl. 114; cf. Pauer 1986, p. 21）。

一九四〇年二月から独ソ戦が勃発する直前の一九四一年五月までのドイツの満洲大豆輸入量は、一六七、九〇〇トンであった。その内訳は、一九四〇年が五八、五〇〇トン、一九四一年が一〇九、四〇〇トンであった（Drews 2004, S. 279, Anm. 368; vgl. Corni und Gies 1997, S. 532）。こうした状況について、ドイツ外務省通商政策局長ヴィール（Emil Wiehl）は、一九四一年三月の時点で次のように評価している。

「これに対して我々が以前毎年約一〇〇万トンほど輸入していた満洲産の大豆については、シベリア鉄道がかなり多くの量を輸送できる状況にあったにも拘わらず、この戦争の最初の一年半の間にわずか約一五万トンしか納入されていない」（*ADAP*, D, Bd. XXII-1, Dok. Nr. 190, S. 270）。

ヴィールにとっては、シベリア鉄道を通じての満洲大豆の輸入は、決して満足できるほどの量ではなかったのであった。

（3）鮎川・ヒトラー会談

独ソ経済協定が締結され、満洲大豆がシベリア鉄道を通じて輸送され始めるなか、一九四〇年三月四日に、鮎川とリッベントロップ（Joachim von Ribbentrop）との間で会談が行われた。旅程報告はいう。

「March 4th　月　午前中十一時半來栖大使來訪、約一時間會談　十二時半頃一緒ニリッペントロップ外相ニ面會　クノール氏通譯約二時間半會談」（「総裁鮎川義介　満洲重工業株式会社旅程」鮎川資料一八二・三（1 of 3）、国立国会図書館憲政資料室）。

来栖三郎駐独大使同席のもと、両者の会談は約二時間半に亘った模様である。そしてその翌五日には、鮎川とヒトラーとの間で会談が行われたのであった。旅程報告によれば、以下の通りである。

「March 5th　火　十時大倉ノ加藤支店長 GHA ノ Schuman 氏ヲ伴ヒ來訪
午前十一時五十分外務省ノ Stack 氏來ラレ總裁ヲ案内シテヒツトラー總統官邸ニテ總統トノ面會アリ
伯林大學ノ Prof. Scharschmidt ノ通譯ニテ會談約四十分」（「総裁鮎川義介　満洲重工業株式会社旅程」鮎川資料一八二・三（1 of 3）、国立国会図書館憲政資料室）。

このヒトラーとの会談について、鮎川は戦後、国際検察局（ＩＰＳ）の尋問において詳細に述べている。

「A．……私はヒトラー氏のところにほんの約二〇～三〇分しかいませんでした。そこには多くのひとがいて、私は挨拶以外、彼と何も話はしていません。（中略）ドイツの企業人との交渉で彼らが大豆をいかに必要としているかを私はいつも耳にしており、こうした事実から判断して、ヒトラー氏がそのことを取り上げると完全に期待していました。しかしながら、彼は私が訪問している間、それについては全く言及しませんでした」（粟屋・吉田 一九九三〈二九巻〉、二六九頁）。

ところが戦後しばらくして、鮎川はヒトラーを回想して以下のように述べている。

「先ず今回工場見学についての各界のもてなしにつき謝辞を述べたが、それに関連してヒットラーも豆の話を持ち出すものと待ち構えていた。ところが一向それに触れる気配がないのでこちらから切り出して、自分は満州の農業部面には関係ないけれども大豆をお土産に少々用意している、ところが望み手が多過ぎてどう配分したらよいか迷っている、総統の意見を伺いたいと脈を引いてみた。ところが意外にも彼は、そんな事は問題じゃないと取り合わなかった」（鮎川義介 一九六四、一七三頁。参照「鮎川義介」一九八〇、七一－七二頁）。

国際検察局の尋問では、ヒトラーは満洲大豆について「全く言及しなかった」はずだが、戦後の回想ではヒトラーは大豆に関して「そんな事は問題じゃない」と言及したことになっており、この点に相違が認められる。しかし、いずれにせよ、ヒトラーが鮎川との会談で満洲大豆にはそもそも関心を示さなかったことは事実であろう。当時ナチス・ドイツは、東南欧で作付けさせた大豆を一九三九年には八万九〇〇〇トン、一九四〇年には一〇万トン規模で輸入するようになっており（Drews 2004, S. 280）、そのためヒトラーは当時、鮎川の一万トンの大豆にはさして興味を示さなかったのかもしれない。

その後、一九四〇年三月一五日に鮎川は再度ヴォールタートと会談を行った。旅程報告によると、「March 15th 金（中略）午前十時半ヨリ四年計畫事務所ニ Mr.Wolthat ［sic!］ ヲ訪問會談約一時間半」ほど行ったのであった。そしてその翌日一六日にベルリンから帰国の途に就いた（「総裁鮎川義介　満洲重工業株式会社旅程」鮎川資料一八二・三（1 of 3）、国立国会図書館憲政資料室）。

鮎川は「満洲国」に帰国後、星野を訪問し、そこで大豆について報告している。

「お礼回りに星野長官に会い、ドイツでの豆の話をしたところ「あの豆のワクは実は〝殻《から》ワク〟で、ほんとうに使われたら処置なしであった。できないで幸いだった」とつるりと顔をなでた。つまり、星野君はどうせ、できない話と私を一杯食わしたわけである。私は「こいつはしたたかな者だ」と思った。ドイツとの提携の話ができたら私はとんだ赤恥をかくところだった。「大豆なんかいらん」と言ってくれたヒトラーはさしあたって〝大明神〟ということになる」(『鮎川義介』一九八〇、七三頁)。

結局、鮎川は満洲大豆とのバーターで満業のための機械購入は行わなかったようである。また、「満」独貿易協定延長に際して何ら公的な権限も与えられておらず、しかも彼のドイツ滞在中において貿易協定更改もなされず、協定の更改に際して彼は大した影響を与えなかった。鮎川は「満」独経済関係親善のための民間使節という程度であったといえよう。それに対してドイツ側は、彼を過大評価していた節がある。

鮎川のドイツ滞在中において更改されなかった「満」独貿易協定であるが、一九四〇年五月についに期限切れを迎えることになる。

4　「満」独貿易協定延長問題

(1)「満」独貿易協定改定交渉の停滞

一九四〇年五月における「満」独貿易協定について、満洲興業銀行調査課は以下のように報告している。

「……ドイツ政府當局ハ若シ滿洲國ガ右ノ二萬瓩卽チ都合六萬瓩ノ大豆ヲ本特産年度中ニ滿洲里渡シデ輸送シ得レバ、次期契約ヲ取極メルト云フ申入レヲ満洲國政府ヘ行ツタト云フコトデアル。

滿獨貿易協定ハ五月末日ヲ以テ期限ガ切レ、目下更新ノタメ政府ハ駐滿ワグネル公使トノ間ニ秘密裡ニ交渉ヲ進メテヰルガ、右ノ六萬瓩ノ大豆ヲ本特産年度中ニ輸送シ得ルノデナケレバ交渉ヲ打切ルトノ申入レカラ推量スレバドイツヨリノ建設資財ハ左程滿洲ヘ入ツテ來テヰナイモノト思ハレル」（満洲興業銀行調査課　一九四〇、一〇頁）。

このように「満」独貿易協定改定交渉の進展は、六万トンの満洲大豆を供給できるか否かにかかっていた。一九四〇年五月下旬における「満」独通商関係について、満業の在ベルリン駐在員であった浅井一彦は、「最近ノ當地情勢ニツキ左記御報告申上ケマス」として以下のように報告している。「……滿獨經濟關係ハ危機ニ瀕シテ居ルト見テヨイ。現在直面シテ居ル困難ナ問題ニ就キ實例ヲ擧ケルト次ノ如クテアル」として、まず「満洲国」がドイツからの五〇〇〇万マルクの借入金を四月初旬に既に費消し、一マルクも資金がないことを報告している。そのためドイツの製作所は支払いを受けておらず、この状態が二カ月続いているという。そこで、ドイツ経済省はさらに一〇〇〇万マルクの借入金を検討しているものの、「満洲国」側の大豆の輸出に疑念を持っており、その結果、「満」独間の交渉が停滞していると報告していたのであった。こうした現況を踏まえた上で、浅井は「從ツテ新協定ノ成立ハ一層望薄ト謂フ狀態テアル」と結論づけていたのであった（「一九四〇年五月三〇日在伯林淺井一彦」鮎川資料五一一・二（1 of 5）、国立国会図書館憲政資料室）。

（2）「満」独貿易協定延長に関する第一次協定の調印

浅井が結論づけたように、新協定は結局、成立しなかった。一九四〇年五月末日以降、期限切れとなった「満」独貿易協定の交渉は四〇年七月になってようやく本格化し始めた。そこでの争点は、満洲大豆のドイツへの供給量と、ドイツから「満洲国」への信用供与の額についてであった。交渉の結果、満洲大豆のドイツへの供給量は三〇万トン、その内六万トンは旧穀年の大豆で供給することで合意がなされた。その際、ドイツは三〇〇〇万ライヒスマルクの信用を「満洲国」に供与することで合意がなされた（BA/ MA Freiburg, RW19, Anhang 1/ 1393: Ostasiatischer Verein Hamburg-Bremen e. V. 1931-1943, Bll. 110, 110 RS）。

こうして一九四〇年九月一二日に、午前一一時から新京の総理官邸において、「満洲国」側からは武部六蔵総務長官、韋煥章外務局長官をはじめ各関係官、ドイツ側からはヴァーグナー駐満ドイツ公使をはじめ公使館員多数が列席し、韋外務局長官とヴァーグナー公使との間で「滿洲國及獨逸國間ノ貿易及支拂ニ關スル協定ノ有效期間延長ニ關スル協定」が署名調印されたのであった。調印式においてヴァーグナーは、「この協定更新が両國間に擴大さるべく物資交流の出発点たらんことを希望する」と述べた（『大阪毎日新聞』一九四〇年九月一三日、神戸大学経済経営研究所新聞記事文庫国際貿易〈Oｃ－〇〇二〉）。本協定は一九四〇年六月一日に遡及され、有効期間は一九四一年五月三一日までとされた（『政府公報』康徳八年三月一五日、JACAR Ref. A06031006100）。

そうしたなかで、本協定の延長に関する交渉においてドイツ側の主たる担当者となるヴォールタートをはじめとするドイツ経済使節団が、日本に派遣されることになるのであった。

二　独ソ戦勃発と「満」独関係

1　ヴォールタートの来日・来「満」と「満」独貿易協定延長に関する第二次協定

（1）ヴォールタートの来日・来「満」の発端と目的

一九四〇年九月に日本軍が北部仏領インドシナに進駐し、さらには日独伊三国同盟が締結された。四〇年一〇月下旬に日本政府は、この三国同盟を引き合いに、円ブロックとドイツ統治下の諸領域との間での経済協定締結をドイツ側に提案するに至った。そこで日本側は、ドイツの経済使節団の東京への派遣を要請したのであった。その際、日本側の要請として、ヴォールタートがその候補者に挙げられた。そこでヴィールは、ヴォールタートに直接意向を打診した。当時、ヴォールタートはオランダに赴任中であり、日本への派遣に関して彼はヴィールに、ゲーリングの許可を得るように要請した。そこでヴィールは四カ年計画庁の事務次官を通して、ゲーリングにヴォールタートの日本派遣の許可を求めたのであった。それに対してゲーリングは、事務次官を介して許可を与えた（*ADAP*, D, Bd. XI-2, Dok. Nr. 341, S. 489-491, S. 491, Anm. 12）。その結果、ヴォールタートは日本に派遣されることになったのである。

一九四〇年一二月九日には、ドイツ経済使節団のメンバーがドイツ経済省から日本側に連絡された。満業の浅井は鮎川宛に、以下のような電報を送付している。

「經濟省ヨリ聞ク處ニ依レバ**ウオルタート**ヲ主席ニ**フオス**、**スピンドラー**、**ネルソン**等ノ顔觸レデ日滿支トノ經濟提携具体化ノ爲來春早々使節團訪日準備中ナリ」（「總裁宛淺井一彦氏來電伯林發一九四〇年一二月九日」鮎川資料五一一・二一（4 of 5）、国立国会図書館憲政資料室）

浅井によると、来栖大使の進言によって、鮎川とヴォールタートとの年来の関係を考慮して、経済使節団代表にヴォールタートが選出されたようである。

「……來栖大使ヨリノ進言ニ依リ政府ハ總裁トノ關係ヲモ考慮シテ**ウオルタト**ニ決定セリト聞ク、同氏ハ同問題ニツキ**ゲーリング**ヨリ特別權限ヲ附與サル」（「岸本秘書役宛淺井一彦氏來電（暗號）伯林發一九四一年一月六日」鮎川資料五一一・二一（4 of 5）、国立国会図書館憲政資料室）。

このように、ヴォールタートを経済使節団代表として要望したのは、来栖駐独大使であり、その理由は鮎川とヴォールタートとの関係を考慮したものであった。事実、訪独中の鮎川にヴォールタートは三回ほど会っていた。鮎川の訪独とヴォールタートの来日、来「満」が直接関連していた点は興味深い。また、ヴォールタートの来日の目的について、浅井は一九四〇年一月一〇日付の書簡で岸本秘書に以下のように説明している。

「東洋経済のブロック日満支と独逸経済との経済提携に関する大綱を定めるのを主眼とし（独逸占領地を含むや否や未だに確定せず）（中略）ウオルタード氏一行の目的は只その大綱を纏めるのみと聞いて居ます」（「淺井一彦より岸本秘書役宛書簡」（一九四一年一月一〇日）鮎川資料五一一・二（4 of 5）、国立国会図書館憲政資料室）。

日本軍の北部インドシナ進駐以降、円ブロック内の国々と直接的な通商関係を構築したいドイツと、そこでは日本を仲介とする間接的な通商関係だけしか認めない日本との対立が生じた模様である（Vgl. *ADAP*, D, Bd. XI-2, Dok. Nr. 651, S. 905）。こうしてヴォールタートは来日することになったが、来日に合わせて、「満洲国」も訪問することになった。そこで、ドイツ側は「満」独貿易協定延長とともに、満洲大豆二〇万トンの追加買付を申し入れたのであった（「梅津大使より松岡外務大臣宛電報」昭和一六年一月二二日、JACAR Ref. B04013552900）。

ヴォールタートは来日する前に、一九四一年二月一〇日に来栖大使と会談を行っている。

「十日「ウオルタート」本使（來栖）ヲ來訪ノ際獨側「クーリエ」携行ノ□類ヲ基礎トシ本日ヨリ關係省間ノ協議ヲ始ムルコトトナリタルカ技術協力ノ内容ノ大部分ハ「ゲーリング」ノ關係ニテ昨年十月日本側ヨリ協定締結方申出アリタル際獨側トシテハ大體此ノコトヲ豫想シ「ゲ」ノ直系タル自分ヲ委員長トシテ渡日セシムルコトトシタル次第ニテ之等ハ（中略）日獨間

ニ於テ話合フヘキモノナリト思考ス尚日獨經濟提携上重要ナルハ日本側申出ノ通リ輸送ノ問題ナルニ付自分ハ渡日ノ途次莫斯科ニ於テ蘇側トモ充分話合フ積リニテ右ニ關シテハ鐵道專門家等日本側ノ協力ヲモ得タク西比利亞輸送ハ大體現在ヨリ倍加シ得ヘキ見込ナリト述ヘタリ」（「來栖大使より松岡外務大臣宛電報」昭和一六年二月一一日、JACAR Ref. B04013552900）。

こうしてヴォールタートらドイツ経済使節団は、一九四一年四月五日に来日、来「満」のためにシベリア鉄道経由でドイツを旅立つことになった。その途上、ヴォールタートらは四月九日前後にモスクワに立ち寄り（Files and Records of the German Delegation for economic Negotiations in East Asia（1941-1945）, p. 1, in: GHQ/ SCAP, Records, Office of Civil Property Custodian, CPC-40790〈マイクロフィッシュ請求番号〉、国立国会図書館憲政資料室）、日本側が申し出たシベリア鉄道の輸送問題についてソ連側と話し合った模様である。その際、当時ソ連国内において広まっていた独ソ戦勃発間近という噂を打ち消す任務もまた、ヴォールタートらには与えられていた模様である（*ADAP*, D, Bd. XII-1, Dok. Nr. 260, S. 368）。

（2）ヴォールタートの来日・来「満」

この時期「満洲国」側は、「満」独貿易協定に関して、一年間の延長を構想していた。その際、新協定年度内に大豆三〇万トンをトン当たり一三二ライヒスマルクで供給する予定であった。これに対してドイツ側は、「満洲国」側に対して四〇〇〇万ライヒスマルクまでの信用を供給するものとされた。また、ドイツ側は対独輸出に関しては、ソ連側の貨車を斡旋するとされていた（「梅津大使より近衛外務大臣宛電報」昭和一六年四月一六日、JACAR Ref. B04013552900）。

そうしたなか、一九四一年四月一九日にヴォールタートらは、新京に到着した（Files and Records of the German Delegation for economic Negotiations in East Asia（1941-1945）, p. 1, in: GHQ/ SCAP, CPC-40790, 国立国会図書館憲政資料室）。遅くとも四月二四日までに、ヴォールタートは鮎川と会談を行った模様である（鮎川資料五一一・二（5 of 5）、国立国会図書館憲政資料室）。さらにヴォールタートは、一九四一年四月下旬に「満」独貿易協定の予備交渉を行った。これについて、当時「満洲国」経済部次長であった古海忠之は以下のように記している。

「一九四一年四月下旬　獨乙經濟使節ウォルタート来滿。滿獨貿易協定ノ滿洲側借越分ニ付協議シタル結果亜片《ママ》七噸及大豆油ヲ引渡スコトニ決定ス」（中央档案館整理 二〇〇五〈五巻〉、五六六頁）。

このように「満」独貿易協定の予備交渉において、両国は「満洲国」が満洲大豆を引き渡せない場合は、大豆の代わりに阿片と大豆油を引き渡すことで合意がとれていたのであった。こうした予備交渉での合意を経て、一九四一年四月二六日、ヴォールタートらドイツ経済使節団は来日するに至った。その後、五月二日に「満」独貿易協定の交渉に入った模様である（ADAP, D, Bd. XII-2, Dok. Nr. 429, S. 568）。五月二七日には協定の実質問題や条文案などが一応妥結するに至り、その結果、同月三一日に新京において署名調印することになった。そのため、ヴォールタートは二八日に新京に向けて再び出発したのであった（「松岡外務大臣より大島大使宛電報」昭和一六年五月三〇日、JACAR Ref. B04013552900）。

その結果、一九四一年五月三一日午後二時から新京総理官邸において、「満洲国」側からは武部総務長官、韋外務局長官、ドイツ側からはヴォールタート、ヴァーグナー駐満公使らが両国代表として出席した。そうして「満洲国」全権委員韋外務局長官とドイツ全権委員ヴァーグナー公使ならびにヴォールタートの間で「滿洲國及獨逸國間ノ貿易及支拂ニ關スル協定ノ有效期間延長ニ關スル第二次協定」が署名調印されるに至ったのであった（『東京朝日新聞』一九四一年六月一日、神戸大学経済経営研究所新聞記事文庫朝鮮・台湾・満洲〈一六－一二六〉）。本協定は前文と二条からなり、第一条では一九三八年九月一四日に署名された「満」独貿易協定が、一九四一年一〇月三一日まで効力を存続するとされた。さらに第二条では、本協定が同年六月一日から適用されることになった（『政府公報』康徳八年一〇月三一日、JACAR Ref. A06031006800）。このように本協定の有効期間は、同年六月一日から一〇月三一日までとされたのであった。

2　独ソ戦勃発と「満」独関係

（1）独ソ戦勃発直後の「満」独関係

「満」独貿易協定の延長に関する第二次協定が成立して約三週間後の一九四一年六月二二日、独ソ戦が勃発した。その結果、シベリア鉄道による輸送がついに不可能となった。これについて「満洲国」外務局発行の「獨ソ戰時局週報」は、満鉄側調査として以下のように報告している。

「三、開戰後ソ側に抑留せられたる滿獨通商貨物
一、モロトフ鐵道側に對し開戰に依り輸送不能となりソ領内に抑留せられたる貨物數量の通報方申入置きたるも正確なる數字は期待し難く滿鐵側調査に依れば西行貨物は、二八、一二七噸（内大豆一七、六三〇噸）連絡貨物五二九噸合計二八、六五七噸……」（「獨ソ戰時局週報」康徳八年七月一五日、JACAR Ref. B02032409300）。

そうしたなかで一九四一年八月一三日、ヴォールタートと日本の外務省通商局長との間で会談がなされた。そこでは、満洲大豆問題も議題に上がった。

「一、滿洲大豆問題
水野局長ヨリ滿側ハ獨ニ對シ八萬噸餘ノ大豆供給ノ義務アル處同國ノ食料不足ハ最近頓ニ增大シ殊ニ最近ノ國際情勢ノ急變ニ連レ（中略）此際條約所定ノ八萬噸ヲ獨逸ニ供給スルコト困難ナリトノ意嚮ナルカ（中略）滿側ハ本年五月末日迄ニ供給義務量ヲ履行セス過般ノ條約延長ニ依リ十月末日迄ニハ右ヲ供給スヘキコトトナリ居ルニ不拘再ヒ之カ供給ヲ中止シ他方獨

側ハ滿洲國ニ對シ現在尚二千萬麻克ノ「クレディット」ヲ供與シ而モ滿洲ノ對獨注文品ニ對スル支拂モアル處此等ノ點ハ充分考慮シタルモノナリヤ獨側トシテモ滿側ニ於テ支拂能力ナキ以上現在ノ註文品ノ取消等ヲモ考慮セサルヘカラサルニ至ルヘシ（中略）局長ヨリ（中略）現下滿洲ノ實情ハ更ニ深酷ナルモノアリ現ニ食料確保コソ先決條件ニシテ（中略）局長ヨリ其ノ妥協案ニ付左ノ通述ヘラレタリ（中略）

滿洲國ハ前述ノ通リ八萬噸ノ義務量全額ヲ供給スルコト差當リ困難ナルカ獨逸側ノ有スル特殊輸送方法（獨船利用ノ方法）ニ間ニ合フ丈ノ數量ハ其ノ必要ニ應シ供給スルコトトシ殘額ハ新收穫年度ニ於テ之ヲ供給スルコトニ依リ此ノ際本件ヲ解決スルコトトシタシ」（「八月十三日「ウォールタート」水野通商局長會談要領」JACAR Ref. B04013552500）。

以上のように「満洲国」側は、協定所定の八万トンの大豆がドイツへ供給不能となっていたようである。それは「満洲国」での深刻な食料不足が原因とされた。そもそも「満洲国」側は五月三一日までに大豆の供給義務量を履行できず、協定の延長によって一〇月末までに満洲大豆八万トンを供給することになっていた。一〇月末までに「満洲国」側は大豆八万トンを供給できず、結局、古海とヴォールタートの間でなされた予備交渉で決めた通りに阿片で支払うことになるのである。

八月以降も満洲大豆をめぐって「満」独間の交渉がなされたが、そこにおいて「満洲国」側は、一九四一年度は満洲大豆をドイツに供給できないため、新しい糧穀年度に協定所定の大豆の供給をドイツに確約し、その代わりに今年度は大豆油一〇〇〇トンの供給を申し入れるに至った（「第六回聯絡委員會説明資料」JACAR Ref. B04013552600）。

しかし一九四一年九月二四日にヴォールタートは、日本側との会談において、「滿洲側ハ條約所定ノ大豆ノ義務量ヲモ供給セス十月三十一日以後ノ大豆ノ供給ニ付テモ具体的ノ申出モナク現行協定滿了後ニ於ケル両國間ノ通商關係ヲ如何ニスヘキヤ等ノ問題モアルニ付之等ノ點モ併セテ右正式委員會ニ於テ討議シ度シト」述べていた（「〔一九四一年〕九月二十四日「ウオールタート」及齋藤代表會談要旨」JACAR Ref. B04013552600）。

このように独ソ戦勃発によるシベリア鉄道ルートの遮断や、満洲大豆の需要増加に伴う「満洲国側」の供給困難ないしは不履行によって、ドイツは協定所定の満洲大豆の義務量をも獲得できない状態にあったのである。

事実、ヴィールは一九四一年四月から八月までのドイツ経済使節団の経済交渉に関して「これまでわずかな成果しか示していない」と評価していた。しかし彼は経済交渉の継続を主張するとともに、封鎖突破船によって戦争遂行上重要な物資の交換という点に関して、具体的な成果を目指すことが経済上、政治上重要であるとみなしていたのであった（*ADAP*, D, Bd. XIII-1, Dok. Nr. 216, S. 279-281）。

こうして「満」独両国は、第二次協定の延長に関する交渉がまとまらないまま、有効期限の一九四一年一〇月三一日を迎えることになったのである。

(2) 満洲大豆から阿片へ

当時「満洲国」経済部次長であった古海は、一九四一年一〇月末における「満」独通商関係について以下のように述べている。

「一九四一年十月末滿洲国ト獨乙間ノ貿易協定ニ基ク滿洲側借款七百万マルクノ（一部）決済トシテ獨乙側ノ要求ニ基キ亜片七噸（價格一両三〇圓）ヲ賣渡シタ。（滿獨協定ノ直接責任者ハ經濟部（當時ハ私ガ經濟部次長）第二次責任外交部總務廳亜片支出ノ直接責任者禁煙總局及民生部第二次責任總務廳）」（中央档案館整理 二〇〇五〈五巻〉、七四八頁、新井・藤原 一九九九、一二八頁）。

そもそもヴォールタートが四月の予備交渉において古海に要求した阿片七トンは、円に換算すると約五六三万円相当で（一両＝三七・三グラムで計算）、まさに一九四〇年の対「満」輸出入の差額約六一六万円の約九割に相当するのである（表11‐3参照）。借款七〇〇万ライヒスマルクは約八万トン（＝約一〇〇〇万ライヒスマルク相当）の満洲大豆で十分清算されるはずであったが、一九三九年以降満洲大豆の輸出が激減し、そのうえ「満洲国」修正五カ年計画及び北辺振興計

表 11－3 「満洲国」の対独逸貿易の推移

単位：千円

年	1933	1934	1935	1936	1937	1938	1939	1940
輸出	66,394	53,311	32,799	50,278	59,051	50,396	50,358	22,606
輸入	10,577	12,508	14,673	13,025	17,278	37,328	52,377	28,768
差額	55,817	40,803	18,126	37,253	41,773	13,068	−2,019	−6,162

出典：満洲国史編纂刊行会（1971）529 頁の「第十八表 主要第三国貿易の推移」より筆者作成.

画に伴うドイツからの建設資材輸入需要は著しく増加した（満洲帝国政府 一九六九、六三五頁）。そのため「満」独貿易においては一九三九年以降、「満洲国」側は輸入超過となり、ドイツは逆に輸出超過となり、輸出した機械類の代金を回収できなくなった（表11－3参照）。しかも一九四一年は満洲大豆のドイツへの供給そのものが困難となり、その結果、大豆に代わってヴォールタートは今や阿片を要求するに至ったのである。実際に、一九四一年一〇月末に協定に基づく借款の決済として、阿片七トンがドイツに売り渡されたのであった。それでは、なぜヴォールタートは阿片を要求したのであろうか。

まず、当時戦争中であったドイツにとって、医薬品であるモルヒネは必需品であり、その原材料として阿片は必要不可欠であった。イギリスの対独通商報復令実施による海上封鎖によって、それまでインドやイランから輸入していた阿片がドイツに輸送されなくなった。とりわけ「一九三八／三九年」にドイツはイランから三一トンの阿片を輸入していた（江口 一九八五、六一二頁）。当時のドイツにとって、イランから輸入していた三一トンの阿片をいかに補填するかが重要な政策課題になっていたと考えられる。

また一九四一年にドイツが国際連盟阿片委員会に提出した医療・学術目的の麻薬必要量は、一九四二年度見積によると、モルヒネ類で総量九六五二キロである。この総量は、標準のモルヒネ含有量八％の阿片に換算すると、約一二〇トンの阿片に相当する。これはドイツが国際連盟阿片委員会に自己申告したかなり控えめな数量であるが、当時のドイツは公式に約一二〇トン相当の阿片を必要としていたことになる（表11－4）。この数量は、英、伊、ソ連、米、日と比べて特別に多いわけではなかった（表11－5）。

以上のように一九四一年当時ドイツは、一九四二年度には約一二〇トン相当の阿片が必要と

表 11－4　ドイツによる医療・学術目的の各種麻薬必要量の 1942 年度見積

単位：kg

麻　薬	使用必要量	他の薬品に転換するために必要な量	総見積量
モルヒネ	550	5,000	5,550
ヘロイン	2		2
メチルモルヒネ	3,500	300	3,800
エチルモルヒネ	300		300

出典：League of Nations (1941) p. 6 より筆者作成.

表 11－5　医療・学術目的の各種麻薬必要量の各国の 1942 年度総見積量

単位：kg

麻　薬	独	英	伊	ソ連	米	日
モルヒネ	5,550	4,960	1,130	5,550	10,251.56	5,273
ヘロイン	2	85	140	20	900	180
メチルモルヒネ	3,800	1,320	450	4,600	7,600	2,288
エチルモルヒネ	300	117	150	200	315	70

出典：League of Nations (1941) pp. 6-7, 9, 13-14, 23 より筆者作成.

見積もっていたことになるが、大戦勃発前まで三一トンの阿片をイランから輸入していたことを考えると、ドイツは少なくとも必要量の約四分の一の阿片を海上封鎖によって失っていたことになる。こうした状況において、独ソ戦勃発後、戦争に必要な物資を東アジアからドイツへ輸送することが主たる任務となったドイツ経済使節団の代表者であるヴォールタートが、不足する阿片を「満洲国」から補填しようとしたと考えることができる。

次に考えられるのが、東南アジアで戦争に必要な原材料と交換するための物資として阿片が利用されたということである。ドイツは戦時中、タイや仏領インドシナなどの東南アジアからゴムや錫など戦争に必要な物資を輸入していたが、そもそもタイや仏領インドシナは阿片専売制度を採っていた。例えば、タイの「一九三八から三九年」の歳入における阿片収入の貢献率は八・八％であり、仏領インドシナの一九三七年の歳入における阿片収入の貢献率は一一・五％であった（岡田ほか 一九八六、二〇一－二〇二頁）。大戦勃発によってインドやイランからの阿片輸入が困難になり、当該国は阿片不足に陥っていた。例えば、大戦直前の「一九三八／三九年」において、イランからタイは四四トン、イランから仏領インドシナは三七トンの阿片を輸入していた（江口 一九八五、六一一－六一二頁）。こうした状況について古海は、「アジア諸国では当時、阿片が普及していてタイ国などは、阿片の専売を実施しており、阿片専売収入が財政の太宗をなしていた。（中略）従来阿片はペルシアやインドからどんどん来ていたのが杜絶し、財政窮乏を告げる状態になったので、満洲、蒙疆から送ってくれというのであった」（片倉・古海 一九六七、二七一－二七二頁）と回顧している。これらの国に対してドイツは阿片を交換物資として利用したとも考えられる。これについて当時駐日ドイツ大使館附海軍武官であったヴェネカー（Paul Werner Wenneker）は、一九四一年一〇月九日付の戦時日誌に以下のように書き記している。

「ヴォールタートは可能な限り多くの量の外貨を出来る限り早くモノに換えるように薦めた。特に、供給地域によって必要とされている物資に換えることを薦めた」（*The Price of Admiralty*, 1989, p. 670）。

ゴムや錫などの供給地域、特にタイや仏領インドシナにおいて必要とされていた物資の一つが当時阿片であったことを考えると、阿片とのバーターは十分に考えられることである。しかも当時タイや仏領インドシナとドイツの間では、興味深いことに円による為替決算ではなく、バーターによって清算がなされていた。これについて、戦後ＧＨＱの経済・科学部門の調査・統計課がドイツ派遣（経済使節）団に関する報告書において、ドイツとタイとの貿易関係を取り上げて、以下のように述べている。

「いわゆる円ブロック内において日本が一方的に定めた為替レートを回避するために、ドイツの購買代理店は、派遣団からの度重なる指示のもと、〔タイでは〕ドイツの輸入品で相殺するという手段によって、自分たちの勘定を支払うための手段や方法を開拓していた」（Files and Records of the German Delegation for economic Negotiations in East Asia (1941–1945), p. 11, in: GHQ/ SCAP, CPC-40790, 国立国会図書館憲政資料室）。

こうしたバーターによる清算方式は、タイだけでなく、仏領インドシナでも行われていた模様である。上記の報告書は、戦時中におけるドイツと仏領インドシナとの貿易関係について以下のように述べている。

「……上述のタイのケースと同様に、日本の一方的な為替統制による損失を避けるために、ドイツ側は少なくとも、手元にある、ないしは上海や他の極東の販売品で輸送可能な輸入品ならば何でもインドシナに供給する意志を示しており、このように輸入品で少なくとも購買品の一部を相殺していた」(Files and Records of the German Delegation for economic Negotiations in East Asia (1941-1945), p. 11, in: GHQ/ SCAP, CPC-40790, 国立国会図書館憲政資料室)。

このようにドイツは、タイや仏領インドシナとの間でバーターによる清算を行っており、その際に「満洲国」から輸入した阿片の一部が使用された可能性は否定できない。

そうしたさなか、一九四一年一二月八日に日米英開戦が勃発した。これを受けてドイツやイタリアもアメリカに宣戦布告し、一九四二年一月一八日には「日独伊軍事協定」に基づいて、ヨーロッパとアジア間の輸送のために、独伊によって特設(仮装)巡洋艦が派遣されることになった。ヨーロッパからアジアへの輸送(船)は当時「柳輸送(柳船)」と呼ばれ、アジアからヨーロッパへの輸送(船)は「逆柳輸送(逆柳船)」と呼ばれた(防衛庁防衛研修所戦史部 一九七九、三四四頁)。これ以降、シベリア鉄道に代わって、特設巡洋艦を中心とする封鎖突破船によって「満」独間の貿易が行われることになる。

(3)「満」独間経済関係存続のための第一次協定と第二次協定

「満」独貿易協定は、一九四一年一〇月末に期限切れになったままであったが、それ以降も両国間で交渉は続けられた。「當面の事態に卽應し円滿妥結を見るにいたつたのでそれぞれの手續きを濟ました上〔一九四二年三月〕七日午後二時外務局長室で滿洲國全權委員韋外務局長官、ドイツ國全權委員ワグネル公使間」で「滿洲國およびドイツ國間の經濟關係存續のための協定」が署名調印された（『大阪毎日新聞』一九四二年三月八日、神戸大学経済経営研究所新聞記事文庫国際貿易〈Oc－〇五九〉〔なお、ルビは省略した〕）。この協定は一九四一年一一月一日まで遡及され、有効期間は一九四二年五月三一日までとされた。この協定の有効期限が終了した後も、「満」独間の阿片貿易はなされていた。その際、以下の一九四二年八月一三日付の在張家口総領事より東郷茂徳外務大臣宛の蒙疆産阿片の集荷状況に関する電報が示すように、「満洲国」からドイツへ輸出された阿片の一部は、蒙疆産であったと考えられる。

「（新年度阿片集荷状況）
……從テ政府當局ニ於テモ南方ヘノ賣込ニ一段ノ努力ヲ拂ハサルヘカラサルモ他方滿洲國ヨリ多量ノ要望（獨逸向カト想像セラル）アル趣ナリ」（「渡邊総領事より東郷外務大臣宛電報」一九四二年八月一三日、「国際連盟阿片会議関係一件各国阿片政策及法規関係」所収、B－九－九－〇－一－一一、外務省外交史料館）。

その後、一九四二年八月二九日午前一一時に、「滿洲國及び獨逸國間の經濟關係存續のための第二次協定」が「新京外交部に於いて韋外務大臣とウイルヘルム・ワグネル駐滿獨逸公使との間に正式調印が行はれ」た（『国際月報』昭和一七年七月－一二月号、JACAR Ref. B10070252200）。有効期間は、一九四二年六月一日に遡及されて、一九四二年一一月三〇日までであった。

この「満」独経済関係存続のための第二次協定は、一九四二年一一月末に期限切れを迎えるが、その後も引き続き「満」独貿易は続いていた。この時期日本の要望によって、東京の海軍武官ヴェネカーの指揮の下、東アジア圏内でドイツの封鎖突破船による物資の輸送がなされていた（*ADAP*, E, Bd. IV, Dok. Nr. 300, S. 532）。そうしたなか、「満」独間の阿片貿易も引き続き行われていたのである。

3　「満」独阿片貿易の実態

以下では、一九四三年の「満」独阿片貿易の実態の一部を、国立国会図書館憲政資料室所蔵の連合国軍最高司令官総司令部民間財産管理局文書（GHQ/ SCAP, Records, Office of Civil Property Custodian）の"Nazi Opium Business"というタイトルの史料綴り（マイクロフィッシュ）に基づいて明らかにしていく。本史料綴りは、「満」独間の阿片貿易に直接携わったドイツ商社間の往復書簡と電報からなる。原文はドイツ語であるが、ＧＨＱによる英訳も添付されている。本史料から「満洲国」からドイツへ阿片を輸送する際の貿易ルート、事務手続き、携わったアクター、阿片の数量などが明らかになる。

本史料綴りではまず、一九四三年六月一七日付で大連のディットベルナー事務所（Buero Dittberner）から奉天のメルヒャーズ商会（Melchers & Co. Mukden）宛てに受領証明書が送付されている。それによると、阿片二一・五七九トン（四三一箱）が奉天のメルヒャーズ商会から大連のディットベルナー事務所へ送付され、その阿片をディットベルナー（Werner H. Dittberner）が同年六月一六日に「カイリュウマル」（Kairyu Maru）に積み込んだことが報告されている（Zertifikat vom Buero Dittberner am 17.6.1943, in: GHQ/ SCAP, "Nazi Opium Business 1942/05-1943/09", CPC-34612, 国立国会図書館憲政資料室）。その際、メルヒャーズ商会は「満洲国」から阿片を購入したものと思われる。古海によると、阿片支出の直接責任を、禁煙総局及び民生部が負い、第二次責任を総務庁が負った（中央档案館整理 二〇〇五〈五巻〉、七四八頁、新井・藤原 一九九九、一二八頁）。またヴォールタートによると、奉天にはカルロヴィッツ商会（Carlowitz & Co.）の指揮監督の下、ドイツ商社によるカルテルの一種である「阿片組合」（Opiumring）が組織されていた。メルヒャーズ商会もその組合の一員であったと思われる。阿片の受取人は、横浜のハーマッヒャー商会のウムバウ（Hans Umbhau）、最終的な受取人は、ベルリンのローゲス商会（Roges（＝Reich office for German Economic Sales）Handelsgesellschaft G.m.b.H., Berlin. ドイツ経済省の指揮監督下にある貿易有限責任会社。駐日代表はヴォイト（Alfred Helmuth Woidt））と考えられる。

その後、同年七月三日に大連のディットベルナーから横浜のウムバウに、阿片の輸出許可証（Ausfuhrerlaubnis）が送付された。この輸出許可証は奉天で出された模様であるが、「満洲国」のどの部門かは不明である（Dittberner an Umbhau am 30.6.1943, in: *ibid.*; Buero Dittberner an H. Umbhau am 3.7.1943, in: *ibid.*）。なお、当時奉天には「満洲国」内最大の官営の阿片プラント（奉天工廠）が設置され、阿片煙膏、モルヒネ、ヘロインが製造されていた。その後七月一五日に、ウムバウはディットベルナーに輸出許可証を同日受領したと連絡をしている（H. Umbhau an Buero Werner H. Dittberner am 15. Juli 1943, in: *ibid.*）。さらに同日、ウムバウは、大連のディットベルナーからの阿片四三二箱を「カイリュウマル」から荷揚げしたことを、横浜のドイツ海軍武官府に報告している。それとともに、阿片の輸出許可証を海軍武官府から横浜税関へ提出することを依頼していたのであった（H. Umbhau an die Marine Etappe am 15. Juli 1943, in: *ibid.*）。

翌一六日には、イリス商会（C. Illies & Co.）がウムバウに、四三二箱の阿片の輸出許可証が横浜の海軍武官府によって自分たちに移譲されたことを報告している（C. Illies & Co. Vertreter an Hans Umbhau am 16. Juli 1943, in: *ibid.*）。これ以降、イリス商会は海軍武官府に代わって横浜での阿片の輸出業務を行うことになる。

以上から判明した輸出許可証の流れは、ディットベルナー➡ウムバウ➡横浜のドイツ海軍武官府➡イリス商会➡横浜税関というものである。その間の所要時間は、約二週間であったこともわかる。イリス商会が海軍武官府によって阿片の輸出許可証を移譲されてから約一カ月後の八月二五日に四三二箱の阿片は、四隻の封鎖突破船に分けて積み込まれた。そこでウムバウはイリス商会に、四隻の船に阿片を積み込んだ際、阿片を入れた箱の番号を積荷監督官にそれぞれ正確に記録してもらったはずだが、これについて報告するように依頼した（H. Umbhau an Firma C. Illies & Co. am 25. August 1943. in: *ibid.*）。ここから、実際に阿片を別の船に積み替えた主体はイリス商会であったことがわかる。

しかしながら、イリス商会はウムバウに、積荷監督官は箱の番号を記録しなかったと報告した（C. Illies & Co. an Hans

Umbhau am 31. Augst 1943, in: *ibid.*)。これに対してウムバウは、記録させなかったことから生じるトラブルの責任はイリス商会が負うべきと批判した（H. Umbhau an Herren C. Illies & Co. am 1. September 1943, in: *ibid.*)。これを受けてイリス商会は、そうした責任は回避せざるを得ないと回答した（C. Illies & Co. an Hans Umbhau am 1. September 1943, in: *ibid.*)。このイリス商会の責任回避の回答に対して、ウムバウは、承服できないと応答したのであった（H. Umbhau an Herren C. Illies & Co. am 2. September 1943, in: *ibid.*)。

以上が本史料綴りの概要であるが、ここから「満」独阿片貿易の輸送ルートが垣間見られる。そのルートは、「阿片組合」（カルロヴィッツ商会指揮監督、メルヒャーズ商会）（奉天）↓ディットベルナー商会（大連）↓「カイリュウマル」積込み（大連）↓ハーマッヒャー商会の日本代表ウムバウ事務所（ローゲス商会の日本での実務代行）（横浜）↓イリス商会（横浜）↓四隻の封鎖突破船への積込み（横浜）というものである。恐らくは横浜を出港した封鎖突破船は、昭南（シンガポール）に寄港し、そこで東南アジアで獲得したその他の物資を積み込むか、ないしは他の船に阿片を積み直したものと考えられる。

次に阿片の輸出許可証の流れであるが、それは「満洲国」禁煙総局・民生部↓「阿片組合」↓ディットベルナー商会↓ウムバウ事務所↓ドイツ海軍武官府↓イリス商会↓横浜税関というものである。「満」独阿片貿易において、横浜港が中継港となっていたことは興味深い。

以上が、現時点において史料から直接窺える、第二次世界大戦における「満」独間の阿片貿易の実態の一部である。

4　「満」独間の経済関係存続と阿片

(1) 「満」独間の経済関係存続のための第三次協定と附属議定書及び第四次協定のための覚書

一九四二年一一月三〇日で期限切れとなったままであった「満」独間の経済関係存続のための協定であったが、約一

○カ月半ぶりに更新されることになった。一九四三年一〇月一一日に、ようやく「滿洲國及獨逸國間經濟關係存續ノ爲ノ第三次協定」が署名調印された。その有効期間であるが、一九四二年一二月一日に遡り、一九四三年一一月三〇日までとされた。本協定において興味深いのは、その第四条である。

「第四條　滿洲國政府ハ本協定ノ有效期間中ニ阿片十瓩ガ獨逸國ニ供給セラルル様必要ナル措置ヲ講ズル義務ヲ有スルモノトス」(「第八十四回帝國議會參考書・滿洲ニ關スル重要問題決定事項蒐錄」JACAR Ref. A06030158800)。

この第四条を受けて、同日付の「滿洲國及獨逸國間經濟關係存續ノ爲ノ第三次協定附屬議定書」には、以下のような項目が記載された。

「三、協定第四條ニ基キ供給セラルベキ阿片ノ價格ハ一瓩二百七十一・五十五ライヒスマルクトス但シ本價格ハモルヒネ八パーセント含有ヲ基準トシ之ヲ超過スル含有量一パーセントニ付三十二・四十七ライヒスマルクノ割合ヲ以テ增加スルモノトス」(「第八十四回帝國議會參考書・滿洲ニ關スル重要問題決定事項蒐錄」JACAR Ref. A06030158800)。

このように、「満」独通商関係はこの時期阿片を中心とした貿易に移行しており、阿片一〇トンの他、モルヒネ含有率による阿片の価格もまた設定されていたのであった。

また、同日付で第四次協定に関する覚書も作成されていた。そこにおいてはより多くの阿片の供給が「満洲国」に課されていたのである。「第四次協定ニ關スル覺書」においてとりわけ注目される内容が以下である。

「滿洲國及獨逸國間經濟關係存續ノ爲ノ第三次協定ニ引續キ締結セラルヘキ協定ニ關シテハ獨逸側カ一千萬馬克ノクレディツ

トヲ供與スルコトヲ條件トシテ滿洲國側ハ阿片三十瓩ヲ供給スヘシ
尚滿洲國側ハ右阿片ヲ若干追加供給スル用意アリ」（「第八十四回帝國議會參考書・滿洲ニ關スル重要問題決定事項蒐錄」JACAR Ref. A06030158800）。

このように「第四次協定ニ關スル覺書」においては、「滿洲国」からドイツへの阿片の供給義務量は一〇トンから三〇トンへと三倍に増加していたのであった。

この時期における「満」独間の貿易は、主にドイツの封鎖突破船によって輸送されており、一九四三年までは比較的多くの量の輸送に成功していた。しかし、一九四四年初頭以降、封鎖突破船による海上輸送は困難になった。一九四四年一月に、ヒトラーによって封鎖突破船の派遣中止命令が出されるに至ったのであった（Miller 2000, p. 160〔ミラー 二〇〇一、一五六頁〕）。それ以降、阿片を中心とした「満」独貿易は、潜水艦による輸送に切り替わったのであった。一九四四年三月前半にフランス西岸に到着した一隻のドイツの潜水艦には、約二トンの阿片が積み込まれていた（*Kriegstagebuch des Oberkommandos der Wehrmacht*, Bd. 7, S. 933）。当時「滿洲国」の民生大臣であった金名世によると、一九四四年の春季に六〇万両の阿片が駐「満」ドイツ公使ヴァーグナーに渡され、ドイツの潜水艦が取りに来るのを待つためにドイツ公使館によって阿片専用の特別倉庫が奉天に設立されたという（中央档案館・中国第二歴史档案館・吉林省社会科学院 一九九一、八一九頁、馬 一九九八、一五二〇頁）。

ヒトラーの封鎖突破船派遣中止命令が出された一九四四年一月以降の「満」独間の阿片貿易のルートは、奉天↓釜山↓下関↓神戸↓昭南・ペナン↓ヨーロッパ（ロリアン）であった。

そもそもこの時期の「満」独貿易において昭南とペナンは、ヨーロッパとアジアを結ぶ重要な中継港となっており、そこにはドイツ武官府が設置されていたようである。元昭和通商シンガポール支店員上田武夫は、以下のように証言している。

「ドイツからは（中略）医薬品のほか、各種の精密機械が入り、こちらからは錫、タングステン、生ゴムなどを送った。ドイツからの船はすでに潜水艦だった。シンガポールにはドイツ武官府があって、ドイツの管理する港があった。（中略）ペナンにはドイツ武官府の分室があった」（山本 一九八五、一〇一頁）。

「満」独貿易が専らドイツの潜水艦による輸送へと収縮するなかで、両国の貿易協定はさらに更新されることになる。

（2）「満」独間経済関係存続のための第四次協定

一九四四年六月一七日に「滿洲國及獨逸國間經濟關係存續ノ爲ノ第四次協定」が調印された。その有効期間は、一九四三年一二月一日にまで遡及した上で、一九四四年一一月三〇日までとされた。この協定については、満洲事務局が第八十六回帝国議会答弁資料の中で詳細に報告している。

「九八．滿獨貿易協定ノ運用狀況如何

……現行協定ハ去ル昭和十七年三月七日新京ニ於テ調印セラレタル「滿洲國及独逸國間經濟關係存續ノ爲ノ協定」ノ第四次協定ニシテ本年六月十七日新京ニ於テ調印セラレ有效期間ハ昭和十八年十二月一日ヨリ仝十九年十一月三十日ニ至ル一ヶ年間ナリ．本協定ノ主ナル内容左ノ如シ

一．滿洲側供給品ハ左ノ通

阿片　四十瓲

粗製モルヒネ　五百瓩

阿片價格ハ（モルヒネ　八％含有基準）一瓩　三二〇國馬克

粗製モルヒネ（八〇％含有基準）一瓩　二七七〇國馬克」。

（「帝国議会関係雑件　説明資料関係　第二十九巻」JACAR Ref. B02031396800）

表 11－6　「満」独貿易における「満洲国」輸出実績

単位：マルク

	昭 18 年下半季	昭 19 年上半季
大豆油	4,008,000	0
阿　片	3,164,000	0
合　計	7,172,000	0

出典：東京銀行（1983）614-615 頁より筆者作成.

以上のように、この時期には「満洲国」からナチス・ドイツへ供給すべき阿片が、四〇トンにまで増大していたのである。さらに粗製モルヒネ五〇〇キロが、満洲側供給品に追加された。しかし、横浜正金銀行の業務報告によると、「本協定成立後阿片・モルヒネ代価に関しドイツ側に不服あるものの如く、（中略）満独貿易は当季中極わめて不振なるを免れなかった」という（東京銀行　一九八三、六一四頁）。その貿易内容が表11－6である。この時期、一九四四年（昭和一九年）上半季には阿片が一切輸出されていなかったようである。

（3）第二次世界大戦末期における「満」独貿易の実態

それでは、一九四四年下半季以降の「満」独貿易の実態はどうだったのであろうか。表11－7が示すように、一九四四年下半季には、阿片のみがドイツに向けて再輸出されていた。

また表11－8は、ヴォールタートがドイツ降伏後、日本の外務省宛に送付した書簡の添付資料から作成したものである。表11－8が示すように、一九四五年二月二八日の時点において、ドイツは「滿洲國及獨逸國間經濟關係存續ノ爲ノ第四次協定」に基づいて総計三三・七トンの阿片を実際に購入し、輸送していたのである。この時期の航路は、奉天→（釜山→下関→）神戸→昭南・ペナン・スラバヤ→キールであった。しかし「満」独協定は一九四四年一一月末を以て失効し、新たな協定はなされなかった。この点について、横浜正金銀行の業務報告は「期限延長の折衝に対してもドイツ側は満州に於ける買物運送其他に難点あり、（中略）協定は延期も破棄もせず現状の儘とし時期を見る意嚮を示し……」と記している（東京銀行　一九八三、六七三頁）。さらに「対独諸条約に対する措置」と題する外務省史料は、以下のように述べている。

表 11－7　「満」独貿易における「満洲国」輸出実績

単位：マルク

	昭 19 年上半季	昭 19 年下半季
阿　片	0	3,914,000

出典：東京銀行（1983）674 頁より筆者作成.

表 11－8　1945 年 2 月 28 日時点での「満」独間の阿片輸送状況

単位：トン

	日本	潜水艦上	昭南	ペナン	ジャカルタ	スラバヤ	盤谷	サイゴン	上海	奉天
輸送量	4	4	14	—	0.2	1.5	—	—	—	10

出典：Abschrift: Übersicht über in Ostasien befindliche Waren「3. 対独諸条約に対する措置」所収, JACAR Ref. B02032982200 より筆者作成.

「満獨協定ハ昨年十一月末ヲ以テ失效シ現在協定ハ動キ居ラサルモ今年四月末現在ニ於テ滿洲國側ノ借越九、五二七千マルク（一六、二四五千圓）有リ」（「三．対独諸条約に対する措置」JACAR Ref. B02032982200）。

ヴォールタートによると、一九四二－四三年は、封鎖突破船でアジアからドイツに物資を約二〇万トン供給したという。また一九四二年から一九四五年までの間にドイツへ約二四万トン（のべ四五隻）を供給し、そのうち半分がドイツに到着したという（粟屋・吉田 一九九三〈四二巻〉、六三、六五－六六頁）。在日ドイツ大使館員であったヴィッケルト（Erwin Wickert）もまた、「日本からドイツへはとくに生ゴム、タングステン、錫、雲母、アヘンそして戦争初期に輸送された工業用油脂など合わせて八四、〇〇〇トンの貨物が封鎖を突破した」（ヴィッケルト 一九九八、七八頁）と回想している。ヴォールタートの場合は、日本以外のアジア諸国を含むのに対して、ヴィッケルトの場合は専ら日本からの輸送に限定しているため、数量が少なめになっていると考えられる。

一九四五年五月八日のドイツ降伏後、ナチス・ドイツが購入していた奉天の阿片一〇トン（表11－8参照）は、「ドイツ滞貨」として関東軍が直接管理することになった。これについて、外務省戦時経済局長であった澁澤信一は、一九四五年六月七日付でヴォールタート宛に以下のような書簡を送付している。

「……在本邦獨側保有物資ノ引受方ニ關シ通報致置キ候處今般更ニ在滿關東軍當局ニ於テハ五月十七日附貴信附屬品目表所掲ノ奉天ニ保管中ノ阿片約一〇瓲ヲ引受クルコトト致候ニ付貴方關係者ニ右ノ趣旨御傳達相成度此段通報旁得貴意候」（「澁澤局長よりウォールタート宛書簡」昭和二〇年六月七日、「三　対独諸条約に対する措置」JACAR Ref. B02032982300）。

そもそも奉天の一〇トンの阿片は、ヴォールタートによると、第四次「満」独協定に基づきベルリンのローゲス商会の契約でカルロヴィッツ商会の指揮監督下にある「満洲国」の「阿片組合」によって購入された（Wohlthat an Inoue am 3.7.1945「三　対独諸条約に対する措置」JACAR Ref. B02032982400）。そもそも「満洲国」においては個々のドイツ商社は物資購入に参加できる自由はなく、「組合」と呼ばれる一種のカルテルを通じてのみ物資購入に参加できた。この「組合」は、一九四二年一〇月二七日にヴォールタートら経済使節団によって設立された。「組合」の指揮監督は各「組合」の中での輪番制となっており、組合メンバーは経済使節団によって指名された（Files and Records of the German Delegation for economic Negotiations in East Asia (1941-1945), p.15, in: GHQ/ SCAP, CPC-40791, 国立国会図書館憲政資料室）。

また「日本」の阿片四トン（表11-8参照）は、神戸保税倉庫に保管されており、一九四五年七月二六日に「ドイツ滞貨」として交易営団によって購入されたのであった（Position of total Cargo Held in Japan, in: GHQ/ SCAP, "Hans Umbhau - Property Administrated by Hans Umbhau, Listed by Item #3", CPC-40723, 国立国会図書館憲政資料室）。「満」独貿易の阿片は、最終的に独日間の阿片貿易に転用されており、大戦末期においては「満」→独→日の阿片貿易がなされていたのである。当時交易営団総裁であった石田禮助は、「仕事は、日本の貿易を一手にやるということだったが、戦争中のこと故、貿易といっても何もなかった。結局やった仕事は、国内の物資を徴発して戦争遂行に役立てるということだった」（交研社 一九七八、一二八頁）としか述べていないが、交易営団は、独日阿片貿易の当事者であったのである。

おわりに

本章では、従来関係が杜絶したと見なされてきた第二次世界大戦期の「満」独関係について、通商関係を中心に考察した。大戦勃発後も、一九四〇年二月の独ソ経済協定を契機にシベリア鉄道を通じて満洲大豆の輸送がなされていた。独ソ戦勃発に至るまでに輸送された量は、約一六・七万トンであった。しかし、「満」独貿易協定所定の量は輸送できなかった。この時期、「満洲国」は対独関係において輸入超過になっていた。それは、ドイツからの建設資材輸入需要の増加と満洲大豆の供給不足による。

そうしたなかでなされた鮎川の訪独は、「満」独貿易協定の更改においては直接的な影響を与えなかった。但し、ヴォールタートの来日・来「満」に際しては、鮎川の訪独が重要なきっかけとなった。というのも、来栖駐独大使が鮎川との関係をも考慮して、ヴォールタートを代表として要望したからであった。そもそもヴォールタートの来日・来「満」は、円ブロックとドイツとの経済協定締結が主たる目的であった。また彼は「満」独貿易協定の延長に際しても、ドイツ側の責任者として行動していた。当時の「満」独貿易協定における「満洲国」側の主要な輸出品は、依然として満洲大豆であった。しかし対独借款が満洲大豆不足によって返済困難になっていた。その決済として、ヴォールタートは一九四一年四月の「満」独予備交渉の際に、満洲大豆に代わって阿片を要求したのであった。以上のように「満」独通商関係は、ヴォールタートの来日・来「満」を契機に、まさに従来の満洲大豆を中心とした通商関係から阿片を中心とした通商関係へと転換したのであった。

「満」独間の阿片貿易の「満洲国」側の最高責任者は、当時経済部次長の古海であり、ドイツ側の現地の最高責任者が、ドイツ経済使節団代表であったヴォールタートであった。史料的に確認できる「満」独間の阿片貿易の発端は、一九四一年五月に締結された「満」独貿易協定である。そこではドイツ側は、満洲大豆が納入困難な場合に阿片七トンを要求したが、同年一〇月下旬に「満洲国」側は実際に阿片七トンを引き渡したのであった。

その後、貿易協定に基づくドイツへの阿片の供給義務量は、「満」独貿易協定の延長のたびに、一〇トン、四〇トンと増加していった。ドイツが「満洲国」から輸入した阿片の一部は蒙疆産と考えられる。一九四三年春東京での「東亜阿片会議」によって、東南アジアの阿片供給を割り当てられた「満洲国」には（片倉・古海 一九六七、二七一 - 二七二頁、中央档案館整理 二〇〇五〈五巻〉、七五二 - 七五三頁、新井・藤原 一九九九、一三〇 - 一三二頁、中国社会科学院近代史研究所近代史資料編輯部 一九九九、九七頁）、ドイツへ阿片を供給する余裕はなく、蒙疆から輸入して、それをドイツに再輸出していたものと考えられる。さらに大戦末期においては、「満」独間の阿片は独日間の阿片貿易に転用されていたのであった。その際の日本側の責任部局が外務省戦時経済局であり、実際の取引相手は交易営団であった。

以上が、第二次世界大戦期の「満」独阿片貿易の実態の一部である。

ドイツが「満洲国」から輸入した阿片の少なくとも一部は、東南アジアでのゴムや錫などとのバーターに利用された可能性がある。また、阿片はドイツでは医薬品のモルヒネとして利用されたが、そもそもモルヒネは子どもを含む障害者の安楽死やホロコーストにも使用されていた。ドイツは、阿片三一トンを戦争直前にイランから輸入していたが、海上封鎖による不足分を「満洲国」から輸入していたとも考えられる。「満洲国」から輸入した阿片をドイツが実際にどのように使用したのかは、今後の課題である。

■注

（1）なお、岡部が『世界』一九九八年六月号で公表した、阿片七トンを古海がドイツに一九四一年一〇月に売り渡した史実を、金子が既にドイツで紹介している（Kaneko 1999, S. 12）。

（2）ドイツは、ベルリンのツェーゼン街に短波放送局を設置し、そこから世界中にドイツ語の他、様々な言語で短波ラジオを放送していた（ハーフ 二〇一三、五四 - 五五頁参照）。

■史料

Bundesarchiv-Militärarchiv, Freiburg im Breisgau (BA/ MA Freiburg).

Akten zur deutschen auswärtigen Politik (*ADAP*) *1918-1945* (1961-1979), Göttingen.

Kriegstagebuch des Oberkommandos der Wehrmacht 1940-1945 (o. J.). Schramm, Percy E. (Hrsg.), 8 Bde., Studienausgabe, Bonn.

League of Nations (1941) *Estimated World Requirements of Dangerous Drugs in 1942. Statement issued by the Supervisory Body under Artikel 5*, Geneva.

The Price of Admiralty. The War Diary of the German Naval Attaché in Japan, 1939-1943 (1989), edited and translated by John W. M. Chapman, Volume IV: *10 September 1941-31 Januar 1942*, Sussex.

Reichsgesetzblatt.

Der Vierjahresplan.

アジア歴史資料センター（Japan Center for Asian Historical Records, JACAR）。

外務省外交史料館。

国立国会図書館憲政資料室。

新井利男・藤原彰編（一九九九）『侵略の証言——中国における日本人戦犯自筆供述書』岩波書店。

粟屋憲太郎・吉田裕編集・解説（一九九三）『国際検察局（ＩＰＳ）尋問調書』全五二巻、日本図書センター。

江口圭一編（一九八五）『資料日中戦争期阿片政策——蒙疆政権資料を中心に』岩波書店。

岡田芳政・多田井喜生・高橋正衛編集・解説（一九八六）『続・現代史資料（一二）　阿片問題』みすず書房。

中央档案館・中国第二歴史档案館・吉林省社会科学院合編（一九九一）『東北経済掠奪』北京・中華書房。

中央档案館整理（二〇〇五）『日本侵華戦犯筆供』全一〇巻、北京・中国档案出版社。

中国社会科学院近代史研究所近代史資料編輯部編（一九九九）『近代史資料（九八）』北京・中国社会科学出版社。

馬模貞主編（一九九八）『中国禁毒史資料　一七二九－一九四九年』天津・天津人民出版社。

■文献（欧文）

Buchheim, Christoph (2010) „Der Mythos vom ‚Wohlleben'. Der Lebensstandard der deutschen Zivilbevölkerung im Zweiten Weltkrieg", in: *Vierteljahrshefte für Zeitgeschichte*, Jg. 58, Nr. 3, S. 299–328.
Chapman, John W. M. (2011) *Ultranationalism in German-Japanese Relations 1930–45: From Wenneker to Sasakawa*, Kent: Global Oriental.
Corni, Gustavo und Horst Gies (1994) *Blut und Boden. Rassenideologie und Agrarpolitik im Staat Hitlers*, Idstein: Schulz-Kirchner.
Corni, Gustavo und Horst Gies (1997) *Brot-Butter-Kanonen. Die Ernährungswirtschaft in Deutschland unter der Diktatur Hitlers*, Berlin: Akademie Verlag.
Drews, Joachim (2004) *Die „Nazi-Bohne". Anbau, Verwendung und Auswirkung der Sojabohne im Deutschen Reich und Südosteuropa (1933–1945)*, Münster: LIT.
Kaneko, Martin (1999) „Über japanische Geschichtsleugner. Professoren-Ignoranz oder ist Vergangenheitsbewältigung nur ein Problem der Deutschen?" in: *NOAG*, Nr. 165–166, S. 1–22.
Miller, David (2000) *U-Boats: The illustrated History of the Raiders of the Deep*, Washington, D.C.: Brassey's（デヴィッド・ミラー、岩重多四郎訳『Uボート総覧――図で見る「深淵の刺客たち」発達史』大日本絵画、二〇〇一年）.
Mund, Gerald (2006) *Ostasien im Spiegel der deutschen Diplomatie. Die Privatdienstliche Korrespondenz des Diplomaten Herbert*

v. Dirksen von 1933 bis 1938, Stuttgart: Steiner.

Pauer, Erich（1984）„Die wirtschaftlichen Beziehungen zwischen Japan und Deutschland 1900–1945", in: Josef Kreiner（Hrsg.）, *Deutschland – Japan. Historische Kontakte*, Bonn: Bouvier, S. 161–210.

Pauer, Erich（1986）"Lots of Friendship, but Few Orders: German-Japanese Commercial Relations in the late 1930s," in: Nobutoshi Hagihara and Ian Hill Nish（eds.）, *German-Japanese Relations in the 1930s*, Suntory Toyota International Centre for Economics and Related Disciplines, International Studies 3, London: London School of Economics and Political Science, pp. 10–37.

Pelzer, Birgit und Reinhold Reith（2001）*Margarine. Die Karriere der Kunstbutter*, Berlin: K. Wagenbach.

Pelzer-Reith, Birgit und Reinhold Reith（2009）„Fischkonsum und ‚Eiweißlücke' im Nationalsozialismus", in: *Vierteljahrschrift für Sozial- und Wirtschaftsgeschichte*, Bd. 96, Nr. 1, S. 4–26.

Reith, Reinhold（2007）„‚Hurrah die Butter ist alle!' ‚Fettlücke' und ‚Eiweisslücke' im Dritten Reich", in: Michael Pammer, Herta Neiß, und Michael John（Hrsg.）, *Erfahrung der Moderne. Festschrift für Roman Sandgruber zum 60. Geburtstag*, Stuttgart: Steiner, S. 403–426.

Schweitzer, Arthur（1962）"Foreign Exchange Crisis of 1936," in: *Zeitschrift für die gesamte Staatswissenschaft*, Bd. 118, Nr. 2., S. 243–277.

■文献（邦文）

鮎川義介、愛蔵本刊行会編（一九六四）『百味箪笥　鮎川義介随筆集』愛蔵本刊行会。

鮎川義介（一九八〇）『私の履歴書　経済人（九）』日本経済新聞社、五－九八頁。

足立芳宏（二〇一三）「「第三帝国」の農業・食糧政策と農業資源開発――戦時ドイツ食糧アウタルキー政策の実態」野田公夫編『農林資源開発史論（一）　農林資源開発の世紀――「資源化」と総力戦体制の比較史』京都大学学術出版会、二七九－三三九頁。

井口治夫（二〇一二）『鮎川義介と経済的国際主義――満洲問題から戦後日米関係へ』名古屋大学出版会。

ヴィッケルト、エルヴィン、佐藤眞知子訳（一九九八）『戦時下のドイツ大使館――ある駐日外交官の証言』中央公論社。

岡部牧夫（二〇〇八）「「大豆経済」の形成と衰退――大豆をとおして見た満鉄」岡部牧夫編『南満洲鉄道会社の研究』日本経済評論社、二七－八九頁。

岡部牧夫・荻野富士夫・吉田裕編（二〇一〇）『中国侵略の証言者たち――「認罪」の記録を読む』岩波書店。

隠岐猛男（一九三三）「独逸の新油脂及飼料政策とその大豆に及ぼす影響」『満鉄調査月報』一三巻一二号、一五〇－一九〇頁。

片倉衷・古海忠之（一九六七）『挫折した理想国――満洲国興亡の真相』現代ブック社。

工藤章（一九九六）「幻想の三角貿易――「満州国」と日独通商関係・覚書」『ドイツ研究』二三号、五二－七〇頁。

工藤章（二〇一一）『日独経済関係史序説』桜井書店。

熊野直樹（一九九六）『ナチス一党支配体制成立史序説――フーゲンベルクの入閣とその失脚をめぐって』法律文化社。

熊野直樹（二〇〇九）「バター・マーガリン・満洲大豆――世界大恐慌期におけるドイツ通商政策の史的展開」熊野直樹・柴尾健一・山田良介・中島琢磨・北村厚・金哲『政治史への問い／政治史からの問い』法律文化社、一四七－一七四頁。

栗原優（一九九四）『第二次世界大戦の勃発――ヒトラーとドイツ帝国主義』名古屋大学出版会。

交研社編（一九七八）『石田禮助・天国へのパスポート』交研社。

田嶋信雄（一九九二）『ナチズム外交と「満洲国」』千倉書房。

田嶋信雄（二〇一三）『ナチス・ドイツと中国国民政府　一九三三－一九三七』東京大学出版会。

東京銀行編（一九八三）『横濱正金銀行全史（五上）』制作・東洋経済新報社。

ハーフ、ジェフリー、星乃治彦・臼杵陽・熊野直樹・北村厚・今井宏昌訳（二〇一三）『ナチのプロパガンダとアラブ世界』岩波書店。

防衛庁防衛研修所戦史部編（一九七九）『戦史叢書　潜水艦史』朝雲新聞社。

星野直樹（一九六三）『見果てぬ夢――満州国外史』ダイヤモンド社。

満洲興業銀行調査課（一九四〇）「欧洲戦争ノ満洲大豆輸出ヘノ影響ト今後ノ見透シニ就テ（秘）」。

満洲国史編纂刊行会編（一九七一）『満洲国史　各論』満蒙同胞援護会。

満洲帝国政府編（一九六九）『満洲建国十年史』（復刻版）原書房。
満洲特産中央会『満洲特産月報』。
山本常雄（一九八五）『阿片と大砲――陸軍昭和通商の七年』ＰＭＣ出版。

［付記］本論は、平成二二－二四年度科学研究費補助金（挑戦的萌芽研究「「満」独関係と阿片」課題番号二二六五三〇二〇）の交付による研究成果の一部である。

第一二章　ドイツ東洋文化研究協会（ＯＡＧ）の東アジア研究

——学術的関心の持続

クリスティアン・Ｗ・シュパング
スヴェン・サーラ

はじめに

本章では、ドイツ東洋文化研究協会（Deutsche Gesellschaft für Natur- und Völkerkunde Ostasiens. 通称ＯＡＧ）の設立過程を紹介しながら、その東アジアにおける活動内容とその意義を追求したい。ＯＡＧは一八七三年の設立以来、現在に至るまで東京に本部を置いているが、会の名称と定款に従い[1]、「東アジア」（Ostasien）全体を研究の対象とし、一時的には日本以外の地域——すなわち、中国、満洲国、オランダ領東インド——にまで活動範囲を拡大した。ゆえに、ドイツの東アジア全体への関心を代表する組織の一つであるといえよう。各地で学者・商人・外交官の連携を図り、ドイツ人コミュニティーを結束させる役割を果たしながら、ドイツにおける「東アジア学」の成立にも大きく貢献した。以下、ＯＡＧの設立とその目的を簡単に紹介しながら、協会の東アジア全体への活動範囲の拡大を分析し、ドイツ学界（含、自然科学、文化人類学、人文科学）の東アジアへの関心の広がりを明らかにしたい。

一九一四年以前には、ドイツが東アジアに有する「植民地」は一カ所のみだった。膠州湾租借地である。第一次世界大戦の結果、この租借地を失ったが、東アジア研究に対するドイツ人の関心が薄れることはなかった。ＯＡＧも、第一次世界大戦によって打撃を被ったにもかかわらず（シュパング・サーラ 二〇一一参照）、戦間期において東アジア全土に活動を広げた。現在の欧州における東アジア研究を鑑みると、これは重要な事実である。イギリスの歴史を見れば、そこで東アジア研究が盛んであったことは驚くには当たらないが、僅かな植民地しか保有しなかったドイツが、現在では日本研究とアジア研究が最も盛んな国のひとつとなっていることは注目に値する。

一　ＯＡＧの設立と一九一〇年頃までの東アジアに関する活動

1　ＯＡＧの設立と初期の活動

一八七三年三月二二日、ＯＡＧは東京で数十名のドイツ人によって創立された。創立メンバーの大多数は商人と学者、そして在日ドイツ公使館の数人の外交官であった(2)。ＯＡＧ創立の背景には、日本政府によって顧問・講師として日本に招聘されていた在日ドイツ学者（いわゆるお雇い外国人）の存在があったと思われる。ＯＡＧの設立者であり初代会長を務めたのは、初代ドイツ帝国代理公使のブラント（Maximilian A. S. von Brandt）であった。彼はイギリスに対する競争意識を強く持っており、一八七二年に在東京のイギリス人によって設立された日本アジア協会（Asiatic Society of Japan, ASJ）に対抗すべく、ドイツのアジア研究の拠点としてＯＡＧの創立を提案したとも考えられている(3)。ＯＡＧの設立日である三月二二日は、重要なドイツの祝日「ドイツ皇帝誕生日」に当たり、このことも初期ＯＡＧの半官半民的な性格を表している。東アジアは、当初から協会の関心分野であった。協会の定款第三条には、会の目的が以下のように記載されている。

「協会の目的は、会員それぞれに東アジア諸国についての見解と経験の交換の機会を提供し、その国々の研究を奨励し、我々の東アジアに関する知識を豊富にするために役立つ資料集『紀要』を編集することである」(4)。

ＯＡＧは、ドイツをはじめ、ヨーロッパ中の東アジア研究や日本研究の発展に大きく貢献した。学術雑誌『ドイツ東洋文化研究会紀要』（正式名 *Mittheilungen der Deutschen Gesellschaft für Natur- und Völkerkunde Ostasiens*, 略称ＭＯＡＧ）(5)の刊行や定期的な講演会により、ＯＡＧはドイツにおける東アジア研究・日本学の学術的な組織化に大きな影響を与えた。ＭＯＡＧはドイツ語圏で初めてアジアをテーマとする学術雑誌であっただけではなく、国際的にもその分野の最初の機関誌のひとつだった。紀要は直ちにドイツ語圏外でも高く評価された。これは、発行部数の継続的な増加（一九〇〇年頃には一〇〇〇部に達した(6)）等からも明らかである。日本研究者であるイギリス人のチェンバレン（Basil Hall Chamberlain）は、著書『日本事物誌』（*Things Japanese*）でＭＯＡＧを「科学や法学等の情報の宝庫」と評している（Wippich 1993, S. 69）。様々な研究機関（学術団体、博物館、大学）との国際的な雑誌交換も、当時のＭＯＡＧの意義を証明している。交流のある機関は徐々に増え、一九〇〇年頃にはその数は約一六〇に、さらに第一次世界大戦直前には一八二に達し、ピークを迎えた。世界各地のＭＯＡＧの配送先には、日本や欧米諸国以外にも、東アジア・東南アジア諸国（上海、香港、ソウル、ハノイ、バタヴィア、マニラ）やインド（カルカッタ）、ロシアの極東部（ウラジオストク）等の研究機関も含まれている(7)。ＯＡＧの会員となった研究者は、国際的な科学交流にも積極参加した。例えば一九〇三年に、フランス領インドシナの植民地当局がＯＡＧの代表を学術会議に招待し、当時協会の理事を務めていたフローレンツ（Karl Florenz）がハノイに派遣された。その他、ＯＡＧ会員のベルツ（Erwin Bälz）やリッター・ツー・グリュンシュタイン男爵（G. Freiherr Ritter zu Grünsteyn）もこの会議に参加した（*MOAG*, Bd. 7, S. 410）。

2　ＯＡＧの東アジアに関する研究

ＭＯＡＧの内容は、日本に関するテーマのみに留まらず、他の東アジアの国々も研究対象としていた。第一に、日本の辺境地を対象とした、狭義での「日本」の範囲を超えた内容の論文が挙げられる。その一例が、第一大学区医学校（現在の東京大学医学部）の解剖学教授を務めた医師のデーニッツ（Wilhelm Dönitz）による、北海道・千島列島・樺太の原住民アイヌについての研究である。一八八〇年代にＯＡＧ会長を務めたデーニッツは、ＭＯＡＧにこうした日本の外縁地域への調査旅行の成果を定期的に発表していた。琉球文化と繋がりを持っていた奄美大島とその住民に関する民俗学研究も、ＭＯＡＧに掲載された。(8)

第二に、日本以外の東アジアを扱った論文が挙げられ、第一次世界大戦以前のＭＯＡＧにはその種のものが多数掲載されていた。これらには、例えば「上海の歴史」（一八七三／四年）、台湾の地理について（一八七四／五年）、華北紀行文、「中国と日本においての測量・重量単位のシステム」の歴史的比較（一八七六年）、朝鮮紀行文（一八八四／五年）、カイザー・ヴィルヘルムス・ラント（現在のニューギニア島北東部）についての論説（一八八五年）、台湾の歴史についての寄稿（一八九八年）、「樺太・東シベリア・満洲・中国・朝鮮紀行」（一九〇三年）、満洲の経済について（一九一〇年）、ドイツの「中国への文化的影響」についての論文（一九一二年）、日本の植民地に関する記録（一九一二年）等がある。

このうち、朝鮮王朝の顧問であり、中国にも滞在したメレンドルフ（Paul Georg von Möllendorff. 1847-1901）は中国北部に関して多数の論文を寄稿している一方で、朝鮮についてはなぜか一件も発表していないことが興味深い。第一次世界大戦以前のＯＡＧの講演や出版物活動全体を見ても、朝鮮が取り上げられたことは非常に少ない。

3　ドイツ帝国主義と学問

初期ＯＡＧの発展の背景にあったのは、一九世紀後半のドイツ植民地主義・帝国主義の発展である。ドイツは他のヨーロッパ列強に比べて獲得した植民地は少なかったものの、列強が共有していた「帝国主義思考」はドイツでも広がったと言われている。

一八七一年にドイツ帝国が建国される以前、「ドイツ」を代表するプロイセン王国とオーストリア・ハンガリー帝国は、それぞれの地理的な制限もあって積極的な海外政策・植民地政策を行っていなかった。ドイツ帝国の建国後、宰相となったビスマルク（Otto von Bismarck）は植民地の獲得に反対していた。ヨーロッパにおけるドイツの安定を重視し、その安定が植民地政策という「冒険」によって危うくなることを危惧したのである。一八八〇年代には、ドイツは限定的にアフリカと太平洋地域に「保護領」（Schutzgebiete）を宣言し、一八九〇年代に入ると皇帝ヴィルヘルム二世の「新航路」がドイツの海外政策を積極化させた。(9) だが、結果的にはドイツは第一次世界大戦まで大きな領土を獲得することができず、一九一九年の敗戦の結果すべての植民地領土を失ってしまったのである。

しかし近代ドイツは、本国の発展に継続的に大きな影響を与えるに十分な植民地を有しなかったとはいえ、領土獲得以外のかたちで欧米の「帝国主義」に左右されており、帝国主義思考はドイツ国民に広く浸透した。例えば、ドイツ社会においてはドイツ植民地協会（Deutscher Kolonialverein）が活動を展開し、国民の植民地政策への「理解」を促進した。この活動は、将来の植民地獲得を前にドイツ人が心の準備を行うことを目的としていた。植民地を獲得した一八八〇年代以降のドイツ植民地協会は、ドイツにおける植民地の必要性を訴え、植民地行政のための人材を動員する役割を果たした。植民地を失った一九一九年以降のドイツにおいても、協会が「植民地修正主義」（Kolonialrevisionismus）を鼓吹し、特にアフリカにおける植民地のドイツへの返還を求め続けていた。こうした植民地協会の活動の結果「植民地熱」が生

じ、ドイツの一部の町に「植民地記念碑」が建立されるに至ったのである。(10)

ドイツは、植民地の領有に関してその他の列強とかなり異なっていたが、特に学問・科学における植民地主義思考の発展は、イギリスなどと並行していたといえよう。(11)一九世紀のドイツの科学者は、イギリス、フランスなどの科学者と協力してヨーロッパ科学を世界へ進出させ、両国と同様、植民地の文化を本国の博物館などで紹介した。一八七四年にはライプツィヒに民俗博物館（Völkerkundemuseum）が開館され、ドイツ初の植民地展覧会（Kolonialausstellung）が一八九六年にベルリンで開催された。(12)他のヨーロッパ諸国と同様に、第一次世界大戦後もこの植民地主義的な思考がドイツの学界に根強く残った。これは現在の状況とも無関係ではない。

ドイツの学者は他国の学者と積極的に交流し、(13)フランス、イギリスなどの科学者と同様の研究分野に関心を持っていた。ドイツの学者も世界各地で調査を行い、とりわけ文化人類学、人種学、地理学などの発展に大いに貢献した。(14)例えば、人種学におけるブルーメンバッハ（Johann Friedrich Blumenbach. 1752–1840）と地理学におけるリヒトホーフェン（Ferdinand von Richthofen. 1833–1905）(15)の貢献は、現在もよく知られている。ドイツは多くの植民地を有しなかったが、ドイツの一部の大学には「植民地学」講座が創設され、帝政時代には「地理学」講座も多数開講されたのである。一八七四年以前、地理学講座はまだ二つしか存在しなかったが、この年、プロシア政府がすべての大学に「地理学講座」を導入することを決めた。(16)なお、獲得した領土では常に、「(ドイツの学者の）最新かつ合理的な研究成果が活用され、これらは植民地の搾取に利用された」（Zimmerer 2004, S. 75–76）。一九〇八年にはハンブルクに植民地研究所（Kolonialinstitut）が創立され（Ruppenthal 2007）、ドイツの植民地の行政と植民地の「開発」の向上に努めた。

ヨーロッパでの地理学の発展に関しては、ドイツの学者等がその組織化においても重要な役割を果たした。フランスでは一八二一年に地理学協会（Societé de Géographie）が設立され、その後にプロシアでベルリン地学協会（Gesellschaft für Erdkunde zu Berlin）が設立された（一八二八年）。イギリスのロンドン王立地理学協会（Royal Geographical Society of London）より二年早い設立であった。なお、このロンドン王立地理学協会では、ペーターマン（August Petermann.

1822-78）という著名なドイツ人が中心的な役割を果たしたことも注目に値する。ペーターマンは一八四七年にロンドンに移住し、王立地理学協会の会員となった後、書記まで務めたようである。海外に拠点を持たないドイツ人学者等の海外遠征を仲介し、一八五四年にドイツに戻った後は、自身が編集していた『地理学雑誌』（*Petermanns Geographische Mitteilungen*）の刊行に着手した（Demhardt 2006）。

地理学のほか、ドイツは植民地主義・帝国主義の影響で新しく形成された学問の発展にも大きく貢献した。文化人類学と地域研究（アジア研究）である。組織的な面からみると、ドイツは植民地を持っていなかった時代から、この学問でも大きな遅れをとらなかったことが注目に値する。アジア研究に専念する最初の組織は一八二三年にロンドンで設立された王立アジア協会（Royal Asiatic Society）であったと思われるが、ドイツでは一八四五年に近東・中東、とりわけオスマン帝国での研究を推進するドイツ東洋協会（Deutsche Morgenländische Gesellschaft）が創立された。文化人類学と民俗学では、パリ民族学会（Societé Ethnologique de Paris. 一八三九年設立）が最も早い例だが、アメリカ民族学会（American Ethnological Society. 一八四二年設立）、ロンドン民族学会（Ethnological Society of London. 一八四三年設立）、パリ人類学会（Societé d'Anthropologie de Paris. 一八五九年設立）とロンドン人類学会（Anthropological Society of London. 一八六三年設立）に続き、ドイツでは一八六九年に人類学・民俗学・先史時代史ドイツ学会（Deutsche Gesellschaft für Anthropologie, Ethnologie und Urgeschichte）が設立された。

現場で活躍した欧米の学者によって、アジア等においても、ローカルな研究協会が設立されたことがこの学界の拡大の特徴のひとつである。最も早い例のひとつは、イギリスの王立アジア協会の出発点でもあったカルカッタ・アジア協会（Asiatic Society of Calcutta. 一七八四年設立）であったが、東アジアではイギリスとドイツの現地の研究会がほとんど同時に行われた。在日イギリス人の学者と商人が一八七二年に現在まで存続する日本アジア協会を設立し、その翌年に在日ドイツ人によって東京でＯＡＧが設立された。

二　ＯＡＧの東アジアへの組織・活動の拡大
――第一次世界大戦前夜から中国支部創設まで

1　第一次世界大戦前の中国への活動拡大計画

ＯＡＧは東京に本部を置いたが、中国や他の東アジア諸国にもその活動を拡大した。具体的には、中国に支部を開くという考え方が第一次世界大戦の直前に浮上した。一九一二年の年次報告書には、中国に複数の学術団体が創設されたと書かれており、ＯＡＧ理事会側からそれらとＯＡＧとの「合併」が提唱されている。これは、ＯＡＧが東アジア研究の中心であると自己認識していた証拠である。ＭＯＡＧには、このことについて次のように掲載された。

「上海、香港、青島、天津には学術団体の設立が計画され、我が協会〔ＯＡＧ〕との合併が提案された。そういった合併が実現されるための条件は、現在はまだ理事会の調査の対象であり、その結果は総会に提出されねばならない」（*MOAG*, Bd. 14, Nr. 3, S. LXXIX）。

この考えを進めていたのは一九〇六～一九一四年に香港で総領事を務め、後にＯＡＧ名誉会長ならびに在日ドイツ大使（一九二八～三三年）となったフォーレッチュ（Ernst-Arthur Voretzsch）、オーストリアの経済・社会学者グリューンフェルト（Ernst Grünfeld. 1883-1938. 一九一〇～一二年には東京にある南満洲鉄道（満鉄）東亜経済調査局に勤務）及び上海で発行されたドイツ語新聞の『徳文新報』（*Ostasiatischer Lloyd*）の編集者フィンク（Carl Fink. 1861-1943）であった

（Weegmann und Schinzinger 1982, S. 32. フィンクと『徳文新報』についてはWalravens 2003を参照）。一九一三年の年次報告書には、理事会は他の東アジア地域の研究協会のＯＡＧへの合併の可能性について再び触れている。

「前年も議題に上がったが、中国で設立されつつある研究団体と我が協会との合併の件にはまだ結論が出ていない。我が協会からは、差し当たり、現地の地方支部同士が話し合った後、共通の名の下に合併するための交渉を再開することを提案した」(Jahresbericht 1913, in: *MOAG* 14, S. 148f.)。

以上のことから、ＯＡＧ理事会が中国に活動範囲を広げることに関心を持っていたのは明らかだが、特に積極的に取り組んだ訳ではなく、当時中国でＯＡＧとは無関係に作られた様々な団体からの然るべき提案を待っていた。おそらく、現地の揉め事や権力争いに巻き込まれることを避けるためであったと思われる。だが、一九一四年の第一次世界大戦勃発により、その種の計画はすぐさま中止となった。日本軍による青島の占領の影響で、前述の都市（上海、香港、青島、天津）に住んでいたドイツ人の数が激減したため、ＯＡＧの中国への活動拡大計画は長い間保留となった。同様の計画が再び取り上げられたのは、かなり後になってからである。

2　一九三〇年代初頭における中国支部創設

ＯＡＧは、第一次世界大戦による存亡の危機を乗り越え（シュパング・サーラ 二〇一一）、一九二〇年代半ばになると、まずドイツに進出した。一九二五年から一九三四年までにライプツィヒで、その後一九三四年から一九四五年までにハンブルクに連絡事務所があったが（Rode and Spang 2016）、それらに続いて一九三〇年代、中国への組織・活動の拡大が実現することになった（Spang 2005）。

第一次世界大戦での敗北と膠州湾租借地の喪失後、ドイツと中国との間の貿易は比較的短期間で再開された。膠州湾の租借地に代わり、上海がドイツの中国貿易の中心になりつつあった。一九二一年一〇月には、在上海ドイツ総領事館が業務を再開した。その傍ら、ドイツ企業の事務所も多数の都市に存在した。一九二二／二三年には上海だけでも六〇ほどのドイツの会社があり、それらの会社には約一二〇〇人のドイツ人が勤めていた。なお、天津（ドイツ人約六〇〇人、四二社）、漢口（約五〇〇人、三〇社）、奉天・ハルビン（約二五〇人、一五社）にも大きなドイツ人コミュニティーがあった。第一次世界大戦から数年足らずの間に、全体で約三〇〇〇人のドイツ人が中国や中国東北地方（一九三二年以降は満洲国）の重要な商業都市に住み着いていた（Bauer 2000, S. 160）。その後、その数はさらに増えることになる。それに加えて、ドイツ帝国の中国・満洲駐在外交団も相当な数であった。北京の公使館の他にも四つの都市（上海、天津、漢口、広東）に総領事館があり、六つの都市（ハルビン、奉天、済南、青島、重慶、香港）には領事館があった（Kettelhut 2006, S. 145）。さらに一八九五年に、上海にドイツ学校、カイザー・ヴィルヘルム学校（Kaiser-Wilhelm-Schule）が創立され、その関係でドイツ人教師も定住していた（Schmitt-Englert 2012）。その他にも、ドイツ人大学教授が第一次世界大戦後の上海、かつその多くは同済大学（旧呉淞区）に勤務していた（Schmitt-Englert 2012; Freyeisen 2000 も参照）。それに加えて、一九二七年から一九三八年にかけて、ドイツの軍事顧問団が中国に滞在したことも特筆に値する（詳細は Martin 1981 参照）。

こうした中国在住ドイツ人の増加を背景に、一九三〇年代初頭にＯＡＧの中国における地域支部設立の動きが具体化した。その支部長に内定されたオートマー（Wilhelm Othmer）教授は一九三〇年夏、東京を訪れ、ＯＡＧ本部で孫文について講義した。彼のこの行動は、理事会の支持を得るためだったと思われる。一九二〇年代から刊行された『ＯＡＧ会報』（*Nachrichten der OAG*, 通称ＮＯＡＧ）は「この講演はいわば現在実現されつつある『上海地域支部』の創立へ向けての幸運な第一歩である」と報じた。（*NOAG*, Bd. 23, 15. Dezember 1930, S. 9）。

一九三一年初頭には、将来的にＯＡＧの活動の中で中国がもっと重要視されるよう、期待が示されていた。

「上海地域支部の創立はようやく、我が協会にその文字通り『東洋文化研究協会』になる可能性を与えてくれる」（*NOAG*, Bd. 24, 15. Februar 1931, S. 3）。

続いて、新設された支部の初めての活動の案内が紹介され、一九三一年六月までに七回もの講演会が予告された（*NOAG*, Bd. 24, 15. Februar 1931, S. 3）。その次には、新しい支部の会員一一八人の名前が網羅されている。会員のうち約一〇％が未婚の女性（名簿では「Fräulein」と記されている）であったことは、最も注目されるべき点である。彼女達は徳華銀行（Deutsch-Asiatische Bank, 二人）、ジーメンス（一人）、カイザー・ヴィルヘルム学校（四人）、病院（Paulun Hospital, 四人）に勤務していた（*NOAG*, Bd. 24, 15. Februar 1931, S. 3-6）。一九三一年七月には、ＯＡＧは新会員の入会により地域支部が「いまや青島にも（中略）根を下ろした」と大きな喜びを表明している（*NOAG*, Bd. 26, 25. Juni 1931, S. 6f.）。

ＯＡＧ上海地域支部の創立者オートマーは、中国語も日本語も堪能で、東アジアに精通した人物であった。彼は歴史地理学者（一九〇四年ベルリンで博士号を取得）で、一九〇七年に中国に渡り語学教師を務め、一九一四年秋に青島で日本軍の捕虜となった。一九二〇年には上海に戻り、同済大学の教授となった（Walravens 1998, S. 645）。彼はドイツ語教師としては、中国でのドイツ語の普及を進めたが、同時に在中ドイツ人に中国語を紹介することにも努めた（Schmitt-Englert 2012, S. 141 und 559）。ドイツ人のコミュニティーでも、また中国人からも、彼は高い評価を得た。彼がわずか五一歳で亡くなった後、一九三四年五月に出版された一〇〇ページ弱の追悼論文集がその事実を物語っている。南京で出版されたこの『奥徳曼教授哀思録』（オートマー教授追悼文集）には、同じ道を志した仲間や学生達の回想が収められている。中国美術史、とりわけ唐宋時代の絵画史を専門にしていた滕固（Ku Teng. 1901-1941）[17]は前書きで、オートマーの人格は「彼の素晴らしい知識と尽きる事のない仕事への喜びの結晶に他ならなかった」と書いている（『奥徳曼教授哀思録』(o. A. 1934, p. 6))。同書には、オートマーの同僚でOAG会員のベルシュマン(Ernst Boerschmann)教授による「適材適所」という題名の「追悼の言葉」もある(o. A. 1934, p. 39-43)。滕固と並んでオートマーのもう一人の中国人学生の蔣復璁(Chiang Fu-Tung, 1898-1990)[18]は、師の死をドイツにとっても中国にとっても「あまりにも大きな損失」と位置づけ、「オートマー教授ほど中国の精神に通じていた人間はいなかっただろう」と強調している(o. A. 1934, p. 48)。

上海でのOAGの全盛期は、オートマーの死以前に、一九三二年の「(第一次)上海事変」によって早くも終わりを迎えていた。上海地域支部の書記であったフォーゲル(Werner Vogel)は、同年二月一六日のOAG本部宛の書簡に、日本と中国間の戦闘行為が、現地のOAGの活動や、オートマー達が教鞭を執っていた同済大学にどう影響したかについて次のように記している。

「戦闘区域(中略)にあった同済大学はまだ無事だが、榴弾や爆弾によって部分的に甚大な損傷を受けた。(中略)講義の再開は今のところ考えられない状態である。(中略)我が地域支部は無論、催し物を何ひとつ開かなかった。企画されていた講演は取りやめになり、戦禍や今も続く深刻な経済危機の影響により、現在は我が協会の課題に対してはあまり関心が見られない(状態である)。しかし私は、これは一時的な障害に過ぎないと確信している。ドイツ人教師達は今、当然の事ながら、非常に落胆している。これらの出来事は、我々や我々の文化に対する精励にとっては極めて大きな打撃である」(*NOAG* 28, 7. März 1932, S. 11)。

この「大きな打撃」から、地域支部は回復したが、催し物を一カ月に一度開くという元来の頻度は達成されることはなかった。

三　ナチス時代の到来とＯＡＧの東アジアへの組織・活動の拡大

一九三三年のナチスの権力掌握は、在日ドイツ人にとって転換期となった。同年五月にはすでに東京に初の国家社会主義ドイツ労働者党（ナチス党、ＮＳＤＡＰ）の地域支部が創立され、一九三五年にはいわゆる「管区」（Landesgruppe）ができた。この時点から、日本での党機関はハンブルクに拠点を持つナチス党の「国外大管区」（Auslandsorganisation, 略称ＡＯ）の管轄下に置かれた。(19) 在日ドイツ人の強制的同一化（Gleichschaltung）は、現地のナチス党員によって一九三三年から行われ、東京・横浜では一九三六／三七年に、その少し後には関西でも終了した。

ＯＡＧは、初めからナチズムに対して協力的な態度をとった。一九三六年に、新しいＯＡＧ会則が決定された。それによってＯＡＧは、ナチス統制下の東京・横浜ドイツ人会（Deutsche Gemeinde Tokyo-Yokohama）にほぼ吸収された。一方、このナチスによる事実上の統制を背景に、ＯＡＧはその組織や活動範囲を他の東アジア諸国（主に中国、オランダ領東インド、満洲国）にも広げていった。

１　中国

中国のＯＡＧ地域支部（上海地域支部）は、東京の理事会から高い評価を得ており、ナチスの権力掌握後でも活発な活動を続けた。ナチスの権力掌握後初めてのＯＡＧの大きな催しであった創立六〇年記念祭に、理事会は上海地域支部が自らの代表者を送ることを重要視した。上海地域支部設立に関与したドイツ総領事コレンベルク（Heinrich Rüdt von Collenberg, 1875-1954）は、一九三三年一月二五日にドイツ外務省に宛てた報告で、このことを明確に述べている。

「今日までに地域支部が得た意義を顧慮し、東京の協会の理事会は、殊に心をこめた手紙で上海地域支部に、今年三月二二日東京の協会の六〇周年記念祭に特別な代表者を送り参加するよう求めた」（*Ostasiatische Rundschau*, 1. März 1931, S. 13）。

出席が不可能であった創立時の支部長オートマーの代理として、副支部長のフックス（Walter Fuchs）領事が派遣された。彼がユダヤ系ドイツ人だったことは、一九三三年三月には——ナチス権力掌握直後にもかかわらず——まだ問題にはならなかったが、東京から帰国後の一九三三年六月二三日に、早期退官させられた（Freyeisen 2000, S. 87-90）。

上海地域支部の活動が高く評価されていたことは、一九三三年のNOAGに掲載された、いわゆる「東京便り」（定期的にOAG会員に東京の日常生活について伝えたニュースレター。「東京便り」について、Spang 2005 参照）にちなんだ「上海便り」を発行する予定だという告知からも窺える。「上海便り」は結局刊行されることはなかったが、上海は唯一紀要の一巻を編集・刊行した支部であったことが、その支部の重要性を証明している（*NOAG* 33, Juni 1933）。

永年OAG会長を務めた（一九三三～一九四五／四七年）マイスナー（Kurt Meißner）は、自ら積極的に東京と上海との交流に尽力した。マイスナーは一九三三年末、ドイツへ赴く途中上海に立ち寄り、地域支部の責任者と話し合った（*OAG-Jahresbericht* 1933, S. 5）。一年もたたぬうちに、彼は再び上海を訪れ、一九三四年一一月二三日に講演を行った（*OAG-Jahresbericht* 1934, S. 7）。

一九三四年三月、オートマーの後継者として、一九〇九年に青島に来た実業家グラーテ（Alfred Glathe）が上海地域支部長に選ばれた。彼はオートマー同様、第一次世界大戦中に日本で捕虜生活を送った経験があった。実際、彼らは同じ収容所（大阪、似島）にいたことがある。どうやら、グラーテは前任者同様、中国語が堪能だったようである。いずれにせよ、地域支部創立直後「O. A. G. 会員のための（中略）中国語作文入門講座」を担当した（*NOAG*, Bd 23, 15. Dezember 1930, S. 9）。安定的かつ持続的に活動していたOAG上海地域支部の性質を、グラーテほど体現していた人物はいない。彼は一九三一年三月から上海地域支部の理事会で財務委員の職を務め、その後支部長として選出され、一九三五年には支部長を退職しているが、一九三六年には副支部長として再選された。以後一九四三／四四年まで継続してこの役職に就いていたことが、ＯＡＧ関係資料で確認できる。支部長としてのグラーテの後任、牧師のクリューガー（Ewald Krüger）も、一九三五年から一九三七年にかけて職務を引き継ぐ以前は、すでに何年か上海地域支部の理事という職を務めていた（*NOAG*, Bd. 25〔31.3.1931〕, S. 3）。このように、上海地域支部の理事は、長期にわたり責任を持って関与し、支部の安定を保っていた。彼の後にはトラウト（Hans Traut）領事が支部長を務め（一九三七〜四一年）、最後には別の外交官ヴィンターフェルト（Siegmund R. von Winterfeldt）がＯＡＧ上海地域支部を運営していた（一九四一〜四五年）。トラウトとグラーテは二人ともザクセン出身で、一九一四年に青島で戦ったということと、日本で捕虜になったという共通の過去を持っていた。その際二人はすでに、収容所内における捕虜の健康管理をしていたＯＡＧと接触していたと考えられる。

ＯＡＧ上海地域支部の理事会については二つの特徴が挙げられる。ひとつは、一九三五年にPao-Shu Tongという中国人が四人の司書の一人として記録されていることである。二つ目は、上海大学のシュテルンベルク（Leonie von Ungern-Sternberg）という女性が現役理事であったことである。彼女は、一九二五年にライプツィヒに設立されたＯＡＧ連絡事務所の代表者の一人（一九二九〜三四年）であったベルリーナー（Anna Berliner）（Rode and Spang 2016 参照）や、ＯＡＧバタヴィア支部の理事会で活躍した（それ以上のことは不明）「ファイファー夫人」（Pfeiffer）と並び、ＯＡＧで正式な役職に就いた最初の女性の一人であろう。

ＯＡＧ上海地域支部は一九三〇年代、毎年平均五回から七回講演会を催し、研修旅行や映画鑑賞会、現地の総会等、他の催し物も企画運営した。全般的には、戦争や事変が原因で催し物が減少した傾向が見られる。一九三七年に勃発した日中戦争のために上海が激戦地になったため、ＯＡＧの活動は妨げられていた。一九三七年のＯＡＧ年次報告には、それについてこう記されている。

「一九三七年後半は、地域支部の活動は戦争により長期に及び中断された。それだけに、大砲の音が遠ざかるや否や、以前のように活動が再開されたことは喜ばしいことである。新年に地域支部が何事にも妨げられず発展を続けられるよう、願ってやまない！」（*OAG-Jahresbericht* 1937, S. 4）

一九四〇年代初期には、OAGの夜の講演会は減少しつつあったが、一九四四年までは催し物が行われた。講演会はしばしば他の団体と共同で行われた。一九四〇年代まではRoyal Asiatic Society（North China Branch, 北中国支部）がOAGに協力した。定期的にOAGと共同で催し物を開き、特に緊密な関係があったのはフランクフルト中国研究所友の会、いわゆる「シニカ」（Vereinigung der Freunde des China-Instituts Frankfurt. Sinica）の上海地域支部である。[20]そのためシニカは、現地のOAG理事会に自らの代表者を送るようになった（*OAG-Jahresbericht* 1936, S. 6）。この共同活動は上海のOAGで催された講演会の題材にも影響し、その結果内容はことのほか豊富になった。催し物のプログラムには中国の他、様々なアジアの地域がテーマとして取り上げられた。その中には、「中国の三大聖山」「中国の鉄道とその将来」「中国の絵画」「独立宣言までの蒙古」「インドの諸邦とその文化遺産」「東チベット研究」「北京－東亜の真珠」「エジプトの文化遺産」「朝鮮半島の金剛山」「高野山の塔」「日本におけるドイツ人」「日本の宗教」「樺太の歴史・民族・経済」「旧ドイツ領ビスマルク諸島への旅」「ロシアの将来」「ヨーロッパ文明の危機」「太平洋における列強」等の講演会があり、東京のOAGよりもアジア全体を取り扱っていた。

東京と同じく、OAGの上海での活動には、催し物の他に、図書館の設立も含まれていた。講演会同様、シニカと協力して設置されたこの図書館の在中ドイツ人にとっての意義や他の研究機関との運営上の関係については、一九四一年のNOAGに次のように記されている。

「地域支部がシニカと協力して運営している図書館については、現在（中略）上海のドイツ人会の図書館に一時的に貸借条件で合併されたことを支部長が報告した。（中略）その中では（中略）会員全員が利用できる蔵書目録が作られ印刷されたことは特に重要である。蔵書目録からは、絶版で古書としてもほぼ入手不可能なものも含め、極東についての興味深い貴重な書物をこの図書館が大量に所有していることがわかる。その理由で、北京のドイツ研究所（中徳学会）も、場合によっては手元にない本を研究目的のために貸与するよう理事会に求めた」（*NOAG*, Bd. 57, 10. Mai 1941, S. 26）。

東京のＯＡＧ本部は、総会、年次報告及び出版物で何度もアジア各地の地域支部を取り扱っている。その中でも上海地域支部については、活動が長期にわたって定期的に行われ、地理的に東京に比較的近かったという理由で、一番詳しく言及されている（*NOAG*, Bd. 57, S. 10）。一九四五年の終戦前最後の総会の報告書にさえ、比較的詳細に上海地域支部について書かれている。ここで興味深いのは、「上海地域支部」を「中国支部」に改名するという報せである。

「中国での会員の居住地が分散していること、また頻繁に起こる転居（例えば上海から南京へ）を理由に、昨年度、中国の会員を一括して上海地域支部を、上海に本拠を持つ『中国支部』に変更することが合理的と見なされた」（*NOAG*, Bd. 57, 10. Mai 1941, S. 26）。

上海のＯＡＧは、現地のドイツ人コミュニティーと継続的かつ緊密な関係を持っていた。ＯＡＧ支部長の顔ぶれ（教授一人、実業家一人、外交官二人）は、まさしく上海のドイツ人コミュニティーの典型とも言える。上海地域支部は最も活発な支部であったのみならず、最も長く活動を続けた支部でもある。ドイツ人にとって「戦後」となっていた一九四五年六月（ドイツ降伏は五月八・九日）においても、上海地域支部が活動を続けていることが史料で確認できる。上海地域支部はＯＡＧ本部宛の書簡（六月一四日付）で「海草」に関する著作物（*Blaualgen und Lebensraum.* 著者は中国支部の会員のシュヴァーベ（Gerhard H. Schwabe)）の刊行が財政難のため難しくなっている、という内容を報告している（上海地域支部よりOAG本部宛一九四五年六月一四日、OAG所蔵）。

なお、同じ時期に、OAGが青島に独立した支部を新設することを試みたことも注目に値する。一九四五年五月一二日付の書簡で、上海地域支部は「青島在住の会員」に以下のように伝えている。

「東京本部から青島支部を創立する依頼があり、ザウケン領事（Konsul Reinhold v. Saucken）の推薦により、ヒューボッター（Franz Hübotter）教授が支部長を務める同意を得たことをお知らせします。今後、会費は、東京や上海ではなく、ヒューボッター教授が徳華銀行に開設した協会青島支部の口座に振り込むようにお願いします」（上海地域支部より青島在住の会員宛の書簡（案）、一九四五年五月一二日、OAG所蔵）。[21]

この新しい支部の設立が実際にどれぐらいの活動に繋がったかは、明らかではない。日本の降伏とアメリカ軍による日本占領の結果、OAGの本部が新たな存続の危機に直面したため（Spang, Wippich, und Saaler 2017, Kap. V)、本部は新支部を十分に支援することができなかった。六月一四日付の青島からOAG本部への手紙では、財政難について報告されている（青島支部よりOAG本部宛の書簡、一九四五年六月一四日、OAG所蔵）。青島支部のその後の運命については史料が残されていない。

2　東南アジア

上海以外の東アジアでも、すなわちオランダ領東インドや日本の傀儡国家であった満洲国（一九三二〜四五年）にOAG地域支部が創立された。OAG地域支部の会員数を示した図12－1からは、中国の上海地域支部がいかに際立ってい

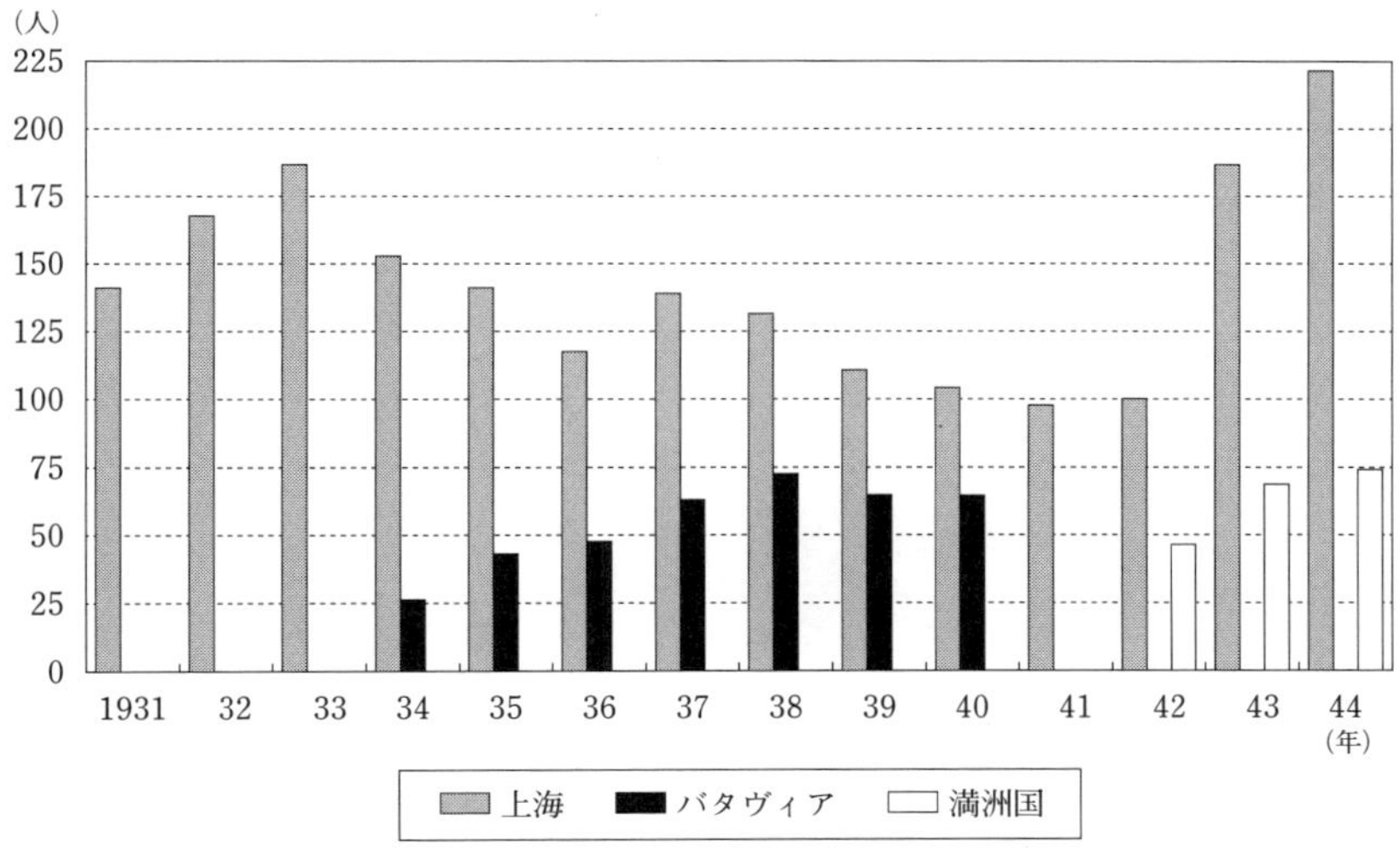

図 12－1　上海，バタヴィア，満洲国での OAG 地域支部の会員数の変動

注：上海は 1941 年に中国支部に改名.

出典：1931 年から 1944 年の年次報告による.

たかが明白に読み取れる。だが、バタヴィア（現在のジャカルタ）のＯＡＧ地域支部も一九三〇年代後半、盛んな活動を行っていた。

オランダ領東インド（現在のインドネシア）には、一九三〇年代、約二八〇〇人のドイツ人が住んでいた（Post 2010, p. 163）。現地のほとんどのドイツ人は、オランダ人の植民地統治者と比較的密接に協力していた。ドイツ人の中で特に有力だったのは、プランテーションの所有者とその家族で、その一部はすでに長期にわたって定住していた（Lehmann 2007, S. 5）。さらに、幾つかの鉱山もドイツ人が所有していた。数の上では、ドイツやオランダの企業や鉱山で働いていたエンジニアや技術者のグループが重要であった。その他、ＩＧファルベン（I. G. Farben）、クルップ（Krupp）等のドイツの大企業、殊にジーメンスはバタヴィアに現地社員を多く送っていた。それに加えて、学者と、約一〇〇人の宣教師（そのほとんどはライン地方伝道協会、Rheinische Missionsgesellschaft, 略してＲＭＧ、に属していた）がいた（Post 2010, p. 213）。なお、バタヴィア駐在のドイツ人外交官も、現地のＯＡＧ支部に関わっていた。総領事のヴァレット（A. Vallette）とティマン（Wilhelm Timann.

1938-1940）の名前が、ＯＡＧの会員名簿に登場する。[22] 特に現地のＯＡＧ理事として責任を持って関与したのは、以前東京で大使館一等書記官を務めていたシュルツェ（Hermann Schultze）であった。彼は一九三九年から一九四〇年にかけて、在バタヴィア総領事館一等書記官の職務の傍ら、ＯＡＧの支部長にまでなった。

バタヴィア支部がＯＡＧの資料に初めて登場するのは、一九三四年四月一一日に東京の総会で紹介された一九三三年の年次報告である（*OAG-Jahresbericht* 1933, S. 4f.）。ＮＯＡＧでは、バタヴィア支部の活動は一九三四年夏から独自の項目で紹介されている（*NOAG*, Bd. 35, 22. Juli 1934, S. 11f.）。ライプツィヒ連絡事務所と上海地域支部は、関心を抱いた現地の人々が東京のＯＡＧ理事会とは無関係に提案し設立したが、バタヴィアの場合は、東京の本部がイニシアチブをとった。

ＮＯＡＧ、三七号に掲載されたバタヴィア支部の年次報告からは、熱帯医学者のローデンヴァルト（Ernst R. K. Rodenwaldt. 1878-1965）教授（彼については Jusatz 1970 を参照）とハンブルクの実業家ローレンツ＝マイヤー（Albrecht L. Lorenz-Meyer. 1891-1960）[23] が、バタヴィアとその周辺のドイツ人にＯＡＧ入会を勧め、場合によっては現地にＯＡＧの組織を設立するよう本部の理事会から依頼されたという印象を受ける。

「東京のドイツ東洋文化研究協会は、年の初めに活動範囲をオランダ領東インドへ拡大することを提案していた。そのためにまず、当地で会員を募集し、事務所か地域支部の設立を目標とした。ローデンヴァルト教授とA・L・ローレンツ＝マイヤー氏は、バタヴィアでの職務を承諾し、オランダ領東インドの初期の会員が協会の実態や目的を説明する「呼びかけ」（Aufruf）を配付した。この創案に賛同する声が上がった。程なく、入会届けが多数届き、地域支部の創立が決定された」（*NOAG*, Bd. 37, 15. Mai 1935, S. 12f.）。

ＯＡＧ地域支部の設立は、一九三四年三月一二日に合計二五人の創設メンバーによって決議された。ローデンヴァルト（一九三四年）とマイヤー（一九三五年）は直後にドイツに帰国したため、両者とも新しい支部長を務めることはなかった。マイヤーはそれでも、創設当初は現地の財務委員として運営に参加した（*NOAG*, Bd. 37, 15. Mai 1935, S. 13; *OAG-Jahresbericht* 1934, S. 17）。ここには、設立当時からのバタヴィア支部の最も重要な問題点、すなわち理事会の持続性の欠如が表れている。支部長だけではなく、理事全員の交代も激しかった。

　上層部の度重なる交代にもかかわらず、バタヴィア支部は順調な発展をとげた。その要因のひとつとして、オランダ人や現地民の会員の協力があったことが考えられる。一九三七／三八年に支部長、一九三六／三七年に副支部長を務めたオッツェン（Otto Otzen）の豊富な人脈は、ドイツ人コミュニティーに限られていた訳ではなかった(24)。かれの人脈のため、会員名簿にドイツ人ではない会員の名前も数多く出てくる。

　さらに、ＯＡＧのバタヴィア支部は、オランダ領東インド以外においても著名なオランダの研究団体であるバタヴィア王立芸術科学研究協会（Koninklijk Bataviaasch Genootschap von Kunsten en Wetenschappen）と、密接な関係にあった。この会が、ＯＡＧが一八七三年の創立当時から刊行物を交換した最初の団体のひとつであったことは決して偶然ではないだろう。ＯＡＧ支部は、オランダの会から「彼らの図書館の貴重な蔵書から相当数の本や出版物」が寄贈されたばかりではなく、すでに創立一年目にはオランダの会に加入していた（*NOAG*, Bd. 37, 15. Mai 1935）。この寄贈された書籍や、東京から送り届けられたもの、バタヴィア当地で集められた書物を基にした、約三〇〇冊を所蔵する小さな「図書館」の設置を、支部は早くも一九三五年初頭報告した（*NOAG*, Bd. 37, 15. Mai 1935）。

　バタヴィア支部の活動は、ＮＯＡＧや年次報告の中に記された講演の題名や会員名簿等を手がかりに、大まかにたどることができる。支部が存在していた期間中には、一年に平均五、六回の講演会に加えて、寺院参観の案内や総会等臨時の活動も企画運営された。一九三八年には、支部が突然活気づき、講演を一年に一二回も（同年の東京と神戸のＯＡＧの講演会を合わせたより多い）催したことが特筆されるべきである（*OAG-Jahresbericht* 1938, S. 4-6）。催し物はオランダ語で行われることもしばしばあった（*OAG-Jahresbericht* 1934, S. 7; 1939, S. 5）。講演者の中では、一九三八年一一月二二日にバタヴィアにて「中央ヨーロッパにおける人種と民族」について論じた、有名なナチス人種思想家アイクシュテット

(Egon von Eickstedt. 1892-1965) が注目に値する。[25]この講演が催されたことは、バタヴィアOAG支部が明白に、東京の本部同様、時代精神 (Zeitgeist) にほとんど抵抗していなかった証拠であるといえよう。

バタヴィアでの他の講演会のテーマを見ると、OAGのドイツ名 (Deutsche Gesellschaft für Natur- und Völkerkunde Ostasiens) が示す通り、焦点が「自然・民族学」に絞られていたことが確認できる。扱われた分野には地理、歴史、文化、宗教、経済があった。バタヴィアでは、ごくまれな例外を除けば、日本や中国でほとんど取り上げられなかったテーマが目を引く。講演会の内容は、オランダ領東インドに関連するものが比較的多く、かなりローカルなテーマも多数見受けられる。例えば、「オランダ領東インドの経済政策の歴史」「オランダ領東インドにおけるドイツ人」「オランダ領東インドにおける地震の発生と記録」「ジャヴァの音楽」「ジャヴァ・ヒンドゥー文化の歴史」「ジャヴァにおけるイスラーム」等のテーマが取り上げられた。日本を題材にした催しは「映画上映『一人の日本人の一日』」のみであった。このことから、東京のOAG本部とバタヴィア支部との距離は、上海地域支部との距離より大きかったことが窺える。

上海でのOAG地域支部は一九四五年まで運営を続けていたが、バタヴィアでのOAGの活動は、一九四〇年春、ドイツのオランダ侵攻によって打ち切られた。このことについては、一九四〇年の年次報告には次のようにある。

「オランダとの戦争の勃発後、会員が〔捕虜として〕抑留されたことにより、年頭の何カ月かの間に開かれた催し物等の報告は届かなかった。抑留により、その後の地域支部の活動は中止せざるをえなかった」(*OAG-Jahresbericht* 1940, S. 5)。

当初は男性だけが抑留されたが、それから間もなく、女性や子供も――男性とは別の場所に――収容された (*NOAG*, Bd. 55, 1. November 1940, S. 1)。その一年後の一九四一年春には、約八〇〇人の女性、子供及び老人に日本や中国への出国が許された (Lehmann 2007, S. 6)。一九四一年にバタヴィアから日本に到着したドイツ人の、本来予定されていたヨーロッパ帰還の続行は、一九四一年六月に独ソ戦が勃発したため不可能となり、オランダ領東インドからのドイツ難民はその後日本に滞在し、一九四七年以降、強制的に本国へ送還された（Burdick 2003）。

一九四二年に、ＯＡＧはＮＯＡＧで、改めて旧バタヴィア支部の運命を、会員の記憶に呼び起こした。「東アジアでのドイツ民族の年代記」という表題のもとに、次の黒枠の通知が第六〇号の一ページ目に記載された。

「日本軍到着以前のオランダ植民地当局の命令で、抑留中の我が同胞がオランダ領東インドから輸送される途中、大勢が船の事故で行方不明になったことは、哀惜の念に耐えない」（*NOAG*, Bd. 60, 15. April 1941, S. 1）。

この出来事により、ＯＡＧは一度に古参の会員五人を失った（ＮＯＡＧにはその名前が挙げられている）。引用の中の「船の事故」とは、およそ四八〇人のドイツ人抑留者を乗せてセイロン（現在のスリランカ）へ向かっていたオランダの貨物船ヴァン・イムホフ号（Van Imhoff）の沈没のことである。ヴァン・イムホフ号は、一九四二年一月一九日に日本の飛行機に撃沈された。この時、オランダ人の監視人と乗組員は救命ボートを一艘残らず確保して助かった一方、ドイツ人はほぼ全員が死亡した。このことは、一九六〇年代半ばまで、ドイツとオランダの間に軋轢をもたらすことになった（Post 2010, p. 313）。

オランダ領東インドの日本軍占領時代には、バタヴィアでＯＡＧ活動が再開されることはなかった。ＮＯＡＧの六二、六五、六六号（一九四二／四三年）には、バタヴィアで催された講演の、講演者ケーラー（H. Keller）による「自らの要約」が三部に分けて連載されているが、それが消滅したＯＡＧ支部の最後の「消息」となったのである。

3　満洲国

日本の傀儡政権であった満洲国は一九三二年に建国されたが、少数の国にしか承認されなかった。満洲国は、およそ八〇万平方キロメートルの面積で、朝鮮と台湾を除く日本の倍の大きさであったが、約三八〇〇万人の人口は当時の日本の半分程度であった。一九三四年に、清朝最後の皇帝溥儀が満洲国の皇帝となった。一九三六年から日本の同盟国となったドイツは満洲国と外交・貿易関係を持ち、満洲国に多数のドイツ人が住んでいた。

ドイツ人の外交官と財界人は、主に首都の新京（長春）と奉天（現在の瀋陽）に居を構えていた。そこは、ドイツ公使館と総領事館の所在地でもあった。さらに奉天には一時的にドイツ人学校さえもあった。その他には、満鉄本線の終着駅に当たり、ドイツ領事館も所在する港町大連と、交通と積載の要衝ハルビンが、ドイツ人外交官と商人の集合する拠点であった。この四つの都市には、AEG《アーエーゲー》、アグファ（Agfa）、バイエル（Bayer）、ドイツ染料販売会社（Deutsche Farben-Handelsgesellschaft Waibel & Co., 略してDEFAG）、ジーメンス等が支社を出していた。OAG会長マイスナーが経営した商社、レイボルト商館（Leybold K. K.）も奉天に支社を出していた。ここだけでも一九四〇年に約一五〇人のドイツ人が住んでおり、日独貿易が活発であったことを推測させる。(26)

これらを背景に、一九四二年秋にOAG地域支部が創設された（NOAG, Bd. 62, 30. Dezember 1942, S. 23）。レイボルト商館の奉天支社長であったロイテルト（Helmut Leutelt）が、新しい地域支部の設立に際して重要な役割を果したことは特に注意を引く。ロイテルトは、一九三七年から一九四〇年までの東京勤務中、おそらくOAGの催し物に出席し、マイスナーのOAGでの活動を目の当たりにしたのであろう。そしてその経験を支部設立に生かしたと思われる。このことを踏まえると、満洲国支部創設計画にマイスナーが何らかのかたちで関わった可能性が高いと言える。

NOAGは、一九四二年末、「我が永年の会員、〔エンジニアの〕H・ロイテルト氏（奉天）とL・ツゥムフェルデ（Ludwig Zumfelde）氏（新京）の尽力」や「ドイツ公使、（中略）ワーグナー（W. Wagner）氏による」「新しい支部の保護と奨励」について報じている（NOAG, Bd. 62, 30. Dezember 1942, S. 23）。地域支部は一九四二年一二月一日、早くもOAG本部に四七人の会員数を届け出ることができた（NOAG, Bd. 62, 30. Dezember 1942, S. 25–27）。その半数以上は新入会員であった。

一九四三年初頭に、地域支部は活動を開始した。まず、一月五日にはＯＡＧ新入会員の及川重信の六〇歳の誕生会が催された。彼は二五年ドイツに住んだ経験があったため、「満洲支部の名誉支部長ヴァーグナー公使が（中略）、及川氏の偉大な功績を讃え」記念品を贈呈した（*NOAG*, Bd. 64〔22.6.1943〕, S. 44）。ＮＯＡＧでは、これは満洲国地域支部という項目で触れている。二月一四日にＯＡＧ会員ハイシッヒ（Walther Heissig）がモンゴルの歴史書について論じ、続いて四月二一日には「日本の精神について」というテーマで満洲建国大学の森下辰夫教授が講演した。このことに関してはＮＯＡＧが詳しく報告している（*NOAG*, Bd. 64〔22.6.1943〕, S. 45）。このことから、ＯＡＧは満洲で働いていた日本人と盛んに交流していたことは明らかであり、多くの日本人会員の存在もそれを物語っている。

その他の満洲支部の活動は、ＯＡＧの資料で確認できない。支部についての最後の記述は、一九四四年五月のＮＯＡＧにある。しかしそこでは、日本人一人の入会とドイツ人会員二人の住所変更を通知しているに過ぎない（*NOAG*, Bd. 68, 10. Mai 1944, S. 49f.）。戦況の悪化や満洲国の広さを考え合わせると、一九四五年二月のＯＡＧ本部総会で紹介された満洲支部の活動報告が示唆するように、前述の一九四三年初期の講演以外に催し物が開かれたことはおそらくなかったであろう。総会の記録では、満洲国での一九四四／四五年の状況が次のように総括されている。

「会員が広範囲に分散して居住していることや戦争による交通事情の悪化のため、満洲での活動は主として、新会員を勧誘することや協会の仕事に初期の会員の関心を向けることに限定せざるを得なかった」（*NOAG*, Bd. 70, 30. November 1945, S. 10）。

上述のロイテルトが、第二次世界大戦終了後一〇年を経てなお、ハンブルクの東アジア協会（Ostasiatischer Verein, 略してＯＡＶ）にマイスナーやＯＡＧについて照会を依頼したことは注目に値する。ここから、彼が昔の上司やＯＡＧと強い絆で結ばれていたことが明白に窺える。彼は一九五五年一二月二日、ＯＡＶ宛に、「クルト・マイスナーの東京の現住所を教えていただけますか？　ＯＡＧは今も存在していますか？（中略）ＯＡＧの書記として所有していた沢山の貴重な本を残念ながら当時奉天でなくしてしまいました」とＯＡＶ宛の書簡で問い合わせている。一九四二〜四五年の間、満洲のＯＡＧにある程度の組織構造ができていたことを彼はここで暗示している。彼は「ＯＡＧの書記」と自称しているだけではなく、その職務上「本を所有していた」ことにも触れている。図書館の設置についてはＮＯＡＧの満洲支部活動報告では話題にされていないが、新京または奉天である種のＯＡＧ下部組織が設けられていたことは十分に裏付けられている。

おわりに

ドイツが一九一九年以前に東アジアに有していた領土は青島の租借地のみであり、さらに一九一九年以降はまったく植民地を有しなかったにもかかわらず、東アジアへの学問的な関心の高さは他のヨーロッパ諸国とそれほど異なるものではなかった。ドイツの学者は英仏等の学者と協力して同じ研究テーマに関心を持ち、両国と同様に東アジアという現場においても研究組織を設立した。そのなかでも、現在でも活動しているドイツ東洋文化研究協会（ＯＡＧ）が著しい発展を遂げた。

ＯＡＧは東京で創立され、主に日本を研究対象としたが、早い時期から協会のドイツ語名称にも入っている「東アジア」で会員の募集を開始し、活動範囲を徐々に東アジア全体に広げていった。研究誌ＭＯＡＧにおいては日本のみならず中国や東南アジアを視野に入れ、東アジアへの組織的な活動の拡大も試み、ドイツにおける日本とアジア研究の発展に大きく貢献した。交通・通信上の制限もあって中国での支部設立は第一次世界大戦まで実現できなかったが、一九三〇年代初頭、ＯＡＧの中国、東南アジアへの活動の拡大が徐々に進んだ。

この背景にあったのは、東アジアにおけるドイツ人の再増加と、復興するドイツ経済の東アジアへの活動の拡大である。なお、一九三三年以降の東アジアにおけるナチスの組織的な展開も、ＯＡＧと無関係ではなかった。ＯＡＧは実際に一九三八年まで、ナチスの東アジア支部と強制的に統一させられていた。六〇年以上の歴史を有するＯＡＧは、ここで第一次世界大戦に続く新たな存続の危機に直面したが、結局はナチスと協力的な関係を築いたことによって、東アジア諸地域への活動拡大を成し遂げることができた。一九三〇〜一九四〇年代には、中国、満洲国、オランダ領東インドに相次いでＯＡＧの支部が創立された。本章ではこれらの創立を紹介したが、各支部の設立の背景と時期はそれぞれ異なり、本部との関係もだいぶ異なったものであった。上海は東京本部に近かったこともあり、研究活動等において東京と類似した点が多く、催し物に関しても協力関係にあり、人的交流もあった。ＯＡＧのどの支部でも、その地域に駐在している親独の日本人に協力を求めて会員となってもらい、講演を行ってもらっていたのである。一方、バタヴィアと満洲国の支部は、「ＯＡＧ」というラベルを利用しつつも、本部から比較的独立した存在であったようである。このように「ＯＡＧ」のラベルが利用されたことは、当時のＯＡＧの東アジア全体における知名度と評価の高さを物語っている。

この知名度の高さは、戦後におけるＯＡＧの再建にも繋がった。戦後ドイツに強制送還されたドイツ人も、また日本に残ったドイツ人も、この「ＯＡＧ」というラベルにこだわり続け、東京とハンブルグにそれぞれのＯＡＧが再建された。さらに、テュービンゲンにおいては、ヴュルテンベルク地方のＯＡＧグループさえ設立され（Spang, Wippich, und Saaler 2017, Kap. V）、上述のように青島でも、ドイツ人にとっての「戦後」に新しい支部の設立の試みがあった。現在に至るまで、この戦後再建されたＯＡＧが、ドイツと東アジアを繋ぐ大きな役割を果たしている。現時点では日本以外に支部等は存在しないが、研究活動においては韓国・朝鮮・中国などの歴史・文化・政治に関連するテーマを取り上げており、朝鮮半島、インド、モンゴルへの視察旅行なども企画されている。ＯＡＧは現在においても、ドイツの東アジア全体に対する学術的関心を表し続けているといえよう。

■注

（1）「ドイツ東洋文化研究協会」。現在使っている正式日本語名称だが、Deutsche Gesellschaft für Natur- und Völkerkunde Ostasiens を直訳すると「ドイツ・東アジア自然・民俗研究協会」となるため、その活動内容は明らかに「東アジア」で定義されている。
（2）ＯＡＧの設立過程とその後の協会の歴史については、Spang, Wippich, und Saaler（2017）; Spang（2016）を参照。
（3）史料にはブラントのこの思惑は明白には記されていないが、回想録には、若かったためイギリス公使のパークス（Harry Parkes）に「相手にされない」という苦言が見られる。そのような事情から英国との競争心が強まったのではないかと思われる。
（4）ＯＡＧの定款はＯＡＧのウェブサイトで全文閲覧できる。http://www.oag.jp
（5）ＭＯＡＧはＯＡＧのウェブサイトのデジタル・ライブラリーで全文閲覧できる。http://www.oag.jp/digitale-bibliothek/
（6）初期のＭＯＡＧの発行部数は二五〇部であったが（OAG 1902, S. 9）、一八七八年には三六〇部に増加した（*MOAG*, Bd. 2, S. 327）。一八九八／九九年の発行部数の拡大は、二段階でなされた。まず一八九八年三月に七〇〇部に増加され（*MOAG*, Bd. 7, S. 167）、一一月に一〇〇〇部となった（*MOAG*, Bd. 8, S. 82）。
（7）一八八三年と一九一二年の間の協会会員名簿には、「紀要が発送されている団体、研究所、編集局の一覧」が書き添えられている。
（8）明治政府は一八六九年に蝦夷地を北海道に改名したが、ＭＯＡＧでは一八九〇年代まで「蝦夷」という名称が利用されていた。
（9）アフリカでは、カメルーンとトーゴで構成された「ドイツ領西アフリカ」（一八八四年）、ドイツ領南西アフリカ（一八八四年）、ドイツ領東アフリカ（一八八四年）等のほか、太平洋地域ではドイツ領ニューギニア（カイザー・ヴィルヘルムス・ラント、ビスマルク諸島、ソロモン諸島北部とマーシャル諸島、パラオ、マリアナ諸島等、一八八五～一八八八年まで獲得）、「膠州湾総督府（青島）」（一八九八年）とドイツ領サモア（一八九八年）があった。
（10）第一次世界大戦後、主要都市のハンブルク、ブレーメン、ブラウンシュヴァイク、ゲッティンゲン、ブレスラウ等に、ドイツ植民地の「再建」という願いのもとで植民地記念碑が相次いで建立された。Zeller（2000）を参照。
（11）イギリスにおける科学と帝国主義の関係については、Bennett and Hodge（2011）を参照。ヨーロッパ全体の科学と植民地主義については、Stuchtey（2005）を参照。日本の場合については、『岩波講座「帝国」日本の学知』（岩波書店、全八巻）を参照。
（12）この現存する博物館の歴史については、当館のウェブサイトを参照（http://www.mvl-grassimuseum.de/index.php?id=22）。ヨーロッパで続々と開館された民俗博物館については、Laukötter（2007）を参照。
（13）一九一九年のヴェルサイユ条約によって、ドイツの科学者が国際会議に参加できず、連合国のドイツとの科学交流が大きく制限された。

（14）帝国主義時代におけるドイツ地理学の発展については、Schulte-Althoff（1971）を参照。

（15）帝国主義に貢献したドイツ、とりわけベルリン大学の貢献については、Zimmerer（2004）を参照。

（16）*Correspondenzblatt der Afrikanischen Gesellschaft*, Nr. 1, 1873, S. 2.

（17）上海美術専科学校を卒業後、東京帝国大学で美術考古学と美術史を学び、一九二九年から一九三二年までベルリン大学に留学、美術史学博士学位を取得した。中国現代芸術史学の創始と呼ばれる。一九三八年昆明国立芸術専科学校校長に就任し、ＯＡＧの上海地域支部の会員になった。詳細は塚本（二〇〇七）を参照。

（18）蔣復璁は後に有名な教育政治家になり、日中戦争の勃発後、重慶に移り、国民政府の国立図書館の初代館長を務め、日本占領地域から珍しい本と資料を積極的に集めた。一九四五年に一度南京に戻ったが、国民政府の国立図書館が一九四八年に台湾に移動された時、蔣も台湾に移り、台湾大学の教授に就任した。さらに一九五四年に再建された国立図書館の館長に再任され、一九六五年に国立故宮博物院の初代館長に就任した。

（19）一九三三年から一九四五年までの日本でのナチス党の発展については、Nakamura (2009); 中村（二〇〇八、二〇一〇）、Bieber（2010）を参照。ＯＡＧの一九三〇年代後半の強制的同一化については、Spang（2011）とSpang, Wippich, und Saaler（2017, Kap. IV）を参照。

（20）ＮＯＡＧに掲載されたＯＡＧの催し物の一覧（Bd. 31〔31. Dezember 1932〕, S. 13f.）、または一九四二年八月二八日、上海地域支部総会の報告を参照（*NOAG*, Bd. 62, 30. Dezember 1942, S. 27）。

（21）ヒューボッター（一八八一～一九六七）は中国研究者、とりわけ東洋医学・医学史の専門家として知られるようになった。*Chinesisch-tibetische Pharmakologie und Rezeptur*（Ulm/Donau: Haug, 1957）の著者で、ヨーロッパへの東洋医学の紹介者として有名。元ベルリン大学教授で、一九二一～一九二五年に日本で東洋医学を研究し、熊本で医院を開き、一九二五年に宣教師兼医師として中国に渡った。一九三〇～一九五一年まで青島で医院を経営。ヒューボッターについては、Schnorrenberger (2010) を参照。

（22）ＯＡＧの会員名簿には、総領事館の関係者として上述の総領事二人の他に、ベーリング（Horst Böhling）、ドレクスラー（Walther Drechsler, 領事）、クライバー（Manfred Klaiber, 副領事）、リプケン（Dr. Georg Ripken, 領事）及び領事館一等書記官のシュルツェ（Hermann Schultze）やヴィッテ（O. H. Witte）の名前がある。

（23）ローレンツ＝マイヤーは、実業家一族のマイヤー家出身であった。彼の先祖の一人、ヴァレンティン・ローレンツ＝マイヤー（Valentin Lorenz-Meyer）は、一八四〇年にシンガポールに商会（Handelshaus Behn, Meyer & Co.）を創立した。ドイツ、中国、インドネシア、マレーシアに支社を持つこの会社（現在名はBehn Meyer Holding AG）は今日も存在している。http://www.behnmeyer.com/0908120317

%C2%BBOur_History.aspx

(24) *NOAG*, Bd. 48（10.11.1938）, S. 7に掲載されている、バタヴィア支部が東京のＯＡＧ理事会に宛てた書簡には、オッツェンの役割や人脈を特に強調している。彼のドイツへの帰還は、バタヴィアでのＯＡＧ活動にとっては大きなダメージだと書かれている。

(25) シュテットは一九三七年から一九三九年にかけてアジアに調査旅行を行い、その行程はインド、中国、フィリピン、マレーシア、インドネシアに及んだ。研究の結果は、*Rassendynamik von Ostasien. China und Japan, Tai und Khmer von der Urzeit bis heute*（Berlin: De Gruyter, 1944）として発表された。

(26) 文献一覧に挙げられているロイテルト（Ilse Leutelt）による一九四五年から一九四七年までの満洲国での記録の一頁を参照。ご子息ディートリッヒ・ロイテルト（Dietrich Leutelt）氏から二〇〇九年末に、この日付不明の手記の使用許可を得た。二〇一六年に刊行もされている（Leutelt 2016）。

■文献（欧文）

Bauer, Wolfgang（2000）*Tsingtau 1914 bis 1931. Japanische Herrschaft, wirtschaftliche Entwicklung und die Rückkehr der deutschen Kaufleute*, München: Iudicium（ヴォルフガング・バウワー、大津留厚監訳、森宜人・柳沢のどか訳『植民都市・青島　一九一四－一九三一――日・独・中政治経済の結節点』昭和堂、二〇〇七年）.

Bennett, Brett M. and Joseph M. Hodge（eds.）（2011）*Science and Empire: Knowledge and Networks of Science across the British Empire, 1800–1970*, Basingstoke: Palgrave Macmillan.

Bieber, Hans-Joachim（2010）„Nationalsozialistische Organisationen in Japan", in: *OAG Notizen*, Nr. 2, S. 10–24.

Burdick, Charles（2003）"The Expulsion of Germans from Japan, 1947–1948", in: *Revisionist*, no. 2, pp. 156–165.

Demhardt, Imre Josef（Hrsg.）（2006）*Der Erde ein Gesicht geben. Petermanns Geographische Mitteilungen und die Anfänge der modernen Geographie in Deutschland*（＝Veröffentlichungen der Forschungsbibliothek Gotha. Bd. 42）, Erfurt: Universität Erfurt.

Freyeisen, Astrid（2000）*Shanghai und die Politik des Dritten Reiches*, Würzburg: Königshausen & Neumann.

Jusatz, Helmut J.（1970）„Ernst Rodenwaldt（1878–1965）Als Begründer der Geomedizinischen Forschung", in: *Heidelberger*

Jahrbücher, Bd. 14, S. 23–51.

Kettelhut, Silvia (2006) *Geschäfte übernommen – Deutsches Konsulat, Shanghai. Impressionen aus 150 Jahen*, Shanghai: Shanghai Century Publishing Group.

Laukötter, Anja (2007) *Von der ‚Kultur' zur ‚Rasse' – vom Objekt zum Körper? Völkerkundemuseen und ihre Wissenschaften zu Beginn des 20. Jahrhunderts*, Bielefeld: transcript.

Lehmann, Jürgen (2007) „Die ‚Java-Frauen' in Kobe von 1941 bis 1947", Mariazell: Privatdruck.

Leutelt, Dietrich und Ilse (2016) „Erfahrungsberichte einer Deutschen in Mukden /Mandschurei in der Zeit zwischen März 1940 und August 1947", in: *OAG Notizen*, Dezember 2016, S. 10–28.

Martin, Bernd (Hg.) (1981) *Die deutsche Beraterschaft in China 1927–1938: Militär-Wirtschaft-Außenpolitik*, Düsseldorf: Droste.

Nakamura, Ayano (2009) "The Nazi Party and German Colonies in East Asia: Gleichschaltung and Localities", in: Akira Kudo, Tajima Nobuo and Erich Pauer (eds.), *Japan and Germany: Two Latecomers to the World Stage, 1890–1945*, vol. 3, Folkestone: Global Oriental, pp. 431–465.

Nakamura, Ayano (2011) „Die NSDAP-Ortsgruppen in Japan und die dortige deutsche Kolonie", in: Thomas Pekar (Hrsg.), *Flucht und Rettung. Exil im japanischen Herrschaftsbereich (1933–1945)*, Berlin: Metropol, S. 54–63.

o. A. (1934) *Gedenkschriften an Prof. Dr. Wilhelm Othmer* (奥徳曼教授哀思録), Nanjing: Guo Huo Yin Shu Guan.

OAG (Hrsg.) (1902) *Festschrift zur Erinnerung an das 25jährige Stiftungsfest der Deutschen Gesellschaft für Natur- und Völkerkunde Ostasiens am 29.10.1898*, MOAG-Supplementband, Nr. 6, S. 1–10.

Post, Peter (ed.) (2010) *The Encyclopedia of Indonesia in the Pacific War*, Leiden and Boston: Brill.

Rode, Hans K. and Christian W. Spang (2016) "Anna and Siegfried Berliner: Two Academic Bridge Builders between Germany and Japan," in: Joanne M. Cho, Lee M. Roberts, and Christian W. Spang (eds.), *Transnational Encounters between Germany and Japan: Perceptions of Partnership in the Nineteenth and Twentieth Centuries*, New York: Palgrave Macmillan, pp. 107–126.

Ruppenthal, Jens (2007) *Kolonialismus als ‚Wissenschaft und Technik'. Das Hamburgische Kolonialinstitut 1908 bis 1919*

(Historische Mitteilungen., Beihefte, Bd. 66), Stuttgart: Steiner Verlag.

Schmitt-Englert, Barbara (2012) *Deutsche in China 1920–1950. Alltagsleben und Veränderungen*, Gössenberg: Ostasien Verlag.

Schnorrenberger, Claus C. (2010) „Zur Entwicklung der Chinesischen Medizin im Westen“, in: *Schweizerische Zeitschrift für Ganzheitsmedizin*, Bd. 22, S. 157–165 (Teil 1) und S. 217–221 (Teil 2).

Schulte-Althoff, Franz-Josef (1971) *Studien zur politischen Wissenschaftsgeschichte der deutschen Geographie im Zeitalter des Imperialismus*, Paderborn: F. Schöningh.

Spang, Christian W. (2005) „Die Expansion der OAG in Asien (1930–45)“, in: *OAG Notizen*, Nr. 9, S. 35–37.

Spang, Christian W. (2011) „Die Deutsche Gesellschaft für Natur- und Völkerkunde Ostasiens (OAG) zwischen den Weltkriegen“, in: Thomas Pekar (Hrsg.), *Flucht und Rettung. Exil im japanischen Herrschaftsbereich (1933–1945)*, Berlin: Metropol, S. 65–90.

Spang, Christian W. (2016) “The German East Asiatic Society (OAG) during the Nazi Era,” in: Joanne M. Cho, Lee M. Roberts, and Christian W. Spang (eds.), *Transnational Encounters between Germany and Japan: Perceptions of Partnership in the Nineteenth and Twentieth Centuries*, New York: Palgrave Macmillan, pp. 127–145.

Spang, Christian W., Rolf-Harald Wippich, und Sven Saaler (Hrsg.) (2017) *Die Geschichte der Deutschen Gesellschaft für Natur- und Völkerkunde Ostasiens (OAG). 1873–1979*, München: Iudicium.

Stuchtey, Benedikt (ed.) (2005) *Science Across the European Empires, 1800–1950*, Oxford: Oxford University Press.

Walravens, Hartmut (1998) „Othmer, Heinrich Friedrich Wilhelm“, in: *Neue Deutsche Biographie*, Nr. 19, S. 645 [Onlinefassung]. http://www.deutsche-biographie.de/pnd138011605.html

Walravens, Hartmut (2003) “German Influence on the Press in China”, in: *Newspapers in International Librarianship: Papers Presented by the Newspaper Section at IFLA General Conferences*, Berlin: Walter de Gruyter, S. 89–96.

Weegmann, Carl von und Robert Schinzinger (1982) *Die Geschichte der OAG. 1873 bis 1980*, Tokyo: OAG.

Wippich, Rolf-Harald (1993) „Max von Brandt und die Gründung der OAG (Gesellschaft für Natur- und Völkerkunde Ostasiens) – Die erste deutsche wissenschaftliche Vereinigung in Ostasien“, in: *Studien des Instituts für Kultur der deutschsprachigen*

Länder, Nr. 11, S. 64-77.
Zeller, Joachim (2000) *Kolonialdenkmäler und Geschichtsbewußtsein. eine Untersuchung der kolonialdeutschen Erinnerungskultur*, Frankfurt am Main: IKO-Verlag für Interkulturelle Kommunikation.
Zimmerer, Jürgen (2004) „Im Dienste des Imperiums. Die Geographen der Berliner Universität zwischen Kolonialwissenschaften und Ostforschung", in: *Jahrbuch für Universitätsgeschichte*, Bd. 7, S. 73-100.

Mittheilungen der Deutschen Gesellschaft für Natur- und Völkerkunde Ostasiens. MOAG.
Nachrichten der OAG. NOAG.
OAG-Jahresbericht（ＯＡＧ年間報告）.
Ostasiatische Rundschau（週刊新聞）.

■文献（邦文）

シュパング、クリスティアン・W、スヴェン・サーラ（二〇一二）「第一次世界大戦後の日独関係におけるドイツ東洋文化研究協会（ＯＡＧ）の役割」杉田米行編『一九二〇年代の日本と国際関係——混沌を越えて「新しい秩序」へ』春風社、八七-一二二頁。

塚本麿充（二〇〇七）「滕固と矢代幸雄——ロンドン中国芸術国際展覧会（一九三五-三六）と中国芸術史学会（一九三七）の成立まで」『Ｌｏｔｕｓ』（日本フェノロサ学会機関誌）二七号、一-一八頁。

中村綾乃（二〇〇八）「東アジア在留ドイツ人社会とナチズム」工藤章・田嶋信雄編『日独関係史　一八九〇-一九四五（三）　体制変動の社会的衝撃』東京大学出版会、五五-九八頁。

中村綾乃（二〇一〇）『東京のハーケンクロイツ——東アジアに生きたドイツ人の軌跡』白水社。


［謝辞］本章の第一節および第二節はマリコ・ヤコービー（Mariko Jacoby）氏に翻訳していただいた。厚くお礼を申し上げたい。

あとがき

本書は、「帝国主義」と二つの世界大戦の時代における「ドイツ＝東アジア関係史」に関する論文集であり、われわれが二〇〇八年に編集・出版した『日独関係史　一八九〇－一九四五』全三巻（東京大学出版会）に続く論文集ということになる。前編『日独関係史　一八九〇－一九四五』には、われわれの編集による『戦後日独関係史』（東京大学出版会、二〇一四年）という別系列の論文集が続いており、あわせてわれわれの問題関心を示している。

本書『ドイツと東アジア　一八九〇－一九四五』の編集・出版計画を編者二人が初めて話し合ったのは、いまから八年前の二〇〇九年三月二一日のことであった。その日の会合では『戦後日独関係史』の企画を本格的に立ち上げることが主題であり、当面のエネルギーはそちらに集中せざるを得なかったから、本書に結実する戦前の「ドイツ＝東アジア関係史」については、さしあたり日本人研究者からなる研究会を組織することとし、あわせて外国人研究者を含む執筆者の人選の検討を始めることとした。

その際、われわれが出発点としたのは、『日独関係史　一八九〇－一九四五』および『戦後日独関係史』の場合と同様、日本および世界の学界のなかで孤立分散しつつも、同じような問題関心のもとで研究を進めている個々の研究者の存在であった。「序」においてわれわれは、日本における「ドイツ＝東アジア関係史」研究のプラットフォームが学問内在的に（その意味で、いわば自然的に）形成されてきたことを強調した。しかし、実をいえば、われわれが以上のような次第でこのテーマでの論文集の出版を構想し始めたとき、日本でも、「ドイツ＝東アジア関係史」研究のインフラストラクチャーは、なきに等しかったのである。そこでわれわれは、いわば手探りで、各方面に散在する個別の研究者と、学会の枠を超えて個別に連絡を取り、お互いの問題意識の共通性を確認することからまず始めなければならかなった。こうした問題意識のもと、われわれは、二〇一〇年六月、本共同研究の推進母体である「欧亜関係史研究会」を発足させた。結果から考えれば、「老壮青」の研究者からなるバランスの取れた研究会構成であったということができるかもしれない。すでに一八回の研究会と五回の研究合宿（福岡、台北、南京、武漢、広州）を実施したほか、二回の会議（国際ワークショップ「法西斯与中日関係」（「ファシズムと日中関係」）国立政治大学文学院歴史学系（台北）、二〇一三年三月二一日、およびシンポジウム「ドイツと東アジア——日独比較史から独亜関係史へ」二〇一三年九月二二日、ドイツ現代史学会第三六回大会、福岡大学）を開催し、問題関心を熟成させ、またお互いの研究の進展を点検しあってきた。研究会は今も活動を続けているが、本書は、以上のような共同研究の展開および蓄積を踏まえたものである。

欧亜関係史研究会と並ぶもう一つの柱であった外国人研究者の人選および執筆交渉は、しかし、予期に反し、簡単には進まなかった。そもそも適当な研究者を見つけ出すこと自体が困難であった上、執筆依頼を断られたこともあったし、また送られてきたスケルトンを見てわれわれが婉曲に断ったこともあった。これには、日独関係、中独関係、日中関係という三つの二国間関係に対し均等に目配りをしつつ、かつ（できれば）日本語、中国語、ドイツ語という三カ国語（英語はいうまでもない）の史料を同時に活用しうる研究者が、ドイツ、中国、台湾を含め、世界的に見て極めて少ない、という現状が反映されているともいいうる。このことはしかし、逆説的にも、本書の英語版を出版し、「ドイツ＝東アジア関係史」研究の面白さと豊かな内容を、ぜひ国際的にも発信しなければならないという、われわれの意欲と使命感を増幅させせずにはおかない。

本書の編集に当たっては、『日独関係史　一八九〇－一九四五』、『戦後日独関係史』の場合と同様、原稿執筆者ないし翻訳者と二人の編者の間での、原稿を挟んだ厳しいやりとりが何度となくおこなわれた。それは、通常であれば礼を失するとも考えられるほど緊張感をはらんだものであった。幸い、すべての執筆者・翻訳者が、本論文集を少しでも読みやすく、かつ豊かな内容を持ったものにしたいという編者の微意をお汲み下さり、加筆・修正要求に快く応じて下さった。編者としてまことにありがたい経験であったという他はない。記して各執筆者および翻訳者の方々にお礼申し上げる。

東京大学出版会専務理事黒田拓也氏は、長年にわたって編者らの研究の進展を温かく見守り、かつ督励して下さった。また、編集を担当された大矢宗樹氏は、編者らの無理なお願いを何度も受け入れて下さった上に、細心の注意をもって作業を進めて下さった。何度となく困難に直面した本書の刊行が、こうして可能になったのは、黒田氏、大矢氏の大きな御支援のお陰である。お二人に心からの謝意を表したい。

本研究に対し、科学研究費助成事業「近現代ドイツ＝東アジア関係史（一八九〇－一九四五）の研究」（基盤研究B海外、二〇一四年四月－二〇一七年三月、研究代表田嶋信雄）による支援を得た。記して感謝の意を表する。

二〇一七年二月

田嶋信雄
工藤　章

ドイツと東アジア　一八九〇－一九四五

2017年2月28日　初　版

［検印廃止］

編　者　田《た》嶋《じま》信《のぶ》雄《お》・工《く》藤《どう》　章《あきら》

発行所　一般財団法人　東京大学出版会

代表者　吉見俊哉

153-0041 東京都目黒区駒場 4-5-29
http://www.utp.or.jp/
電話 03-6407-1069　Fax 03-6407-1991
振替 00160-6-59964

組　版　有限会社プログレス
印刷所　株式会社ヒライ
製本所　誠製本株式会社

ISBN 978-4-13-021083-6　Printed in Japan

執筆者紹介

（掲載順。*は編者）

田嶋 信雄*（たじま　のぶお）　序、総説Ⅰ、第五章、第八章
成城大学法学部教授（国際政治史、比較政治学）。
1953年東京都生まれ。北海道大学大学院法学研究科博士後期課程単位取得退学。博士（法学、北海道大学）。北海道大学法学部助手、成城大学法学部専任講師、同助教授を経て1996年より現職。主要業績：『ナチズム外交と「満洲国」』（千倉書房、1992年）、『ナチス・ドイツと中国国民政府　一九三三－一九三七』（東京大学出版会、2013年）、『日本陸軍の対ソ謀略――日独防共協定とユーラシア政策』（吉川弘文館、2017年）。

工藤　章*（くどう　あきら）　序、総説Ⅱ、第六章、第一〇章
東京大学名誉教授（ドイツ経済史・企業史、国際関係企業史）。
1946年東京都生まれ。東京大学大学院経済学研究科博士課程単位取得退学。信州大学経済学部助教授、東京大学教養学部助教授、東京大学社会科学研究所教授などを経て2010年退職。主要業績：*Japanese-German Business Relations* (London: Routledge 1998);『20世紀ドイツ資本主義』（東京大学出版会、1999年）、『日独経済関係史序説』（桜井書店、2011年）。

小池　求（こいけ　もとむ）　第一章
流通経済大学教育学習支援センター専任所員（中独関係史）。
1979年群馬県生まれ。東京大学大学院総合文化研究科地域文化研究専攻博士課程単位取得満期退学。博士（学術、東京大学）。日本学術振興会特別研究員PDを経て、2015年より現職。主要業績：「中国の不平等条約改正の試みと第一次世界大戦」（池田嘉郎編『第一次世界大戦と帝国の遺産』山川出版社、2014年）、『20世紀初頭の清朝とドイツ――多元的国際環境下の双方向性』（勁草書房、2015年）、「対中依存を深めるドイツの東アジア政策――第一次世界大戦初期の「青島」をめぐる折衝」（『東アジア近代史』第18号、2015年）。

熊野 直樹（くまの　なおき）　第二章、第一一章
九州大学大学院法学研究院教授（ドイツ現代政治史、独亜関係史）。
1965年山口県生まれ。九州大学大学院法学研究科博士後期課程修了。博士（法学、九州大学）。九州大学法学部助手、同助教授を経て、2005年より現職。主要業績：『ナチス一党支配体制成立史序説――フーゲンベルクの入閣とその失脚をめぐって』（法

律文化社、1996年)、『社会主義の世紀――「解放」の夢にツカれた人たち』(共編著、法律文化社、2004年)、『政治史への問い/政治史からの問い』(共著、法律文化社、2009年)。

中村 綾乃(なかむら あやの) 第三章
大阪大学大学院言語文化研究科講師(ドイツ近現代史)。
1976年兵庫県生まれ。お茶の水女子大学大学院人間文化研究科博士後期課程単位取得満期退学。博士(人文科学)。日本学術振興会海外特別研究員を経て現職。主要業績:「東アジア在留ドイツ人社会とナチズム」(工藤章・田嶋信雄編『日独関係史 一八九〇-一九四五(三)――体制変動の社会的衝撃』東京大学出版会、2008年)、『東京のハーケンクロイツ――東アジアに生きたドイツ人の軌跡』(白水社、2010年)、「ナチス・ドイツの友好国と「人種」――日本人との結婚禁止と「混血児」」(『ドイツ研究』第47号、2013年)。

李 有載(You Jae Lee) 第四章
テュービンゲン大学哲学部教授(朝鮮学)。
1971年韓国安東生まれ。ベルリン自由大学、ベルリン・フンボルト大学、ソウル大学で歴史学、朝鮮学、哲学、政治学を学び、2009年エアフルト大学で博士号取得(歴史学)。テュービンゲン大学哲学部助教授などを経て2016年より現職。主要業績:„50 Jahre koreanische Migration in Deutschland" (in: *Länderbericht Korea*, Bonn: Bundeszentrale für politische Bildung 2015); *Koloniale Zivilgemeinschaft: Alltag und Lebensweise der Christen in Korea (1894-1954)* (Frankfurt am Main: Campus 2017).

浅田 進史(あさだ しんじ) 第七章
駒澤大学経済学部准教授(ドイツ植民地主義・帝国主義研究、ドイツ・東アジア関係史)。
1974年神奈川県生まれ。千葉大学大学院社会文化科学研究科博士単位取得退学。博士(学術、千葉大学)。千葉大学COEフェロー、首都大学東京都市教養学部経営学系助教、駒澤大学経済学部専任講師を経て、2013年より現職。主要業績:『ドイツ統治下の青島――経済的自由主義と植民地社会秩序』(東京大学出版会、2011年)、「開戦原因論と植民地獲得競争」(小野塚知二編『第一次世界大戦開戦原因の再検討――国際分業と民衆心理』岩波書店、2014年)、"The Siege of Qingdao: Mobilization and War Experiences in a German Leasehold in China during World War I" (*monde(s)*, No. 9, 2016).

周 惠民(Chou Whei-ming) 第九章
国立政治大学(台湾)歴史系教授(ドイツ史、中独関係史)。
1956年台北市生まれ。1988年ライブルク大学歴史学科博士号取得。国立政治大学歴

史系副教授を経て、1995年より現職。主要業績：*Taiwan unter japanischer Kolonialherrschaft 1895–1945*（Reihe China-Thesen, Bd. 44, Bochum: Universitäts-Verlag Dr. N. Brockmeyer, 1989）;『徳国対華政策史研究』（台北：三民書局、1995年）、『愛爾蘭史——詩人与歌者的国度』（台北：三民書局、2009年）。

クリスティアン・W・シュパング（Christian W. Spang）　第一二章
大東文化大学外国語学部外国語学研究科（大学院）教授（日独関係史）。
1968年ドイツ生まれ。エアランゲン大学、およびフライブルク大学にてドイツ史と英文学を専攻。1993～94年、ダブリン大学トリニティ・カレッジに留学。歴史学博士（Dr. phil., フライブルク大学、2009年）。1998～2000年、東京大学に留学（文部省研究留学生奨学金）。2001/02年、ドイツ日本研究所（DIJ）奨学生。2000～2006年、国際基督教大学（ICU）準研究員。2009～2012年、筑波大学准教授。2012～2016年、大東文化大学准教授。2016年4月から現職。主要業績：*Japanese-German Relations, 1895–1945*（co-editor, London: Routledge 2006）; *Karl Haushofer und Japan*（München: Iudicium 2013）; *Transnational Encounters between Germany and Japan*（co-editor, New York: Palgrave Macmillan 2016）; *Karl Haushofer und die OAG*（München: Iudicium 2017）; *Die OAG. Die Geschichte der Deutschen Gesellschaft für Natur- und Völkerkunde Ostasiens, 1873–1979*（co-author, München: Iudicium 2017）.

スヴェン・サーラ（Sven Saaler）　第一二章
上智大学国際教養学部准教授（日本近現代史）。
1968年ドイツ生まれ。マインツ大学、ケルン大学、ボン大学で歴史学、政治学を学び、4年間の金沢大学留学を経て、1999年ボン大学文学部日本研究科で博士号取得。マールブルグ大学日本研究センター講師、ドイツ日本研究所人文科学研究部部長、東京大学大学院総合文化研究科・教養学部准教授を経て、2008年10月より現職。主要業績：*Politics, Memory and Public Opinion*（München: Iudicium 2005）; *Pan-Asianism: A Documentary History*, 2 vols.（co-editor, Lanham, Md.: Rowman and Littlefield 2011）;『プロイセン・ドイツが観た幕末日本』（München: Iudicium, 2011年、共編、和英独文）、*Routledge Handbook of Modern Japanese History*（co-editor, London: Routledge 2017）; *Die OAG. Die Geschichte der Deutschen Gesellschaft für Natur- und Völkerkunde Ostasiens, 1873–1979*（co-author, München: Iudicium 2017）.

人名索引

ア　行

アーレフェルト（Hunold von Ahlefeld）　178
鮎川義介《あいかわよしすけ》　662-664, 667-669, 672-674, 693
アイクシュテット（Egon von Eickstedt）　721
アイゼントレーガー（Lothar Eisenträger）　563
アイヒベルガー（Franz von Aichberger）　170
青木周蔵　44
青木宣純　383
アグレン（Sir Francis Aglen）　437
阿部信行　583
アムライン（Andreas Amrhein）　333
天羽英二　565
荒木貞夫　563
有田八郎　144, 145, 583
安重根　304, 331, 332, 335-339, 341
安泰勲（ペトルス）　336
石原莞爾　526
板垣征四郎　502, 503, 518, 520, 559, 596
伊藤博文　331, 336, 338, 339
今井武夫　586
林《イム》マリア　327, 329, 330
イルクナー（Max Ilgner）　614, 619, 633, 639
ヴァーグナー／ワグネル（Wilhelm Wagner）　57, 662, 670, 671, 675, 683, 688
ヴァイツゼッカー（Ernst von Weizsäcker）　68, 75, 570, 573, 583
ヴァイベル（Hermann Waibel）　418, 615, 619, 625
ヴァルダーゼー（Alfred Heinrich Karl Ludwig von Waldersee）　38
ヴァルロート（Wilhelm Theodor Erich Wallroth）　408, 438
ヴィーガント（Heinrich Wiegand）　181
ヴィール（Emil Wiehl）　144, 145, 666, 672, 678
ヴィッテ（O. H. Witte）　357, 374
ウィリアムズ（John Williams）　257
ウィルソン（Woodrow Wilson）　56
ヴィルヘルムⅡ世（Wilhelm II.）　31, 36-40, 42-44, 50, 54, 94, 380, 387, 388, 493, 494, 705
ウィレム（Joseph Wilhelm）　331
ヴェーバー，テオドーア（Theodor Weber）　259
ヴェーバー，ノーバート（Norbert Weber）　302-309, 315, 321, 333, 334, 336-341
ヴェーアマン（Ernst Woermann）　80
ヴェスターンハーゲン（Gustav von Westernhagen）　382
植田謙吉　532
ヴェッツェル（Georg Wetzell）　60, 61, 549
ヴォイト（Helmuth Woidt）　139, 145, 146
ヴォールタート（Helmuth Wohlthat）

カ　行

サ　行

タ　行

ナ　行

ハ 行

マ　行

ヤ　行

ラ　行

ワ　行

事項索引

アルファベット

ア　行

カ　行

サ　行

タ　行

天津　53, 358, 475, 479
天津軍　509
電線　464, 482
ドイツ・アジア銀行　→独亜銀行
ドイツ機械工業連盟（Verein deutscher Maschinenbau-Anstalten）　462
ドイツ協会一九一四年（Deutsche Gesellschaft 1914）　293
ドイツ銀行（Deutsche Bank）　638
ドイツ皇帝誕生日　702
ドイツ軍事顧問団　60, 61, 69, 72, 135, 547, 549, 563, 578
ドイツ工作機械工業会　467
ドイツ・サモア協会（Deutsche Samoa-Gesellschaft）　274, 280, 284
ドイツ自動車工業全国連合（Reichsverband der Automobilindustrie）　464, 474
ドイツ植民地協会（Deutscher Kolonialverein）　705
ドイツ・宣教ベネディクト会　333
——修道士（Die deutschen Missionsbenediktiner von St. Ottilien）　301-304, 308, 313, 315-318, 322, 334, 342
——修道女　324, 326, 341
ドイツ染料販売会社（Deutsche Farben-Handelsgesellschaft Waibel & Co. Defa）　619, 724
ドイツ総督府（アピア）　264
ドイツ窒素販売会社（Deutsche Stickstoff-Handelsgesellschaft Krauch & Co. DSHG）　619, 622
ドイツ通商農業会社（Deutsche Handels und Plantagen Gesellschaft. DHPG）　259, 260, 279
ドイツ東洋協会（Deutsche Morgenländische Gesellschaft）　707
『ドイツ東洋文化研究会紀要』（*Mittheilungen der Deutschen Gesellschaft für Natur- und Völkerkunde Ostasiens. MOAG*）　703
ドイツ東洋文化研究協会（Deutsche Gesellschaft für Natur- und Völkerkunde Ostasiens. OAG）　701
——上海地域支部　711, 715, 718, 722
——地域支部　719
——バタヴィア支部　720-723
——ライプツィヒ連絡事務所　720
ドイツ土地改革者同盟（Bund Deutscher Bodenreformer）　208-210, 220, 222-226, 228-232, 234, 243, 244, 246
ドイツ＝日本協会（Deutsch-Japanische Gesellschaft）　334
ドイツ領南洋諸島　17, 31, 72, 73
ドイツ領東アフリカ協会（Deutsch-Ostafrikanische Gesellschaft）　333
東京・横浜ドイツ人会（Deutsche Gemeinde Tokyo-Yokohama）　713
同済大学医工学校　479
東清鉄道　358, 359, 361-363, 366, 375, 376, 383-385, 495, 497
ドーズ案（Dawes Plan）　107, 110, 395
独亜銀行（Deutsch-Asiatische Bank）　134, 146, 455, 459, 633, 711
徳華銀行　→独亜銀行
独清通商条約（一八六一年）　96
独ソ軍事協力　64
独ソ通商条約（一九二五年）　408
独ソ不可侵条約　74, 532, 533, 567, 584
独中関税条約（一九二八年）　121

ナ 行

ハ 行

マ　行

ヤ　行

ラ　行

ワ　行